H. H. Stuckenschmidt

SCHÖNBERG

LEBEN · UMWELT · WERK

Mit 42 Abbildungen

Piper München · Schott Mainz

SERIE MUSIK
PIPER · SCHOTT

ISBN 3-492-18239-9 (Piper)
ISBN 3-7957-8239-2 (Schott)
März 1989
R. Piper GmbH & Co. KG, München
Lizenzausgabe mit Genehmigung
der Atlantis Musikbuch-Verlag AG, Zürich

Umschlag: Federico Luci,
unter Verwendung eines Schönberg-Porträts von P. Gartmann
(Archiv für Kunst und Geschichte, Berlin)
Satz: Bernhard Päuler, Berg a. I. / Zürich
und Theresia Holtgrefe, Jestetten
Druck und Bindung: Clausen & Bosse, Leck
Printed in Germany

INHALT

Für Nuria und Luigi Nono in alter Freundschaft

VORWORT

Leben, Umwelt und Werk bilden bei Arnold Schönberg eine untrennbare Einheit. Von dem Menschen sprechen, heißt die zahllosen Verbindungen sehen und deuten, die ihn mit seiner künstlerischen, religiösen, wirtschaftlichen und politischen Umgebung verweben, und heißt, sein Werk, das musikalische wie das literarische und bildnerische, als Reflex solcher Verwebung erkennen. Diese Erkenntnis setzte meiner Arbeit von Anbeginn Ziel und Maß. Mit Schönbergs Musik und seiner Harmonielehre habe ich seit meiner Schulzeit (genau: seit dem Sommer 1917, als ich die Partitur der Fünf Orchesterstücke opus 16 kaufte) nie aufgehört mich zu beschäftigen. Dem Mann selbst begegnete ich zuerst in Hamburg Januar 1924 und dann häufig in Wien und Berlin, zuletzt 1949 in Los Angeles. Dem Besuch seiner Analyse-Kurse und Proben sowie den Gesprächen mit ihm verdanke ich viel von meiner Einsicht in künstlerische Dinge. Ich weiß, wie er lebte, wohnte, musizierte, Pingpong spielte, habe ihn freudig und zornig, liebevoll und spöttisch, doch nie gleichgültig gesehen.

Josef Rufer, der mich ihm vorstellte, wurde mein Freund auf Lebenszeit; Hanns Eisler stand mir in den zwanziger Jahren freundschaftlich nahe. Alban Berg und Anton von Webern, Erwin Ratz und Eduard Steuermann öffneten mir viele Wege zum Verständnis seiner Musik. Durch Margot Hinnenberg-Lefèbre, die bevorzugte Sängerin seiner Werke von 1926 bis zu seiner Emigration, meine Frau seit 1932, kam ich ihm und seinem Kreis näher als zuvor. Sein Schwager Rudolf Kolisch wurde mein Freund, und Gertrud, Schönbergs zweite Frau, schenkte mir ebenso wie ihre drei Kinder: Nuria Nono, Rudolf Ronald und Adam Lawrence, ihr Vertrauen. Ihnen verdanke ich den Zugang zu seinem gesamten Nachlaß, den ich im November und Dezember 1971 sowohl in dem Hause 116 North Rockingham Avenue, Los Angeles, als auch in der Library of Congress, Washington, durcharbeiten konnte. Assistiert von meiner Frau habe ich damals Tausende von Dokumenten, Briefen, Photos und Manuskripten ausgewertet und teilweise kopiert. Wir haben die Bibliothek und die Musikalien Stück für Stück durchgesehen, die Randbemerkungen entziffert, die Schönberg hineingeschrieben hat. Für seine immerwährende Hilfe während der Wochen in Los Angeles habe ich Adam Lawrence Schoenberg ebenso zu danken wie für seinen Brief an die Library of Congress, der mich autorisierte, dort alle Briefe von und an Schönberg, namentlich die Korrespondenzen mit Wassily Kandinsky und Ferruccio Busoni zu studieren. Bei dieser Arbeit war mir, wie schon in früheren Jahren, Dr. Harold Spiwacke, der damalige Leiter der Musikabteilung, in der liebenswürdigsten Weise behilflich. Gespräche, die ich danach in Boston mit Rudolf Kolisch, in New York mit

Felix Greissle führen konnte, gaben mir wichtige Hinweise für weitere Forschungen.

Schönberg hat ein Leben lang fast nichts weggeworfen, was in seinen Besitz kam. So ließ sich an Briefen und Dokumenten sein Lebensweg bis in die Jugend zurück verfolgen. Allerdings ist der biographische Wert der Korrespondenzen ungleich. Die menschlich interessanten und zahlreichen Briefe von Alma Maria Mahler-Gropius-Werfel sind undatiert, ebenso die meisten von Alexander von Zemlinsky. Schönberg selbst hat mit der Hand geschrieben, bis ihm Freunde und Schüler zu Weihnachten 1922 eine Schreibmaschine schenkten. Seither existieren Durchschlagkopien aller seiner Briefe; früher hatte er nur gelegentlich ein Kopierbuch benutzt.

Die zahlreichen Blätter und kleinen Zettel, die er für Notizen benutzte, sind meist undatiert. Bis zu seiner Emigration im Mai 1933 bediente er sich der Kurrentschrift, dann nur der Antiqua. Orthographische Wandlungen wie die Verwendung des k statt des c in Fremdwörtern, sind nicht genau datierbar, weil Rückfällen in die ältere Schreibweise unterworfen. Das altmodische th statt t erscheint bisweilen auch in späteren Jahren noch. In manchen Fällen ließ sich durch Papiervergleich die Datierung annähernd bestimmen; schon deshalb sollte eine gründlichere Forschung sich nicht ganz auf Photokopie und Xerographie verlassen. Gerade bei einer so komplexen Persönlichkeit wie Schönberg ist für die biographische Arbeit ebenso wie für die Gesamtausgabe die Kenntnis der Quellen selbst (und nicht nur ihrer Kopien) so unerläßlich wie die der eigentümlichen Aura, die ihn und seine Hinterlassenschaft umgab und umgibt.

Da die Ordnung und Katalogisierung von Briefen und Manuskripten 1971 noch unvollständig war und ein Teil der Briefe sich auf dem Postweg an die Library of Congress befand, blieb ein Rest der Dokumente von mir unbearbeitet. Ich mußte mich in dem großen Kreis der Schönbergschen Briefpartner umsehen, um nichts Wichtiges auszulassen. Für die Kindheit und die Jahre bis zur ersten Übersiedlung nach Berlin 1901 waren die Quellen sehr spärlich. Zeugnisse der Schulzeit fanden sich im Archiv des Bundesrealgymnasiums Wien II; ich danke Herrn Magister Johannes Wurth für die Auffindung und Abschrift dieser Dokumente, die durch einige Briefe ehemaliger Schulkameraden ergänzt werden konnten.

Durch Schönbergs Korrespondenz mit seiner Schwester Ottilie Blumauer erfuhr ich, daß in Rio de Janeiro zwei Liebesbriefe des 16jährigen an seine Kusine Malvina Goldschmied liegen. Der österreichische Generalkonsul in Westberlin, Dr. F. W. Hoess, stellte auf meinen Wunsch hin über die Botschaft in Brasilia den Kontakt mit den Nachkommen von Malvina Bodanzky, geb. Goldschmied, her. Durch ihre Tochter, Frau Renate Neschling-Bodanzky, und deren Sohn John Luciano Neschling kam ich in den Besitz von Kopien dieser wohl ältesten erhaltenen Schönberg-Briefe; ich danke hiermit allen, die an der detektivischen Sucharbeit teilhatten.

1902 lernte Schönberg Richard Strauss kennen, der jahrelang sein energischer Förderer war. Im Archiv der Villa Strauss zu Garmisch-Partenkirchen ist die Korrespondenz der beiden Komponisten erhalten. Frau Dr. Alice Strauss ließ mich diese Dokumente sehen und gab mir Photokopien davon. Auch ihr schulde ich Dank.

Als letzter Zeuge der beginnenden Schönbergschen Lehrtätigkeit seit 1904 hat mir Professor Dr. Egon Wellesz jahrelang brieflich und mündlich die wertvollsten Informationen und Ratschläge gegeben. Ihm, der auch als Schönbergs erster Biograph schon 1920 Einblick in Manuskripte und Skizzenbücher hatte, verdanke ich manche Erkenntnis über Leben und Werk.

Für die Auffindung von Quellen über Schönbergs Verhältnis zum Blauen Reiter und dem Münchener Kreis um Kandinsky bin ich Professor Dr. Werner Haftmann dankbar.

Die Universal Edition in Wien war Schönbergs Hauptverleger seit 1903. Direktor Alfred Schlee öffnete mir den Zugang zu den wichtigen und zahlreichen Dokumenten in ihrem Archiv. Ich fand dort nicht nur die Klavierauszüge, die Schönberg von Werken Rossinis, Lortzings und Schuberts hergestellt hat, sondern auch die (allerdings nicht vollständig erhaltene) Korrespondenz, die er mit dem Verlag und seinem Direktor Emil Hertzka von 1909 bis in die amerikanischen Jahre geführt hat. Als eine biographische Quelle ersten Ranges stellte mir Herr Schlee außerdem den umfangreichen, noch unveröffentlichten Briefwechsel zwischen Alban Berg und Anton von Webern zur Verfügung. Zusammen mit Schönbergs Tagebuch von Anfang 1912 und 1915 gibt er Auskunft über fast jeden Tag in gewissen Epochen seines Lebens. Da beide Briefpartner von beinahe pedantischer Genauigkeit waren, sind die Daten dieser Korrespondenz als zuverlässig anzusehen. Schönberg selbst irrte sich manchmal mit Tag, Monat und sogar Jahr.

1911 bis 1915 lebte er wieder in Berlin. Zu den wichtigsten Begegnungen dieser Zeit gehört die mit Albertine Zehme, der Bestellerin und Interpretin des „Pierrot Lunaire", darüber hinaus Schönbergs mütterlicher Freundin und Mäzenin. Über ihre Person war der Forschung bisher fast nichts bekannt. Der unermüdlichen Tätigkeit von Klaus Thiel, Leipzig, verdanke ich alle Daten ihres bedeutenden Lebens; zusammen mit den vielen Briefen in Schönbergs Nachlaß geben sie ein genaues Bild der Frau und Künstlerin.

Für die Auswertung der Wiener Quellen über Schönbergs Verbindung mit der Musikakademie bin ich Professor Dr. Hans Sittner, dem Präsidenten der Internationalen Schönberg-Gesellschaft besonders dankbar. Er hat die Dokumente für mich herausgesucht und eigenhändig kopiert. Wichtige Daten enthalten auch die Briefe und Karten, die Schönberg 1913–1918 mit Alexander Jemnitz wechselte und die mir Professor Denis Dille aus dem Béla Bartók-Archiv in Budapest zur Verfügung stellte.

Seit Schönbergs Entlassung aus dem Wehrdienst 1917 und der Übersiedlung nach Mödling 1918 werden Zeugnisse seiner Tätigkeit häufiger. Von den Schülern, die nach dem Krieg zu ihm kamen, gaben mir Max Deutsch (Paris), Erwin Ratz (†), Hans Swarowsky und Joseph Trauneck vielfache Auskunft. Der wichtigste Zeuge dieser Jahre war für mich Josef Rufer; er hatte jahrelang Material für ein geplantes Schönberg-Buch gesammelt, mußte aber dann von dem Projekt zurücktreten. Das Material stellte er mir in freundschaftlicher Weise zur Verfügung. Es enthält Dokumente von großer Wichtigkeit aus der Mödlinger Lehrtätigkeit und dem Wiener Verein für musikalische Privataufführungen. Für alle seine Hilfe danke ich ihm sehr herzlich.

In der Mödlinger Zeit begann die Freundschaft mit Dr. Fritz Stiedry und seiner Frau Erika von Wagner. Mit beiden hat Schönberg von 1922 bis zu seinem Tode korrespondiert; die Briefe zählen zu den wichtigen Quellen. Frau Erika Stiedry gilt mein Dank für viele Ratschläge.

1962, kurz vor seinem Tod, schenkte mir Francis Poulenc in Paris Abzüge der photographischen Aufnahmen, die er im Juni 1922 in Schönbergs Mödlinger Haus gemacht hatte. Von Darius Milhaud bekam ich 1970 Kopien aus seinem Briefwechsel mit Schönberg.

Über die Spanientournee mit dem „Pierrot Lunaire" 1925 gaben mir Professor Joachim Stutschewsky (Tel Aviv) und Professor Friedrich Wührer (Mannheim) aus ihren Erinnerungen ausführliche Berichte; auch Programme dieser Reise verdanke ich ihnen. Mitwirkende der italienischen Tournee 1924 konnte ich nicht ausfindig machen. Doch schilderte mir Luigi Dallapiccola, dem ich auch für andere Auskünfte dankbar bin, Schönbergs Begegnung mit Puccini in Florenz, der er beiwohnte. Fedele d'Amico versah mich in kollegialer Weise mit Photokopien der damaligen Programme und des Aufsatzes von Alfredo Casella über den „Pierrot Lunaire"; Frau Yvonne Casella zeigte mir Briefe und Widmungsphotos, die Schönberg ihrem verstorbenen Mann geschickt hatte.

Über die Berliner Meisterklasse an der Preußischen Akademie der Künste 1926–1933 hat das Archiv der Akademie zahlreiche Dokumente, die mir dessen Leiter Dr. Walter Huder in dankenswerter Weise zugänglich machte. Über diese Zeit enthält der Briefwechsel mit Frau Maria Seligman-Kolisch (San Francisco) viele wertvolle Details; auch ihr bin ich für Überlassung von Kopien zu Dank verpflichtet. Else C. Kraus, eifrige Interpretin des Schönbergschen Klavierwerks und Freundin seiner Familie, gab mir Informationen.

Aus Ostberlin kamen Auskünfte von Max Butting und Paul Dessau; das Arnold Zweig-Archiv der dortigen Deutschen Akademie der Künste beantwortete freundlich meine Fragen, wogegen die Musikabteilung meine Briefe unerwidert ließ.

Aus der Lehrtätigkeit selbst, soweit ich sie nicht als Teilnehmer der Analyse-Kurse kennen lernte, gibt es mancherlei Erinnerungen, die in mehreren Sprachen veröffentlicht wurden. Den bedeutendsten Beitrag darüber stellte für dieses Buch der Schweizer Dirigent Erich Schmid zur Verfügung, Schönbergs Schüler seit 1930.

Viele persönliche Erinnerungen an die Zeit bewahrt Frau Maria Schreker, die mir in Gesprächen immer wieder wertvolle Anregungen gab.

In Prag wurde mir die 1972 verstorbene Frau Marketa Královcová eine stets bereitwillige Mitarbeiterin, die in Archiven und Bibliotheken verschollene Dokumente über Schönbergs mütterliche Familie und Aufführungen seiner Werke ausfindig machte.

Universitätsprofessor Dr. med. Hans Frischauf (Wien) gab mir Informationen und Hinweise betreffs seiner Mutter, Frau Dr. Marie Pappenheim, Textdichterin der „Erwartung".

Die ersten Jahre in Amerika, namentlich die Zeit vor der Übersiedlung nach Kalifornien 1934 waren bisher kaum erforscht. Durch Miss Beatrice Malkin (New York) bekam ich die Schönberg betreffenden Teile der unveröffentlichten Erinnerungen ihres verstorbenen Vaters Joseph Malkin, der den Meister nach Amerika holte. Auch durch ihren Onkel, Dr. I. Malkin, erhielt ich Informationen. Als wichtige, sehr umfangreiche Quelle dazu stellte mir Dr. Hans W. Heinsheimer, auch sonst ein Helfer bei vielen Problemen meiner Arbeit, den sehr dichten Briefwechsel mit Carl Engel zur Verfügung, für dessen Kenntnis ich dem Verlag G. Schirmer, New York, dankbar verbunden bin. Aus dem Schülerkreis dieser frühen amerikanischen Jahre in Boston und New York gaben mir Frau Lois Lautner und Herr Lowndes Maury viele Auskünfte. Photokopien der Schönberg betreffenden Artikel in „Musical America" schickte mir Miss Sheila Schultz. Über die Bostoner Lebens- und Arbeitsbedingungen fanden Rudolf Kolisch und Gunter Schuller an Ort und Stelle einiges Material.

Über die kalifornischen Jahre ist viel geschrieben worden, aus unmittelbarer Anschauung vor allem von Dika Newlin. Briefliche und mündliche Informationen verdanke ich namentlich Richard Hoffmann und Leonard Stein, die neben Gerald Strang Schönbergs engste Mitarbeiter waren. Professor John Ulric Nef autorisierte mich, bei der Joseph Regenstein Library an der University of Chicago Kopien der 1946 an ihn und seine erste Frau gerichteten Schönbergbriefe zu erwerben, für deren Beschaffung ich dem Bibliothekar

Hans Lenneberg danke. Für Schilderungen ihrer Begegnungen mit Schönberg bin ich Frau Monica Mann verpflichtet. Clara Steuermann und Salka Viertel-Steuermann halfen bei der Beschaffung von Photos und Daten. Rudolf Goehr aus dem letzten Berliner Schülerkreis stellte mir seine Korrespondenz 1933 bis 1949 mit Schönberg zur Verfügung. Informationen über die von ihm geleiteten „Evenings on the Roof" gab mir Peter Yates. Miss Sonja Lane, die in Los Angeles den schriftlichen Nachlaß katalogisiert hat, half mit Photokopien.

Vor allem aber bin ich Angehörigen der Schönberg-Familien für ihre Mitarbeit verpflichtet. Frau Susanne Remus, Berlin, gab mir den Briefwechsel mit ihrer Mutter, Ottilie Blumauer, der Schwester Schönbergs, und zahlreiche Auskünfte. Sie und Frau Bertel Schönberg in Aigen, die Witwe von Schönbergs Bruder Heinrich, stellten Photos aus der Jugendzeit zur Verfügung.

Nuria Nono war die wichtigste helfende Quelle. Im Januar 1973 las sie in Venedig mit meiner Frau und mir zusammen das Manuskript und ergänzte meine Arbeit durch einige Berichtigungen und zahlreiche Zusätze und Anregungen. Wir sahen zusammen die vielen Photos und Manuskript-Kopien durch, von denen nicht wenige in das Buch aufgenommen wurden. Sie erzählte aus ihren Kindheits- und Jugenderinnerungen an den Vater und beschwor die Atmosphäre des Hauses in Brentwood Park so lebendig herauf, wie es tote Gegenstände nicht vermögen. Ihr verdanke ich den Einblick in die privateste Sphäre der Schönberg-Familie, vor allem während der letzten Jahre bis 1951. Und eben diese privaten und intimen Einblicke öffneten manche Sicht in den schöpferischen Prozeß und bestätigten meine Erkenntnis, daß Leben, Umwelt und Werk bei Schönberg untrennbar zusammenhängen.

Die Liste derer, die zur Dokumentation meiner Arbeit beitrugen, läßt sich kaum vervollständigen, da unzählige Briefe und Gespräche im Lauf vieler Jahre auf Spuren führten, denen ich oft erfolgreich nachging. Ich nenne nur Higino Anglès (†), Michael Gielen, Peter Gradenwitz, Karl Holl, Thomas-M. Langner, Friedrich Luft, Willi Reich, Willi Schuh, Nicolas Slonimsky und Fritz Zweig. Bei der Auffindung und Übersetzung russischer und ukrainischer Texte halfen Boris Blacher, Gottfried Eberle und Grigorij Schneerson.

In Wien fand ich Unterstützung bei der Österreichischen Proträtsammlung, der Evangelischen Kirchengemeinde, Dorotheergasse, und der Israelitischen Kultusgemeinde (Dr. David Alpern). In Berlin beim Fernmeldedienst der Post, der mir Einblick in Telefonbücher von 1901 bis 1933 gewährte, beim Preußischen Staatsarchiv, das Daten in Adreßbüchern der gleichen Epoche beschaffte und wo Dr. Rudolf Elvers die Auswertung der dort liegenden Schönberg-Autographen ermöglichte, sowie beim Senator für Bau- und Wohnungswesen. Bei der Auffindung von Dokumenten in Universitäten der Vereinigten Staaten war die US-Mission in Westberlin, namentlich Mr. Terence F. Catherman, stets hilfreich. Das Stadtamt Gmunden im Salzkammergut und das Archiv des Hessischen Rundfunks in Frankfurt beschafften wichtige Daten. Besonderen Dank schulde ich Verlag und Redaktion der Frankfurter Allgemeinen Zeitung für finanzielle Unterstützung der Forschungsreise 1971 in die Vereinigten Staaten und für kollegiale Hilfe, die mir Friedrich Hommel und Hildegard Weber leisteten.

Im Londoner British Museum durfte ich Schönbergsche Briefe einsehen, namentlich die wichtigen an Edward Clark 1921–1933.

Das abschließende Wort dankbarer Verbundenheit gebührt Herrn Dr. Daniel Bodmer vom Atlantis Verlag, dessen lebhaftes Interesse und unermüdlicher Rat die Durchführung des anspruchsvollen Planes von 1970 bis jetzt gefördert und möglich gemacht haben.

Ich bin mir bewußt, daß auch durch meine Arbeiten noch nicht alle Quellen aufgespürt und erschöpft wurden, die Schönbergs Leben und Schaffen betreffen. Doch konnten die meisten Lücken ausgefüllt und viele Fehler berichtigt werden, die in der vorliegenden Literatur (meine eigenen Bücher und Aufsätze von 1920 bis 1972 eingeschlossen) bestehen und oft unkritisch übernommen wurden. So glaube ich, einen Schritt weiter gekommen zu sein.

Berlin-Grunewald, Januar 1974 H. H. Stuckenschmidt

DER ZWEITE BEZIRK

Österreich-Ungarn reichte mit seinen nord-östlichen Grenzgebieten tief in die slawische Welt hinein. Die böhmischen, mährischen und slowakischen Länder waren nicht nur Humusboden für vielfältige Kulturleistungen und Taten des Geistes. Sie waren auch von einem durch Jahrhunderte gepflegten Musiksinn erfüllt, dessen Wurzeln vor allem im einheimischen Gesang und Tanz ruhten. In der meist bäuerlichen Bevölkerung dieser Gebiete wurde das Singen wie das Musizieren auf Instrumenten als ein festlicher Teil des Alltags gepflegt. Vom Dorf fand diese breitgestreute Musikkultur den Weg in die kleinen und großen Städte.

Inmitten der slawischen, durch verschiedene Sprachen und Dialekte getrennten Völkergruppen gab es alteingesessene jüdische Minderheiten, die vieles von den Kulturen der Gastvölker in sich aufnahmen, ohne dabei die eigenen Überlieferungen preiszugeben. In den großen Städten war das Judentum auf seine besondere Weise kulturell schöpferisch. Mit allen seinen engen Verbindungen zu den großen slawischen Mehrheiten hatte es aber überdies eine sehr eigentümliche nationale Funktion. Es gehörte schon sprachlich mit dem Deutschtum zusammen, das ebenfalls eine alteingesessene Minderheit innerhalb der slawischen Gesellschaft bildete.

Aus diesem deutschsprachigen Judentum gingen im 19. und auch noch im 20. Jahrhundert zahllose gute Musiker hervor. Gustav Mahler gehörte ihm ebenso an wie der Geiger Bronislaw Huberman, Artur Schnabel ebenso wie Alexander von Zemlinsky.

Die slowakische Hauptstadt Pressburg, slawisch Bratislava, ungarisch Pozsony genannt, war einst eine deutsche Siedlung und später von ungarischen Adelsfamilien beherrscht. Ihr altes Kulturleben wurde von der slowakischen Mehrheit mitgetragen und konnte sich bedeutender Leistungen in den Bereichen von Universität und Theater rühmen.

Als Angehöriger einer jüdischen Familie wurde am 20. September 1838 Samuel Schönberg in Szecseny geboren. Er suchte, wie viele seiner Landsleute, sein Glück in Wien. Vierzehnjährig verließ er 1852 die Heimat und wurde in der Haupt- und Residenzstadt der Habsburger Monarchie Lehrling eines kaufmännischen Betriebes. Samuel Schönberg hatte eine wohllautende Stimme und trat einer Chorvereinigung bei, deren Proben und Aufführungen er abends nach der Arbeit mitmachte. Einer seiner Neffen, Hans Nachod, schildert ihn als eine Art von anarchistischem Schöngeist. Er hatte einen Bruder, Ignaz Schönberg, dessen Sohn Arthur Ingenieur wurde.

Samuel Schönberg war 32 Jahre alt, als er 1870 die zehn Jahre jüngere Pauline Nachod heiratete. Sie war am 7. April 1848 in Prag geboren, Tochter von Joseph Nachod und Caroline, geborene Hutter. Die Nachods waren eine alte jüdische Prager Familie, deren männliche Angehörige durch viele Generationen Kantoren der Altneuschul, Prags Hauptsynagoge, gewesen waren. Stimmliche und musikalische Begabung war bei den Nachods erblich. Pauline hatte zwei Schwestern und drei Brüder. Alle sechs Geschwister scheinen mit den Eltern jung nach Wien gekommen zu sein. Paulines Bruder Gottlieb hatte zwei Söhne, von denen der ältere, Walter Josef Nachod, Opernsänger wurde. Ein anderer Bruder von ihr, Friedrich Nachod, hatte ebenfalls zwei Söhne, von denen es Hans zu einer beachtlichen Karriere als Operntenor brachte.

Das jung verheiratete Paar machte einen Schuhladen auf, der die Familie recht und schlecht ernährte. Ein erstes Söhnchen starb unmittelbar nach der Geburt. Ein zweites kam am 13. September 1874 zur Welt. In den Matrikeln der Wiener Israelitischen Kultusgemeinde, die wie durch ein Wunder Nazibesetzung und Zweiten Weltkrieg überdauert haben, ist die Geburt unter der Nr. 8023 eingetragen. Die Beschneidungsfeier wurde eine Woche später durchgeführt; ein Beweis für die kräftige und gesunde Konstitution des Knaben, der den Namen Arnold bekam.

Die Schönbergs wohnten damals im zweiten Bezirk, Obere Donaustraße Nr. 393. Der Zweite Wiener Bezirk, die Leopoldstadt, ist eine große Insel. Sie liegt zwischen dem Donaustrom, der an der Peripherie vorbeiführt, und dem Donaukanal, an den sich die Stadtmitte anschmiegt. Längs dieses Kanals läuft die Obere Donaustraße. Ihre drei- bis fünfstöckigen Häuser öffnen den Blick auf das Wasser und die stattlichen Gebäude des jenseitigen Ufers.

Auf der Leopoldstädtischen Insel gibt es große, parkartige, von schönen alten Bäumen bestandene Grünflächen. Die größten und berühmtesten sind der Augarten und der Prater. Zwischen ihnen und durch sie hindurch führen Hauptstraßen wie die alte Jägerzeile, später Praterstraße genannt, und die Taborstraße, in die Schönbergs einige Jahre nach der Geburt des Knaben Arnold zogen. Der Name Leopoldstadt kommt von dem Kaiser Leopold I., der ein Menschenfreund und ein kunstsinniger Mann gewesen ist. Wie viele Mitglieder des Hauses Habsburg liebte auch Leopold die Musik. Er spielte gut Klavier und hat hübsche Lieder komponiert. Aber eines Tages ordnete der schöngeistige Herr an, daß von der Insel mit ihren herrlichen Parks, Anlagen und Jagdgründen alle jüdischen Bewohner vertrieben wurden, die sich dort niedergelassen hatten. Es waren schon damals nicht wenige. Erst als in der Wiener Hofburg Maria Theresias liberal denkender Sohn, der Kaiser Joseph II. regierte, durften die Juden wieder in dem Bezirk wohnen, der nun Leopoldstadt hieß. An einem Haus in der Oberen Augartenstraße ist eine Tafel aus dem Jahre 1775 angebracht. Auf ihr steht, was Kaiser Joseph II. verkünden ließ, als er Augarten und Prater – die bis dahin dem Adel vorbehalten waren – für jedermann öffnete und seinen Untertanen schenkte: „Allen Menschen gewidmeter Erlustigungsort von ihrem Schätzer." Der Monarch schätzte die Menschen, die ihn dafür verehrten.

Über Arnold Schönbergs frühe Kindheit wissen wir nicht viel mehr als das, was er als alter Mann seiner Frau Gertrud erzählt und auch in kurzen, flüchtigen Notizen bruchstückweise zu Papier gebracht hat. Aber wir können uns vorstellen, daß er mit dem Vater oder mit der Mutter in der Leopoldstadt spazieren ging. Vielleicht führten diese Spaziergänge die lange Taborstraße hinunter. Da mag Vater Schönberg dem Söhnchen die großen Raddampfer gezeigt haben, die Pressburg mit Wien verbanden und von denen einer ihn als jungen Menschen aus der Provinz in die Reichshauptstadt gebracht hatte. Vielleicht auch sang ihm der Vater Lieder aus seiner slowakischen Heimat vor, Melodien in einer fremden slawischen Sprache, die das Kind nicht verstand. Andere Spazierwege könnten in die Floßgasse geführt haben, wo einst in einer Bierschenke mit dem Namen „Zum Heiligen Florian" der Geiger und Walzerkönig Johann Strauß Vater zur Welt gekommen war.

Als kleiner Junge, so berichtet er selbst in einem 1937 entstandenen Kommentar zu seinen Streichquartetten, war er entsetzt über das Bild einer Szene aus dem Märchen „Das Gespenster-Schiff" von Wilhelm Hauff. Es zeigte den Kapitän des Schiffes, den die rebellische Mannschaft durch den Kopf an den Mastbaum genagelt hatte. Die Erinnerung daran verfolgte ihn während der Komposition des 3. Streichquartetts 1927, vor allem beim 1. Satz.

Schönberg war ein großer Tierfreund. Das zeigte sich schon in der frühen Kindheit. Als Gertrud Schönberg nach 1951 in Los Angeles den Entwurf einer Biographie des Meisters in Stichworten notierte, war die Tierliebe einer der ersten erwähnten Charakterzüge. Sie nennt die Milchwagen im Prater und zitiert einen Ausspruch „Pferd g'hört dem Arnold". Hunde waren seit 1918 immer um Schönberg, der sogar die mageren Kriegsrationen mit seinem Schäferhund teilte. Namentlich angeführt werden von Gertrud Schönberg Wulli, Witz, Snowy, Rudi, Chris und Laddie.

Ich hatte Paulines Bruder Friedrich, Fritz wie er im Familienkreis genannt wurde, schon erwähnt. Dieser Onkel war es, der neben den Eltern die Entwicklung des Knaben stark beeinflußte. Arnold liebte ihn, und auch mit ihm machte er Spaziergänge, die bald in den Augarten, bald in den Prater führten. Von seinem Onkel Fritz lernte das Kind viele Dinge, lange bevor es die Schule besuchte. Der weitgereiste Mann sprach gut französisch und lehrte Arnold die fremde Sprache. Von ihm mag der Knabe die französische Form seines Vornamens Arnaud gelernt haben, die er auf einer seiner frühesten Kompositionen benutzt hat. Ebenso wie Vater Schönberg war Fritz Nachod ein idealistischer Freidenker. Er liebte Gedichte, vor allem die Friedrich Schillers, und er schrieb selber welche. Im Gegensatz zu den beiden Männern vertrat Pauline Schönberg in der kleinen Familie das konservative Prinzip. Sie hing an den alten Bräuchen, wie sie in der frommen Prager Familie der Nachods seit Jahrhunderten befolgt wurden. Man kann sich leicht ausmalen, was für lebhafte Gespräche in der Schönbergschen Wohnung des zweiten Bezirks geführt wurden, wenn Onkel Fritz zu Besuch kam. Dabei dürften die politischen Umwälzungen des 18. und 19. Jahrhunderts ebenso lebhaft diskutiert worden sein wie die Lage der Juden in der modernen Gesellschaft. Arnold Schönberg hat sich später in Berlin und in Kalifornien dieser Kindheitseindrücke wohl erinnert und mitunter auch darüber gesprochen. Die Mutter versuchte bei solchen Gesprächen im Familienkreis die beiden rebellischen Männer zu beruhigen und hielt ihrem aufgeklärten Sinn Argumente entgegen, die das Kind sich merkte. In seinem reifen Charakter finden wir den strengen, erhaltenden und in späteren Jahren auch den jüdisch-frommen Geist der Mutter ebenso wieder wie den aufbegehrenden, alle Dinge kritisch betrachtenden des Vaters, den er früh verlor und dessen Erzieherrolle dann der Onkel übernahm.

Die kleine Familie vergrößerte sich am 9. Juni 1876, als Arnold ein Schwesterchen namens Ottilie bekam. Weitere sechs Jahre später kam ein zweiter Sohn zur Welt, der Heinrich Samuel genannt wurde. Ein altes erhaltenes Foto zeigt Pauline Schönberg mit ihren beiden Kindern Arnold und Ottilie. Die Aufnahme stammt von der Fotografischen Anstalt Matzner, Wien II., Lilienbrunngasse 19, zunächst der Sperlgasse. Mutter Schönberg hatte sich und ihre beiden Kinder sehr fein gemacht für dieses Bild. In molliger Leibesfülle sitzt sie da mit ihrem dunklen Seidenkleid, eine große weiße Schleife über dem Busen, das Haar in Zöpfen über den Kopf gesteckt, an einem Kettchen das Lorgnon. Ottilie steht zu ihrer Rechten, die Händchen aufeinandergelegt, das Gesicht ernst und beobachtend. Zur Linken steht Arnold, dessen Hand die Mutter mit der ihren umschließt. Auch er ist wie das Schwesterchen im Sonntagsstaat mit weißen Strümpfen und dunklen Stiefelchen. Unverkennbar ist der etwas schiefe, wie spöttisch verzogene Mund. Die Kinder dürften fünf und drei Jahre alt gewesen sein, die Aufnahme aus dem Jahre 1879 stammen.

Im Herbst 1880 kam Arnold auf eine Volksschule des Zweiten Bezirks. Der Vater wollte, daß er Technik studiere, um später einmal Ingenieur zu werden. In der Klasse der Volksschule freundete sich Arnold mit zwei Mitschülern an. Der eine hieß Friedrich Eichberg und hat es später als Ingenieur und Erfinder zu Ansehen und großem Wohlstand gebracht. Der andere, Arnold Steiner, schrieb 1944 aus Buenos Aires an den siebzigjährigen Schönberg. Mit Eichberg, seinem ehemals besten Freund, hatte er sich seit zwanzig Jahren

Pauline Schönberg, geb. Nachod, mit Ottilie und Arnold, 1879

völlig auseinandergelebt; er meinte, dieser sei zu reich geworden und habe zu sehr die Sitten des Berliner Westens angenommen. Der Klassenlehrer, bei dem die drei Freunde in der Volksschule lernten, hieß Starek. Steiner schildert den Knaben Schönberg in seinem Brief: „Du saßest neben mir in der Volksschule (bei Starek) und bist alle fünf Minuten auf die Erde gerutscht, hast dir die Hosen an den Knien staubig gemacht und sie dann mit dem Taschenmesser abgekratzt. So ein nervöses Menschenwesen warst du damals schon." Als Schönberg im September 1911 nach Berlin übersiedelte, lebte dort Dr. Friedrich Eichberg in Neu-Westend. Die alten Schulkameraden trafen sich mehrfach. Auch im Exil standen sie seit 1939 wieder in brieflicher Verbindung. Eichberg war 1937 nach Amerika gegangen und verkaufte eine patentierte Erfindung an General Electric. Er starb in der Universitätsstadt Ann Arbor am 29. Juli 1941. „Was liegt nicht alles zwischen unseren Schul- und Lehrjahren und heute!", schrieb er zu Weihnachten 1940 an Schönberg in Brentwood Park.

Musiziert wurde anscheinend in Schönbergs Elternhaus nicht. Die Familie lebte, auch nachdem der Vater ein Inkassogeschäft eröffnet hatte, in bescheidenen Verhältnissen und besaß kein Klavier. In ihrem Buch „Bruckner, Mahler, Schönberg", das 1947 in New York erschien und auf Informationen Schönbergs beruhte, hat Dika Newlin Mutter Pauline als Klavierlehrerin bezeichnet. Das hat Hans Nachod energisch bestritten. Doch dürfen wir bei der Frau, die aus einem alten Prager Kantorengeschlecht stammte, musikalische Begabung als wahrscheinlich annehmen. Solche Begabung zeigten ihre Kinder alle drei schon im zarten Alter. Wäre ein Klavier im Haus gewesen, so hätten sie es vermutlich gespielt. Arnold Schönberg hat sich zwar mit der Technik aller Instrumente vertraut gemacht. Aber wirklich erlernt hat er als Kind nur das Geigenspiel. Zum Klavier scheint es ihn, jedenfalls in seiner Jugend, nicht gezogen zu haben.

Zum Herbst 1885 trat er („Von außen kommend") in die erste Klasse der Realschule Wien II ein. Er bestand alle Klassen, wurde aber am 22. Januar 1891 abgemeldet. Die Leistungen des Realschülers scheinen normal gewesen zu sein. Er war kein sehr williger Schüler. Wer in Stefan Zweigs „Die Welt von gestern" die Schilderungen der österreichischen Mittelschulen um die Jahrhundertwende kennt, der begreift, warum. Die Realschule des II. Bezirks, heute das vorzügliche Bundesrealgymnasium Wien II, galt damals als nicht eben hervorragend. Bei einem Menschen mit so starken pädagogischen Instinkten und angeborenen Lehrfähigkeiten wie Schönberg muß das zu frühzeitiger Kritik und Auflehnung geführt haben.

Er selbst hat über seine Schuljahre nicht geschrieben und kaum gesprochen. Was er ihnen verdankte, war gewiß nur eine dürftige Grundlage für die spätere

Entwicklung seines Geistes. Beim Schreiben bediente er sich bis zur Auswanderung 1933 immer einer klaren, korrekten und deutlichen Kurrentschrift, in die lateinische Schriftzeichen für bestimmte Wörter eingestreut waren. Nach 1933 benutzte er nur noch die Lateinschrift. Moderne Sprachen, vor allem die französische, fielen ihm nicht schwer. In Amerika erwarb er nach mühsamen Anfängen eine umfassende, bis ins Idiomatische reichende Kenntnis des Englischen. Daß die griechischen Göttermythen in seinem geistigen Haushalt nicht existierten, ist auf die moderne Realschulbildung zurückzuführen. Stefan Zweig schreibt über die „bis ins Absurde getriebene Überwertung des Ästhetischen", durch die sich die Knaben seiner Generation (er war 1881 in Wien geboren) von der „Kerkeratmosphäre eines österreichischen Gymnasiums" freimachten. Vielleicht hatte auch Schönberg die Schuljahre als derartig drückend empfunden. Seine künstlerischen Liebhabereien waren gewiß nicht von so literarischer und intellektueller Art, wie die Stefan Zweigs oder des 1874 geborenen Hugo von Hofmannsthal, der sechzehnjährig unter dem Pseudonym „Loris" die literarische Welt durch die Reife seiner Dichtungen verblüffte.

Aus der Realschulzeit stammt die Freundschaft mit Oskar Adler, dem hochgebildeten Philosophen und ausgezeichneten Geiger, der noch 1948 aus dem Londoner Exil schrieb: „Meine Jugenderinnerungen sind gleich lebendig geblieben. Oft denke ich an die Zeit zurück, da wir zusammen Quartett spielten, in dem Dienstbotenkammerl in der Augartenstraße am Sonntagnachmittag, und an die anschließenden Spaziergänge im Prater mit philosophischen Gesprächen, an die Zeit, wo wir Komzaks[1] Dirigentenkunst bewunderten. Viele Figuren tauchen da auf – Eichberg, Herzl, Heim, der hier vor zwei Jahren an einer schweren Krankheit starb . . ."

Für die sonntäglichen Hauskonzerte in der Dienstbotenkammer fehlte den jungen Musikanten ein Cello. Oscar Adler trieb eine große Bratsche auf. Man bezog sie mit vier Zithersaiten, die nach der Besaitung eines Cellos gestimmt wurden. Auf diesem seltsamen Tonwerkzeug spielte Schönberg. Da er keine anderen kannte, benutzte er die Fingersätze der Geige. Dabei blieb es zunächst, auch als er sich von seinem knappen Taschengeld am „Tandelmarkt", einem Altwarenmarkt in Wien, ein Cello gekauft hatte. Wiederum half Adler. Er ließ sich von dem Cellisten der Philharmoniker, Friedrich Buxbaum, die richtigen Fingersätze zeigen und brachte sie dem Freunde bei.

Neben Karl Komzaks Orchester gab es auf der Insel des zweiten Bezirks auch andere musikalische Anregungen. Im Ersten Kaffeehaus des Praters

[1] Karl Komzak (1851–1905) studierte am Prager Konservatorium, war Militärkapellmeister und später Leiter der Kurkapelle in Baden bei Wien.

spielte ein Militärorchester unter Leitung des Dirigenten Großmann. Sein Repertoire reichte von Wiener Walzern bis zu Wagner. Hier, auf der Hauptallee des Praters, promenierte der 17- oder 18jährige Schönberg „um gratis Musik zu hören", die er laut sprechend kommentierte. Diesen Bericht verdanken wir einem zweiten Jugendfreund, David Josef Bach. Gleichaltrig mit Schönberg, freundete er sich im Sommer 1893 mit diesem an, als sie gemeinsam Ferienwochen in Kierling bei Wien verbrachten. Dort entstand in jenem Sommer Schönbergs ältestes noch erhaltenes Lied „In hellen Träumen hab ich dich oft geschaut", nach einem Text von Alfred Gold. Es wurde 1924 beim Wiener Musik- und Theaterfest ausgestellt. Mit Bach blieb Schönberg auch noch in der Emigration befreundet. In seinem Aufsatz „Aus der Jugendzeit", den 1924 das Sonderheft zum 50. Geburtstag brachte, schildert er Schönberg, den jungen Burschen in hellgelbem, kurzem Überrock.

Kaffeehäuser gab es im zweiten Bezirk mehrere. Bach nennt das Erste im Prater. Von anderen Zeugen wissen wir, daß das Dritte wegen seiner Musik besonders berühmt war. Der englische Musikschriftsteller Alan Pryce-Jones spricht von dem Kaffee Swoboda, dem „Eisvogel" und auch von dem Dritten Kaffeehaus als beliebtesten musikalischen Gaststätten im Prater.

Auf die jungen Intellektuellen vor und nach der Jahrhundertwende übte der Prater mit seinen klingenden Karussells, den Luftschaukeln und seit 1897 dem berühmten, von englischen Ingenieuren gebauten Riesenrad eine magische Anziehungskraft aus. Unter den jungen Müßiggängern aus reichem Haus, die sich dafür begeisterten, war Richard Engländer, der sich Peter Altenberg nannte, und unter diesem Namen eine neue Art kurzer impressionistischer Prosastücke schrieb, die zu den originellsten Blüten am Baum der damaligen Österreichischen Literatur gehören. Zu den ersten, die Altenbergs Begabung förderten, zählt Arthur Schnitzler, der Arzt und Dichter, dessen Großeltern ihre Wohnung im Carl-Theater des zweiten Bezirks hatten. Egon Friedell hat in seiner „Kulturgeschichte der Neuzeit" geschrieben, Peter Altenberg habe im Telegrammstil seiner pointillistischen Miniaturen eine Topographie der Wiener Seelenverfassung um 1900 geschaffen, so wie Schnitzler die Psychoanalyse dramatisiert und in Romanen und Theaterstücken das Wien des ausgehenden Jahrhunderts eingefangen habe.

Schönberg hat damals weder Schnitzler noch Altenberg gekannt. Beide waren älter als er. Aber das war nicht das einzige, was ihn von den beiden Schriftstellern trennte. Sie stammten ebenso wie später Stefan Zweig aus reichen, großbürgerlichen jüdischen Familien. Altenbergs ganze Existenz eines bummelnden Medizinstudenten ohne andere praktische Fähigkeiten als die, auf die Mamortischplatten des Kaffeehauses seine Prosastückchen zu kritzeln, war nur auf dem Hintergrund großen Reichtums denkbar. Schnitzler war zwar

Der zehnjährige Arnold Schönberg mit Edmund, Rudolf
und Malva Goldschmied

selbst kein Bummler und Müßiggänger, aber auch ein junger Mann mit vergoldeter Kindheit. Stefan Zweigs Vater konnte sich als erfolgreicher Fabrikant ein luxuriöses Leben leisten. Von alledem war bei den Schönbergs nicht die Rede. Mit dem kleinen Schuhgeschäft im zweiten Bezirk brachten sie es nie zu Wohlstand. „Die Ehe scheint ganz normal gut verlaufen zu sein, höchstens getrübt durch materielle Sorgen", hat Schönberg später geschrieben. Für seine ganze Existenz war ein starkes Leistungsbewußtsein kennzeichnend. Immer mit irgend einer Arbeit beschäftigt, war er der rechte Sohn seiner Mutter, von der er selbst meinte, sein Pflichtgefühl geerbt zu haben. Diese Arbeiten waren durchaus nicht immer musikalischer oder künstlerischer Natur. Er hatte einen Hang zu einfacher, handwerklicher Tätigkeit.

Auch die weit verzweigte Verwandtschaft aus den Familien Schönberg und Nachod lebte zum großen Teil in der Leopoldstadt. Eine Schwester von Pauline Schönberg, Arnolds Mutter, heiratete einen Sigmund Goldschmied. Aus der Ehe gingen drei Söhne und eine Tochter hervor. Diese, Malvina genannt, kam Anfang 1877 zur Welt. Sie muß ein hübsches und blasses, sehr intelligentes Mädchen gewesen sein. Arnold faßte im Alter von 16 1/2 Jahren eine heftige Neigung zu der Cousine.

Samuel Schönberg wurde im Dezember 1890 von der Grippe-Epidemie ergriffen, die in Wien zahllose Todesopfer forderte. Von Natur aus nicht allzu widerstandsfähig, an einem Emphysem, asthmatischen Anfällen und Körperschwellungen leidend, starb er in der Neujahrsnacht 1890/91 und hinterließ seine Familie in dürftigen Verhältnissen. Arnold mußte deshalb die Realschule ohne Abschluß verlassen. Seine Mutter verschaffte ihm eine Stelle als Lehrling in der Privatbank Werner & Comp., Wien I, Wipplinger Straße 39.

Malvina Goldschmied war Anfang Februar 14 Jahre alt geworden. Im Mai reiste sie nach Nikolsburg, einer kleinen Stadt in Südmähren. Der Vetter Arnold blieb verliebt und sehnsüchtig in Wien. Am 16. Mai richtete er einen vier Seiten langen Brief an die Cousine. Er klagt, daß sie sich nicht von ihm verabschiedet habe und hofft auf eine rege Korrespondenz. Einen Brief, den sie an seine Mutter geschrieben hatte, rühmt er wegen des sehr guten Stils, der großen Gewandtheit der Form und des Gedankenreichtums. Daß sie sich in Nikolsburg wohl fühle, freue ihn; noch mehr aber würde es ihn freuen, wenn sie sich dort langweile. Er meinte damit wohl, daß ihr der Umgang mit dem Cousin fehle.

Zu melden gebe es, daß er endlich im Geschäft angefangen habe „in der Cassa zu arbeiten" und daß er „gestern nach langer Pause endlich wieder etwas Neues – ein Lied ohne Worte – componiert habe". Er hoffe wieder auf eine Epoche freudigen Schaffens. Dann fragt er Malvina, wieso sie nicht an die Existenz eines höheren Wesens glaube und fährt spöttisch fort, die Schicksalsschläge, die sie zum „Ablassen von diesem Millionen tröstenden Gedanken" veranlaßt hätten, stünden wohl in Romanen, die sie im Winter gelesen habe.

Dem Brief, der abends um half elf Uhr geschrieben wurde, legte der junge Liebhaber Blumen bei, die er im Prater auf dem Weg zur Bank gepflückt hatte. Der Duft von Blumen erinnere an den Klang der heiteren Stimme. Ihre Antwort solle sie an das Geschäft adressieren.

Die Antwort enttäuschte ihn. „Ma chère cousine!" beginnt sein Brief vom 25. Mai. „Dein Brief hat mich überhaupt nach keiner Seite hin befriedigt. Du sagst zumbeispiel, daß ich zu früh frohlockt habe, daß Du Dich nicht unterhalten werdest. – Nun, das ist eine hübsche Phrase, aber hier schlecht angewendet. Denn, erstens habe ich, soweit ich mich erinnere, geschrieben, daß es mir aus Bosheit lieber wäre, wenn Du Dich nicht gut unterhieltest, zweitens habe ich durchaus nicht frohlockt. Du schreibst ferner, Du habest nur so manchen Unsinn, der in der Bibel steht, bestritten, nun darauf muß ich als Ungläubiger Dir entgegnen, daß in der Bibel nirgends ein Unsinn steht. Denn es sind dort die allerschwierigsten Fragen, was Moral, Gesetzgebung, Volkswirtschaft, Heilkunde betrifft, in der einfachsten Form, freilich oft vom zeitgenossischen Standpunkt betrachtet, gelöst, wie überhaupt, die Bibel eigentlich die Grundlage unserer sämtlichen staatlichen Einrichtungen bildet (die Eisenbahn und das Telefon abgerechnet)." Dann folgt eine Betrachtung über Gott und Natur, eine weitere über richtige und subjektive Urteile. Den Korb, den sie ihm gegeben habe, wolle er für weitere Blumen aufbewahren. Warum sie die Korrespondenz nicht fortsetzen wolle, könne er nicht verstehen. Er glaube nicht gerade langweilig zu schreiben, und aus ihrem früheren Verkehr vermute er, daß sie ihn nicht hasse. Hoffentlich werde sie recht gesund in Nikolsburg und vertausche die grüne Farbe mit roten Wangen. Dann die Schlußwendung: „Indem ich Deiner baldigen Antwort entgegensehe, verbleibe ich Dein Cousin Arnold Schönberg (I. l. D.!)" Ein seltsamer Liebesbrief, in dem kein Wort von Liebe vorkommt und erst in der Klammer zum Abschluß das bisher schamhaft verschwiegene „Ich liebe Dich!" mit Anfangsbuchstaben angedeutet wird. Dreimal fügt Schönberg diesem Schreiben ein Post scriptum zu. Im ersten meint er, sie müsse seine Briefe aufmerksamer lesen, um zu sehen, daß er in *jedem Satze* etwas ganz Bestimmtes angedeutet habe. „Scheint Dir vielleicht auch die Oberfläche glatt, so ist das Wasser doch sehr tief und oft je glatter die Oberfläche, desto tiefer das Wasser." Im Prater habe er sich genau überlegt, was er schreiben werde, und zwar zu jedem Punkt ihres Briefs, den er jetzt beinahe auswendig könne. Im letzten Post scriptum heißt es: „Jetzt weiß ich momentan nichts mehr, denn es ist halb zwölf Uhr Abends und mir brummt mein Kopf. Deshalb Danke Schluss (wie man beim Telefon sagt) und abgeläutet: Klingeling in ging." Auf der letzten Zeile links und rechts steht in Klammern „(I . . l . . . . D . . .!)". Und, um es dreimal zu sagen, fügt Schönberg hinzu: „Arnold Ild". Nicht genug damit, schließt der originelle Brief: „Ich habe kürzlich ein neues Walzer*thema* – ein grünes Couvert – ich schlafe schon – (I . . l . . . . D . . .!)".

Das ist die kurioseste Mischung von altklugem Intellekt, lehrhaftem Spott und enttäuschter junger Liebe, die man sich denken kann.

In vielen Wesenszügen steht Schönbergs Charakter schon deutlich vor uns. Er nennt sich im zweiten Brief einen Ungläubigen; und doch ist die Bibel für ihn Grundlage beinahe aller Dinge. Das Heilige Buch hat ihn später, vor allem nach den Erlebnissen im ersten Weltkrieg, mehr und mehr beschäftigt. Man sieht, daß er es als Kind und als Jüngling ebenso bewundert hat wie in seinen allerletzten Lebenstagen.

Auch der Gedanke, hinter einfachen und glatten sprachlichen Formeln tiefe Erkenntnisse zu verstecken, kehrt in vielen späteren Lebensphasen wieder. Merkwürdig ist die Scheu, dem geliebten Mädchen seine Gefühle anders als „durch die Blume" zu offenbaren, merkwürdig auch die geschäftsmäßige Schlußformel im zweiten Brief, die etwas boshaft Malvinas Antwortschreiben parodiert.

Malvina, kurz Malva genannt, heiratete Robert Bodanzky, der für Franz Lehár die Libretti der Operetten „Graf von Luxemburg" und „Zigeunerliebe" schrieb und 1923 in Berlin starb. Sie hatte drei Brüder, die alle musizierten, mit ihnen Schönberg, der in seiner Jugend häufiger Gast im Hause Goldschmied war. Ihre Tochter, Renate Neschling-Bodanzky, in Rio de Janeiro, schrieb mir 1972, Robert Bodanzky sei ein großer Bewunderer und Anhänger Schönbergs gewesen und habe fest an ihn geglaubt.

Als 70jährige nahm Malva Bodanzky die Verbindung mit dem Cousin wieder auf. Ihr Brief aus Rio, Februar 1947, schildert die frühe Beziehung: „Eine Kindheit verbindet. Meine Schüchternheit als Kind verhinderte, daß ich Dir freundschaftlich näher kam. Deiner, wenn auch ‚entzückenden Ironie' war ich nicht gewachsen . . . Du bist heute das anerkannte Genie. Aber schon als Kind habe ich an Deine Größe geglaubt . . . Du hast einmal versucht, mir deutsche Stunden zu geben, mir zu helfen, ich bat Dich darum. Aber bei mir war alles so verschüttet, so unfrei, daß Du mich damals aufgabst . . .".

Noch ein kleines Dokument der Jugendliebe ist überliefert, ein Stammbuchverschen, geschrieben neben ein Bild von früchtetragenden Zweigen. In aller Naivität zeugt es doch von poetischer Bemühung.

Robert Bodanzkys Bruder Arthur war Musiker. Er kam am 16. Dezember 1877 in Wien zur Welt, besuchte dort Gymnasien und Konservatorium und wurde Geiger im Hofopernorchester. Seine Kapellmeisterlaufbahn begann in Budweis, wo er Operetten dirigierte. 1903 wurde er Korrepetitor an der

Wiener Hofoper, 1904 Operettendirigent am Carl-Theater und am Theater an der Wien. 1906 verpflichtete ihn die kurzlebige Berliner Lortzing-Oper, ein Jahr später das Deutsche Landestheater Prag als ersten Kapellmeister. Er wurde 1909 Dirigent des Mannheimer Nationaltheaters sowie der dortigen Akademiekonzerte und des Musikvereins. 1915 kam er an die Metropolitan Oper in New York, wo er 1939 als berühmter Mann starb.

Von Schönbergs Geschwistern hat die Schwester Ottilie ihn um drei Jahre überlebt. Sie starb am 7. Dezember 1954 in Berlin, wo sie einen großen Teil ihres Lebens verbracht hat. Ottilie erbte die musikalischen und stimmlichen Anlagen aus der mütterlichen Familie Nachod. Sie studierte Gesang und ist an mehreren österreichischen Bühnen in Opern und Operetten vor die Öffentlichkeit getreten. 1899 heiratete sie den Bankdirektor Emil Kramer, Bruder Leopold Kramers, der als Direktor des Neuen Deutschen Theaters in Prag die große Tradition Angelo Neumanns fortsetzte. Aus der Ehe gingen in Wien zwei Kinder hervor, 1900 ein Sohn und 1907 eine Tochter Susanne, die ebenfalls Sängerin wurde und in Berlin lebt. Nach ihrer Scheidung von Kramer heiratete Ottilie den Schriftsteller Oskar Blumauer, der unter dem Pseudonym Oskar Felix Erzählungen, Operettentexte und Theaterstücke schrieb. In einer Gedächtnissendung hat Ottilie Blumauer–Felix am 13. September 1952 im Berliner RIAS-Sender ein Gespräch mit Josef Rufer zum Gedächtnis ihres Bruders geführt: „Wir waren drei Geschwister, Arnold war der älteste, mein anderer Bruder Heinrich der jüngste von uns. Arnold und ich erhielten schon sehr früh Geigenunterricht, er war damals acht, ich sechs Jahre alt. Ich weiß noch genau, mit welchem Eifer er von Anfang an übte und wie rasche Fortschritte er machte. Mit 10 Jahren begann er schon seine ersten Kompositionsversuche, und als zwölfjähriger schrieb er einen Walzer, den er unserer Großmutter widmete und nach ihr Karolinenwalzer nannte[1]. Ich sehe ihn noch vor mir, wie er ihn immer wieder spielte und dabei gleichzeitig durchs Zimmer tanzte. Sie können sich denken, wie stolz ich zehnjährige auf meinen Bruder war. Eines Tages nahm ich heimlich die Noten und ging damit zu dem bekannten Wiener Verleger Weinberger, der sie sogar zur Prüfung da behielt. Nach acht Tagen holte ich mir die Antwort: der Walzer sei sehr nett, aber noch nicht druckreif. Mein Bruder solle nur fleißig lernen und sich später wieder melden. Er hat von dieser Geschichte nie etwas erfahren."

Der Bericht der Schwester stimmt mit den Erinnerungen überein, die Schönberg 1949 in seinem oft zitierten „Rückblick" in den von Josef Rufer und mir herausgegebenen Monatsblättern für Musik „Stimmen" veröffentlicht hat. Ottilie erzählte weiter: „Begreiflicherweise war meine Mutter, die ...

1 Karoline Nachod, geborene Hutter, war die Mutter von Pauline Schönberg.

für uns allein zu sorgen hatte, dagegen, daß Arnold Musiker werden wollte und gab ihn in eine Bank als Volontär. Aber schon nach ein paar Monaten ließ der Direktor sie zu sich kommen und sagte, ich weiß nicht, was ich mit ihrem Sohn anfangen soll, er beschmiert mir alle Papiere mit seinen Noten. Am besten, Sie lassen ihn Musiker werden. Nun gab meine Mutter nach und Arnold war natürlich überglücklich ... Bald war jede Woche bei uns ein Quartettabend."

Die Beendigung der Banktätigkeit hat mehrere voneinander abweichende Darstellungen gefunden. Hans Nachod behauptete 1952, Arnold sei eines Tages zum Schrecken der Familie heimgekehrt und habe erklärt, er gehe nicht ins Geschäft zurück, sondern werde Musiker. Der Jugendfreund David Josef Bach schreibt, die Bank habe Bankrott gemacht und Schönberg sei damit sehr zufrieden gewesen. Angeblich dauerte die Tätigkeit bis 1895.

1892 wurde der Prater, an und für sich schon ein beliebter Aufenthalt für alle Wiener, auch wenn sie weit von der Leopoldstadt entfernt wohnten, für einige Monate zu einem Kulturzentrum. Anfang Mai eröffnete man dort eine internationale Theater- und Musikausstellung, dic Eduard Hanslick in seiner Autobiographie „Aus meinem Leben" von der Entstehung an beschreibt. Zunächst als Ausstellung anläßlich des Mozartschen Todestages im Juli 1891 geplant, wurde sie auf Wunsch der Fürstin Metternich beträchtlich erweitert. Nach Hanslicks Zeugnis bot sie einen imposanten Anblick: „In der großen Rotunde erschien die Geschichte der Tonkunst und des Theaters aller Nationen und Zeiten durch einen fast unübersehbaren Reichtum von Musikinstrumenten, Handschriften, Drucken, Abbildungen und Portraits dargestellt ... ein nettes, geräumiges Theater erhob sich im Park, Nationale Opern und Komödien wurden da von Franzosen, Italienern, Polen, Ungarn, Czechen gespielt."

Sicher hat auch der junge Schönberg als Bankangestellter diese Ausstellung besichtigt und manche Aufführungen miterlebt. Daß er jede Gelegenheit benutzte, um Musik zu hören, wissen wir aus seinem eigenen Munde. Wien war der rechte Ort, diesen Musikhunger eines jungen Menschen zu stillen. Hanslick, der führende Kritiker der Epoche, hat über einige Abende innerhalb der Theaterausstellung geschrieben, so über Mascagnis „Cavalleria rusticana" und über Richard Strauss' symphonische Dichtung „Don Juan". Wir verdanken seinen Kritiken eine sehr klare Darstellung der Ereignisse, die in diesen Jahren aus dem Musikleben herausragten. Vermutlich hat Schönberg 1892 die „Don Juan"-Aufführung und 1893 die von „Tod und Verklärung" gehört. Im selben Jahre wurden in Wien auch die Brahmsschen Klavierstücke Opus 116 bis 119 aufgeführt. Hanslick kennzeichnet sie als Musik, die zwar in ihrer Strenge und Unsinnlichkeit den Hörer nicht unmittelbar anspreche, dafür aber mehr Aussicht auf dauernde Wirkung habe als viele erfolgreiche Modekompositionen.

Es sind die kleinen Formen, die Brahms selbst Fantasien, Intermezzi oder einfach Klavierstücke genannt hat. „Ein Brevier des Pessimismus", formuliert Hanslick, „kein einziges heiteres oder scherzendes Stück. Fast durchwegs spricht Brahms hier eine herbe, harte Sprache, die im Affekt auch zu schneidenden Dissonanzen greift . . . Sie verraten durchwegs die Klaue des Löwen."

1894 schrieb Schönberg drei Klavierstücke, die sein Jugendfreund Bach neben einigen vierhändigen Kompositionen besonders erwähnt. Sie sind als frühestes Klavierwerk in die Gesamtausgabe aufgenommen worden und tragen das Schlußdatum „Wien, im Oktober 1894". Das erste ist ein Andantino in cis-moll. Brahms' Einfluß ist im Klaviersatz so unverkennbar wie in der paradoxen Aufzeichnung. Der Einfall steht im Sechsachtel-Rhythmus, wird aber von Schönberg im Zweivierteltakt notiert, was zu reizvollen Verlegungen der rhythmischen Schwerpunkte führt. Harmonisch zeigt der 41 Takte lange kleine Satz keinerlei Besonderheiten.

Als zweites Stück folgt ein Andantino grazioso in F-dur, 72 Takte lang, lebhaft oder konventionell modulierend, mit einem eleganten Übergang kurz vor der Reprise. Der Klaviersatz ist griffig, überwiegend homophon und oft auf Brahms'sche Art terz- und sextverdoppelt.

Ein brillantes Presto in a-moll beschließt den kleinen Zyklus. Mit 101 Takten ist es das größte der drei Stücke, Virtuosenmusik, deren anfangs noch ornamentale und aufgesetzte Chromatik allmählich in die Substanz eindringt und dann zu überraschenden Modulationen drängt. Die Form ist in diesem Stück dreiteilig mit einem Mittelteil in E-dur. Der Charakter wirkt aufbegehrend, mit einem dreifachen Fortissimo als spätem Höhepunkt, von dem chromatisch die Oktaven hinuntergleiten. Mehr als in den beiden ersten Stücken tritt hier die motivische Kleinarbeit des Schönbergstils zutage.

Obwohl die drei Stücke nicht das sind, was Hanslick „entweder wild leidenschaftlich oder schmerzlich resigniert" nennt, ist ihre Herkunft von Brahms' Kleinformen deutlich zu erkennen. D. J. Bach berichtet, um diese Zeit habe Schönberg von Richard Heuberger den Rat bekommen, sich ganz der Musik zu widmen. Dieser habe ihn auch zur Komposition der vierhändigen Stücke angeregt. – Es war das Jahr, in dem Heubergers Oper „Mirjam" auf ein Libretto von Ludwig Ganghofer in Wien zur Uraufführung kam.

Ottilie fährt in ihrem Erinnerungsbericht fort: „Mein Bruder wollte damals meiner Mutter nicht auf der Tasche liegen und nahm eine Chormeisterstelle bei einigen Arbeiterchorvereinen an. Da lernte er Zemlinsky kennen und gründete bald darauf mit ihm und anderen jungen Musikern die ‚Polyhymnia', wo sie ihre Kompositionen aufführten. Mit der Zeit ergaben sich noch andere Verdienstmöglichkeiten, vor allem durch Instrumentierung von Operetten. Mein Bruder hat sich damit vor allem später bei seinem ersten Aufenthalt in

Berlin durchgebracht, aber in Wien damit begonnen. So hat er sich mit Zemlinsky in die Instrumentation der bekannten Operette „Der Opernball" von Heuberger geteilt und er hat den 3. Akt in Partitur gebracht."

Die interessante Mitteilung, daß ihr Bruder und Zemlinsky gemeinsam Heubergers „Opernball" orchestriert hätten, konnte bisher weder bewiesen noch widerlegt werden.

Auch Hans Nachod (1883–1966) hat 1952 diese Jahre in einem Beitrag zu der Zeitschrift „The Listener" geschildert: „Sie sind jetzt fast alle tot. Einer der letzten war mein Vetter und lieber Freund Arnold Schönberg. Sie sind alle gegangen. Zemlinsky, Bodanzky, Edmund Eisler, Piau, Carl Weigl, die Brüder Jonas und viele andere. Sie waren Rebellen, anziehende Rebellen, besonders anziehend für die jüngere Generation, zu der ich in jenen Tagen gehörte, weil sie unkonventionell waren in der konventionellen Umgebung des alten traditionellen Wien. Sie trafen sich in dem alten Kaffee Griensteidl oder im Winterbierhaus. Alle Nächte bis zum Morgengrauen ihre Probleme diskutierend, berauscht heimkehrend. Einer der heitersten und lebhaftesten der Bande war mein Vetter Arnold ... Er war ein wilder und energischer Junge und schon in seinen frühen Tagen bekannt für seine witzigen und schnippischen Antworten ... Wenn auch seine musikalische Begabung von der Nachod-Familie kam, bin ich doch überzeugt, daß er sein Genie vom Vater geerbt hat, der ein Träumer und Denker war und eine Art von anarchistischem Idealisten."

Der wichtigste Kronzeuge dieser Zeit, Zemlinsky selbst, schrieb 1934 in dem Heft zu Schönbergs 60. Geburtstag: „Es sind über 30 Jahre her, daß musikbegeisterte Studenten in Wien ein Amateurorchester gründeten, es stolz ‚Polyhymnia' benannten und mich zu ihrem Dirigenten wählten ... Wir waren alle musikhungrig und jung und musizierten recht und schlecht, jede Woche einmal, drauflos ... An dem einzigen Cellopult saß ein junger Mann, der ebenso feurig wie falsch sein Instrument mißhandelte (das übrigens nichts besseres verdiente – es war von seinem Spieler um sauer ersparte drei Gulden am sogenannten Tandelmarkt in Wien gekauft) und dieser Cellospieler war niemand anderer als Arnold Schönberg. Damals war Schönberg noch ein kleiner Bankbeamter, der aber von diesem Beruf nicht allzu viel Gebrauch machte und seinen Musiknoten den Noten in seiner Bank den Vorzug gab. So lernte ich Schönberg kennen ..." Von Kompositionen aus dieser Zeit nennt Zemlinsky aus dem Gedächtnis Violinsonaten, Duette, Chöre, Lieder und ein von Brahms beeinflußtes Streichquartett. Als Vorstandsmitglied des Wiener Tonkünstlervereins habe er dieses Quartett zur Aufführung vorgeschlagen. Aus den Mitteilungen des Tonkünstlervereins 1897/98 ist zu ersehen, daß die Aufführung am 17. März 1898 stattgefunden hat.

Fröhliches Quintett in der Wiener Zeit von 1895–1898.
Der Cellist ist Schönberg, der Violinist mit dem Schnurrbart Fritz Kreisler

Die Namen in Hans Nachods Aufsatz sind zum großen Teil bekannt. Edmund Eisler, der sich später Eysler schrieb, war mit Schönberg gleichaltrig, studierte am Wiener Konservatorium und begann mit Opern und einem Ballett, bis er sich der Operette zuwandte. „Bruder Straubinger" mit dem berühmten Lied „Küssen ist keine Sünd" begründete seine große Karriere, die 1927 mit der „Gold'nen Meisterin" endete.

Auch Karl Weigl war Komponist, 1881 geboren, Student des Konservatoriums und der Universität sowie später Privatschüler von Zemlinsky. Er kam als Theoretiker zu Ansehen, verließ 1938 Österreich und starb 1949 in New York. – Aus der Familie Jonas ging die Pianistin Etta Jonas-Werndorff hervor, die 1910 Schönbergs Opus 11 in Wien uraufgeführt hat.

Durch Zemlinsky fand Schönberg den Weg zu Richard Wagner. Er hat später seiner amerikanischen Schülerin und Biographin Dika Newlin gesagt, im Alter von 25 Jahren hätte er schon alle Wagnerschen Opern zwanzig- bis dreißigmal gehört. Wenn er 1893 unter Zemlinskys Einfluß gekommen ist, so muß er in den Jahren bis 1899 zwanzig bis dreißig Aufführungen des „Ring"-Zyklus, des „Tristan", der „Meistersinger", des „Parsifal" und vermutlich noch anderer Wagnerwerke besucht haben. Das sind zweihundert Opernabende! Eine erstaunliche Ziffer, die aber glaubwürdig erscheint, wenn man in Schönbergs Werken der damaligen Zeit die Stichflamme erkennt, mit der Wagners Harmonik und Melodiebildung frühere Prozeduren und Formen wegbrennt.

In dem D-dur-Streichquartett allerdings überwiegt noch der Brahmssche Geist. Das 1897 in Wien beendete viersätzige Werk ist frei von Chromatik und Pathos. Man kann kaum bezweifeln, daß Schönberg einen jahrelangen inneren Kampf gegen Wagners Einfluß führte, dem er sich doch auf die Dauer nicht entzog. Der innere Entwicklungsweg zwischen 1894 und 1899 gehört zu den dramatischsten Zeiten in Schönbergs Leben. Nicht nur, weil damals Freundschaften mit Männern geschlossen wurden, die ihm verbunden blieben und seine geistige Haltung beeinflußten. Sondern auch, weil sein Horizont in allen künstlerischen Dingen und in den Dingen des Lebens sich weitete und weil sich ihm geistige Welten öffneten, die für alle Zeit einen befruchtenden Einfluß auf sein Denken und Schaffen ausüben sollten.

In einem nicht datierten „Bericht der Schoenberg Familie über ihr Leben waehrend und unmittelbar vor dem Krieg", in dem Franz Werfels Tod (26. August 1945) als einige Monate zurückliegend erwähnt wird, heißt es, Schönberg habe „ungefähr 1898" mit Arthur Bodanzky, Hugo Riesenfeld und Edward Falck Streichquartett gespielt, „mehrmals in der Woche, jedesmal 5–7 Stunden".

In diesen Jahren wurde auch die Stellung zur Religion revidiert. Schönbergs Erziehung durch die jüdisch-fromme Mutter einerseits und den freidenkenden

Vater andererseits hatte ihn gelehrt, diese Fragen dialektisch zu sehen. Die Argumente beider Parteien waren ihm geläufig. In dem Brief an die Cousine Malvina Goldschmied nennt er sich 1891 einen Ungläubigen. Gleichzeitig aber verteidigt er die Bibel. Unter seinen Jugendfreunden war der von Hans Nachod genannte Walter Pieau, ein Opernsänger, der auch in Konzerten des Ansorge-Vereins 1907 mitwirkte und Lieder von Zemlinsky und Schönberg gesungen hat. Pieau war Protestant. Unter seinem Einfluß scheint Schönberg sich mit der christlichen Religion und ihrem evangelischen Bekenntnis gründlich befaßt zu haben. Die biographische Literatur hat behauptet, er sei irgendwann zwischen dem 17. und 21. Lebensjahr aus der jüdischen Gemeinde ausgetreten. In Wirklichkeit löste er sich von dem Glauben seiner Väter erst am 21. März 1898, wie die Eintragung im Matrikelamt der Wiener Gemeinde bezeugt. Vier Tage später erfolgte die Taufe. Die Eintragung im Kirchenbuch der protestantischen Dorotheer-Gemeinde (Augsburger Konfession), Wien I, Dorotheergasse 18, lautet:

„*Arnold* Franz Walter Schönberg, II., Leopoldgasse 9. Taufe 25. März 1898, Pfarrer Alfred Formey, Pathen: Walter Pieau, Opernsänger, I., Bauernmarkt 3."

Über Schönbergs Tätigkeit mit den Arbeiterchören ist wenig bekannt. Sicher ist nur, daß Chorvereinigungen in Mödling und Meidling unter seiner Leitung gestanden haben. Er selbst erklärte, damals große Sympathie für die politischen Ziele der Arbeiterbewegung gehabt zu haben. Seine Sänger hätten ihn „Genosse" genannt. Kompositionen für diese Chöre und im Geiste der sozialistischen Bewegung scheint er jedoch nie geschrieben zu haben.

Seine jeweilige geistige Situation läßt sich an zwei Dingen beobachten und erkennen. Das eine ist die Art der literarischen Vorbilder, die er für seine Vokalmusik wählte und die zum Teil auch formend auf die Instrumentalmusik einwirkten. Das andere ist die Tonsprache selbst in ihrer harmonischen, melodischen und rhythmischen Beschaffenheit, die ganz bestimmten Wandlungen unterworfen war, aus denen sich erst nachträglich die Grundtendenz ablesen läßt.

Die frühesten Lieder, von denen wir Kenntnis haben, verwenden überlieferte Texte wie das 1893 entstandene „Schilflied" von Lenau oder Lyrik von Autoren wie Alfred Gold und Ludwig Pfau. Die erste innere Begegnung mit einem bedeutenden literarischen Zeitgenossen vermittelte die Lyrik Richard Dehmels. Dieser Norddeutsche, elf Jahre älter als Schönberg, war in den neunziger Jahren eine der faszinierendsten und einflußreichsten Erscheinungen der deutschen Literatur. Seine an Spannungen und Widersprüchen reiche Weltanschauung kam aus der Philosophie Friedrich Nietzsches, dessen Übermenschen- und Herrentum Dehmel akzeptierte, ohne doch zu übersehen, daß es mit den sozialistischen Ideen des Industriezeitalters nicht vereinbar war.

Von der modernen Gesellschaftslehre ließ sich dennoch Dehmel genau so stark führen wie von Nietzsches Herrentum. Seine ekstatische Geistesart, die psychologisierende Ärzte aus einer epileptischen Erbanlage zu erklären versuchen, ließ ihn einen lyrischen Stil der Ausrufe, der verkürzten Erzählung und unregelmäßigen Metrik finden, den er auf eine ganze Generation übertrug. Dehmel hatte einen großen, bedeutenden Freundeskreis, zu dem Männer wie August Strindberg und sein späterer Blankeneser Nachbar Detlev von Liliencron ebenso gehörten wie Otto Erich Hartleben und der von ihm glühend bewunderte Gustav Mahler. Auch die in den achtziger und neunziger Jahren an Verbreitung zunehmende Arbeiterlyrik hat in Dehmel einen genialen, die Aktualität der gesellschaftlichen Spannung klar erfassenden Wortführer gehabt. Er stritt für eine Kunst und eine Literatur, die sich an jedermann wandten und er glaubte, die schöpferische Einsamkeit, an der die meisten großen Lyriker gelitten haben, durch Hingabe an die Menschheit überwinden zu können.

Zu den wichtigsten Triebkräften seines Schaffens gehörte die Liebe, das Verhältnis zwischen Mann und Frau, das er zu entmythologisieren suchte und für das er Formeln fand, die auf das prüde 19. Jahrhundert schockierend wirkten. Darin war er ein ausgesprochener Vertreter der naturalistischen Bewegung, nicht weniger als der etwas ältere Gerhart Hauptmann oder die Gruppe norddeutscher Literaten, zu der Johannes Schlaf und die Brüder Hart gehörten. Probleme der Arbeiterehe, der freien Liebe und der sogenannten erotischen Kameradschaft spielen in seinen Dichtungen die bedeutendste Rolle. Dehmel war ein Lebensbejaher leidenschaftlicher Art, ein aufgeklärter, am Sozialismus geschulter Geist, der sich dennoch mit wachsender Reife metaphysischen und religiösen Ideen öffnete.

1896 erschien seine Gedichtsammlung „Weib und Welt", die im ganzen deutschen Sprachbereich Begeisterung und leidenschaftliche Ablehnung weckte. Selbst die Zensurbehörden beschäftigten sich mit einigen Gedichten dieses Bandes, die als anstößig empfunden wurden, bis nach langwierigen Prozessen der Dichter rehabilitiert war. Die Sammlung fand 1903 eine Fortsetzung in dem schnell berühmt gewordenen Versroman „Zwei Menschen".

Schönberg scheint „Weib und Welt" bald nach dem Erscheinen kennengelernt zu haben und stand seit 1897 unter Dehmels Einfluß. In diesem Jahr entstand am 15. September sein erstes Dehmel-Lied „Mädchenfrühling". Um die gleiche Zeit hatte er Orchester- und Kammermusik traditioneller Art geschrieben, im März eine Gavotte und Musette für Streichorchester mit der Bezeichnung „Im alten Style", im Sommer ein Scherzo mit Trio für Streichquartett, dem im Oktober das D-dur-Quartett folgen sollte.

1898 weitet sich der musikalische Horizont. Im Juli entsteht das Fragment einer symphonischen Dichtung „Frühlingstod" nach einem Gedicht von Lenau

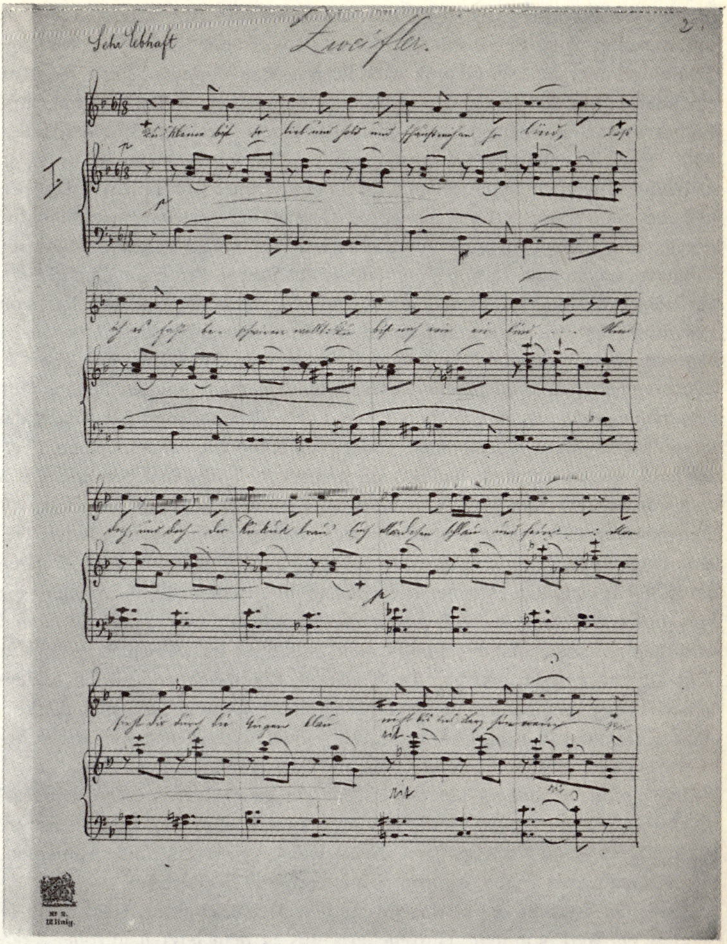

„Zwei Lieder von Ludwig Pfau componiert von Arnold Schönberg. Fräulein Gisela Cohn zum 11. September 1895."
Anfang des ersten Liedes (eigenhändiges Manuskript)

für großes Orchester. Es zeigt zum erstenmal die Abweichung von dem Brahms'schen Wege der absoluten Musik, die Wandlung zu den Neudeutschen Idealen schildernder Symphonik nach literarischen Modellen. Die innere Auseinandersetzung zwischen den scheinbar feindlichen Welten Wagners und Brahms' hatte begonnen; sie sollte das Todesjahr von Brahms 1897 überdauern. Bald lagen die ersten frühen Lieder vor, die Schönberg später für druckreif hielt und unter den Opus-Zahlen 1 bis 3 dem Berliner Drei-Lilien-Verlag überließ, der sie 1904 veröffentlichte. Zwei Gesänge für eine Baritonstimme und Klavier, die Schönberg wie alle seine ersten Werke dem Freunde Zemlinsky widmete, tragen kein Datum. Aber ein Wiener Sänger, Professor Eduard Gärtner, sang sie 1898 an einem Liederabend. Die Gedichte sind von Karl von Levetzow, dem wir später im Umkreis des Wolzogenschen Überbrettls wieder begegnen werden. „Dank" und „Abschied" sind die Titel. Die Verse bewegen sich in einer etwas großsprecherischen Affektensprache, die der Sphäre Wagners näher steht als der Brahms'schen Lyrik. Brahms aber beherrscht das musikalische Bild der Vertonung. Vollgriffige Akkorde, parallel geführte Terzen und Sexten, schwere Baßoktaven drängen sich vor. Daneben erscheinen neue Mittel. Der Klang des Klaviers wird mitunter orchestral erweitert; vor dem mächtigen Schluß des ersten Liedes erscheinen in beiden Händen Tremolos, wie im Klavierauszug eines Streichersatzes. Chromatische Alterierungen der Akkorde weisen auf Wagnerschen Einfluß hin. In mancher Wendung ist die Sprache der zwei Jahre später begonnenen „Gurrelieder" vorbereitet. Auffallend ist in beiden Liedern die dynamische Reichweite, die im „Abschied" zwischen Takt 21 und 24 vom ppp bis zum ff wächst. Kennzeichnend für den leidenschaftlichen Charakter der beiden umfangreichen Gesänge sind auch die Vortragsbezeichnungen: steigernd, breit, sehr zurückhaltend, leidenschaftlich bewegt, sehr breit mit großem Ausdruck.

1899 stieß Schönberg auf einen Text des gleichaltrigen Hugo von Hofmannsthal, den er komponierte, ohne den Titel zu notieren. Bemerkenswert an dem Stück ist die Vortragsbezeichnung „weniger gesungen, als declamierend, beschreibend vorzutragen, wie von einem alten Bild herablesend".

Vielleicht ist hier die Keimzelle zu den Melodramen zu finden, die in Schönbergs Werk von den „Gurreliedern" bis zu dem letzten unvollendeten modernen Psalm 1950 immer wieder erscheinen.

Bis zu seiner Begegnung mit Zemlinsky hatte Schönberg keinerlei theoretische und satztechnische Vorbildung. Er suchte sich, wie wir von ihm wissen, aus dem Konversationslexikon im elterlichen Bücherschrank musikalische Wörter wie Sonatensatz und dergleichen heraus und bildete sich nach den dortigen Erklärungen seine Anschauungen. Das wurde anders, als Zemlinsky begann, ihn in allen theoretischen Fragen zu unterweisen. „Zemlinsky ist derjenige, dem ich fast all mein Wissen um die Technik und die Probleme des Komponierens verdanke", hat Schönberg 1949 bekannt. Ebenso wichtige Anregungen aber gingen für ihn von literarischen Quellen aus. Als Dehmel im Dezember 1912 für den Eindruck dankte, den Schönbergs „Verklärte Nacht" auf ihn ausübte, antwortete dieser in einem langen verehrungsvollen Brief: „Ihre Gedichte haben auf meine musikalische Entwicklung entscheidenden Einfluß ausgeübt. Durch sie war ich zum erstenmal genötigt, einen neuen Ton in der Lyrik zu suchen. Das heißt, ich fand ihn ungesucht, indem ich musikalisch widerspiegelte, was Ihre Verse in mir aufwühlten. Leute, die meine Musik kennen, werden Ihnen das bestätigen können, daß in meinen ersten Versuchen, Ihre Lieder zu komponieren, mehr von dem steckt, was sich in Zukunft bei mir entwickelt hat, als in manchen viel späteren Kompositionen."

Unter den Dehmelliedern der Hefte Opus 2 und 3 trägt die „Warnung" das Datum des 17. Mai 1899. Das Stück, „rasch, mit verhaltener Heftigkeit", vorzutragen, gehört zu den kennzeichnendsten in Schönbergs Frühwerk. Da äußert sich zum erstenmal eine aggressive, vor nichts zurückschreckende Leidenschaft, die Dehmels lyrische Haltung ebenso charakterisiert wie den Seelenzustand des 25jährigen Musikers, der diese Verse vertonte.

Mein Hund, du, hat dich bloß beknurrt,
und ich hab ihn vergiftet;
und ich hasse jeden Menschen,
der Zwietracht stiftet.

Das ist die Exposition: knapp, schonungslos, emotionell. Schönbergs Lied steht in b-moll, Sechsachteltakt. Die ersten zwei Takte, rasches Tempo, modulieren blitzartig von es-moll über b-moll und f-moll nach c-moll. In fallenden Quarten schraubt sich die Harmonik höchst paradox von Dominante zu Dominante. Es–b–f–c, – das ist ein Turm von fallenden Quarten, der um Jahre vorausnimmt, was Schönberg 1906 in der ersten Kammersymphonie konsequent durchführt. Es ist ein Vorgang, der das Gerüst herkömmlicher Tonalität ins Schwanken bringt. Auch das satztechnische Bild mit dem großen melodischen Bogen in der rechten Hand und den kurzen rhythmischen Figuren, Sechzehnteln in der Linken, darüber später einsetzend die Singstimme mit den beiden einzigen Intervallen Halbton und Quarte, nimmt voraus, was Schönberg später bewußt anwenden sollte. Hier versteht man, was der Satz in dem 1912 geschriebenen Brief an Dehmel meint.

Nach der Exposition beginnt in dem Gedicht der lyrische Mittelteil nicht minder leidenschaftlich als diese.

Zwei blutrote Nelken schick ich dir, mein Blut du,
an der einen eine Knospe; den dreien sei gut, du,
bis ich komme. – Ich komme heute nacht noch, sei allein, sei allein, du!

Die Musik nimmt den veränderten lyrischen Ton sofort auf. Bei gleichem Rhythmus zeigt die Oberstimme einen innigen melodischen Charakter, der plötzlich eng an ein Thema aus Wagners „Tristan und Isolde" anklingt. Die Mittel- und Baßlinien sind stark chromatisch; die Tonalität bleibt Ges-dur, bis im 19. Takt eine unerwartete Modulation zum Anfang des Liedes zurückführt. Dehmels Gedicht endet mit der brutalen Warnung:

Du: denk an meinen Hund!

Hier ist Synthese gefunden. Das Brahms'sche Gesetz der motivischen Einheit, der Entwicklung verschiedener Themen aus Kernintervallen und Kernrhythmen bleibt in Kraft. Gleichzeitig weitet sich die Ausdrucksfähigkeit der Harmonik unter dem Einfluß Wagners. Die Tristan-Chromatik vermählt sich der klassischen symphonischen Prozedur, die Brahms ins Territorium des Liedes gebracht hatte.

Das Jahr 1899 war für Schönberg auch persönlich ereignisreich. Seine Schwester Ottilie verließ das Elternhaus, um den Bankdirektor Emil Kramer zu heiraten. Die Freundschaft mit Zemlinsky wurde enger. Man verbrachte gemeinsam die Sommermonate in Payerbach am Semmering. Und hier war es, wo Schönbergs Bindung an Zemlinskys Schwester Mathilde begann. Man darf alles, was die Dehmellieder dieser Jahre an erotischer Glut ausdrücken, auf diese große Leidenschaft zurückführen, auf die Bindung an die kluge, musikalisch hoch gebildete und als Pianistin vorzügliche Schwester des Mannes, von dem er den einzigen methodischen Kompositionsunterricht seines Lebens empfangen hatte. Ähnlich wie bei Robert Schumann hat auch bei ihm dieses große Liebeserlebnis schöpferisch anregend gewirkt. In den Liedern des Jahres 1899, namentlich in der am 9. August entstandenen „Erwartung", stehen harmonische Entdeckungen, die in noch unbekannte Bereiche der Polytonalität und Atonalität deuten.

In Payerbach hat nach dem Zeugnis von Egon Wellesz Schönberg in drei Wochen das Streichsextett „Verklärte Nacht" geschrieben, das später das Enddatum des 1. Dezember bekam. Auch dieses Werk ist kennzeichnend in dem doppelten Sinne einer literarisch-ethischen Neuorientierung und einer gewandelten musikalischen Formidee. Dehmels Gedicht aus „Weib und Welt", das dem Werk zugrunde liegt, schildert das Gespräch eines Liebenden mit einem Mädchen, das ein Kind von einem anderen trägt. Es ist ein charakteristischer Dehmelstoff, voll vom Pathos einer neuen, unbürgerlichen Geschlechtsmoral, ganz getragen von der Idee des alles überwindenden, jede Konvention beiseite schiebenden Eros.

Musikalisch-stilistisch und formal gehört das Sextett dem Bereich der Programmusik an, d. h. einer Musik, die mit Klängen außermusikalische Erscheinungen zu schildern sucht. Während aber die Nachfolger Franz Liszts und die

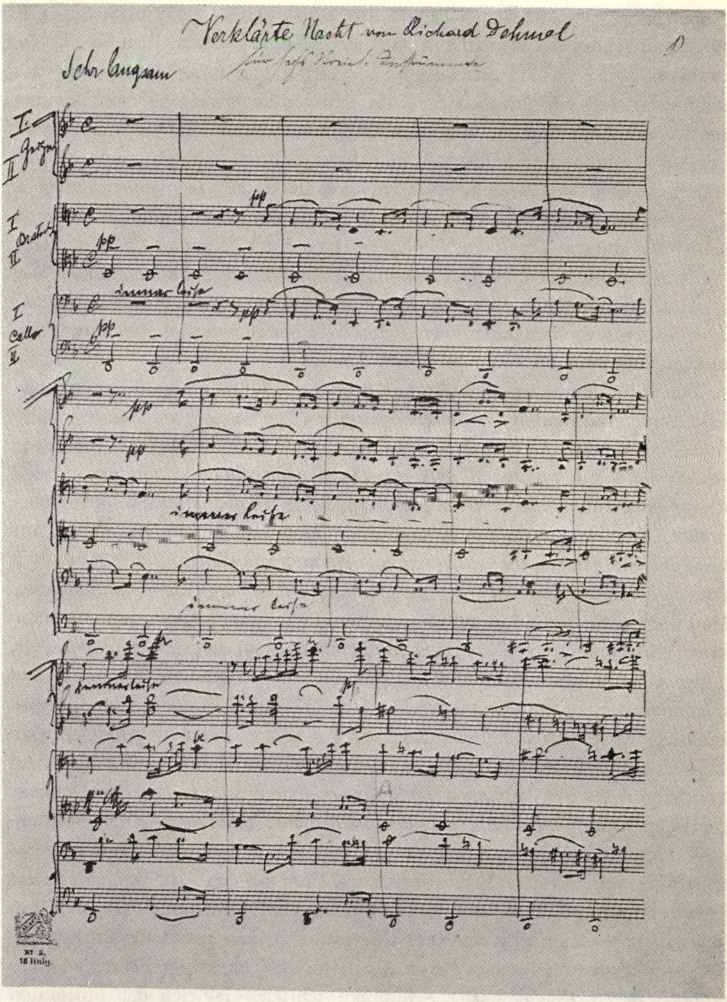

„Verklärte Nacht", op. 4. Erste Seite der Partitur der 1899 komponierten ursprünglichen Fassung für Streichsextett (eigenhändiges Manuskript)

Anhänger der Neudeutschen Schule ihre sinfonischen Dichtungen für große Orchester schrieben, wie namentlich Richard Strauss seinen „Don Juan", „Tod und Verklärung", „Till Eulenspiegel" und „Also sprach Zarathustra", übertrug Schönberg wie vor ihm Smetana das schildernde Prinzip auf die Kammermusik, auf einen Apparat von sechs Streichern. Anton von Webern hat nicht nur auf die besondere Selbständigkeit dieses Schrittes zur programmatischen Kammermusik hingewiesen, sondern auch begeistert den Überreichtum an Themen, die freie Architektur und die Neuheit der melodischen und harmonischen Wendungen gepriesen. Die „Verklärte Nacht", opus 4 in Schönbergs Werkverzeichnis, wurde am 18. März 1902 in Wien durch das verstärkte Roséquartett uraufgeführt. Dehmel, der 1912 in Hamburg eine Aufführung mit dem Geiger Heinrich Bandler hörte, schrieb darüber den schon erwähnten Dank an den Komponisten.

Als Schönberg seine Banktätigkeit beendete, mußte er seinen Lebensunterhalt durch musikalische Arbeiten bestreiten. Die Arbeit mit Chören machte ihm Freude und brachte ihm angenehme persönliche Kontakte. Erschwert wurde sie lediglich dadurch, daß er nicht Klavier spielen konnte und infolgedessen gelegentlich einen befreundeten Pianisten für die Vorarbeit hinzuziehen mußte. Zemlinsky gab ihm damals auch dirigiertechnische Ratschläge und blieb in jeder Hinsicht sein zuverlässiger Berater und Helfer. Die Freundschaft zwischen den beiden Musikern, vertieft durch Schönbergs Liebe zur Schwester Mathilde, blieb durch Jahrzehnte erhalten. Dabei waren die beiden Männer in dem Verhältnis zu ihrer Kunst Gegensätze. Zemlinsky war praktischer Musiker, hatte seine Dirigentenlaufbahn mit gründlichen Fachstudien vorbereitet und blieb dem Betrieb des Theaters verbunden. 1871 im gleichen Wiener II. Bezirk geboren, war er nur drei Jahre älter als Schönberg. Dieser hingegen, Autodidakt und niemals geschickt in praktischer musikalischer Tätigkeit, war dem Freunde an rascher Auffassung und Konsequenz des künstlerischen Denkens überlegen. Diese Verschiedenartigkeit verursachte eine gegenseitige Befruchtung und Anregung, die erst nachließ, als Schönberg radikale Folgerungen aus seinen kompositorischen Erfahrungen zog. 1908 mit den Arbeiten jenseits der Tonartgrenzen, 1921 mit der neuen Ordnung der Zwölftontechnik. Als Komponist gehört Zemlinsky in seiner Generation zu den eigenartigsten Erscheinungen der österreichischen Musik. Er hatte 1897 eine Oper „Zarema" komponiert, deren Klavierauszug Schönberg schrieb. Obgleich das Stück den Luitpold-Preis bekam, blieb seine Münchner Uraufführung 1898 ohne Folgen. 1900 brachte Gustav Mahler an der Wiener Hofoper seine zweite Oper „Es war einmal" heraus. Den Text hatte nach einem Märchen von Andersen der dänische Dichter Holger Drachmann verfaßt, ein interessanter Anreger der skandinavischen Literatur, der 1890 mit seinem Roman „Forskrevet"

Gedanken entwickelte, die später Ernst von Wolzogen für sein Überbrettl benutzte.

Mit der „Verklärten Nacht" war Schönbergs Entwicklung in der Nachfolge Wagners und unter dem beginnenden Einfluß von Richard Strauss offenkundig. Im März 1900 begann er die Arbeit an einem der größten Werke, die er je schreiben sollte: den „Gurreliedern". Wie Alban Berg in seinem Führer durch das Werk mitteilt, hat ihm Schönberg als Daten der Entstehung März 1900 und März 1901 genannt. Die Instrumentation wurde im August 1901 – noch immer in Wien – angefangen, Mitte 1902 in Berlin fortgesetzt, 1903 unterbrochen und zunächst ganz aufgegeben. Abermals in Wien setzte Schönberg im Juli 1910 die Arbeit an der Partitur fort, die er 1911 in Berlin-Zehlendorf bis auf den Schlußchor zu Ende führte. Für diesen existierte eine Skizze mit den wichtigsten Stimmen und der ganzen Form; sie brauchte nur noch in Partitur gebracht zu werden. Die Gedichte sind von Jens Peter Jacobsen.

Die „Gurrelieder" sind für eine gigantische Besetzung komponiert. Sie erfordern einen Solosopran für die Tove, einen Solo-Mezzosopran für die Waldtaube, zwei Tenöre für den Waldemar und den Klaus Narr, einen Solo-Baß für den Bauern und einen Sprecher für das Melodrama des dritten Teils. Waldemars Mannen werden von drei vierstimmigen Männerchören und einem achtstimmigen gemischten Chor gesungen. Das Orchester besteht aus acht Flöten (vier davon auch Piccolo), fünf Oboen (zwei davon auch Englisch-Hörner), sieben Klarinetten in A (drei davon auch in B, zwei in Es und zwei Baß-Klarinetten in B), drei Fagotten, zwei Kontra-Fagotten. Der Blechbläserchor enthält zehn Hörner in F (vier auch Wagner-Tuben), sechs Trompeten in F, B, C, eine Baß-Trompete in Es, eine Alt-Posaune, vier Tenor-Baß-Posaunen, eine Baß-Posaune in Es, eine Kontrabaß-Posaune und eine Kontrabaß-Tuba. Neue Klangfarben erscheinen in der Schlaginstrumentengruppe. Sie besteht aus sechs Kesselpauken, großer Rührtrommel, Becken, Triangel, Glockenspiel, kleiner Trommel, großer Trommel, Xylophon, Ratschen, einigen großen eisernen Ketten und Tamtam. Dazu kommen vier Harfen, Celesta und ein riesiges Streichorchester, dessen erste und zweite Violinen je zehnfach geteilt sind, die Bratschen und Celli je achtfach. Die Kontrabässe müssen in entsprechender Anzahl vorhanden sein.

Schönbergs Lebensweg fügte es so, daß die Komposition immer wieder durch Brotarbeiten unterbrochen und erst 1911 beendet wurde. Doch in der Substanz war das Werk 1901 fertig. Wie stark der angeblich so abstrakte Konstrukteur Schönberg beim Arbeiten durch lebendige Eindrücke inspiriert wurde, das beweist ein Ereignis im Frühsommer 1900. In Mödling hatte ein Konzert mit dem von Schönberg dirigierten Arbeiterchor stattgefunden. Wie üblich schloß sich eine Nachfeier an, bei der man bis zum Morgengrauen beim

Wein zusammensaß. Und nun, im ersten Licht eines schönen Sommermorgens, beschloß man den Anningerberg zu besteigen, um von dort den Sonnenaufgang zu sehen. Der Eindruck muß für alle Beteiligten großartig gewesen sein. Auf Schönberg wirkte er so stark, daß die Vision einer Sonnenaufgangsszene am Schluß der „Gurrelieder" dadurch entstand.

An sonstigen Kompositionen brachte das Jahr 1900 begreiflicherweise wenig. Im August entstand ein Lied „Gruß in die Ferne" nach einem Text von Hermann Lingg, zu Weihnachten das Fragment eines Klavierstücks. Auch Bruchstücke literarischer Texte sind aus dieser Zeit der Jahrhundertwende erhalten.

In den Adventstagen bekam Schönberg ein Exemplar der gerade in Berlin erschienenen „Deutschen Chansons", einer Sammlung von Brettl-Liedern, von denen er im Lauf des nächsten Jahres mehrere komponierte. Von ihnen wird noch die Rede sein.

Im Juni und Juli 1901 schrieb Schönberg nach einer Erzählung in Gustav Schwabs „Die deutschen Volksbücher" einen Operntext „Die Schildbürger", von dem nur zwei Akte vorliegen.

Am 7. Oktober wurde die Verbindung mit Mathilde von Zemlinsky im Pfarramt der Dorotheergemeinde legalisiert.

Zwei junge Musiker, denen Schönberg in den neunziger Jahren begegnete, sind später weltberühmt geworden: Fritz Kreisler und Artur Schnabel. Kreisler war der ältere. 1875 in Wien geboren, zeigte er früh seine Begabung als Geiger. Nach kurzer Ausbildung trat er als Wunderkind auf und machte 1890, erst 15 Jahre alt, seine erste Tournee in die Vereinigten Staaten. Kreisler war nicht nur einer der größten Geiger seiner Epoche, sondern auch ein fruchtbarer Komponist in konservativem Stil. 1894 schrieb er zwei von ihm oft gespielte und berühmte Kadenzen zum Violinkonzert von Beethoven. Damals schloß er Freundschaft mit Schönberg. Sein Biograph Louis P. Lochner zitiert, was er ihm darüber erzählt hat: „Arnold Schönberg war keineswegs der Revolutionär späterer Jahre. Er hatte größtes Interesse für meine Beethoven-Kadenzen und bewunderte besonders meine fugenartige Kombination mehrerer Themen. Um diese Zeit war er auch ein begeisterter Wagnerianer." Lochner veröffentlicht in seinem Kreisler-Buch das Foto einer komischen Tiroler Kapelle, in der Kreisler als Geiger, Schönberg als Cellist zu sehen sind; das Bild muß zwischen 1895 und 1898 entstanden sein.

Artur Schnabel, 1882 in Lipnik geboren, lebte seit 1888 in Wien bei seinen Eltern, zuerst sehr bescheiden in der Großen Schiffgasse, später in der Herminengasse der Leopoldstadt, wie Schönberg nahe dem Donaukanal. Zu seinen Studienfreunden gehörten Eugen d'Albert, Teresa Carreno und Ossip Gabrilowitsch. Man besuchte die von Hans Richter dirigierten philharmonischen

Konzerte, hörte Brahms 1894 seine akademische Festouvertüre dirigieren und stand Schlange an der Opernkasse. César Saerchinger schreibt darüber in seiner Schnabel-Biographie 1957: „Ein Opernbesuch – d. h. auf den nicht reservierten Plätzen im „Olymp" – erforderte meist etwa acht Stunden Zeit. Die jungen Enthusiasten standen ab drei Uhr nachmittags bis sieben, wenn die Türen sich öffneten. Dann folgte ein wilder Sturm vier Treppen hinauf und ein Gedränge um die besten Sitze. Dieses Schlangestehen für Stunden war ein gesellschaftliches Ereignis, bei dem die jungen Hoffnungsvollen sich trafen und ihre Meinungen austauschten. Neben anderen späteren Kollegen traf Schnabel hier Arnold Schönberg, der ihn oft die Treppen hinauf jagte." Schnabel teilte auch mit Schönberg damals die Begeisterung für den neuen Opernchef Gustav Mahler, der das Idol der fortschrittlichen Jugend in Wien war. 1900 siedelte er von Wien nach Berlin über, scheint aber Schönberg nicht gesehen zu haben, als dieser 1901–1903 dort lebte. Die beiden großen Musiker traten einander 1912 näher. Schnabel war von den Klavierstücken opus 11 und den Orchesterstücken opus 16 sofort überzeugt. Es scheint, als habe er Schönberg 1913 auch materiell geholfen. Die Gespräche der beiden dauerten oft bis tief in die Nacht. Searchinger schreibt, sie hätten dem fleißigen Pianisten nicht nur Schlaf geraubt, sondern auch seinen geistigen Frieden heftig beunruhigt. In seinem Unterricht behandelte er auch Schönbergs Klaviermusik; öffentlich hat er sie nie gespielt.

SCHÖNBERG IM ÜBERBRETTL

In der Zeit der deutschen Romantik vergrößerte sich der Abstand zwischen ernster und heiterer Kunst bis zur völligen Trennung und Unüberbrückbarkeit. Die Erhabenheit des Künstlerberufs vertrug für damalige Begriffe keinerlei Einmischung in die Sphären, die der Unterhaltung breiterer Schichten des Publikums dienten. Oper und Operette wurden zu getrennten Gattungen, denen sogar ganze Theater unabhängig voneinander zu dienen hatten. Zwischen Offenbach und Wagner gab es keine Gemeinsamkeiten. Die Anhänger der ernsten Kunst sahen auf die der leichten Muse mit vornehmer Verachtung herab, während diese sich bisweilen parodierend über die Feierlichkeit des tragischen Kunstgenres lustig machten.

In Paris entstand die erste künstlerisch bemerkenswerte Reaktion gegen diesen Zustand während der achtziger und neunziger Jahre. 1881 wurde durch Rodolphe Salis, der eigentlich ein Baron de la Tour de Neintre war, auf dem Monmartre das Chat Noir gegründet. Es war ein literarisches Cabaret, zu dessen Mitarbeitern einige bekannte Literaten und Maler gehörten und dessen Besucher weniger der Lebewelt als der intellektuellen Gesellschaft entstammten. Als Konkurrenz des Chat Noir wurde ein paar Jahre später die Auberge du Clou gegründet, und bald folgten eine Reihe anderer Unternehmen, die den außerordentlichen Erfolg der neu entdeckten Gattung ausnutzen sollten. Zu den Stars dieser literarisch recht anspruchsvollen Kleinbühnen gehörte die Schauspielerin Yvette Guilbert, die viele berühmte Maler von Henri de Toulouse-Lautrec bis zu Oscar Kokoschka portraitiert haben. Sie gastierte seit 1900 auch häufig in Berlin und anderen deutschen Städten.

Die Idee des literarischen Kabaretts fand aber auch in der europäischen Literatur bald Resonanz. 1890 veröffentlichte der norwegische Schriftsteller Holger Drachmann seinen Roman Forskrevet, in dem er für eine Popularisierung der Literatur eintrat. 1897 machte der Lyriker und Schriftsteller Otto Julius Bierbaum in seinem Roman „Stilpe" einen Kabarettisten des Pariser Stils zur Hauptfigur. Diese Tendenzen kamen in Berlin den Bestrebungen entgegen, die von sozialistischer Seite her einer Erziehung des Volkes zur Kunst galten. Um 1899 entstand der Begriff einer Reformierung des Tingel-Tangels. Die gefährliche Verflachung und Verblödung des Variétés und des Kabaretts weckte Gegenkräfte. Der große Lyriker Richard Dehmel wollte, daß man die „erstarkende Schaulust des Volkes" veredele, um „aus den rohen Sinnenreizen der modernen Ausstattungspossen eine seelisch feinere, geistig weitere, künstlerisch ernst zu nehmende Einheit zu entwickeln".

Ebenfalls in den neunziger Jahren hatte sich in München eine Gruppe von Schriftstellern zusammengetan, die ähnliche Ziele verfolgte. Zu ihnen gehörte neben Frank Wedekind der Baron Ernst von Wolzogen, den wir als Freund und Librettisten von Richard Strauss vor allem durch das Textbuch zu „Feuersnot" kennen. Er war ein unsteter, viel auf Reisen lebender Mann von großer Produktivität und außergewöhnlichem Unternehmungsgeist. Nach einigen Enttäuschungen verließ er München im Winter 1899–1900, um in Berlin einen Nährboden für seine Kabarettpläne zu finden. Auf einer Reise nach Paris im Sommer 1900 studierte er das Chat Noir und den Grand Guignol an der Quelle und entwickelte daraus seine eigenen Ideen weiter. Sie waren für Berlin von ganz anderer Seite aus durch den „Galgenbergbund" von Christian Morgenstern, den Verfasser der Galgenlieder, vorbereitet worden. Auch das Vorbild des Münchener Akademisch-dramatischen Vereins hatte in der Reichshauptstadt Anhänger gefunden. Ein Aufsatz „Variétéstil" von Oskar Panizza wurde hier viel diskutiert, die Münchener Zeitschrift „Simplicissimus" eifrig gelesen.

In dem Gedichtbändchen „Deutsche Chansons", das im Herbst 1900 erschien und in kurzer Zeit zahlreiche neue Auflagen erlebte, findet man die Namen der jungen Schriftsteller, die an das neue literarische Kabarett glaubten. Es waren Bierbaum, Dehmel, Gustav Falke, Ludwig Finckh, Alfred Walter Heymel, Arno Holz, Detlev von Liliencron, Rudolf Alexander Schröder, Wedekind und Wolzogen.

Über die zahllosen Diskussionen in den Berliner literarischen Cafés, vor allem im Café des Westens, hat die Schauspielerin Hedda Somin, die sich dann Käthe Kruse nannte und einen ungemein beliebten Puppentypus entworfen hat, berichtet: „Während langer Wochen und Monate wurden an jedem Abend Hoffnungen zertrümmert, wenn die Herren Geldgeber die Rentabilität plötzlich wieder bezweifelten und gegebene Zusicherungen zurückzogen . . . Die Utopie wurde zur Wirklichkeit. Im Café Grössenwahn wurden Engagements abgeschlossen, wurden alle Unterhandlungen erledigt. Und mit dem Überbrettl wehte ein lustiger Wind über Berlin."

Zu Neujahr 1901 wurde am Alexanderplatz ein Haus frei, nach Wolzogens Bericht „eine vornehmlich in bezug auf Bühne und Garderoben höchst schmierenmäßige Kunstscheune . . ., die mir die Direktion der damals dort beheimateten Sezessionsbühne billig überließ." Die Proben fanden in Wolzogens Wohnung in der Burggrafenstraße statt. Am 18. Januar 1901 war Premiere; sie brachte einen Riesenerfolg. Der freiherrliche Begründer dieses „Überbrettls", Wolzogen, trat im blauen Frack und grauen Hosen auf und begrüßte seine Gäste „meine edlen Herren". Einige Dichter sprachen ihre Chansons selbst. Christian Morgenstern hatte mit einer Parodie auf Gabriele d'Annunzio die

Lacher auf seiner Seite und amüsierte danach die Hörer durch die Parodie einer imaginären Kritik von Alfred Kerr über den Abend, dem man gerade beiwohnte. Gedichte von Liliencron wurden populär, den Haupterfolg trug Bierbaums Szene „der lustige Ehemann" in der Vertonung von Oskar Straus davon, die dreimal wiederholt werden mußte. Das Überbrettl hatte sich mit einem Schlage durchgesetzt und war wochenlang ausverkauft.

Zu Ostern ging man auf Reisen, und die Berliner Erfolge wiederholten sich in Hamburg, Leipzig, Dresden, Wien, Prag und Breslau. Inzwischen hatte Wolzogens wohlgeratenes Kind seinerseits Kinder gezeugt. Im April eröffnete man in Berlin das Kabarett „Schall und Rauch". In München hatten sich die modernen Literaten als „Elf Scharfrichter" verbündet. Aber noch immer spielte, auch während ein Teil des Ensembles auf Reisen war, das Überbrettl in der Behelfsbühne am Alexanderplatz; die Leitung hatte als Stellvertreter Wolzogens der Schriftsteller Hanns Heinz Ewers übernommen. Er machte sich dann mit einem eigenen Ensemble selbständig, während die Berliner Gruppe unter der Leitung des Freiherrn Karl Michael von Levetzow weiterarbeitete.

Inzwischen hatte Wolzogen höhere Pläne entwickelt. Er wollte ein eigenes Haus haben, und das Schicksal kam ihm in sofern entgegen, als sich in dem alten Spiellokal am 1. September 1901 ein Konkurrenzunternehmen niederließ. Damals trat das Überbrettl seine zweite Tournee an, die wiederum nach Wien führte. Am 23. September geschah etwas, worüber Wolzogen zwanzig Jahre später in einem Memoirenbuch „Wie ich mich ums Leben brachte", berichtet. „In die Zeit, während wir in Wien am Karltheater gastierten, fiel das jüdische Versöhnungsfest, und Oskar Straus durfte am Abend dieses Tages auf Befehl seines reichen Erbonkels nicht auftreten. Er führte mir als seinen Stellvertreter für diesen Abend einen jungen Musiker zu von kleiner Gestalt, harten Gesichtszügen und dunkler Hautfarbe, dessen Name, Arnold Schönberg, damals noch gänzlich unbekannt war. Als Probe seines Könnens spielte er mir einige kleine Lieder vor, darunter eine reizende Vertonung des Falkeschen Gedichtes „Rechts Luischen, links Marie und voran die Musici", die ich sofort für mein Überbrettl erwarb."

Das Carl-Theater war aus einem alten Barocktheater in der Leopoldstadt hervorgegangen. Es genoß zu Anfang des 19. Jahrhunderts den Ruf eines Rendevousplatzes für Dirnen und war auch baulich in einem skandalösen Zustand, als es Direktor Carl Carl erwarb und neu aufbauen ließ. In der Spielzeit 1847 wurde es am 10. Dezember mit Johann Nestroys Posse „Die schlimmen Buben" eröffnet und von Carl bis zu seinem Tode 1854 höchst erfolgreich weitergeführt. Es diente nun ausschließlich der heiteren Musik und war neben dem Theater an der Wien die Schaustätte der modernen österreichischen Operette. 1858 begann dort mit der „Hochzeit beim Laternenschein" die Ära der großen deutsch-sprachigen Erfolge Jacques Offenbachs. Johann Strauß Sohn ließ 1873 eines seiner vielen Bühnenstücke, den „Prinz Methusalem", herausbringen, ohne allerdings damit den Erfolg der „Fledermaus" zu wiederholen. Im Frühjahr 1883 suchte Gustav Mahler, dessen Kapellmeistervertrag mit dem Theater in Olmütz Ende Februar erloschen war, Arbeit in Wien. Er fand sie für zwei Monate am Carltheater, wo er für eine gastierende italienische Operngesellschaft die Chöre einstudierte. Im Mai schloß er mit dem Kasseler Opernhaus einen Vertrag als Musikdirektor.

Um die Jahrhundertwende bekam das Theater neuen Auftrieb. Aus dem Nachlaß des im Mai 1899 gestorbenen Johann Strauß wurde schon im Dezember das unvollendet gebliebene „Wiener Blut" uraufgeführt. 1900 übernahm Alexander von Zemlinsky für sechs Jahre die musikalische Leitung des Hauses. In dieser Zeit kamen „Die lustigen Nibelungen" (November 1904) und „Hugdietrichs Brautfahrt" (März 1906) von Oscar Straus zur Uraufführung. Die „Lustigen Nibelungen" sind ein Stück im Geist des Wolzogenschen Überbrettls; den Text schrieb der erfolgreiche, in Berlin lebende Komödien- und Revuedichter Rideamus (Pseudonym für Fritz Oliven).

Den großen internationalen Erfolg fand Straus 1907, kurz nachdem Zemlinsky zur Volksoper gegangen war, mit „Ein Walzertraum". Auch zwei andere Operetten von ihm, „Die kleine Freundin" (1911) und „Die schöne Unbekannte" (1915) kamen am Carltheater heraus.

Noch unter Zemlinskys Direktion hatte Edmund Eysler in dem beliebten Hause der Leopoldstadt Operettenerfolge mit „Schützenliesel" (1905) und „Künstlerblut" (1906), die freilich hinter dem Triumph des 1903 uraufgeführten „Bruder Straubinger" weit zurückblieben.

Sowohl Straus, der von 1870 bis 1954 gelebt hat, als auch der mit Schönberg gleichaltrige Eysler, der 1949 in Wien starb, waren gründlich geschulte Musiker. Jener hatte in Wien bei Hermann Grädener und in Berlin bei Max Bruch Komposition studiert; dieser am Wiener Konservatorium bei Robert Fuchs. Beide begannen als Komponisten von Opern und Kammermusik und wandten sich dann dem leichten Genre zu. Sie gehörten zu dem Kreis junger Künstler des Wiener zweiten Bezirks, mit denen Schönberg und Zemlinsky ihre Caféhaus-Gespräche führten.

Wolzogen hatte als Mitarbeiter neben Straus und Schönberg zwei Musiker, die von anderen Tätigkeiten umgesattelt hatten und dann vorübergehenden Erfolg mit guter Unterhaltungsmusik fanden. Der eine war Waldemar Wendland, geboren 1873 in Liegnitz, der ein Medizinstudium aufgab, um ins Bankfach zu gehen. Musikalischer Autodidakt, wurde er von Engelbert Humperdinck, an den ihn Ernst von Schuch empfohlen hatte, als Schüler angenommen. Er war bei Wolzogen Kapellmeister und arbeitete später an Opernhäusern.

Seine Frau war die Schriftstellerin Olga Wohlbrück. Er starb 1947 in Zeitz. – Der andere, Bogumil Zepler, stammte aus Breslau, wechselte von der Architektur zur Medizin und wurde 1886, nach seiner Promotion zum Dr. med. Kompositionsschüler Heinrich Urbans in Berlin. Nach einer Mascagni-Parodie „Cavalleria Berolina" (1891), der einaktigen Buffa „Der Brautmarkt zu Hira" (1892 Krolloper Berlin) und einer komischen Oper „Der Vicomte von Letorière" (Hamburg 1899) wandte er sich dem Kabarett und der Operette zu. Schönberg lernte ihn im Wolzogen-Kreis kennen und orchestrierte mehrere Arbeiten von ihm. Ein „Mädchenreigen" für drei Frauenstimmen von Zepler ist in Schönbergs Partitur in der Library of Congress in Washington erhalten und trägt das Datum 21. April 1902. Die aus demselben Jahr stammende Operette „Diogenes" wurde ebenfalls von Schönberg orchestriert. Mit Ernst von Wolzogen schrieb Zepler für dessen rasch gescheiterten Versuch einer Berliner Komischen Oper 1905 ein Singspiel „Die Bäder von Lucca" (nach den Reisebildern von Heinrich Heine), das er zwar auf 49 erfolgreiche Aufführungen brachte, aber den Ruin des anspruchsvollen Unternehmens nicht aufhalten konnte. Die Idee der Komischen Oper wurde seit der Spielzeit 1905/6 mit größerem Erfolg von Hans Gregor aufgenommen und sechs Jahre lang durchgeführt. Sie stellt eine Erweiterung des Gedankens dar, unterhaltende Kunst auf hohem technischem und geschmacklichem Niveau zu bieten. Darin verkörpert sie die Nachfolge des Überbrettls.

Zepler, der 1902/3 zu Schönbergs wichtigsten Arbeitgebern gehörte, ist 1918 in Krummhübel gestorben. Von den sechstausend Partiturseiten, die Schönberg um die Jahrhundertwende im Auftrag anderer Musiker schreiben mußte, um existieren zu können, beruht ein großer Teil auf Zeplerscher Musik. Die Autographen sind meist verschollen, darunter auch eines, von dem wir durch ein gedrucktes Exemplar des Dreililienverlags wissen. Es ist die Instrumentierung eines der sehr erfolgreichen Gesänge von Heinrich von Eyken, „Leid der Walküre". Das im Nachlaß Schönbergs gefundene Exemplar trägt den handschriftlichen Vermerk „Instrumentiert über Verlangen des Dreililien-Verlages! Arnold Schönberg". Im Dreililien-Verlag erschienen Schönbergs erste Werke, die Lieder opus 1, 2, 3 und 6, das Streichsextett „Verklärte Nacht", die symphonische Dichtung „Pelleas und Melisande" und das erste Streichquartett op. 7.

Wolzogen war, wie wir aus seinen eigenen Schriften wissen, ein Aristokrat, der gegen Juden alle Vorurteile seiner Klasse hegte, aber nach der Art der alten Deutschnationalen einen Unterschied machte zwischen denen, die er jüdische Geschäftsleute und denen, die er jüdische Talente nennt. So umgab er sich in seiner Überbrettl-Zeit mit Hauspoeten und Hauskomponisten, von denen viele Juden waren. In seiner eigenen Formulierung, zu lesen in dem Sammelbuch

„Ansichten und Aussichten" (1908): „Ich wollte ja das deutsche Bärlein tanzen lehren, und zwar schmerzlos, zu seinem eigenen Vergnügen – da konnte ich die alte grausame Methode, dies Bärlein auf einen glühenden Rost zu stellen, wohl nicht anwenden, sondern versuchte es lieber mit der milden und gleichfalls bewährten Erziehungsmethode, den Ehrgeiz zur Nachahmung durch Vorführung anderer Tierlein zu wecken, welche von Natur aus zum Tanzen befähigt sind." Später hat sich Wolzogen zum Vorkämpfer eines nordisch-deutschen Geistes entwickelt, der unsagbares Elend in diese Welt getragen hat, er gehörte nach dem ersten Weltkrieg zu den Wegbereitern des Nationalsozialismus. Aber seine wichtige Funktion eines Anregers für das deutsche Geistesleben zu Anfang des 20. Jahrhunderts wird dadurch nicht geschmälert.

Oscar Straus war unter seinen ersten und namhaftesten Mitarbeitern und begründete, lange bevor er 1907 durch den „Walzertraum" berühmt wurde, den sensationellen Premierenerfolg des Überbrettls. Wolzogen, der ihn später als einen unleidlichen und zänkischen Mitarbeiter geschmäht hat, erkannte diese Begabung wohl als einer der ersten. Das Tanzduett „der lustige Ehemann", ist im Theaterverlag Eduard Bloch veröffentlicht worden und zeigt außer den Straus'schen Noten auf Bierbaums Verse eine „Tanzeinrichtung", die der ersten Wiedergabe durch den Tänzer Koppell und den jungen Star des Überbrettl, der Tänzerin und Sängerin Božena Bradsky genau entspricht. „Der Tanz", heißt es da, „wird von einem Paar ausgeführt, nicht als Gesellschaftstanz, sondern als Vorführung bei festlichen Gelegenheiten. Wegen des gleichzeitig zu singenden Textes und wegen der zierlichen Zärtlichkeiten des Tanzpaares eignet sich der Tanz auch zur Vorführung an Hochzeiten. Der Charakter des ganzen verlangt es, daß das Tanzpaar während der ganzen Ausführung einander schämig-zärtlich ins Gesicht sieht."

Wir können uns nach dieser Regiebemerkung vorstellen, wie die Praxis des Wolzogenschen Überbrettls aussah. Übrigens ist „der lustige Ehemann", dem Oskar Straus die Opus-Nummer 61 gab, mit Klavierbegleitung komponiert. Der Umschlag ist von dem damals beliebten Graphiker Edmund Edel gezeichnet und zeigt neben den modischen Jugendstil-Girlanden auf der Rückseite das charakteristische Bild des melancholisch lächelnden, Gitarre spielenden Clowns. Auch andere Überbrettl-Gesänge sind dort angezeigt, von Straus „Die Haselnuss" und „Der Staar", von James Rothstein, einem anderen Hauskomponisten Wolzogens, „Madame Adele" nach einer „Dichtung" von Wolzogen, „Die Spinne im Wald" (Wilhelm Schulz), „Das Lied von den lieben, süssen Mädeln" (Wolzogen) und „Der schöne Alfred". Bemerkenswert an diesem letzten Stück ist, daß die Dichtung von Rudolf Alexander Schröder stammt, dem späteren Autor großartiger Übersetzungen aus dem Griechischen und

Lateinischen und engagiertem protestantischen Christen. – Wie es zu der Bekanntschaft zwischen Oskar Straus und Schönberg gekommen ist und aus welchem Jahre sie datierte, wissen wir nicht. Doch war Straus Wiener ebenso wie Schönberg, und sein Wohnhaus in der Unteren Augartenstraße 27 im 2. Bezirk stand nicht weit von Schönbergs Geburtshaus in der Oberen Donaustraße. Da Straus berufliche Verbindungen mit dem Carltheater hatte, dem wiederum Alexander von Zemlinsky nahestand, könnten die beiden Männer sich schon früh begegnet sein. Schönberg hatte damals in seinem Bekanntenkreis aus den Intellektuellen-Cafés mehrere Vertreter der leichten Musik. Er hat sich zeitlebens eine gewisse Zärtlichkeit für die klassische Wiener Operette bewahrt, hörte sich gute Aufführungen der Stücke von Franz Lehár gern an und übertrug diese Neigung auch auf einige seiner Schüler. Im Gegensatz zu Anton von Webern, der jede Art von Unterhaltungskunst verabscheute, hatte Alban Berg viel dafür übrig. Er berichtet in einem Brief an seine Frau Helene Berg von einer Aufführung des „Walzertraums", nicht ohne zu betonen, daß das Stück ihm gefallen habe. Aus diesen seltsamen Querverbindungen resultierte ein Zusatz, den er selbst bei der Komposition der Oper „Wozzeck" dem Schauspieltext von Georg Büchner anfügte. Die letzte Szene mit den spielenden und lärmenden Kindern vor Mariens Haustür beginnt mit den Worten „Ringel, Ringel, Rosenkranz". Es ist wörtlich der Anfang des „Lustigen Ehemanns" von Otto Julius Bierbaum, allerdings mit einer wesentlich anderen Musik.

Schönberg besaß seit Weihnachten 1900 ein Exemplar der „Deutschen Chansons", in denen Bierbaums „Lustiger Ehemann" als zweites Gedicht abgedruckt ist. Wenige Monate nach dem sensationellen Berliner Premierenerfolg des Überbrettls komponierte er in Wien einige Gedichte daraus, so die „Gigerlette" von Bierbaum, die den Band einleitet, die „Galathea" von Frank Wedekind und den „Nachtwandler" von Gustav Falke, dessen Refrain „Rechts Luischen, links Marie und voran die Musici" Wolzogen so gut gefiel, daß er die Komposition nebst dem Komponisten auf der Stelle engagierte. Schönberg hat Falkes Text für hohe Stimme mit einer Begleitung von Piccoloflöte, Trompete in F, kleiner Trommel und Klavier vertont. Seinem ersten Biographen Egon Wellesz erzählte er, daß die Aufführung in Berlin infolge zu großer Schwierigkeiten für den Trompeter zu einem Mißerfolg führte und das Stück seither in der Versenkung verschwunden blieb. Wolzogen behauptet in seinen zwanzig Jahre später geschriebenen Memoiren, Schönberg habe schon bei seinem Debut im Wiener Carltheater an jenem jüdischen Versöhnungstag so versagt, daß es zur Trennung gekommen sei. Hier scheint eher Wolzogens Gedächtnis versagt zu haben, denn Schönberg folgte im Dezember 1901 dem Ruf nach Berlin und figurierte noch im Berliner Adressbuch 1903 als Kapellmeister des Überbrettls. Die „Nachtwandler", die 1954 in Hamburg wieder aufgeführt und 1969 in Los Angeles gedruckt wurden, zeigen ein musikalisches Bild, das mit den Neuheiten und Kühnheiten des damaligen Schönberg-Stils wenig gemeinsam hat. Abgesehen von einigen chromatischen Läufen und alterierten Harmonien, vielleicht auch von ein paar Synkopen ist das Lied Unterhaltungsmusik schmissigen Charakters und guten satztechnischen Niveaus. Es zeigt, wie geschickt Schönberg – der damals in dem erhabenen Stil der „Gurrelieder" lebte – sich den Forderungen der offenbar auch von ihm erstrebten Popularisierung von Literatur und Musik anzupassen verstand.

Inzwischen hatte sich in Berlin für Wolzogen einiges verändert. Der Traum eines eigenen Theaters näherte sich der Verwirklichung. Dafür mußte Geld aufgenommen werden, und die geschäftlichen Transaktionen übernahm ein Aufsichtsrat der Überbrettl-GmbH., in dessen Akten vom Herbst 1901 u. a. die Engagements der Kapellmeister Oskar Straus und Arnold Schönberg zu ersehen sind. Ein Grundstück in der Köpenicker Straße wurde erworben. Als Architekt wurde August Endell verpflichtet, eine Berühmtheit des damals blühenden Jugendstils. Er hatte 1897–1898 mit dem Bau des Münchener Ateliers Elviera sensationelles Aufsehen erregt, gehörte zu den Ersten, die, wie in Wien Adolf Loos, flache Dächer und einfache Grundrisse liebten, bedeckte dafür allerdings die Fassaden seiner Häuser mit phantastischen Chinoiserien im Geschmack des Jugendstils. Endell baute das Theater in kurzer Zeit und mit relativ geringen Kosten. Es wurde zum Treffpunkt der eleganten Berliner Welt und galt Zeitgenossen als erster Theaterraum eigenen Stils seit Schinkels Schauspielhaus. Die ganze Skala des Regenbogens war in hellen Farbtönen in dem Innenraum ausgebreitet, wechselnd in den verschieden gefärbten Sesselreihen und sogar den Schürzen der jungen Damen, die Programme verkauften. Die Fußböden waren mit Smyrnateppichen bedeckt, die Decken pointillistisch bemalt, die Lampen modisch geformt. Vor allem aber gab es eine moderne geräumige Bühne und einen kleinen Orchesterraum. Bald war das Haus Berlins exklusivstes Theater.

Hier also begann Schönberg seine kurze Tätigkeit als Musiker in einem literarischen Kabarett. Die Eröffnung des „Bunten Theaters", wie das Unternehmen nun hieß, fand nach mehrmaliger Verschiebung des Termins am 28. November 1901 statt. Schönberg kam erst später aus Wien.

Wolzogens eigenes Theater wurde trotz des eleganten Publikums, das sich dort traf, ein geschäftlicher Mißerfolg; er ging aus dem Unternehmen schwer verschuldet heraus. Eine Tournee, die er im Februar 1902 nach St. Petersburg und Riga machte, konnte an seiner Situation nichts verbessern. Im Mai desselben Jahres kam es zu einer scharfen Auseinandersetzung mit dem Aufsichtsrat und im Juni zog sich der Begründer des so triumphal begonnenen Überbrettls enttäuscht und verbittert zurück.

Seine Idee war mittlerweile auch von anderen aufgegriffen worden und blieb als Ferment der literarischen und musikalischen Situation während der ersten Jahre des 20. Jahrhunderts lebendig. Schönberg hatte damit nichts zu schaffen. Erst zehn Jahre später, als die singende Schauspielerin Albertine Zehme ihn bat, Melodramen für ihre Programme zu schreiben, griff er auf einige Stilelemente der Wolzogen-Bühne zurück. Die „Pierrot-Lunaire" – Gedichte von Albert Giraud haben in der Übertragung von Otto Erich Hartleben (der ja dem Wolzogen-Kreis nahestand) einen unverkennbaren Jugendstil-Charakter. Aus der Schilderung der Uraufführung im Oktober 1912 schloß man, daß die Zehme sich gewisse Aufführungspraktiken des Überbrettls zu eigen gemacht hätte.

Aber es ist ein Irrtum, anzunehmen, daß die Anwendung der Melodramtechnik, d. h. des Sprechens zu einer begleitenden Musik, aus dem Überbrettl stammt. Sie war um die Jahrhundertwende sehr beliebt und Schönberg selbst hatte sie in den Plan der im wesentlichen 1900 konzipierten „Gurrelieder", also ein Jahr vor dem Bestehen des Wolzogenschen Kabaretts, von Anfang an einbezogen. Außerdem gab es im Überbrettl nicht, wie neuerdings behauptet worden ist, den Typus der Diseuse. Dieser ist eine Spezialität des französischen Kabaretts, namentlich des „Chat noir" gewesen und auch geblieben. Seine prominenteste Vertreterin war Yvette Guilbert, die aber in deutschen Kabaretts nicht auftrat. Im Überbrettl waren es entweder die Dichter selbst, die ihre Verse sprachen, wie Ernst von Wolzogen, Hanns Heinz Ewers, Christian Morgenstern und andere, oder Chansonsängerinnen, wie Božena Brodsky, die gleichzeitig tanzte, und Elsa Laura von Wolzogen. Diese, die noch viele Jahre nach dem Zusammenbruch des „Bunten Theaters" ihre Tätigkeit erfolgreich fortsetzte, sang zur Laute und hatte mit dem französischen Diseusentypus nichts zu tun. Ich habe sie in meiner Jugend selbst noch gehört und mich an ihrer hübschen kleinen Stimme und witzigen Vortragskunst erfreut. In wenigen Ausnahmefällen haben Frauen in Wolzogens Kabarett rezitiert. Eine von ihnen war die damals berühmte Romanschriftstellerin Olga Wohlbrück, die Frau des Komponisten Waldemar Wendland.

Schönbergs Brettl-Lieder sind alle sieben entstanden, bevor er selbst Wolzogens Kabarett kennenlernte, also nicht für dieses, sondern bestenfalls angeregt durch dessen jungen Ruhm. Keines der Lieder verwendet Sprechgesang oder enthält auch nur Episoden von Melodram.

Auch Albertine Zehme, die vom ernsten Schauspiel herkam und einmal Opernsängerin werden wollte, dürfte von Wolzogens Edelkabarett unbeeinflußt gewesen sein, wenn sie es überhaupt kannte.

Als Schönberg mit seiner jungen Frau Mathilde von Wien nach Berlin zog, war diese hochschwanger. Das Paar fand eine möblierte Wohnung in der

Das Wolzogen-Theater, Schönbergs erste Arbeitsstätte in Berlin, 1901

Lettestraße 9, nicht allzu weit von Wolzogens Buntem Theater in der Köpenickerstraße. Wir können vermuten, daß der Umzug Mitte Dezember 1901 stattfand. Denn am 23. unterschrieben Wolzogen und Moritz Muszkat den Vertrag (siehe Anhang), der Schönberg als Kapellmeister vom 16. Dezember 1901 bis zum 31. Juli 1902 für das Bunte Theater verpflichtete. Gegen ein Gehalt von monatlich dreihundert Mark hatte er alle für das Überbrettl geeigneten Kompositionen einzureichen und, falls die Direktion sie geeignet fand, auf ein Jahr zur Aufführung zu überlassen. Auch dem Verlag, mit dem das Theater liiert war, mußte er das vorzugsweise Erwerbsrecht überlassen. Für etwaige Reisen mit dem Theater hatte er Anspruch auf fünf Mark Tagesspesen. Auf Vertragsbruch stand eine Strafe von dreitausend Mark.

Bemerkenswert an diesem Vertrag ist, daß er – trotz der Berufsbezeichnung „Kapellmeister" – überhaupt nicht von Dirigentenaufgaben spricht. Schönberg war zwar verpflichtet „diejenigen Leistungen zu erfüllen, welche seinen künstlerischen Fähigkeiten entsprechen", aber genannt wurden lediglich kompositorische Leistungen. Doch selbst von diesen machte die Direktion offenbar keinerlei Gebrauch mehr, denn Schönbergs Name fehlt sowohl auf den Programmen als auch in Presseberichten über das Bunte Theater.

Dreihundert Mark Monatsgage waren für damalige Begriffe ein mittleres Einkommen; verglichen mit Dirigentengehältern an großen Opernhäusern war es wenig. Ernst von Possart bot dem jungen Richard Strauss schon 1897 monatlich tausend plus Pensionsberechtigung für München. Doch dürften auch Schönbergs Gegenleistungen bescheiden gewesen sein. Eine Verlängerung des Vertrages lag ihm gewiß am Herzen. Seit der Geburt der Tochter Trudi am 8. Januar 1902 war der Existenzkampf für die kleine Familie mit der oft leidenden jungen Frau schwer zu bestehen. Schönberg entsann sich eines reichen Bekannten in Wien. Es war der Komponist Adalbert von Goldschmidt, in dessen gastlichem Elternhaus am Opernring 6 begabte Musiker immer willkommen waren; Hugo Wolf war sein intimer Freund. Nach hochdramatischen und idealistischen Opernversuchen wie einer Trilogie „Gaea" wandte sich Goldschmidt der Operette zu. Seine „Fromme Helene" nach Wilhelm Busch fiel 1897 in Hamburg durch. Anscheinend interessierte sich Wolzogen für das Stück und Schönberg für die Realisierung seines Planes, es im Bunten Theater aufzuführen. Am 2. Mai 1902 schrieb der einflußreiche und gesellschaftlich beliebte Goldschmidt ihm in die Lettestraße: „Selbstredend wäre es ganz gut, wenn W. wirklich die F. H. aufführen wollte; ließe sich da nicht Ihr Engagement verlängern? Oder tractieren Sie mit einem anderen Theater diesbezüglich? Ich knüpfe dann die Bedingung der Aufführung an Ihr Engagement. W. kriegt die Partitur nur gegen neuen Contract mit Poenale. Ich traue der Bande nicht mehr. Schreiben Sie mir, was Sie über eine Aufführung woanders in

Berlin denken, sprechen Sie darüber mit Nikisch in Verbindung mit einem diesbezüglichen Engagement; oder mit Tappert. Ich schließe eine Empfehlung an Tappert bei." (Arthur Nikisch war Chef der Berliner Philharmoniker, Wilhelm Tappert ein führender Musikschriftsteller und Kritiker in der Reichshauptstadt).

Der Plan scheiterte vermutlich daran, daß Wolzogen im Juni mit dem Bunten Theater brach. Schönberg schickte Partituren und Textbücher der „Frommen Helene" unverrichteter Sache an Goldschmidt zurück.

Mittlerweile hatte der Wiener Tonkünstlerverein die Uraufführung der „Verklärten Nacht" zustande gebracht. Arnold Rosé mit seinem Quartett und zwei zusätzlichen Wiener Philharmonikern spielten am 18. März 1902 das Werk vor einem ratlosen Publikum, dem unter anderen der junge Anton von Webern angehörte. Schönberg konnte nicht kommen. Doch auch der Deutsche Tonkünstlerverein in Berlin interessierte sich nun für das Werk. Karl Halir, dem es Schönberg auf Anraten von Richard Strauss anbot, sagte ab. Aber der bedeutende Geiger und Kammermusiker Professor Waldemar Meyer mit seinen Quartettgenossen Max Heinecke, Berthold Heinz und Albrecht Löffler sowie dem Bratschisten Willibald Wagner und dem Cellisten Max Schulz-Fürstenberg spielte das Sextett am 30. Oktober 1902 im großen Saal des Architektenhauses, Wilhelmstraße. Das Konzert, eine Veranstaltung des Tonkünstlervereins, brachte vorher Ferruccio Busonis d-moll-Streichquartett opus 26 und Richard Strauss' Quartett in A-dur, opus 2. Wilhelm Altmanns Besprechung in der „Musik" war vorsichtig ablehnend. In Nr. 3 der Deutschen Tonkünstlerzeitung vom 21. Oktober war der Abend angekündigt worden. Schönberg schrieb dazu eine kurze Autobiographie, in der es heißt: „Da ich ursprünglich Ingenieur werden sollte, kam ich erst ziemlich spät dazu, meiner Neigung nachzugehen und die Musik als Beruf zu ergreifen."

Vielleicht war es im Tonkünstlerverein, daß er Max Marschalk begegnete. 1903 schloß er einen Vertrag mit dem Dreililienverlag, der dem unternehmenden Komponisten und Musikkritiker Marschalk gehörte und 1904 die ersten gedruckten Arbeiten von Schönberg herausbrachte. Eine Postkarte vom 25. April 1903 bittet Schönberg, Marschalk am nächsten Vormittag in Berlin-Halensee, Georg Wilhelmstraße 22, zu besuchen. Er solle Partituren und anderes mitbringen. Es war ein Sonntag; man hatte Zeit. Weitere Besuche fanden am 28. Mai und 2. Juni statt. Marschalk erwarb Schönbergs erste zwölf Lieder opus 1 bis 3 und das Streichsextett „Verklärte Nacht". Er bezahlte ihm 820 Mark Vorschuß, wie die erste Abrechnung Ende 1903 bekundet.

Mit der Wiener Universal Edition hatte Schönberg Beziehungen schon 1902 aufgenommen. Sie führten damals aber, wie ein Brief an ihn vom 16. April, Antwort auf seinen vom 13. April, zeigt, nur zu einer Beratung innerhalb des Exekutiv-Comités.

Um Conrad Ansorge, den Pianisten und Komponisten aus Franz Liszts Schule, bildete sich in Wien zu Anfang des Jahrhunderts ein Kreis von Jüngern. Der junge Kritiker Paul Stefan-Grünfeld lernte bei einem Berliner Besuch 1903 während der Probe zu einem Werk Ansorges in der Philharmonie Schönberg kennen. Er fehlte seither bei keiner erreichbaren Schönbergaufführung.

Ferruccio Busoni hatte im Herbst 1902 seine beiden ersten Orchesterkonzerte mit moderner Musik gegeben. Schönberg kannte ihn nicht persönlich, bot ihm aber im Frühjahr 1903 die seit dem 28. Februar fertige Partitur von „Pelleas und Melisande" an. Busoni bat, sie ihm zu schicken, führte sie jedoch nicht auf.

Unter den Schülern, die Schönberg am Sternschen Konservatorium unterrichtete, war auch ein junger Wiener, der 1883 geborene Josef Reitler. Er wurde 1907 neben Julius Korngold Musikkritiker der Neuen Freien Presse in Wien und 1915 Direktor des Neuen Wiener Konservatoriums. Im kalifornischen Exil erinnerte er Schönberg am 4. Juni 1944 daran, daß er 1903 in Berlin die „ersten Gehversuche in der Harmonielehre" bei ihm gemacht hatte.

Wir wissen nicht, ob Schönberg, von jeher ein großer Freund des Theaters, 1902 bis 1903 an dem sehr anregenden Berliner Kulturleben teilgenommen hat. Die Hofoper Unter den Linden, zu der ihm Richard Strauss gewiß Zutritt verschafft hätte, gab außer der „Feuersnot" von Strauss-Wolzogen, dem „Pfeifertag" von Max Schillings und Gustave Charpentiers „Louise" keine für ihn wichtigen Novitäten. Strauss brachte mit dem Tonkünstler-Orchester im Winter 1902–1903 Programme moderner Musik. Im Oktober und November 1902 gastierte im Schauspielhaus die 58jährige, noch immer legendär berühmte Sarah Bernhardt. Was davon Schönberg besucht hat, ist unbekannt.

Da nach Wolzogens Ausscheiden aus dem Bunten Theater an Verlängerung des Vertrags über den 31. Juli hinaus nicht zu denken war, brauchte der junge Komponist alle Energie, um seine kleine Familie durch untergeordnete musikalische Arbeiten wie Kopieren und Orchestrieren von Werken anderer Komponisten zu erhalten. Im Sommer 1903 sah er ein, daß es besser sein würde, nach Wien heimzukehren.

DIE BEZIEHUNG SCHÖNBERG–STRAUSS

Richard Strauss, der 1898 als königlicher Kapellmeister an die Berliner Hofoper Unter den Linden verpflichtet worden war, traf Ende 1898 oder Anfang 1899 in München mit Ernst von Wolzogen zusammen, der ebenfalls im Begriff war, nach Berlin zu ziehen. Beide hatten in München künstlerische Widerstände gefunden, die ihnen das Gefühl einer Trutz-Gemeinschaft gaben. „Und da setzten wir uns denn hin", berichtet Wolzogen in seinem Erinnerungsbuch von 1922, „und heckten einen Racheplan aus, der später in der ‚Feuersnot' künstlerische Gestalt gewann". Das Libretto, in wenigen Urlaubstagen des Autors auf Rügen entstanden, lag dem Komponisten im Frühjahr 1900 vor. Strauss arbeitete an der Partitur bis zum Sommer 1901, und schon am 21. November brachte Ernst von Schuch die Uraufführung in Dresden heraus, um die sich erfolglos auch Gustav Mahler für Wien bemüht hatte.

Aus dem Werk spricht der Zeitgeist, der um 1900 in der deutschen Literatur herrschte und den Strauss in seine Musik übernahm. „In der ‚Feuersnot' ", so formulierte später der 85jährige in einer Tagebuchnotiz, „ist bewußt der Ton des Spottes, der Ironie, der Protest gegen den landläufigen Operntext das individuelle Neue". Es ist der Geist, der damals einige der besten deutschen Lyriker für die Idee des „literarischen Variétés" gewann. Wolzogen gehörte zu ihnen und verwirklichte die Idee in dem Berliner Überbrettl.

Als im Dezember 1901 der jung verheiratete Arnold Schönberg nach Berlin kam, um seine Arbeit bei Wolzogen zu beginnen, war ihm die Musik von Richard Strauss vertraut. Im April 1902 muß er an den bewunderten älteren Kollegen geschrieben haben; möglicherweise hatte Wolzogen die Bekanntschaft vermittelt. Strauss antwortete mit einer am 15. April in Charlottenburg abgestempelten Postkarte an Schönbergs damalige Adresse in Berlin 2, Lettestr. 9, I. Portal, 1 Treppe rechts: „Sehr geehrter Herr! Sie treffen mich täglich von 3 bis 4 Uhr zu Hause! Hochachtend Richard Strauss." Dann scheint der Kontakt enger geworden zu sein, so daß es keiner Briefe und Postkarten mehr bedurfte. Erst am 19. Juli 1902, aus der Sommerfrische in Marquartstein, Oberbayern, schreibt Strauss wieder. „Ich bin mit Vergnügen bereit, Ihre Bewerbung bei Direktor Holländer zu unterstützen, wenn derselbe bei mir anfrägt. Ihre Partitur: Pelleas u. M., der ich mit Interesse entgegensehe, müßte ich spätestens Anfang September (in Berlin) in Händen haben, wenn es mir möglich sein soll, sie eventuell zu berücksichtigen!" Und in einem Postscriptum rät Strauss ihm, sein Sextett bei Professor Halir einzureichen; Rosé wolle es ihm noch speziell empfehlen.

Offenbar hatte Schönberg von seinen Existenzsorgen gesprochen. Der Briefton zwischen den beiden Männern wurde rasch wärmer, und im September beschloß Strauss eine Postkarte mit der Formel „herzlichsten Gruss." Damals entstand die Riesen-Partitur des Chorwerkes „Taillefer" für ein Orchester von 24 Holzbläsern, 20 Blechbläsern, 12 Schlagzeugern und 90 Streichern, die Strauss der Heidelberger Universität als Dank für die Verleihung des Ehrendoktors widmete. Schönberg kopierte daraus für Strauss die Stimmen. Am 6. November 1902 kam an seine neue Adresse, Berlin W, Augsburger Straße 48, Gartenhaus, eine Karte, in der Strauss bat, ihm noch am selben Tage einen Teil der Partitur („wo der 4/4 Takt Gmoll / Posaune / beginnt") zu bringen; auch habe er ihn beim Vorsteher der Copisterie, Herrn Dessau, auf der Generalintendantur angemeldet. Und am 26. November soll Schönberg pünktlich um 5 Uhr nachmittags ein weiteres Stück der „Taillefer"-Partitur abholen, da Strauss abends für zehn Tage verreist.

In der Zwischenzeit machte Strauss den von ihm sehr geschätzten Wiener Kollegen, der ihn um Rat wegen eines Operntextes gebeten hatte, auf Maurice Maeterlincks „Pelleas et Melisande" aufmerksam. Schönberg nahm die Anregung – offenbar, ohne von Debussys Oper über diesen Text und ihrer Pariser Uraufführung am 30. April zu wissen – auf und schrieb am 4. Juli die Skizzen der symphonischen Dichtung gleichen Namens nieder, deren Partitur er 1903 beendete. In der Augsburger Straße war er dem in Charlottenburg wohnenden Strauss auch räumlich viel näher als in der Lettestraße, die dem „Bunten Theater" in der Köpenickerstraße nicht allzu entfernt lag. Das Haus Nr. 48 stand übrigens wenige Schritte von dem Nr. 55, wo mindestens seit Mai 1902 Ferruccio Busoni wohnte. Doch haben sich die beiden Musiker um diese Zeit noch nicht gekannt.

Für Bogumil Zepler, von dem er bereits ganze Operetten orchestriert hatte, instrumentierte Schönberg am 21. April ein Lied. Doch reichten solche Gelegenheitsarbeiten nicht aus, ihm die materiellen Sorgen zu nehmen, – nicht zu reden von der Unlust, die sie ihm bereiteten. Er spürte schon damals seine Berufung zum Lehrer und muß mit Strauss darüber gesprochen haben. Am 6. Dezember 1902, also unmittelbar nach seiner Rückkehr von der angekündigten Reise, schrieb ihm dieser: „Lieber Herr Schönberg! Ich war heute bei Direktor Holländer: er versprach, sich Ihrer wärmstens anzunehmen. Er will Ihnen jetzt eine kleine Klasse einrichten (damit Sie sich wenigstens Lehrer am Sternschen Conserv. nennen können). Vom 1. Januar ab hofft er, Ihnen eine grössere Klasse zu geben: er hat auch Copiaturarbeiten für Sie. Im übrigen wenden Sie sich in allen Nöten, zu besserer Information an Herrn Inspector Pohl, ein treuer lieber Freund von mir, der Ihnen gerne stets mit Rat und Tat beistehen wird."

Gustav Holländer leitete seit 1895 als Direktor die bedeutende Lehranstalt, die 1850 als erstes Privatinstitut für höhere musikalische Erziehung gegründet worden war. Er verpflichtete 1897 als Kompositionslehrer Hans Pfitzner, der sein Lehramt bis 1907 ausübte. Zu der Einrichtung einer Klasse für Schönberg scheint es damals aber nicht gekommen zu sein.

Strauss weiß aber noch anderen Rat und fährt fort: „Sollten Sie dringend in Not sein, so schreiben Sie ein Gesuch um Unterstützung an mich als Vorsitzenden des Allgem. deutschen Musikvereins: mit 50 Mark kann ich Ihnen schon aus der schlimmsten Patsche helfen. Also Glück auf! Herzlich grüßt Ihr Richard Strauss."

Auch andere Wege wurden beschritten, um dem jungen Paar zu nützen. In einem Brief vom 18. Dezember 1902 an seinen Freund Max von Schillings in München schreibt Strauss: „Ich habe den Mann, der in bitterster Not lebt u. *sehr* talentvoll ist, dringend zum mehrjährigen Stipendium von je 1000 Mark empfohlen. Bitte unterstütze mich u. schreibe ihm auch Du ein glänzendes Zeugnis. Du wirst ebenfalls finden, daß die Sachen, wenn auch noch überladen, doch von großem Können u. Begabung zeugen . . ."

Das genannte Stipendium war ein Teil der Liszt-Stiftung, die dem Allgemeinen Deutschen Musikverein als Schenkung der Fürstin Hohenlohe (einer Tochter von Franz Liszts Lebensgefährtin und Universalerbin Fürstin Caroline Sayn-Wittgenstein) zugefallen war. Die Zinsen wurden Komponisten oder Pianisten zugewandt. Der Sitz der Stiftung war Weimar; als Gutachter fungierten Strauss und Schillings sowie Hans v. Vignau, der Schönbergs Partituren an Schillings zur Prüfung übersandte. Tatsächlich kam Schönberg durch Strauss' Empfehlung zweimal in den Genuß des Stipendiums.

Neben der Arbeit an größeren Werken wie der Orchestrierung der 1900 in Wien begonnen, 1901 fertig komponierten „Gurrelieder" und der Symphonischen Dichtung „Pelleas und Melisande" entstand am 3. Januar 1903 ein Lied nach einem Gedicht aus Goethes Westöstlichem Diwan „Deinem Blick mich zu bequemen"; es blieb unveröffentlicht.

Straussens nächste Karte bittet um Rückgabe der „Taillefer"-Partitur, an der er weiterarbeiten möchte. Außerdem ist von einer Ballettmusik Alexander von Zemlinskys die Rede. Vermutlich hatte Schönberg das Werk seines Freundes, Lehrers und Schwagers zur Aufführung empfohlen. Strauss fragt, ob er die Stimmen für je 16 erste und zweite Geigen, 10 Bratschen, 8 Celli und 8 Kontrabässe sofort haben könne; er bittet um Schönbergs Rat, welche zwei von den drei Sätzen er am besten finde. Vielleicht werde er sie in seinem nächsten Konzert Anfang Februar dirigieren. Die Karte ist vom 19. Januar 1903 datiert; am 14. hatte der unermüdlich aktive Strauss die Genossenschaft Deutscher Tonsetzer gegründet.

Aus Zemlinskys Werkverzeichnis läßt sich nicht ermitteln, worum es sich handelte. Er hat 1902 mit Hugo v. Hofmannsthal ein Ballett „Triumph der Zeit" geschrieben, das aber unvollendet blieb. Möglicherweise waren es Stücke daraus. Zu der geplanten Aufführung ist es jedenfalls nicht gekommen.

Am 28. Februar setzte Schönberg das Schlußdatum unter die „Pelleas"-Partitur. Sie ist sein erstes beendetes Orchesterwerk, so gewaltig in der Ausdehnung – die Aufführung dauert rund dreiviertel Stunden – wie im Aufgebot von Instrumenten. Zu einem Streichquintett von 32 Geigen, 12 Bratschen, 12 Celli und 8 Kontrabässen kommen 17 Holzbläser, 18 Blechbläser und 2 Harfen, nahezu das Orchester des Strauss'schen „Taillefer". Auf diesen kommt eine Karte vom 21. April zu sprechen, wo Strauss Schönberg für den nächsten Morgen elf Uhr bestellt „neue Bogen Taillefer abholen, der beinahe fertig ist." Am 3. Mai war er fertig, im Oktober fand zur Eröffnung der Heidelberger Stadthalle die Uraufführung statt.

Alban Berg hat 1920 eine knappe thematische Analyse von „Pelleas und Melisande" geschrieben, die von der Universal-Edition gedruckt wurde. Im Gegensatz zu Anton von Webern, der 1911 in dem Schönberg gewidmeten Piper-Buch über die symphonische Dichtung geschrieben hatte, ihr Bau sei ganz frei, erkennt er in dem einsätzigen Werk die vier Sätze einer Symphonie. Diese folgen sinngemäß dem Lauf des Dramas von Maurice Maeterlinck. Der erste Teil ist ein großer Sonatensatz mit einer Einleitung („Im Walde"), der Exponierung des „Schicksalsmotivs" (steigende große Septime und fallender Dur-Dreiklang), den Themen Melisandes und Golos, dem daraus wachsenden Hauptsatz mit dem Ehe-Thema, der Überleitung und dem Seitensatz, der Pelleas gehört, nebst Schlußsatz „Melisandens Liebeserwachen". Es folgt ein dreiteiliger zweiter Abschnitt, eingeleitet durch ein Scherzo („Springbrunnen im Park"), fortgesetzt in der Szene am Schloßturm (Melisande kämmt am Fenster ihr aufgelöstes Haar, das Pelleas küßt, bis Golo auftritt), endend in den Gewölben unter dem Schloß. Hier erwähnt Berg nur die auch in der Schlußszene wiederkehrenden Ganztonakkorde in Terzen, nicht aber das von Schönberg zum erstenmal verwendete Glissando zweier gedämpfter Posaunen. Der dritte Teil ist ein Adagio mit durchführungsartiger Einleitung: Abschieds- und Liebesszene zwischen Pelleas und Melisande. Den Abschluß mit Melisandens Tod bildet ein als Reprise aufgebautes Finale. – Das Werk, in der von Schönberg bevorzugten Tonart d-moll, steht an komplexer Vielstimmigkeit unter seinen Werken obenan. In der Harmonik wie in der kontrapunktischen Verknüpfung der Motive findet man Verwandtschaften mit Max Reger. Episodisch treten schon Quartenakkorde auf.

Ein kleines Chorwerk hatte Schönberg am 18. April komponiert: „Darthulas Grabgesang", Text nach Ossian von Goethe. Es blieb ungesungen und unveröffentlicht. Seine Existenzmöglichkeiten in der preußischen Residenz blieben dürftig. Die Verbindung mit Wien aber war nicht abgebrochen. Mit der im Juni 1901 gegründeten Universal-Edition hatten Freunde Schönbergs, namentlich Alexander von Zemlinsky, gute Kontakte. Man riet ihm, sich in Wien nach Arbeitsmöglichkeiten umzusehen. So folgte er einer Einladung, mit Zemlinskys den Sommer in Payerbach zu verbringen. Er kannte die kleine niederösterreichische Sommerfrische im Schwarzatal von einem früheren Aufenthalt mit dem künftigen Schwager 1899, hatte dort an dem Sextett „Verklärte Nacht" und Liedern gearbeitet.

Um sich von Strauss zu verabschieden, suchte er ihn Anfang Juli auf, traf ihn aber nicht mehr an. Darüber und über die Veränderungen in seinem Leben berichtet ein längerer Brief aus Payerbach, datiert vom 10. September 1903. Es ist das erste erhaltene Schreiben Schönbergs an Strauss, kennzeichnend für das noch unverändert herzliche Verhältnis der beiden Männer. „Hochverehrter Herr Hofcapellmeister, ich war ca. am 2. oder 3. Juli bei Ihnen um mich von Ihnen zu empfehlen – zu einer Zeit, als die Oper noch spielte. Da man mir sagte, daß Sie schon verreist waren, Ihre Sommeradresse aber beim Portier nicht zu erfahren war, konnte ich das nicht einmal brieflich tun. Inzwischen bin ich, einer Einladung folgend, nach Wien gefahren, und war in Payerbach den Sommer über zu Gaste. So mußte ich also diesen Brief bis jetzt aufschieben, wo ich annehme, daß Sie Ihre Tätigkeit in der Oper wieder begonnen haben dürften.

Nun muß ich Ihnen noch eine Mitteilung machen. Nämlich: ich bleibe wieder in Wien. Es haben sich einige Freunde für mich bemüht, so daß ich hier doch nach und nach mein Auskommen wieder haben werde. Fixes habe ich natürlicherweise leider nicht, aber ich werde jedenfalls für die Universal-Edition, den neuen Wiener Verlag, viel zu arbeiten haben und wenn der halbwegs geht, wirds ja ganz erträglich sein.

Ich muß also mit einemmal mich von Ihnen wohl für längere Zeit verabschieden. Bei dieser Gelegenheit drängt es mich, Ihnen, hochverehrter Meister, nochmals für alle die mir erwiesene aufopfernde Hilfe auf das Innigste zu danken. Ich werde das in meinem Leben nicht vergessen und Ihnen stets dankbar dafür sein. – Wenn ich Sie bitte, auch mir ein gutes Angedenken zu bewahren, so muß ich dabei hoffen, daß Sie die vielen Belästigungen, denen Sie durch mich ausgesetzt waren, vergessen.

Indem ich Sie noch bitte der gnädigen Frau Gemahlin meine ergebenste Empfehlung zu berichten bin ich mit nochmaligem Danke Ihr ganz ergebener Arnold Schönberg."

Die Arbeit, die in Wien auf Schönberg wartete, war von vielfacher Art. Schon im Katalog für das Jahr 1903 nennt die Universal-Edition als Neuerscheinungen vierhändige Klavierauszüge, arrangiert von Arnold Schönberg und Alexander Zemlinsky. Bis zum Abschluß eines Urheberrechtsvertrages über eigene Werke mußte allerdings Schönberg noch sechs Jahre warten, wogegen der Verlag durch Ankauf der Firma Joseph Aibl in München sämtliche Kammermusik, Lieder, Symphonische Dichtungen und Chorwerke von Richard Strauss erwarb.

Zemlinsky hatte viele Beziehungen in Wien. Als Dirigent des Carltheaters lebte er inmitten der Theaterwelt, vor allem der komischen Oper und der Operette. Durch seine Kompositionsschülerin, die schöne junge Alma Maria Schindler, die 1902 Gustav Mahlers Frau wurde, vertiefte sich seine Neigung zu dem großen Komponisten und Direktor der Hofoper.

Anfang des Jahres 1904 entstand der Plan zur Gründung der „Vereinigung schaffender Tonkünstler" in Zusammenarbeit von Rudolf St. Hoffmann, Arnold Schönberg, Karl Weigl, Alexander von Zemlinsky und anderen Wiener Musikern. Sie brachte in der Spielzeit 1904/1905 neben Werken ihrer Mitglieder auch solche von Siegmund von Hausegger, Gustav Mahler und Richard Strauss zur Aufführung. Mahler wurde Ehrenvorsitzender. Schönberg dirigierte selbst am 26. Januar 1905 die – für ihn wenig befriedigende – Uraufführung von „Pelleas und Melisande". Von Strauss hatte es am 23. November die „Sinfonia Domestica" gegeben. Mit ihm korrespondierte Schönberg über eine geplante Wiederholung der Aufführung im März 1905. Strauss war interessiert: „Wenn es mir irgend möglich ist, will ich zum 11. März zwar kommen, kann aber ... nichts sicheres versprechen", schrieb er am 11. November, und bat Schönberg, ihm über die Aufführung am 23. ausführlich zu berichten. Etwas kühler ist der Ton eines Briefes vom 22. Februar: er habe nichts mehr von „Ihrem Verein" gehört und vermute, der Plan sei gescheitert. Kommen könne er sowieso nicht, da Theaterdienst und viele anderweitige Verpflichtungen sich im März häuften. Doch scheint Schönberg sofort den Vorschlag wiederholt und damit den Wunsch verbunden zu haben, Strauss mit seinen neuen Kompositionen bekannt zu machen. Die Absage, am 26. Februar in Leipzig, Hotel de Prusse geschrieben, war so knapp wie höflich: „. . . dieses Jahr unmöglich zu kommen. Wenn Sie die Sachen vorspielen wollen und können, vielleicht nächstes Jahr! Bedaure herzlich. Besten Gruß und Dank." Dazu ein rätselhaftes Postscriptum: „Sparen Sie das Geld Ihrer Freunde!" Vielleicht hatte Schönberg vorgeschlagen, die Reise für Strauss durch befreundete Geldgeber privatim finanzieren zu lassen.

Für anderthalb Jahre scheint der Kontakt unterbrochen worden zu sein. Es war die Zeit, als Schönberg Mahlers Werke „entdeckte". Daß er sich mit Strauss' Musik aber in unvermindertem Interesse beschäftigte, wissen wir aus mancherlei Quellen. Egon Wellesz besuchte ihn 1905 in der Wohnung Liechtensteinstraße und sah auf dem Flügel den neu erschienenen Klavierauszug der „Salome", ein Geschenk Mahlers. Dieser hatte vergeblich versucht, die österreichische Erstaufführung des Werkes von der k. k. Zensurbehörde für sich und die Wiener Hofoper freizubekommen. So fand sie am 16. Mai 1906 in Graz statt. Die Premiere wurde zu einem demonstrativen Erfolg für Strauss. Ihr wohnten, wie der Komponist am nächsten Tag seiner Frau schrieb, nicht nur Gustav und Alma Maria Mahler sowie die Witwe von Johann Strauß bei: „. . . der italienische Componist Puccini war eigens auch aus Pest gekommen, viele junge Leute aus Wien, deren einziges Handgepäck ein Klavierauszug war . . ." Wir wissen, daß Schönberg und Zemlinsky sowie Alban Berg zu diesen jungen Leuten aus Wien gehörten.

Am 31. August des selben Jahres wandte sich Schönberg in einem langen Brief an Strauss, um ihm für dessen Wiener Konzerte mit den Philharmonikern einige seiner Arbeiten zu empfehlen. Er erwähnte „Pelleas und Melisande", die Orchesterlieder opus 8 und die Kammersymphonie. Die Lieder nannte er selbst „viel reifer, ruhiger und sauberer" als die symphonische Dichtung.

Strauss, tätig und viel unterwegs, antwortete aus Mailand, Grand Hotel mit einer Postkarte, er dirigiere vorläufig nur zwei philharmonische Konzerte, durch die er sich in Wien „quasi erst einführe" und könne darum keine Novitäten bringen. Doch habe er längst die Absicht, Werke von Schönberg auf der Tonkünstlerversammlung zu bringen, nur gehe es da auch nicht immer so, wie er möchte. Wenn Schönberg die Uraufführungen von Orchesterliedern und Kammersymphonie auf den Sommer 1907 verschieben könne, solle er die Partituren nach Weimar an Dr. Aloys Obrist schicken. Er werde sie dann einsehen und sich jedenfalls persönlich für seine Sachen interessieren.

Schönbergs nicht datierte Antwort auf diese Karte vom 11. September ist so dankbar wie reserviert; sie beginnt zwar mit „Hochverehrter Meister" endet aber „in vollster Ergebenheit mit vorzüglicher Hochachtung". Er habe von Ferdinand Löwe (der damals Direktor des Wiener Konzertvereins war) die Kammersymphonie zurückbekommen, weil er sie „trotz eifrigstem Studieren der Partitur" nicht verstehe. „Ich werde also wahrscheinlich noch viel dazu thun müssen, um diese Sachen zur Uraufführung frei zu haben. Rosé will mein neues Quartett nicht spielen und Schalk hat voriges Jahr meine Orchesterlieder abgelehnt. Außerdem habe ich noch Lieder. Ich werde also sicher Material genug zum ‚Uraufführen' haben."

An die von Strauss vorgeschlagene Frist hielt sich Schönberg nicht; vermutlich war der Allgemeine Deutsche Musikverein für die Werke nicht zu gewinnen. So fand die Uraufführung der Kammersymphonie durch das Roséquartett und die Bläservereinigung der Wiener Philharmoniker schon im Frühjahr 1907 statt.

Ein Jahr danach hatte sich Schönberg abermals an Strauss wegen Aufführungen gewandt, bekam aber die Antwort, vom 20. Mai 1908 aus Lyon, die Programme für den Winter 1908/1909 seien schon fertig und veröffentlicht. „Doch wird es mich freuen, wenn Sie mir gegen Herbst ein Paar (nicht zu lange) Stücke zur Ansicht senden u. wäre sehr glücklich, wenn ich etwas darunter fände, was ich einem leider wahnsinnig konservativen Berliner Opernhauspublikum ohne allzu großes Risiko servieren könnte."

Schönberg hielt den neuen Termin ein und bekam am 27. September 1908 Antwort aus Garmisch. Die Werke, schrieb Strauss, habe er mit großem Interesse gelesen. Sie paßten nicht für die großen Orchester-Konzerte ohne Solisten im Berliner Opernhaus. Die Kammersymphonie müsse unbedingt in einem kleineren Saale gespielt werden; in der schlechten Akustik der Oper werde sie nicht die gewünschte Wirkung machen. Doch wolle er versuchen, sie auf das Programm des nächsten Tonkünstlerfestes zu bringen.

Inzwischen hatte Schönberg mit den beiden letzten Sätzen des fis-moll-Streichquartetts (Enddatum 11. Juli 1908) und den Stefan-George-Liedern opus 15 (erste Datierung 27. September 1908) seine Entdeckungsreisen in das Gebiet der tonartfreien Musik unternommen. Die drei Klavierstücke opus 11 entstanden 1909, Nr. 1 und 2 im Februar, das dritte im August. Erinnerte er sich der Strauss'schen Anregung, „ein paar nicht zu lange" Stücke für Orchester zu schreiben? Der Brief vom 14. Juli 1909, aus Steinakirchen am Forst in Nieder-Österreich an Strauss gerichtet, legt diese Vermutung nahe, wenn auch jetzt nicht die Konzerte der Hofkapelle sondern die der Berliner Philharmoniker genannt sind. Schönberg bietet etwas an, das „der Länge nach wohl Ihren Einschränkungen entsprechen dürfte. Es sind kurze Orchesterstücke (zwischen 1 und 3 Minuten Dauer) ohne cyklischen Zusammenhang. Bis jetzt habe ich 3 fertig, ein 4tes kann höchstens in einigen Tagen dazu kommen und vielleicht werden noch 2 bis 3 nachgeboren."

Kein Zweifel, daß Schönberg von den Stücken spricht, deren fünf sein opus 16 bilden. Das Particell des ersten davon trägt das Schlußdatum des 23. Mai 1909; das des vierten ist am 17. Juli beendet worden. Nummer 2, 3 und 5 sind nicht datiert. Das erste, zweite und fünfte Stück sind auf gleichartiges Notenpapier im Querformat 26,5 x 35 cm geschrieben; die anderen beiden auf verschiedene Papiersorten anderer Formate.

In Partitur brachte sie Schönberg jeweils kurz nach Skizzierung der Particelle. Die Enddaten sind der 9. Juni für das erste, der 15. Juni für das zweite, der 1. Juli für das dritte, der 18. Juli für das vierte und der 11. August für das fünfte Stück. Das bestätigt die Mitteilung in dem Brief an Strauss: am 14. Juli waren die drei ersten fertig und das vierte folgte nach vier Tagen. Doch plante Schönberg noch weitere zwei bis drei; die Gesamtzahl wäre dann sechs oder sieben gewesen. (In einem späteren Brief an Strauß spricht er von vier Stücken und dem fast fertigen fünften.)

Das Schreiben vom 14. Juli präzisiert Schönbergs Vorstellungen: „Da sie, wie erwähnt, nicht zusammen hängen, kann man leicht nur 3–4 aufführen. 3 denke ich wären wohl nöthig um als ganzes nicht zu sehr zu verpuffen. Die Besetzung geht nicht über die ‚landesübliche' hinaus – die Schwierigkeit wohl."

Dann folgt der interessanteste Absatz des Briefes: „Ich glaube, diesmal ists wirklich unmöglich die Partitur zu lesen. Fast wäre es nötig ‚auf blinde Meinung' sie aufzuführen. Ich verspreche mir allerdings kolossal viel davon, insbesondere Klang und Stimmung. Nur um das handelt es sich – absolut nicht symphonisch, direkt das Gegenteil davon, keine Architektur, kein Aufbau. Bloß ein bunter ununterbrochener Wechsel von Farben, Rhythmen und Stimmungen. Aber, und das ist der Vorteil, durch den Sie es vielleicht doch riskieren könnten: *sehr kurz!* Das kürzeste vielleicht 3/4 Minuten, das längste, das bis jetzt fertig ist, keine 2 Minuten. Eines wird länger werden, aber das habe ich noch gar nicht angefangen."

Diese Kennzeichnung: das Gegenteil von Symphonik, weder Architektur noch Aufbau; dann – positiv gewendet – Farben, Rhythmen, Stimmungen in buntem, ununterbrochenen Wechsel, ist als Äußerung der damaligen Schönbergschen Ästhetik höchst beachtlich. Ebenso die Zweifel an der Lesbarkeit der Partitur, die später auch Mahler äußerte.

Strauss erwiderte am 22. Juli aus Garmisch, seine Winter-Programme seien zwar schon „complet". Aber Schönberg solle immerhin die Partitur schicken, „vorausgesetzt, daß ich sie entziffere." Er wolle gern alles versuchen, wenn es irgend möglich sei, das Werk noch unterzubringen: „Jedenfalls interessiert es mich sehr, wie alles, was Sie schreiben".

Noch immer ist Schönberg in der Sommerfrische Steinakirchen. Dort schreibt er den Brief vom 28. Juli 1909, der die Sendung der vier Orchesterstücke begleitet. Das fünfte, noch unvollendete, so meint er, sei „freundlicher als Nr. I und IV, könnte also zusammen mit II u. III dem helleren Ton das Übergewicht gegen den vielleicht allzu dunklen der beiden I u. IV verleihen". Er bedauert, Strauss die Entzifferung seiner Noten zumuten zu müssen, hofft aber, ihn so zu beeindrucken, daß dieser sich zur Aufführung entschließt.

„In Wien", fährt er fort, „bin ich fast mit allem, was es gibt, verfeindet. Ich kann nur liebenswürdig sein, wo ich verehre; deswegen habe ich in Wien nur wenige Freunde . . . Im Ausland kenne ich niemanden, und die recht gut geschlossene Clique vom Allgem. Deutsch. Musik-Ver. hat mich auf dem Tonk. Fest recht übel behandelt, so daß ich zu einer weiteren Einreichung recht wenig Zutrauen habe. – So kommt es, daß ich, jetzt 35 Jahre alt, erst *eine* einzige Orchester-Aufführung gehabt habe!! Was das bedeutet, wissen Sie wohl am besten zu schätzen, und sehen daher, wie dankbar ich Ihnen wäre, wenn Sie die Stücke bringen wollten.

Sie sind auch die Persönlichkeit, die es am ehesten riskieren darf, jemanden wie mich unter seinen Schutz zu stellen. Ihnen glaubt man heute in Europa u. Ihnen würde man selbst einen Mißgriff nicht übel auslegen, wo nicht gar ihn berechtigt finden. Vielleicht können Sie sich diesmal für mich entschließen."

Nachdem Strauss am 30. Juli den Empfang der Noten bestätigt hat, scheint die Universal Edition, die 1909 einen Urheberrechtsvertrag mit Schönberg schloß, sich für die Orchesterstücke interessiert zu haben. Noch in Steinakirchen erbittet dieser die Partituren zurück, betont aber, eine Aufführungszusage von Strauss würde ihm für die Verlagssache, aber auch für Verhandlungen mit dem Conservatorium sehr nützen. Er wolle nicht drängen, brauche aber die Noten umgehend. Der Brief ist nicht datiert; da Strauss am 2. September antwortete, muß er Ende August abgegangen sein.

Offenbar konnte Strauss mit dieser Musik – wie mit allen Schönbergschen Werken nach der Liquidierung der Tonalität – nichts mehr anfangen. In der Form war seine Ablehnung überaus freundlich, in der Sache negativ: „Es ist mir sehr schmerzlich, Ihnen Ihre Partituren ohne eine Zusage der Aufführung zurückschicken zu müssen. Sie wissen, ich helfe gern u. habe auch Muth. Aber Ihre Stücke sind inhaltlich und klanglich so gewagte Experimente, daß ich vorläufig es nicht wagen kann, sie einem mehr als conservativen Berliner Publikum vorzuführen."

Aber die Bedenken gingen weiter, als Strauss offen zugab; er hatte wohl Zweifel daran, daß Schönberg sich ihre Wirkung selbst vorstellen konnte. Denn: „Wollen Sie einen gutgemeinten Rat von mir nehmen, so lassen Sie sich die Stücke von einem befreundeten Dirigenten, vielleicht Löwe oder Nedbal, in ein paar Proben vorführen, oder mieten sich zu dem Zweck selbst mal ein gutes Orchester, um die Stücke auszuprobieren; denn ich fürchte, Sie werden keinen Dirigenten finden, der Ihnen dieselben so ohne weiteres zur Aufführung nimmt."

Schönberg muß durch diese Ablehnung und den durchscheinenden Zweifel an seinen „inhaltlich und klanglich so gewagten Experimenten" sehr enttäuscht worden sein. Aber sie erreichte ihn, als er in einem wahren Rausch des Schaffens Marie Pappenheims Text zu dem Monodram „Erwartung" vertonte, ein Particell von neunzehn Seiten, geschrieben in den siebzehn Tagen vom 27. August bis 12. September 1909.

Zwei Jahre lang war die Verbindung zwischen Strauss und Schönberg unterbrochen, aber noch nicht endgültig abgebrochen. In der 1910–1911 geschriebenen Harmonielehre wird Strauss als „großer Meister unserer Zeit" von allen lebenden Komponisten am häufigsten genannt, häufiger sogar als

Mahler, dessen Gedächtnis das Buch gewidmet ist. Nach Beendigung des Vorwortes im Juli 1911 ging Schönberg nach Berg am Starnberger See. Er hatte Bayern seit 1906, als er den Sommer in Egern-Rottach verbrachte, lieben gelernt und suchte dort auch den Gedankenaustausch mit Kandinsky, der in Murnau lebte, sowie mit anderen Mitgliedern des „Blauen Reiters". In Berg wohnte er bei dem Zimmermeister Widl. Am 21. August schlug er in einem sehr höflichen Brief („Sehr verehrter Herr Generalmusikdirektor") Strauss einen Besuch in Garmisch vor; Schlußformel: „Ich bin in vorzüglicher Ergebenheit und Hochachtung ..." Er sei noch über zwei Wochen, das heißt länger als bis zum 4. September, in Berg. Strauss, viel herzlicher, bittet ihn zwischen den 2. und 6. September, empfiehlt aber vorher zu telefonieren, damit er nicht etwa auf einem Ausflug begriffen sei.

Ob der Besuch zustande kam und was dabei gesprochen wurde, wissen wir nicht. Aber die beiden Schriftstücke sind die letzten Zeugnisse brieflicher Verbindung zwischen den beiden Musikern. 1912 kam es noch einmal zu einer persönlichen Begegnung. Strauss dirigierte in Berlin ein Konzert mit den Philharmonikern. Schönberg wurde eingeladen und ging mit Webern hin. Sein Tagebuch zeigt am 15. Februar folgende Eintragung: „Mit Webern in Strauss-Konzert. Hausegger-Sinfonie. Ganz hübsch. Melodisch warm, ziemlich ehrlich, aber verschmockt und wenig intelligent. Sehr gut instrumentiert. Stark straussisch. Großer Beifall mit etwas Zischen. Webern und ich gehen (wir saßen in der Bühnenloge) in den Saal, um fest zu applaudieren. Zischen empört mich immer. Ein alter fetter Herr macht sich über uns lustig und fragt, ob ich nicht seinen Stock zu Hilfe nehmen möchte. Ich fahre ihn furchtbar an. Hätte gerne herausgebracht: ‚mit welchem Recht reden Sie mit mir?' sage aber in meiner Wut statt dessen ‚Sie haben sich ja gar nicht vorgestellt!' Aber das genügt auch, denn die Hauptsache ist: ich schreie heftig und das schüchtert den Alten genügend ein.

Strauss musiziert sehr sympathisch, was das Ganze anlangt. Aber höchst schlampig im Zusammenspiel. Kaisermarsch: ein sehr schönes Stück Musik! Überhaupt: Wagner! Gestern hatten wir etwas ‚Siegfried' musiziert. Das ist ja doch herrlich!

Nach der letzten Nummer erwartete ich Strauss. Er war sehr freundlich. Aber ich war sehr ungeschickt. Verlegen, wie ein junges 15jähriges Bürscherl mir gegenüber nicht oft (Zweig!), stammelte und machte sicher auf Strauss den Eindruck einer unsympathischen Devotion. Ich hatte alle Haltung verloren, weil ich darauf bedacht sein wollte, mich Strauss gegenüber nur ja nicht auf den ‚Selberaner'[1] hinauszuspielen. Aber das hatte ich ja nicht nötig gehabt.

[1] Schönberg spielt auf die Anekdote an, wie Strauss gefragt wurde, ob er Wagnerianer oder Brahmsianer sei und erwiderte, er sei Selberaner.

Im Gegenteil, gerade den ‚Selberaner' hätte ich anstreben müssen, um doch halbwegs Haltung zu bewahren. Übrigens liegt mir wenig daran. Ich weiß, wie's war, und das genügt mir.

Stellte Webern vor. Konnte aber nichts für ihn sagen, weil ich zu sehr stammelte."

Als nach Mahlers Tod eine Stiftung geschaffen wurde, die seinen Namen trug, schlug seine Witwe Alma Maria den Gutachtern vor, die Zinsen von 3000 Kronen Schönberg zuzuwenden. Strauss war einverstanden „. . . da man ja nie weiß, wie die Nachwelt darüber denkt". Aber seine Ablehnung der neueren Schönbergschen Kompositionen spitzte sich auf die Formel zu: „. . . ich . . . glaube, daß es besser wäre, wenn er Schnee schaufeln würde, als Notenpapier vollzukritzeln . . .".

Schönberg hörte davon und auch von Strauss' Wort: „Dem armen Schönberg kann heute nur der Irrenarzt helfen." Als man ihn 1914 bat, sich zum 50. Geburtstag von Strauss zu äußern, lehnte er es unter Berufung auf diese Sätze energisch ab. Dabei spielte nicht nur die begreifliche Erbitterung über solche Kränkungen mit; Schönberg nannte auch künstlerische Motive. Er rügte die „gesangsthema-ähnliche Banalität" und fand, daß die Themen des „Heldenleben" und „Zarathustra" Gleiches enthalten, wie das, „was die Gesangsthemen und Mahlerstiftungsbriefe unverhüllt ausplaudern". Und er präzisiert: „. . . dass ich Strauss, seit ich Mahler verstehe . . . innerlich abgelehnt habe".

Später hat Schönberg nie verleugnet, was er von Strauss gelernt hatte. Für ihn waren und blieben „Salome" und „Elektra" Meisterwerke, und in dem 1948 beendeten Buch „Structural Functions of Harmony" zitierte er vier Takte aus „Salome" als Beispiel für erweiterte Tonalität. Er stellte sogar Strauss über alle modernen französischen Komponisten, Debussy eingeschlossen.

Strauss hatte für moderne Musik nach 1912 nur wenig Interesse. Er fand es, wie er einmal sagte, unnötig, sich damit zu beschäftigen, solange es noch viel gute alte Musik gab, die er nicht kannte. Doch als Operndirektor in Wien war er grundsätzlich auch für Aufführungen von Werken Schönbergs und Ernst Kreneks, und in einem Brief an den Kritiker Dr. Heinrich von Kralik vom 16. November 1924 steht: „Ich kann's beweisen daß ich auch Schönberg und Krenek aufgeführt hätte, da ich prinzipiell nicht auf dem Standpunkt stehe, daß Novitäten, die ich aufführe, mir persönlich gefallen müssen." Richard Strauss junior, der Enkel des Komponisten, geboren 1927, hat mir gegenüber bezeugt, sein Großvater, der ihn musikalisch unterwiesen hat, habe dabei Schönbergs Harmonielehre benutzt.

Strauss und Schönberg, Jahrgänge 1864 und 1874, waren im Alter um eine halbe Generation von einander entfernt. Was einte, was trennte sie?

Strauss kam aus einem Musikerhaus mit großbürgerlichem Zuschnitt. Der Vater war Hornist des Hofopernorchesters in München, musikalisch konservativ, wichtige Figur der Anti-Wagner- und Anti-Bülow-Partei. In der Familie wurde musiziert; die Hausgötter waren Mozart, Haydn und Beethoven, daneben Mendelssohn und Spohr. Richards Mutter war eine geborene Pschorr und brachte den Wohlstand der mächtigen Bierbrauerfamilie mit. Man dachte bayerisch, königstreu und katholisch.

Strauss' musikalische Unterweisung ebenso wie seine Schulbildung war streng, methodisch und konventionell. Trotz der wagnerhörigen Münchener Umwelt, trotz heimlicher früher Beschäftigung mit der „Tristan"-Partitur fand er zu Wagner erst spät. Durch Hans von Bülow wurde er mit Brahms bekannt, dessen Musik ihn vom 23. bis 25. Lebensjahr stark berührte. Das Wagner-Erlebnis und die Bewunderung für Berlioz und Liszt wurde ihm 1885–1886 durch Alexander Ritter in Meiningen vermittelt. Es verdrängte allmählich die Begeisterung für Brahms, den der reife Strauss als Inbegriff des Talentes empfand, wogegen Wagner für ihn das Genie verkörperte.

1894 wurde Strauss zum zweitenmal Kapellmeister in seiner Vaterstadt. Hier kam er in die Gesellschaft der aufsäßigen und spöttischen Literaten, die ihre Abneigung gegen romantisches Pathos auch in die Bereiche der Oper übertrugen. In Weimar hatte Strauss' pathetischer Tribut an Wagners Geist, die Oper „Guntram", sich als Fehlschlag erwiesen. So nahm er frühere Vorarbeiten zu einer komischen Oper wieder auf. Immer neu lockte ihn seit 1893 der Till Eulenspiegel-Stoff, fesselte ihn vor allem der Gedanke, den Schelm nach Schilda zu bringen. In einem Brief vom 1. Februar 1894 heißt es: „Jetzt bin ich daran, einen ‚Till Eulenspiegel bei den Schildbürgern' mir zurechtzulegen." – Ein Jahr danach waren „Till Eulenspiegels lustige Streiche" für Orchester komponiert, und 1896 schrieb einer der Münchener Dichter-Freunde, Graf Ferdinand von Sporck, für Strauss ein Eulenspiegel-Libretto. Auch mit Frank Wedekind und Otto Julius Bierbaum gab es Pläne zu gemeinsamen Ballett- und Opernversuchen. Doch erst in Ernst von Wolzogens „Feuersnot" fand Strauss den komponierbaren Stoff. Sie blieb sein einziger Beitrag zu einer vom Geist des Überbrettls getragenen Opernform.

Schönberg erwarb, wie wir wissen, seine musikalischen Kenntnisse autodidaktisch. In seiner Entwicklung spielte Alexander von Zemlinsky eine ähnliche Mentoren-Rolle wie Alexander Ritter bei Strauss. Die gemeinsame Arbeit in dem Orchesterverein „Polyhymnia" stand gleichermaßen im Zeichen von Brahms und Wagner. 1895 noch durch und durch Brahmsianer, wurde Schönberg durch Zemlinsky zu Wagner geführt und bewunderte fortan beide Meister. Er machte also mit 21 Jahren dieselbe Entwicklung durch wie 10 Jahre vorher der damals 21jährige Strauss.

In Schönbergs Freundeskreis gab es den Typus des aufsässigen Literaten nicht, wie ihn Strauss in den Münchener neunziger Jahren traf. Wir wissen von den Diskussionen in Caféhäusern, wissen auch von den Spaziergängen im Prater, wo Militärkapellen manchmal sogar Wagner spielten.

Eben durch diese Konzerte aber lernte Schönberg auch, daß es außerhalb der symphonischen und hochdramatischen Sphären von Brahms und Wagner eine heitere Kunst von guter Qualität gab. Das Erscheinen der „Deutschen Chansons" zum Advent 1900 trug dazu bei, ihn zeitweilig dem unterhaltenden Genre geneigt zu machen. Er schrieb nicht nur zwischen April und September 1901 sieben heitere Lieder dieser Art, davon drei nach Texten der „Deutschen Chansons" von Bierbaum, Falke und Wedekind, sondern auch zwischen dem 18. Juni und dem 28. Juli den Text zu einer komischen Oper „Die Schildbürger". Damit steht er, zweifellos ohne etwas davon geahnt zu haben, in unmittelbarer Nähe des Strauss'schen „Till Eulenspiegel bei den Schildbürgern" von 1894.

Stilistisch waren die Arbeiten beider Komponisten durch Brahms und Wagner beeinflußt. Die chromatische Harmonik bis an die Grenzen der Tonalität herrscht in Strauss' Musik seit dem „Guntram" 1894 ebenso wie in Schönbergs Liedern opus 1–3 seit 1897. Die Programmusik des Lisztschen Typus setzt Strauss seit 1889 mit „Macbeth" und den folgenden Werken konsequent fort. Bei Schönberg hingegen ist die kammermusikalische Bindung so stark, daß er den Gedanken der „Symphonischen Dichtung" zuerst 1899 auf das Streichsextett „Verklärte Nacht" überträgt. Erst mit „Pelleas und Melisande" 1903 bekennt er sich zu dem Liszt-Berliozschen Prinzip, um es allerdings dann zu Gunsten „absoluter Musik" aufzugeben. Gemeinsam mit Strauss hat Schönberg die Neigung zu großen Orchesterbesetzungen, die übrigens auch Mahler verlangte.

Was die beiden Männer trennt, ist vor allem die Beziehung zur praktischen musikalischen Arbeit. Strauss brachte es als Klavierspieler und als Dirigent zu früher Virtuosität; er hatte Freude an instrumentalem Glanz und zeigte auch als Komponist den extrovertierten, stürmisch-jünglingshaften Charakter, der häufig innere Spannungen verdecken muß. Schönberg hat sich um virtuoses Spiel eines Instrumentes niemals bemüht und hatte auch als Dirigent manuelle Schwierigkeiten. Seine musikalische Sprache ist nur selten von der Absicht beeinflußt, glänzenden vokalen oder instrumentalen Vortrag anzuregen oder auch nur zu ermöglichen. Sie ist von den ersten Werken an entmaterialisiert und entfernt sich später geflissentlich von den Idealen der Gefälligkeit oder Volkstümlichkeit.

Die Trennung der geistigen Wege bei Strauss und Schönberg läßt sich datieren. Im September 1908 war die „Elektra"-Partitur beendet, in der

Strauss zum letztenmal experimentell die Sphäre der tonartfreien Harmonik berührte. Am 27. September 1908 schrieb Schönberg das Stefan George-Lied „Du lehnest wider eine Silberweide" und begann damit den Weg nichttonaler Komposition, der zur satztechnischen und formalen Freiheit führte.

Als Schönberg im Spätsommer 1903 nach Wien zurückkam, hatte sich seine Lage insofern verbessert, als gewisse Brotarbeiten für ihn in Aussicht standen. Auch in diesem Falle hatte Zemlinskys hilfsbereite Freundschaft Wege geebnet. Er selbst, zwar als Dirigent des Carlstheaters in fester Stellung, nahm an diesen Arbeiten teil. Es waren, wie schon früher, Instrumentationen, Arrangements für Klavier zu zwei oder vier Händen und mitunter auch nur bessere Abschriften. Als Dirigent hatte Zemlinsky überwiegend Aufgaben, die unter seinem künstlerischen Niveau lagen. Er studierte Operetten ein und dirigierte sie allabendlich en suite, meist monatelang, oft jahrelang. Das blieb so, bis Rainer Simons ihn 1906 an die Volksoper berief, die Zemlinsky in kurzer Zeit aus einem bescheidenen Unternehmen zu einem Kunstinstitut von hohem Rang machte. Schließlich verpflichtete ihn Gustav Mahler kurz vor seinem eigenen Abgang an die Wiener Hofoper, von der er aber enttäuscht an die Volksoper zurückkehrte, um im September 1911 an das Neue Deutsche Theater in Prag zu gehen. Schönberg war ihm, wie wir wissen, seit 1895 freundschaftlich, seit 1901 schwägerlich verbunden, verbrachte einige Sommer mit ihm auf dem Lande, wohnte sogar jahrelang in Wien mit ihm im gleichen Etagenhaus und hat ihn Zeit seines Lebens als Musiker bewundert. „Er war mein Lehrer, ich wurde sein Freund, später sein Schwager, und er ist in den vielen Jahren, die seither vergangen sind, derjenige geblieben, dessen Verhalten ich mir vorzustellen versuche, wenn ich Rat brauche", schrieb er 1921 in einem Zemlinsky-Sonderheft des Prager „Auftakt", das kurz nach dem 50. Geburtstag des 1871 Geborenen erschien.

In einem Brief an Richard Strauss, den ich wiedergegeben habe, nennt Schönberg als einen seiner künftigen Wiener Arbeitgeber die Universal-Edition. Dieser Verlag, der bald zu Europas führenden zählen sollte, hatte im Januar 1901 mit Veröffentlichungen begonnen, deren Zahl bereits am Ende dieses Jahres im ersten Katalog mit 400 angegeben wurde. Die konstituierende Generalversammlung erfolgte erst am 1. Juni; Anfang Juli gab das österreichische Unterrichtsministerium einen Erlaß heraus, der die Veröffentlichungen des Verlages allen Musikbildungsanstalten und Schulen empfahl. Das trug wesentlich zur wirtschaftlichen Fundierung des Unternehmens bei. Der spätere Direktor des Verlages Emil Hertzka (seit 1908) hatte einen angeborenen Spürsinn für schöpferische Begabung und ließ sich in ihrer Förderung durch das oft große Risiko kaum behindern. – Zu Schönbergs ersten Arbeiten für die Universal-Edition gehörten 1903 vierhändige Klavierauszüge aus Rossinis Oper „Der

Barbier von Sevilla", des „Waffenschmieds" von Lortzing und der „Rosamunde" von Schubert.

Nachdem Schönberg für sich, seine Frau und das einjährige Töchterchen Gertrud in der Liechtensteinstraße Nr. 68/70, wo auch Zemlinskys wohnten, eine Dreizimmerwohnung eingerichtet hatte, ging er zu kurzem Urlaub mit dem Schwager nach Payerbach. Die bedeutende Schulreformerin, Frau Dr. Eugenie Schwarzwald, hatte in ihren Schulen Kurse über Musik eingeführt. Zemlinsky las dort über Formenlehre und Instrumentation, Frau Dr. Elsa Bienenfeld Musikgeschichte. Auf Empfehlung Zemlinskys wurde Schönberg für Harmonielehre und Kontrapunkt berufen.

Das Rosequartett hatte bereits am 18. März 1902 die „Verklärte Nacht" zur Uraufführung gebracht. Sie erregte Aufmerksamkeit im positiven wie im negativen Sinne. Nun, anderthalb Jahre später, entschloß sich Rosé, das Sextett in einem eigenen Konzert zu wiederholen. Als Konzertmeister der Wiener Philharmoniker hatte er das Recht, in einem Übungsraum der Hofoper zu probieren. Gustav Mahler, seit sechs Jahren Opernchef, kam zu einer Probe. Dort stellte Rosé ihm den Komponisten vor.

Hinter den praktischen Beschäftigungen trat notwendigerweise die kompositorische Arbeit zurück. Erst im Dezember entstanden kurz hintereinander zwei Lieder, am 18. „Traumleben" nach einem Gedicht von Julius Hart und am 19. „Verlassen" nach Hermann Conradi. „Traumleben" ist kennzeichnend für Schönbergs harmonischen Denkstil um diese Zeit. Die Melodielinie verläuft in einem Zwielicht an den Grenzen der Tonarten E und F. Überdies zeigt sie die überschwengliche Neigung zu großen Intervallen, gleich zu Beginn die steigende kleine Septime, die im dritten Takt zur großen Septime, im fünften zur kleinen None erweitert wird und dann diesen kleinen Nonenschritt auch fallend verwendet. In der meist vierstimmigen Klavierbegleitung herrscht mehrschichtig die Neigung zu halbtönig auf und ab drängenden Linien, die sich wie zufällig zu Akkorden verschränken. Brahms'sche Motivarbeit und Wagnersche Chromatik verbinden sich zwanglos, und auch die scheinbar konventionelle Schlußwendung mit ihrer nochmaligen Konfrontierung von F und E folgt dem Gesetz des Kernmotivs, das die ersten zwei Takte bereits exponiert hatten. In dem anderen Lied „Verlassen" herrschen als Intervalle Halbton und Quinte auf eine spezifische Weise, die in anderem Zusammenhang noch untersucht werden soll. Schönberg setzt die Arbeit an diesen Liedern sowie an den Orchesterliedern opus 8 gleich im Januar 1904 fort. Am 23. entsteht „Ghasel" nach Gottfried Kellers Gedicht, in seiner motivischen Verzahnung und der Technik rhythmischer Vergrösserungen und Verkleinerungen eines der Lieder, die Schönbergs strengen, immer auf ein Ausgangsmotiv konzentrierten Satz exemplarisch verkörpern.

Der Freundeskreis der modernen Musiker traf sich am 12. Januar 1904 im Festsaal des Hotel Continental, wo der Ansorge-Verein zusammen mit dem Künstlerbund Hagen Lieder moderner Komponisten aufführte, darunter solche von Zemlinsky. Dieser begleitete selbst den Opernsänger Walter Pieau, Schönbergs Jugendfreund. Am 11. Februar veranstaltete der Ansorge-Verein im Festsaal des Nieder-Österreichischen Gewerbevereins eine „Aufführung moderner Tonwerke". Diesmal standen, ebenfalls von Pieau gesungen, drei Gesänge von Schönberg auf dem Programm, „Schenk mir deinen goldenen Kamm" und „Erwartung" aus opus 2 sowie „Hochzeitslied" aus opus 3. Zemlinsky begleitete. Im März 1904 kaufte sich Schönberg das erste der Skizzenbücher, in die er von nun an viele seiner Kompositionen schrieb, teils schon als weit gediehene Formen. Das erste mit 60 numerierten Seiten reicht bis zum 20. April 1905. Es enthält Teile des d-moll-Streichquartetts opus 7 und der Orchesterlieder opus 8. Unter den lyrischen Quellen, aus denen Schönberg für seine Lieder schöpft, erscheint nun „Des Knaben Wunderhorn" mit der am 7. April komponierten „Sehnsucht" (opus 8, 3) und dem am 25. Mai komponierten „Wappenschild" (opus 8, 2). Auch zwei Sonette von Petrarca entstehen in diesem Jahr, das erste „Nie ward ich, Herrin, müd' " am 3. Juli in Mödling, das andere, „Voll jener Süße", im November in Wien.

Zemlinsky eröffnete am 15. April die Wiener Volksoper mit einer Aufführung des „Freischütz".

In dem musikwissenschaftlichen Seminar von Professor Dr. Guido Adler, dem Jugendfreund Gustav Mahlers, saß seit einiger Zeit der seit dem Wintersemester 1902 immatrikulierte Student Anton von Webern. Die musikwissenschaftlichen und philosophischen Vorlesungen sowie praktische Musikübungen auf dem Cello konnten nur einen Teil seines Fortbildungshungers stillen. Er hatte seit der frühen Jugend komponiert und suchte den Lehrer, der ihm half, seine schöpferischen Probleme zu lösen. Gemeinsam mit seinem Kommilitonen Heinrich Jalowetz reiste Webern im Frühjahr 1904 nach Berlin, um bei Hans Pfitzner am Sternschen Konservatorium zu studieren. Guido Adler hatte vermutlich durch Mahler den Komponisten des „Armen Heinrich" und der „Rose vom Liebesgarten" schätzen gelernt und später seinen beiden komponierenden Studenten empfohlen. Die Berliner Begegnung verlief negativ. Webern hat später nie darüber gesprochen. Doch soll ihn Pfitzner durch eine bissige Bemerkung über Gustav Mahler so verstimmt haben, daß er und Jalowetz unverzüglich nach Wien heimkehrten. Offenbar hat Adler daraufhin die beiden jungen Leute zu Schönberg geschickt. Webern, der später bezeugt hat, unter den Hörern der Uraufführung von Schönbergs „Verklärter Nacht" gewesen zu sein, zeigte diesem im Sommer 1904 einige seiner Arbeiten, vermutlich Lieder. Im Herbst wurde er Schönbergs Schüler.

Um den Kreis seiner Kompositionsschüler zu erweitern, inserierte Schönberg um diese Zeit in einer Wiener Tageszeitung. Im Sommer 1904 machte der 19jährige Kaufmannssohn Alban Maria Johannes Berg nach einem ersten mißglückten Versuch sein Abitur. Er trat im Oktober sehr gegen seinen Wunsch eine Beamtentätigkeit in der niederösterreichischen Statthalterei an. Aber alle seine Neigungen galten künstlerischen Dingen. Er liebte Henrik Ibsens Theaterstücke, Gustav Mahlers Musik und die Malerei der Sezessionisten. Und er komponierte seit seinen Pubertätsjahren Lieder und Duette. Sein Bruder Charly, der Albans geheimste Wünsche kannte, las Schönbergs Annonce, schickte ihm heimlich die Kompositionen und erreichte es, daß Schönberg im Herbst auch Alban Berg zu seinem Privatschüler machte. Zusammen mit Egon Wellesz, Erwin Stein und Heinrich Jalowetz waren Berg und Webern die stärksten Säulen der jungen Musiker-Gruppe, die sich nunmehr mit Stolz und Trotz Schönberg-Schule nannte.

Die Sommerferien verbrachte Schönberg, der ja an den Lehrplan der Schwarzwald-Schulen gebunden war, ab 1. Juli in dem Mödlinger Elternhaus seines Freundes David Josef Bach. Seine finanzielle Lage hatte sich in dem ersten Jahr seines Wiener Aufenthaltes nicht wesentlich gebessert. Durch die Empfehlung von Richard Strauss hatte er noch in Berlin am 19. März 1903 vom Allgemeinen Deutschen Musikverein aus Bremen 1000 Mark bekommen, die das Kuratorium der Liszt-Stiftung ihm bewilligte. In gleicher Höhe erhielt er diese Unterstützung nun auch 1904. Am 21. März dieses Jahres reichte er einen Fragebogen „behufs Ausstellung eines Mittellosigkeitszeugnisses" an die „Schwestern Fröhlich'sche Stiftung" zum Zwecke der Erlangung eines Stipendiums ein. Neben allen genauen Daten für sich, seine Frau Mathilde geborene von Zemlinsky und seine Tochter Gertrud enthält der Fragebogen Angaben über die Wohnung, die aus drei Zimmern, einem Vorzimmer und einer Küche bestand, und vierteljährlich 250 Kronen Miete kostete. Außerdem werden als Unkosten monatliche 24 Kronen für ein Dienstmädchen genannt. Das ist kennzeichnend für die damalige Zeit: ein Dienstmädchen gehörte so sehr zum Lebensminimum eines Komponisten, daß man den Lohn bei dem Gesuch um ein Mittellosigkeitszeugnis angeben konnte! Am 6. Juli war das Gesuch bewilligt; Schönberg erhielt ein einmaliges Stipendium von 1000 Kronen. Die Bewilligung trug zwei Unterschriften: E. Mandyczewski, Kurator und Dr. Karl Lueger, Bürgermeister. (Dr. Karl Lueger, Wien 1844–1910, Rechtsanwalt, demokratischer Antisemit, vom Hof bekämpft, Vorsitzender der Christlichsozialen Partei, war seit 1897 Wiener Bürgermeister. Von ihm stammt das Wort „Wer ein Jud' ist, bestimm' ich". Eusebius Mandyczewski, 1857–1929, Musikforscher, Chormeister, lehrte am Wiener Konservatorium und war ein Freund von Brahms.)

1903 hatte Schönberg den ersten Verlagskontrakt mit Max Marschalk, dem Leiter des Drei-Lilien-Verlags in Berlin geschlossen. Dieser, ein Schwager Gerhart Hauptmanns, hatte übrigens Bühnenmusik zu mehreren von dessen Schauspielen geschrieben, auch zu „Und Pippa tanzt", das sowohl Schönberg als auch Alban Berg später zur Vertonung als Oper erwogen. In einem Brief vom 21. Juli 1904 an einen um Auskunft bittenden Kollegen lobte Schönberg ausdrücklich Marschalk als Vertragspartner.

Kompositorisch gehörte die erste Hälfte des Jahres 1905 vorwiegend der Arbeit am ersten Streichquartett in d-moll. In diesem Sommer verbrachten Schönbergs einen langen Urlaub am Traunsee, dessen Landschaft sie immer wieder anzog. Das Städtchen Gmunden muß in diesen Jahren beim Hochadel als Sommerfrische sehr beliebt gewesen sein. Die Kurliste vom 12. Juli 1905 beginnt mit dem Namen des Herzogs Albrecht von Württemberg nebst Prinzen und Prinzessinnen, Gefolge und Dienerschaft, des Prinzen Johann Georg von Sachsen und des Prinzen Max von Baden, beide ebenfalls mit Begleitung und Dienerschaft. Unter der Nr. 321 findet sich die Eintragung: Herr Schönberg Arnold, Tonkünstler aus Wien, s. Familie und Dienstmädchen, Traunstein 11. Traunstein lag – nicht zu verwechseln mit dem gleichnamigen Kreisstädtchen in Oberbayern – außerhalb von Gmunden. Schönbergs wohnten beim Hois'n-Wirt. Da die Personenzahl in der Kurliste mit 5 angegeben wird, war vermutlich Mutter Pauline Schönberg dabei. Hier schrieb Schönberg am 6. September das Dehmel-Lied „Alles", hier beendete er am 26. September das d-moll-Quartett. Die Quartett-Besetzung hat Schönberg von seinen kompositorischen Anfängen bis in sein hohes Alter geliebt. Aber nur vier seiner Quartette schienen ihm wert, veröffentlicht zu werden. Das erste, 1905 geschriebene, ist einsätzig und hat eine Spieldauer von 45 Minuten. Durch den zusammenhängenden Ablauf aber schimmern die Umrisse der klassischen Viersätzigkeit durch, ähnlich wie in manchen Symphonien, Konzerten und symphonischen Dichtungen der frühen und späteren Romantik, bei Berlioz, Schumann, Mendelssohn, Liszt und Richard Strauss. Schönbergs eigene Analyse im Programmheft des Dresdener Tonkünstlerfestes 1907 stellt fest: „Die vier Teile . . . sind nicht etwa vier Sätze, die durch Pausen getrennt sind, sondern ineinander übergehende Abschnitte. Die Thementypen der vier Sätze sind zwar angewendet, ihre mannigfach verschlungene Anordnung versucht aber einen einheitlich ununterbrochenen Satz herzustellen". Und dann zeigt er die vier Teile: Kopfsatz, Scherzo mit Trio, Adagio und Rondo-Finale.

Weberns Analyse in dem Schönberg-Buch von 1912 schürft etwas tiefer und spricht von einer Verschmelzung des klassischen Viersätzers „zu einem einzigen großen Satze, dessen Mitte eine große Durchführung einnimmt. Sie ist das innere Band dieser Verschmelzung. Vor ihr stehen der einem Haupt-

Alban Berg, Wien 1909

sonatensatz entsprechende Teil mit einem langen Fugato zwischen Hauptthema und Seitensatz und das Scherzo (mit Trio); nach ihr die Reprise des Hauptthemas, der an diese sich anschließende Adagio-Teil, die Wiederholung des Seitensatzes und endlich ein Rondo-Finale, dessen Themen Umbildungen solcher der vorhergehenden Teile sind. Im Grunde ist die Form dieses Quartetts die eines einzigen großen Sonatensatzes. Zwischen der ersten Durchführung und der Reprise sind das Scherzo und die große Durchführung eingeschoben, und die Reprise ist durch das zwischen Hauptthema und Seitensatz stehende Adagio ausgedehnt. Das Rondo-Finale könnte man in diesem Falle als eine weitausgebaute Coda auffassen".

Noch weiter auf Einzelheiten des Aufbaus geht Alban Berg 1924 in seinem Aufsatz „Warum ist Schönbergs Musik so schwer verständlich?" ein, der das „Anbruch"-Sonderheft zum 50. Geburtstag abschließt. Ausgehend von den zehn ersten Takten des Werks zeigt er die motivischen und polyphonen Zusammenhänge, die Erfindung jedes thematischen Einfalls zugleich mit allen Gegenstimmen, die Technik der Variation. Er bestätigt und dokumentiert damit Weberns Behauptung: „Es gibt sozusagen keine Note in diesem Werke, die nicht thematisch wird. Diese Tatsache ist beispiellos. Am ehesten besteht da noch ein Zusammenhang mit Johannes Brahms."

Im Instrumentalsatz geht das erste Quartett weit über das sechs Jahre früher geschriebene Sextett „Verklärte Nacht" hinaus. Dadurch verstärken sich trotz der geringeren Anzahl der Instrumente die schon in diesem so außergewöhnlichen Klangfarben-Wirkungen. Webern hat sie untersucht: „Verwendung neuer, im modernen Orchester gewonnener Klangmöglichkeiten der Streichinstrumente: Sordinen, am Steg, col legno, Flageoletts usw. Man kann hier nicht von äußerlichen Instrumentationseffekten sprechen. Diese neuen Klangmittel sind aus dem Ausdruck dieser Musik geboren. Dazu tritt noch die wundervollste Ausnützung des Streicherklanges in den verschiedenen Lagen".

Dika Newlin gibt in ihrem Buch „Bruckner, Mahler, Schoenberg" eine selbstkritische Äußerung aus den Vorlesungen an der UCLA wieder. Er habe, sagt Schönberg, im ersten Quartett noch „dicken Satz" geschrieben, vielleicht unter dem Einfluß von Brahms, und habe zu wenige Pausen in den Stimmen der einzelnen Instrumente gelassen. Erst in den späteren Quartetten sei er seinem mozartischen Ideal der Durchsichtigkeit nahegekommen.

Das d-moll-Quartett zeigt eine enge Verwandtschaft mit der ersten Kammersymphonie, deren sechstönige Quarten-Rakete durch die Cellostimme in Takt 8 bis 10 des Quartetts vorgeahnt scheint: Es—As—c—f—a—d—fis, sogar in dem rhythmischen Ablauf:

Am 21. April 1905 hatte Schönberg zum erstenmal das zweite der Skizzenbücher benutzt, dessen 116 numerierte Seiten neben der Arbeit am Quartett solche an Liedern aus opus 6 und schon viele Notizen zur späteren ersten Kammersymphonie opus 9 zeigen. Auch unvollendete Werke, Anfänge von Liedern nach Hölderlinschen Texten sowie des zweiten Teils eines Kammermusikwerkes finden sich darin. Dieses Stück ist wieder einmal auf ein Dehmelsches Gedicht „Ein Stelldichein" geschrieben und trägt das Datum vom 21. Oktober, also kurz nach Beendigung des Quartetts. Bemerkenswert an ihm ist die Besetzung: Oboe, Klarinette, Violine, Cello und Klavier, denn sie stimmt (ausgenommen Oboe statt Flöte) mit der des erst 1912 komponierten „Pierrot Lunaire" überein.

Im Herbst 1905 entstanden ferner zwei Lieder aus opus 6, am 6. September im österreichischen Traunstein „Alles" nach Richard Dehmel und am 15. Oktober „Der Wanderer" nach Friedrich Nietzsche. Außerdem sind im zweiten Skizzenbuch die ersten Schönbergschen Kanons notiert. Ihre Texte stammen aus dem West-Östlichen Divan von Goethe. Zwei sind zu Ende geführt, beide vierstimmig für gemischten Chor a capella, der erste auf das Gedicht „Oh, daß der Sinnen doch so viele sind!", der andere auf „Wenn der schwer Gedrückte klagt". Als strengste Anwendung kontrapunktischer Regeln hat Schönberg dann die Kanonform zunehmend gepflegt. Er teilte die fast wissenschaftliche Neigung dazu mit Johannes Brahms, von dem er gern das Wort zitierte: „Wenn mir nicht nach Komponieren zumute ist, schreibe ich etwas Kontrapunkt." Allerdings stellt er in dem 1947 entstandenen Aufsatz „Heart and Brain in Music" (Schönbergs deutsche Fassung „Herz und Verstand in der Musik" erschien 1948 in den „Stimmen"), fest, ohne Inspiration bringe er auch keinen guten Kontrapunkt zustande. Darin seien ihm viele seiner Schüler überlegen. „Es gibt Zeiten, in denen ich nicht in der Lage bin, auch nur ein einziges Beispiel von einfachem Kontrapunkt mit zwei Stimmen zu schreiben, wie ich es von fortgeschrittenen Schülern meiner Klasse verlange. Und um ein *gutes* Beispiel dieser Art zu schreiben, bedarf ich der Zusammenarbeit mit der Inspiration."

In Schönbergs Nachlaß fanden sich dreißig Kanons, die 1905 bis 1951 (also im Todesjahr) entstanden sind. Häufig sind sie zu festlichen Gelegenheiten geschrieben, so zu Weihnachten 1926 der für Erwin Stein oder zum 7. März 1928 der für das Jubiläum des Concertgebouw-Orchesters. Die Sammlung, die 1963 im Bärenreiter-Verlag erschienen ist, herausgegeben und kommentiert von Josef Rufer, dem Entdecker der Manuskripte in Schönbergs Nachlaß, ist ein Dokument von hohem künstlerischen und biographischen Wert.

Kunst entsteht immer aus der Verbindung von Intuition und Konstruktion. Der Grad ihrer Mischung wechselt. Überdies läßt sich die Vernunft ebenso automatisieren wie umgekehrt die Eingebung lenken.

Arnold Schönberg war ein besonders kompliziertes Gemisch von anfallsweise ausbrechender Phantasie und einer zerebralen Kombinationskraft, die an Computer-Arbeit erinnert. Spontaneität und rasendes Schaffenstempo sind für viele seiner Arbeiten verbürgt. Kanonspiele alt-niederländischer Art trieb er zeitlebens mit dem selben Eifer, mit dem er Schach, Whist und Tarock spielte. Neben den Kanons am Schluß der „Gurrelieder" und an einigen Stellen des „Pierrot Lunaire" stehen solche in den drei Satiren opus 28, die mit dem sechsstimmigen Glückwunsch für den 70jährigen Bernard Shaw enden. An den Freund Alban Berg schickte er zum 50. Geburtstag einen Kanon mit Zitaten aus dessen Oper „Lulu". Die strengsten Stücke der Ruferschen Sammlung klingen wie Arbeiten aus dem 16. Jahrhundert. Doch es gibt auch polytonale wie den dreistimmigen in G-dur, D-dur und Es-dur für die Genossenschaft Deutscher Tonsetzer. Der klanglich interessanteste ist der zu Thomas Manns 70. Geburtstag, ein nicht-tonales und scharf dissonierendes Streichquartett. Doch sollte man rein polyphone Musik nicht an den Kriterien von Farbigkeit und interessantem Klang messen. Denn mit solchen Eigenschaften tritt sie über die Grenzen der Werkstatt hinaus, und das reine Glasperlenspiel wird gestört durch Eingriff des Genies.

Hauptarbeit des Jahres 1906 war die Fertigstellung der ersten Kammersymphonie. Wir finden ihre Niederschrift fast vollständig im zweiten und dritten Skizzenbuch. Dieses, 175 numierierte Seiten stark, wurde im April 1906 begonnen und enthält Notizen zu einer Anzahl nicht vollendeter Werke. Darunter sind vier Seiten Entwürfe zu der geplanten Oper nach Gerhart Hauptmanns „Und Pippa tanzt". Daß diese nicht vollendet wurde, lag an den hohen finanziellen Forderungen, die Hauptmann und sein Verleger S. Fischer für die Librettisierung des Schauspiels stellten.

Die Kammersymphonie wurde am 25. Juli in Rottach-Egern am Tegernsee beendet. Drei Tage später fragt Webern, der den Sommer auf dem väterlichen Hof Preglhof verbrachte, brieflich an, ob er die ihm von Schönberg aufgegebenen Choräle einfach harmonisieren oder auch kontrapunktisch bearbeiten solle. In einer seiner Vorlesungen, die 1960 unter dem Titel „Wege zur Neuen Musik" von Willi Reich herausgegeben wurden, sprach Webern am 2. Februar 1932 über die neuen Arbeiten: „1906 ist Schönberg vom Landaufenthalt mit der Kammersymphonie gekommen. – Der Eindruck war kolossal. – Ich war damals seit drei Jahren sein Schüler und hatte sofort das Bestreben: ‚So was mußt du auch machen!' – Unter dem Eindruck des Werkes schrieb ich schon am nächsten Tag einen Sonatensatz. – In diesem Satz war ich an die äußerste Grenze der Tonalität gekommen. – Schönberg war damals ungeheuer fruchtbar. Jedesmal, wenn wir Schüler zu ihm gekommen sind, war schon wieder etwas anderes da."

Mit der Partitur der Kammersymphonie, die noch die Tonartbezeichnung E dur und die Opusziffer 9 trägt, hatte Schönberg eine neue Synthese von symphonischer Form und kammermusikalischem Geist gefunden. Das Stück ist für fünfzehn Soloinstrumente geschrieben, Flöte (wechselnd mit Piccolo), Oboe (wechselnd mit Englisch Horn), D- (auch Es-) Klarinette, A- (auch B-) Klarinette, Baßklarinette (A und B), Fagott, Kontrafagott, zwei Hörner, Streichquartett und Kontrabaß. Im Bedarfsfall können die Streicher mehrfach besetzt werden. Wie die „Verklärte Nacht", „Pelleas und Melisande" und das d-moll Streichquartett ist auch die Kammersymphonie einsätzig. Webern schildert 1912 den Bau des Werkes als eine Verschmelzung der klassischen Satzformen zu einem einzigen Satz. Darin setzt es die Idee des d-moll-Quartetts konsequent fort. In beiden Fällen gewinnt der Durchführungsteil an Ausdehnung, gemäß der Bedeutung, die Schönberg dem Prinzip der Durchführung in der klassischen Symphonik und Kammermusik überhaupt zusprach. Jede Analyse der Kammersymphonie aber bringt uns an den Punkt, wo zwischen der rein formalen Untersuchung und der Beobachtung harmonischer, melodischer und kontrapunktischer Vorgänge kein Unterschied mehr gemacht werden soll. Dabei steht in der Kammersymphonie, wenn man sie mit gleichzeitig entstandenen Werken anderer Komponisten vergleicht, etwa mit Mahlers 6. Sinfonie oder benachbarten Kompositionen Max Regers, die Harmonik durchaus im Vordergrund. Zum erstenmal versucht Schönberg den Terzen-Aufbau der überlieferten Art durch Quartenschichtung zu ersetzen. Gleich zu Beginn der Symphonie steht ein sechsstimmiger Quartenakkord G—C—F—B—Es—As, der allerdings noch als Alteration eines konventionellen Akkordes gedeutet und nach F-dur aufgelöst wird. Daran schließt sich gleich das raketenhaft steigende Quartenthema im ersten Horn: D—G—C—F—B—Es.

Wir haben Schönbergs Neigung, die Anfangstonart in konsequentem dominantischen Abstieg zu verlassen, an dem Dehmellied „Warnung" beobachtet. Ohne eigentlich Quartenakkorde zu verwenden, hat er hier durch dreimaligen Quartenfall Es—B—F—C eine tonale Labilität erzwungen, die als Spannung und gleichsam als Klima das ganze Lied beherrscht. Er brauchte aber sieben Jahre, von 1899 bis 1906, um das Quartenintervall zu „emanzipieren", d. h. aus den tonalen Funktionen zu lösen und als musikalisches Material frei zu machen, wie es in der Kammersymphonie zum erstenmal geschieht. Wie stark Schönbergs Traditions-Bindungen waren, wie zögernd und widerwillig er seiner eigenen Entwicklung nachgab, wird durch die etwas gewaltsame Umdeutung der neuen Klänge in Alterationen traditioneller Akkorde bewiesen.

Dabei zeigt die Kammersymphonie nicht nur diesen neuen Typus des sechsstöckigen Quartenturms und seiner drei-, vier- und fünfstöckigen Abkömmlinge. Sie übernimmt und erweitert auch aus früheren Arbeiten, namentlich aus „Pelleas und Melisande" die Ketten von Ganztönen, sowie die Deutung des traditionell „übermäßiger Dreiklang" genannten Akkordes als Terzenkombination der Ganztonleiter. So wichtig nun die Ganztonharmonik und -Melodik für die neuere französische Musik, vor allem die von Paul Dukas und Claude Debussy gewesen ist, spielt sie in Schönbergs Tonsprache nur eine ganz ephemere Rolle, und eigentlich nur in Verbindung mit den konstruktiv ergiebigeren Quartentürmen. Darin steht etwa Alexander Skrjabin mit seinem „Prometheus-Akkord" von 1909–10 Schönberg viel näher. Denn in diesem verbinden sich reine, verminderte und übermäßige Quarte auf ähnliche Weise wie in der Kammersymphonie. Die innere Funktion der übermäßigen Quarte, des „Tritonus" im Werdeprozeß der schönbergschen Sprache werden wir noch eingehender zu behandeln haben. Jedenfalls wirkten die Quarten, Tritoni, Halbton-Affinitäten und Ganztonketten zusammen als scharfe Fermente bei der Auflösung und Beseitigung der Stützpfeiler, auf denen die traditionelle Tonart ruhte.

Schönberg selbst hat in der Harmonielehre 1911 erkannt: „Die Quartenakkorde treten, wie wahrscheinlich alles, was später als technisches Mittel allgemein gebräuchlich wird, bei ihrem ersten Erscheinen in der Musik als impressionistisches Ausdrucksmittel auf." Gesteigerter Ausdruck wird mehr und mehr zum Normalzustand der schönbergschen Sprache. „Mittlere Empfindungen", so schreibt er 1904 an Mahler, „gibt es bei mir nicht."

Wohl aber gab es Zeiten, in denen persönliche Erlebnisse den Ausdruckstrieb seiner Musik vervielfachten. Schönberg hat bis zu seiner zweiten Eheschließung verhindert, daß Dritte, und zwar nicht nur Außenstehende seines großen Bekanntenkreises, sondern auch Freunde, Einblick in seine private Sphäre nahmen. Die 1901 geschlossene Ehe mit Mathilde von Zemlinsky war 1902 durch die Geburt einer Tochter gesegnet worden, und Mathilde widmete sich ihren Pflichten als Hausfrau und Mutter um so mehr, als die äußere Existenz des jungen Paares einen unablässigen Kampf um die materiellen Grundlagen und gegen beständige Sorgen mit sich brachte. Schönberg hielt sie überdies von seinem Freundeskreis getrennt; den Einladungen bei Mahlers blieb sie fern und in dem Briefwechsel mit Strauss wird ihr Name nicht genannt. Doch in dem Brief an Mahler vom Juli 1906 heißt es, in Erwiderung einer Einladung nach Maiernigg: „Der Zustand meiner Frau – sie wird Anfangs September ein Kind bekommen – ließe mich vor Besorgtheit überhaupt nicht zum Genuß kommen." Das Kind wurde am 22. September geboren: der Sohn Georg. Mit dieser Vergrößerung der Familie wuchsen die Sorgen. Vielleicht gab es auch damals schon Spannungen zwischen den Eheleuten.

Im Sommer 1906 beendete Anton von Webern sein Universitäts-Studium mit der Promotion zum Dr. phil. Seine Dissertation behandelte den flämisch-

Anton von Webern kurz nach Beendigung seiner Lehrzeit bei Schönberg, Stettin 1912

österreichischen Renaissance-Musiker Heinrich Isaac. Die Wahl dieses Gegenstandes kennzeichnet das Interesse, das Webern für die strengen Formen des Kontrapunktes und des Kanons hatte, ein Interesse, das durch den Unterricht bei Schönberg erst geweckt worden war. Wir wissen ja, daß Schönberg schon 1905 Kanons der strengsten Art komponiert hat. Allerdings hatte er an der eigentlich musikwissenschaftlichen Arbeit seines ältesten Schülers nur ein sehr begrenztes Interesse. Musik als Wissenschaft zu betreiben oder sich mit Musikgeschichte zu beschäftigen lag weit außerhalb seiner Neigung. Und wenn auch seine Behauptung in der Harmonielehre 1911 „ich habe nie eine Musikgeschichte gelesen" als paradoxe und provozierende Überspitzung zu werten ist, so kennen wir doch alle Skepsis, die er zeitlebens der musikwissenschaftlichen Disziplin und fast allen ihren akademischen Vertretern entgegenbrachte. Darin stand ihm der andere seiner beiden Lieblingsschüler, Alban Berg, sehr nahe.

Das Jahr 1906 brachte sonst in Schönbergs Leben keine größeren und bedeutenderen Ereignisse. Sein Schwager Zemlinsky setzte die Tätigkeit als 1. Kapellmeister der Volksoper am Währinger Gürtel fort, wo er bald durch die glänzende musikalische Arbeit seiner Premieren Aufsehen erregte.

Das Jahr 1907 begann mit Vorbereitungen zu zwei Konzerten von größter Bedeutung. Am 8. Februar brachte Rosé mit seinem Quartett und der Bläservereinigung der Wiener Philharmoniker die Uraufführung der Kammersymphonie; kurz vorher, am 5. Februar, hatte er im Bösendorfer-Saal die des ersten Streichquartetts gespielt. Gustav Mahler, der daran teilnahm, setzte sich energisch gegen einen aufgebrachten Hörer zur Wehr, der seinem Unmut mit Hilfe eines Hausschlüssels pfeifend Ausdruck gab. Der Eindruck des Werks war so stark, daß er sofort folgenden Brief an Richard Strauss richtete: „Lieber Freund! Ich habe gestern das neue Schönberg'sche Quartett gehört, und einen so bedeutenden geradezu imponierenden Eindruck erhalten, daß ich nicht umhin (kann), Ihnen dasselbe für die Tonkünstlerversammlung von Dresden dringendst zu empfehlen. Ich sende Ihnen die Partitur desselben unter Einem, und hoffe, dass Sie gelegentlich einmal Zeit finden, einen Einblick in das Werk zu tun. – Das Quartett Rosé erbietet sich, gegen Erstattung der *Reisekosten,* zur Interpretation des Stückes.

Verzeihen Sie, Vielgeplagter, diese Belästigung, aber ich denke, Sie werden selbst eine Freude daran haben. Herzlichst und in aller Eile Ihr getreuer M. Für die Salome danke ich vielmals. Sie kommt gar nicht von meinem Schreibtisch weg."

Im März und April 1907 schrieb Schönberg zwei große Balladen für Gesang und Klavier, die als opus 12 zusammen veröffentlicht wurden. Die Anregung kam von einem Preisausschreiben, das der Berliner Verlag August Scherl für seine weit verbreitete Zeitschrift „Die Woche" veranstaltet hatte. Dem war schon 1906 ein Preisausschreiben für Balladendichtungen vorausgegangen, an dem sich unter anderen Josef Lauff, Otto Ernst, Hermann Löns, Max Geißler und Ernst Zahn beteiligten und dessen Ergebnis als „Neuer deutscher Balladenschatz" erschien. Für die Vertonung von Gedichten dieses Bandes wurden drei Preise von 3000, 2000 und 1000 Mark ausgesetzt. Preisrichter waren Wilhelm Berger, Carl Krebs, Felix Schmidt, Georg Schumann und Max Schillings. 742 Kompositionen wurden eingesandt; Schönberg war mit „Jane Grey" (Text von Heinrich Ammann) und „Der verlorene Haufen" (Text von Victor Klemperer) unter den Bewerbern. Die Preise aber wurden Hans Hermann, Heinrich Eckl und Gustav Lazarus zugeteilt. In den Band „Preisgekrönte Balladen, komponiert für die WOCHE" wurden 1908 noch zwölf andere Kompositionen aufgenommen, darunter eine Vertonung der „Jane Grey" von Philipp Rödelberger und eine des „Verlorenen Haufens" von Hugo Kaun.

Schönbergs „Verlorener Haufen" ist am 15. März begonnen und Ende April abgeschlossen worden; „Jane Grey" trägt das Enddatum des 28. April. Auch einen dritten Text aus dem „Neuen deutschen Balladenschatz" hatte er zu komponieren begonnen, aber nach vier Seiten liegen lassen: „Jeduch" von Löns.

Die Balladen hat Schönberg selbst im „Rückblick" als „unmittelbare Vorläufer des zweiten Streichquartetts" bezeichnet. Beide stehen in seiner Lieblingstonart d-moll, deren Zersetzung aber in „Jane Grey" weiter geht als im „Verlorenen Haufen". In beiden erscheinen die melodischen und harmonischen Verbindungen von Quarte, Halbton und Tritonus, die als Fermente gegen Diatonik und Tonalität arbeiten.

Mahlers Brief an Strauss hatte den gewünschten Erfolg: Anfang Juni spielten die Rosé-Leute bei einer Matinée der Tonkünstlerversammlung in Dresden das d-moll-Quartett. Schönberg folgte der Einladung des Allgemeinen Deutschen Tonkünstlervereins. Nachher dankte er Rosé auf einer Briefkarte „für die ganz grandiose Wiedergabe". Es dränge ihn, seinen Dank zu wiederholen und der Freude über den sensationellen Erfolg der Aufführung Ausdruck zu geben. „Sie werden in allen Blättern mit den stärksten Ausdrücken des Lobes gepriesen. Und das freut mich um so mehr, als die Herren vom Petri-Quartett das Werk als unausführbar bezeichnet hatten. Es ist sehr gescheit, daß man diesen hochnasigen Kerlen einmal gezeigt hat, was man unter Quartettspielen versteht . . .!" Die Sommer 1907 und 1908 verbrachte Schönberg in Gmunden am Traunsee.

Sowohl Mahler als auch Schönberg wußten wenig von den Ereignissen, die um die Jahrhundertwende auf der Szene der Bildenden Künste vor sich gingen. Erst als die junge Alma-Maria Schindler und ihr Stiefvater Carl Moll in diesen Musikerkreis traten, öffnete sich für Mahler und bald auch für Schönberg eine neue Welt. 1897 taten sich die modernsten Geister unter den Wiener

Malern, Architekten und Bildhauern zu einer Gemeinschaft zusammen, die nach dem Münchener Vorbild von 1892 Sezession genannt wurde. Zu den führenden Männern gehörten Gustav Klimt und Alfred Roller, die beide später, in dem unruhigen Jahr 1905, als erste die Gruppe wieder verließen. Roller wurde 1899 Lehrer an der Kunstgewerbeschule, wo er eine Reihe bedeutender Schüler heranbildete. Die Wandlung in der damaligen bildenden Kunst Deutschlands und Österreichs wurde bestimmt durch die Abkehr vom Naturalismus zu einer bewußten Stilbetonung. Sie hing eng mit der Entwicklung des Jugendstils zusammen, der als europäische Erscheinung in Belgien, Frankreich und Spanien ebenso wirksam und fruchtbar war wie in der deutschsprachigen und westslawischen Welt. Schönbergs einzige Begegnung mit dem Geist des Jugendstils war 1901 in Berlin ohne spürbare Wirkungen gewesen. Das Wolzogen-Theater stammte von August Endell, einem der erfolgreichsten und originellsten Architekten der modernen Bewegung. Für den Jugendstil, besonders für Gustav Klimt und übrigens auch für den geistig ihm verwandten englischen Maler und Graphiker Aubrey Beardsley war die Pflanze nicht mehr ein Objekt der Naturbeobachtung, sondern ausschließlich Anregung zu Ornamenten, die man floreal nannte.

Roller trat Gustav Mahler 1902 freundschaftlich und als Mitarbeiter nahe. Die Zusammenarbeit in der Hofoper begann am 21. Februar 1903 mit einer völlig neuartigen Inszenierung von Wagners „Tristan und Isolde". Die Premiere erregte größtes Aufsehen. Entgegen der Wiener Tradition eines gepflegten szenischen Naturalismus, den vor allem auf hohem Niveau Antonio Brioschi pflegte, sah man nun ein Bühnenbild und eine Raumgestaltung der Szene, die in den Einzelheiten wie in der großen Konzeption dem dramatischen und musikalischen Wesen des Werks angepaßt war. Die Abkehr vom Naturalismus und Hinwendung zum bewußt geformten Stil hatte auch die Bühnenkunst ergriffen. Schönberg, der erst im Sommer 1903 wieder nach Wien kam, konnte diese Aufführung später in einer Wiederholung kennenlernen. Er sah in ihr eine neue Art, das Licht auf der Bühne lenkend zu formen und formend zu lenken. Die „Lichtmusik", von der Oskar Bie, einer der bedeutendsten Berliner Musikkritiker der Epoche, im Zusammenhang mit Mahler-Rollers „Tristan" schrieb, hat zweifellos Tendenzen bei ihm angeregt oder doch bestärkt, die später schöpferische Resultate zeitigen sollten. Mahler und Roller führten ihre szenische Reform so konsequent durch, daß sie auch die störende Wirkung der Lichter an den Notenpulten im Orchester bedenken mußten. Es war einer der Gründe, die zu einer Vertiefung des Orchestergrabens 1903, also bald nach der „Tristan"-Premiere führten.

Als nächste wichtige Inszenierung Mahlers mit Alfred Roller kam am 7. Oktober 1904 Beethovens „Fidelio" heraus. Ein Jahr später folgte Mozarts

„Don Giovanni" und 1905 wurde auch die neue Gestaltung des Wagnerschen „Ring des Nibelungen" begonnen, die sich über mehrere Jahre hinzog. Schönberg wohnte allen diesen Aufführungen bei. Er hörte auch 1905 die Erstaufführung von Hans Pfitzners „Rose vom Liebesgarten", deren szenische Erfordernisse dem Rollerschen Stilwillen offenbar sehr entgegenkamen.

Mit Mahler verband ihn und Zemlinsky in diesen Jahren eine enge Freundschaft. Alma, die Hausfrau und vielfach begabte Künstlerin, war von ihrem Vater Schindler ebenso wie von ihrem Stiefvater Carl Moll her seit ihrer Kindheit mit Malern und Malerei vertraut. Eine heftige Jugendliebe hatte sie an den viel älteren Gustav Klimt gefesselt. An den Entwicklungen der bildenden Kunst, vor allem seit Gründung der Wiener Sezession, nahm sie lebhaften Anteil. So verkehrten in ihrem Haus – und das entsprach völlig dem weiten geistig-kulturellen Horizont Gustav Mahlers – ebenso viele Maler, Bildhauer und Architekten wie Musiker und Opernleute. Schönberg, der in seiner Jugend kaum Kontakte mit bildender Kunst hatte, sah mit wachsendem Interesse in eine Welt, die ihm sein Auge ganz neu erschloß. Seine späteren Freundschaften mit dem Architekten Adolf Loos, den Malern Oskar Kokoschka, Max Oppenheimer und Wassily Kandinsky fanden in diesen Jahren ihre vorbereitende Grundlage.

1906 wurde das künstlerische Wien durch eine Ausstellung von 45 Bildern Vincent van Goghs in der Galerie Miethke in helle Aufregung versetzt. Das malerische Temperament und die glühende Farbenphantasie dieses 1890 im Alter von 33 Jahren durch Selbstmord gestorbenen Mannes kamen dem Kunstgefühl einer Generation entgegen, die schon im Aufruhr gegen den Sezessionismus gelebt hatte. Zu den jungen Künstlern, die sich durch diese Van Gogh-Ausstellung elektrisiert und bestätigt fühlten, gehörte Richard Gerstl. Er war am 14. September 1883 in Wien zur Welt gekommen, galt als ein schwieriges Kind und verließ das Gymnasium noch vor der Abschlußprüfung. 1903 wurde er, allerdings nur für kurze Zeit, Schüler der Wiener Kunstakademie. Um diese Zeit entstand sein erstes, noch akademisches Selbstportrait. Nach autodidaktischen Studien und Hospitantenjahren in den Ateliers anderer, älterer Maler machte er sich künstlerisch selbständig und begann in einem Atelier am Liechtensteinpark die Reihe seiner höchst originellen Bilder zu malen, die ihm verspäteten Ruhm brachten. Neben Städtebildern wie dem „Gasthaus im Liechtensteinpark" und dem „Donaukanal", Landschaften wie dem „Baum im Garten" waren es vor allem Portraits, Doppelportraits wie die „Zwei Schwestern" und Gruppenbilder, in denen er seinen eigenen Stil fand. Dabei blieb der Einfluß Van Goghs ebenso erkennbar wie der des Norwegers Edvard Munch. Auch die Ausstellung von Bildern Paul Gauguins bei Miethke 1907 beeindruckte ihn tief.

Gerstl war, ähnlich wie der etwas jüngere Kokoschka, ein vielseitig begabter Geist. Er hat sich mit Philosophie und romanischen Sprachen befaßt und scheint von Jugend auf großes Interesse für moderne Musik gehabt zu haben. Als eifriger Konzertbesucher kam er in Musikerkreise. Ob er die beiden Mahlers und Alfred Roller kannte, wissen wir nicht. Aber mindestens seit 1907 stand er Alexander von Zemlinsky und der Familie Schönberg nahe.

Um diese Zeit suchte Schönberg, dessen heftigem Ausdruckswillen die Mittel einer einzigen Kunst nicht mehr genügten, nach Möglichkeiten, seine inneren Visionen in Wirklichkeit zu übertragen. Ganz ähnlich wie ihn einst Zemlinsky als Freund im Kontrapunkt unterwiesen hatte, zeigte ihm jetzt Gerstl die Elemente des Malerhandwerks. Auch Mathilde, Schönbergs Frau, war von der Persönlichkeit des viel jüngeren Malers gefesselt. Sie wurde, wie Schönberg selbst, seine Schülerin. Und sie war sein Modell.

1908 wohnten Schönbergs noch in der Liechtensteinstraße 68–70 des IX. Bezirks. Gerstl bezog ein Atelier im gleichen Haus. Die Bilder, die er von Schönberg, Mathilde und der ganzen Familie malte, haben einen seltsam vergeistigten und immateriellen Ausdruck. Sie sind Vorahnungen des etwas späteren deutschen Expressionismus, wie ihn Emil Nolde und Karl Schmidt-Rottluff verkörpern. Die Farbe ist pastos aufgetragen wie auf gleichzeitigen Bildern Kokoschkas. Portraitähnlichkeit tritt hinter einer visionären Stilisierung der Köpfe völlig zurück. Das gilt auch für die Bilder Alban Bergs und Alexander von Zemlinskys.

Gerstl wurde das Opfer einer leidenschaftlichen Zuneigung zu Mathilde Schönberg. Es ist sicher, daß die Schönbergsche Ehe 1907, ja vermutlich schon bald nach der Geburt des Sohnes Georg im September 1906, ein kritisches Stadium erreicht hatte. Durch Mahlers Fortgang aus Wien Ende 1907 kam Arnold Schönberg in eine Situation des inneren Aufruhrs und der seelischen Beunruhigung, deren Spuren wir in seinem Werk nachsuchen können. Durch die veränderte schöpferische Lage, die seine Tätigkeit als Maler hervorrief, wurde er offenbar von den Realitäten des Lebens bis zur völligen Isolierung abgelenkt.

Am 9. März 1907 trug Schönberg in das dritte seiner Skizzenbücher den Anfang einer neuen Komposition ein. Es war das zweite Streichquartett, in fis-moll, das die Opusziffer 10 bekommen sollte. Die Arbeit daran wurde mehrfach durch andere Kompositionen unterbrochen. Am gleichen Märztage hatte Schönberg seinen Chor „Friede auf Erden" nach dem Gedicht von Conrad Ferdinand Meyer beendet; noch im März und April entstanden die zwei Balladen. Die vier Sätze des fis-moll-Quartetts wurden nicht in chronologischer Folge geschrieben. Der dritte, „Litanei" der zum Quartett eine Singstimme fügt, trägt das Enddatum des 11. Juli 1908. Der zweite aber, das seltsame Scherzo, ist erst am 27. Juli beendet worden. In diesem Sommer war die Schönbergsche Ehe zerbrochen. Doch kehrte Mathilde von ihrer Flucht, die sie mit Gerstl angetreten hatte, zu Schönberg zurück. Gemeinsame Freunde, namentlich Webern, hatten dabei vermittelnd gewirkt und vor allem an das Muttergefühl Mathildens appelliert, die ja zwei noch kleine Kinder, die sechsjährige Gertrud und den knapp zweijährigen Georg, zurückließ.

Das fis-moll-Quartett ist Mathilde Schönberg, „meiner Frau", gewidmet. Im dritten und vierten Satz erweitert die Singstimme den Kreis der Ausführenden zum Quintett. Beide Sätze sind auf Gedichte von Stefan George komponiert. Die „Litanei" beginnt mit den Worten

Tief ist die Trauer, die mich umdüstert,
ein tret ich wieder Herr! In Dein Haus.
Lang war die Reise, matt sind die Glieder,
leer sind die Schreine, voll nur die Qual.

Und sie endet:

Töte das Sehnen, schließe die Wunde!
Nimm mir die Liebe, gib mir Dein Glück!

Den Abschluß des Werkes aber bildet die „Entrückung", Vision eines Ausflugs in den Weltraum, Ahnung der „Luft von anderem Planeten", rätselhafter Ausdruck der Loslösung von allen irdischen Bindungen. Die beiden Gesangssätze dieses Quartetts bilden den letzten Schritt in die Bereiche einer von Tonart und herkömmlicher Konsonanz sich abwendenden Musik.

Im ersten Satz des Werkes, der mehr als ein Jahr vor den übrigen geschrieben wurde, geht Schönberg über die harmonischen und tonalen Grenzen der 1906 beendeten Kammersymphonie nicht hinaus. Die schwere innere Krise aber hat, nachdem sie überwunden war, ihren skurrilen Ausdruck im zweiten Satz gefunden. Er beginnt als sehr rasche, motorische Bewegung über dem Cello-Orgelpunkt D. Ein verbissener Scherzo-Charakter fällt auf; das ostinate D im Baß kehrt wieder. Zwischen Strecken freier Tonalität erscheinen paradoxe Dreiklänge, bald Dur, bald Moll. Dann, nach 164 Takten Allabreve, setzt ein Trio im langsameren Dreivierteltakt ein. In der zweiten Geige ertönt das populäre Lied „Ach, Du lieber Augustin", das in ein paar Varianten durchgeführt wird. Im Cello kreist eine Baßstimme um die entfernten Tonalitäten d und as, bis eine monotone Quintfallfigur die Töne h–e–e und a–d–d banal wiederholt. Man braucht nicht viel Phantasie, um sich die Textworte „alles ist hin" dazu zu denken. Dabei mag für Schönberg nicht nur der Zusammenbruch einer familiären Situation, sondern auch der einer musikalischen Überlieferung als Impuls gewirkt haben. Der ironische und bittere Galgenhumor wäre freilich kaum denkbar, wenn nicht eben die Katastrophe in ihren persönlichen Folgen repariert worden wäre, so daß die abschließenden Gesangssätze von einem neuen Beginn zu künden vermochten. Übrigens bleibt die Stelle auch innerhalb des zweiten Satzes episodisch, und nach 28 Takten wird in kurzem Übergang die motorische Bewegung des vorhergegangenen Teils wieder aufgenommen und in einer sehr raschen Stretta zu gewaltigem dynamischen Ausbruch über dem ostinaten D im Baß geführt.

Herbst 1908. Schönberg findet neue Befriedigung an der pädagogischen Arbeit. Alban Berg hatte schon 1907 den Kontrapunkt absolviert und begann mit dem Kompositions-Studium. Der Freundeskreis schließt sich enger und enger. Am 27. September 1908 entsteht das Stefan George-Lied „Du lehnest wider eine Silberweide", die erste Komposition, in der jede Bindung an überlieferte Tonartbegriffe und Konsonanzen überwunden ist. Es gehört in den großen Zyklus der Fünfzehn Gedichte aus „Das Buch der hängenden Gärten" von Stefan George, opus 15, wo es an dreizehnter Stelle eingeordnet wird. Vielleicht beginnt hier Schönbergs eigentümliche abergläubische Verbindung mit der Zahl 13, die ihn bis in seine letzten Lebensstunden beunruhigen sollte.

Für Richard Gerstl war der endgültige Bruch mit dem Ehepaar Schönberg nicht zu ertragen. Er machte am 4. November 1908, 25 Jahre alt, seinem Leben ein Ende. Vorher zerstörte er die Briefe und Aufzeichnungen, aus denen die Nachwelt Aufschluß über seine tragischen letzten Lebenszeiten hätte erhalten können, sowie einen Teil seines malerischen Werks. Jung und unvollendet wie der Wiener Philosoph Otto Weininger, der kurz nach Erscheinen seines berühmten Buches „Geschlecht und Charakter" 1903 im Alter von 23 Jahren Selbstmord begangen hatte, schied er aus dem Leben.

Als Maler war Schönberg dem neun Jahre jüngeren Gerstl geistesverwandt. Seine Portraits und Selbstportraits, namentlich das Damenbildnis, das Helene Berg darstellt, wirken zwar viel naturnäher als Gerstls abstraktere und stilisierte Portraitvisionen. Aber die Bilder, die er selbst Visionen und Karikaturen genannt hat, etwa die „Vision von Christus" oder das „Kritikerbild" gehen von ähnlichen bildnerischen Voraussetzungen aus. Die Art, Farben ohne Übergang und mit rücksichtsloser Härte nebeneinander zu setzen, ist beiden gemeinsam. Bei Schönberg tritt im Lauf seiner Entwicklung als Maler eine Tendenz zur Groteske und zur ironischen Verzerrung hinzu, die man bei Gerstl nicht findet. Es ist ein Wesenszug, der in seiner Musik erst etwas später nachweisbar wird, vor allem in einigen Stücken des „Pierrot Lunaire". Vorausahnend scheint der Klaus Narr der „Gurrelieder" auf solche Neigungen hinzuweisen, für die es aber in den Jahren der entscheidenden sprachlichen Entwicklung, also in der Zeit zwischen 1906 und 1909, nur ein einziges, gleichsam vorüberhuschendes Zeugnis gibt: die Augustinstelle des fis-moll-Quartetts.

Um seine Schüler der Öffentlichkeit vorzustellen und ihnen die Hörkontrolle an den eigenen Arbeiten zu ermöglichen, veranstaltete Schönberg am

7. November 1907 im Saal des Gremiums der Wiener Kaufmannschaft ein Konzert mit ihren Werken. Auf dem Programm standen die Namen Berg, Horwitz, Ivanov, Jalowetz, Stein, Wilma von Webenau und Webern. In einer Besprechung des Neuen Wiener Journals wurde Schönbergs Lehrtätigkeit gelobt. Unter den Mitwirkenden war Marietta Jonasz, die bald darauf den orthopädischen Chirurgen Dr. Werndorff heiratete, eine ausgezeichnete junge Pianistin, der Schönberg auf einer Karte herzlich für ihre Leistung dankte.

Fast auf den Tag ein Jahr später, am 8. November 1908, leitete Schönberg ein Orchesterkonzert im großen Musikvereinssaal, bei dem er Weberns Passacaglia dirigierte und die Klaviervariationen von Berg durch Irene Bien aufführen ließ.

Wenige Wochen danach, am 21. Dezember 1908, brachte Rosé bei einem seiner Konzerte im Bösendorfersaal das zweite Quartett in fis-moll zur Uraufführung. Sie führte zu heftigen Protestkundgebungen, Gelächter und massiven Störungen. Marie Gutheil-Schoder, die Sängerin des Sopranpartes in den beiden letzten Sätzen, führte unter Tränen ihre Aufgabe durch. Aber erst bei einer späteren Aufführung im Ansorgeverein konnte das Werk ungestört wiedergegeben werden.

Im Schönbergkreis war seither das Anfangsmotiv in fis-moll, das rückläufig der Einleitung zum zweiten „Tristan"-Akt gleicht, ein Erkennungspfiff wie einst bei den Wagnerianern Siegfrieds Hornruf. So erfüllte sich wenigstens an diesem Stück Schönbergs Wunschtraum, seine Melodien würden die Volkslieder späterer Generationen sein.

Um die Zeit, als Schönberg sich von der konventionellen Ästhetik neuen Zielen zuwandte und zum europäischen Skandalon wurde, fand er eine Reihe bedeutender Interpreten und Interpretinnen, die seine Sache zu der ihren machten. Durch Mahler hatte er Anna von Mildenburg kennen gelernt, die dramatische Mezzosopranistin und großartige Interpretin Wagnerscher und Strauss'scher Partien. 1872 geboren, wurde sie 1898 (bis 1917) Mitglied der Wiener Oper. Liebling Cosima Wagners, die mit ihr 1897 die Kundry studiert hatte, sang sie 1909 in Bayreuth die Ortrud einiger „Lohengrin"-Aufführungen. Die biographische Notiz im Bayreuther Festspielführer 1909 sagt: „Als Konzertsängerin bevorzugt sie Beethoven, Schubert, Schumann, Wagner, Brahms, Hugo Wolf, Mahler, Pfitzner, Walter, Schönberg und Strauss". Ein Bekenntnis dieser Art zu Schönberg war damals eine Kühnheit. Schönberg bewunderte die Mildenburg als Sängerin und verehrte sie als Mensch.

Unter den Wiener Schriftstellern war damals Hermann Bahr so etwas wie ein Prophet des neuen Geistes. Auf allen Gebieten der Kunst förderte und propagierte er die Haltung, die man sezessionistisch nannte. Herold der Jugend, Feind des Epigonentums, war Bahr ein Österreicher, der die europäische

Sendung seines Landes verstanden hatte. „Ich war 1899 in Rom und Neapel, 1900 wieder in Paris, 1904 und 1905 in Athen, 1907 und 1908 wieder in Berlin, als Regisseur in Reinhardts Deutschem Theater, seit fünf Jahren jeden Sommer einen Monat in Venedig, 1909 zwei Monate in Bayreuth, 1910 den Winter über in London, den Frühling in Paris, den Herbst wieder in London. In der Fremde wird mir immer wieder gewiß, daß alle Nationen heute daran sind, sich in eine einzige neue zu verwandeln", schrieb 1913 der Fünfzigjährige. Musikalisch kam er von Wagner her; in dessen Todesjahr 1883 begegnete er Hugo Wolf. 1902 entzückte ihn Richard Strauss' „Feuersnot".

Am 24. März 1909 hörte Bahr die neue Wiener Inszenierung der „Elektra" in den Bildern von Alfred Roller. Anna von Mildenburg sang die Klytämnestra. Von diesem Tage an war der Dichter ihr verfallen. Kurz danach wurde sie seine Frau.

Bahr kannte damals Schönberg von den Wiener Aufführungen und Skandalen. Er förderte ihn künstlerisch und menschlich. Zur Unterstützung kämpfender Künstler hatte er eine Stiftung ins Leben gerufen, an der sich viele wohlhabende Wiener ihren Möglichkeiten gemäß beteiligten. Nach einem Schönberg-Skandal verzichtete der Zahnarzt Dr. Alois Botstiber, der den Komponisten behandelt hatte, auf Honorar; das war sein Beitrag zur „Hermann Bahr-Stiftung für mißverstandene Geisteshelden".

Bahr selbst empfand wohl seit der Bindung an Anna von Mildenberg die Lückenhaftigkeit seiner musikalischen Kenntnisse. Am 10. April 1909 schrieb er an Schönberg, er wolle im Herbst anfangen, bei ihm Theoriestudien zu treiben. Im Juni begleitete er Anna nach Bayreuth. Der Geist der Proben und Aufführungen, der Umgang mit Dirigenten und Sängern fesselte ihn. Er genoß das „Wunder von Bayreuth" (wie im Juli ein Artikel von ihm hieß) trotz des anti-modernistischen Geistes, der dort herrschte. Denn er stand auf Seiten der Mildenburg, die Siegfried Wagner „mit argwöhnischem Werdandi-Blick die Göttin der Sezession schilt".

Den Herbst verbrachten Bahrs wieder in Wien. Aus den geplanten Studien bei Schönberg wurde nichts. Aber am 10. Oktober schrieb Bahr, ein Bewunderer, der ungenannt bleiben wolle, habe ihm Geld für den Komponisten gegeben; Schönberg solle doch am Sonntag um vier Uhr zu ihm kommen. Zwei Tage später schickte er ihm 3000 Kronen.

Anna Bahr-Mildenburg hatte Schönbergs frühe Lieder gesungen. Für die Uraufführung der „Gurrelieder" 1913 nahm er sie als Waldtaube in Aussicht. Sie studierte die Partie: „Dramatisch fasse ich sie ganz und gar nicht auf – ich meine, alle Größe und Kraft kommt mir aus der Ruhe. Und das wende ich einzig und allein auch in der Waldtaube an. Aber Größe, viel Größe ist darin, und daß ich die zum Ausdruck bringe, müssen Sie sich doch wünschen" schrieb sie ihm.

Die Freundschaft mit Anna und Hermann Bahr hinderte Schönberg nicht, Kontakt mit Karl Kraus zu halten. Kraus und Bahr waren seit Jahren unversöhnliche Feinde. Schönberg las, ebenso wie Berg und Webern, regelmäßig die „Fackel". Er schickte Kraus einen Aufsatz gegen die Musikkritik, den dieser ihm am 21. Januar 1909 zurückgab. Ein Jahr später machte Schönberg einen Versuch mit Aphorismen. Kraus antwortete am 18. März 1910: „. . . für den literarischen Beitrag danke ich Ihnen sehr. Leider kann ich ihn, so sehr er mich interessiert hat, nicht in die Fackel aufnehmen. Aphorismen dürfen nämlich keine Rubrik der Fackel sein, sondern nur meine Nothdurft. Ich sollte Ihnen das bald mündlich auseinandersetzen können – vielleicht im Café Imperial nachmittags".

Zu Mahlers Sängerstab in Wien gehörte seit 1901 auch Marie Gutheil-Schoder (1874–1935), die tapfere Interpretin des Sopranparts bei der Uraufführung des zweiten Streichquartetts. Im Januar 1909 schickte ihr Marschalk auf Wunsch des Komponisten die Lieder, die im Dreililienverlag erschienen waren. Sie studierte 1921 mit Steuermann und Erwin Stein den „Pierrot" für eine Aufführung, die Paul von Klenau in Kopenhagen dirigierte. 1924 sang sie in Prag die Uraufführung der „Erwartung" unter Zemlinsky, der sie der von Schönberg vorgeschlagenen Marya Freund vorzog.

Die Bekanntschaft mit Marya Freund (1876–1966) machte Schönberg bei einem Sommerurlaub in Gmunden am Traunsee 1908. Sie hatte als Kind bei Pablo de Sarasate Geige studiert, später singen gelernt und wurde Mitglied der Oper in ihrer Vaterstadt Breslau (dem heutigen Wroczlaw). Schönberg bewunderte ihre Musikalität und freundete sich rasch mit der attraktiven Frau an. Sie sang auf seinen Wunsch die Tove bei der Uraufführung der „Gurrelieder", später in Paris den „Pierrot" und die Stefan George-Lieder op. 15. Seit 1925 lebte sie ständig in Paris, wo sie neunzigjährig gestorben ist. Mit Schönberg stand sie von 1912 bis 1949 in Briefwechsel. Von einem nicht bestimmbaren Zeitpunkt an duzten sie sich.

DIE BEZIEHUNG SCHÖNBERG – MAHLER

Von seiner Jugend an, genau gesagt von 1897 bis in die allerletzten Lebensjahre, hat die künstlerische und menschliche Erscheinung Gustav Mahlers auf Schönberg die stärkste Anziehungskraft geübt. Wir wissen nicht, wann er Mahlers Musik kennengelernt hat. Aber wir wissen, daß Alexander von Zemlinsky, dem er 1895 zuerst begegnete, schon damals zu ihren überzeugtesten Anhängern gehörte. Schönberg war, als er um diese Zeit im Orchesterverein Polyhymnia Cello spielte, 21 Jahre alt und noch als Angestellter einer Bank tätig. Es ist sehr wahrscheinlich, daß die verstärkte Beschäftigung mit Musik und der freundschaftliche Umgang mit Zemlinsky ihm bald den Abschied von der geschäftlichen Arbeit leicht machte. Auch seine kompositorische Tätigkeit nahm um diese Zeit in Liedern und Klavierstücken größere Ausmaße und höhere Bedeutung an. Sie wurde intensiver seit 1896, als die Bankarbeit aufgehört hatte. Eine Anfang September dieses Jahres begonnene Serenade für kleines Orchester und die Arbeiten von 1897, die vom Lied bis zum Orchesterstück und Streichquartett mehrere Gattungen umfassen, bezeugen es. Alle diese Kompositionen sind noch durch den Einfluß Johannes Brahms' gekennzeichnet; das Wagnersche Vorbild deutet sich damals erst zögernd an und wird seit den Liedern von 1899 klar erkennbar.

Schönbergs Weg zu Mahler verlief in seltsamen Kurven und Wendungen über persönliche Einflüsse, die wiederum mit Zemlinsky zusammenhingen. In Wien war als Tochter des Malers Schindler ein junges Mädchen herangewachsen, Alma-Maria mit Vornamen genannt, die von Kind auf ungewöhnliche musikalische Begabungen zeigte. Sie wurde 1899 Schülerin Alexander von Zemlinskys. Die bizarre Verbindung zwischen dem kleinen, gnomenhaft häßlichen aber genialen Musiker und der schönen, sinnenfrohen Zwanzigjährigen hat später Alma-Maria Mahler-Werfel in ihrem Memoirenbuch mit großem Freimut geschildert.

1900 dirigierte Franz Schalk die Wiener Erstaufführung von Gustav Mahlers vorher in Budapest uraufgeführter I. Sinfonie. Alma-Maria schildert die erregte Diskussion, die sich an das Konzert anschloß. Die Sinfonie des zweifellos von ihr schon damals bewunderten Operndirektors hatte, nach ihren Worten, „uns mit Zorn erfüllt". Kurz danach stellte ihr Zemlinsky seinen Schüler und Freund, den 26jährigen Schönberg, vor. Sie machte Zemlinsky gegenüber von ihrer mangelnden Sympathie für ihn keinen Hehl, worauf er antwortete: „Schauen Sie sich den nur gut an, von dem wird die Welt noch viel sprechen." Seither begegnete sie Schönberg jedesmal, wenn sie zum Unterricht bei Zemlinsky erschien. Es war die Zeit, als die Komposition des Streichsextetts

„Verklärte Nacht" beendet und die der „Gurrelieder" begonnen wurde. Wir wissen, daß in Alma-Marias Memoiren ebenso wie in ihrem Buch über Mahler Dichtung und Wahrheit einander oft durchkreuzen. In ihrer Erinnerung verwechselte sie Daten ebenso wie mitunter auch künstlerische Tatbestände. Doch in einem ist ihr Gedächtnis zuverlässig, ihr Urteil auch von Abneigung und Liebe wenig getrübt: Das ist die Charakterisierung von Menschen, die sie gut gekannt hat. Und darum ist ihre Beschreibung des jungen Schönberg als eine zuverlässige Quelle zu betrachten. Sie schildert ihn als krankend an unüberwindlichem Bohèmetum, originell, zu Paradoxen neigend, aggressiv im Gespräch und voller Lust am Widerspruch.

Am 9. November 1901 fand in dem Wiener Haus des berühmten Anatomen Emil Zuckerkandl die schicksalhafte Begegnung der 21jährigen Alma-Maria mit dem 19 Jahre älteren Gustav Mahler statt. Kurz danach traf sie wieder einmal mit Schönberg zusammen, dessen Übersiedlung nach Berlin bevorstand. Auf ihre Frage, ob er sich am 12. Januar 1902 die Wiener Erstaufführung von Mahlers IV. Sinfonie anhören werde, erwiderte er bissig: „Wie kann Mahler bei der IV. etwas können, wo er doch schon bei der I. nichts gekonnt hat." Daß er um diese Zeit schon in Berlin tätig sein würde, blieb unerwähnt.

Am 9. März 1902 fand in der Karlskirche die in der Wiener Gesellschaft heftig umstrittene Verheiratung des Operndirektors mit der jungen schönen Alma-Maria statt. Schönberg lebte in Berlin, hatte dort engen persönlichen Kontakt mit Richard Strauss und kam erst im September 1903, nach einem längeren Sommerurlaub in Payerbach, nach Wien zurück, wo sich für ihn Arbeitsmöglichkeiten boten. Die Aufführung von Mahlers IV. Sinfonie hatte er versäumt; ob er in Berlin andere Werke Mahlers kennengelernt hat, wissen wir nicht.

Zemlinsky blieb mit dem jungen Ehepaar Mahler in engem freundschaftlichen Kontakt. Er besuchte die beiden 1904 in Maiernigg am Wörthersee, wo sie von 1903 bis 1907 regelmäßig ihre Urlaube verbrachten. Im Dezember dieses Jahres wurde in Wien Mahlers III. Sinfonie zur Erstaufführung gebracht, drei Jahre nach der Krefelder Uraufführung 1901. Schönberg, dessen frühere ablehnende Haltung gegen Mahlers Musik wir kennen, wohnte dem Konzert bei. Am 12. Dezember 1904, unmittelbar danach, richtete er an Mahler den ersten Brief. Er ist ein rückhaltloses Bekenntnis und obendrein ein Dokument der unverkennbar Schönberg'schen Ausdrucksweise, die alle seine wichtigen Briefe kennzeichnet. „Um dem unerhörten Eindruck, den mir Ihre Sinfonie gemacht hat, einigermaßen beizukommen, darf ich nicht wie der Musikant zu Musikanten, sondern ich muß wie der Mensch zum Menschen reden. Denn: Ich habe Ihre Seele gesehen, nackt, splitternackt. Sie lag vor mir wie eine wilde, geheimnisvolle Landschaft mit ihren grauenerregenden Untiefen und Schluchten und daneben heitere, anmutige Sonnenwiesen, idyllische Ruheplätze. Ich empfand sie wie ein Naturereignis mit seinem Schrecken und Unheil und seinem verklärenden, beruhigenden Regenbogen."

Und dann folgt die Abwehr gegen etwas, was sich Schönberg nicht aufzwingen lassen will: gegen das berühmte und viel umstrittene „Programm", das Mahler seiner Sinfonie beigegeben hatte. „Kommt es darauf an", fragt Schönberg weiter, „ob ich ein guter oder schlechter Zeichendeuter bin der Empfindungen, die ein Erlebnis in mir auslöst? Muß ich richtig verstehen, wo ich erlebt, empfunden habe?"

Schließlich die Schilderung des eigenen Eindrucks: „Ich fühlte das Kämpfen um die Illusionen; ich empfand den Schmerz des Desillusionierten, ich sah böse und gute Kräfte miteinander ringen, ich sah einen Menschen in qualvoller Bewegtheit nach innerer Harmonie sich abmühen; ich spürte einen Menschen, ein Drama, *Wahrheit,* rücksichtsloseste Wahrheit!"

Und in der Schlußformel ein persönliches Bekenntnis: „Ich mußte mich austoben, verzeihen Sie, mittlere Empfindungen gibt es nicht bei mir, entweder – oder!"

Dies also war der Blitzschlag. Aus dem Verächter war ein Bewunderer geworden, aus dem Spötter ein leidenschaftlicher Anhänger, der später einmal von Mahler als einem Heiligen sprechen sollte. Auch die persönliche Verbindung wurde nun eng und freundschaftlich. Dabei war sie nicht ohne Krisen. In ihrem Mahler-Buch hat Alma-Maria beschrieben, wie dramatisch es in der Beziehung zwischen Mahler einerseits und dem Freundespaar Zemlinsky-Schönberg oft zuging. Ihr Tagebuch berichtet am 26. „Jänner" 1905: „gestern Konzert: Zemlinsky-Schönberg. Meine Ahnung bestätigte sich. Zemlinsky ist ... doch nicht so stark wie Schönberg, der zwar ein verworrener, aber doch hochinteressanter Kerl ist. Die Leute gingen scharenweise weg und schlugen die Türen zu, während der Musik. Viele Pfiffe – aber sein Talent war überzeugend für uns beide." Es war der Abend, an dem Schönberg selbst die Uraufführung seiner sinfonischen Dichtung „Pelleas und Melisande" dirigierte.

Durch Zemlinsky wurde Schönberg in das Haus Mahler eingeführt. Er war, wie Alma-Maria formuliert, voll jugendlichen Protestes gegen den älteren Künstler, den auch er verehrte. Nach dem stets frugalen Essen wurde musiziert und über Musik geredet: „Am Anfang immer ganz friedlich, aber plötzlich – irgendein hochmütiges Wort von Schönbergs Seite, von Mahler eine etwas von oben herab betonte Zurechtweisung – und es krachte auf allen Seiten. Schönberg gefiel sich in Paradoxen ärgster Art ... Mahler erwiderte dozierend, doktrinär; Schönberg sprang auf und lief mit kurzem Gruß davon. Zemlinsky folgte kopfschüttelnd." Mahler verbat sich jede künftige Einladung des „eingebildeten Kerls". Dieser schwor, das Haus nicht mehr zu betreten. Aber nach einer Weile fehlte Mahler irgendetwas: „Warum kommen denn ‚Eisele und Beisele'[1] nicht mehr zu uns?" Und bald kamen die beiden Unzertrennlichen wieder.

Auch in Mahlers Korrespondenz bildeten sie eine Einheit. Es gibt keinen Brief an Zemlinsky zwischen 1905 und 1910, in dem Schönberg nicht erwähnt und gegrüßt, mitunter eingeladen wird.

1906 hatte Zemlinsky seine Tätigkeit als Dirigent des populären Carltheaters in Wien mit der künstlerisch befriedigenderen eines ersten Kapellmeisters der Volksoper vertauscht. Aber er verfolgte höhere Ziele. Mahler, den er selbst niemals mit einer Bitte belästigt hat, wußte das sehr genau und bot ihm im Sommer 1906 eine Stellung als Hofkapellmeister, die Zemlinsky 1908 antrat. Schönberg erfuhr es und dankte mit einem spontanen, überschwenglichen Brief am 14. Juni 1906: „Wie wundervoll, wie großartig das heute von Ihnen war; das muß ich Ihnen sagen, das kann nur ein Mensch auf der Welt und das ist: Mahler. Ich habe Sie immer sehr sehr gerne gehabt – Sie wissen es vielleicht nur nicht – aber heute weiß ich, warum! Ich küsse Ihnen tausendmal die Hände."

Mahler antwortete gleich und lud ihn in die Sommerfrische nach Maiernigg ein. Schönberg verbrachte den Sommer 1906 in Rottach-Egern am Tegernsee und schrieb am 18. Juli an Mahler, er sei mit der Beendigung seiner Kammersymphonie beschäftigt gewesen und darum säumig mit der Antwort. Mahlers Brief, in dem der Ältere feststellt, sie seien einander nähergekommen, hatte ihn außerordentlich erfreut: „Ich ... bin stolzer darauf, als wenn Sie ein Werk von mir gelobt hätten, – obwohl ich die vollste Schätzung für Ihr Urteil dabei habe. Mir ist die persönliche Zuneigung überhaupt das Wichtigste im Verhältnis der Menschen zueinander." Dann geht er auf die Aufforderung zum Besuch ein, die er fast spontan befolgt hätte, um aber dann doch absagen zu müssen. Mathilde, seine Frau, war hochschwanger und stand vor der Geburt des zweiten ihrer Kinder. Darum könne er die Reise über die weite Entfernung von 14 Stunden Fahrt nicht machen. Aber er schlägt Mahler vor, daß er ihn im August bei den Mozart-Festspielen in Salzburg besuchen komme, das sei nur ein paar Stunden entfernt. Er bittet auch um Grüße an Alma und „ihr zu sagen, daß ich froh bin, daß sie endlich dahintergekommen ist, daß ich ‚ein lieber Kerl' bin – ich habe das ja stets behauptet, es glaubt mir's leider nur selten jemand." Und schließlich möchte er gern die Kammersymphonie an Mahler schicken, falls der Zeit und Lust habe, sie anzusehen.

1903 hatte Schönberg seine Kompositionskurse an den Schwarzwaldschulen begonnen. 1904 wurden Alban Berg, Anton von Webern, Egon Wellesz, Erwin

[1] Wiener Witzblattfiguren der Epoche.

Stein und Dr. Heinrich Jalowetz seine Privatschüler. Einige von ihnen waren durch den Ordinarius für Musikwissenschaft an der Wiener Universität, Professor Dr. Guido Adler zu Schönberg gekommen. Dieser gehörte zum engen Freundeskreis Gustav Mahlers. Die jungen Leute, die mit unbeschreiblicher Verehrung zu Schönberg aufblickten, waren ebenso leidenschaftliche Parteigänger Mahlers. Von ihnen trat Alban Berg dem großen Manne und seiner jungen Frau freundschaftlich nah. Diese Verbindung ist lange über Mahlers Tod hinaus bis in Bergs letzte Lebensjahre lebendig geblieben. Alma-Marias Tochter Manon aus der Ehe mit Walter Gropius, wurde von Berg schwärmerisch verehrt; als sie 18jährig starb, schrieb er im Gedenken an sie sein Violinkonzert.

Seite an Seite mit dem wachsenden Kreis der Schönberg-Schüler gehörte Mahler bei allen Wiener Schönberg-Aufführungen, denen er beiwohnen konnte, zu den Applaudierenden. Er scheute keine Gelegenheit, sich für den jüngeren Freund zu exponieren, selbst wenn er seinen kompositorischen Entwicklungsweg selbst nicht mit vollziehen konnte. Das d-moll-Streichquartett war ihm noch völlig zugänglich; als es bei der Wiener Aufführung ausgezischt wurde, stellte sich Mahler neben einen der Protestierenden und rügte ihn. Nur durch das Eingreifen von Freunden wurde eine Schlägerei vermieden. Ebenso verhielt er sich bei der Aufführung der Kammersymphonie durch das Rosé-Quartett und die Bläser-Vereinigung der Wiener Philharmoniker. Als das Publikum unruhig wurde, erzwang Mahler durch ein Befehlswort die Wiederherstellung der Ruhe. Das Werk aber war ihm fremd geblieben. Er sagte zu Alma-Maria: „Ich verstehe seine Musik nicht, aber er ist jung; vielleicht hat er recht. Ich bin alt, habe vielleicht nicht mehr das Organ für seine Musik."

Der Vorfall lag nur ein halbes Jahr vor Mahlers Abschied von Wien. Im Oktober verließ er die Hofoper und begann seine verschiedenen Tätigkeiten in New York. Vorher aber wünschte er, seine beiden Freunde „Eisele und Beisele" und deren Freunde noch einmal ausführlich zu sprechen. Alma-Maria beschreibt die Tafelrunde in dem Grinzinger Gasthaus „Zum Schutzengel", der sie selbst zwar nicht beigewohnt hatte, die ihr Mahler aber nach der Heimkehr noch bis tief in die Nacht lachend schilderte. Es muß dabei recht heiter und lärmend hergegangen sein, und ein Versuch Mahlers, sich mit Schönberg und Zemlinsky heimlich aus dem großen Kreise zu entfernen, mißlang, worauf es dann noch lärmender wurde.

Auch den Abschied von Wien hat Alma-Maria nacherzählt. „Schönberg und Zemlinsky hatten ihre Schüler und die Freunde Mahlers auf dem Bahnhofperron versammelt ... sie standen, als wir ankamen, alle schon da, die Hände voll Blumen, die Augen voll Tränen, stiegen in unser Coupé, bekränzten es, die Sitze, den Boden, alles."

In Mahlers amerikanischen Jahren 1907 bis 1911 ging bei Schönberg und bei seinen Schülern die schicksalhafte Entwicklung der Tonsprache vor sich, die den Anfang der Neuen Musik im 20. Jahrhundert bildet. Mahler und Alma kamen jeden Sommer nach Europa zurück und verbrachten dann ihre Sommerferien regelmäßig in Toblach, Tirol. Schönberg hatte 1908 die ersten nichttonalen Lieder nach Texten von Stefan George geschrieben. Er verlebte den Sommer 1909 im niederösterreichischen Steinakirchen, wo die fünf Orchesterstücke opus 16 entstanden. Die Partitur zeigte er, nachdem er sie vergeblich Richard Strauss zur Aufführung angeboten hatte, auch Gustav Mahler. Dieser erklärte offen, sie nicht mehr lesen zu können, da er nicht imstande war, den optischen Eindruck der Stücke ins Akustische zu übertragen. In demselben Jahr wurde Mahlers VII. Sinfonie, deren Uraufführung 1908 in Prag stattgefunden hatte, in Wien gespielt. Schönberg war dabei und ließ einige Zeit vergehen, bis er am 29. Dezember 1909 an Mahler darüber berichtete. Die Wirkungen der Siebenten und Dritten seien für ihn bleibende. Er habe weniger als früher das Sensationelle, die Erregung und Aufpeitschung empfunden. Sein Eindruck sei der einer vollendeten, auf künstlerischer Harmonie begründeten Ruhe: „Ich habe Sie wie einen Klassiker aufgenommen. Aber wie einen, der mir noch *Vorbild* ist." Dann folgen die Bemerkungen über Gerüchte, die eine Theseus-Oper von Mahler betreffen, – sie ist nie geplant und geschrieben worden. Schönberg aber fragt bei dieser Gelegenheit, was das eigentlich sei, Theseus: „Ich kenne den nur vom Theseustempel her. Einen anderen Raum in meinem Bewußtsein hat er nicht inne, da ich die Resultate der Geschichtsstunden schon abgelegt habe." Die Bemerkung ist kennzeichnend für Schönbergs auffallende Indifferenz gegen altklassische Literatur. In seinem gesamten Werk und in allen seinen brieflichen und literarischen Äußerungen tritt die griechische und römische Antike gegen die biblische Gestaltenwelt völlig zurück. Und eine ähnliche Indifferenz kennzeichnet seine Stellung zum Werk Shakespeares. Der Brief, nach New York gerichtet, enthält eine Nachschrift an Alma-Maria, die sich beklagt zu haben scheint, daß er nie an sie schreibe.

Zu Mahlers 50. Geburtstag schrieb Schönberg, der vor kurzem in der Hietzinger Hauptstraße 113 eine größere Wohnung genommen hatte, einen ausführlichen Brief. Es ist ein Bekenntnis der Verehrung und gleichzeitig der Reue, daß er den Bewunderten früher so oft durch Widerspruch geärgert hatte. Er habe ein Recht als der Jüngere, anders, wenn auch unvollkommen zu sein: „Einem hätte ich mich unbedingt beugen müssen: dem Wesentlichen, das vom Großen ausströmt, jenem Unnennbaren, daß ich sehr wohl in Ihrer Gegenwart empfunden, das für mich die Macht des Genialen ist . . . Wenn ich Ihnen trotzdem widersprochen habe . . . vielleicht war es Kurzsichtigkeit, vielleicht Eigensinn? Vielleicht war es auch Liebe, denn ich habe Sie bei alledem immer furchtbar verehrt. Es war Backfisch-artig: Liebe, die mit Haß verfolgt." Und er wünscht sich, Mahler möge bald wieder endgültig in das verhaßte, geliebte Wien heimkehren. Daß er dort dirigiere, verdiene zwar der Pöbel nicht, vielleicht aber der Freundeskreis. Sicher würde er soviel warme Verehrung finden, daß aller frühere Groll in Vergessenheit geriete.

Im Sommer 1910 wurde die Geldnot, in der sich Schönberg fast immer befunden hatte, so groß, daß er Mahler um Hilfe bat. Nicht für sich, aber für seine Frau und die beiden Kinder. Er könne den Mietzins nicht bezahlen, bitte um eine Anleihe von 300–400 Gulden, die er sicher nächstes Jahr, wenn er im Konservatorium sei, zurückzahlen könne. Die Bitte war so dringlich, daß sie den Wunsch nach telegrafischer Antwort, gegebenfalls telegrafischer Überweisung des Geldes einschloß. Am nächsten Tag war Mahlers Antwort da: eine Überweisung von 800 Kronen.

Schönberg dankte am 3. August 1910 auf seine besondere und kennzeichnende Art. Er spricht von dem Guten, „zu dem der wirklich Vornehme keinen Entschluß, ja nicht einmal die äußere Anregung nötig hat." Seine Verehrung wolle er von Dankbarkeit unabhängig halten. Er fühle „eine Äußerung jener Macht, der mich zu nähern das ganze Bestreben meiner Selbsterziehung ist." Und er rechtfertigt seinen Überschwang als „das Fieber, das das Unreine aus der Seele scheidet. Und so rein zu werden wie Sie, ist meine Angelegenheit, da es mir versagt ist, so groß zu sein." Es ist der letzte uns bekannt gewordene Brief Schönbergs an Mahler. Der Vorgang, der ihn veranlaßt hat, charakterisiert sie beide.

Über die letzten Jahre bis zu Mahlers Tod 1911 gibt uns Alma-Maria nicht allzu üppige Auskunft. Sie wohnte dem Gespräch bei, in dem Schönberg seine Idee verteidigte, durch verschiedene Instrumentierung eines einzigen Tons eine Art melodischen Geschehens herbeizuführen. Mahler hatte dafür kein Verständnis. Dann kam die tödliche Krankheit und die Rückfahrt von Amerika im April 1911, der Aufenthalt in einem Pariser Sanatorium, der Transport des Sterbenden nach Wien. Mahler war bei vollen geistigen Kräften, aber physisch schon ein Todgeweihter. Noch auf seinem Krankenlager quälte ihn die Sorge um Schönberg: „Wenn ich gehe, hat er niemand mehr." Alma erinnerte sich dieser Worte, als sie nach seinem Tod die Gustav Mahler-Stiftung ins Leben rief. Der Ertrag kam mehrere Jahre lang Schönberg zugute.

Am 18. Mai starb Mahler, von einem großen Verehrerkreis betrauert. Schönberg schrieb einige Wochen danach, am 17. Juni 1911, das letzte der kleinen Klavierstücke opus 19 und hat später geäußert, es sei im Gedanken an diesen Tod entstanden. Der weitgespannte Akkord a–fis–h klingt wie ein Reflex aus Mahlers Spätwerk.

Im Juli desselben Jahres wurde in Ober St. Veit die große Arbeit an der mehr als 500 Seiten langen Harmonielehre beendet. Schönberg widmete sie dem Andenken Gustav Mahlers. Und er fügte hinzu: „Das ist ein Ganz-Großer gewesen." Zehn Jahre später fielen diese Worte weg. Im Vorwort zur dritten Auflage bezeichnete Schönberg sie als nunmehr überflüssig: „Es waren unmittelbar nach Mahlers Tod in tiefer Ergriffenheit geschriebene Worte, in denen der Schmerz um den Entrissenen und der Zorn über das Mißverhältnis zwischen seinem Wert und der Anerkennung, die er fand, nachzitterten. Es waren bewegte, leidenschaftliche Worte, Worte des Kampfes, die heute, wo die Jugend ihre Pflicht beinahe schon erfüllt hat: sein Werk neben das unserer Größten zu stellen, fast verkleinernd wirken." Mahlers Werk wird in dem Buch oft genannt, meist im Zusammenhang mit Strauss, Pfitzner und Reger. Schönberg zitiert auch ein Notenbeispiel des 8stimmigen Akkordes aus der Sechsten Sinfonie, den wir heute als Ausdruck einer Doppeltonart ansehen. Er schrieb am 30. Oktober 1912 in Berlin eine Arbeit über Gustav Mahler, aus der das große Kapitel in „Style and Idea" hervorgegangen ist. Auch zu Mahlers IX. Sinfonie hat er sich 1917, zum 25. Todestag 1936 in einem Aufsatzfragment geäußert.

Drei Jahre vor seinem Tod griff Schönberg mit zwei Briefen an den New Yorker Musikkritiker Olin Downes energisch in die Diskussion über Mahler ein. Downes hatte in der New York Times über die VII. Sinfonie geschrieben, die unter Dimitri Mitropulos zur Aufführung gekommen war. Schönberg empfahl dem Kritiker, die Partitur zu studieren, damit er die Schönheit des Werkes anerkenne: „Nach einmaligem Hören sprechen Sie Ihr Urteil über Leben und Tod, unbekümmert um alle Erfahrungen, die Ihr Beruf durchgemacht hat, so oft sich Geschichte zum absoluten Gegenteil Ihres Urteils bekannte." Vermutlich habe er, Downes, Bedenken, seine früheren ablehnenden Urteile über Mahler zu revidieren: „Sie sind nicht so alt, daß Sie nicht wagen dürften, Ihren Sinn zu ändern. Ich bin wenigstens zehn, zwanzig Jahre älter als Sie. Ich kann Ihnen versichern, daß ich noch immer bereit bin, meine Meinung zu ändern, etwas Neues zu lernen, das Gegenteil an- und aufzunehmen von allem, was ich mein Leben lang geglaubt habe."

Downes hatte die Noblesse, Schönbergs langes Schreiben in der New York Times zu veröffentlichen. Er setzte seine Antwort daneben. Schönberg ging in einem zweiten Brief vom 21. Dezember darauf ein. Er stieß sich vor allem daran, daß Downes sich in seiner Kritik mit den Worten „Chacun à son goût" vom Leser verabschiedete. Diese Berufung auf den persönlichen Geschmack fand Schönberg falsch, obwohl Downes zugegeben hatte, seine Ideen über Musik wären nicht endgültig. Und dann kommt der entscheidende Abschnitt in Schönbergs Brief: „Ich hoffe, Sie werden jetzt verstehen, warum Ihre Verurteilung eines großen Mannes und Komponisten aufgrund persönlichen

Geschmacks mich aufgebracht hat. Dann will ich gerne zugeben, daß ein anderer Grund meines Zornes der Umstand war, daß ich zwischen 1898 und 1908 in derselben Weise über Mahler gesprochen habe, wie Sie es heute tun. Das habe ich in der Folge durch Verehrung gutgemacht." Die Datierung ist auffallend. Vergaß Schönberg, mit welchem Enthusiasmus er 1904 an Mahler über dessen III. Sinfonie geschrieben hatte? Oder gab es Rückfälle in seine frühere Reserve gegen Mahlers Musik, von denen wir nichts wissen? Fast möchte man es glauben, wenn man den Brief an Downes zu Ende liest. Denn bei der Schilderung seiner Wandlungen in verschiedenen Phasen seines Lebens bis zur Reife kommt es zu einem Bekenntnis: „Zwischen 1925 und 1935 wagte ich nicht, Mahlers Musik zu lesen oder zu hören. Ich fürchtete, meine Abneigung gegen sie könnte wiederkehren. Glücklicherweise war ich so entzückt wie je, als ich eine mäßig gelungene Aufführung der Zweiten Symphonie in Los Angeles hörte."

Das große Mahler-Kapitel in „Style and Idea" ist von der Herausgeberin Dika Newlin ins Englische übersetzt worden. Zu seinen Leitideen gehört die Verteidigung Mahlers gegen den Vorwurf, seine Themen seien banal. Schönberg gibt zu, anfangs selbst so gedacht zu haben. Aber dann sei er zu der Überzeugung gekommen, banal könne nicht eine Einzelheit eines Kunstwerkes sein, sondern nur dessen Gesamtform einschließlich der geistigen Verfassung seines Urhebers. Und in einer sehr genauen Untersuchung weist Schönberg an Mahlerschen Themen, wie dem ersten aus dem Andante der VI. Sinfonie nach, mit welcher Kunst sie gebaut sind. Das ganze Kapitel ist nicht nur ein Bekenntnis zu dem bewunderten Mann, sondern ein Ausdruck der damaligen Schönbergschen Weltanschauung. Dabei tritt immer mehr auch das persönliche Bild Mahlers als Inbegriff eines großen Menschen ins Blickfeld. Schönberg sieht in ihm den Genius schlechthin, und alles was ein derart großer Mann tut, ist für ihn Ausdruck seiner Genialität. Halb scherzend hat er einmal zu einem seiner Schüler geäußert, man brauche nur zuzusehen wie Mahler seine Krawatte binde, um bei ihm etwas über den Sinn der Kunst zu lernen. Schönberg war in seinem innersten Wesen stets ein gläubiger Mensch. Der Glaube an das Genie war aus seiner Kunstanschauung nicht wegzudenken. Er wollte bewundern und verehren, und tat es mit unbegrenzter Hingabe, wenn er bei einem anderen Menschen Größe erkannte. Von dieser Bewunderung war ja auch, bis zu den enttäuschenden Ereignissen seit 1909, seine Beziehung zu Richard Strauss getragen.

Milieu und Herkunft waren bei Mahler und Schönberg nicht unähnlich. Die Väter waren kleine Kaufleute, der Mahlers in Iglau, der Schönbergs, nach seiner Übersiedlung aus Preßburg, in Wien. In beiden Familien hatte es Fälle musikalischer Begabung gegeben. Mahlers Talent wurde schon in seiner frühen

Kindheit durch Unterricht so gefördert, daß der elfjährige Junge in Iglau öffentlich als Pianist auftreten konnte. Er genoß dann eine regelrechte Ausbildung am Wiener Konservatorium.

Auch Schönberg zeigte als Knabe musikalische Neigungen. Dann aber setzte sich sein charakteristischer Wille nach Unabhängigkeit und Selbständigkeit so energisch durch, daß er auf die führende Hand des Lehrers verzichtete und Autodidakt wurde. Doch die kompositorische Praxis überwog bei weitem alle satztechnische Theorie. Schönberg meinte später, er habe seine Harmonielehre geschrieben, weil er nicht Harmonielehre studiert hatte. Auch die Schulbildung war bei Mahler geordneter und vollständiger als bei Schönberg; Mahler ließ sich in Wien während seiner Konservatoristenzeit auch an der Universität immatrikulieren.

Zwischen beiden bestand ein Altersunterschied von 14 Jahren. Weniger als eine Generation und doch mehr, als die Übereinstimmung in Fragen der Zeit-Ästhetik und der Kunstanschauung vertrug. Musikalisch waren beide von der Auseinandersetzung zwischen Brahmspartei und Wagnerpartei betroffen, wobei Mahler früher dem Einfluß des „Tristan" ausgesetzt wurde als Schönberg. Die Neigung, mit Musik außermusikalische Tatsachen auszudrücken, ist bei beiden offenkundig. Sie verstärkt sich bei Mahler im Lauf seiner Entwicklung mehr als bei Schönberg, für den der Gedanke der absoluten Musik zu allen Zeiten lebendig war.

Mahler wuchs auf dem Lande und in kleinen Provinzstädten auf. Seine Kindheit stand unter dem Eindruck von Volksliedern, Tänzen und Militärmusiken einer benachbarten Kaserne. Die ganze ethnische Buntheit der Habsburger-Monarchie lebt in diesen primitiven Melodien. Ihr Reflex ist in vielen Märschen, Trompetensignalen und Tanzsätzen seiner Sinfonien zu finden. Von seinen Anfängen her ist außerdem Mahlers Geist den letzten Dingen zugewandt gewesen. Metaphysische Gedanken, Gottsuche, Ewigkeitsschauer, Himmelsgloria beruhigen und entzücken ihn.

Als Mahler seine „Lieder eines fahrenden Gesellen" schrieb, ging Schönberg noch zur Schule und machte seine ersten Versuche mit Kompositionen für ein oder zwei Geigen. Mahlers 1. Sinfonie lernte er relativ spät durch die Wiener Erstaufführung kennen. Damals stand er im vollen Widerspruch zu einer Musik, deren Volkslied-Thematik ihn um diese Zeit wenig interessierte. Das war 1900, das Jahr, in dem er selbst seine riesige „Gurrelieder"-Partitur entwarf und zu skizzieren begann. Eben diese „Gurrelieder" aber zeigen eine unverkennbare Affinität zu den titanischen Sinfonien Mahlers, und zwar sowohl in der zeitlichen Dimension als auch in der Größe der Orchesterbesetzung. Ja, es gibt in der Legendenwelt und dem Geisterspuk des Chorwerks Ruhepunkte einer innigen und volksliednahen Melodik, die zwar mit dem volkstümelnden Ton Mahlers wenig Berührungspunkte hat, aber doch eine ähnliche Naturgebundenheit zeigt. Das gilt vor allem für das zarte D-dur-Lied „So tanzen die Engel vor Gottes Thron nicht", mit dem Waldemar seine Liebe zu Tove ausdrückt.

Wichtiger als die rein musikalischen Unterschiede sind die weltanschaulichen, die damals den jungen Schönberg von dem viel reiferen Mahler trennten. Die Stoffwahl für die „Gurrelieder" aus den Jugendgedichten des Dänen Jens Peter Jacobsen zeigt eine Neigung zum Unwirklichen, zu Sage, Märchen und Legende sowie die Liebe zu nordischen Stoffen und nordischer Natur. Schönberg teilte sie um die Jahrhundertwende mit vielen Repräsentanten der deutschen Literatur. Es war die Zeit, als man in Deutschland Henrik Ibsen entdeckte, dem der Berliner Verlag S. Fischer im deutschen Sprachgebiet eine größere Plattform bereitete als er sie in seiner norwegischen Heimat hatte. Auch die Romane Knut Hamsuns und etwas später die Dramen und Prosaschriften des Schweden August Strindberg genossen damals in Mitteleuropa hohes Ansehen.

Mahler stand diesen Strömungen völlig fern. Er war in Wien als Student neben dem Umgang mit Musikern wie Hugo Wolf und Anton Bruckner, dessen Universitätsvorlesungen er hörte, mehr mit Vertretern sozialistischer Ideen als mit Literaten zusammengekommen. Aber seine angeborenen metaphysischen Neigungen setzten sich bald solchen Einflüssen entgegen. Der tief religiöse Zug, der zusammen mit dem immer wieder überwältigenden Naturerlebnis Mahlers Geist bestimmt, äußert sich schon in manchen seiner Jugendlieder, um dann 1894 in der Auferstehungssinfonie mächtig aufzuflammen. Auch Schönbergs Jugendjahre waren von religiösen Betrachtungen nicht frei. Er hatte sich immerhin 24jährig von dem Einfluß des jüdischen Elternhauses so weit frei gemacht, daß er den Weg zum Taufbecken fand. Von diesen metaphysischen Bindungen und Gedanken ist seine Musik zunächst völlig unabhängig. Erst in den „Gurreliedern" finden sich überirdische Szenerien, die aber mehr der Sphäre von Sage und Aberglaube angehören, wie die große Vision der „Wilden Jagd" im dritten Teil.

Bis 1904 blieb Schönberg, noch stark unter dem Einfluß von Richard Strauss, gegen Mahlers Musik indifferent. Dann kam der überwältigende Eindruck der 3. Sinfonie, der sich im menschlichen Umgang zur Vergötterung steigerte. Als Mahler im Dezember 1907 Wien verließ, hatte die große Krise in Schönbergs gesamter geistiger Verfassung sich bereits angemeldet. Sie führte zur Eruption unmittelbar danach.

Es ist kein allzu seltenes Phänomen, namentlich im Bereich des romantischen Geistes, daß ein schaffender Künstler über die Grenzen seines eigentlichen Gebietes hinausstrebt. Bei Schumann ist die musikalisch-dichterische Doppelbegabung ebenso evident wie bei Richard Wagner. E. T. A. Hoffmann war ein ebenso bedeutender Schriftsteller wie interessanter Komponist und glänzender Zeichner. Felix Mendelssohn-Bartholdy hat in vielen Phasen seines Lebens zum Zeichenstift gegriffen und seine Natureindrücke in wunderbaren kleinen Kunstwerken festgehalten.

1907 begann Schönberg unversehens zu zeichnen und zu malen. Seine ersten Bilder sind Naturstudien und Portraits. Er hat ein merkwürdig von schwarzem Haarschopf überdachtes Bildnis Gustav Mahlers geschaffen und 1911 das Begräbnis des bewunderten Mannes in einem Bild festgehalten. Zwischen 1907 und 1910 ist der weit überwiegende Teil der etwa 90 Schönbergschen Bilder entstanden, die man 1964 in Florenz beim Maggio Musicale in einer Ausstellung betrachten konnte. Auffallend ist die große Anzahl von Selbstbildnissen, in denen sich Schönberg gleichsam durchleuchtet und in vielen seiner Wesenseigentümlichkeiten zu erkennen trachtet.

In den gleichen Jahren begann auch seine literarische Tätigkeit über die aktuellen Tagesanlässe hinauszuwachsen. In seinem privaten Leben gab es Komplikationen und Schwierigkeiten bis an den Rand der Katastrophe. Der einzige Mann, mit dem er vielleicht seine Probleme hätte durchsprechen können, von dem er Rat und Hilfe empfangen hätte, war Gustav Mahler. Und der saß im fernen Amerika, kam nur für die Sommermonate nach Österreich, um zu komponieren.

Ein paar Tage nach Mahlers Abschied auf dem Südbahnhof schrieb Schönberg am 17. Dezember 1907 ein für sein weiteres Schaffen in mancher Hinsicht richtunggebendes Lied. Der Text stammt aus dem Band „Waller im Schnee" von Stefan George. Es ist das erste von vielen Liedern nach George, die Schönberg geschrieben hat und bezeichnet eine Neuorientierung in seiner Beziehung zur zeitgenössischen Literatur. Es beginnt mit den Versen:

Ich darf nicht dankend an Dir niedersinken
Du bist vom Geist der Flur, aus der wir stiegen:
will sich mein Trost an deine Wehmut schmiegen,
so wird sie zucken um ihm abzuwinken.

Ein seltsamer, dem Leben abgewandter Text, völlig verschieden von allem, was Schönberg bis dahin vertont hatte.

Aber nicht der Text allein unterscheidet sich so auffallend von der Gedankenwelt, die Schönberg bisher für seine Vertonungen bevorzugt hatte. Das Lied redet eine musikalische Sprache, die alle bisherigen Kühnheiten hinter sich läßt, selbst die der nicht allzu lange vorher geschriebenen Kammersinfonie opus 9. An die Stelle von Dreiklängen treten reine oder alterierte Quartenakkorde, die ohne Beziehungen im Sinne der traditionellen Harmonielehre verbunden werden und nur gelegentlich, wie einen ersehnten Ankerplatz, einen auflösenden Dreiklang erreichen. Noch ist die Befreiung von der Tonart nicht vollständig; noch spürt man deutlich die unterschwellige Triebkraft zu tonalen Schwerpunkten. Und noch endet das ganze Lied mit einem h-moll-Dreiklang. Aber die kritische Zone an den Grenzen der überlieferten europäischen Musik ist erreicht und wird für die Dauer der dreißig Takte, die das Lied ausfüllt, nur ausnahmsweise verlassen. Die Situation entspricht etwa dem Scherzwort, das Schönberg einmal geäußert hat: „Das ist ganz strenger Kontrapunkt; Konsonanzen gibt es nur auf den unbetonten Taktteilen".

Vergleicht man dieses Lied und das nur wenige Wochen später komponierte Opus 14,2 (nach einem Text von Paul Henckel) mit den damals entstandenen Schönbergschen Gemälden, so ist die Übereinstimmung offenkundig. In beiden Formen der Äußerung wird die Realität nur als ein noch nicht entbehrlicher Ausgangspunkt betrachtet und verwendet. In beiden überwiegt die Neigung, unterbewußte Vorgänge und Visionen zu gestalten, deren Gesetze nur das Gefühl zu erkennen und zu befolgen weiß. Alles, was nun folgt, ist Musik der freigeformten Art, die für eine ganze Epoche kennzeichnend bleibt. Schönberg hat damit den Weg der bequemen Konventionen endgültig verlassen. Er muß es hinnehmen, daß Musiker, die er bewundert, wie Richard Strauss und Max Reger, sich von ihm abwenden.

Auch für Gustav Mahler, der die nächsten vier Winter in Amerika verbringt und nur in den Sommermonaten die alten freundschaftlichen Kontakte mit Zemlinsky, Schönberg und ihrem Kreis wiederherstellt, ist diese Welt ein Buch mit sieben Siegeln. Er hatte schon seit der Kammersinfonie keinen Zugang mehr zu ihr. Aber – und das unterscheidet seine Haltung so wesentlich von der Strauss' und Regers – sein Glaube an Schönberg wurde dadurch nicht erschüttert. Er setzte sich weiter für den Musiker ein, dem er aufgrund seiner früheren Leistungen vertraute und von dem er wußte, wie sehr er auf seine Förderung angewiesen war. Die Charakterstärke, die solche Haltung ausdrückt, ist bewundernswert, und Schönberg legte seiner Bewunderung keine Zügel an. Dem Glauben Mahlers an ihn gab er die Antwort seines Glaubens an Mahler. Und nicht die menschliche Beziehung allein blieb dafür maßgebend. Mahlers Tod traf ihn als ein Schicksalsschlag künstlerisch noch stärker als persönlich: „Ich glaube fest und unerschütterlich daran, daß Gustav Mahler einer der größten Menschen und Künstler war", heißt es in seiner Gedenkrede, die 1912 formuliert und gehalten wurde. Sie enthält auch die Sätze, die nicht nur auf Mahler zutreffen, sondern Schönbergs Kunstanschauung überhaupt formulieren: „Talent ist die Fähigkeit zu erlernen, Genie die Fähigkeit sich zu entwickeln. Das Talent nimmt zu, indem es Dinge und Fähigkeiten, die es außer ihm schon gab, sich aneignet, sich assimiliert und sie schließlich sogar besitzt. Das Genie besitzt alle seine zukünftigen Fähigkeiten schon von vornherein. Es entwickelt sie nur, es wickelt sie nur ab, es entrollt, entfaltet sie bloß.

Während das Talent, das ein Begrenztes, nämlich das schon Vorhandene, zu erlernen hat, sehr bald seinen Höhepunkt erreicht, worauf es meist wieder zurücksinkt, erstreckt sich die Entwicklung des Genies, das neue Wege ins Unbegrenzte sucht, über das ganze Leben."

LUFT VON ANDEREM PLANETEN

Im Oktober 1908 war Gustav Mahler mit Alma-Maria zum zweiten Male nach New York gefahren. Kurz vorher, im September, hatte er in Prag die Uraufführung seiner VII. Sinfonie dirigiert. Viele Freunde, darunter auch Alban Berg, wohnten dem Ereignis bei. Schönberg fehlte. Die Erlebnisse des Sommers hatten ihn im Innersten aufgewühlt und in einen Zustand schöpferischer und psychischer Exaltation versetzt, von der die Niederschrift des XIII. Georgeliedes Zeugnis gibt. Die Überschreitung aller Schranken einer vergangenen Ästhetik, von der er im Zusammenhang mit diesem Liederheft sprechen sollte, hatte sich kurz vorher im fis-moll-Quartett angekündigt. Es gab auf diesem Wege kein zurück. Und nun begann eine Zeit fast fieberhafter Produktion, die in Jahresfrist vier entscheidende Werke zeitigte. Der Georgelieder-Zyklus ist nur lückenhaft datiert. Die späteste Eintragung lautet: 28. Februar 1909. Am 23. Mai begann die Arbeit an den Orchesterstücken, deren Anzahl zunächst nicht festgelegt war. Wir wissen aus der Korrespondenz mit Richard Strauss, daß Schönberg bis zu sieben plante, sich dann aber mit dem Zyklus von fünfen begnügte. Schönberg beendete die Arbeit in Steinakirchen am Forst, Niederösterreich, wo er seit Juli seine Sommerferien verbrachte.

Während der Monate, die vorwiegend der Komposition der Georgelieder und dieser Orchesterstücke gewidmet waren, entstand mit größeren Unterbrechungen Schönbergs erstes reifes Klavierwerk nach den stark von Brahms beeinflußten Jugendstücken von 1894. Es sind die drei Stücke, die als opus 11 in der Universal-Edition erschienen und in denen die neue, nicht durch Tonart gebundene Sprache mit souveräner Freiheit und Abstraktion angewandt wird. Das erste der Stücke trägt das Enddatum des 19. Februar, das zweite das des 22. Februar, das dritte das des 7. August 1909. Die Komposition schob sich also zwischen die der anderen beiden Werke, denen Schönberg später die Opuszahlen 15 und 16 gab. Diese Tatsache ist um so erstaunlicher, als jedes der drei Werke seinen eigentümlichen, mit dem der gleichzeitig entstandenen anderen kaum verwechselbaren Stil zeigt. Da Schönberg sich für alle ähnlicher Mittel bedient, in der freien Harmonik ebenso wie in der melodischen Linie, im metrisch-rhythmischen Zustand ebenso wie in der symmetriefreien, Wiederholungen fast ausschließenden Form, müssen wir die Ursachen solcher Differenzierung in anderen Dingen suchen. Der augenfälligste Unterschied liegt im geistigen Ausgangspunkt. Die Georgelieder, wie jede Vokalmusik, sind textbezogen. Schönberg, dessen Anfänge als Liedkomponist wesentlich durch Richard Dehmels revolutionäre Ideenwelt geprägt worden waren, hatte Stefan Georges esoterische und priesterliche Dichtung im Herbst 1907 entdeckt.

Im Sommer 1908 folgten die beiden Gesangssätze des fis-moll Quartetts, ebenfalls Vertonungen zweier George-Gedichte. Und schließlich der Zyklus der Lieder aus dem „Buch der hängenden Gärten" 1908 bis 1909.

Der Widerspruch zwischen dem Geist der formal strengen und konservativen Georgeschen Dichtung und dem inneren Aufruhr von Schönbergs dazu gesetzter Musik ist oft kritisiert worden. In Wirklichkeit besteht er nicht. Schönberg brauchte gerade in dieser Phase seiner musikalischen Entwicklung, in dem überwältigenden Erlebnis der selbst errungenen ästhetischen Freiheit, ein stützendes Gegengewicht. Dehmels oder Rilkes Lyrik hätten es ihm ebenso wenig bieten können wie die impressionistische Versprosa Peter Altenbergs, die er um diese Zeit las und schätzte. Stefan Georges Funktion in der damaligen deutschen Literatur war die eines Rufers zur Ordnung und Priesters des absoluten Geistes. Zucht und Maß waren die Maximen, die er gegen den Naturalismus und dessen sozialistische Bindungen aufstellte. Nietzsches Aristokratentum und Herrengeist, denen Dehmel seine demokratische Bruderliebe konfrontierte, wurden in Georges Kunst überbetont. An diesem Vorbild orientierten sich einige der besten Geister in Deutschland und Österreich, darunter der junge Hugo von Hofmannsthal. Für Schönberg, dem damals die überlieferten Ordnungen zerbrachen, war George die ästhetische und wohl auch pädagogische Autorität, deren er bedurfte. Ähnlich wie der Dichter hatte er seit 1904 einen kleinen, exklusiven Kreis von Schülern und fanatischen Anhängern um sich gesammelt, für die er selbst höchste Autorität auf allen Gebieten geistiger Äußerung bedeutete.

Liest man die fünfzehn Gedichte aus dem „Buch der hängenden Gärten", so erkennt man in der Frauengestalt, die sich heraushebt, den Geist priesterlicher Autorität und immaterieller Geistigkeit, den George selbst verkörpert. Der tragische Ausgang, den die Verse mehr ahnen lassen als präzisieren, entspricht dem damaligen Lebensgefühl Schönbergs. Er ist es, der diesen Zyklus mit den großen romantischen Liederkreisen von Schubert und Schumann verbindet. Und eben diese menschliche und seelische Spannung, aus der die Lieder geboren sind, gibt ihnen den eigentümlichen Werk-Charakter. Dabei stellen sich trotz der völligen Abgeschlossenheit jedes der fünfzehn Lieder gewisse höchst subtile Reminiszenzen ein, die den Zyklus als etwas Zusammenhängendes erscheinen lassen. Sogar einige Erinnerungen an Tonart und Kadenz, flüchtig aufscheinende Konsonanzen und Dreiklänge begleiten wie Reflexe aus dem Unterbewußtsein den Weg dieser Text-Interpretationen. Georges strenge Metrik wird durch Schönberg gleichsam demaskiert. Wo an der Oberfläche der Dichtung Zucht und strenges Maß wie durch einen Gewaltakt des formenden Geistes hergestellt sind, leuchten Schönbergs Klänge und Rhythmen hinter diese Ordnung und heben den seelischen Organismus heraus, der sich dahinter verbirgt. – Die Orchesterstücke gehen von anderen Voraussetzungen aus. Schönberg hat in seiner Korrespondenz mit dem Leipziger Verlag Peters, wo die Stücke 1912 erschienen, über das Problem der Titelgebung gesprochen. „Was zu sagen war, hat die Musik gesagt. Wozu dann noch das Wort. Wären Worte nötig, wären sie drin. Aber die Kunst sagt doch mehr als Worte", heißt es in einer Tagebucheintragung. Wie aber hatte er Richard Strauss die Stücke geschildert? „Klang und Stimmung. Nur um das handelt es sich – absolut nicht symphonisch, direkt das Gegenteil davon, keine Architektur, kein Aufbau." Dennoch erinnert sich Schönberg an Natureindrücke, die ihn bei der Komposition berührt haben. Das dritte Stück, das er zuerst „Akkordfärbungen" nennen wollte, hieß in der 1950 revidierten und dann abermals bei Peters (nun aber in New York) veröffentlichten Partitur „Sommermorgen an einem See" und trägt in Klammern den Untertitel „Farben". Die anderen Titel sind weniger impressionistisch. Sie lauten „Vorgefühle", „Vergangenes", „Peripetie" und „Das obligate Recitativ". Solche Titelerwägungen und ihre Ergebnisse bezeugen eine ähnliche geistige Lage wie in den Georgeliedern. Nur fehlt in den Orchesterstücken der auslösende Text. An seine Stelle tritt das, was Schönberg in diesem Zusammenhang Stimmung nennt und von dem Begriff des poetischen Inhalts trennt. Schönberg bekennt, daß ihm die Idee des Verlegers nicht sympathisch sei. Man habe seine Geheimnisse, die man sich selbst nicht gesteht. Man plaudere nicht gerne aus. Doch eben diese Schönbergsche Bemerkung beweist, daß es solche Geheimnisse gibt und bei ihm gab, als die Stücke geschrieben wurden.

Sie gehören der Epoche der Freiheit an, in der sich Schönberg vom thematischen Denken unabhängig macht. Seine Technik, jede Stimme aus motivischem Material zu erfinden, mündet in eine Satzkunst, die er „permanente Variation" nannte. Das erste, von wilder dramatischer Spannung erfüllte Stück ist eine Durchführung über zwei kontrastierende Gedanken, die in knapper Exposition vorgestellt werden. Der erste Gedanke durch die sordinierten Celli, die dann von zwei Oboen verstärkt sind, der zweite von den Celli spiccato gespielt, mit dem crescendo-Charakter, den das Stück durchhält. Der nächste Satz, freier von symphonischen Traditionen, beginnt breit und meditativ. Der Quint-Orgelpunkt D–A täuscht eine Tonalität vor. Das Solocello spielt eine Kantilene, zu der in Horn und Baßklarinette eine Gegenstimme erscheint. Zu Sechzehnteln verkleinert beschließt diese den Satz in einem Kanon der Celesta. Den polyphonen Mittelteil in 3/8 mit Bratschen, Celli und Flöte bewunderte Webern 1912 als Beispiel Schönbergscher Orchestration. Der dritte Satz gilt als Schulbeispiel dessen, was Schönberg Klangfarbenmelodie nannte. Es beginnt mit wechselnden Klangfarben auf festgehaltenen Tönen fünfstimmiger Akkorde.

Der vierte Satz ist ein gespenstig bewegtes Scherzo im Geist Mahlers mit einem sich wiederholenden choralartigen Ruhepunkt von Akkorden. Wie der erste ist er von aphoristischer Kürze und darin zum Vorbild für Webern geworden.

Im fünften Satz sehen wir ein Beispiel melodischer Entwicklung von einem Keim aus, dazu eines komplexer schönbergischer Vielstimmigkeit, in der die Künste der Imitatorik, der Gegenbewegung, der intervallischen Gewichtsverteilung einem neuen Klanggefühl dienstbar werden. Er kondensiert sich bis zu realer Sechsstimmigkeit. Für die Aufführung von Opus 16 ergänzte Schönberg das Notenbild durch Bezeichnung der Hauptstimmen mit H‾, der Nebenstimmen mit N‾, des Endes einer Stimme mit ⌉.

In den drei Klavierstücken opus 11 ist die damalige Tonsprache am deutlichsten repräsentiert. Hier fehlen sowohl die Bindungen an einen Text als auch alle späteren Hinweise auf Natureindrücke oder außermusikalische geistige Vorstellungen. Die Stücke unterscheiden sich von den Liedern opus 15 und den Orchestersätzen opus 16 schon äußerlich durch ihren größeren Umfang. Die Neigung zu äußerster Komprimierung der Formen, die sich bei Schönberg seit dem Herbst 1908 äußert, hatte zu spezifischen formalen Folgeerscheinungen geführt, und umgekehrt. Der Verzicht auf Wiederholungen, selbst variierte Wiederholungen, stellte die Grundlagen des abendländischen Musikempfindens in Frage. Die drei Klavierstücke enthalten sowohl Wiederholungen, und zwar variierte ebenso wie kaum variierte, als auch das Element des Orgelpunktes und Ostinatos, das aus den zeitlich benachbarten Arbeiten fast völlig eliminiert wird. Während die Orchesterstücke sich einer außerordentlich reichen Palette von Klangfarben bedienen und diese auf völlig neue Art miteinander verbinden, verschränken und verschmelzen, gehen die Stücke opus 11 von einem Klavierklang aus, der die von Schumann und Brahms gesetzten Grenzen prinzipiell nicht überschreitet. Was diese drei Stücke etwa von Brahms' späten Klavierkompositionen unterscheidet, ist, streng genommen, lediglich das Fehlen tonaler Spannungen, der Verzicht auf die Beunruhigung durch Dissonanz und auf die Beseligung durch ihre Auflösung in Konsonanz. Der atmosphärische Zustand dieser Musik, der ihre Reizwirkung hervorruft, ist von Ferruccio Busoni in seiner „Konzertmäßigen Interpretation" des zweiten Stücks aus opus 11 isoliert und übersteigert worden. Aber die Bearbeitung, so weit sie sich auch vom Geist der Schönbergschen Komposition entfernt, zeigt doch, daß in der Musik Impulse ruhen, die bei ihrer Entstehung nicht bewußt geworden waren. Busonis Deutung rückt also zumindest das zweite der Klavierstücke in die geistige Nähe des dritten Orchesterstücks.

Aus Pressburg (Bratislava) war eine junge Medizin-Studentin nach Wien gekommen, um hier ihr Studium zu beenden. 1882 geboren, trat sie, Marie Pappenheim, um 1908 dem Kreise um Schönberg, Zemlinsky und Alban Berg nahe. Sie promovierte 1910 als Fachärztin für Hautkrankheiten und lernte im Allgemeinen Krankenhaus den Neurologen Dr. Hermann Frischauf kennen, den sie später heiratete. Beide waren nicht nur für kulturelle Dinge sehr interessiert, sondern auch literarisch tätig. Gedichte der jungen Marie Pappenheim wurden – damals eine hohe Auszeichnung – in der „Fackel" von Karl Kraus veröffentlicht.

1909 traf Schönberg in Steinakirchen die Pappenheim und fragte sie, ob sie ihm nicht einen Operntext schreiben wolle. Nach ihrer eigenen Darstellung, die sie um 1960 dem Kölner Musikwissenschaftler Helmut Kirchmeyer gab (siehe dessen Text zur Wergo-Schallplatte mit Schönbergs „Erwartung") erwiderte sie: „Ich kann höchstens ein Monodrama schreiben." Sie fuhr dann nach Traunkirchen zu Freunden und schrieb dort den Text der „Erwartung". Nach Steinakirchen drei Wochen später zurückgekehrt, gab sie Schönberg das Libretto. Dieser komponierte es sofort. In erstaunlich kurzer Zeit entstand sein erstes Bühnenwerk, als dessen einzige handelnde Person die Frau auf der Szene steht. Sie sucht den Geliebten in einem nächtlichen Wald und findet ihn am Ende des Stücks, aber er ist tot. „Erwartung" ist ein leidenschaftlicher, von Angst, Vorfreude, Eifersucht, Haß und nochmals Angst beseelter Monolog. Die expressionistisch knappe Sprache des Textes drückt alle Gefühle und seelischen Unruhen aus, die eine psychologisch und psychoanalytisch geschulte Frau wie Marie Pappenheim geistig erlebt und künstlerisch gestaltet hat. Für einen Musiker des hochgespannten Ausdrucks wie Schönberg war es der ideale Text. Was ihm vorschwebte, die Konzentrierung einer dramatischen Handlung auf ein Minimum von Personen und Schauplätzen, war hier gegeben. Die Monologe der Frau entfesselten bei ihm eine Klangphantasie über alle Grenzen hinaus, die noch dem Vokalsatz in den Georgeliedern, dem Instrumentalklang in den Orchesterstücken gesetzt waren. Trotz der extremen Kürze von 28 Minuten ist die „Erwartung" ein Stück, das ein ganzes Leben zu spiegeln scheint. Ihre Realisierung durch eine Sängerin und einen Regisseur war erst fünfzehn Jahre nach der Komposition möglich.

Die „Erwartung", szenisch-musikalische Gestaltung des höchsten psychischen Drucks, galt lange Zeit als das repräsentative, jeder theoretischen Durchleuchtung unzugängliche Werk der tonalen Anarchie, der Themenlosigkeit, der schöpferischen Willkür. Aber auch hier hat der historische Abstand unseren Blick geschärft. Was einst anarchisch schien und lediglich Erzeugnis des formenden Gefühls, das erweist sich nun als ein Gefüge von analysierbaren Umrissen, als ein motivisch geketteter Zusammenhang auf großen Strecken, teilweise als Produkt einer äußerst kühnen und radikalen Kunst der Variation.

Allerdings ist diese Art motivischer Zusammenhänge nicht mit den Maßstäben der überlieferten Symphonik oder etwa der Wagnerschen Leitmotivtechnik zu untersuchen. Einer „thematischen Arbeit" im Sinne der Neudeutschen Schule oder der Brahmsnachfolge wird man in der „Erwartung" vergebens nachspüren. Aber je genauer man sich mit der Partitur beschäftigt, desto besser erkennbar werden die Varianten-Zusammenhänge. Schon die ersten Phrasen der Singstimme im dritten bis sechsten Takt zeigen die subtile Variationstechnik. Der Anfang zu den Worten „hier hinein?" (cis–h–c) wird sofort bei „wie silbern die Stämme schimmern" mit einer kleinen Variante aufgenommen (e–f–es–e), diese Variation wiederum fast wörtlich in Takt 26 zitiert. Das Motiv wandert durch die ganze Partitur; es taucht auch in der Arie bei Takt 389 bis 390 als begleitende Oboenfigur auf.

Noch deutlicher wird dieses Denken in motivischen Zusammenhängen, wenn man den Beginn der zweiten Szene, Takt 38–45, mit dem der ersten vergleicht. Hier läßt sich bei der Singstimme nahezu alles in Beziehung setzen. Den Noten d–e–g–e–gis zu „man sieht den Weg nicht" entspricht die Folge d–e–g–cis–ais bei „ist das noch der Weg?" Aus der Tonfolge c–a–ais–gis–eis bei „schimmern die Birken" wird durch Austausch zweier Noten und eine kleine rhythmische Veränderung c–b–a–gis–eis bei „um Gottes Willen". Das sind nur einige Beispiele von hunderten.

Eine besonders eigentümliche Rolle, fast die eines Leitmotivs, spielt über große Strecken hinweg die raketenhaft aufstrebende Tonfolge d–f–cis mit ihren leidenschaftlich steigernden Varianten d–f–e und d–f–g (None), nicht zu reden von den Transpositionen und Umkehrungen. Sie tritt zuerst als Kontrabaßfigur in der Einleitung der zweiten Szene auf (Takt 38), kurze Zeit danach leicht variiert als cis–d–f–c in den Violinen (Takt 49). Von Takt 150 an wird ihre Rolle dominierend; kaum hat der Sopran mit seinem aufgeregten „Es ist noch naß, es ist von dort" das Stichwort gegeben, so setzt im Orchester ein siebentaktiges, symphonisches Gewirbel ein, das aus dem d–f–cis alle Konsequenzen der Variation, der Umkehrung, Lagenvertauschung und Verkleinerung zieht. Bei Takt 173 tritt das Motiv an hervorragender Stelle wieder auf, bei 330 als Posaunenfortissimo, bei 385 – in der Variante d–f–e–cis – als Klarinettenmelodie. Bei 411 wird es, erweitert und scharf rhythmisiert, zur richtigen Baßfigur. Diese Takte sind übrigens dem Liede „Am Wegrand" aus Opus 6 entnommen; Anlaß zu diesem Zitat gibt eine wörtliche Übereinstimmung des Textes „Tausend Menschen ziehn vorüber".

Auch harmonische Erscheinungen werden wiederholt. Der berühmte Zwölfklang im Takt 269 z. B., der in Wirklichkeit nur zehn verschiedene und zwei wiederholte Töne enthält (B–ES–A–d–g–cis–g–h–dis–ges–c–f), klingt etwas später (Takt 382–383) wieder auf, zwar in mehrfacher Umstellung der Töne, aber doch unverkennbar, am deutlichsten in den Gruppen h–dis und ges–c–f.

Die Pappenheim selbst hatte große Zweifel an ihrer Arbeit. Am 3. Oktober schrieb sie Schönberg nach Steinakirchen: „Die letzten Änderungen lasse ich auf einem Zettel extra schreiben. Natürlich wollte ich, daß Sie auch nicht weiter arbeiten. Ich habe (es) niemandem gezeigt, nicht einmal Zemlinsky. *Mir* gefällt es eben nicht. Früher schrieb ich nicht, weil ich furchtbar gehetzt war. Jetzt geht es halbwegs. Daß Sie schon fertig sind, gibt mir neuen Mut." Daß es nicht bei diesem ersten dramatischen Versuch blieb, bezeugt drei Jahre später ein Brief, in dem sie Schönberg um sein Einverständnis bittet, irgendwo, vermutlich bei einem Verlag oder Theater, drei oder vier Szenen einzureichen und auch die „Erwartung" dazu zu nehmen. Der Band eigener Gedichte, den sie 1962 unter dem Titel „Verspätete Ernte zerstreuter Saat" herausgab, zeugt von einer bedeutenden lyrischen Begabung und höchst eigenartigen Sprachkraft. Offenbar aber kämpfte diese Frau gegen allerlei Hemmungen, denn sie klagt in diesem Brief an Schönberg, daß sie nichts zu Ende führe. Ihre hohen ethischen Überzeugungen als Ärztin beweist die Tatsache, daß sie sich während des Balkankrieges 1912 freiwillig nach Konstantinopel (Istanbul) als Choleraärztin meldete und den Versuch in Bulgarien wiederholte, nachdem sie abgewiesen worden war. Während des zweiten Weltkrieges war Marie Pappenheim-Frischauf in Mexiko; sie kam 1950 nach Wien zurück, wo sie noch bis 1966 lebte. Ihr Sohn, Universitätsprofessor Dr. Hans Frischauf, ist Facharzt für Innere Medizin in Wien.

Das Monodram hatte eine schöpferische Vorgeschichte, die bis zum 11. Oktober 1908 zurückreicht. An diesem Tage notierte Schönberg musikalische Einfälle zu einem viel später vollendeten dramatischen Werk, dessen Text von ihm selbst stammt. Es heißt „Die glückliche Hand" und wird als Drama mit Musik bezeichnet. Den endgültigen Text, dessen Vorstadium wir nicht kennen, beendete Schönberg in den letzten Junitagen 1910. Auch er sieht nur eine singende Hauptperson vor, den Mann, neben dem als stumme Rollen ein Weib und ein Herr agieren. Ein Chor von zwölf singenden und sprechenden Stimmen wird nach dem Modell der griechischen Tragödie kommentierend und dialogisierend eingesetzt. In sechs Bildern zieht eine Handlung vorüber, die mystische, realistische und märchenhafte Szenen abwechseln läßt. Die „Glückliche Hand" ist, ebenso wie die „Erwartung", ein Drama der gestörten Liebesbeziehung. Der Mann verkörpert den Genius, den schaffenden Menschen, dem Wunderwerke wie die Herstellung eines Diadems spontan gelingen. Was sein Schaffen ihm gewährt, versagt ihm sein Leben: das Weib verläßt ihn und wendet sich dem Herrn zu, den der Text als „elegant-modisch gekleidet, vornehm-schöne Figur" kennzeichnet. Das Schlußwort singt der Chor von sechs Männern und sechs Frauen: „Mußtest Du's wieder erleben, was Du so oft erlebt? Mußtest Du? Kannst Du nicht verzichten? Nicht Dich endlich bescheiden?" Und weiter: „Fühlst Du nur, was Du berührst, Deine Wunden erst an Deinem Fleisch, Deine Schmerzen erst an Deinem Körper?"

Auch die „Glückliche Hand" ist erst lange nach ihrer Vollendung zur Aufführung gekommen. Zu einer späteren Wiedergabe an der Berliner Krolloper 1930 schrieb Schönberg Anweisungen. Er betont darin, daß es sich vor allem um ein Farben-Licht-Spiel handle. Tatsächlich sind die Farben und die Bühnenbeleuchtung in dem Textbuch streng vorgeschrieben und nach einem genauen Plan entworfen, der auch den Begriff des Crescendo in die optische Welt überträgt.

Kein Zweifel, daß die Oper symbolische Erlebnisse aus Schönbergs persönlichster Welt reflektiert. Das Werk ist in mehreren Etappen entstanden, offenbar mühsam dem schaffenden Geist entrungen, als Partitur erst 1913 in Berlin beendet. Schönberg selbst hat von dem symbolischen Charakter des Titels gesprochen, dem er allen Ernstes Wunderkraft zusprach.

„Die glückliche Hand" ist ein Hauptdokument der Atonalität; die Partitur, für ein großes Orchester von 29 Bläsern, mindestens 30 Streichern, Harfe, Celesta, Xylophon, Glockenspiel und vielfaches Schlagzeug gesetzt, verzichtet wie die der „Erwartung" auf Grundton und Konsonanz. Die Verwendung aller Halbtöne führt schon im 2. Takt zu einem neuntönigen, durch die ganze Szene gehaltenen Ostinato, zu dem das Fagott zwei weitere Töne fügt.

Neben dem Solobariton und den stummen Rollen der Frau und des Herrn schreibt Schönberg einen Chor von je sechs Frauen- und Männerstimmen vor. Er ist sowohl singend als auch sprechend eingesetzt und trägt allein die erste und die letzte Szene. Die eigentümliche Polyphonie, die im 3. Takt mit zweistimmig sprechenden Frauen- und Männerstimmen beginnt, sich im 10. zu je drei singenden und sprechenden Stimmen steigert, löst sich im Schlußbild in einem gesungenen dreistimmigen Kanon, dessen Sopran die Vergrößerung bildet. Auch diese Kanonbewegung wird schließlich von Sprechstimmen übernommen. Im Zusammenklang mit einem Orchester von phantastischer Vielfarbigkeit ist der Vokalsatz so neu wie in der gleichzeitigen Malerei um 1910 die geometrische Auflösung menschlicher Formen.

Die Baritonpartie des Mannes entwickelt den Gehalt an motivischen Keimen, aus denen die ganze Partitur im Geiste beständiger Variation herauswächst.

Zu den musikalischen Neuerungen tritt eine neue Ästhetik der Szene. Im dritten Bild ist ein Wind vorgeschrieben, dessen Crescendo sich gleichzeitig mit einem Crescendo der Beleuchtung vollzieht. Die Farbenskala läuft von schwach-rötlichem über braunes zu schmutzig-grünem Licht, dann von Blaugrau und Violett in zuerst dunkles, immer heller werdendes Rot, zu dem sich Orange und Hellgelb mischen. Symbole und schwer deutbare Erscheinungen wie das katzenartige Fabeltier im Nacken des Mannes oder die abgehauenen

Türkenköpfe an seinem Gürtel bezeichnen den ästhetischen Standort: im Übergang von Naturalismus und Symbolismus nimmt Schönberg die expressionistische Verhaltensweise voraus, die später in Alban Bergs, Ernst Kreneks und Luigi Dallapiccolas Opern handgreiflicher wird. Die Verbindung von Farbe, Klang und Wort läßt an verwandte Tendenzen bei Alexander Skrjabin denken, vor allem an den „Prometheus". Schönberg hat auch Bühnenbilder zur „Glücklichen Hand" entworfen, die bei der Aufführung in Florenz 1964 beim Maggio Musicale verwendet wurden und szenisch sehr wirksam waren.

Sehr ungleiche Beurteilungen fand der Text zur „Glücklichen Hand", den Schönberg gleich nach der Veröffentlichung im Sommer 1910 an einige ihm wichtige Bekannte schickte. Hermann Bahr, selbst ein erfahrener und sehr erfolgreicher Dramatiker, dankte am 29. Juli, beanstandete aber die Figur des Herrn im Überzieher, „der mir einen unangenehm realen Tageszug in das sonst durchaus auf Compression zur Ewigkeit hinwirkende Werk zu bringen scheint."

Ganz anders reagierte Rainer Simons, Direktor der Wiener Volksoper, der beide Einakter zur Uraufführung in seinem Theater prüfte. Nach Empfang des Textes schrieb er am 15. August 1910, das neue, noch nicht komponierte Stück habe ihm viel besser gefallen als das Monodram. „Während das letzte Werk mir nie recht näher kam (ich weiß jetzt auch warum, weil es eben bühnenunwirksam war) ist das neue Opus mir durch seine Bühnenwirksamkeit gleich näher gekommen. Dies hat auch eine Handlung und einen tiefen Sinn! ... Ich werde mir alle Mühe geben und das Werk persönlich einstudieren."

Die „Luft von anderem Planeten", von der Georges „Entrückung" kündet, hat ein wahrhaftes Pandämonium von Klängen, Rhythmen und Formen hervorgerufen. Seit 1908 stand die neue, von Tonart und Konsonanz befreite Tonsprache als wegweisendes Mahnmal auf dem Bereich der abendländischen Musik. Ihr Schöpfer selbst hat immer wieder betont, er sei den Weg ins Unbekannte und Ungewisse nur äußerst widerstrebend gegangen. Er fühlte sich unter dem Zwang höherer Kräfte, die ihn auf diese Bahn gewiesen hätten. Der Akt völliger Befreiung von allem herkömmlichen Regelwesen, den er damals vollzog, wirkte in zwei Richtungen. Diejenigen, denen Schönberg seit jeher unheimlich gewesen war, wandten sich jetzt endgültig von ihm ab, darunter Männer, die ihn bewundert und gefördert hatten. Der viel kleinere Kreis derjenigen aber, die an ihn glaubten, schloß sich nun um so enger und fanatischer um ihn. Es waren vor allem seine Schüler, neben ihnen aber auch Gustav Mahler, der ihm vertraute, ohne ihn doch verstehen zu können. Auf diesem Kraftfeld zwischen empörter Ablehnung und begeisterter Anerkennung spielte sich Schönbergs Leben während der nächsten Jahre ab.

Er selbst war weit entfernt davon, kritiklos seiner eigenen Entwicklung zuzusehen. In der Gemeinsamkeit mit den jungen Schülern, die er herangebildet hatte, wuchs aus ihm eine Fülle theoretischer und pädagogischer Erkenntnis. Sie auszuarbeiten und in greifbare Formen zu bringen, wurde 1910 und 1911 seine Hauptaufgabe. Er hatte seine Berufung als großer Lehrer längst erkannt und strebte danach, in Wien eine Position zu finden, die seine Lehre legitimierte und ihre Wirkungsmöglichkeiten erweiterte. Im Zusammenhang mit diesen Plänen und Tendenzen entstand, gefördert durch Emil Hertzka, die Harmonielehre.

Hertzka schloß 1909 mit Mahler, Schreker und Schönberg Urheberrechts-Verträge. Am 7. Oktober begann die umfangreiche Korrespondenz, die Schönberg mit der Universal Edition und ihrem Direktor geführt hat. Der erste Brief kündigt seinen Besuch zusammen mit Anton von Webern an, bei dem eigene und webernsche Kompositionen vorgeführt werden sollten.

Der Briefwechsel dauerte bis in die amerikanischen Jahre. Er gibt nicht nur ein fesselndes, oft erschütterndes Bild von den Sorgen und Plänen, die Schönberg in diesen Jahrzehnten bewegt haben, er ist auch ein treues Abbild seiner Emotionen und Leidenschaften, seines Selbstbewußtseins und seiner Ansprüche, die ihm die Überzeugung von seiner schöpferischen Sendung erlaubte. Dabei spielten finanzielle Nöte leider für lange Zeit eine große Rolle.

DIE FLUCHT

Im Januar 1910 hatte Schönberg die dunkle Wohnung in der Liechtensteinstraße mit der größeren und schöneren Hietzinger Hauptstraße 113 vertauscht. Der Villenvorort Hietzing, den er schon 1908 bei seinem ersten Aufenthalt in der Gloriettegasse 43 lieben lernte, kam seiner Neigung entgegen, in der Natur zu leben und in frischer Luft zu arbeiten. Durch die Geburt des Sohnes Georg hatte sich die Familie 1906 auf vier Köpfe erweitert; auch das erforderte Vergrößerung des Wohnraums. Noch war Schönbergs abergläubische Furcht vor der Zahl 13 nicht so weit gediehen, daß er Hietzing (den 13. Bezirk) und die Hausnummer 113 gemieden hätte. Aber Sorgen machte ihm bald der hohe Mietzins, und im Sommer erging der briefliche Hilferuf an Mahler, der sofort helfend eingriff.

Am 14. Januar 1910 veranstaltete der „Verein für Kunst und Kultur" einen Abend mit Schönberg-Uraufführungen im Ehrbar-Saal. Dabei wurde der erste Teil der „Gurrelieder" in einer achthändigen Webernschen Fassung der Vor- und Zwischenspiele und mit einer zweihändigen Begleitung der Gesänge dargeboten. Darauf folgten die Stefan-George-Lieder aus dem „Buch der hängenden Gärten" und die drei Klavierstücke opus 11. Die größten Aufgaben fielen zwei Frauen zu: Martha Winternitz-Dorda mit den fünfzehn George-Liedern und den Soprangesängen der „Gurrelieder"; Etta Werndorff mit dem Klavierpart der George-Lieder und opus 11. Hans Nachod sang die Tenorpartien. In die weiteren pianistischen Aufgaben teilten sich Arnold Winternitz, Anton von Webern und Dr. Rudolf Weirich. Das Programm enthielt eine oft zitierte Erklärung Schönbergs über seine Durchbrechung aller Schranken einer vergangenen Ästhetik.

Martha Winternitz-Dorda (1880–1958), Tochter eines Wiener Schriftstellers, machte ihren Weg als Schauspielerin und Opernsängerin über das Burgtheater, österreichische Provinzbühnen, die Komische Oper und das Wiener Raimund-Theater nach Hamburg. Hier war sie als Koloratursopran von 1908 bis 1931 Mitglied des Opernhauses.

In erster Ehe heiratete sie den Dirigenten und Pianisten Arnold Winternitz (1874–1928), in zweiter den Pianisten Richard Goldschmied. Ihr Repertoire reichte von Verdis Traviata und Aida, Mozarts Elvira, Meyerbeers Margarete („Hugenotten") und den drei Hauptpartien in „Hoffmanns Erzählungen" von Offenbach bis zur Marschallin in Richard Strauss' „Rosenkavalier".

Etta Werndorff, geborene Jonasz, stand seit ihrer Jugend dem Schönberg-Kreis nahe und wirkte seit 1907 bei Aufführungen von Werken Bergs, Weberns und Schönbergs mit.

Dr. Rudolf Weirich (geboren 1886 in Wien) hatte 1904 bis 1910 bei Schönberg studiert und war seit 1910 an österreichischen Bühnen, zuletzt an der Wiener Staatsoper, Kapellmeister und Repetitor.

Am 8. Februar schrieb Schönberg an Hertzka wegen eines von ihm geplanten Konzertes mit Werken seiner Schüler, bei dem Etta Werndorff Alban Bergs Klaviersonate opus 1 spielen sollte. Gleichzeitig bat er, als Mitglied bei der Autoren-Gesellschaft angemeldet zu werden. Und am gleichen Tag schrieb er einige erstaunliche Stücke auf, die – wie so vieles – unvollendet und unveröffentlicht geblieben und erst lange nach seinem Tod bekannt geworden sind. Es sind Miniaturen für Kammerorchester, hochexpressive, zarte Studien, Schritte in das unerforschte Land jenseits der Tonalität. Die Melodik ist reiner, komprimierter Ausdruck, getragen von abwechselnd kleinsten und riesigen Schritten. Harmonisch herrschen die vagierenden, tonal unbestimmten Akkorde, bis zur Siebentönigkeit geballt und komplementär verkettet, so daß Tonwiederholungen extrem verringert werden. Motive und Themen, soweit man von ihnen reden kann, werden kaum wiederholt und nicht entwickelt. Ein schwebender, den Taktstrich leugnender Rhythmus trägt die aphoristisch gedrängten Formen.

Am auffallendsten ist das Kolorit. Da überwiegen die entlegenen Register der vier Holzbläser und des Horns. Die fünf Solostreicher (zwei Geigen, Bratsche, Violoncello und Kontrabaß) bevorzugen neben gestrichenem und gezupftem Ton das Flageolett und den Schlag oder Strich mit dem Bogenholz. Oboe, B-Klarinette, Horn und Streicher genügen für das erste Stück; doppeltes Quintett für das zweite. Im dritten, das Fragment geblieben ist, treten Celesta und Orgel (oder Harmonium) hinzu. Die Verwandtschaft mit den kurz vorher entstandenen Orchesterstücken liegt auf der Hand. Doch in dem unvollendeten dritten wird schon ein Klang vorausgeahnt, der 1911 in dem Lied „Herzgewächse" zum Ereignis werden sollte. Zu einem sechsstimmigen Quartenakkord der Orgel spielt traumhaft und huschend die Celesta vier ostinate Töne. Die Neigung zur Komprimierung der Formen, manifest schon in der 1. Kammersymphonie und dem fis-moll-Quartett, zunehmend in den Stefan-George-liedern und Orchesterstücken, führt hier zu Gebilden von eruptiver Kürze. 35 Sekunden dauert das erste, 31 das zweite Stück, 25 das Fragment des dritten.

Schönbergs Lebensbedingungen hatten sich zwar noch nicht stabilisiert. Noch immer war die Existenz seiner Familie kaum für die nächsten Monate gesichert, noch drückten Sorgen um Nahrung, Wohnung und Kleidung auf seine Schaffenskraft. Die Tochter Trudi ging seit 1908 zur Schule. Mathildes Gesundheit war empfindlich. Sie neigte zu Erkältungen und Affektionen der Lunge. – Doch stand Schönberg nicht mehr so allein wie 1903, als er aus

Berlin heimkehrte. Damals war Zemlinsky der einzige seiner Freunde, der an seinen Alltagssorgen teilnahm. Seit 1904 war der Kreis von Schülern unablässig gewachsen, und einige dieser jungen Menschen sahen eine vornehme Pflicht darin, dem Meister in dringenden Fällen zu helfen.

Aus den Gelegenheitsarbeiten für die Universal Edition wuchs eine wichtige Bindung. Schönberg, dessen alter Optionsvertrag mit Marschalks Dreililienverlag noch gültig war, konnte seit 1909 einige Werke an Hertzka verkaufen und einen Generalvertrag mit der jungen Großmacht am Karlsplatz schließen. Darüber hinaus bat er Hertzka um praktische Arbeit. Als die erste Schülergeneration flügge wurde, schlossen sich die Unterrichtslücken langsamer als Schönberg erwartete. Am 7. Januar 1910 schüttete er dem Verleger sein Herz aus. Er machte ihm den Vorschlag, ihn als Porträtmaler zu empfehlen und bekannte Mäzene zum Kauf seiner Bilder zu veranlassen. Es sei doch viel interessanter, von einem Musiker seines Rufes gemalt zu werden als von einem Kunsthandwerker. „Ich verlange für ein Porträt in Lebensgröße 2 bis 6 Sitzungen und 200 bis 400 Kronen. Das ist doch sehr billig, wenn man bedenkt, daß man für diese Bilder in 20 Jahren das 10fache und 40 Jahren das 100fache bezahlen wird." Zur Probe bot er Hertzka an, ihn unentgeltlich zu malen. Offenbar ist auch dieser Plan nicht verwirklicht worden. Schönberg hatte in materiellen Dingen eine oft weltfremde Phantasie, auch, als er längst ein berühmter Mann und Leiter einer Meisterklasse in Berlin war.

Unter den Wiener Dirigenten, die Mahler gefördert hatte, war Schönbergs drei Jahre jüngerer Freund Artur Bodanzky. Sein Weg hatte in raschem Aufstieg von Wien über Prag und Berlin nach Mannheim geführt. Das Nationaltheater leitete seit 1906 einer der fortschrittlichsten deutschen Intendanten, Dr. Carl Hagemann, ein Anhänger neuer Stilideen und Freund künstlerischer Experimente.

Als Schüler Zemlinskys war Bodanzky mit den Tendenzen Schönbergs und seiner Schule vertraut. Unmittelbar nach seinem Amtsantritt in Mannheim ließ er sich den Klavierauszug der „Erwartung" kommen. Am 16. Dezember 1909 konnte Schönberg Hertzka mitteilen, Intendant Hagemann wolle das Monodram in einer Matinée zur Uraufführung bringen. Zwar konnte Anna Bahr-Mildenburg die Partie nicht übernehmen, doch man habe Martha Winternitz-Dorda verpflichtet. Schon zu Weihnachten kämen Bodanzky und Hagemann nach Wien, um sie anzuhören.

Bei diesem Besuch boten die Mannheimer Herren Schönberg an, das Werk selbst zu dirigieren. Am 14. Februar 1910 machte Schönberg Bodanzky detaillierte Vorschläge für das Ausschreiben der Orchesterstimmen und die Proben. Der Plan zog sich bis Ende November 1913 hin und scheiterte daran, daß der Orchesterraum nicht genügte, um die von Schönberg verlangte Besetzung zu placieren. – Das Verlagsrecht für die „Erwartung" hatte Hertzka erst erwerben können, nachdem Max Marschalk – dem Schönberg es noch auf Grund der alten Verträge hatte anbieten müssen – es freigegeben hatte. Das geschah im Dezember 1909.

Bald nach Hagemann und Bodanzky zeigte auch der Direktor der Wiener Volksoper, Rainer Simons, Interesse für die „Erwartung". Am 8. August 1910 bat Schönberg den ihm befreundeten Maler Max Oppenheimer (1885–1954) um einen Besuch. „Ich möchte gern, daß Sie mir Dekorationen zu meinem Monodram machen, das an der Volksoper aufgeführt wird." Die Universal Edition zögerte die Verhandlungen mit Simons hinaus, so daß Schönberg am 28. September drängte, den Vertrag mit der Volksoper abzuschließen; auch bat er, die Aufführung nicht durch zu hohe Preisforderungen für das Material in Frage zu stellen.

VENIA LEGENDI

Von Hertzka unterstützt betrieb nun Schönberg seinen schon öfters diskutierten Plan, an der Wiener Musikakademie Komposition zu unterrichten. Er wollte eine Professur, spürte aber die Widerstände, die sich gegen ihn aufrichteten, als Gerüchte über seine eventuelle Berufung durchsickerten. So steckte er seine Ziele etwas zurück und schrieb am 19. Februar 1910 dem Präsidenten der Akademie, Professor Dr. Karl von Wiener, einen Brief mit dem Vorschlag, ihm die venia legendi als Privatdozent in musiktheoretischen Fächern zu erteilen. Er erhielt sie zum Wintersemester.

Der Amtsweg, der dahin führte, war umständlich. In einer Sitzung des Kuratoriums vom 19. März plädierte der Direktor der Akademie Wilhelm Bopp für Schönberg. Im April und Mai trafen die Gutachten von Karl Goldmark, Felix von Weingartner, Ferdinand Löwe und Gustav Mahler ein. Sie waren sämtlich positiv, nur Weingartner äußerte kleine Bedenken. Am 20. Juni faßte das Kuratorium den einhelligen Beschluß, das k. k. Ministerium für Kultus und Unterricht um Zustimmung zu Schönbergs Gesuch und Bewilligung zu bitten. Die Behörde erklärte sich am 28. Juni einverstanden.

Zur Ehre des Institutes muß gesagt werden, daß seine leitenden Männer sich mit Schönbergs Gesuch sehr gründlich auseinandersetzten. Bopp wies auf die Sterilität in den Kompositionsklassen hin, berichtete über die gescheiterten Verhandlungen mit Engelbert Humperdinck und Max Reger und beantragte schließlich, „einen Versuch mit Schönberg zu machen und dadurch ein wenig frische Luft in das stockende Leben der Kompositionsschule zu bringen". Der Vorsitzende des Kuratoriums, Karl von Wiener, bemerkte, die Kompositionslehrer hätten keine Schüler von Bedeutung hervorgebracht.

Auch müsse man sich fragen, ob Schönberg durch eine Ablehnung seines Anerbietens nicht zu einem der vielen Märtyrer werde.

Auf ein Honorar hatte Schönberg verzichtet. Dennoch entschied das Kuratorium, ihm sollten jährlich vierhundert Kronen für seinen Kurs bezahlt werden, und zwar im Hinblick auf die notorisch schlechten Verhältnisse, unter denen er seit Jahren zu leiden habe.

Als zwei Jahre später eine Berufung Schönbergs zum Professor aktuell wurde, äußerte sich eines der Kuratoriums-Mitglieder, der Hof- und Gerichtsadvokat Dr. E. Kraus, in einem Gutachten über die Harmonielehrekurse, die er besucht hatte. Sie seien „sehr erregend und interessant", es sei auch „nicht ein einziges Mal vorgekommen, daß irgend ein Frequentant die Empfindung der Langeweile oder auch nur des Pedantischen oder Trockenen gehabt hätte".

„Schönberg", so schildert Dr. Kraus, „trägt frei vor, ohne jeden Gedächtnisbehelf, seine Rede ist fließend, der Vortrag sehr bilderreich, er bringt treffliche Vergleiche, er besitzt eine reiche positive Kenntnis der gesamten musikalischen Produktion und der Theorien, er geht darauf aus, in den Schülern die Freude am selbständigen Denken und Schaffen zu erhalten und zu fördern; fordert z. B. nachdrücklich, daß jeder Harmonieschritt innerlich motiviert sei und vom Schüler motiviert werden kann. Kann dies der Schüler nicht tun, dann muß der an sich vielleicht untadelhafte Harmonieschritt unterbleiben."

Das Gutachten fährt fort: „Schönberg gibt viele Aufgaben; bei der Durchsicht derselben ist er insofern sehr streng, als er Fehler – allerdings schwerwiegender Natur – fast als eine persönlich angetane Kränkung aufzufassen scheint . . . Schönberg spricht nie von sich und seinen Kompositionen; ich habe nie ein abschwächendes Urteil über eine historisch anerkannte Größe aus seinem Mund gehört . . . Schönberg geht offenbar von dem Grundsatz aus, daß eben jede Zeit ihre Kunst und Kunsttheorie hat".

Kraus rühmte ferner den herzlichen und angenehmen Verkehr zwischen Lehrer und Schülern, die auch freiwillig noch Harmonielehre bei ihm hören, ihn an der Straßenbahnhaltestelle erwarten und nach dem Unterricht stundenlang mit ihm spazieren gehen. Man scheide niemals von einer Begegnung mit ihm, ohne eine Anregung empfangen zu haben.

Der Gutachter hatte vermutlich Alban Berg gemeint, als er von den freiwilligen Harmonielehre-Hörern sprach. Dieser nämlich schildert im Dezember in einem Brief an Webern, wie er Schönberg zweimal wöchentlich vor den Lektionen am Karlsplatz erwartet. Sie gingen dann eine viertel oder halbe Stunde durch die Stadt, deren Lärm „unhörbar wird vor dem Dröhnen seiner Worte".

In diesem Winter und Frühjahr begann Schönberg wieder zu malen und zu aquarellieren. Er setzte damit die Arbeit fort, die in dem kritischen Jahr 1907 begonnen worden war. Leider hat er nur wenige seiner Bilder genau datiert. Doch trugen von den Arbeiten, die er 1910 der Öffentlichkeit vorstellte, 10 Ölgemälde und 1 kleines Aquarell („Christus, Vision") die Jahreszahl 1910. Zwei von ihnen, für die Schönberg den gleichen Titel „Roter Blick" bestimmte, stammen vom Frühjehr 1910, das eine vom 26. März, das andere vom Mai. In diesem gleichen Monat malte er auch eines seiner vielen Selbstbildnisse; zwei des Jahres 1910 heißen „Blaues Selbstportrait" und „Grünes Selbstportrait". Auch die Vision Gustav Mahlers ist unter den datierten Bildern des Jahres. Zwei tragen den Titel „Blick", eines heißt „Hände", ein Landschaftsbild „Nacht".

Die Geldsorgen gingen weiter. Am 3. Mai 1910 schrieb Schönberg dem k. k. Ministerum für Kultur und Unterricht und bat um Hilfe aus einer finanziellen Krise. Er begründete seine Bitte mit gesundheitlichen Störungen der ganzen Familie, die durch schlechte sanitäre Verhältnisse in Wien verursacht worden seien. Wegen des Unterrichtes sei er gezwungen, eine große Wohnung zu halten. Schüler habe er genügend, aber nicht viele von ihnen seien im Stande, ihn zu bezahlen. Er selbst jedoch halte es für seine Pflicht, sein Wissen auch denjenigen zu vermitteln, die ihn dafür nicht honorieren könnten. Das Gesuch wurde am 7. Mai weitergeleitet.

Es scheint, als habe Schönberg für die Arbeit an der Harmonielehre in Hietzing keine Ruhe gefunden. Die neue Aufgabe lag wie ein Berg vor ihm. Er brauchte physische Hilfe. Emil Hertzka bot ihm an, eine Schreibmaschine und eine Dame zum Diktieren zu schicken. Schönberg war einverstanden, mußte aber immer wieder mahnen, damit die Arbeit vorwärts kam. Im Mai fragte er ungeduldig bei Hertzka wegen der Maschine und der Schreiberin an. Sorgen wegen der Sekretärin äußerte er auch am 26. Juli; er wolle endlich mit dem Diktat fertig werden, habe seit einem Jahr nichts komponiert und plane größere Arbeiten. In der Woche könne er höchstens 30 bis 40 Seiten diktieren. Von den 450 Seiten, die das Buch mindestens haben werde, seien erst 130 fertig. In den acht Wochen bis zum vereinbarten Termin der Ablieferung seien also noch 320 zu schreiben.

Trotz aller Konzentration auf das Buch fand er Zeit zu anderen Plänen. An Hertzka schickte er den Entwurf zu einer Musikzeitung („wenn ich der Herausgeber sein sollte"). An Mahler, der wieder in Toblach Erholung von den amerikanischen Strapazen suchte, schrieb er zum 50. Geburtstag einen seiner wärmsten Briefe.

Auch Schüler besuchten ihn. Alban Berg hatte für seine Klaviersonate opus 1 und die Lieder nach Texten von Hebbel und Alfred Mombert opus 2 eigene Titelblätter gezeichnet, mit denen sie dann in dem Berliner Verlag von Robert Lienau erschienen. Er zeigte die Entwürfe und konnte in einem Brief an

Webern berichten: „Schönberg sehr befriedigt von meinen Titelblättern". Sie zeigen den weichen, pflanzenhaften Schwung des Jugendstils um 1900.

Dazu gab es dringliche Verlagsprobleme. Die Kammersymphonie war noch immer nicht gedruckt und sollte verschickt werden. Aus dem fis-moll-Quartett mußten Stimmen kopiert werden. Korrekturen der drei Klavierstücke opus 11 waren zu lesen. Ferruccio Busoni hatte seine Bearbeitung des zweiten Stücks der Universal-Edition überlassen; wie war das Problem der finanziellen Beteiligung zu lösen?

Diese Dinge raubten wertvolle Zeit. Schönberg brauchte noch stärkere Isolierung als in Hietzing. Im Sommer 1910 fand er eine Wohnung in einem Landhaus zu Ober St. Veit. Es lag nicht weit von Hietzing, doch in ländlicher Abgeschiedenheit. Hier richtete er sich eine Oase ein, zu der nur die engsten Freunde und Schüler vordringen durften. Damals erschien bei ihm der siebzehnjährige Fritz Zweig, den die Ausschmückung der Wohnung mit Schönbergs Bildern beeindruckte.

Im September war die Harmonielehre beendet. Aber der Arbeitsdruck ließ nicht nach. Die Buchhandlung Hugo Heller interessierte sich für Schönbergs Bilder und bereitete eine Ausstellung vor. Sie wurde (laut Inserat in der „Neuen freien Presse" vom 2. Oktober 1910) am 8. Oktober eröffnet. Dabei spielte Arnold Rosé mit seinen Genossen die beiden Quartette opus 7 und 10. Den Sopranpart des zweiten sang Marie Gutheil-Schoder. Die letzte Probe hörte Gustav Mahler. Er sah auch die Ausstellung und war von Schönbergs malerischen Visionen und Farben begeistert.

Als künstlerischer Berater hatte auch in diesem Falle wieder Carl Moll gewirkt. Über ihn erfuhr Schönberg eines Tages zu seiner großen und freudigen Überraschung, ein Fremder, der nicht genannt sein wollte, habe drei seiner Bilder gekauft.

Kurz nach diesem für Schönberg wichtigen Ereignis, das von den meisten Kritikern mit der üblichen Verständnislosigkeit aufgenommen wurde, führte in Berlin Oskar Fried mit dem Blüthnerorchester „Pelleas und Melisande" auf. (In der Vossischen Zeitung vom 30. Oktober 1910 wurde inseriert: „Gesellschaft der Musikfreunde mit dem Sternschen Gesangverein, Blüthner-Saal, 31. Oktober 8 Uhr, 2. Gesellschaftskonzert mit dem Blüthner-Orchester, Dir. Oskar Fried, Solist Arrigo Serato. Arnold Schönberg: „Pelleas und Melisande"). Zu den letzten Proben erschien der Komponist; er wohnte im Hotel Frederich. Auch Webern war aus Danzig, wo er eine bescheidene Kapellmeisterstelle am Theater bekleidete, nach Berlin gekommen. Er berichtete an Berg, die Aufführung sei sehr schön gewesen, vor allem aber das Werk: „Dieser Klang; dieser Inhalt; eine Düsterkeit! Herrlich!" Er klagte, wie sehr ihm in Danzig der Umgang mit dem bewunderten Lehrer fehle. Die schönsten Stunden seien gewesen, wenn er – wie im September – mit ihm spazieren gegangen sei.

Nach dem Konzert stellte Fried Schönberg einen jungen englischen Schüler vor. Er hieß Edward Clark (1888–1962), war von „Pelleas" begeistert und fortan ein treuer Prophet Schönbergs.

Obwohl Berg sein Studium 1909 abgeschlossen hatte, nahm er weiter Lektionen bei dem vergötterten Meister. An Webern schreibt er: „Wöchentlich zweimal in Ober St. Veit bei ihm selbst, wo ich in die Stunde immer die Fortsetzung der „Gurrelieder" bringe, seine neuen Bilder sehe, Mahler-Lieder anschaue." (Berg arbeitete an dem Klavierauszug der „Gurrelieder". Er sollte auch im Frühjahr 1910 einen Auszug der Orchesterlieder opus 8 schreiben, gab aber wegen anderer Arbeiten den Auftrag zurück, den dann Webern ausführte.)

Das Jahr 1910 ging seinem Ende zu. Wie immer um diese Zeit überdachte Schönberg in der herbstlichen Abgeschiedenheit des Wiener Vorortes seine kompositorische Ernte. Sie war geringer als in den letzten Jahren. Zu viel Energie war durch die Lehrtätigkeit absorbiert worden. Seit langem spielte sich die schöpferische Arbeit während der sommerlichen Landaufenthalte ab, zuletzt 1909 in Steinakirchen. Dieses Jahr hatte Schönberg auf Sommerfrische verzichtet, um die Niederschrift der Harmonielehre zu beenden. Abgesehen von dem gewaltigen Theoriebuch war das Jahr auch an literarischen Arbeiten nicht reich. Die wichtigste ist ein Aufsatz „Probleme des Kunstunterrichts", der gegen Weihnachten im „Musikalischen Taschenbuch" für das Jahr 1911 erschien. Einige Gedanken daraus, vermehrt um Aphorismen der vergangenen Jahre, hatte Schönberg der Berliner Zeitschrift „Die Musik" zur Verfügung gestellt. Ende Juni, schon während der Arbeit an der Harmonielehre, beendete er den Text zur „Glücklichen Hand". Am 9. September begann er die Komposition, mußte sie aber dann im Stich lassen, bis 1913 die Partitur im Hinblick auf eine in Dresden geplante Aufführung wieder aufgenommen und am 18. November beendet wurde.

Durch den starken Eindruck des ersten „Gurrelieder"-Teils bei der behelfsmäßigen Aufführung im Ehrbarsaal war Schönberg von der Notwendigkeit überzeugt worden, die Riesenarbeit der Orchestrierung aufzunehmen und zum Ende zu bringen. 1903 war er bis Seite 118 der Partitur gekommen, für die ihm die Waldheim-Eberle-Druckerei 48zeiliges Papier geliefert hatte. Dann gab er das Stück resignierend auf. Nun, im Erlebnis des realen Klangs, spürte er, wie viel gerade diese Musik für ihn bedeutete. „Dieses Werk ist der Schlüssel zu meiner Entwicklung", heißt es am 19. August 1912 in einem Zehlendorfer Brief an Hertzka. Im Juli 1910 lagen die riesigen Bogen wieder auf seinem Schreibtisch und füllten sich rasch mit Noten. Schönberg hatte 1903 gerade noch den dritten Teil, die „Wilde Jagd" zu orchestrieren begonnen und im

Lied des Bauern aufgehört. Nun folgten Waldemars Mannenchöre und das Melodram „Des Sommerwindes wilde Jagd" bis zum abschließenden Chor, der 1901 nur skizziert worden war. Nochmals mußte nun Schönberg die fast fertige Partitur beiseite legen und statt dessen die Harmonielehre zu Ende diktieren. Den Rest der Arbeit am Schlußchor nahm er im Herbst 1911 wieder auf. Die Partitur trägt den Endvermerk: Berlin-Zehlendorf 7. November 1911.

Es gehört zu den Kennzeichen seines Geistes, daß unmittelbar neben dem scharfen intellektuellen Kalkül die reine Vision stand. Zu keiner Zeit seiner Entwicklung traten diese beiden, scheinbar einander ausschließenden Wesenszüge so anschaulich hervor wie 1910. Da war die Harmonielehre mit ihren glänzenden und stets überraschenden Schlußfolgerungen, ihrer wahrhaft praktischen und handwerklich fundierten Kunstvernunft, ihrer Revision von zahlreichen geschichtlichen Irrtümern, ihrer folgenschweren Entmythologisierung des Tonartbegriffs. Und gleichzeitig entstehen die glühenden farbigen Einblicke in eine optische Phantasiewelt, von der die Gemälde künden, Visionen, die in dem Ende Juni 1910 beendeten Text der „Glücklichen Hand" die bizarrste dramatische Form annahmen.

Ja, dieser Entdecker unbekannter künstlerischer Bereiche, der als Lehrer von der eindringlichen Analyse klassischer Werke ausging und in seiner Theorie gegen alle Vorurteile und gegen unkontrollierte Gewohnheitsregeln aufbegehrte, berief sich in entscheidenden Momenten auf sein Kunstgefühl als letzte Instanz.

Auch das beginnende Jahr 1911 stand noch im Zeichen der Harmonielehre. Schönberg hatte eine Vorrede dazu geschrieben, die ihn aber nicht befriedigt. Er verlangt das Manuskript zurück und findet erst im Sommer die endgültige Form.

Mitten in Korrekturarbeiten, in Verlagsgesprächen über „Pelleas", die „Gurrelieder", die Orchesterlieder opus 8, schreibt Schönberg, wie in einem schöpferischen Rausch an einem einzigen Tag (dem 19. Februar) fünf kleine Klavierstücke nieder, Gebilde von wenigen Takten, 17 das erste, nur 9 das zweite und dritte.

Jedes dieser Miniaturstücke zeigt eine völlig geschlossene Form, jedes eine Kombination mehrerer neuer Satzregeln. Bei grundsätzlicher Vermeidung thematischer Wiederholungen in allen, ist doch das zweite ein Ostinato der 26mal angeschlagenen großen Terz g–h, die eine Art starren tonalen Doppelschwerpunkts bildet. Bitonalität herrscht in dem dritten, das zugleich einen vierstimmigen Akkord in wechselnder Lage als Beginn und Schluß verwendet: d–fis–h–cis und b–d–g–a. In Numero eins, dem komplexesten und längsten der Stücke, das meist auf fünfstimmigen Akkorden ruht, hat einer seiner besten Interpreten, Eduard Steuermann, die lang gesponnene Linie der „unendlichen Melodie" erkennen wollen.

In den Schlüssen ist eine ähnliche Tendenz zum Wechsel von Spannung und Entspannung erkennbar wie in denen der Georgelieder. Schönberg übernimmt von der tonalen Kadenz die Strebewirkung des Leittons, den er sowohl aufwärts als auch abwärts verwendet. So enden das erste, dritte und fünfte Stück mit chromatisch auf- oder abgleitenden Tönen oder Intervallen, von denen die große Terz überwiegt. Auch in den letzten Takten des dritten und vierten sind steigende Leittöne schlußbildend, im dritten der Schritt cis–d in der Tenorlage.

Sprachlich stehen die Stücke denen für Kammerorchester nahe, die Schönberg fast genau ein Jahr vorher geschrieben hatte. Im Klaviersatz sind sie weit anspruchsloser als die drei opus 11 von 1909.

Ende Februar kam ein Brief Anton von Weberns aus Danzig. Er hatte seine Cousine Wilhelmine Mörtl geheiratet, nach monatelangem Warten auf den Ehedispens, den die nahe Verwandtschaft nötig machte.

Auch Berg trug sich mit Eheabsichten. Seit 1907 verband ihn eine große Leidenschaft mit der schönen Helene Nahowsky. Die Beziehung nahm ihn zeitweise so vollständig in Anspruch, daß sogar die verehrende Freundschaft zu Schönberg dahinter zurücktrat. Am 3. Mai 1911 fand die Trauung statt.

Inzwischen waren beunruhigende Gerüchte über Mahler nach Wien gedrungen. Schon bei seinen letzten amerikanischen Konzerten hatte er gefiebert. Die Überfahrt Ende April, an der auch Ferruccio Busoni teilnahm, schien ihm wohlzutun. Aber in Paris wurde sein Zustand so bedrohlich, daß Alma ihn mit dem raschesten Schlafwagen nach Wien brachte. Dort starb er am 18. Mai im Sanatorium Löw. Am 21. war die Beerdigung, an der Hunderte seiner Freunde und Bewunderer teilnahmen, darunter auch Schönberg.

Der Tod des großen Mannes war für ihn ein harter Schlag. Das kleine Klavierstück, das am 17. Juni als sechstes den Zyklus des opus 19 beendete, war ein Reflex des erschütternden Erlebnisses. Es zeigt, anders als die übrigen fünf, eine statische, kaum bewegte Form und endet mit einer verhauchenden fallenden Baßnone unter einem weitgespannten Akkord, ohne zu schließen. Beredter noch als diese zarte Huldigung kündet die Widmung der Harmonielehre von einer großen künstlerischen Liebe:

„Dem Andenken Gustav Mahlers ist dieses Buch geweiht. Die Widmung sollte ihm eine kleine Freude bereiten, als er noch lebte. Und seinem Werk, seinen unsterblichen Kompositionen wollte es die Verehrung ausdrücken und bezeugen, daß, woran die gebildeten Musiker mit überlegenem Achselzucken, ja mit Verachtung vorübergehen, daß dieses Werk von einem, der vielleicht auch etwas versteht, angebetet wird. – Gustav Mahler hat auf größere Freuden verzichten müssen, als die gewesen wäre, die die Widmung ihm bereiten wollte. Dieser Märtyrer, dieser Heilige mußte gehen, ehe er sein Werk auch nur soweit gefördert hatte, daß er es ruhig seinen Freunden überlassen konnte. – Ich hätte mich damit begnügt, ihm eine Freude zu bereiten. Aber heute, wo er tot ist, wünsche ich, daß mein Buch mir Achtung einbringe, damit niemand mehr daran vorbeigehen könne, wenn ich sage: Das ist ein ganz Großer gewesen."

Der Druck der Harmonielehre schritt vorwärts. An den Korrekturen half neben anderen Getreuen vor allem Berg, der auch das Sachregister mit äußerster Sorgfalt ausarbeitete. Im Juli gab Schönberg der Vorrede ihre endgültige Form. Sie beginnt mit dem berühmt gewordenen Satz: „Dieses Buch habe ich von meinen Schülern gelernt." Sie ist ein Bekenntnis zum Suchen, wendet sich gegen den modernen Hang zum Komfort und gegen alle Tendenzen, Unannehmlichkeiten und Schuldgefühle beiseite zu schieben. Und Schönberg nennt die Namen von Denkern, die suchend auf Probleme stießen wie er: Strindberg, Maeterlinck und Weininger.

Die Universal Edition gab sich Mühe, das Werk mit seinen über 500 Seiten und zahlreichen Notenbeispielen würdig herauszubringen. Schönberg hatte damit weniger Ärger als mit dem Druck seiner Kompositionen. So mußte er Hertzka am 2. Mai daran erinnern, daß er sein fis-moll-Quartett auf eigene Kosten hatte drucken lassen; er protestierte im selben Brief gegen die „garstigen" Umschläge, die man statt seiner eigenen verwendete. Das Interesse, das die Harmonielehre schon vor ihrem Erscheinen fand, war groß, und nicht nur in Wien, wo die Zeitschrift „Der Merker" ein Kapitel abdrucken wollte, sondern auch in Berlin, wo Schönberg in Bernhard Schuster, dem Herausgeber der „Musik" einen Förderer hatte. Auch der Verlag Paul Cassirer bewarb sich um einen Vorabdruck, ja, versuchte sogar, das ganze Buch zu erwerben. In seiner Zeitschrift „Pan", die Alfred Kerr seit 1910 leitete, hatte man sich schon im März für den Abdruck eines Schönbergschen Liedes interessiert. Es erschien als Faksimile in der Nummer vom 16. März 1911: „Wenn ich heut nicht deinen Leib berühre" aus den „George-Liedern" opus 15.

Dieser wachsende Ruhm stand in einem quälenden Gegensatz zu den materiellen Lebensbedingungen, die seit dem Sommer 1911 immer bedrohlicher wurden. Der Verkauf der im Dreililienverlag gedruckten Werke, unter denen doch einige recht erfolgreiche und häufig aufgeführte waren, ließ sehr zu wünschen übrig. Marschalk war natürlich durch den Vertrag Schönbergs mit der Universal Edition verstimmt, benahm sich aber korrekt. Er schickte am 13. März 1911 eine Abrechnung, die für die Situation kennzeichnend ist. Danach waren verkauft worden:

Lieder opus 1,	Nr. 1	17 Stück	Sextett opus 4	Partitur	57 Stück
	Nr. 2	14 Stück		Stimmen	9 Stück
opus 2,	Nr. 1	18 Stück	Lieder opus 6	komplett	19 Stück
	Nr. 2	17 Stück		Nr. 1	3 Stück
	Nr. 3	17 Stück		Nr. 2	2 Stück
	Nr. 4	28 Stück		Nr. 3	4 Stück
opus 3,	Nr. 1	16 Stück		Nr. 4	2 Stück
	Nr. 2	18 Stück		Nr. 5	1 Stück
	Nr. 3	17 Stück		Nr. 6	1 Stück
	Nr. 4	13 Stück		Nr. 7	1 Stück
	Nr. 5	16 Stück		Nr. 8	8 Stück
	Nr. 6	10 Stück	Quartett opus 7	Partitur	52 Stück
				Stimmen	12 Stück

Am begehrtesten von den Liedern war die „Waldsonne" aus opus 2; opus 6 wurde gern komplett gekauft. Die Partituren von Sextett und erstem Quartett brachten es auf 57 und 52 Exemplare. Als Ernte von vier bis sieben Jahren ein beschämendes Resultat. Bedenkt man aber, daß Claude Debussys Klavier-Arabeske Nr. 1 mit ihrer winzigen Auflage von 400 Stück zwölf Jahre brauchte – von 1891 bis 1903 –, um ausverkauft zu werden (wie Arthur Honegger in „Je suis compositeur" verraten hat), so wundert einen das nicht.

Von den 400 Kronen für die Vorlesungen an der Musikakademie konnte Schönberg nicht annähernd leben. Webern, der von Danzig aus öfters nach Berlin reiste, glaubte dort Möglichkeiten für ihn zu sehen.

Anfang August gab es neue Sorgen. Mathilde Schönberg erkrankte an einem Lungenspitzenkatarrh, er selbst litt an fürchterlichen Zahnschmerzen. Von den nächsten Freunden war Webern weit entfernt. Mit Berg war eine Verstimmung entstanden, die Webern zu beseitigen versuchte. Nur Josef Polnauer, der in Ober St. Veit bei ihm wohnte und studierte, war zugegen und hilfreich.

Da geschah etwas, auf das Schönberg mit einer Affekthandlung reagierte. Ein Ingenieur, der im gleichen Haus wohnte, bedrohte in einem Anfall von Wahnsinn sein Leben. In einer Art Panik reiste Schönberg ab und mietete sich in Berg am Starnberger See ein.

Es war eine Flucht, und nicht nur vor dem wahnsinnigen Angreifer. Schönberg fühlte sich durch Wien enttäuscht. Der Weg, den er nahm, führte über die Landesgrenze. In Deutschland hoffte er Freunde und Gleichgesinnte zu finden. München galt als die künstlerisch fortgeschrittenste Stadt. Das mögen die unterbewußten Motive zu dieser Reise gewesen sein, die alle seine Freunde überraschte und für die ihm eigentlich die Mittel fehlten.

Webern, der sich auf dem kleinen Kärnter Gut seiner Familie, dem Preglhof bei Bleiburg, erholt, berichtet Einzelheiten in einem Brief an Alban Berg vom 11. August. „Wir müssen 1000 Kronen zusammen bekommen". Berg, Webern, Jalowetz, Horwitz und Stein sollen je 200 beitragen. Schönberg hatte angeboten, ihnen Bilder zu verkaufen. Berg formuliert einen Hilferuf und sammelt vierzig Unterschriften. Nach wenigen Tagen dankte Schönberg allen für die rasche Hilfe. Er ließ Mathilde und die Kinder nachkommen.

Mit Hertzka stand er seit der Flucht in Briefwechsel. Am 5. August forderte er den Verleger auf, ihn am Starnberger See zu besuchen. Noch aus Wien hatte er Ende Juli an sein Mäzenatentum appelliert. Marschalk hätte ihm unter gleichen Umständen das Doppelte von dem geboten, was Hertzka zahle. Was er brauche, seien 1500 Kronen. Er plane neue Theoriebücher, die alle in fünf Jahren fertig sein könnten. Eins über Kontrapunkt. Eine Instrumentations-Lehre (Satzkunst für Orchester). Eine Vorstudie zur Formenlehre (Unterweisung über die formalen Ursachen und die Wirkung in modernen Kompositionen), diese Schrift wahrscheinlich nur über Werke von Mahler. Form-Analysen und Gesetze, die sich daraus ergeben. Eine Formenlehre.

Alle diese Pläne wurden zurückgestellt, einige viel später in Amerika verwirklicht. In dem bayerischen Exil dachte Schönberg an ganz andere Dinge. Aber es freut ihn, daß der Verkauf der Klavierstücke opus 11, der Streichquartette und Orchesterlieder die Erwartungen übertrifft. Auch kann er Hertzka am 20. August berichten, daß Gerhard von Keußler in Prag und Siegfried Ochs in Berlin Aufführungen seines Chors „Friede auf Erden" planen.

Wichtiger waren ihm neue Begegnungen, Kontakte mit Menschen, die seine Gedanken verstanden oder zu verstehen suchten. Oskar Fried schrieb am 28. August 1911 eine Karte aus Nikolassee. Am Donnerstag, den 31., werde er in München, Hotel Leinfelder, sein und abends in die „Orestie" gehen. Schönberg fuhr hin und lernte Max Reinhardt kennen. Der große Regisseur hatte für die sommerlichen Aufführungen auf der Theresien-Wiese das Drama des Aischylos inszeniert und sich eine Bühnenmusik dazu von Otto Klemperer schreiben lassen. Dieser berichtet in seinen Erinnerungen: „Ich lernte Schönberg 1911 in München kennen, gelegentlich der Aufführung der „Orestie" von Aischylos, zu der ich eine Musik geschrieben hatte, die Schönberg gar nicht gefiel. Er machte mir damals einen bitterbösen Eindruck. Ich kannte noch keine Note von ihm."

Fried hatte schon im Juli mit dem Berliner Verleger und Kunsthändler Cassirer über Schönberg gesprochen und den Eindruck gewonnen, dieser werde finanziell helfen. 2000 Mark seien ihm etwas zu viel, sicher aber werde er über 1000 Mark zahlen. – Wie stets berichtete Schönberg dem Freunde Webern über diese Münchner Begegnungen und seine Pläne, in Bayern mit Richard Strauss und Wassily Kandinsky zusammen zu treffen. „Weißt du von dem?", fragte Webern am 5. September bei Alban Berg an.

Kandinsky, der große russische Maler, lebte mit der Malerin Gabriele Münter damals in Murnau und bereitete die erste Ausstellung der „Blauen Reiter"-Gruppe für München vor. In einem Brief von 1936 hat er Schönberg an die erste Begegnung erinnert: „... am Starnberger See – ich kam mit dem Dampfer und kurzer Lederhose an und sah eine schwarz-weiße Graphik – Sie waren ganz weiß angezogen und nur das Gesicht war tief schwarz." Die Begegnung hatte eine Vorgeschichte.

In München gab es am 1. Januar 1911 ein Schönberg-Konzert. Das Roséquartett spielte – mit Marie Gutheil-Schoder als Sängerin der beiden letzten Sätze von opus 10 – die beiden Streichquartette, Etta Werndorff die drei Klavierstücke opus 11. Bald danach bekam Schönberg einen Brief mit ihm unbekannter Handschrift. Absender war Wassily Kandinsky, München-Schwabing, Ainmillerstraße 36 I. Der Maler entschuldigte sich, ihm einfach als persönlich Unbekannter zu schreiben. Das Konzert habe ihm viel wirkliche Freude gemacht. Er stellt fest, daß ihre Bestrebungen, die Denk- und Gefühlsweisen soviel Gemeinsames haben, daß er sich berechtigt fühlt, ihm seine Sympathie auszusprechen. Der Funke der Sympathie schlug sofort über. Schönberg reagierte postwendend und es entstand ein Briefwechsel, in dem Kandinsky Plan auf Plan entwickelte.

Der Anstoß zum Besuch des Konzerts war von Franz Marc ausgegangen, der ebenso wie Kandinsky der 1909 gegründeten Neuen Künstlervereinigung München angehörte. „Ich roch den Braten und bewog die Vereinigung, mitzukommen", schrieb er dem Freund August Macke am 14. Januar. „Das Publikum benahm sich pöbelhaft wie Schulfratzen, niesste und räusperte sich unter Kichern und Stuhlrücken, so daß es sehr schwer war, der Musik immer zu folgen. Kannst Du dir eine Musik denken, in der die Tonalität (also das Einhalten einer Tonart) völlig aufgehoben ist? Ich mußte stets an Kandinskys große Komposition denken ... und auch an Kandinskys ‚springende Flecken' bei Anhören dieser Musik, die jeden angeschlagenen Ton für sich stehen läßt (eine Art weißer Leinwand zwischen den Farbflecken!) ... Schönberg scheint, wie die Vereinigung, von der unaufhaltsamen Auflösung der europäischen Kunst- und Harmoniegesetze überzeugt." Zusammen mit Alexey von Jawlensky, Kandinsky, dessen Freundin Gabriele Münter und Marianne von Werefkin saß Marc nachher zusammen im Ratskeller bei „einigen Fläschlein".

Auch Maria Franck, Marcs spätere Frau, war von Schönbergs Musik tief berührt; sie „ringt gerade mit diesem starken Engel" schrieb Marc dem Freunde Macke im Februar. Sie selbst äußerte sich darüber in einem Brief an Frau Macke.

Die zweite und längere persönliche Begegnung zwischen Schönberg und Kandinsky, die beide den engen Briefkontakt ersehnten, fand Anfang September in Murnau statt. Auch Marcs waren dabei. Seither vertiefte sich die Freundschaft zwischen dem Musiker und dem Russen. Macke teilte die Begeisterung der Münchener Kollegen nicht. Als Schönberg in der ersten Ausstellung des von Marc und Kandinsky gegründeten „Blauen Reiters" mit drei Bildern vertreten war, ärgerte er sich über die „grünäugigen Wasserbrötchen mit Astralblick". Nur das Selbstporträt von hinten ließ er gelten.

Marc besuchte Schönberg am Sonntag, dem 28. Januar 1912 in Zehlendorf. Das Tagebuch vermerkt am 2. Februar: „Dann kam Marc (ohne Frau, die krank war). Lobte unter heftigem Widerspruch meinerseits Cassirer . . . Marc zeigte Brief von Loos, der über Oppenheimer schimpft, ihn Schwindler, Kokoschka-Kopisten nennt und vor ihm warnt. Wirkliches Unrecht, das man dem Oppenheimer tut: einen, der unoriginell ist, muß man deswegen noch nicht Schwindler nennen . . . Marc ist ein ganz sympathischer Mensch. Etwas unklar und nicht sehr bedeutend. Er wird nicht lange mit Kandinsky zusammengehen . . ."

Von dem Münchener Kreis hielt allein – neben Kandinsky – Gabriele Münter eine zeitlang brieflich Kontakt mit Schönberg. Sie versuchte auch, ihn für einen Vortrag in München zu gewinnen und Schönberg bot an, über Mahler zu sprechen. Doch der Plan zerschlug sich.

Am 8. September teilt Webern dem Freunde Berg mit, Schönbergs Plan einer Übersiedlung nach Berlin sei wieder sehr lebendig. Dort komme im „Pan" Mitte des Monats ein Aufruf heraus, den Oskar Fried und Alfred Kerr formuliert hätten und alle Berliner Größen unterzeichnen würden, eine Werbung für den Lehrer Schönberg. Auch alle Berliner Zeitungen sollten ihn bringen. Edward Clark, der englische Prophet Schönbergs, setzte sich dafür ein und habe Mäzene wegen eines Garantiefonds aufgesucht.

Unter den einflußreichen Wiener Intellektuellen, die an Schönberg glaubten, war Hermann Bahr, dessen Schriften über die Moderne und die Überwindung des Naturalismus ebenso erfolgreich waren wie seine Romane und sein Lustspiel „Das Konzert". Anläßlich eines Vortrages in Danzig hatte Webern ihn gesprochen und ihm Grüße an Schönberg mitgegeben. Dieser riet Alban Berg im September, ihn aufzusuchen und seine Unterstützung in der Hilfsaktion zu erbitten.

Am 13. September war Schönbergs 37. Geburtstag. Er verbrachte ihn mit seinen Angehörigen und fern von seinen Freunden, machte vermutlich seinen gewohnten Morgenspaziergang ans Seeufer, wo 1886 der musiksüchtige, Wagner vergötternde Bayernkönig Ludwig II., geistig verwirrt, 22jährig den Tod gesucht und gefunden hatte. Ein paar verbitterte Zeilen gingen nach Wien an den Verleger.

Von den vielen Briefen mit Glückwünschen bewegte ihn der Anton von Weberns am stärksten. Der Freund schrieb ihm am 10. September: „Lieber Herr Schönberg, ich bin tief beglückt, Ihnen folgendes schreiben zu können. Ich weiß seit gestern abend, wer der Käufer Ihrer Bilder war.

Er hat gewünscht, Sie sollten es nicht erfahren.
Jetzt ist er bereits in die ewige Seeligkeit eingegangen.
Ich glaube nicht, daß er will, Sie sollten es nie erfahren.
Wenn ja, dann möge er mir verzeihen, daß ich es Ihnen jetzt sage.
Aber es zu wissen, und dies nicht zu thun, ist mir unmöglich.
Ihre Bilder hat
GUSTAV MAHLER
gekauft. Ihr Webern"

Noch lag die nahe Zukunft im Ungewissen. Der Alltag meldete sich mit all seinen kleinen Sorgen. Am 18. September schrieb Schönberg eine Karte an Zemlinsky in Prag „... ich muß heute mit der Trudi nach München zu einem Arzt. Sie hat eine Hautgeschichte, so etwas Ähnliches, wie vor fünf Jahren, als Professor Sp. sie behandelt hat." Um diese Zeit verhandelte er auch mit dem Freunde und Schwager über ein Prager Konzert, zu dem dieser ihn als Dirigenten eines eigenen Werkes eingeladen hatte. Zemlinsky wollte, daß er am 29. Februar 1912 im Neuen Deutschen Theater dirigiere. Da Pablo Casals als Solist mitwirke, werde es von vornherein ausverkauft sein.

Dann fiel der Entschluß. Das Gespräch mit Reinhardt hatte Schönberg wohl darin bestärkt, in Berlin zum zweitenmal sein Glück zu suchen. Am 20. September schrieb er an Hertzka, er werde wahrscheinlich Ende der Woche abreisen, um wegen der Aufführungen von „Erwartung" und „Glücklicher Hand" zu verhandeln, die er selbst dirigieren solle: „Reinhardt ist sehr geneigt dazu." Fünf Tage später gab er als Adresse Edward Clark, Berlin-Friedenau, Rheingaustraße 16, an. Dieser brachte ihn provisorisch in der Pension Philipson unter.

Die Flucht war radikal. In der Einsamkeit der Spätsommertage am Starnberger See hatte Schönberg die Konsequenzen aus vielen Erfahrungen und Enttäuschungen der letzten Jahre gezogen. Vielleicht trug auch die Begegnung mit Kandinsky, den manche Fäden mit Berlin verknüpften, zu dem Entschluß bei.

Sucht man diese schicksalhafte Flucht zu deuten, so muß man sie in größerem Zeitabstand und früheren Zusammenhängen betrachten. Seit mehr als einem Jahr bemühte sich Schönberg, unterstützt von Hertzka und einigen Freunden, um eine feste Lehrtätigkeit an der Akademie. Die Professur hätte nicht nur alle finanziellen Nöte behoben, sondern auch repräsentativ gewirkt. Scheinbar war die Gewährung der venia legendi ein mächtiger Schritt auf dieses Ziel gewesen. Doch schon gegen die Tätigkeit als Privatdozent wehrten sich in Wien Kräfte, die Schönberg mehr instinktiv als bewußt erkannte. Dabei spielten die antisemitischen Tendenzen der christlich-sozialen Gesellschaft, wie sie der Bürgermeister Dr. Karl Lueger verkörperte, eine entscheidende Rolle.

Schönberg fühlte sich aber auch – trotz seiner Freundschaft zu Dr. David Josef Bach – der österreichischen Sozialdemokratie nicht mehr verbunden. Ja, seine politischen Überzeugungen entwickelten sich immer deutlicher in der Richtung eines toleranten Monarchismus mit sozialen Reformen.

Durch Mahlers Tod war Wien für ihn musikalisch verarmt. Seine Lieblingsschüler Webern und Berg waren selbständig geworden und verheiratet. Es gab nicht mehr viel, was ihn an die Heimatstadt fesselte, und Vieles, was ihn abstieß. Er spürte, wovor er floh. In den bayerischen Sommerwochen wurde ihm klar, wohin.

BERLIN ZUM ZWEITEN MAL

Von Berlins Vororten war 1911 Zehlendorf im Südwesten der Stadt einer der entlegensten. Der märkische Wald wuchs mit seinen Kiefern und Birken bis in die Gärten und Parks der Häuser hinein, die dort standen. Anders als in den komfortablen Stadtteilen Grunewald und Dahlem, wo preußischer Adel und jüdische Bankiers ihre Villen an den vielen See-Ufern gebaut hatten, lebten hier einige Intellektuelle und Naturfreunde, die sich von der übermütigen Großstadt distanzieren wollten. Die Wannseebahn, auf die Berlin ebenso stolz war wie auf die Untergrundbahn der Innenbezirke, führte nur bis zur Mitte des Ortes. An ihrem Bahnhof begann die lange Chaussee, die an der Machnower Schleuse endete. Sie zog sich durch einsame Waldstrecken, in denen kleine Fischteiche lagen. Im Frühjahr gingen da Liebespaare spazieren und lauschten den Nachtigallen.

In dieser Einsamkeit war um 1900 eine Kolonie entstanden, wo Menschen besonderer Art wohnten. Der reiche Kaufmann Oscar Lepcke baute da für sich und seinen Bruder, den Bildhauer Ferdinand Lepcke (1866–1909) eine Villa an der Ecke der Machnower Chaussee und der Dietloffstraße, einen eleganten, großen Bau, zweistöckig, mit dem Haubendach des Jugendstils und einem Mansardengeschoß. Der parkartige Garten umgab einen Teich, an dessen Ufer ein stattlicher Pavillon aus Birkenholz mit Strohdach lag. Man konnte schwimmen und mit einem Ruderboot fahren.

Hinauszukommen war umständlich. Ein paarmal am Tag fuhr ein zweispänniger Post-Omnibus vom Wannseebahnhof zur Schleuse. Am Weg lag das 1894 gebaute Schützenhaus mit Restaurant und Schießständen. Da wurde sonntags Bier getrunken und nach Scheiben geschossen. Es hat zwei Weltkriege überdauert; die Villa Lepcke ist 1945 gegen Kriegsende zerstört worden.

Hier lebte Schönberg vom 1. Oktober 1911 bis Mai 1913. Eine große Etage stand ihm zur Verfügung, so daß Raum nicht nur für die vierköpfige Familie, sondern auch für Besucher reichlich vorhanden war. In der Villa Lepcke ist die Partitur der „Gurrelieder" beendet worden; hier sind die „Pierrot Lunaire"-Melodramen, das Lied „Herzgewächse" und Teile der Musik zur „Glücklichen Hand" entstanden. Trotz vieler Enttäuschungen war es eine Zeit des Hochgefühls. Schönberg sah sich beachtet. Er genoß Umgang und Bewunderung vieler bedeutender Menschen aus Kreisen der Musik, der Literatur, des Theaters und der bildenden Künste.

Edward Clark, in Berlin Korrespondent von „The Musical Times" des Verlags Novello, hatte überall für ihn als Lehrer geworben. Schönbergs Name stand seit 1912 im Berliner Telefonbuch mit einem Nebenanschluß der Lepckeschen Nummer: Zehlendorf 249. „Arnold Schönberg, Komponist und Kompositionslehrer, Sprechstunde 1–2" lautet die Eintragung.

Zu den ersten Gästen gehörte Anton von Webern. Er war aus der Danziger Theatertätigkeit im Sommer entlassen worden, hatte in Kärnten Erholung und dann in Wien bei Verwandten Unterkunft gefunden. Schönberg lud ihn ein, und am 10. Oktober schrieb er überglücklich an Berg. Zwei Tage später hatte er eine Wohnung ebenfalls in Zehlendorf, nicht weit von der Villa Lepcke.

Schönberg hatte mit dem Sternschen Konservatorium, an das ihn Richard Strauss schon 1902 empfahl, einen Vertrag für einen Vorlesungskurs geschlossen. Das Konservatorium stellte ihm einen Hörsaal zur Verfügung und kündigte die Vorlesungen an; dafür mußte Schönberg ein Drittel seiner Einnahmen entrichten. Privatschüler hatte er noch nicht. Aber Berliner Mäzene stellten 2000 Mark zu seiner Verfügung.

Die Vorträge behandelten Ästhetik und Kompositionslehre. Sie fanden Montag nachmittags statt, beginnend am 20. November. Es sollten acht bis zehn sein. Schönberg erhoffte davon mehr, als sie erbrachten. Immer wieder drängte er in Wien, man solle den Druck der Harmonielehre beschleunigen, damit die ersten Exemplare wenigstens zum Beginn des Kurses bereit lägen. Mittlerweile trafen die gedruckten Partituren von „Pelleas und Melisande" ein. Schönberg war entzückt von dem schönen Schriftbild.

Auf seinem Schreibtisch lagen die 48zeiligen Riesenblätter der „Gurrelieder"-Partitur. Am 7. November war die Orchestrierung beendet.

Schon in den ersten Berliner Wochen traf Schönberg einige Menschen, die für die Verbreitung seines Werks Bedeutung hatten. Darunter waren Bekannte aus früheren Jahren wie Artur Schnabel, Oskar Fried und der Briefpartner Ferruccio Busoni, die seine Musik bewunderten, für ihn warben und in schwierigen Situationen Hilfe leisteten. Busoni führte ihn mit dem Kreis um die Zeitschrift „Pan", mit dem Theaterkritiker Alfred Kerr, dem Verleger Paul Cassirer zusammen. Die wichtigste Begegnung war die mit Louise Wolff. Seit dem Tode ihres Mannes Hermann Wolff 1902 war sie die Seele der mächtigen Konzertagentur, die er 1880 gegründet hatte. Die kluge, energische, auch gesellschaftlich dominierende Frau stammte aus Brünn, hatte ihre Jugend in Wien verbracht und an der Theater-Akademie studiert. Als junge Schauspielerin lernte sie Hermann Wolff kennen und begleitete seinen Aufstieg. „Königin Louise", wie man die damals 56jährige Dame nannte, hatte, von ihrem Büro in der Flottwellstraße aus, Berlin zum Weltzentrum des Musiklebens gemacht. Busoni, Fried und Schnabel erzählten ihr von Schönberg. Sie bat um seinen Besuch. Schönberg kam. Es war der 30. Oktober, ein Montag. In einem Brief vom nächsten Tag schrieb er an Hertzka: „Die Konzertdirektion Wolff will mich ‚in die Hand nehmen'. Ich war gestern bei Frau Wolff und sie will kolossal

Die Villa Lepcke in Berlin-Zehlendorf, 1912. Hier entstand der „Pierrot Lunaire"

Vor der Villa Zehme, Leipzig 1914, anläßlich der Aufführung der „Gurrelieder" Hintere Reihe: Polnauer, Steuermann, Webern, Königer, Marya Freund, Jalowetz, ? , Helene Berg, Clark mit Görgy, Stein. Vordere Reihe: Trude Schönberg, Mathilde Schönberg, Arnold Schönberg, Hertzka, Albertine Zehme, May, Smaragda Berg, ?.

viel für mich und meine Sache tun. Sie hat schon mit Nikisch gesprochen. Heute abend wird sie Rosé sagen, daß er jetzt (heuer noch) meine Quartette bringen soll ... Dann wird sie der Lula Gmeiner (deutsche Altistin 1876–1948; später, nach Heirat, Mysz-Gmeiner) sagen, daß sie heuer meine Lieder singt. Natürlich nicht bloß in Berlin. Siloty (Alexander Siloti 1863–1945, Lisztschüler, Pianist, Dirigent der nach ihm genannten Philharmonischen Konzerte in St. Petersburg) führt in ihrem Auftrag „Pelleas" in Petersburg auf. *Bieten Sie ihm sofort die Partitur an.* Auch die „Gurrelieder" will sie unterbringen. Und die fünf Orchesterstücke will sie Nikisch zeigen. Nikisch soll einstweilen zuerst die Orchesterlieder aufführen. Nur müssen wir einen Tenor dafür finden. *Schicken Sie ihr bitte sofort die Klavierauszüge der Orchesterlieder.*

Ich würde ihr ja nicht alles glauben, was sie mir verspricht, und glaube ja auch nur einen Theil. Aber, ich scheine auf sie sehr viel Eindruck gemacht zu haben ... Übrigens ist sie auch bereit, mir einen Kompositions-Abend zu machen. Aber da bin ich nicht sehr dafür ..." Kein Zweifel, daß er auf sie sehr viel Eindruck gemacht hatte. Am 3. November schrieb sie ihm: „Zählen Sie in Allem auf meine Hilfsbereitschaft, sehr geehrter Herr Schönberg." Inzwischen hatte sie schon reagiert. Das Rosé-Quartett spielte am 31. Oktober im Bechsteinsaal. Nachher war man im größeren Kreis in dem nahe gelegenen Weinhaus Rheingold am Potsdamer Platz zusammen, wo der Onyxsaal für die Gesellschaft reserviert war. Auf einer Karte konnte Schönberg gemeinsam mit Webern an Hertzka berichten: „Eben mit Rosé beisammengewesen. Er spielt am 12. Dezember d-moll-Quartett."

Auch Siloti hielt Wort. „Pelleas und Melisande" stand in der Saison 1912–13 auf seinen Programmen. Aber nicht er leitete die Aufführung, sondern Schönberg selbst.

Lula Mysz-Gmeiner nahm einige der frühen Schönberglieder in ihre Konzerte auf. Nikisch brauchte länger als die anderen. Die Orchesterstücke und die Lieder opus 8 dirigierte er nicht. Aber im Januar 1914 brachte er in den Leipziger Gewandhauskonzerten eine Aufführung der ersten Kammersymphonie. Schönberg hörte die Generalprobe und dankte dem Dirigenten, daß er sich seines Werkes „mit großer Liebe und warmem Interesse angenommen" hatte.

Auch Webern hatte an Berg über den Besuch bei Louise Wolff berichtet. Aber beide Freunde machten sich Sorgen über Schönberg, der in Berlin mehr Ruhm als Existenzmittel fand. Berg bereitete eine „Action für Schönberg" vor. Die beiden überlegten, wen man dafür gewinnen könnte: Rothschild, Alma Mahler, Carl Moll, Redlich (Josef Redlich, 1869–1936, Jurist, Universitätsprofessor in Wien, Geheimrat, 1907–18 Abgeordneter der Deutschen Fortschrittspartei, 1918 Finanzminister, 1926 Professor der Harvard-Universität, Freund Hugo von Hofmannsthals; Briefwechsel mit diesem 1971 veröffentlicht) und Bahr werden genannt.

Und noch ein Plan wird in dem Briefwechsel immer wieder berührt. Ein Buch über Schönberg ist im Entstehen. Webern hat seinen Beitrag schon fertig; er behandelt die Kompositionen. Am 7. November ist er mit seiner Frau und dem fünf Monate alten Töchterchen Amalia in der Villa Lepcke zum Abendessen. Er zeigt Schönberg seinen Aufsatz. Nachts schlafen Weberns im Gastzimmer, weil der Heimweg zu weit ist und keine Fahrmöglichkeit mit der Post mehr besteht.

Die Idee zu dem Buch stammte von Berg. Schon im September hatte sie Weberns begeisterte Zustimmung gefunden. Paul Stefan war zu Rate gezogen worden. Schönbergs Schüler Karl Linke sollte zur Mitarbeit aufgefordert werden. Die Vorarbeit zog sich über Monate hin.

Im November steht in München ein großes Ereignis bevor. Gustav Mahlers „Lied von der Erde" soll am 20. unter Bruno Walter uraufgeführt werden. „Zum erstenmal nach Mahlers Tod ein neues Werk von ihm. Und wir sollen fehlen?", schreibt Webern an Berg. Und man beschließt, gemeinsam mit Erwin Stein, Karl Horwitz und Heinrich Jalowetz Geld zu sammeln, damit auch Schönberg die Münchener Feier besuchen kann. In wenigen Tagen ist die nötige Summe da. „Milliarden her für diesen Mann!" jubelt Webern. Aber am 15. November muß er Berg mitteilen, Schönberg sei verhindert, weil sein Kurs am Sternschen Konservatorium beginnt. So kam es, daß Schönberg bei der Münchener Uraufführung fehlte. Und so kam es, daß sein erster Berliner Vortrag ohne Webern stattfand.

Der Engländer Edward Clark bildete die Vorhut der Schönberggruppe in Berlin. Er war dort zu Anfang sein einziger Schüler, bis Leo Perelman auftauchte, aus Wien Fritz Zweig nachkam und 1912 Eduard Steuermann sich anschloß. Clark wohnte allen Vorträgen im Sternschen Konservatorium bei und bezeichnete sie später sehr beschönigend als „sensationellen Erfolg". Seine Schilderung gibt ein gutes Bild: „Schönberg bereitete niemals den Wortlaut seiner Vorträge vor und stand auf keinem Podium. Zwischen den Stuhlreihen ging er auf und ab, rauchte die ganze Zeit, äußerte seine Erfahrungen und theoretischen Verfahrensweisen in musikalischer Komposition und beantwortete Fragen. Materiell war das Ergebnis nicht beträchtlich, doch Schönbergs Aufenthalt in Berlin hatte erkennbare Folgen."

Webern beeilte sich, von dem Münchener Ausflug zurückzukommen. Er verbrachte fast den ganzen Mittwoch, den 22. November, bei Schönberg und spielte ihm vormittags das „Lied von der Erde" vor. Beide waren tief ergriffen: „Wir konnten nicht sprechen!" Vom 24. bis 26. November war Adolf Loos in Berlin. Er gehörte trotz seiner Schwerhörigkeit zu den Bewunderern Schönbergs und seiner Schüler, fehlte in keinem Konzert, wo ihre Werke aufgeführt wurden und förderte ihre Sache nach Kräften. In Berlin, wo es Gleichgesinnte unter den jungen Architekten und Malern gab, wo auch Herwarth Walden und die „Sturm"-Gruppe mit ihrer radikal modernen Zeitschrift für ähnliche Ziele stritten wie er, hielt er jedes Jahr Vorträge. Diesmal sprach er über „Gehen, sitzen, schlafen, essen und trinken". Eine illustre Hörerschaft füllte den Saal des Architektenhauses. An die Dichterin Else Lasker-Schüler wurde nachher im Rheingold-Restaurant eine Karte geschrieben. Schönberg, Webern, Loos, Ludwig und Lene Kainer, Ada und Emil Nolde, Herwarth Walden, Alfred Döblin, Albert Ehrenstein setzten ihre Namen darauf. Karin Michaelis, damals auf der Höhe ihres Ruhmes als Dichterin, schrieb ausführlicher an die von Loos und Karl Kraus bewunderte Kollegin, die in ihrem autobiographischen Roman „Mein Herz" 1912 den vollen Inhalt der „Massenpostkarte" wiedergab. Zwei Tage später, am 27. November 1911, hielt Schönberg im Konservatorium seinen zweiten Vortrag. Aber trotz des starken Beifalls war er von Berlin enttäuscht. Noch hatten sich keine Schüler gemeldet.

Mit Hertzka, der Ende des Monats nach Berlin kam, sprach er über Wiener Pläne. Berg und Webern glaubten allen Ernstes, man würde ihn zum Nachfolger Bruno Walters machen, der die Leitung der Wiener Singakademie niederlegte. Auch die Möglichkeit einer Professur an der Akademie wurde neu erwogen. Eine der fortschrittlichsten Gruppen von Intellektuellen hatte sich zu dem „Akademischen Verband für Literatur und Musik in Wien" zusammengetan. Sie schrieben an Schönberg wegen einer Zeitschrift, die unter der Leitung von Dr. Paul Stefan, Ludwig Ullmann und Erhard Buschbeck erscheinen sollte. Das erste Heft mit dem Titel „Karneval" war für Februar geplant. Schönberg schickte dafür Aphorismen, wie er sie schon 1910 in der Berliner „Musik" veröffentlicht hatte.

Anfang Dezember erkrankte Webern an schwerer Bronchitis mit Fieber und Kopfschmerzen. Schönberg suchte ihn täglich auf. In diesen Tagen entstand das Lied „Herzgewächse" nach einem Gedicht aus den „Serres Chaudes" von Maurice Maeterlinck, für hohen Sopran, Celesta, Harmonium und Harfe. „Das ist der Gipfelpunkt der Musik!", schwärmte Webern, „die Singstimme geht bis zum f^3 mit Koloraturen. Hinunter bis zum G" (richtig: Gis). Schönberg wolle es mit Martha Winternitz-Dorda bei einem Berliner Liederabend aufführen. Vielleicht als Matinée in Max Reinhardts Kammerspielen.

Die „Herzgewächse" tragen das Enddatum vom 9. Dezember. Am gleichen Tag bestätigte Schönberg der Universal-Edition die ersten drei Exemplare der Harmonielehre. Er selbst empfand beim Anblick seines Textes, wie er schreibt, „Ekel eines Katzenjammers". Doch solle man das Buch an Kandinsky, Carl Einstein (Kunsthistoriker des „Blauen Reiter"-Kreises), Alma Mahler, Mahlers

Schwester Justine Rosé, Carl Möller, Karl Kraus und Alexander von Zemlinsky schicken, auch an Kunstzeitschriften, aber möglichst wenige an Musikkritiker. Und etwas später bestätigt er den Empfang gebundener Exemplare: „Die sehen wirklich sehr schön aus."

Mit dem Druck früherer Kompositionen ist der Verlag im Rückstand. Schönberg muß mahnen. Von den fertigen Sachen erbittet er Exemplare an Erich J. Wolff, der als hervorragender Liedbegleiter Verbindung mit großen Sängern hat, an die Musikkritiker Georg Gräner von der Vossischen Zeitung und Hermann W. Draber von den „Signalen für die musikalische Welt". Diese drei sollen auch die Harmonielehre bekommen.

Für den schon Anfang 1907 komponierten, aber noch immer ungedruckten a cappella-Chor „Friede auf Erden" interessierte sich Franz Schreker, der 1908 in Wien den Philharmonischen Chor gegründet und in den Dienst zeitgenössischer Musik gestellt hatte. Doch sah er für die Uraufführung des hochpolyphonen, harmonisch kühnen Stücks Intonations-Schwierigkeiten voraus. So entschloß sich Schönberg, dazu eine Begleitung ad libitum zu schreiben, die er am 6. Oktober in der Villa Lepcke beendete. Für doppelte Holzbläser, Hörner und Streichquintett gesetzt, soll sie, laut Anmerkung für den Dirigenten, dem Chor die saubere Intonation ermöglichen, ohne dabei für den Zuhörer wahrnehmbar zu sein. Nun fragte Schreker bei Schönberg wegen der Begleitungsstimmen an und Schönberg mahnte Hertzka. Seine Schüler Berg, Polnauer und Linke würden sie korrigieren.

Mit Aufführungen, meint er befriedigt zu Hertzka, sieht es gar nicht so schlecht aus. In Prag steht „Pelleas" bevor, in Wien „Friede auf Erden". Das Sextett, die Quartette und Lieder sind in Berlin (Rosé-Quartett), Prag und Budapest (Waldbauer-Quartett) angesetzt.

Die Vorbereitungen des Schönberg-Buches gingen weiter. Vor allem hatte man einen Verleger dafür gefunden, Reinhard Piper in München, bei dem auch Kandinsky und Franz Marc den Sammelband des „Blauen Reiter" herausbrachten. Kandinsky hatte Webern Ende Dezember einen Beitrag über Schönbergs Bilder versprochen. Weberns Aufsatz über die Musik würde noch vor Erscheinen des Buches in der Kölner „Rheinischen Musik- und Theaterzeitung" des Verlags Tischer und Jagenberg erscheinen. Dieser verhandelte auch kurze Zeit mit Webern wegen seiner Kompositionen. 1913 erschien bei Tischer & Jagenberg Schönbergs „Friede auf Erden". Die Uraufführung hatte Franz Schreker mit dem Philharmonischen Chor in Wien am 9. Dezember 1911 geleitet. Er berichtete am nächsten Tag: „Lieber Herr Schönberg, erschrecken Sie nicht: Ihr Werk hat einen unbestrittenen Erfolg gehabt – ich wurde dreimal gerufen. Nicht ein Zischlaut oder Ähnliches. Wir waren: über 120 Damen, 30 Tenore und über 50 Bässe. Es hat *wundervoll* geklungen und Sie hätten sicher helle Freude an der Aufführung gehabt. Denn sie war das Beste, was unser Chor noch geleistet: nicht ein unreiner Ton. Ich war sehr zufrieden."

Das Jahr 1911 ging zu Ende. Schönberg blickte mit geteilten Empfindungen darauf zurück. Die Flucht aus Wien hatte er nicht zu bereuen. „Sie glauben gar nicht wie berühmt ich hier bin", hieß es am 31. Oktober in dem fünf Seiten langen, in der sauberen Kurrentschrift geschriebenen Brief an Hertzka. „Ich schäme mich ja selbst fast, es zu gestehen. Überall kennt man mich. Man erkennt mich nach meinen Bildern. Man kennt meine ‚Biographie', meine Einzelheiten, weiß von meinen ‚Skandalen' und fast mehr als ich, der ich so etwas bald vergesse". Nie hatte es so viele Aussichten gegeben, daß die Hauptwerke gespielt würden.

Und doch blieben die Sorgen um das tägliche Brot. Gottlob war die Zehlendorfer Wohnung billig. Alma Mahler hat einen Besuch in der Machnower Chaussee geschildert: „Wieder fand ich einen wahren, bedeutenden Menschen. Mein Besuch schien ihn und seine Frau zu erfreuen. Er konnte vor Erregung lange nicht sprechen. Seine Wohnung hatte Schönberg mit den billigsten Mitteln zu etwas sehr Rarem und Besonderen gemacht. Er bastelt gern so herum, bindet Bücher und Noten selbst ein, hat sich große Zimmer mit Holzwänden geteilt, die er mit Rupfenstoff überzogen hatte. Bücherkasten dagegengestellt und eigene, sehr interessante Bilder daraufgehängt – jedes Zimmer in individueller Farbe und mit eigener Atmosphäre".

Aber materiell hatte sich nicht viel geändert. Vier Menschen wollten ernährt werden. Trudi ging zur Schule und 1912 wurde auch Georg schulpflichtig. Die Vorträge im Konservatorium brachten so gut wie nichts ein; als Privatschüler kamen zweimal wöchentlich Clark und Leo Perelman.

Unter den wenigen Hörern des Konservatoriums-Vortrages am 4. Dezember waren Emil und Ada Nolde. Der Maler, der kurze Zeit dem „Brücke"-Kreis angehörte, galt schon damals als bedeutender Repräsentant des deutschen Expressionismus. Franz Marc, der ihn in Berlin besuchte, gewann ihn auch als Mitarbeiter des „Blauen Reiters". Nach Schönbergs Vortrag scheint es zu einer Diskussion gekommen zu sein. Nolde schrieb ihm am 9. Dezember eine Karte: „Wir hoffen nicht, daß Sie uns unsere offene Worte über Ihren Vortrag übel aufgenommen haben. Es würde uns sehr freuen Sie und Ihre Kunst näher kennen zu lernen und wenn Sie uns am Montag Abend d. 11. ds. besuchen wollten." Noldes wohnten Tauentzienstraße 8, neben dem Haus, wo Busoni bis 1902 gelebt hatte.

Busoni, der im April auf demselben Schiff wie der todkranke Mahler aus New York heimgekehrt war, steckte bis Oktober tief in kompositorischen Arbeiten für die Fertigstellung seiner ersten abendfüllenden Oper „Die Brautwahl". Das Jahr 1911 war für ihn eines der anstrengendsten, weil er zur Feier des 100. Geburtstages von Franz Liszt einen Zyklus von sechs Klavierabenden im Beethovensaal zu spielen hatte. Der letzte fand am 12. Dezember statt.

Der harte Berliner Winter deprimierte Schönberg stark; trotz allem hing er am heimatlichen Wien. Webern ging es nicht anders. So feierten die beiden Familien Weihnachten zusammen. Schönberg schenkte dem Freunde seine Harmonielehre mit einer herzlichen Widmung. Dieser revanchierte sich mit Platos „Staat".

Damals ging Schönberg kaum in Konzerte und Opern-Aufführungen. Sie interessierten ihn wenig, und obendrein war der Weg von Zehlendorf in die Stadt und spät abends zurück unbequem.

Busoni konnte von seinen Vorträgen im Sternschen Konservatorium nur zwei besuchen, nahm aber davon einen bedeutenden Eindruck mit.

Am 19. Januar 1912 veranstaltete die von Oskar Fried 1907 gegründete und geleitete Gesellschaft der Musikfreunde einen Abend mit Werken Busonis. Drei Arbeiten standen auf dem Programm: die „Fantasia Contrappuntistica", die „Berceuse Elégiaque" und das viel früher entstandene Konzert für Klavier, Orchester und Männerchor. Schönberg war unter den Zuhörern. Ebenso Hertzka. Und der große Freundeskreis Busonis, darunter ein neuer Schüler, den er 1910 bei einem Sommerkurs in Basel kennen gelernt hatte: Eduard Steuermann. Im Herbst 1963, also mehr als fünfzig Jahre später, hat Steuermann in einem Gespräch mit Gunther Schuller aus dem Gedächtnis berichtet, wie er Schönberg vorgestellt wurde. Er spricht von einem Busoni-Konzert Ende 1911 oder Anfang 1912 und dem anschließenden Zusammensein im Hotel Link am Potsdamer Platz. Er meinte wohl die von Busoni gern besuchte Weinstube Huth in der Potsdamer Straße, Ecke Linkstraße. Plötzlich, so erzählt er, sei Busoni aufgestanden, habe ihn am Arm genommen und zu Schönberg geführt, der mit Frau Schönberg und Hertzka da saß. „Darf ich Ihnen Herrn Steuermann vorstellen, einen sehr talentierten Schüler, der bei Ihnen studieren möchte." Schönberg habe sofort sein Taschenbuch herausgenommen und gefragt: „Wann wollen Sie kommen?" Zwei Tage danach habe er in Zehlendorf die erste Stunde gehabt.

Dieser Bericht enthält kleine Erinnerungsfehler. Aber es gibt einen zuverlässigeren, der den selben Abend beschreibt. Er stammt von Schönberg selbst. Denn am Tage nach dem Busoni-Konzert begann er, was schon längst sein Wunsch gewesen war, ein Tagebuch zu führen. Es gibt Rechenschaft über jeden Tag vom 19. Januar bis 12. März 1912. Die erste Eintragung lautet:

„Endlich begonnen. Habe es schon lange vorgehabt. Aber ich konnte mich von der Vorstellung nicht frei machen, daß ich vorher über mein früheres Leben notieren müßte, was mir einfällt. Deshalb habe ich 10 Jahre oder mehr versäumt. Aber jetzt wird es gehen. Denn ich habe mir vorgenommen, mich selbst zu täuschen, indem ich mir einrede, ich werde nur ganz kurze Bemerkungen hineinschreiben, zu denen man alle Tage Zeit findet."

Soweit die Präambel, die Schönbergs Selbstironie kennzeichnet. Ihr folgt die Schilderung:

„Also, gestern abend in Frieds Konzert gewesen. Busonis Kompositionen hatten mir bis jetzt nicht gefallen. Aber gestern gefiel mir ‚Berceuse'. Direkt ergreifendes Stück. Wirklich empfunden. Dem habe ich sehr unrecht getan. Wieder einem! – Dagegen Fried: der gefällt mir immer weniger. Der ist nur ein Reißer. Seit ich ihn kühl behandle, bewirbt er sich sehr um mich. Aber ich lasse ihn abgleiten. Nachher Kussiewitzki (Sergej Kussewitzky, 1874–1951, Kontrabassist, Dirigent, konzertierte seit 1909 mit seinem eigenen Orchester in Moskau, gründete den Russischen Musikverlag. Seit 1924 Chef des Boston Symphony Orchestra, brachte er dort 1944 Schönbergs „Thema und Variationen" op 43b zur Uraufführung). Guttmann (Emil Gutmann, Konzertagent, Bewunderer Mahlers, Veranstalter der Uraufführung von Mahlers Achter Symphonie 1910) mich zu ihm geschleppt. Er will im nächsten Jahr Pelleas in Petersburg und Moskau aufführen. Wäre sehr schön, hoffentlich. Immerhin beginnt doch heuer das Ausland sehr intensiv sich mit mir zu befassen. In 2 Wochen, sagt K., soll in Petersburg mein II. Quartett gemacht werden.

Dann van Düren kennen gelernt. (Bernard van Dieren 1884–1936, holländischer Komponist und Schriftsteller, Freund Ferruccio Busonis) Soll sehr interessant sein. Bin neugierig. Wird mich besuchen und Kompositionen zeigen.

Nach dem Konzert mit Guttmann, Hertzka, Webern und Clark im Heidelberger Restaurant. Guttmann sehr übermütig. Soll aber geschworen (!!) haben, im Herbst Gurrelieder aufzuführen! Werden sehen. Hertzka strahlte!

Im Konzert auch Petri gesprochen (Egon Petri, 1881–1962, Geiger und Pianist, Schüler Busonis). Weichlich. Soll meine Lieder und Klavierstücke aufführen (am 28.). Ohne mir direkt zu mißfallen, gefällt er mir wenig. Busoni gefragt, ob er in Orchesterstücken Klavierpart nehmen will. Abgelehnt: keine Zeit (offenbar keine Lust!). Infolgedessen: Petri auch keine Lust. Ein Meisterchen! Werde andere nehmen."

Das ist die erste Eintragung im Tagebuch. Sie zeigt die souveräne, ichbezogene Art, in der Schönberg auf Menschen reagierte. Zeigt aber auch, daß er bereit ist, eigene Urteile zu revidieren, wie im Fall der Kompositionen von Busoni. Die Aufführung von Liedern und Klavierstücken, an der Petri teilnehmen soll, ist Teil eines geplanten Konzerts mit Schönbergschen Werken, das für den 28. Januar angesetzt war und nach vielen Schwierigkeiten am 4. Februar im Harmoniumsaal stattfand. Auf dem Programm war auch Weberns Arrangement von einigen der Orchesterstücke opus 16 für zwei Klaviere zu acht Händen.

Von den Vorbereitungen und Proben zu diesem Konzert ist nun fast täglich und überwiegend die Rede. Schönbergs jüngste Komposition, das Lied „Herzgewächse", sollte zur Uraufführung kommen. Die Spielerin der Harmonium-Stimme sagte ab. Martha Winternitz-Dorda zögerte mit der Zusage, die sie zwar gab, schließlich aber zurücknahm. Am 22. Januar ging Schönberg zu Egon Petri, der ihm die Klavierstücke opus 19 vortrug. „Er wird die Stücke wahrscheinlich ausgezeichnet spielen. Mindestens klavieristisch. Im Ganzen nahm er alles zu rasch; oder vielmehr zu eilig. Ich sagte zu Webern: zu meiner Musik muß man Zeit haben. Die ist nichts für Leute, die anderes zu tun haben. Aber es ist jedenfalls ein großes Vergnügen, seine Sachen von jemandem zu hören, der sie technisch vollkommen beherrscht. Es scheint, daß das Konzert sehr schön werden wird. Ich verspreche mir das Beste von den 8händigen Orchesterstücken!" Am selben Nachmittag hielt Schönberg wieder einen Vortrag im Konservatorium. Er ließ die Hörer, darunter die Busonis mit dem älteren Sohn Benvenuto, Clark und van Dieren, eine Viertelstunde warten. Am 29. Januar fand der letzte dieser Vorträge statt, deren dürftiger Besuch Schönberg und Webern erbitterte.

Die erste Probe für die 8händigen Orchesterstücke war am Dienstag, dem 23. An den zwei Flügeln saßen Louis Closson, Louis T. Grünberg, Eduard Steuermann (alle drei Schüler Busonis) und Anton von Webern. Schönberg notiert: „Große Enttäuschung. Meine Schüler taugen mehr als Busonis. Sind viel mehr Musiker. Ich glaube es sind auch gescheitere Menschen. Insbesondere Grünberg ist sehr schlecht. Keinen Rhythmus. Closson ist sehr gut, Steuermann nicht schlecht . . . Schwer ist so etwas einzustudieren. Es macht mir wirklich oft Schwierigkeit zu sagen, ob es beisammen war. Erst wenn's anfängt klarer zu werden, unterscheide ich genau. Mir fehlen eben die Klänge! Die Farben. Das Klavier ist doch nur ein Instrument. Aber weniger für die Musiker als für die Pianisten. Vielleicht ist es deshalb so populär!?"

Neue Schwierigkeiten am nächsten Tag. Die Winternitz ist verhindert, Petri kann nicht verschieben. Schönberg legt das Konzert auf den 4. Februar, an dem die Winternitz frei ist. Aber zu einer Probe kann sie nicht kommen. Schönberg will mit Leo Blech sprechen, ob Frieda Hempel (dramatische Koloratursopranistin der Berliner Hofoper, 1885–1955) die Lieder übernehmen könne. Die Winternitz ärgert sich über einen scharfen Brief, den Emil Gutmann ihr in der Angelegenheit schrieb, und hält Schönberg vor, was sie für ihn getan hat.

Die Proben für die Orchesterstücke gehen weiter. Closson wird statt Petri die Klavierstücke opus 19 spielen; die Liedbegleitungen übernahm Steuermann. Mit dem Vortrag der Orchesterstücke (von denen nur das erste, zweite und vierte gespielt wurden) war Schönberg nach der Probe am 30. Januar sehr zufrieden. Auch die Begleitung der „Herzgewächse", mit Webern und Closson für Harmonium und Celesta, befriedigt ihn. Probleme verursacht die Aufstellung der Instrumente – zwei Flügel, Harmonium, Celesta und Harfe – auf dem kleinen Podium des Harmoniumsaales.

Abends trifft ein Telegramm ein: die Winternitz kann die „Herzgewächse" nicht singen. Kapellmeister Iwan Fröbe, der schon bei den Proben hilfreich war, will eine junge Sängerin kennen, die in 24 Stunden den Part übernehmen würde. Noch am 3. Februar probt Schönberg morgens mit Webern und Closson die Begleitung, um dann doch die Uraufführung abzusagen. „Loos kommt zur Probe. Ist sehr nett. Vor allem gegen Webern. Findet Ähnlichkeit zwischen sich und mir, da ich beim Studieren Änderungen an der Komposition vornehme. Ist aber unrichtig: bei mir entsteht nicht, wie er von sich sagte, das Werk erst auf dem Bau, sondern im Gegenteil, solche Änderungen sind bei mir höchst selten und beziehen sich dann meist nur auf die Bezeichnung. Widersprach ihm aber nicht, weil er sehr liebenswürdig war; und dann vor allem: er ist so schwerhörig, daß man kaum mit ihm sprechen kann; da ist es mir zu anstrengend erst noch zu widersprechen. Bei der Probe kleine Konflikte zwischen Webern und Clark. Webern wird ungeduldig, wenn Clark die Register nicht rechtzeitig zieht und ist grob. Ich vermittle! War eigentlich lustig!"

Am Nachmittag war Probe mit den vier Pianisten. „Kommt Calvocorezzi (Michel Dimitri Calvocoressi, 1877–1944, griechisch-französischer Musikschriftsteller und Kritiker, lebte in Paris, seit 1914 in London, Freund Maurice Ravels, Biograph Debussys) dazu. Mann von sehr gewandtem, liebenswürdigem Benehmen. Sonst vorläufig wenig eindrucksvoll. Meine Orchesterstücke haben ihm sehr gefallen und er verspricht ins Konzert zu kommen, auf das er sich sehr freut."

Der Sonntag der Aufführung bringt um zehn Uhr die einzige Probe mit der gerade eingetroffenen Winternitz. „Sie ist mir gegenüber etwas befangen, was sie durch viele Reden vertuschen will. Ich konnte nicht anders als etwas kalt sein. So rasch kann ich doch nicht verzeihen. Bei der Probe muß ich wieder staunen, wie musikalisch sie ist. Auch ihre Stimme klingt sehr schön. Dagegen ist sie tatsächlich heiser."

Über die Matinée, die großen Beifall fand, gibt es mehrere Berichte außer den zahlreichen Kritiken der Tagespresse. Zu den Besuchern gehörten Ferruccio und Gerda Busoni, Louise Wolff, Adolf Loos, Oskar Fried, Dr. Eugenie Schwarzwald mit ihrem Mann, Karl Horwitz, Georg Gräner, Emil Gutmann, Iwan Fröbe, Calvocoressi, Amalie Webern und ihre Schwester, der Dichter Dr. Albert Ehrenstein (ein intimer Freund Kokoschkas, der seine Novelle „Tubutsch" illustrierte) und die Schauspielerin Frau Albertine Zehme. Zu ihr in die Wohnung am Olivaer Platz 5–6 ging man nach dem Essen im Hotel Frederich.

Auf dem Programm standen einige frühe Lieder, darunter die eingängige „Waldsonne" aus opus 2, die Stefan Georgelieder opus 15, drei der Orchesterstücke opus 16 und die Sechs kleinen Klavierstücke opus 19. Schönberg fand den Gesang der Winternitz „viel zu dramatisch (etwas ordinär), alles aus dem Wort gestaltend, statt aus der Musik". Seine eigenen Georgelieder wirkten auf ihn zum Teil unverständlich. Auch Closson enttäuschte ihn; er habe die sechs kleinen Stücke viel zu schnell und ohne Pause gespielt. Mit den Orchesterstücken war er, abgesehen von einem Schmiß Grünbergs im vierten, zufrieden.

Busoni erfreute ihn mit der Wärme seiner Anerkennung. Und an Hertzka konnte er auf einer Postkarte (mit dem falschen Datum 2. 2. 1912) melden, sein Konzert habe entschieden schönen, wie manche behaupteten, großen Erfolg gehabt; viel Applaus, viel Aufmerksamkeit und sehr viel Stimmung seien dagewesen. Er empfiehlt ihm Calvocoressi, der eine Reise nach Rußland in Berlin unterbrochen habe, um ihn zu besuchen.

Webern, dessen Verehrung Schönberg auch an diesem Abend wohltat („mir wie immer der Liebste!") berichtete kurz dem Freunde Berg in Wien, das Konzert – ohne „Herzgewächse" – sei ein Erfolg gewesen.

Im nächsten „Pan" stand Busonis kleine Glosse über das Konzert; ihr entnehmen wir, daß Schönberg die Orchesterstücke dirigierte: „Vor den Tastaturen sitzen vier Jünglinge mit feinen, charakteristischen Köpfen: es wirkt fast ergreifend, wie sie ihre jungen Intelligenzen in den Dienst des noch Unenträtselten stellen, hingebend und tüchtig. Im Hintergrunde des kleinen Podiums glimmen unruhig zwei Augen, bewegt sich kurz und nervös ein Taktstock. – Man erblickt nur den Kopf und die Hand Schönbergs, der die vier Wackeren suggeriert, ihnen mehr und mehr von seinem Fieber mitteilt. – Ein ungewöhnliches Bild, das, durch den ungewöhnlichen Klang unterstützt, eine Faszination ausübt."

Inzwischen hatte der Verlag Peters in Leipzig die Orchesterstücke angenommen. Zwar war das Honorar, 600 Mark, niedrig, aber die Aufnahme in die berühmte Peters-Edition und die Zusicherung einer gedruckten Partitur genügten Schönberg. Mit Marschalk, der sich wieder meldete, verhandelte er ebenso wie mit Dr. Tischer in Köln. Bei Hertzka fragte er wegen der noch freien Werke an.

Peters beeilte sich, das Honorar zu überweisen. Am 31. Januar kam der Chef des berühmten Hauses, Henri Hinrichsen, nach Berlin und bewirtete Schönberg in der Weinstube Habel Unter den Linden mit Kaviar und Rheinwein. Seinen Vorschlag, den Vertrag mit der Universal-Edition zu kündigen und zu ihm zu kommen, lehnte Schönberg „indirekt ab, indem ich Hertzka (mit Selbstüberwindung) sehr lobte". Hinrichsens Frage, ob er die Druck-Platten der Fünften Symphonie von Mahler einschmelzen solle, entsetzte ihn. Er antwortete, die Jugend bete Mahler an, dessen Zeit spätestens in fünf bis zehn Jahren kommen werde. Und beschloß, bald etwas über Mahler zu schreiben.

Am nächsten Tag ging ein Brief an die Universal Edition ab; Schönberg forderte die Wiederherstellung seines ersten Vertrages von 1909, der ein Generalvertrag gewesen war. Im Februar kam es zu einer Einigung, auch mit Marschalk; die im Dreililienverlag gedruckten Werke gingen später an die Universal Edition.

Über das Konzert im Harmoniumsaal schrieb im „Berliner Tageblatt" dessen erster Musikkritiker Dr. Leopold Schmidt eine Besprechung, die Schönberg tief verletzte. Seine Schüler Clark und Perelman versicherten, Schmidt habe nur einen kleinen Teil des Programms gehört. Er antwortete mit einem satirischen Artikel „Schlafwandler", den Cassirer im „Pan" druckte. „Ich muß doch den Berliner Kritikern, diesen arroganten Trotteln beibringen, wie man mit Künstlern spricht", heißt es im Tagebuch vom 11. Februar. „Das Wiener Gesindel hat einen wohltuenden Zug von Lächerlichkeit, der wirkt halbwegs versöhnend. Man verachtet, aber man haßt nicht. Aber diese Kerle hier, die jeder etwas Besseres sein wollen, sind im höchsten Grade aufreizend. Denn in Wirklichkeit sind sie ja doch das gleiche. Nur die Färbung ist anders. Und daß sie vielleicht ein besseres Deutsch schreiben, rührt hauptsächlich von ihrer Trockenheit her. Die riskieren nichts."

Am 21. Februar erschien der „Schlafwandler" im „Pan". Schmidt erwiderte in der Sonnabend-Nummer des „Tageblatt" am 24. Schönberg bekam den Ausschnitt in Prag und antwortete auf Zemlinskys Rat sofort. Schon am 29. brachte „Pan" die Erwiderung. Schönberg: „Die Sache hat viel Staub aufgewirbelt und mir viel Feinde gemacht. Solche, wie ich sie verdiene!"

Erst am 27. Januar – einem Feiertag, da man in Berlin Kaiser Wilhelms des Zweiten Geburtstag festlich beging – war Eduard Steuermann nach Zehlendorf gekommen. Die Kompositionen, die er vorspielte, fand Schönberg so talentvoll, daß er bereit war, ihn zu unterrichten. Darüber im Tagebuch: „Lernt er bei mir, dann verdiene ich, falls Zweig kommt, doch schon vielleicht 200 Mark monatlich. Und vor allem: ich habe wieder Schüler. Sagte Steuermann, daß ich ihn auch umsonst unterrichten würde." Das war also eine Woche, nachdem Busoni die beiden im Restaurant Heidelberger miteinander bekannt gemacht hatte. Steuermann blieb Schönbergs Schüler und wurde der bedeutendste Interpret aller seiner Klavierwerke. Fritz Zweig war schon 1910 in Wien siebzehnjährig nach gründlicher theoretischer Vorbereitung zu Schönberg gekommen und berichtet in einem Brief aus Los Angeles vom 1. September 1971: „Er wohnte damals in einem Vororte Wiens, Ober-St. Veit. – Die Wohnung war mit seinen Bildern ausgeschmückt. – Ich zeigte ihm einige meiner sehr konservativen Kompositionen, worauf er bemerkte: ‚Sie san ja der reine Kuhlau'. – Der Unterricht war, soweit ich mich erinnere, gar nicht systematisch, sondern bestand aus sehr wertvollen Anregungen. – Wir analysierten niemals eine von seinen Kompositionen, sondern Werke der Klassiker, besonders von Mendelssohn und Brahms, in welch letzterem – wie er sagte – man die Nähte viel besser bemerken könne als in Beethoven. – Ich folgte ihm dann nach Berlin; eine Entzweiung fand niemals statt, der Unterricht wurde durch mein Engagement an das Mannheimer Hoftheater (1913) unterbrochen."

Im Februar stand eine Reise bevor, deren Vorbereitungen Schönberg einige Arbeit kosteten. Seit dem Herbst 1911 war Alexander von Zemlinsky Chef der Deutschen Oper in Prag. Er lud Schönberg zu einem Konzert ein, in dessen Leitung er sich mit ihm teilen wollte. Schönberg sollte seinen „Pelleas" dirigieren und vorher die Bach-Suite, die Gustav Mahler aus drei der Orchestersuiten von Johann Sebastian Bach zusammengestellt hatte. Sein Schüler Dr. Karl Horwitz, der ebenfalls an der Prager Oper angestellt war, brachte bei gelegentlichen Besuchen Nachrichten von Zemlinsky. Am 21. Februar reiste das Ehepaar Schönberg mit Webern nach Prag; das Tagebuch schildert entzückt die Fahrt durch das Elbtal, das Schönberg nicht kannte. Er wohnte mit Mathilde bei Zemlinsky, der ihn zusammen mit Horwitz in Prag am Bahnhof abholte. Die nächsten Tage waren höchst anstrengend. Schönberg mußte jeden Abend in größerer Gesellschaft verbringen, schlief schlecht und zu wenig, machte sich obendrein Sorgen über ein paar schwierige Stellen in seiner Pelleas-Partitur. Zemlinsky nahm ihn am zweiten Abend ins Theater zu einer Aufführung von Wilhelm Kienzls „Kuhreigen", weil der junge ungarische Kapellmeister István Strasser dirigierte, den Schönberg sehr sympathisch fand. Auch Gerhard von Keußler, damals Leiter des Prager Singvereins und ein Bewunderer Schönbergs, wurde ihm vorgestellt. Am Freitag, dem 23. Februar, hatte er seine erste Probe mit den Bläsern, wobei ihm ein schwieriger 12/8-Takt zu schaffen machte. Am Samstag, nach einer mit Hilfe von Veronal durchschlafenen Nacht, Streicherprobe. Sonntag vormittags machte Zemlinsky mit Schönberg Besuch beim Theaterdirektor Heinrich Teweles. Abends war große Gesellschaft bei Zemlinskys, zu der auch der gerade aus Wien eingetroffene Alban Berg mit Webern erschien. Der 26. Februar, ein Montag, war mit Proben und Geselligkeit ausgefüllt, ebenso der Dienstag. Nun trafen immer mehr Freunde und Schüler Schönbergs ein, darunter Josef Polnauer, Paul Königer, Karl Linke und Bergs Schüler Josef Schmied.

Schönberg begann sich bei den Proben sicherer zu fühlen, bewunderte aber auch sehr Zemlinskys praktische Fähigkeiten wie das prima-vista-Spielen eines

Cellokonzerts von Camille Saint-Saëns, bei dem er Pablo Casals in dem gleichen Konzert zu begleiten hatte. An der Bach-Mahler-Partitur fand Schönberg ein paar Dinge zu ergänzen. Eine Gesellschaft in seinem Freundes- und Schülerkreis am Vorabend des Konzerts machte ihn sehr glücklich.

Inzwischen war nach monatelangen, arbeits- und sorgenreichen Vorbereitungen durch Webern und Berg das Huldigungsbuch der Schönberg-Freunde bei R. Piper & Co. in München erschienen. Webern überreichte Schönberg das erste Exemplar. Darüber im Tagebuch: „Wie gerührt er war, als er mir das Buch übergab. Feierlich und doch so schlicht. Fast wie ein Schuljunge; aber wie einer, der nur deshalb etwas eingelernt hat, um nicht überwältigt zu werden." Die feierliche Handlung hatte während des Empfangs bei Zemlinsky stattgefunden. Schönberg glaubte zu spüren, daß der Schwager ein wenig verstimmt über soviel Lob und Huldigung war. Er selbst fühlte sich beunruhigt durch das Übermaß leidenschaftlichen Bekenntnisses, das schon aus der Widmung spricht: „Arnold Schönberg in höchster Verehrung." Es scheint, daß diese Gabe ihn sogar zu einer kritischen Revision seines Verhältnisses zu den wichtigsten und liebsten seiner Schüler, zu Webern und Berg, veranlaßte. Davon soll noch gesprochen werden.

Am Donnerstag, dem 29. Februar (1912 war ein Schaltjahr), war Generalprobe und abends Konzert. Nach den sieben Proben, die in dem kleinen Ständetheater, der Uraufführungsstätte von Mozarts „Don Giovanni" gehalten wurden, verlief die Generalprobe im Großen Haus sehr günstig. Emil Hertzka und Gutmann waren begeistert von Schönbergs Stabführung. Mittags aß man im Freundeskreis, das Abendkonzert war höchst erfolgreich. Den ersten Teil leitete Schönberg, der mit seinem „Pelleas" starken Beifall weckte; der zweite gehörte Casals und Zemlinsky. Berg berichtete enthusiastisch seiner in Wien gebliebenen Frau Helene über die Eindrücke. Am 1. März verabschiedeten sich die Freunde von Schönberg. Er fuhr mittags mit Mathilde und dem Ehepaar Webern nach Berlin. Webern ging direkt vom Bahnhof aus in das Konzert, wo Julia Culp, begleitet von Oskar Fried und dem Blüthner-Orchester, in einem Liederprogramm die von Schönberg für sie orchestrierte „Adelaide" von Beethoven sang.

Aus Prag nahm Schönberg die Einladung der Lese- und Redehalle mit, am 25. März einen Vortrag über Gustav Mahler zu halten. Am Tag vorher würde Zemlinsky die Prager Erstaufführung der Mahlerschen 8. Symphonie leiten.

Viele Anträge und Einladungen erreichten Schönberg in diesen Wintermonaten. Der Akademische Verband für Literatur und Musik in Wien bestand überwiegend aus jungen Menschen, die Schönberg bewunderten. Man lud ihn ein, in Wien zu sprechen. Etwa um die gleiche Zeit kam eine ähnliche Einladung von der Wiener Urania. Beides zerschlug sich, vor allem weil die ange-

Arnold Schönberg und Alexander von Zemlinsky, Februar 1912

botenen Honorare zu dürftig waren. Am 14. Februar traf die erste Nummer des Flugblatts ein, das der Akademische Verband unter dem Titel „Der Ruf" veröffentlichte. Es war ein Karnevalsheft und enthielt die erwähnten Aphorismen von Schönberg, außerdem Beiträge von Erich Mühsam, Hermann Bahr, Stefan Zweig, Christian Morgenstern, Albert Ehrenstein, Frank Wedekind, Adolf Loos, Bernard Shaw, Egon Friedell, Alfred Polgar, Roda Roda, Berthold Viertel und anderen. Als Veranstaltungen der nächsten Zeit kündigte der Verband an: einen Altenberg-Abend mit Friedell, Mimi Marlow und Ida Orloff; Frank Wedekinds Vorlesung seines Mysteriums „Franziska"; die Uraufführung seines „Schloß Wetterstein"; einen Musikabend Arnold Schönberg und Vorträge von Friedell, Alfred Roller, Schönberg, Professor Töply und Stefan Zweig. Eine Annonce der Universal-Edition meldete als soeben erschienen die „Pelleas"-Partitur und die Harmonielehre; als früher erschienen die Orchesterlieder opus 8, das Streichquartett fis-moll opus 10, drei Klavierstücke opus 11, Busonis konzertmäßige Interpretation von opus 11 Nr. 2; als in Vorbereitung die Gurrelieder und die (erste) Kammersymphonie. Das über 70 Seiten starke Heft enthielt Zeichnungen von Gustav Klimt und Oskar Kokoschka. Als Spiegel der damaligen Wiener Moderne ist es bemerkenswert. Auch die weiteren vier Hefte des „Ruf", die bei wechselnden Verlegern bis zum Oktober 1913 herauskamen, haben beachtliche Inhalte. Im zweiten vom März 1912 findet man neben den schon genannten Autoren Emile Verhaeren, Franz Schreker (Pantomime „Die blaue Blume oder das Herz des Pierrot") Karl von Levetzow, Georg Trakl, Paul Zech, Franz Werfel, Franz Theodor Csokor, Emil Ludwig und Else Lasker-Schüler sowie als Musikbeilage das erste der vier Stücke für Geige und Klavier opus 7 (1910) von Anton von Webern. Als Veranstaltungen des Verbandes werden annonciert: Am 11. April 1912 ein Shaw-Abend mit Egon Friedell, am 16. April ein Schönberg-Abend im Bösendorfer Saal mit dem Rosé-Quartett und am 2. Mai eine Nestroy-Feier mit Karl Kraus als Vortragendem im großen Musikvereinssaal. Heft 3, im Herbst 1912 kündigt als Veranstaltungen der Saison 1912/13 ein Kammerkonzert im Festsaal der Kaufmannschaft am 20. November mit Werken von Schönberg, Bartók, Wellesz, Berg und Webern unter Mitwirkung Arnold Rosés, Hermann Gürtlers, Rudolf Rétis, Norah Drewetts und Etta Werndorffs an. Für den 23. Februar 1913 ist ein Orchesterkonzert im großen Musikvereinssaal unter Leitung Schönbergs genannt, wo die Kammersymphonie und Pelleas zur Aufführung kommen sollen. Ohne Datum ein Schönberg-Liederabend von Martha Winternitz-Dorda, die Uraufführung des Monodrams „Erwartung" und die Aufführung eines Dramas von Oskar Kokoschka. Das vierte Heft vom Mai 1913 enthielt nochmals eine Beilage einer Webernschen Komposition in Faksimile. Sie heißt hier „No. 3 aus Vier Stücke für Streichquartett". In Wirklichkeit handelt es sich um die vierte der sechs Bagatellen opus 9, ein Stück mit der extremen Kürze von 8 Takten.

Schönberg ärgerte sich ein bißchen über die erste Nummer, weil man seinen Beitrag gekürzt und seinen Namen auf dem Umschlag erst nach den zugkräftigeren von Bahr, Wedekind und Shaw genannt hatte. Der Berliner „Pan" sagte ihm besser zu, und er zog daraus den Schluß, es sei ganz richtig gewesen, von Wien nach Berlin zu ziehen.

Von den geplanten Veranstaltungen des Akademischen Verbandes wurde nur ein Teil realisiert. Die „Erwartung" mußte noch zwölf Jahre auf ihre Uraufführung warten, die schließlich in Prag stattfand. Das Konzert im großen Musikvereinssaal war nicht am 23. Februar, sondern am 31. März 1913. Von ihm wird noch zu sprechen sein.

BIS ZUM ERSTEN WELTKRIEG

An europäischer Wirkung und Berühmtheit brachte das Jahr 1912 Schönberg weiter als irgendeines vorher. Nicht nur seine frühen Lieder und Kammermusikwerke wurden immer mehr aufgeführt. Am 16. Februar gab der 31jährige amerikanische Pianist Richard Buhlig (1880–1952) im Berliner Beethovensaal einen Abend, auf dessen Programm neben Werken von Liszt, Busoni und Erich Wolfgang Korngold die Drei Klavierstücke opus 11 standen. In Holland und Rußland verlangte man Schönberg als Dirigenten eigener Arbeiten. Er berichtete gelegentlich Hertzka mit begreiflichem Stolz über diese Pläne. Auch Webern wurde von ihm ständig informiert und teilte dem Freunde Berg seine Nachrichten mit.

In Berlin war Artur Schnabel Schönbergs eifrigster Prophet. Er schrieb am 4. Januar dem Bankier und großzügigen Mäzen Eduard Arnhold, Gründer und Stifter der Deutschen Akademie Rom (in der Villa Massimo), über das Projekt einer Berliner Aufführung der „Gurrelieder". Dieser antwortete umgehend, er sei bereit, zu den Aufführungskosten tausend Mark beizutragen. Auch Emil Gutmann, der als Organisator hinter dem Plan stand, wurde in diesem Sinne durch Arnhold benachrichtigt. Das Konzert kam nicht zustande.

Mehrere Musikverleger interessierten sich für den berühmtberüchtigten Mann. Im März korrespondierte er mit Bote & Bock über die Herausgabe eines Werks. Dr. Gerhard Tischer, Inhaber des Verlags Tischer & Jagenberg in Köln, bat ihn am 14. Februar, bei der Universal Edition zu intervenieren, daß er den Chor „Friede auf Erden" in seinen Verlag nehmen dürfe. Im Juni war der Vertrag perfekt, und Tischer bat Schönberg um die Opuszahl (13) und eine Klavierstimme, die dieser der Partitur unterlegt haben wollte. Am 12. Juli war der Druck beendet; Freiexemplare gingen an Bodanzky, Keußler, Ochs, Schreker und Zemlinsky. Auch mit dem Strauss-Verleger Adolph Fürstner hatte Schönberg Verbindungen angeknüpft, wie ein Brief des Verlags vom 12. Juni bezeugt.

Über das Privatleben der Familie gibt das Tagebuch mancherlei Aufschluß. Am 23. Januar notiert Schönberg, er lerne jetzt viele Menschen kennen. Namen werden nicht genannt; sicher gehört Iwan Fröbe dazu, ein Dirigent, sehr gut aussehend, der in seiner Wohnung in Wannsee, Hohenzollernstraße 3, Hauskonzerte macht und am 21. Januar Schönberg nebst Familie zu einer Aufführung des sechsstimmigen Ricercars aus dem Musikalischen Opfer von Johann Sebastian Bach „in unserem Kreise" einlädt. Fast täglich hält Anton von Webern Kontakt mit dem Meister. Man besucht sich gegenseitig. Am 6. Februar sind Schönbergs dort zu Gast; zwei Tage später spazieren die beiden Freunde zusammen.

Ein Schulfreund aus der Leopoldstadt lebt in Berlin, Dr.-Ing. Friedrich Eichberg. Der Physiker und Erfinder bewohnt eine Etage in der vornehmen Westender Ahornallee. Schönbergs laden ihn am Sonntag, dem 28. Januar, zum Mittagessen. Im Tagebuch steht: „Immer noch der Alte, der eigentlich von einer Verlegenheit in die andere fällt ... Er spricht auch, insbesondere wenn er von seinem Fach spricht, sehr klug. Wenn er nur mehr davon spräche, da er doch weiß, daß ich mich für die Technik so interessiere ... Eichberg benützte wiederholt Gelegenheiten, meinem Wirken Aufmerksamkeit zu zeigen ... Besah meine gedruckten Noten und Bücher. Erkundigte sich, ob er meine Harmonielehre verstehen werde. Fragte nach meinen Vorträgen. Sprach die Absicht aus, meine gedruckten Lieder anzuschaffen. (Etwas forciert!) Und lobte besonders ein Bild wiederholt. Schließlich sprach er den Wunsch aus, es mir abzukaufen (eine kleine Winterlandschaft, die ich einmal, weil ich Kopfweh hatte, gemalt hatte). Ich antwortete ausweichend, weil ich mir meine Versöhnung nicht abkaufen lassen wollte. Nachher kam Webern dazu."

Am nächsten Tag schickte Schönberg das Bild an Eichberg als Geschenk. Er fand, als reicher Mann könne er ein größeres kaufen; so billig wollte er ihm nicht zu Dank verpflichtet sein!

Als letzter Besucher an dem ereignisreichen Tag erschien nachmittags noch der Maler Franz Marc.

Wegen Webern hatte es eine Woche vorher Streit zwischen den Eheleuten gegeben. Schönberg bedauerte, daß der Freund am 5. März nicht in Berlin sein würde, wenn Rosé sein erstes Quartett spielte. „Er fährt nach Wien", heißt es im Tagebuch, „um die VIII. Mahler-Symphonie zu hören. Täte ich ja auch gerne. Zeigt aber, daß er doch nicht so ausschließlich an mir hängt, wie er glauben machen möchte. Abends Diskussion darüber mit Mathilde. Resultat davon: wir sind halb und halb bös. Natürlich geht sie viel zu weit; denn sie hat aus gewissen Gründen (G) ein Bedürfnis, dem Webern eins am Zeug zu flicken. Ich hielt ihr vor, daß ich selber mich gegen Mahler eigentlich oft nicht besser aufgeführt habe; daß Eltern gegen Kinder, Kinder gegen Eltern sich schlecht benehmen. Daß gut eben eine Abstraktion ist und nichts Absolutes. Daß es absolut gute und tadellose Menschen nicht gibt. Und daß ich nicht vergessen will, in wie vielen andern Fällen sich Webern ausgezeichnet zu mir benimmt. Aber das will sie nicht einsehen. Sie bleibt starr bei ihrer Behauptung und hört kaum zu."

Man erkennt daraus, daß Schönberg die tragische Gerstl-Affäre, die das eingeklammerte „G" andeutet, nicht vergessen hatte. Wie in jeder Ehe genügte aber mitunter ein viel geringerer Anlaß, um Verstimmungen herbeizuführen. Am 9. Februar ist es ein Versagen der Zentralheizung, das zum Streit führt. Der Winter 1911/12 war in Berlin sehr streng; im Januar hatte Schönberg eine unruhige Nacht, weil der kleine Görgi an Frostbeulen litt und weinte. Aber der Streit um die Heizung war rasch vergessen. Am nächsten Tag gingen die Eheleute spazieren nach Zehlendorf; unterwegs trafen sie Webern. Das Töchterchen Trudi, das am 8. Januar zehn Jahre alt geworden war, besuchte die Zehlendorfer Waldschule. Es machte an dem Tage einen Schulausflug nach Berlin, um Stadtbilder anzusehen. „Ich war darüber sehr in Unruhe", notiert Schönberg; „sie kam spät nach Hause. Deshalb gingen wir ihr entgegen. Machte uns das zaghafte Geständnis, daß sie ihr Portemonnaie (mit 1.60 Mark) verloren hat. Das tut sie jedesmal."

Über kompositorische Arbeiten steht wenig im Tagebuch. Am 27. Januar wurden Korrekturen des Continuos für Professor Dr. Guido Adler gelesen; am 6. Februar war die mühselige Arbeit beendet und die Blätter gingen nach Wien. Schönberg hatte für die von Adler herausgegebenen „Denkmäler der Tonkunst in Österreich" in dem g-moll-Konzert für Violoncello und Orchester von Georg Matthias Monn und einigen anderen Werken den Generalbaß ausgesetzt. Offenbar interessierte ihn die Arbeit, denn er bat im Sommer Adler um weitere Aufträge, die ihm dieser in einem Brief vom 3. September zusicherte. Auch in der Bach-Mahler-Suite, die Schönberg im Februar in Prag dirigierte, entschloß er sich, zum Andante-Satz ein Continuo auszusetzen.

Kennzeichnend ist eine Eintragung über seinen Schüler Edward Clark, der am Samstag, dem 10. Februar, nachmittags, bei ihm Unterricht hatte: „Merkwürdig: der kennt keine Wagner-Oper, nichts von Mozart, nichts von Beethoven. Will aber Kapellmeister werden!! Die ‚Elektra' aber hat er oft gesehen! Das ist wieder ein Beispiel dafür, wie wenig man sich auf Annahmen verlassen kann: ich hatte gedacht, die jungen Leute von heute wüchsen mit Wagner auf! Scheint ein Ausnahmefall zu sein. Er schiebt es auf die englischen Musikverhältnisse."

Die Wiener Einladungen, in der Urania und im Akademischen Verband Vorträge zu halten, werden im Februar abgesagt. Nicht nur, weil die gebotenen Honorare zu schäbig sind. Schönberg wollte von Wien nichts wissen, er war froh, weg zu sein. Den Mahler-Vortrag würde er sicher woanders halten, in Berlin oder in München. Es war der Vortrag, zu dem ihn die Prager Lese- und Redehalle eingeladen hatte. Gutmann arrangierte eine Wiederholung in Berlin, die am 13. Oktober 1912 stattfand.

An seinem neuen Schüler Steuermann fand Schönberg Gefallen. Das Tagebuch notiert einen Nachmittag (Dienstag, den 13. Februar 1912), an dem Beethovens c-moll-Variationen analysiert wurden: „Hat mir doch wieder Freude gemacht."

Auch Steuermanns Schwester Salome, genannt Salka, lebte in Berlin und spielte an den Max Reinhardt-Bühnen. Sie verkehrte bei Schönberg und hat in ihren Memoiren „Das unbelehrbare Herz" darüber geschrieben. „Sonntags, wenn ich nicht spielte, fuhr ich oft mit Edward nach Zehlendorf, wo wir auch andere Schönberg-Schüler antrafen ... Es gab immer herrlichen Kaffee und hausgebackenen Kuchen, was wir sehr schätzten. Schönberg beherrschte die Unterhaltung. Er war sehr vital, voll unerschöpflicher Einfälle, ein begeisterter Lehrer. Nicht nur Musik oder Literatur, auch die gewöhnlichsten Dinge des täglichen Lebens konnten ihn faszinieren und brillante Bemerkungen hervorbringen. Seine Frau Mathilde, klein und kränklich, saß auf dem Sofa, immer fröstelnd und in einen Schal gewickelt, und hörte zu. Zwei schöne, ausgelassene Kinder, ein Knabe und ein Mädchen, rannten durchs Zimmer."

Der Strindbergische Gedanke, für begangenes Unrecht bald leiden zu müssen, kehrt wieder. Am 18. Februar beobachtet Schönberg ein „starkes Abnehmen aller der Dinge, die sich bis dahin so gut angelassen haben. Merkwürdig: seit ich den Mahler-Vortrag abgelehnt habe. Sollte ich damit ein Unrecht getan haben, für das ich gestraft werde?" Anlaß zu solcher Selbstprüfung war ein Brief Hertzkas, der am 16. eingetroffen war. Wie viel Schönberg von Mathildes Rat hielt, ersieht man daraus, daß er alle derartigen Probleme mit ihr besprach und auch die Formulierung seiner Antwortbriefe ihrer – meist mildernden – Korrektur unterwarf. Mit ihr teilte er auch finanzielle Sorgen. Carl Moll hatte ihm Hoffnung gemacht, er werde Geld aus der Stiftung bekommen, die Alma Mahler nach Gustav Mahlers Tod zur Unterstützung von Musikern eingerichtet und mit Hilfe reicher Freunde verwirklicht hatte. Kuratoren waren Richard Strauss, Ferruccio Busoni und Bruno Walter; Alma Mahler regte an, daß die Zahlungen mehrere Male an Schönberg gingen. Die Nachricht, daß in Wien ein Mahlerdenkmal geplant werde, weckte in Mathilde den Argwohn, das Geld der Stiftung könne dafür verwendet werden. Schönberg setzt sich im Tagebuch vom 17. Februar damit auseinander und will die Stiftung – auf die er schon im Januar gerechnet hatte – ablehnen, wenn sie ihm angeboten würde. Später überlegte er sich's anders. Am Abend des 17. kamen Weberns, und Schönberg war sehr beeindruckt durch ein Lied des Freundes. Dieser kam schon am nächsten Tag, einem Sonntag, wieder, um eine Partitur-Abschrift seiner Orchesterstücke (vermutlich opus 6, das Schönberg gewidmet ist) zu suchen. Im Tagebuch steht: „Webern vormittags bei mir. Wir suchen (auch auf dem Dach-Boden, in allen Kisten) nach Weberns Orchesterstücken, die er mir in einer eigenhändigen, sehr sauberen und mühevollen Abschrift geschenkt hat ... Aber sie ist nicht zu finden. Ich bin sehr unglücklich darüber, daß ich, der selbst so peinlich auf Manuskripte achtgibt, jemanden das antun muß: Aber ich weiß nicht, wo das hingekommen sein kann ... Zuletzt vermuteten wir, daß unser gewesenes Dienstmädchen Mathilde Stepanek ... in ihrer Blödheit es entweder ‚als Andenken' mitgenommen oder verschleppt hat." – Nachmittags ist es so warm, daß Schönberg ohne Mantel mit Mathilde spazieren geht. Schließlich studiert er die Bach-Mahler-Partitur zu Ende: „Entdeckte interessante thematische Beziehungen. (Episoden in der Fuge, Flötensolo, sind Variationen des Themas.)"

Sehr gelegen kommt, noch vor der Abreise nach Prag, der Auftrag der Sängerin Julia Culp, den der Begleiter Erich J. Wolff vermittelt: Orchestrierung von Beethovens „Adelaide". Am 20. Februar holte er vormittags die Noten des Liedes, das die Culp ihm vorsang und verlangte 200 bis 300 Mark, – Hilfe in einem Moment finanzieller Ebbe. Er hatte das Gefühl „in Gottes Hand" zu sein. Tagebuch: „Frau Culp hat eine schöne, etwas versungene Stimme, ist aber leider wenig musikalisch." Man verabredete auch weitere Instrumentationen klassischer Lieder. Die Hälfte der Partitur von „Adelaide" schrieb Schönberg noch am gleichen Tag bis acht Uhr abends, den Rest in Prag. Am 24. war die Partitur in Berlin, am 29. war das Konzert der Culp, das Fried dirigierte.

Erst nach der Prager Reise führte Schönberg das Tagebuch am 11. März weiter. Die Eintragung füllt acht Seiten und gibt einen Rückblick auf die Prager Tage. Von ihnen ist berichtet worden.

In Berlin gab es ein publizistisches Duell mit Leopold Schmidt, der auf Schönbergs „Pan"-Artikel im „Berliner Tageblatt" geantwortet hatte, worauf wiederum Schönberg nicht schwieg. Am 3. März essen Schönbergs bei Max Marschalk zusammen mit dem Schriftsteller Eduard Stucken (1965–1936), dessen Frau und Dr. Georg Gräner, dem Musikkritiker der Vossischen Zeitung. Zwei Tage später spielt das Rosé-Quartett Schönbergs opus 7, das mit Zischen und Beifall quittiert wird. Hinterher aß man in größerem Kreis im Restaurant Rheingold. Paul Stefan war mit seiner Frau aus Wien gekommen. Schönberg lernte den Pianisten Carl Friedberg und seine Frau Gerda kennen, die ihm gut gefielen. An diesem 5. März 1912 bot er Webern das freundschaftliche Du an.

Am Sonntag, dem 10. März, war schönes Wetter; Schönbergs hatten von Albertine Zehme Geld bekommen, machten einen Ausflug nach Wannsee und schlossen einen schönen Spaziergang von Klein-Machnow nach Hause an. Montag hatte die zehnjährige Trudi Prüfung in der Schule; die Eltern waren dabei.

Soweit geht der lange Tagebuch-Nachtrag vom 11. März. Am 12. folgt eine Notiz, die sich mit dem Problem seiner Anhängerschaft befaßt und wichtigere Gedanken über die Schönbergschule enthält als irgendein schriftliches Bekenntnis vor den amerikanischen Jahren: „Hatte vormittag plötzlich große Lust zu komponieren. Seit sehr langer Zeit! Ich hatte schon an die Möglichkeit gedacht, daß ich überhaupt nie wieder komponiere. Es schien viele Gründe dafür zu geben. Die Hartnäckigkeit, mit der mir meine Schüler auf den Fersen sind, indem sie zu überbieten trachten, was ich biete, bringt mich in Gefahr, ihr Nachahmer zu werden und hindert mich, dort ruhig auszubauen, wo ich stehe. Sie bringen gleich alles zur 10. Potenz erhoben. Und es stimmt! Es ist wirklich gut. Aber ich weiß nicht, ob es nötig ist. Ich bin deshalb jetzt gezwungen, noch sorgfältiger zu unterscheiden, ob ich schreiben muß, als früher. Denn, mir liegt ja nicht so viel an meiner Originalität; aber sie macht mir doch manchmal Freude und jedenfalls ist sie mir lieber als Unoriginalität.

Dann kam die Beschäftigung mit Theoretischem. Dabei trocknet man entschieden aus. Und vielleicht ist das der Grund, warum ich mich plötzlich seit zwei Jahren nicht mehr so jung fühle. Ich bin merkwürdig ruhig geworden! Auch beim Dirigieren zeigte sichs. Mir fehlte das Agressive an mir. Das rasche Aus-sich-hinausgehen und angreifen, übergreifen.

Vielleicht wird das besser, da ich ja jetzt doch wieder komponiere. Oder aber: ist das besser. Ich erinnere mich, vor 10–12 Jahren ein Gedicht geschrieben zu haben, in dem ich wünschte, alt und anspruchslos, ruhig zu werden. Jetzt, wo ich plötzlich die früheren Möglichkeiten der Unruhe wieder sehe, habe ich fast Sehnsucht nach ihnen. Oder sind sie wieder da?

Eigentlich sollte ich meinen Vortrag über Mahler ausarbeiten, den ich am 25. in Prag halten werde. Aber die nächsten Tage will ich doch komponieren." Und am Ende der Eintragung steht: „Ich weiß jetzt, woher es kommt: ‚Frühling' Immer meine beste Zeit. Ich fühle bereits wieder die Bewegung in mir. Ich bin darin fast wie eine Pflanze. Jedes Jahr das Gleiche. Im Frühjahr habe ich fast immer etwas komponiert."

Soweit das Tagebuch. Die Aufgabe, in Prag zu sprechen, ließ Schönberg keine Ruhe zur Komposition. Er setzte sich an das Manuskript der Mahler-Rede, das in den folgenden Jahren noch zahlreiche Änderungen und Zusätze erfahren sollte. In seiner ersten Fassung las es Schönberg am 25. März 1912 in Prag. Webern, der hingereist war, schrieb am nächsten Tag an Berg: „Es war unendlich schön gestern beim Vortrag Schönbergs. Unerhört."

In Berlin, wo Schönberg zusammen mit Webern Ende März wieder eintraf, gab es vielerlei Aufgaben, vor allem die Komposition der „Pierrot"-Lieder. Der Akademische Verband in Wien bereitete einen Abend mit Werken von Schönberg vor; dieser wollte keinesfalls, daß Etta Werndorff seine neuen Klavierstücke, opus 19, spiele. Aus Wien kam Besuch. Weberns Vater, der 62jährige Bergbau-Ingenieur und Sektionschef im Ackerbauministerium Carl von Webern, war in Berlin, ebenso Schönbergs einstiger Schüler Paul Königer. Mit den drei Herren besuchte Schönberg am Sonntag, dem 7. April, die Ausstellung des Blauen Reiters in Herwarth Waldens Galerie „Der Sturm". Er selbst hatte seine Bilder zurückgezogen; dafür waren viele von Oskar Kokoschka dort zu sehen. In einem Gespräch mit Webern entstand der Plan einer „Musikwoche der unofficiellen Tonkunst in Österreich".

Von ihr handelt der erste erhaltene Brief Schönbergs an Béla Bartók vom 7. Mai 1912: „Es war ursprünglich die Absicht, der österreichischen Wiener Musikfestwoche, die nur tote Komponisten vorführt, ein Gegenstück unter dem Titel ‚Musikfest der unofficiellen österreichischen Tonkunst' entgegenzusetzen. Diese sollte Werke modernster österreichischer (deutscher, ungarischer und tschechischer Nation) Komponisten in womöglich 2–3 Konzerten bringen. Dazu sollten die Ungarn und Czechen Beiträge leisten und jene Autoren des modernsten Stils namhaft machen, die sie bei dieser Gelegenheit aufführen wollten." – Bartóks Antwort ist nicht bekannt; der ganze Plan aber blieb in dieser Form unausgeführt.

Briefe waren zu beantworten, vor allem an Kandinsky und Gabriele Münter. Im Mai kam aus Scheveningen ein schwärmerischer Ruf des 21jährigen ungarischen Dirigenten und Komponisten Alexander Jemnitz, der Schönberg für die Gelegenheit dankte, ihn kennen gelernt zu haben: „Sie sind so, wie ich Sie mir vorgestellt habe, und ich bin für ewig der Ihre." Dann folgte eine lange Auseinandersetzung über Kontrapunkt und Harmonie. Die Korrespondenz zog sich bis August 1912 hin; verzweifelt über den Kapellmeisterberuf, bat Jemnitz am 17. Juni um Rat, was er tun solle.

Das Tagebuch blieb seit dem 12. März unberührt. Schönberg hatte schon tags zuvor Bedenken geäußert, ob er es fortsetzen könne. 1912 folgte nur noch eine Eintragung vom 23. Oktober; 1915 die letzte am 24. Mai. Doch Weberns Briefe an Berg halten uns über die nächsten Monate auf dem Laufenden. Am 24. April ist er empört über eine Wiener Kritik des Schönberg-Konzertes; am 28. spricht er von der Möglichkeit einer Berufung des Freundes als Meisterlehrer für Komposition an der Wiener Akademie. An der Sache war etwas Richtiges. Robert Fuchs (1847–1927) trat wegen Erreichung des 65. Lebensjahres am 1. September in den Ruhestand. Präsident Wiener und einige andere Bewunderer Schönbergs hatten ihn als Nachfolger vorgeschlagen. Dieser sagte grundsätzlich zu. Im Mai fand er eine Notiz im Berliner Tageblatt, der Prager Komponist Vítězslav Novák sei für Herbst 1912 als Leiter der Kompositionsklasse berufen worden. Er schrieb an Wiener, keinesfalls werde er eine zweite Stellung annehmen; nur Wieners Andeutung, er könne den Konzertverein bekommen, habe ihn überhaupt veranlaßt, Ja zu sagen. Da die Öffentlichkeit über die Berufungen Schrekers und Nováks, nicht aber über seine unterrichtet sei, stünde er ohnedies schon zurück. Wiener beruhigte ihn sofort, und Schönberg dankte mit großer Herzlichkeit am 22. Mai. Novák ging nicht nach Wien.

Im Juni kam die Berufung. Schönberg überdachte nochmals die Lage und schickte schließlich am 29. Juni 1912 seine ausführliche Absage, die in der Briefsammlung von Erwin Stein veröffentlicht worden ist. Zwei Gründe waren maßgebend: die Abneigung, in Wien leben zu müssen, und der Schrecken vor dem Zwang, neben Komposition auch Harmonielehre und Kontrapunkt zu unterrichten.

Mittlerweile hatten die Freunde in Wien schon große Pläne. Webern, der Zehlendorf Mitte Mai verließ, mahnt Berg am 29. aus Klagenfurt, er sollte für den Meister eine recht schöne Wohnung in Hüttelsdorf suchen. Anfang Juni kam er nochmals nach Berlin und wohnte bis zu seiner Abreise nach Stettin am 21. bei Schönberg in der Villa Lepcke.

Die Sommerwochen wurden durch einen Trauerfall gestört. Am 12. Juni starb Mathildes Mutter, Klara von Zemlinsky, geborene Semo, im Alter von 63 Jahren während eines Besuchs in Berlin. Die Arbeit am „Pierrot" ging ihrem Ende entgegen. Anfang Juli reisten Schönbergs für sechs Wochen nach Carlshagen auf der Ostseeinsel Usedom. Webern, der im nahen Stettin eine Anstellung als Kapellmeister gefunden hatte, war glücklich darüber. Allerdings ekelte ihn die Theaterarbeit an, und es bedurfte der ganzen Autorität des Freundes, ihn zum Durchhalten zu bewegen.

Mit Hertzka stand Schönberg wieder in engem Briefwechsel. Am 11. Juni drängte er ihn, die Georgelieder zu drucken. Bote & Bock hätten ihm 500 Mark für die Kammersymphonie geboten, mit Rücksicht auf die Universal Edition habe er verzichtet. Doch nach dem alten, ersten Vertrag hätte er für beide Werke 1000 Kronen zu verlangen. „Textbuch des Monodramas sende ich heute und bitte Sie, Energisches zu unternehmen. (Brecher wäre sicher zu haben.) Ich dirigiere im Dezember in Haag und Amsterdam für ein Honorar von 1000 Mark." Gustav Brecher (1879–1940) war seit 1911 erster Kapellmeister der Kölner Oper. Am 1. Juli kündigte Schönberg auf einer Karte den Rest der „Gurrelieder" an. Zwei Tage später teilt er die Carlshagener Adresse mit: Villa Concordia. Zugleich fragt er nach „Gurreliedern", Kammersymphonie und Georgeliedern. In Carlshagen trifft auch von der Österreichischen Boden-Credit-Anstalt der sehnlich erwartete Scheck von 850 Mark ein, den Commercialrat Fritz Redlich für Rechnung des Gustav Mahler-Stiftungs-Fonds angewiesen hat.

Am 16. Juli erbittet Schönberg von Hertzka Bestätigung über den Empfang von sieben Manuskripten, die noch aus Zehlendorf nach Wien gegangen waren: die ganze „Gurrelieder"-Partitur, die der Kammersymphonie, Klavierauszug und Text des Monodrams, Sechs neue Klavierstücke, drei Lieder, zwei Balladen und Herzgewächse. Von Alban Berg kam ein Brief vom 14. Juli; er ist tief deprimiert, weil Schönberg die Wiener Berufung abgelehnt hat. Die Nachricht hatte schon in den Zeitungen gestanden.

Webern benutzt jede Gelegenheit zu Besuchen in Carlshagen. Schönberg arbeitet an dem geplanten Bühnenwerk nach Balzacs „Seraphita", das er im Winter mit Strindbergs „Jacob ringt" kombinieren wollte und von dem auch

Berg schon wußte. Über einen Besuch am Montag, dem 29., und Dienstag, dem 30. Juli, schreibt Webern dem Freund: „Wir haben im Meer gebadet und nachmittags eine Segelfahrt gemacht. Abends war ein Champagnergelage, das Stein und Jalowetz spendierten."

Die Freunde waren beide an norddeutschen Bühnen tätig, Jalowetz zusammen mit Webern in Stettin. Auch Zemlinsky, mit dem es im Juli eine ernste Verstimmung gegeben hatte, kam auf die Ostseeinsel, um den Schwager zu sehen. Doch am glücklichsten ist Webern mit Schönberg allein. „Am nächsten Morgen bin ich mit Schönberg am Strand spazieren gegangen. Er ist froh, nach Wien abgesagt zu haben, ist aber allerdings wegen des Winters besorgt. Er hat jetzt leider nicht viel Ruh zum Arbeiten. Er komponiert an der ‚Glücklichen Hand' und macht Pläne für die ‚Seraphita' . . . Er hat gerade als ich dort war, die 2. Correctur des 2. und 3. Teiles der ‚Gurrelieder' bekommen. Die verloren gegangene Correctur hat sich noch nicht gefunden."

Nicht nur kompositorische Gedanken beschäftigten Schönberg an der Ostsee. Sein erfinderischer Geist, der schon 1909 eine Notenschreibmaschine hervorgebracht hatte, die er sich patentieren ließ, befaßte sich in Carlshagen mit einem Vervielfältigungsverfahren für autographenähnliche Noten und Zeichnungen. Darüber schreibt er an Hertzka. Zugleich bittet er um 25 Bogen unbeschnittenen Notenpapiers zu 40 Zeilen. Der Brief ist vom 4. August. Am Samstag, dem 10., reiste die Familie nach Stettin, wo sie mittags bei Webern eintraf und zwei Tage blieb. Sonntag nachmittag dirigierte Webern im Theater die damals ungemein beliebte Operette „Die Dollarprinzessin" (uraufgeführt 1907 in Wien) von Leo Fall (1873–1925). Schönberg hörte sich die Aufführung an. „Er war sehr zufrieden mit mir" berichtete Webern an Berg. Und er fügte hinzu, der Meister sorge sich um die Zukunft, er möchte vor allem dirigieren.

In Berlin, wo man am Montag, dem 12. August, nachmittags eintrifft, müssen die für Ende des Monats angesetzten „Pierrot"-Proben vorbereitet werden. Daneben hat Schönberg kleine Sorgen um den Druck der „Gurrelieder". Eine neue Textübersetzung verursacht rhythmische Änderungen, gegen die er sich in einem langen Brief an Hertzka sträubt, weil sie, wenn er seine Melodie danach „zurecht schneidern" würde, die Einheitlichkeit des musikalischen Gedankens störten. „Wer meine Art der Textbehandlung kennt, weiß, daß es für den Bau meiner Melodie absolut nicht gleichgültig ist, ob eine Silbe mehr oder weniger da ist, und ob ein stark betontes Hauptwort an der oder jener Stelle steht. Da ja jede Übersetzung unvollkommen bleibt, könnte ich mich wegen der kleinen Verbesserungen unbedingt nicht entschließen, meine Melodien (solche gab es nämlich damals bei mir) zu verschlechtern. Meiner Arbeit liegt also die erste Fassung zu Grunde."

Und dann folgt ein wichtiger Absatz: „Dieses Werk ist der Schlüssel zu meiner ganzen Entwicklung. Es zeigt mich von Seiten, von denen ich mich später nicht mehr zeige, oder doch auf einer anderen Basis. Es erklärt, wie alles später so kommen mußte, und das ist für mein Werk enorm wichtig: daß man den Menschen und seine Entwicklung von hier ab verfolgen kann."

Mittlerweile hatte Henri Hinrichsen für die in seinem Verlag erschienenen fünf Orchesterstücke Einiges unternommen. Auf Schönbergs Wunsch hin gingen Partituren an die Dirigenten Alexander von Zemlinsky in Prag, Oskar Fried in Berlin, Arthur Bodanzky in Mannheim, Oskar Nedbal in Wien, Sigmund von Hausegger und Gustav Brecher in Hamburg sowie an Richard Strauss. Ohne Schönbergs Wissen hatte auch Sir Henry Wood in London das Werk bekommen; er entschloß sich sehr rasch zu der Uraufführung. Schönberg war überrascht, in einer Zeitungsnotiz des Daily Telegraph zu lesen, daß sie Anfang September 1912 stattfinde und schrieb darüber einen gekränkten Brief an den Verlag. Er halte es für fast ausgeschlossen, daß eine Aufführung ohne seine persönliche Beratung und Anwesenheit gut wäre. Was das für ein Dirigent und für ein Orchester sei? Wer ihnen das Recht zur Uraufführung gegeben habe? Ob die Mindestzahl von fünf Proben gesichert sei? Hinrichsen antwortete beruhigend und bemerkte dazu, Schönberg hätte auf seine Kosten nach London reisen können, wenn er, Hinrichsen, seine Sorgen gekannt hätte.

Tatsächlich fand die Uraufführung schon am 3. September 1912 in einem der von Sir Henry Wood dirigierten Promenade Concerts statt. Das Queen's Hall Orchester spielte. Sie wurde vom Publikum und Presse mit wenig Verständnis, doch nicht ohne Beifall aufgenommen. Unter den Kritiken ist die wichtigste und relativ verständnisvollste die von Ernest Newman in der „Nation". Da heißt es: „Nicht oft kommt es vor, daß ein englisches Publikum zischt, wenn es eine Musik nicht mag; aber ein gutes Drittel der Leute erlaubten sich diesen Luxus neulich nach der Aufführung der fünf Orchesterstücke von Schönberg. Ein anderes Drittel des Publikums zischte nicht, weil es lachte, und das übrige Drittel schien zu verblüfft, um zu lachen oder zu zischen ... Nichtsdestoweniger nehme ich mir die Freiheit zu behaupten, daß Schönberg nicht der Wahnsinnige ist, für den man ihn im allgemeinen hält ... könnte es nicht sein, daß der neue Komponist eine Logik in Tonbeziehungen sieht, die für uns übrige zur Zeit Chaos bedeuten, deren Zusammenhang uns aber eines Tages klar genug sein könnte?"

Strauss, Hausegger und Brecher schickten die Partitur an den Verlag zurück. Schillings zeigte Neigung, die Stücke auszuprobieren: „Diese Musik, die mit aller bisher existierenden nur in wenigen Momenten noch Berührungspunkte hat, interessiert mich artistisch außerordentlich", schrieb er an den Verlag. Er bat um leihweise Überlassung des Materials und spielte das Werk mit dem Stuttgarter Hoforchester durch. Doch am 20. Dezember 1912 schrieb er an den Verlag Peters: „Ich gewann . . . die sichere Überzeugung, daß ich durch eine Aufführung hier dem Componisten das Gegenteil eines Gefallens erweisen würde. Unser Publikum würde ebenso verständnis- & ratlos vor den Stücken stehen, wie ich & das ganze Hoforchester uns außer Stande fühlen, dem Empfindungsleben Schönberg's zu folgen. – Die hier sicher zu erwartende Ablehnung der Stücke würde aber der ganzen Pflege der modernen Musik, der ich mich nach Kräften hier widme, einen schweren Stoß versetzen. – Seien Sie überzeugt, daß ich mich der Stücke allen Ernstes annahm: ich fühle mich aber noch zu sehr als Gegenwartsmensch, um mich diesem musikalischen Futurismus mit Verständnis dienstbar machen zu können."

Alexander Siloti in Sankt Petersburg interessierte sich zunächst für die Stücke, lud aber dann Schönberg ein, statt ihrer „Pelleas und Melisande" zu dirigieren. Später hat sich Hinrichsens Erwartung als richtig erwiesen, daß die fünf Orchesterstücke zum Repertoire der großen Orchester in aller Welt gegehören würden. Nur die Wiener Philharmoniker brauchten mehr als ein halbes Jahrhundert, bis sie 1969 im Musikvereinssaal die fünf Orchesterstücke aufführten.

Für die Uraufführung der „Gurrelieder" in Wien suchte Schreker Solisten. Schönberg hatte als Waldemar seinen Vetter, den Tenor Hans Nachod, vorgeschlagen und ihm nach Kiel geschrieben, wo er als erster Heldentenor die hohe Monatsgage von 1600 Mark bezog. Nachod war einverstanden, verlangte 700 Mark, wobei er noch zusetze! Ende August kam ein Brief des Musikpädagogen Emile Jaques-Dalcroze, des Erfinders der Rhythmischen Gymnastik. Seine Juli-Festspiele in Hellerau bei Dresden waren ein solcher Erfolg gewesen, daß er sie 1913 wiederholte; dazu lud er Schönberg ein.

Alte und neue Schüler meldeten sich. Aus Doberan schrieb Leo Perelman, der im November 1911 Wilhelm Klattes Unterricht verlassen hatte, um bei Schönberg zu lernen. Die Stunden seien ihm noch lebhaft im Gedächtnis, doch habe ihn Schönberg sekkiert und schlecht behandelt. Zahlen könne er übrigens noch nicht. Der junge Fritz Zweig meldete sich in einem Brief vom 9. September, voll Reue, sich frech benommen zu haben. Am 16. wolle er nach Berlin kommen, um wieder Unterricht zu nehmen. Ein anderer Wiener Bekannter, Rudolf Réti (1885–1957), Komponist und glänzender Spieler der Klavierstücke opus 11, will am 18. Schönberg sprechen.

Von Guido Adler kommt ein Brief aus dem Urlaub im Aussee. Der Wissenschaftler bedauert die Absage an die Akademie. Er ist bereit, bei günstiger Gelegenheit mit Hermann Kretzschmar, dem damaligen Direktor der Berliner königlichen Musikhochschule, zu sprechen. Diesem sei bekannt, daß er, Adler, in Wien Schönberg als Lehrer für Harmonielehre und Kontrapunkt vorgeschlagen hatte. Mit der Durchsicht der Harmonielehre komme er nicht recht vorwärts. Manches sage ihm zu, anderes stoße ihn ab. Offenbar hatte Schönberg dem alten Gönner geschrieben, er wolle gern an die Berliner Hochschule.

Aus München und Koblenz kommen Grüße des Bruders Heinrich, der endlich – dank Schönbergs Vermittlung und Empfehlung – ein Engagement für 1913 zu Zemlinsky nach Prag bekommen hat. Paul Schwers will einen Strauss-Aufsatz für seine Allgemeine Musikzeitung, – er wurde später einer der bösartigsten Feinde Schönbergs.

Von Emil Gutmann gibt es wichtige Nachrichten. Er engagiert Schönberg, am 13. Oktober im Harmoniumsaal seinen Prager Mahlervortrag zu halten. Kussewitzky habe die geplante Moskauer Aufführung von „Pelleas und Melisande" auf die Saison 1913/14 verschoben. Doch mit Alexander Siloti war man einig. Am 27. September schreibt Gutmann: „Gemäß telefonischer Mitteilung bitte ich Sie ihr Engagement zur Leitung Ihres ‚Pelleas' im Silotikonzert in Petersburg am Sonnabend, 21. Dezember, unseres Stils als perfekt zu notieren. Sie erhalten ein Honorar von 500 Rubel und drei Proben eingeräumt, deren Daten ich Ihnen noch bekanntgeben werde." Siloti hatte ebenfalls geschrieben.

Am 13. September feierte man in Zehlendorf den 38. Geburtstag. Webern rief aus Stettin an. Heinrich Jalowetz war zu Besuch. Er fand Schönberg bei der Orchestrierung von Schubertliedern für Julia Culp. Mit Fritz Zweig habe er nun vier Schüler. Für Mai 1913 plante Schönberg eine Rheinwanderung von Mainz bis Köln, zusammen mit Berg, Jalowetz und Webern, der das entzückt am 14. September dem Freunde in Wien meldete.

Woher der vielgeplagte Mann die Zeit nahm, neben den musikalischen Arbeiten noch diese riesige Korrespondenz im Gang zu halten, ist kaum zu begreifen. Aber es blieb nicht allein dabei. Für seine Wohnung in Zehlendorf brauchte er neue Möbel. Die alten, zum Teil selbst entworfenen und angefertigten, ließ er modernisieren. Er wandte sich an das berühmte Kaufhaus N. Israel, schickte seine Zeichnungen ein und ließ sich eine Kostenaufstellung machen. Die Firma richtete am 26. Oktober 1912 einen Brief an „Herrn Kunstmaler A. Schönberg, Hochwohlgeboren" mit der Aufstellung („Irrtum vorbehalten") über zu bauende Buffets, Umbau eines vorhandenen Schreibtisches und Modernisierung eines vorhandenen Tisches.

Nun rückte das Datum des Mahlervortrags näher. Hermann Scherchen, der Kritiker Arno Nadel und die Busonischülerin Gisella Selden-Goth, bitten um Karten. Aus Wien hatte Marie Pappenheim geschrieben, sie käme nach Berlin kaum vor Dezember. Offenbar hatte Schönberg sie zu einem Besuch aufgefordert. Der Vortrag, wenige Tage vor der „Pierrot"-Uraufführung, erregte Aufsehen und fand in der Presse ebenso viel begeisterte Zustimmung wie scharfe Ablehnung. Die Fronten für und gegen Schönberg verhärteten sich. Aber die Probenarbeit an den Melodramen und deren umstrittene Uraufführung ließen ihm keine Zeit, erneut Stellung zu nehmen.

Im November, gleich nach den „Pierrot"-Konzerten in Hamburg, Breslau und Wien, mußte Schönberg das Ensemble verlassen und über Berlin nach Amsterdam fahren. In Zehlendorf war er noch zwei Tage mit Webern zusammen. Zu den Proben und Konzerten in Holland hatte sich Erwin Stein angesagt, der in Osnabrück als Kapellmeister den schönen Tagen mit Jalowetz in Danzig nachtrauerte. Schönberg traf am 25. in Amsterdam ein. Er dirigierte zum erstenmal das Concertgebouw-Orchester, dessen Leiter Willem Mengelberg zu den Vorkämpfern Mahlers gehörte. Die Aufführungen von „Pelleas und Melisande", durch drei Proben von Mengelberg und drei von Schönberg vorbereitet, brachten am 28. und 30. November starke Erfolge; Schönberg wurde seither mehrfach als Gastdirigent eingeladen.

In Berlin hatten sich Briefe gehäuft. Schönberg mußte antworten. Aus Frankfurt war inzwischen das „Pierrot"-Ensemble zurückgekommen. Die beiden Matineen am 1. und 8. Dezember wollten vorbereitet werden. Am 15. trat Schönberg die Reise nach Sankt Petersburg an. Mathilde war mit den Kindern zu Webern nach Stettin gefahren, wo sie sich sehr wohl fühlte. Nur Weberns Zustand machte ihr Sorge: „Er schaut furchtbar aus und ist von einer unglaublichen Schwäche. Wenn er über die Stiegen geht, muß er sich mit beiden Händen am Geländer anhalten, durch ein Zimmer schwankt er von einem Sessel zum anderen", schreibt sie in ihrem ersten Brief.

Von der Grenze hatte Schönberg telegraphiert und Karten geschickt. Sie fleht ihn an, sich vor Erkältung zu hüten: „Denk an Deinen schiefen Hals in der Eisenbahn!"

Er stieg bescheiden im Petersburger Dagmar-Hotel ab, nicht in dem teuren Europe gleich gegenüber der Philharmonie, wo Bodanzky und andere Dirigenten zu wohnen pflegten. Die erste Probe für „Pelleas", über die er Webern berichtete, verlief sehr gut, das Orchester fand er ausgezeichnet.

Mit Siloti verstand er sich gut; wegen der großen Kälte lieh ihm dieser einen stattlichen Pelz, mit dem er sich photographieren ließ. Die Aufführung war am 21. Dezember. Schönberg hatte in der schönen Residenzstadt schon ein kleines Publikum von Anhängern. 1911 hatte der 19jährige Sergej Prokofieff die Klavierstücke opus 11 gespielt. Die jungen Literaten und Musiker interessierten sich dafür und eine Aufführung des fis-moll-Quartetts im Februar 1912 war viel diskutiert worden. Das Sopransolo sang Sandra Belling, der Schönberg auch begegnete und die später in Damaskus lebte. Sein stärkster Vorkämpfer war der finnische Komponist Ernest Pingoud (1888–1942), ein Schüler Silotis und Max Regers, der später in der „Petersburger Zeitung"

Schönberg in Alexander Silotis Pelz im Hof der St. Petersburger Philharmonie,
Dezember 1912

einen analytischen Aufsatz über ihn veröffentlichte. Dem Konzert konnte er nicht beiwohnen. Der führende Kritiker Wiatscheslaw Gawrilowitsch Karatygin war anwesend und schrieb in Nr. 339 der Liberalen Zeitung „Retsch" (Rede): „Merkwürdiges begab sich auf dem Podium, wo ein kleiner Mann mit Glatze und brennendem, unruhigen Blick, nervösen Gesten und auch bei ruhiger Bewegung dämonischer Leidenschaft erschien. Er ist lebhaft wie Quecksilber, ein Männchen, das an einen kleinen chinesischen Buddha erinnert. Man denkt an Figuren aus Hoffmanns Zaubermärchen oder den bösen Novellen von Edgar Allan Poe. Doch das Programm, das vor mir liegt, sagt nichts über die Phantastik von Poe. Gespielt wurde die symphonische Dichtung ‚Pelleas und Melisande' von dem höchst paradoxen, wagemutigen und vielleicht bedeutendsten deutschen Modernisten, Arnold Schönberg."

Am 22. fuhr er wieder heim. Siloti war tief beeindruckt gewesen und dankte brieflich. Schönberg machte ihm ein kleines Weihnachtsgeschenk und Siloti war hocherfreut über die „wunderbaren Bleistifte".

In Berlin bereitete man die Festtage des späten Jahres vor. Zum erstenmal ohne Geldsorgen. Amsterdam und Petersburg hatten fast zweitausend Mark eingebracht, im Januar würde die zweite Sendung des Mahlerfonds kommen. Man feierte Weihnachten im Familienkreis. Am 27. Dezember notierte Schönberg Musik zu der geplanten „Seraphita"-Oper. Adolf Loos kam wieder einmal aus Wien und man aß mit ihm, Webern und Herwarth Walden im „Rheingold". Neujahr verbrachten Schönbergs mit Erwin Stein, der aus Osnabrück zu Besuch eintraf. So endete das Jahr gesellig und harmonisch.

Schönberg benutzte ein paar Wochen ohne Konzertpflichten im Januar 1913, um seine Bibliothek zu ordnen. Am 23. beendete er ein Verzeichnis der Bücher, das er selbst mit einem festen Kartoneinband versah. Der Katalog zeigt, welche Autoren bevorzugt waren. Balzac ist mit zwölf Bänden (überwiegend in deutschen Übersetzungen) vertreten, Richard Dehmel mit zehn, Rilke mit neun, Karl Kraus mit zwölf, Ibsen mit fünf, Stefan George mit elf, Gerhart Hauptmann mit sechs, Maeterlinck mit achtzehn, Strindberg mit achtundzwanzig! Unter den Philosophen führt Kant mit elf; dann folgen Schopenhauer mit sechs, Bergson, Nietzsche und Plato mit je vier, Aristoteles mit zwei. Auch ein Band Swedenborg-Schriften ist auf der Liste. Die klassische und romantische Literatur besaß Schönberg in der populären Meyer-Ausgabe.

Der Katalog wurde mehrfach in unregelmäßigen Abständen ergänzt, so im Juni und Dezember 1914, im Juni 1915, im März 1918 und – zuletzt – im Dezember 1919. Bis 1932 begnügte sich Schönberg mit dem alten Meyerschen Konversationslexikon von 1885 aus seinem Elternhaus; dann kaufte er Knaurs Lexikon. 1918 wurde die sechsbändige Ullstein-Weltgeschichte angeschafft. Von Peter Altenberg, Kandinsky, Kokoschka, Otto Weininger und Karl Kraus besaß Schönberg alles. Psychologische und psychoanalytische Bücher waren 1971 in dem Haus in Brentwood Park nicht zu finden.

In Wien hatte das Schönbergkonzert des Akademischen Verbandes am 20. November Aufsehen erregt. Erhard Buschbeck und Marie Pappenheim berichteten über den stürmischen Erfolg, den Rudolf Réti mit den Klavierstücken opus 11 und 19 hatte. Für Ende März war das Orchesterkonzert mit „Pelleas" und Kammersymphonie unter Schönbergs Leitung fest angesetzt. Inzwischen bereitete Schreker die Uraufführung der „Gurrelieder" vor. Dabei gab es Schwierigkeiten mit dem fehlerhaften Material. Schönberg war gekränkt, weil Schreker ihn durch Hertzka wissen ließ, er wünsche sein Kommen zu den Proben. Zehn Proben mit dem „schlechten Tonkünstler-Orchester" schienen ihm zu wenig. Aber gegen Spesenvergütung wolle er am 18. kommen und am 23. die Premiere leiten. – Er kam auch, aber Schreker dirigierte. Vorher gab es einen unangenehmen Zwischenfall. Dr. Königer, der Vater seines Schülers Paul Königer, veranlaßte am Tag vor der Generalprobe wegen einer alten Schuld eine Leibespfändung an dem Komponisten.

Der mächtige Erfolg der Aufführung ließ ihn den Ärger schnell vergessen. Das Sonntagskonzert im Großen Musikvereinssaal war stark besucht. Mit Martha Winternitz-Dorda (Tove), Marya Freund – statt der ursprünglich vorgesehenen Anna Bahr-Mildenburg – (Waldtaube), Hans Nachod (Waldemar), Alfred J. Boruttau (Klaus Narr) und Burgschauspieler Ferdinand Gregori als Sprecher wurde es ein Triumph. Alle Freunde und ehemaligen Schüler kamen hin, auch Webern, der zu einem Kuraufenthalt im Sanatorium Dr. Vecsey am Semmering war. Schönberg bekam einen Lorbeerkranz, – seinen ersten.

Nach Zehlendorf heimgekehrt, mußte er an die Programmgestaltung für das Orchesterkonzert am 31. März denken. Außer seinen eigenen Stücken, „Pelleas" und Kammersymphonie, sollten Mahlers Kindertotenlieder, Orchesterlieder von Zemlinsky und je ein Werk von Berg und Webern aufgeführt werden. Marya Freund, die schon im Januar in Berlin darüber mit Schönberg gesprochen hatte, sträubte sich gegen die Peter Altenberglieder von Berg. „Den Berg, seien Sie nicht böse, *kann* ich nicht singen – der ist nicht schön", schrieb sie. Schönberg reagierte sauer: „Liebe Frau Freund, das sollten Sie nicht tun! Weil einem etwas nicht gleich gefällt, legt man es nicht weg", schreibt er am 24. Januar. Aber dann sang doch Boruttau.

Das Konzert im Großen Musikvereinssaal am 31. März 1913 endete mit einem der größten Skandale der neueren Musikgeschichte, vergleichbar nur mit dem bei der Uraufführung von Igor Strawinskys „Sacre du Printemps" im Pariser Théâtre des Champs Elysées am 28. Mai des selben Jahres. Die „Musikblätter des Anbruch" druckten 1924 in der Sondernummer zu Schönbergs 50. Geburtstag den Bericht einer Wiener Tageszeitung ab, wo es hieß:

„Das gestrige Konzert des Akademischen Verbandes für Literatur und Musik artete zu beispiellosen Skandalszenen aus . . . Sofort nach dem ersten Teil des Programms, einem Orchesterstücke von Anton von Webern, lieferten sich die Beifallspender und Zischer einen minutenlangen Kampf, der sich freilich noch in Grenzen bewegte, welche von anderen Schönberg-Veranstaltungen her sattsam bekannt sind. Nach dem zweiten Orchesterstücke[1] ging ein Lachsturm durch den Saal, der von den Anhängern der nervenabspannenden und provokanten Musik mit donnerndem Applaus übertönt wurde. Auch die übrigen vier Stücke . . . trugen dazu bei, daß die Stimmung im Saale das Schlimmste befürchten ließ. Vier schöne Orchesterlieder von Alexander von Zemlinsky nach Gedichten von Maeterlinck . . . beruhigten scheinbar die erhitzten und kampflustigen Gemüter. Nach dem opus 9 von Schönberg, seiner schon vor einigen Jahren abgelehnten Kammersymphonie, mischten sich leider in das wütende Zischen und Klatschen auch die schrillen Töne von Hausschlüsseln und Pfeifchen und auf der zweiten Galerie kam es zur ersten Prügelei des Abends. Von allen Seiten wurde nun in wüsten Schreiereien Stellung genommen und schon in dieser unnatürlich langen Zwischenpause gerieten die Gegner hart aneinander. Zwei Orchesterlieder nach Ansichtskartentexten von Peter Altenberg von Alban Berg raubten aber auch den bisher Besonnenen die Fassung . . . Die Musik . . . überbietet alles bisher Gehörte und es ist nur der Gutmütigkeit der Wiener zuzuschreiben, daß sie sich bei ihrem Anhören mit herzlichem Lachen begnügen wollten. Dadurch aber, daß Schönberg inmitten des Liedes abklopfte und in das Publikum die Worte schrie, daß er jeden Ruhestörer mit Anwendung der öffentlichen Gewalt abführen lassen werde, kam es neuerlich zu aufregenden und wüsten Schimpfereien, Abohrfeigungen und Forderungen. Herr von Webern schrie auch von seiner Loge aus, daß man die ganze Bagage hinausschmeißen sollte und aus dem Publikum kam pünktlich die Antwort, daß man die Anhänger der mißliebigen Richtung der Musik nach Steinhof[2] abschaffen müßte. Das Toben und Johlen im Saale hörte nun nicht mehr auf. Es war gar kein seltener Anblick, daß irgend ein Herr aus dem Publikum in atemloser Hast und mit affenartiger Behendigkeit über etliche Parkettreihen kletterte, um das Objekt seines Zornes zu ohrfeigen.

Der einschreitende Polizeikommissär konnte in diesem Chaos wild aufgepeitschter Leidenschaften nichts ausrichten. Wollte er in irgend einem Rudel Raufender intervenieren und Ruhe schaffen, so hörte man zu gleicher Zeit von allen Seiten das Aufklatschen von Ohrfeigen. Endlich betrat der Präsident des Akademischen Verbandes[3] das Dirigentenpodium und bat, man möge

[1] Es waren Weberns Sechs Stücke opus 6.

[2] Wiener Landesirrenanstalt

[3] Erhard Buschbeck

AKADEMISCHER VERBAND FÜR LITERATUR UND MUSIK IN WIEN

Montag, den 31. März 1913, ½8 Uhr abends
im grossen Musikvereinssaal

ORCHESTER-KONZERT

Dirigent: ARNOLD SCHÖNBERG

Orchester des Wiener Konzertvereins

Gesang: A. Boruttau, Margarete Bum, Maria Freund

1. ANTON VON WEBERN: Sechs Stücke für Orchester op. 4*
2. ALEXANDER VON ZEMLINSKY: Vier Orchesterlieder nach Gedichten von Maeterlinck
   Margarete Bum
3. ARNOLD SCHÖNBERG: Kammersymphonie op. 9 in einem Satz
4. ALBAN BERG: Zwei Orchesterlieder nach Ansichtskartentexten von Peter Altenberg (aus einem Zyklus)
   Alfred J. Boruttau
5. GUSTAV MAHLER: Kindertotenlieder*
   Maria Freund

* Die einzelnen Teile bilden ein einheitliches Ganzes und es muss daher die Kontinuität (auch durch Hintanhaltung von Beifallsbezeugungen u. dgl.) aufrecht erhalten werden.

PREIS DES PROGRAMMES 30 HELLER

Mahlers Andenken ehren und seine ‚Kindertotenlieder' anhören. Diese Fehlbitte ... reizte irgend jemand zu einer gemeinen Beschimpfung, die der Herr Präsident wiederum mit Ohrfeigen quittierte. Alle möglichen Leute stürmten nun auf die vor Aufregung schreckensbleichen und zitternden Musiker ein und beschworen sie, das Podium zu räumen und das Konzert zu beenden. Trotzdem dauerte es noch vielleicht eine halbe Stunde, bis die letzten Krakehler tobend den Saal verließen ..."

Egon Wellesz berichtet in seinem Schönberg-Buch, ein Teil des Publikums sei offenbar aus Sensationslust und mit Skandalabsichten gekommen. Es folgte ein Prozeß, bei dem der Operettenkomponist Oscar Straus als Zeuge bemerkte, auch er habe gelacht, weil es wirklich komisch gewesen sei. Ein ebenfalls als Zeuge befragter Arzt hielt die Wirkung solcher Musik bei einem großen Teil des Publikums für „entnervend und derart schädigend für das Nervensystem ... daß viele Besucher schon äußerlich Zeichen einer schweren Gemütsdepression zeigten".

Paul Stefan konstatiert in seinem Schönberg-Buch, die Zeitungen hätten über den Skandal als „Lokal"-Sensation in alle Welt berichtet. Am 2. April erfuhr der Dichter Georg Trakl in Innsbruck von der Affaire und schrieb dem Freunde Buschbeck: „In den heutigen Innsbrucker Zeitungen las ich von dem pöbelhaften Skandal während des Schönberg-Konzertes. Welch eine trostlose Schmach für einen Künstler, den die Gemeinheit des Gesindels nicht abhält, vor das Werk seiner Schüler zu treten."

Schönberg fuhr erbittert nach Berlin zurück. Webern setzte einen Erholungsurlaub in Portorose an der Adria fort, „... fast erlöst von all den ekligen Dingen", schrieb er am 7. April an Berg, und: „Denk an die schöne Zeit der Proben, an die Kammersymphonie, an den herrlichen Abend mit Altenberg, an die Loos-Villa."

In Berlin mußten Schönbergs nach einer neuen Wohnung suchen; die Zehlendorfer Villa Lepcke wurde für andere Zwecke gebraucht. Nach einem mißglückten Versuch in Schlachtensee bot Albertine Zehme das Haus in Südende an. Ende Mai zog man um. Als erster Besucher kam am 4. Juni Alban Berg. Er blieb eine Woche in täglichem Gespräch mit dem Freunde, einige Abende im Theater und in der Oper, wo er Strauss' „Ariadne auf Naxos" hörte. Kurz vor der Abreise kam es zu einer Verstimmung, als Schönberg Mängel in seinen letzten Arbeiten rügte. Doch selbst diese harte Kritik nahm Berg dankbar auf.

Die geplante „Gurrelieder"-Aufführung in Berlin kam nicht zustande. Anfang Juli 1913 suchte Schönberg den Leiter des Philharmonischen Chors, Siegfried Ochs, auf und wollte Klarheit über die finanziellen Aussichten des Konzerts. Es kam zum Streit. Schönberg drehte Ochs den Rücken und ging. Zum Sommerurlaub fuhren Schönbergs nach Göhren auf Rügen. Ende August waren sie wieder in Südende. Vor lauter Korrespondenz kam Schönberg nicht zum Schaffen; dabei drängte die Partitur der ,,Glücklichen Hand" auf Vollendung. Von Mannheim kam eine Anfrage Bodanzkys, der die ,,Erwartung" aufführen wollte. Schönberg wandte sich an Marie Gutheil-Schoder, die tapfere Interpretin des Sopranparts im 2. Streichquartett bei der niedergezischten Uraufführung 1908. Er schickte ihr Marie Pappenheims Text und fragte, ob er ihr gefalle, ob sie Lust habe, das Stück in Mannheim zu singen und dafür Urlaub bekäme. Die Sache sei musikalisch sehr schwer. Die Gutheil war bereit; zur Aufführung kam das Monodram aber erst 1924 unter Zemlinsky in Prag.

Wegen der Instrumentationen für Julia Culp mußte mit Verlegern korrespondiert werden. Schon in Göhren war die Genehmigung von Peters eingetroffen, „ausnahmsweise und für persönlichen Gebrauch der Culp" Hugo Wolf-Lieder zu orchestrieren; auch Simrock war einverstanden, daß Schönberg für die berühmte Sängerin Brahms-Gesänge bearbeitete. Ein Briefwechsel mit Schotts, denen er Manuskripte angeboten hatte, endete am 25. August mit einer Absage.

Verglichen mit dem Winter und Frühjahr verlief der Herbst 1913 ruhig. Ein häufiger Besucher wurde seit Oktober Alexander Jemnitz, der Theoriestunden bei Schönberg nahm und allgemein musikalische Probleme mit ihm besprach.

Einer Sängerin Maria Schoeffer, die Schönberg-Lieder aufführen wollte, gab er Auskunft über den Vortrag: „Nicht zu scharfe Textaussprache (‚Deklamation') sondern musikalisch-stimmliche Herausarbeitung der melodischen Linien! – Also nicht ein Wort hervorheben, das in meiner Melodie fallen gelassen wird, und keine ‚intelligenten' Cäsuren, die sich aus dem Text ergeben. Wo ein ‚Komma' nötig ist, habe ich es schon mit komponiert." Der vier Seiten lange, engbeschriebene Brief ist vom 12. November.

Die Hauptarbeit war die Beendigung der ,,Glücklichen Hand". Am 20. November wurde der Schlußstrich gesetzt, aber schon am 18. hatte Schönberg dem Tenor Fritz Soot, der in München den Waldemar in einer durch Bruno Walter geplanten ,,Gurrelieder"-Aufführung singen sollte, von der Vollendung des Werks berichtet.

Zwischen den Arbeiten an dem Musikdrama entstand ein Orchesterlied nach dem Gedicht ,,Seraphita" von Ernest Dowson, übersetzt von Stefan George. (Ernest Christopher Dowson, 1867–1900, war der originellste Vertreter der am französischen Symbolismus orientierten „décadents" in England.) Es liegt in zwei Fassungen mit den Enddaten 6. Oktober und 9. November 1913 vor. Die Form der Particell-Niederschrift, also einer zusammengezogenen Partitur auf wenigen Systemen, ist von Schönberg in den vier Orchesterliedern, deren erstes ,,Seraphita" wurde, zum erstenmal für die Veröffentlichung angewandt worden.

Am 23. November teilte er Bodanzky mit, das Mannheimer Orchester (nur 6 Bratschen) sei für die „Erwartung" zu klein. Jetzt interessierte sich Ernst von Schuch für die Uraufführungen beider Einakter. Merkwürdigerweise wollte Schönberg, daß Fritz Soot, der Münchener Heldentenor (1925 Sänger des Tambourmajor in der Uraufführung von Bergs „Wozzeck"), den Mann in der „Glücklichen Hand", eine Baritonpartie, singe. Für diese plante Hertzka einen Filmproduzenten zu gewinnen. Schönberg sah darin eine Möglichkeit, Dinge zu zeigen, für die es auf der Bühne nur notdürftige Behelfe gab. Er wünschte sich „höchste Unwirklichkeit" und ein „Spiel mit den Erscheinungen von Farben und Formen". Als Maler schlug er Kokoschka, Kandinsky oder Roller vor. Aber: keine Veränderungen an der Musik, die wirklich aufgeführt werden müsse! Da es 1913 keinen Tonfilm gab, war also an eine Aufführung mit Orchester, Chor und Solisten gedacht.

Im Januar 1914 folgte Schönberg Sir Henry Woods Einladung, in der Londoner Queen's Hall seine Orchesterstücke zu dirigieren. Das Einvernehmen mit dem Orchester war ausgezeichnet, die Londoner Musiker waren von dem Gast ebenso begeistert wie dieser von ihnen. Auch in Amsterdam erschien er wieder, um das gleiche Werk mit Mengelbergs Orchester zu spielen. Der Erfolg war groß. Sowohl Wood als auch Mengelberg planten, die „Gurrelieder" unter seiner Leitung zu bringen. Diese wurden mittlerweile in Leipzig (wo Arthur Nikisch zu Schönbergs großer Zufriedenheit opus 9 dirigiert hatte) vorbereitet; über die begeisterte Aufnahme dort sind wir unterrichtet. Hinrichsen, der Chef des Hauses Peters, war davon und von dem Amsterdamer Erfolg der Orchesterstücke so entzückt, daß er sofort das Resthonorar von 600 Mark für opus 16 überwies.

Ende Januar gab es ein kleines Treffen der Schönbergianer in Prag. Zemlinsky hatte die Orchesterlieder opus 8 auf ein Programm gesetzt. Solist war der Heldentenor Hans Winkelmann, Sohn Hermann Winkelmanns, des ersten Bayreuther Parsifal. Er sang nur drei der sechs Lieder: „Das Wappenschild", „Voll jener Süße" und „Wenn Vöglein klagen". Außer Arnold und Mathilde Schönberg waren Berg, Königer, Stein, Webern und Gerhard von Keußler auf der Generalprobe und im Konzert am 29. Januar.

Im Frühjahr 1914 reiste Schönberg nach Dresden. Steuermann, der ihn begleitete, hat am 20. Mai 1964 Gunther Schuller davon erzählt; Ernst von Schuch und Intendant Graf Nikolaus Seebach wollten Schönbergs Opern kennen lernen, um sie zur Aufführung vorzuschlagen. Steuermann spielte die „Erwartung", Schuch las die Partitur mit. Dann schilderte Schönberg den Inhalt der „Glücklichen Hand". Seebach unterbrach ihn und erzählte selbst außerordentlich gut die Handlung. Steuermann war verblüfft über seine genaue Kenntnis des Werks.

In Prag hatte Schönberg nicht nur drei seiner Orchesterlieder, sondern auch „Parsifal" unter Zemlinsky so gehört, daß er ihn in einem Brief an Hertzka als den ersten lebenden Dirigenten bezeichnete. In einem Brief an den Schwager vom 16. April kommt er auf „Parsifal" zu sprechen: „Ich bin im Begriff, wieder ein guter alter Wagnerianer zu werden. Lange nicht hat mich eine Musik so beschäftigt wie diese."

Am 27. Mai 1914 schrieb er das Thema zum Scherzo seiner geplanten Symphonie auf. Es besteht aus zwölf Tönen ohne Wiederholung. In seinem Brief an Nicolas Slonimsky vom 3. Juni 1937 nannte er es einen Vorversuch auf dem Weg zur Zwölftonmethode und datierte es irrtümlich zu spät auf die Jahreswende 1914/15.

Von Strauss hingegen sagte er sich in einer Weigerung, zu seinem 50. Geburtstag etwas zu schreiben, menschlich los.

Sehr eng war im Mai und Juni die briefliche Verbindung mit Kandinsky, der ihn aufforderte, den Sommer bei ihm in Murnau zu verbringen. Schönbergs fuhren im Juli hin und trafen dort mit Heinrich Jalowetz zusammen. In das oberbayerische Idyll platzte die Nachricht des Kriegsausbruchs zwischen Österreich und Serbien, später zwischen den Mittelmächten und halb Europa. Ende August war Schönberg wieder in Südende; als Kuriosum meldete er dem Schwager in Prag, sein englischer Schüler Clark habe sich als deutscher Kriegsfreiwilliger gemeldet und um die Staatsangehörigkeit angesucht.

Hertzka ließ sich in seinen großen Plänen nicht beirren. Am 1. September schlug er dem Breitkopf & Härtel-Vertreter in New York eine Reihe „Gurrelieder"-Aufführungen vor. Schönberg, der sie dirigieren wollte, wünschte fünf Abende mit einem Honorar von 5000 Dollar plus Reisekosten und Spesen für dreimonatigen Aufenthalt mit Frau und Kindern.

Durch den Kriegsausbruch verlor Schönberg alle Schüler. Obwohl sein Einkommen gegenüber früheren Jahren hoch war, machte er sich Sorgen um die nächste Zukunft. Durch seine Steuererklärung 1914 sind wir über die Lage genau unterrichtet. Sie weist Stipendieneinnahmen von 5700 Mark (davon 1300 aus dem Mahlerfonds) nach; ein Spender von monatlich 400 Mark von Februar bis Dezember ist unbekannt. Sechs Monate Unterricht (Januar bis Ende Juni) brachten 1320 Mark. Als Dirigent bezog er je 500 Mark in London, Amsterdam und Leipzig, wovon insgesamt 450 Mark Spesen abgingen. Aus dem Verkauf der Werke kamen im ersten Halbjahr 500 Mark; dazu zahlte die Universal Edition die gleiche Summe als Vorschuß. Die Gesamteinnahme von 9070 Mark floß also zum größeren Teil aus Unterstützungen.

So düster Schönberg in seine eigene Zukunft für das kommende Jahr 1915 sah, so zuversichtlich hoffte er auf einen baldigen Ausgang des Krieges. Er hatte im September das vierzigste Lebensjahr vollendet. Körperlich war er seit seiner Jugend anfällig. Er hatte vom Vater die Neigung zu asthmatischen Störungen geerbt, die durch Rauchen von Zigaretten und Zigarren, durch regelmäßigen Alkoholgenuß gefördert wurde. Wir wissen, mit welcher Sorge Mathilde ihn mahnte, von Reisen keine Erkältungen und keinen „schiefen Hals" mitzubringen. Aber nie wäre er auf den Gedanken gekommen, sich wegen solcher Beschwerden dem Wehrdienst zu entziehen. Er war ein Patriot und fühlte sich als Deutsch-Österreicher der Sache seines Vaterlandes verpflichtet.

Zunächst aber ließen die Militärbehörden ihn unbelästigt. Das Leben in Südende ging friedlich weiter. Zwei der Orchesterlieder opus 22 wurden zwischen dem 1. und 14. Januar zu Ende gebracht. Aus Rainer Maria Rilkes „Stundenbuch" hatte er zwei Gedichte ausgewählt. Das eine, „Alle, welche dich suchen", war schon am 30. November skizziert, am 3. Dezember beendet worden. Zu Neujahr entstand der Anfang des zweiten, „Mach mich zum Wächter deiner Weiten", eine Woche danach eine zweite Reinschrift des ersten Liedes. Das zweite wurde am 14. Januar beendet. Von „Alle welche dich suchen" schrieb Schönberg einen Klavierauszug. Dieser erschien im Mai 1915 in Heft 14 des „Zeit-Echo", einer Schriftenreihe des Graphik-Verlags München, die sich „Ein Kriegstagebuch der Künstler" nannte. Die Widmung „meinem lieben Anton von Webern" fehlt in der späteren Particellausgabe der Universal Edition.

Unmittelbar nach dieser Arbeit, die erst 1916 in Wien mit „Vorgefühl" aus Rilkes „Buch der Bilder" abgeschlossen wurde, schrieb Schönberg den Text des „Totentanz der Prinzipien" nieder, der das Schlußdatum des 15. Januar trägt. Beginnend mit dem an Strindbergs „Inferno" erinnernden Schlägen der Turmglocke, endend mit deren dreizehntem Schlag, ist es der geheimnisvollste, düsterste aller seiner Texte. Er hängt sprachlich und gedanklich mit der „Jakobsleiter" zusammen, deren erster Textentwurf drei Tage später notiert wurde. Aus der selben Zeit stammen vermutlich auch die 1915 datierten beiden Skizzen zur Musik der „Jakobsleiter".

Mit der Außenwelt hatte Schönberg damals wenig Verbindung. Die Flut von Briefen war seit Kriegsbeginn fast versiegt. Einmal kam eine Anfrage von Peters aus Leipzig; Sigfrid Karg-Elert, damals noch Anhänger Schönbergs, hatte für ein Harmonium-Album das zweite der Orchesterstücke opus 16 bearbeitet. Schönberg verweigerte den Abdruck in dem Album.

Aus Wien kamen regelmäßig Berichte. Berg litt unsagbar unter den Eindrücken des Krieges, blieb aber bis August 1915 vom Wehrdienst verschont. Oskar Kokoschka war unter den ersten Eingezogenen und kämpfte als Kavallerist in Rußland. Alma Mahler hatte sich mit dem Architekten Walter Gropius angefreundet. Er lag mit einem Nervenschock in einem Berliner Lazarett. Dort besuchte sie ihn und blieb ein paar Wochen in der Reichshauptstadt. Schönberg schlug sie vor, er solle in Wien ein Konzert mit Beethovens Neunter Symphonie dirigieren, in der von Mahler retuschierten Fassung. Der Abend, den ihre reiche Freundin, Frau Lieser, finanzierte, kam im April 1915 zustande.

Ostern fuhren Schönbergs nach Stettin. An Webern, der sich freiwillig gemeldet hatte und in Görz Etappendienst leistete, schrieb Schönberg einen Brief über die Strindberg-Biographie von Adolf Paul. Er hatte dem treuen Freund, der um die Einziehung des Meisters bangte, das Rilkelied in einem selbstgefertigten blauen Leinenband geschickt.

Am 10. April wußte Berg zu berichten, Schönbergs Musterung sei auf den 10. Mai festgesetzt. Webern eiferte, man müsse absolut verhindern, daß er zum Militär komme, sogar gegen seinen Willen. Adolf Loos habe schon einiges unternommen. Schönberg sah die Sache gelassener an. Er wollte sich freiwillig melden, um das Regiment selbst wählen zu können. Im April reiste er nach Wien, um am 26. die Aufführung der Neunten zu probieren und zu leiten. Sie fand keine so starke Resonanz, wie Alma Mahler gehofft hatte.

Neue Sorgen entstanden um das Stipendium aus dem Mahlerfonds. Berg intervenierte im Mai bei Alma. Am 20. Mai 1915 wurde Schönberg gemustert und zunächst freigestellt. Zurück in Südende, trug er seine letzte Notiz ins Tagebuch ein. Sie handelt von einem Briefwechsel mit Alma Mahler und verwahrt sich gegen deren Mahnung an seine Dankespflicht. Er hatte wohl von ihr erfahren, daß Julius Bittner der nächste Stipendiat sein werde. Schönberg sah Existenzschwierigkeiten kommen und geriet für kurze Zeit in die ihm eigentümliche Abwehrstellung, die ihn überall Feindschaft und Nachlässigkeit argwöhnen ließ. Selbst Alban Berg und Erwin Stein verdächtigte er der Teilnahmslosigkeit an seiner Existenz; was sie für ihn täten, geschehe nur im Hinblick auf die Nachwelt (so dargestellt in Bergs Brief an Webern vom 13. 6. 1915).

Der Unwille legte sich bald. Am 20. Juni meldet er Zemlinsky seine Versöhnung mit Alma Mahler und Frau Lieser. Was den Krieg betraf, so war er überzeugt, im Oktober sei alles zu Ende. Er hatte keinen Zweifel am Sieg der Mittelmächte.

Im August wurde die Versöhnung besiegelt: Schönberg kam zu Alma auf den Semmering. Webern und Stein besuchten ihn. Frau Lieser zeigte sich von ihrer hilfreichsten Seite. Sie bot Schönberg, der mit seiner Einberufung rechnete, und seiner Familie eine Wohnung in ihrem Hietzinger Haus, Gloriettegasse 43, an. Anfang September fand der Umzug statt; damit endete Schönbergs zweiter Berliner Aufenthalt. Er hatte in vier Jahren den europäischen Erfolg seiner schöpferischen und reproduktiven Tätigkeit gebracht. Was in dieser Zeit an neuen Mitteln der Tonsprache und ihrer formalen Gestaltung frei wurde, hat die Musikgeschichte für Generationen befruchtet. Neben dem

Abschluß der Gurrelieder-Partitur, den Bearbeitungen barocker Werke für Guido Adlers Denkmäler, den Orchestrierungen von Liedern für Julia Culp, einer ausgedehnten Lehr- und Dirigiertätigkeit entstanden zwei Hauptwerke: der „Pierrot Lunaire" und die Musik der „Glücklichen Hand". Mit den „Herzgewächsen" und den Orchesterliedern aus opus 22 war eine Erweiterung der Instrumental-Palette zutage getreten, die um Jahrzehnte die künftige Entwicklung vorausahnt. Auch die literarischen Arbeiten dieser Berliner Jahre, vor allem die Texte zu geplanten Chorwerken, zeigen Schönberg auf der Höhe seiner Eingebung und dichterischen Phantasie.

DREIMAL SIEBEN MELODRAMEN

Am 25. Januar 1912 erfuhr Schönberg durch Emil Gutmann, bei dem er eine große Anzahl von Konzertplänen durchsprach, daß Frau Dr. Albertine Zehme bei ihm einen Zyklus von Melodramen nach Gedichten aus dem „Pierrot Lunaire" von Albert Giraud bestellen wolle, und zwar in der 1892 erschienenen, später sehr erfolgreich gewordenen Übersetzung von Otto Erich Hartleben. Das vorgeschlagene Honorar war 1000 Mark. Schönberg schreibt in sein Tagebuch am 28. Januar: „Habe Vorwort gelesen, Gedichte angeschaut, bin begeistert. Glänzende Idee, ganz in meinem Sinn. Würde das auch ohne Honorar machen wollen. Deshalb auch anderen Vorschlag gemacht: statt Honorar Aufführungstantiemen. Annehmbarer für mich, weil ich ja doch nicht auf Bestellung arbeiten kann. So aber: bringe ich die Melodramen fertig, dann soll sie sie aufführen und mir die vereinbarten Tantiemen für 20–30 Abende bezahlen. Dürfte angenommen werden."

Nach dem Konzert im Harmoniumsaal ging er mit zu Albertine Zehme. Sie war begeistert, er fand sie sehr sympathisch. „Erinnert etwas an die Mildenburg (das Abgewandte) und etwas an die Gutheil (das Herzliche, Schlichte), also an Leute, die ich mag. Aber ich werde ihr andere Aufgaben stellen als die Musik Vrieslanders (schlecht!)."

Tatsächlich war die Zehme eine bemerkenswerte Frau. Wienerin, am 7. Januar 1857 geboren, mit Mädchennamen Albertine Aman, war sie 55 Jahre alt, als Schönberg sie kennenlernte. In Wien als Schauspielerin ausgebildet, fand sie ihr erstes Engagement in Oldenburg, von wo sie nach ein paar Jahren an das Leipziger Stadttheater ging. Hier spielte sie mit großem Erfolg Rollen wie die Thekla im „Wallenstein" und die Desdemona im „Othello". Bald nach ihrer Verheiratung mit dem Rechtsanwalt Dr. Felix Zehme verabschiedete sie sich von der Bühne als Oberon im „Sommernachtstraum". Die Familie des Mannes empfand die Ehe mit der mittellosen, aus bescheidenen Verhältnissen stammenden Frau als Mesalliance.

Dr. Zehme wurde durch einen Prozeß berühmt und reich, der um 1900 die Öffentlichkeit sehr bewegte. Die Sächsische Kronprinzessin Luise, eine Angehörige des Habsburger Kaiserhauses, verliebte sich in den jungen italienischen Geiger und Komponisten Enrico Toselli, dessen „Serenade" seit 1900 eine Art Schlager war. Die katholische Ehe zu scheiden, schien unmöglich. Schließlich aber gelang es den Bemühungen Dr. Zehmes, in Rom die Genehmigung zur Scheidung zu bekommen. Er wurde durch den glücklichen Ausgang des Prozesses zum prominentesten Leipziger Advokaten und baute seiner Frau in Gautzsch (dem heutigen Markkleeberg-West) die luxuriöse Villa Albertine.

1891 war Albertine Zehme Cosima Wagners Schülerin in Bayreuth geworden; sie studierte bei ihr und dem berühmten Korrepetitor Julius Kniese bis 1893 die Partien der Venus im „Tannhäuser", Pariser Fassung, die drei Brünnhilden im „Ring des Nibelungen" und die Kundry. Zum Sprechtheater kehrte sie 1904 noch einmal zurück, um die Frauenrollen eines Leipziger Ibsen-Zyklus zu spielen. Als Schönberg sie kennenlernte, war sie eine Prophetin des Melodrams, des zur Musik gesprochenen Wortes, wie es durch die Vorbilder von Richard Strauss, Max Schillings, Engelbert Humperdinck und anderen Komponisten beliebt und konzertfähig geworden war. Die „Pierrot Lunaire"-Lieder von Otto Vrieslander stammten von 1904 und waren zum Teil von ihr aufgeführt worden. In Leipzig hatte sie 1908 mit Rezitationen von Gedichten Ujelskis zu Klavierstücken von Chopin sowie mit Franz Liszts Komposition der „Lenore" von Bürger Aufsehen erregt.

Der Vergleich mit Anna Bahr-Mildenburg und Marie Gutheil-Schoder zeigt, wie großen Eindruck die Frau auf Schönberg machte. Er nahm den Auftrag nach längeren Verhandlungen an, und sie gab allen seinen unerwarteten Einfällen im Lauf der Kompositionsarbeit und der Proben nach.

Als ersten seiner Freunde unterrichtete Schönberg Anton von Webern über den Plan; dieser informierte Alban Berg darüber am 11. Februar. Der nächste Nachmittag brachte eine zweite Besprechung bei Gutmann wegen des Melodramenprojektes. Schönberg schlug 50 Mark Tantieme und eine Garantie für 30 Aufführungen vor, also 1500 Mark, wovon 10 % für Gutmann abgingen. Die Zehme sträubte sich. Schönbergs Tagebuch bemerkt: „Sehr unangenehm, da ich auf das Geld sehr gehofft habe. Fühle mich aber doch sehr erleichtert, weil es mich sehr bedrückt hat, daß ich etwas komponieren soll, wozu es mich nicht gedrängt hat." Und dann folgt ein Strindberg'scher Gedanke: „Es scheint, mein Schicksal will mich vor jeder noch so kleinen künstlerischen Sünde bewahren. Denn wenn ich selbst einmal nicht den Mut habe, einen sich bietenden Geldbetrag, den ich sehr nötig brauche, abzuweisen, dann wird aus der Sache nichts. So daß ich immer rein bleibe und nur eine Gedankensünde begangen habe." So eingetragen am 18. Februar. Erst nach der Prager Reise, am 9. März, schloß er mit der Zehme ab. Und am 12. schrieb er das erste der Melodramen, „Gebet an Pierrot", Nr. 9 in der endgültigen Anordnung. Tagebuch-Notiz: „Ich glaube es ist sehr gut worden. Das gibt viele Anregungen. Und ich gehe unbedingt, das spüre ich, einem neuen Ausdruck entgegen. Die Klänge werden hier ein geradezu tierisch unmittelbarer Ausdruck sinnlicher und seelischer Bewegungen. Fast als ob alles direkt übertragen wäre. Ich bin begierig, wie das weiter geht."

Es ging nicht gleich weiter. Am 1. April nahm Schönberg die Arbeit wieder auf, die ihn aber erst vom 17. April bis Ende Mai fast ununterbrochen

Albertine Zehme, Sommer 1912

beschäftigte. Für ihn dürfte die Verstechnik der Gedichte einen wesentlichen Anreiz gebildet haben. Giraud-Hartleben wenden eine Form von dreizehn Zeilen an, von denen die erste mottoartig als siebente und letzte wiederkehrt. Die zweite Zeile wird als achte wiederholt. So ergibt sich ein Formschema A–B–C–D – E–F–A–B – G–H–I–K–A. Das heißt: eine musikalische Form, die Reprise, wird ins Poetische übertragen. Der „Pierrot"-Zyklus besteht aus drei Teilen von je sieben Melodramen. Seine Gesamtdauer beträgt auf der von Schönberg 1940 dirigierten Platte knapp 33 Minuten, jedes Gedicht durchschnittlich kaum 100 Sekunden. Darunter sind aphoristische, flüchtig vorbeihuschende Gebilde wie das nur dreizehn Sekunden dauernde „Galgenlied", das zwölfte des Zyklus, und breit ausgesponnene wie Nr. 5, die „Valse de Chopin", oder wie die Passacaglia „Nacht", die als Nr. 8 den zweiten Teil einleitet.

Diese Passacaglia, das düsterste Nokturno des Zyklus, ist ein Kompendium thematischer und motivischer Satzkünste. Die konzessionslose Verantwortung jedem einzelnen Ton gegenüber, die Schönbergs Musik mit wachsender Reife immer mehr auszeichnet, ist an dem Stück beispielhaft deutlich zu machen. Wie aus dem Dreinotenmotiv E–G–Es sofort in den ersten Takten ein enggeführter dreistimmiger Kanon entwickelt wird, der es außerdem akkordisch zusammendrängt; wie der Halbtonabstand der beiden tiefsten Motivtöne dann zu einem sechstönigen chromatischen Abstieg in Viertelnoten weiterentwickelt wird, der mit dem Urmotiv zusammen das Thema der Passacaglia bildet, – das allein ist auf kleinstem Raum ein Meisterstück dessen, was Schönberg einmal die Form der entwickelnden Variation genannt hat. Und es ist nur der Anfang! In hundert Varianten, in Verkleinerungen zur Achtel- und Viertelbewegung, in dreistimmigen Akkorden mit fester rhythmischer Gliederung, kontrapunktisch und kanonisch verschränkt, gespiegelt in der Umkehrung des Krebses, erscheint das dreitönige Motiv, daneben laufen die chromatischen Gänge abwärts und aufwärts, die Bewegung steigert sich, die Dynamik geht vom kaum hörbaren ppp zum fff über, und endlich hört abrupt das dramatisch gesteigerte Leben auf, und die Baßstille des Anfangs ist wieder erreicht. Das alles aber ist nicht musikalisch-formaler Selbstzweck; es wird zur suggestiven klanglichen Deutung und Überhöhung des unheimlichen Bildes, das die Textworte beschwören, von finsteren schwarzen Riesenfaltern, die den Glanz der Sonne töten und als unsichtbare Ungetüme sich mit schweren Schwingen vom Himmel erdenwärts auf Menschenherzen senken. Eine Vision der prähistorischen Nacht nannte tief beeindruckt und gequält der amerikanische Schriftsteller James Huneker diese Passacaglia, die nur Baßklarinette, Violoncello und Klavier zu seltsamen Klangfarben mischt.

Alle Künste einer raffinierten kontrapunktischen Technik breitet Schönberg in dem achtzehnten der Stücke, dem „Mondfleck" aus. Der Text zeigt Pierrot, im lauen Abend spazierend, auf dem Rücken seines schwarzen Rockes einen weißen Fleck des hellen Mondes tragend. Da er eitel ist und obendrein auf Abenteuer ausgeht, stört ihn etwas an seinem Anzug. Er besieht sich rings und findet richtig einen weißen Fleck des hellen Mondes. Giftgeschwollen reibt er an dem vermeintlichen Gipsfleck, kriegt ihn nicht herunter, reibt bis an den frühen Morgen.

Schönberg greift aus dieser wunderlichen Episode einen Moment heraus, der seine Musikerphantasie reizt. Es ist die Stelle, wo Pierrot sich ringsum besieht und auf seinem Rücken den Fleck entdeckt. Daß ein Mensch sich von hinten besehen kann, ist eine recht absonderliche Situation. Sie hatte Schönberg schon einmal in ganz anderer Weise inspiriert. Unter den Bildern, die er 1907 und 1910 gemalt hatte, sind mehrere Selbstportraits. Eins davon zeigt ihn von hinten, einen Berg hinaufgehend. Um es zu malen, mußte Schönberg notwendig Studien im Spiegel machen. Er beobachtete so genau, daß das Porträt seine Haltung und seinen Hinterkopf mit der runden, tonsurartigen Glatze unverkennbar wiedergibt.

Dasselbe Mittel der Spiegelung überträgt er auf die musikalische Form. Das ganze Stück ist in den Stimmen der Piccoloflöte und Klarinette einerseits, der Geige und des Violoncellos andererseits, ein doppelter Spiegel- oder Krebskanon. Das heißt, daß die vier Instrumente, paarweise verbunden, bis zu einem bestimmten Punkt vorwärts und dann rückwärts laufen. Die Stelle, an der die Bewegung den Spiegel durchläuft, steht zwischen den Textworten „richtig" und „einen weißen Fleck". Dabei mögen neben dem Inhalt des Gedichtes auch die Giraudschen Reprisenkonstruktionen inspirierend auf Schönbergs Phantasie gewirkt haben. Gleichzeitig mit dem Krebsgang der Bläser und Streicher läuft eine fugierte, aber nicht gespiegelte Klavierbegleitung.

Kanonische und fugale Arbeit solcher Art, die an die Künste der Niederländischen Polyphonisten im 15. und 16. Jahrhundert erinnert, findet sich auch in anderen Stücken des Zyklus, besonders im zweiten Teil. So enthält das Stück, das dem „Mondfleck" vorausgeht, „Parodie", gleich zu Anfang einen Kanon in der Umkehrung zwischen Bratsche und Klarinette, zu dem als dritte, die Bratsche imitierende Stimme der Sprechgesang tritt, und nachher wiederholt sich das Spiel zwischen Sprechgesang und Piccoloflöte.

Neben solchen rein kontrapunktischen Formen, die immer durch den Textvorgang angeregt sind, stehen in der ungemein komplexen Partitur auch andere, homophone wie die „Serenade", die im Rhythmus eines Langsamen Walzers frei vorzutragen ist, mit virtuoser Cellostimme, zu deren Kantilenen und Kadenzen das Klavier fast nur akkordisch oder figurativ begleitend hinzutritt. In ähnlicher Weise verbindet Nr. 9, das „Gebet an Pierrot", Flöte, Klarinette und Klavier, oder Nr. 2, „Colombine", Flöte, Klarinette, Geige und Klavier.

Ein rein konzertantes Stück ist Nr. 7, „Der kranke Mond", wo sich zur weit ausladenden Sprechstimme eine zarte Flöte gesellt.

Eines der stärksten Kontrastmittel im „Pierrot Lunaire" ist die in allen Stücken verschiedene, an immer neuen Kombinationen erprobte instrumentale Farbe. Die fünf Spieler haben acht Instrumente, d. h. Geige wechselt mit Bratsche, Flöte mit Piccolo, Klarinette mit Baßklarinette. Die Eigenart der Schönbergschen Instrumentation liegt in seiner Fähigkeit, gleichsam die Quintessenz der jedem Instrument eigentümlichen Klangfarbe herauszudestillieren. Während in der klassischen und romantischen Orchestration meist das Bestreben vorherrscht, klangliche Generalnenner zu finden, den möglichsten Verschmelzungsgrad immer wieder zu erreichen (auch wenn gelegentlich Farbkontraste sozusagen als Dissonanzen verwendet werden), ist Schönbergs Klangpalette auf die Betonung der Gegensätze gegründet. Man kann sagen, daß im „Pierrot" jedes Instrument mit seinen farbigen Extremen neu entdeckt wird. Das gilt für Bläser und Streicher ebenso wie für das Klavier als das bevorzugte Instrument des Zyklus. Die Farben verteilen sich in der Partitur wie folgt: Klavier kommt in 17 Stücken vor, Klarinette und Violoncello in je 14, Geige und Flöte in je 12, Piccolo in 7, Baßklarinette in 6 und Bratsche in 5 Stücken.

Aus der vorherrschenden Stellung des Klavierklangs ergibt sich die Notwendigkeit seiner besonderen Differenzierung. Von dichtester Polyphonie bis zu einfacher und zerlegter Akkordik stuft sich der Klaviersatz, für jedes einzelne Stück anders gehört und eingesetzt, von rauschender Klangfülle bis zu nackter Stimmigkeit, von solistischer Vorherrschaft bis zu grundierender Begleitfunktion.

Alle acht Instrumentalfarben treten nur in dem letzten Stück „O alter Duft" auf. Es ist das einfachste Beispiel eines überwiegend homophonen Liedes in variierten Strophen. Doch entspricht nicht jeder Strophe des Gedichtes auch eine der Komposition. Durch dauernde Veränderung der Periodik ergeben sich von Takt zu Takt Überraschungen, das einfache Hauptthema erscheint verkleinert, umgekehrt, in dreistimmigen Akkorden, figurativ abgewandelt und im Kanon seiner eigenen Verkleinerung mit seiner Umkehrung. Die Sprechstimme, die im ersten Takt sozusagen unisono mit dem Klavier das Thema spricht, macht im 14. Takt dasselbe im Kanon. Der Eindruck der Einfachheit wird durch Führung des Themas in Terzen verstärkt. Es steht zudem in E-dur, mit einem Quartsextakkord im 3. und 16. Takt. Der Schluß variiert eine Durkadenz. Das E im Baß, mit dem das Klavier den Ablauf beschließt, ist sozusagen als Dissonanzauflösung herbeigezwungen; da ihm ein übermäßiger Dreiklang Es–G–H vorausgegangen war, hat das menschliche Ohr die begreifliche Schwäche, zum E die fehlenden Töne Gis und H zu ergänzen. – Auch die Einfachheit dieses letzten Stückes ist durch den Text herbeigerufen. Bei

Hartleben heißt es: „Ein glückhaft Wünschen macht mich froh nach Freuden, die ich längst verachtet." Vielleicht gehörte zu diesen verachteten Freuden damals, auf einer kritischen Stufe in Schönbergs Entwicklung, die Tonalität, der Dreiklang, die Konsonanz? Er hat viel später in einem Aufsatz „On revient toujours" die tonalen Kompositionen seiner amerikanischen Jahre kommentiert. Das letzte der „Pierrot"-Melodramen, auch die Textstelle vom „glückhaft Wünschen", mag uns an die spätere Äußerung Schönbergs erinnern.

Albertine Zehme hatte an eine Klavierbegleitung gedacht. Aber schon im „Gebet an Pierrot" fügte Schönberg eine Klarinette hinzu.

Für die Begleitung und Einstudierung war Eduard Steuermann ausersehen worden. Er hat 51 Jahre später (in Huilliard News Bulletin vom Februar 1963) den Werdegang der Komposition und der Probenarbeit beschrieben. Jedesmal, wenn Schönberg ein weiteres Instrument zu verwenden wünschte, fragte er die Auftraggeberin, ob sie einverstanden sei. Denn dadurch verteuerte sich die Aufführung. So kam im „Dandy" (komponiert am 1.–2. April) eine Flöte dazu, in „Eine blasse Wäscherin" (18. April) die Geige, und in „Mondestrunken" (17.–29. April) ein Violoncello. „Nun war Schönbergs ruhelose Phantasie genügend in Schwung versetzt", schreibt Steuermann, „warum nicht Flöte mit Piccolo, Geige mit Bratsche, Klarinette mit Baßklarinette abwechseln lassen? Und, mit allen diesen verfügbaren Möglichkeiten, warum nicht jedes Gedicht anders instrumentieren?"

Tatsächlich sind in der „Roten Messe" (22.–24. April) alle Instrumente, außer Cello und Klavier, gewechselt, so daß die Besetzung lautet: Piccolo, Baßklarinette, Bratsche, Cello und Klavier. Das vollständige Quintett erscheint mehrfach, aber fast immer in anderer Kombination.

Schönberg brauchte noch bis zum 9. Juli, um mit den „Kreuzen" den Zyklus zu beenden. „Was mich betrifft", schreibt Steuermann, „so werde ich nie diese Wochen und Monate vergessen, wenn alle paar Tage die Acht-Uhr-Post mir handgeschriebene Blätter eines neuen Stückes von dem Werk brachte. Fieberhaft probierte ich es am Klavier und eilte in das Studio von Frau Zehme mit der ziemlich schwierigen Aufgabe, es mit ihr zu studieren. Sie war eine intelligente und künstlerische Frau, aber von Beruf Schauspielerin und nur so musikalisch wie die gut erzogenen deutschen Damen dieser Zeit. Ich erinnere mich, wie ich sie manchmal, verzweifelnd, ob ich ihr je den genauen Unterschied zwischen Dreiviertel- und Vierviertelrhythmus beibringen würde, bat, ein paar Takte eines Walzers und dann einer Polka zu tanzen, in immer kürzeren Abständen zwischen beiden wechselnd und schließlich die ersten Takte des ‚Dandy' versuchend."

Seit Anfang Juli war die Schönberg-Familie in Carlshagen auf Usedom. Am 5. ging ein Brief an Hertzka ab, der die Drucklegung des Melodramenzyklus besprach. Er könne nur als Partitur erscheinen, „ein Klavierauszug ist undenkbar (bei der Polyphonie). Mehr noch bei diesen Werken, wo die *Farbe alles*, die Noten *gar nichts* bedeuten."

Die Zehme war in ihrem Hause, der Villa Albertine in Gautzsch-Leipzig und arbeitete weiter. Am 17. August war sie in Sorge um ein verloren geglaubtes Manuskript von Schönberg. Sie wolle am Montag, dem 19., in Berlin sein. Karl Eßberger, der Klarinettist, solle Freitag wieder bei ihr proben. Vorher möchte sie Schönberg sprechen, werde ihn aber noch anrufen. „Hier harren zwei Copisten auf die Noten", mahnt sie und berichtet, sie arbeite sehr eifrig mit Dr. Georg Göhler, dem Leiter des Riedelvereins und der Musikalischen Gesellschaft in Leipzig, der die Sachen fabelhaft schnell übersehe, den Rhythmus fasse und ihr viel helfe.

Zwei Tage darauf hat sich das Manuskript gefunden. Sie werde am 21. anklingeln, wann sie nach Zehlendorf zu Schönberg kommen könne. Sie fühle sich sehr taktfest und stehe mit Eßberger in Verbindung. Daß Steuermann und der Cellist Hans Kindler erst am 20. kommen, bedaure sie. Der Geiger, Jakob Maliniak, wird nicht erwähnt.

Inzwischen hatte Gutmann sich um eine Tournee bemüht, die gleich nach der Berliner Uraufführung im Oktober durch möglichst viele deutsche und ausländische Städte führen sollte. Am 28. August schickte die Zehme an Schönberg eine Liste der Städte und meinte, es würden schon noch mehr hinzukommen. Auch von Geld wurde bei Gutmann gesprochen. Die beiden Bläser, Eßberger und H. W. de Vries, beide Kammermusiker der königlichen Kapelle, würden pro Konzertabend 70 Mark, die Reise zweiter Klasse und zehn Mark Tagesspesen bekommen. Mit Saalmiete und Arrangement, meinte die Zehme, werde jeder Abend auf tausend Mark kommen, ihre persönlichen Spesen seien damit nicht gedeckt. Aber Schönberg solle nach Gutdünken disponieren. „Die Hauptsache ist und bleibt doch, daß wir eine künstlerisch einwandfreie Aufführung herausbekommen. Auf Wiedersehen am Montag um 10 bei mir! Immer Ihre Sie hoch verehrende Albertine Zehme."

Montag war der 26. August. Drei Tage nach der Probe in Zehlendorf schreibt sie eine Karte und befürwortet den Wunsch eines jungen Musikers, der bei den Proben zuhören möchte. Er heißt Hermann Scherchen, spielt Geige und ist durch Göhler empfohlen.

Steuermann gibt ein Bild von den 25 Proben, die der Uraufführung vorausgingen. „Schönbergs magnetische Persönlichkeit sorgte immer für genug Spannung und Eingebung, von seinem einzigartigen Sinn für Humor zu schweigen. Ich erinnere mich gut seiner Versuche, die Sprecherin von dem tragischen Heldinnenausdruck wegzubekommen, zu dem sie neigte. Er trat hinter sie, wenn der „Kranke Mond" zu tränenselig wurde und sagte im Rhythmus ihrer

Sprache: ‚Verzweifeln Sie nicht, Frau Zehme, verzweifeln Sie nicht. Es gibt so etwas wie Lebensversicherung!' "

Gutmann hatte für die Berliner Aufführungen den Choralionsaal in der Bellevuestraße gemietet. Auf einer Postkarte vom 25. September teilte die Zehme die Daten der Saalproben mit: den 5., 7. und 9. Oktober. Anschließend Beleuchtungsprobe. Seit dem 22. September standen in den Sonntagsausgaben der Vossischen Zeitung und anderer Berliner Blätter die Annoncen des Konzert-Bureaus Gutmann: Mittwoch, 16. Oktober, Arnold Schönberg „Pierrot Lunaire" (Uraufführung), Alb. Zehme und Ensemble, Choralionsaal. Und am 6. Oktober war, außer den Namen der Spieler, hinzugefügt: Generalprobe für geladenes Publikum: Mittwoch, 9. Oktober, 8 Uhr.

Von Stettin aus verfolgte Webern die Berliner Arbeit mit Sehnsucht und brennendem Interesse. An Berg schrieb er am 5. Oktober, Alfred Hertz, Dirigent der New Yorker Metropolitan Oper, habe seine Rückreise nach Amerika verschoben, um eine „Pierrot"-Probe hören zu können.

Auch sonst war das Interesse an dem neuen Werk groß. Die Presse besuchte schon die Generalprobe am 9. Oktober, über die z. B. Max Marschalk in der Vossischen Zeitung vom 11. Oktober sehr ausführlich berichtete. Von den Aufführungen erzählt Steuermann: „Frau Zehme bestand darauf, im Kostüm des Pierrot zu erscheinen und allein auf dem Podium zu stehen. Die Instrumentalisten und der Dirigent, Schönberg, waren hinter einem ziemlich komplizierten Wandschirm – kompliziert, weil es auf einem kleinen Podium nicht ganz einfach war, den Schirm so aufzubauen, daß der Dirigent für die Sprecherin sichtbar war, aber nicht für die Zuhörer. Schönberg löste dieses Problem mit der Virtuosität, die er so oft in solchen Dingen zeigte."

Webern kam zur Hauptaufführung am 16. Oktober. Aus Stettin schrieb er drei Tage später an Berg: „Die Aufnahme der Melodramen war begeistert. Natürlich haben sich nach dem ersten Theil ein paar Zischer und einer, der am Schlüssel pfiff, gefunden. Aber das hatte nichts zu bedeuten. Nach dem zweiten Theile war Begeisterung, und im dritten ist es an einer Stelle, durch einen Lausbuben, der lachte, zu Unruhen gekommen, so daß Schönberg unterbrach und wartete, bis wieder Ruhe eingetreten war. Aber am Schluß war nicht die Spur von Widerspruch. Schönberg und die Ausführenden mußten oft und oft kommen, vor allem natürlich Schönberg; man schrie im Saale nach ihm immer wieder. Es war ein unbedingter Erfolg." Steuermann bestätigt genau diese Schilderung.

Von den Städten, die auf der folgenden Tournee besucht werden sollten, fielen einige aus, darunter Leipzig und Stettin. Zuerst ging es nach Hamburg, wo die Aufführung am 19. Oktober stattfand. Leider nur vor einem sehr kleinen Publikum, wie der Kritiker Hermann Chevalley in der „Musik" feststellte:

„Kaum hundert Menschen", – aber darunter Richard Dehmel und Otto Klemperer. Am 24. folgte Dresden, wo das Ensemble im Künstlerhaus auftrat, am 31. Breslau. Marya Freund, die dort am Opernhaus engagiert war, hatte schon am 20. Schönberg gebeten, nach dem Konzert mit seinem Ensemble bei ihr zu essen; er sagte zu.

Am 2. November trat das Ensemble im Wiener Bösendorfersaal auf. Dann mußte Schönberg wegen Konzertverpflichtungen in Holland die Leitung an Scherchen übertragen, der die folgenden vier Aufführungen in München, Stuttgart, Mannheim und Frankfurt dirigierte.

Nun berichtete Albertine Zehme in sieben Briefen über die Aufführungen und die Reaktionen von Publikum und Presse. Der erste ist aus München, wo sie im Christlichen Hospiz wohnte, vom 6. November. Über die Aufführung am Tage vorher habe wohl Steuermann schon berichtet, sie sei ein Erfolg gewesen. Starker Applaus nach „Gemeinheit" und „Parodie", ein Pfeifer und zwei Zischer regten den Beifall an. Zwei Herren und eine Dame, die sie nachher gesprochen habe, seien enttäuscht gewesen, daß Schönberg nicht da war. „Die Wärme der Aufnahme war etwa wie eine Steigerung über Dresden nach Wien." Voller Saal, noch keine Kritiken. Die Veranstalter hatten viele Freikarten ausgegeben. „Scherchen hat sich ganz wacker ohne irgend eine Schwankung bewährt. Der Funke fehlt ihm, dafür aber ist er zuverlässig." Nach Stuttgart fahre sie erst am 11., bis dahin werde sie in München Museen und Theater besuchen.

Schon am 7. November ein zweiter Brief. München habe nur 300 Mark einschließlich Verkauf der Programmbücher eingebracht. Achtzig Freibilletts seien vergeben worden. Aus Dresden und Breslau seien wundervolle Kritiken gekommen.

Unter den Münchner Zuhörern waren einige Maler des „Blauen Reiter"-Kreises. Franz Marcs Frau Maria schrieb am 7. November an August Macke: „Schon saßen wir wieder auf der Bahn, um endlich Schönberg zu hören ... Wir waren etwas enttäuscht; die ganze Geschichte ist zu stark wienerisch – Egon Schiele, Klimt – auch wie die Köpfe mit den grünen Augen von Schönberg. Es hat uns natürlich interessiert, und manches war auch direkt gut. Aber das ganze nicht recht rein. Das Stück Sentimentalität, das drinsteckt, nimmt einem das Vertrauen, selbst wenn man manches gern mag. Da sind die Futuristen einem doch lieber." Paul Klee schrieb in sein Tagebuch: „Platze, Du Spiess, ich glaube Dein Stündlein schlägt."

Mathilde war mit den Kindern in Zehlendorf geblieben. Am 8. November schrieb ihr die Zehme, die Münchener Kritiken seien dumm und schlecht. Breslau habe bei halb vollem Saal nur 270 Mark eingebracht. Nun korrespondiere sie wegen einer Wiederholung in Wien und möchte, daß Schönberg dort am 18. oder 20. Januar dirigiere. Sie selbst habe am 22. einen eigenen Abend in Dresden. „Schönberg hat meiner Sehnsucht ein Ziel gesetzt. Es ist etwas erfüllt, nach dem ich mich seit Langem sehnte."

Zwei Briefe aus Stuttgart, wo die Aufführung am Tag vorher stattgefunden hatte, tragen das Datum des 12. November. Sie bittet Schönberg, von den beiden Berliner Wiederholungen am 1. und 8. Dezember die zweite zu dirigieren. Da Wien bei 935 Kronen Spesen nur 1000 Einnahmen gebracht habe, wage sie dort keinen zweiten Abend. Über das Stuttgarter Konzert schreibt sie, nur ein kleiner Kreis sei dagewesen, einige hätten nach dem ersten Teil, einer nach dem „Galgenlied" den Saal verlassen. Ob Schönberg nicht in Frankfurt dirigieren wolle? Scherchen sei in Stuttgart wieder durchaus zuverlässig und bei der Sache gewesen.

Nächster Brief vom 16. aus Frankfurt, Hospiz Basler Hof. Mannheim am Abend vorher habe 160, Stuttgart nur 50 Mark gebracht. Gute Kritiken für Schönberg in beiden Städten; ihre Leistung sei in Mannheim als „krasser Dilettantismus" abgelehnt worden. In Frankfurt sei der Vorverkauf gering, die Nachfrage nach Freikarten aber enorm. Sie komme erst am 29. November nach Berlin. Und nochmals: ob er nicht dort die beiden Matineen dirigieren wolle?

Der letzte „Pierrot"-Brief war aus Frankfurt, geschrieben am Sonntag, dem 17. November. „Es ging wirklich gut, es war Luzidität und Stimmung und gute Abtönung. Das Publikum tadellos, starker Beifall ohne jegliche Opposition." Er rüste wohl schon für Amsterdam.

Unter den Hörern der so verständnislos aufgenommenen und rezensierten Stuttgarter Aufführung am 11. November saß der Ballettmeister der Hofoper Albert Burger mit dem ihm befreundeten Maler Oskar Schlemmer. Beide planten die Schöpfung einer neuen Form des Tanzspiels, die Schlemmer später in seinem „Triadischen Ballett" realisierte. Schönbergs Musik fesselte sie. Burger schrieb an ihn, er beschäftige sich – gestützt auf die Ideen Dalcrozes – mit modernem Tanz und sehe in Schönbergs Musik die einzig geeignete dafür. Am 30. Dezember, aus St. Petersburg zurück, antwortete dieser (den Brief veröffentlichte die MUSICA, Januar-Februar 1971): „Wenn Sie wirklich meine Musik kennen und deren fast absolute Abwendung vom Tanzrhythmus in Betracht gezogen habe, und halten es trotzdem für möglich, daß meine Musik mit Ihren Ideen vereinbar ist, dann halte ich es auch für möglich. Denn in dieser Hinsicht habe ich selbst Ideen fürs Theater und da wäre es mir sehr interessant, die Ihrigen kennen zu lernen."

Ebenso entschieden aber lehnte er zehn Jahre später einen Plan Leonid Massines, des großen Choreographen aus Djaghilews Kreis, ab. Nach der Pariser Erstaufführung des „Pierrot" im Mai 1922 schrieb ihm Egon Wellesz darüber.

Einzelheiten teilte im Sommer Alma Werfel mit. Schönberg erwiderte am 5. Juli: „Ich habe gewiß bewiesen, daß ich kein Formalist der Besetzung bin. Aber daß der ‚Pierrot' ohne Rezitation aber mit Tanz aufgeführt werden soll, scheint mir doch zu weit zu gehen ... Übrigens: eine solche symphonische Fassung müßte ich selbst machen; um sie selbst zu dirigieren ... Zu einer solchen Arbeit habe ich aber keine Lust. Eher würde ich für Massine etwas Neues schreiben – wenn auch nicht sofort."

Auch über die Mannheimer Erstaufführung 1912 berichtet ein wichtiges Zeugnis. Artur Bodanzky schrieb am 20. November, er sei tief beeindruckt durch Texte und Musik des „Pierrot", äußerte aber Bedenken gegen das Melodram als Gattung und gegen die Zehme.

Das Urteil über sie war höchst ungleich. Alfred Kerr, der Papst der Berliner Theaterkritik, rühmte ihre Kunst in einem Beitrag zum „Pan". Marschalk in der Vossischen Zeitung lehnte sie völlig ab. Arno Nadel schrieb in der „Musik" begeistert, Rudolf Louis aus München entsetzt. Scherchen, der allerdings Jahrzehnte später mit hoher Achtung von der Zehme sprach, wollte 1920 den „Pierrot" mit Tilla Durieux aufführen. Er fragte bei Schönberg an, ob Frau Zehme ein Vorrecht auf das Werk habe. Dann müsse er verzichten, da sie selbst, seiner Erfahrung nach, der Wirkung nur geschadet habe.

Die beiden Berliner Wiederholungen fanden am 1. und 8. Dezember als Sonntags-Matinéen im Choralionsaal statt. Gutmanns Annoncen nennen Scherchen als Dirigenten der ersten, Schönberg als den der zweiten. Am 8. Dezember saß Strawinsky unter den Hörern. Man kennt sein Urteil: Ästhetizismus, Rückfall in den längst überwundenen Beardsley-Kult. Doch unbestreitbar sei die Vollendung der Instrumentation. Und in einem Brief an den Petersburger Kritiker W. G. Karatygin vom 13. Dezember 1912 erklärt er, daß im „Pierrot Lunaire" von Schönberg „das ganze ungewöhnliche Gepräge seines schöpferischen Genius am intensivsten zutage tritt".

In der Originalbesetzung wurde das Werk noch am 24. Februar 1913 in Prag und am 4. April 1914 in Regensburg gegeben. Die Prager Aufführung fand im Rudolfinum-Saal als Veranstaltung des Kammermusikvereins statt. Rudolph F. Procházka berichtet in „Der Kammermusikverein in Prag" (Prag 1926) darüber. 1910 und 1912 hatten die Mitglieder des Vereins durch die Rosé-Vereinigung Schönbergs beide Quartette kennen gelernt. Marie Gutheil-Schoder sang außerdem Lieder und bat, dazwischen jedwede Kundgebung zu unterlassen. „Noch siegt einstweilen die angestammt vornehme Zurückhaltung der im Grunde weiterhin konservativ gesinnten Zuhörerschaft. Mit doppelter Heftigkeit tobt sich dafür am 24. Feber 1913 ... der Ungestüm aus. Und der vornehme Rudolphinumsaal wird Zeuge des ‚größten Konzertskandals, den Prag je erlebt hat'." Das Zitat ist der Besprechung Dr. Ernst Rychnovskys in der „Musik" entnommen. Wie er lehnten auch Dr. Richard von Batka im „Prager Tagblatt" und der Kritiker des „Prager Abendblatts" das Werk ab. In der „Bohemia" schrieb Felix Adler ausführlich und glänzend über den Abend; seinem rein sachlichen Referat folgte eine Schilderung der Vorgänge:

„Daß etwas Ungewöhnliches erwartet wurde, konnte man schon dem äußeren Bild des Saales entnehmen. Viele jener Persönlichkeiten, die als Rufer im Streite oder als geistige Führer in Prag wirken, gaben dem Abend durch ihre Anwesenheit schon das bezeichnende Relief. Junge und alte Musiker saßen da – man kann freilich nicht sagen, einträchtig – beisammen. In einer Loge folgte Kapellmeister von Zemlinsky der Aufführung, Herr von Keußler, die Kapellmeister von Stermich, Dr. Götz, Horwitz und Pringsheim waren zur Stelle. Professor Rietsch, Hofrat Rzach, der Direktor des Konservatoriums Kaan von Albest, der alte Klavierpädagoge Hohlfeld, fehlten nicht, die einstige Schülerin Liszts, Frau Sofie von Herget, die greise Mäzenin des Prager Musiklebens, Frau Gabriele von Zdekauer, hatten sich zu dieser Premiere eingefunden. Daneben hatte natürlich Jung-Prag seine stürmischsten Parteigänger entsendet, und nicht weniger stark waren auch tschechische Musikerkreise vertreten.

Gleich die ersten Töne der Komposition lockten auf die Lippen vieler ein halb verwundertes, halb amüsiertes Lächeln, doch wurde zunächst die Ruhe bewahrt. Auch am Schlusse der ersten Abteilung wagte sich die Opposition noch nicht heraus, und der Komponist konnte für starken Beifall danken. Dagegen gab es jetzt einen Run auf die Textprogramme, mit denen sich zu Beginn viele nicht versehen hatten. Die Diener wurden umlagert und von vielen flehentlich und mit dem Nachdruck erhöhter Trinkgelder um solch ein Textprogramm bestürmt, so daß der Vorrat im Nu vergriffen war.

Ärger wurde es nach dem zweiten Teil. Die Zischer hatten Mut bekommen und wollten sich nicht mehr überstimmen lassen. Natürlich reizte der Widerstand auch die Anhänger dieser neuen Kunst, und sie antworteten mit einem Prasselregen von Applaus und mit laut durch den Saal gellenden Bravorufen. In einem Gedicht der dritten Abteilung hatte die Sprecherin Frau Zehme die Worte ‚Wischt und wischt' zu sprechen. Dies war das Signal für einen Teil der Zuhörerschaft, ihr diese Zischlaute laut nachzusprechen und die Aufführung in rücksichtslosester Form zu stören. Schönberg erbleichte und klopfte sofort ab. Man konnte sehen, daß er sich in zitternder Erregung befand. Eine peinliche Pause entstand, in der auch die Zischer verstummten. Dann ließ Schönberg das ganze Gedicht wiederholen, nicht ohne daß auch diesmal einige besonders geschmackvolle Witzbolde neuerlich das Echo gemacht hätten.

Vor dem nächsten Gedicht machte sich wieder lebhafte Unruhe bemerkbar. Eine Hustenepidemie hatte plötzlich gewisse Zuhörer ergriffen. Schönberg stand in äußerlicher Ruhe, die Hände auf dem Rücken verschränkt, vor seinem Pult und wartete fast zehn Minuten, bis der letzte Huster verstummt war. Auch Frau Zehme mußte sich durch eine energische Bewegung gegen die Orgeltribüne der andauernden Unruhe wehren. Als endlich das letzte der Gedichte schon fast zu Ende gesprochen war, vernahm man den von einem Einzelnen ausgestoßenen Ruf: „Aufhören!" Und nun setzte ein Sturm der kämpfenden Meinungen ein, in dem die letzten Töne der Komposition ungehört untergingen. Nicht nur die begeisterte Jugend, auch der musikalisch orientierte Teil des Publikums stand jetzt nach den letzten Dichtungen auf Seite der Beifallspendenden. Allein auch die Opposition war gerüstet. Es ertönten schrille Pfeifen, der Hausschlüssel als kritisches Instrument trat in seine unkultivierten Rechte. „Pfui"-Rufe versuchten die lauten Bravos zu übertönen und ununterbrochen wogte der Parteienkampf, bis das Verlöschen der Beleuchtung auch den Tumult zum Schweigen zwang.

Schönberg hatte gleich nach Beendigung der Aufführung mit heftigem mißbilligenden Kopfschütteln den Taktstock niedergelegt und war abgetreten. Jetzt erschien er, mit Jubel von seinen Anhängern gerufen und begrüßt, noch mehrmals auf dem Podium und konnte für den bestrittenen, aber ehrlich begeisterten Beifall lächelnd danken. Es war ein moralischer Sieg, den die Beifallspender hier erstritten. Der Sieg der Freunde des Fortschritts und der geistigen Anstrengung. Der Sieg aller jener, die jung genug sind, sich mitreißen zu lassen, klug genug, um jeden wenigstens ausreden zu lassen."

Zwischen Schönberg und Albertine Zehme, der er den „Pierrot Lunaire" widmete, war eine herzliche Freundschaft entstanden. Ende Mai 1913 verließ er mit seiner Familie die Zehlendorfer Villa Lepcke und zog in das Haus Berlin-Südende, Berliner Straße 17a, dessen Mitbesitzerin Frau Zehme war. Schönbergs bewohnten den ersten Stock, sie selbst das Erdgeschoß, wenn sie in Berlin war.

Künstlerisch richtete sich ihr ganzes Interesse seit langem auf die Uraufführung der „Gurrelieder", die ohne sie am Tag vor dem Prager „Pierrot"-Skandal in Wien stattfand und in deren drittem Teil sie immer gehofft hatte das Melodram sprechen zu können. Ihre Mühen waren vergebens. Schönberg stand mit Schreker in Verhandlungen, der das Werk in Wien mit dem Philharmonischen Chor herausbringen wollte. Sie sprach in Leipzig mit den Verlegern Hinrichsen und Eulenburg. Am 17. Januar erinnerte sie Schönberg daran, sie für Wien als Sprecherin vorzuschlagen. Doch er hatte Bedenken und die Uraufführung am 23. Februar im Großen Musikvereinssaal fand mit dem Burgschauspieler Ferdinand Gregori statt. Nun plante sie weiter die Aufführung in Leipzig. Am 2. März teilte sie Schönberg mit, ihr Mann wolle – außer ihrem Honorar von 1000 Mark – noch 3000 zu den Kosten beitragen.

Dann kündigte sie ihren Besuch für Sonnabend, den 8., an, „zur gewohnten Stunde, vier Uhr".

Was besprochen wurde, wissen wir nicht. Doch fanden sich in Schönbergs Nachlaß zwei undatierte, tief gekränkte Briefe, in denen von Schmucksachen, der „Gurrelieder"-Sprechpartie und dem Verdacht die Rede ist, sie habe sich die Partie erkaufen wollen. Schreker habe sie gewünscht, Schönberg aber eine andere Besetzung verlangt. „Konnten Sie an Geld denken, wo es sich für mich um die heiligsten Dinge handelt: – um meine *Arbeit,* für die ich Haus, Mann, Reichtum und Wohlleben wie lästigen Staub von meinen Füßen geschlagen habe ..."

Die Versöhnung resultierte in der Einladung an die ganze Schönbergfamilie, die erste Etage des Südender Hauses zu beziehen. Dort besuchte Alban Berg den Meister und Freund Anfang Juni 1913. Enthusiastisch schreibt er an Webern, Schönberg wohne herrlich, sei sehr gut aufgelegt, habe eine „Pierrot"-Probe extra für ihn angesetzt und wolle die Sommermonate auf dem Gut der Zehme zubringen. Tatsächlich berichtete Schönberg dem Schwager Zemlinsky am 14. Juli 1913 von einem Besuch in Leipzig-Gautzsch, wo die Zehmes in der Charlottenstraße 18 ihre Villa bewohnten. Sie ist ein stattliches Jugendstilhaus mit einem saalartigen Musikzimmer. Den Sommer aber verbrachten die Schönbergs mit den Kindern in Göhren auf der Ostseeinsel Rügen; Burg Neudeck hieß die Pension.

Durch ihre gesellschaftliche Stellung war Frau Zehme in Leipzig nicht ohne Einfluß. Sie benutzte ihn unermüdlich, um für Schönbergs Sache zu werben. Otto Lohse (1858–1925), hervorragender, international berühmter Dirigent, war seit 1912 Chef der Leipziger Oper. Sie interessierte ihn für die beiden Schönbergschen Opern und er plante die Uraufführungen. Doch mußte er am 18. September 1913 Schönberg mitteilen, die „Glückliche Hand" erfordere zu große materielle Mittel. Gleichzeitig bat er, ihm die „Erwartung" zu reservieren. Auch der Oberregisseur und Dramaturg des Hauses, Dr. Ernst Lert, wurde durch sie mit den Handschriften der beiden Stücke bekannt gemacht, für die er sich später als Oberregisseur der Frankfurter Bühnen nochmals einsetzte. Ein Brief Lerts an Schönberg vom 4. November 1920 bezeugt das lebhafte Interesse, das der ausgezeichnete Regisseur und Mozartkenner (1883–1955) für die Stücke hatte.

Inzwischen studierte die Zehme mit Schönberg das Melodram der „Gurrelieder", obwohl die Konzeption des Werkes eine männliche Stimme vorgesehen hatte. Die deutsche Erstaufführung in der Leipziger Alberthalle, für deren Finanzierung Dr. Felix Zehme gesorgt hatte, fand während der Ostermesse am 4. März 1914 statt. Schönberg dirigierte den gewaltigen Apparat, der sich aus dem Leipziger Männerchor und der Singakademie sowie dem verstärkten

Winderstein-Orchester zusammensetzte. Die Hauptpartien waren mit denselben Solisten besetzt wie ein Jahr vorher unter Schreker in Wien. Hans Nachod sang den Waldemar, Martha Winternitz-Dorda die Tove, Marya Freund die Waldtaube und Alfred Boruttau den Klaus Narr. Das Melodram sprach Albertine Zehme. Der Kritiker Dr. Max Unger schrieb für das erste Aprilheft der „Musik" und sprach von einer musikalischen Sensation. Immer wieder wird in Schönbergs Korrespondenz mit Dirigenten, Verlegern und Freunden die begeisterte Aufnahme seines Chorwerks in Leipzig erwähnt.

Bald nach diesem wichtigen Ereignis nahmen Schönbergs die oft wiederholte Einladung der reichen Freundin an. „Wir waren jetzt 14 Tage in Gautzsch bei Frau Zehme eingeladen", schrieb er am 16. April 1914 dem Schwager Zemlinsky nach Prag. Um diese Zeit erschien in der Universal Edition die Taschenpartitur des Pierrot.

Im Juni fragte Alexander Siloti aus St. Petersburg bei Schönberg wegen eines zweiten Dirigier-Gastspiels mit der Kammersymphonie und seiner eigenen geplanten Aufführung des „Pierrot" mit der Zehme an. Schönberg war sehr erfreut über die Kammersymphonie und bat um Daten für die vier Proben, die er zur Vorbereitung brauchte. Sein Brief vom 15. Juni enthält aber einen auffallenden zweiten Absatz, der den „Pierrot" betrifft. Er bittet, die Aufführung bis 1915 oder 1916 zu verschieben; die Gründe wolle er lieber nicht schriftlich geben, sondern mündlich in St. Petersburg. „Einstweilen nur das: es ist mindestens ebenso in Ihrem Interesse wie in meinem, daß Sie das heuer nicht machen. Frau Zehme können Sie ja schreiben, es sei doch heuer leider nicht möglich. ‚Pierrot' wäre heuer ein Mißerfolg, der der Kammersymphonie schaden könnte."

Es gibt kaum eine andere Deutung für diese Bitte als: Bedenken gegen die Interpretin, die sich für eine begrenzte Zeit das alleinige Aufführungsrecht gesichert hatte. 1915 wäre diese Frist vermutlich abgelaufen gewesen. Aber alle Pläne und Sorgen wurden durch die Weltgeschichte gegenstandslos gemacht. Anfang August erklärte Deutschland den Krieg an Rußland und Frankreich. Schönberg mußte sich als Österreicher im noch wehrpflichtigen Alter von 39 Jahren bereit halten und kehrte einstweilen nach Südende zurück. Die Zehme beschloß, ihr Haus zu verlassen und ganz in Gautzsch zu leben; am 1. Oktober bat sie ihn, einige praktische Dinge für den Umzug zu erledigen. Der Brief schließt patriotisch mit Worten der Hoffnung auf deutsche Siege an der Marne und in Lemberg.

Durch den Kriegsausbruch verlor Schönberg alle seine Schüler. Die Zehme trat ihm ihre eigene Wohnung in dem Südender Haus ab, aus der er durch Vermietung einen Überschuß von 1400 Mark bezog. – Schönbergs zogen Mitte September 1915 von Berlin-Südende nach Wien-Hietzing in das Haus von Frau Lieser, Gloriettegasse 43. Der Komponist wurde im selben Jahr zum Wehrdienst eingezogen, aus dem man ihn – nach einer längeren Beurlaubung – erst Ende 1917 endgültig entließ. In einem Rechtsstreit mit Marschalk und dem Dreililien-Verlag von 1917 bis 1918 übernahm das Rechtsanwaltsbüro von Dr. Felix Zehme seine Vertretung. (Brief des Büros vom 26. Mai 1918).

1918 verbringt die Zehme einen Neujahrsurlaub in Oberhof, Thüringen. Am 5. Januar bittet sie Schönberg um den Text der „Jakobsleiter". Bei seinen „Gurrelieder"-Aufführungen in Zürich, Bern und Basel möchte sie das Melodram sprechen. Nur hofft sie, daß er nicht wieder wie in Wien den Gregori nehme; auf dem Totenbett werde sie ihm das nicht verzeihen! In Leipzig habe sie die Chorführerin in Hofmannsthals „Alkestis" gespielt. Der Regisseur Dr. Ernst Lert sei sehr zufrieden.

Schönberg bat sie, ihm das Aufführungsmaterial des „Pierrot Lunaire" zurückzugeben. Sie reagierte am 20. Januar mit einem wütenden Brief aus Gautzsch, nannte ihn einen Satan und Sadisten, sprach von Messerstichen, die er ihr versetze, berief sich auf die Frau des Botschafters von Nostitz als Zeugin ihrer Leistungen. Und auf einer Postkarte vom 20. Februar weigerte sie sich abermals, die „Pierrot"-Stimmen herauszugeben.

Doch zwei Wochen später war sie beruhigt. Am 4. März schrieb sie, daß am 14. im Gewandhaus die „Verklärte Nacht" aufgeführt werde. Sie freue sich darauf. Sie selbst bereite einen Melodramabend mit Schillers „Braut von Korinth" und „Tanz" vor und sei entzückt von der Klavierbegleitung des 18jährigen Mitja Nikisch. Nach der Aufführung der „Verklärten Nacht" in der Orchesterfassung rühmt sie am 26. Arthur Nikischs Leistung und rät Schönberg, mit ihm über „Pelleas" und „Gurrelieder" zu sprechen.

Eine Karte vom 7. Juni meldet, sie habe die „Jakobsleiter" gelesen. Sie fragt nach der Musik. Schönbergs Idee, in Wien öffentliche Proben zur Kammersymphonie zu veranstalten, entzückt sie. Und immer wieder kommt sie auf die Sprechpartie der „Gurrelieder", so in einem Brief vom 7. August. Am 17. September kündigt sie für die Zeit nach dem 20. einen Besuch in Wien an. Nur den Paß müsse sie noch besorgen. Ein Dr. Meyer vom Theater werde mit ihr korrepetieren; sonst eventuell Siegfried Karg-Elert. Wie dann die „Gurrelieder" auf März 1919 verschoben werden, ist sie betrübt.

Neue Anknüpfung am 26. Februar 1919. Sie hat in der Neuen Zürcher Zeitung Paul Stefans Bericht über Schönbergs Proben und seinen Verein für musikalische Privataufführungen gelesen. Sie fragt nach der Musik zur „Jakobsleiter" und – wie immer – nach den „Gurreliedern" in Zürich. Was denn die Mödlinger Wohnung mache? Sie selbst habe eine Kuh, sechs Hühner und drei Kaninchen. Neulich habe sie Nikisch an „Pelleas" und die „Gurrelieder" erinnert. – Verfrüht gratuliert sie Schönberg am 3. September zum Geburtstag. Sie hat wieder über ihn gelesen, diesmal in der Neuen Freien Presse, stellt ihn sich vor in einer Schar lernbegieriger Freunde und Schüler. Mit Karg-Elert, der am Harmonium begleite, werde sie Melodramvorträge machen. Ob Schönberg den Pianisten Walter Gieseking kenne? Er spiele hinreißend Debussy, Busoni, alle Modernen, und studiere seine Klavierstücke. Auf einer Karte schreibt sie, Steuermanns Schwester Salome sei jetzt am Leipziger Schauspielhaus.

Ob es stimme, fragt sie am 18. September, daß er im Oktober die „Gurrelieder" in Zürich dirigiere. Sie sei gut in Form und bereit, hinzukommen.

Auf einem Weihnachtsglückwunsch vom 23. Dezember berichtet sie über den Unterricht, den sie mit einigen Schülern in künstlerischem Sprechen und Singen begonnen habe.

Steuermann hatte zwei Schwestern, die beide Schauspielerinnen waren, Salome (die spätere Frau des Dichters und Regisseurs Berthold Viertel) und Rosa (später die Frau des Regisseurs Josef Gielen). Mit Rosa hatte er im Sommer 1919 begonnen, den „Pierrot" zu arbeiten, wobei er besonderen Wert auf rhythmische Präzision und Vermeidung des singenden Tonfalls legte. In einem Brief vom 31. Juli erkundigt er sich bei Schönberg, ob er Scherchens Anfrage wegen Albertine Zehmes Exklusivrecht an der „Pierrot"-Aufführung bekommen habe. Im April 1920 hatte Steuermann einen Klavierabend in Leipzig. „Bei Frau Zehme war ich vor mehreren Tagen", berichtet er Schönberg am 18. „Sie ist äußerlich nicht einmal besonders verändert; fragte mich natürlich über alles Mögliche genau aus, schien mir aber Dingen, die sie früher mit Begeisterung erfüllten, relativ apathisch gegenüber zu stehen."

Auch sie erwähnte Steuermanns Besuch auf einer Karte vom 5. Mai. Inzwischen hatte Schönberg in Wien zwei Aufführungen der „Gurrelieder" in der Staatsoper dirigiert. Sie fragte an, wie denn Wilhelm Klitsch (ein Schauspieler des Wiener Deutschen Volkstheaters) den Sprecher beherrscht habe. Die Karte, vom 7. August, spricht von ihrer Freude am Unterricht, von der Methode ihres Meisters, des 1915 gestorbenen King Clark. Unter ihren Schülern sei eine Tove und ein geborener Waldemar, der Steuermann vorsingen sollte. Dieser habe wundervoll gespielt, weiser und tiefer.

Inzwischen entstand das Buch, mit dem sie ihrem Lehrer Clark ein Denkmal setzen wollte. Ein Brief vom 20. August 1920 berichtet davon und über ihre glückliche Arbeit mit Schülern. Sie war allein in Gautzsch, Dr. Zehme seit März in Malcesine am Gardasee, wo sie ein Haus besaßen. Ob sie Schönberg zwischen dem 10. und 15. September in Berlin treffen könne? Fünf Tage darauf hat sie ihren Plan geändert. Die Schönbergfamilie solle doch zu ihr kommen, dann könne er ihre Schüler singen hören.

Aber Schönberg hatte anderes zu tun und bereitete seine Reise nach Holland vor. Dorthin schrieb sie ihm am 5. November, das Büchlein sei erschienen.

„Die Grundlagen künstlerischen Sprechens und Singens" ist der Titel der nur 40 Seiten langen Broschüre, die im Verlag von Carl Merseburger in Leipzig herauskam. Und den anspruchsvollen Namen ergänzt der Zusatz: mit völliger Entlastung des Kehlkopfes. Es ist für den Selbstunterricht gedacht und dem Andenken King Clarks gewidmet. Der erste Teil, 25 Seiten lang, behandelt Technisches. Der Konsonantenkult soll durch Wiederaufnahme der italienischen Sprachmethode gebremst werden. Atmung, Stützen, Funktionen von Zunge, Lippen und Nase sind wichtig. Und natürlich polemisiert die Verfasserin gegen alle anderen Methoden. Was sie aber an Übungen und Aussprüchen von Clark zitiert, ist konventionell und mitunter sektiererisch.

Auf den letzten Seiten folgen eigene Beobachtungen. „Die Hauptsache ist immer das Wort – ist der *leitende Gedanke*, den das Wort uns vermittelt." Das führt in die Nähe der „Pierrot Lunaire"-Ästhetik. Und hier steht ein wichtiger Gedanke: „Auch in der Sprache der Lyrik gibt es ‚Leitmotive'. Die Melodik des Sprechens jedoch, eine freiere Schwester der strengen vokalen Musik – wie ihr Schattenbild –, läßt sich von den eisernen Gesetzen, denen jene unterworfen ist, nicht binden."

Nun erscheint Schönbergs Name zum erstenmal mit einem längeren Zitat aus dem Vorwort zum „Pierrot". An Beispielen klassischer Lyrik und einem Gedicht von Stefan George (den sie neben Dehmel, Hofmannsthal, Heine und Goethe nennt) will die Zehme erklären, was sie unter rhythmischem Vortrag, Sprachtempo versteht. Und sie schließt Forderungen über das an, was sie Tonart und Tonhöhe beim Rezitieren nennt. Hell und dunkel, hoch und tief, kein Sing-Sang, kein Zuviel und Zuwenig, – das sei wichtig. Wer über musikalische Begabung und Ausbildung nicht verfüge, solle keine Melodramen sprechen. Sie habe „unter Schönbergs strengster Anleitung in Berlin seine beiden Melodramen, ‚Pierrot Lunaire' und den ‚Sprecher' in den ‚Gurreliedern' gearbeitet."

In einer Apologie des Lampenfiebers bekennt sich die Zehme zu dem „gesteigerten Daseinsgefühl, das vor dem Auftreten alle Nerven aufpeitscht und . . . zum Gelingen der Kunstleistung unerläßlich ist." Mit Buch oder Notenblatt dürfe man nie vor die Öffentlichkeit treten. Die Schrift schließt mit einem Bekenntnis zu „wahrem Künstler- und Menschentum", zu Intellekt, Seelenadel und Kulturwert.

Schönberg, in dessen Bibliothek sie 1971 nicht zu finden war, hat sich nie darüber geäußert. Die Zehme ließ die Verbindung mit ihm nicht abbrechen. Zu Neujahr 1921 kam ein Gruß, im Sommer eine Karte aus Malcesine, wo sie täglich schwamm. Am 12. November gratuliert sie Schönberg zur Hochzeit seiner Tochter Trudi mit dem Komponisten Felix Greißle. Dabei vergißt sie nicht, nach Erika Wagner und ihrer Aufführung des „Pierrot" zu fragen.

Sie selbst habe für eine Schülerin Rilke-Gedichte als Melodramen bearbeitet. – Zu Weihnachten 1921 kommt der übliche Kartengruß, schon am 12. Dezember aufgegeben. Nebenher rühmt sie den Pianisten Theodor Szanto, der in Paris Schönbergsche Klavierstücke gespielt habe.

Jedesmal, wenn sie von einer neuen „Pierrot"-Interpretin hört oder liest, will sie Näheres wissen. Am 5. September 1922 fragt sie an, ob Schönberg mit Marie Gutheil-Schoder die Melodramen gearbeitet habe. Seine Musik bewegt sie immer wieder. Nachdem Wilhelm Furtwängler im Gewandhaus die Fünf Orchesterstücke opus 16 dirigiert hat, berichtet sie am 8. Dezember von ihrem tiefen Eindruck. Auch „Pelleas" habe Furtwängler angekündigt.

Dennoch ist der Kontakt gelockert. Erst auf die Nachricht von Frau Schönbergs Tod am 22. Oktober 1923 hin schreibt sie wieder. „Ein Engel hat Sie verlassen", heißt es in dem Kondolenzbrief vom 21. Dezember. Und wenige Wochen später hat sie selbst eine Trauernachricht: am 8. Januar 1924 ist ihr Mann, Dr. Zehme, gestorben. „Ob ich nach Wien komme, oder Sie nach Gautzsch?", ist ihre Frage.

Am 10. Februar kommt ein Brief auf den Wunsch nach einer Begegnung zurück. Am 19. spiele das Hindemith-Amar-Quartett in Leipzig Schönbergs opus 7. Vielleicht habe er Lust, nach Gautzsch zu kommen. Die Nachlaßsorgen sind von ihr genommen, Sohn und Schwiegersohn als Testamentsvollstrecker eingesetzt.

Vielleicht könne sie auch, um ihm einige Wochen den Haushalt zu führen, Ostern mit ihrer Haushälterin nach Mödling reisen. Aber besser sei wohl, er käme nach Gautzsch.

Den letzten Versuch macht sie, wie sie erfahren hat, daß er in Hamburg zweimal den „Pierrot Lunaire" dirigieren solle. Eine Karte vom 29. Februar schlägt vor, von Hamburg nach Gautzsch zu kommen. Schönberg kam nicht, aber am 30. Juli 1924 schrieb er ihr über den Plan einer Tournee durch 15–20 Städte mit Kammersymphonie, „Pierrot" und Serenade und lädt sie nach Mödling ein. Dann endet die persönliche Beziehung zwischen ihm und der ersten Interpretin des „Pierrot Lunaire". Die Zehme ging immer mehr in ihrer Lehrtätigkeit auf und machte weiter ihre Experimente im Bereich des musikbegleiteten Sprechens. Ihr nächster musikalischer Gott wurde Emil Mattiesen (1875–1939), ein Philosoph, Religions- und Parapsychologe, der die Welt bereist und asiatische Sprachen studiert hatte. Sein umfangreiches musikalisches Schaffen besteht überwiegend aus Liedern und Balladen, von denen Schönberg einige besaß. Zur Einführung in das Werk von Mattiesen hielt die Zehme seit Herbst 1933 Kurse in Leipzig, die unentgeltlich zugänglich waren. – Zweifellos hat sie die Aufführungsprobleme, die Schönbergs „Sprechstimme" mit sich brachte, nicht gelöst. Aber für das Werk setzte sie sich mit aller fieberhaften Intensität ein, die auch oft aus ihren Briefen spricht. Interpretinnen wie Marie Gutheil-Schoder, Erika Wagner, Marya Freund begegneten darin kaum geringeren Schwierigkeiten.

Mit der Gutheil-Schoder hatte die äußerlich glanzvollste Aufführung des Werkes am 5. Januar 1924 in der überfüllten Berliner Singakademie stattgefunden. Unter der Leitung Fritz Stiedrys spielten der Geiger Boris Kroyt, der Cellist Gregor Piatigorsky, der Flötist Bose und der Klarinettist Alfred Richter. Am Flügel saß Artur Schnabel. Veranstalter war die von Philipp Jarnach und Heinz Tiessen geleitete „Melos"-Gemeinschaft. Deren ehemaliger Leiter, Fritz Windisch, sorgte dafür, daß der Abend mit einem Skandal begann. Er sprang protestierend aufs Podium, mußte festgenommen und abgeführt werden.

Albertine Zehme ist am 11. Mai 1946 in ihrer Wohnung in Naumburg, Spechtsart 5, fast neunzigjährig gestorben. Die Eintragung im Sterbebuch (Register-Nummer 615) des Standesamtes nennt den Mädchennamen Aman, das Geburtsdatum Wien, 7. Januar 1857, und die Eheschließung mit Dr. Zehme am 20. Oktober 1881.

SCHÖNBERG UND BUSONI

Ferruccio Busoni lebte seit 1894 in Berlin. Die nach den Gründerjahren rapid gewachsene, in geistigen Dingen fortschrittliche Hauptstadt des wiedererstandenen Deutschen Reiches gefiel ihm, und von seinen europäischen und transatlantischen Reisen als Klaviervirtuose kam er jedesmal gern dahin zurück. Seine Interessen gingen über das Klavierspiel weit hinaus. Selbst ein fruchtbarer, phantasievoller, auf neue Ausdrucksmittel bedachter Komponist, beobachtete er genau und kritisch die Entwicklung der Musik seit Brahms, der zu seinen Wiener Kindheitserlebnissen gehört hatte.

Trotz des großen materiellen Aufwandes ließ ihn das Berliner Musikleben unbefriedigt. Er vermißte eine methodische und beharrliche Pflege der zeitgenössischen Musik, vor allem in den Konzerten der Berliner Philharmoniker, die damals das beste und zahlungskräftigste Publikum anzogen. Als Pianist hielt er selbst sich an das übliche Virtuosen-Repertoire; das hatte sowohl psychologische als auch wirtschaftliche Gründe. Doch mit zunehmender Einsicht in die Situation der modernen Musik wuchs bei ihm das Bedürfnis, seine künstlerischen und finanziellen Mittel in ihren Dienst zu stellen.

Busoni hatte schon in Helsingfors gelegentlich dirigiert. Die Arbeit mit Orchestern machte ihm Freude. Er empfand sie als Ausgleich für die begrenzten Freiheiten des öffentlichen Klavierspiels. Er brauchte Partnerschaft, suchte technisch ebenbürtige Mitarbeiter, auf die er seinen überlegenen Formwillen übertragen konnte. Um 1900 entstand bei ihm der Plan zu einer Reihe von Berliner Orchesterkonzerten mit modernen Programmen. Am 8. und 15. November 1902 fanden im Beethovensaal die ersten beiden statt. Busoni dirigierte die Philharmoniker. Auf den Programmen standen unter anderen Erstaufführungen von Edward Elgar, Guy Ropartz, Camille Saint-Saëns, Christian Sinding, Jean Sibelius und Frederick Delius.

Schönberg lebte seit Dezember 1901 in Berlin. Er dürfte von Busonis Konzerten gewußt, vielleicht das eine oder andere besucht haben. Persönlich kannten sie sich noch nicht, obwohl sie 1902 beide in der Augsburgerstraße des neu entstehenden bayerischen Viertels wohnten, Busoni Nr. 55, Schönberg Nr. 48. Im Frühjahr 1903 muß Schönberg an Busoni geschrieben haben, der ihm am 14. Mai antwortete: „Ihr Brief hat mich erfreut, interessiert und auf Ihre Partitur recht neugierig gemacht. Deshalb wäre ich Ihnen für Zusendung des Manuscriptes sehr dankbar. Vielleicht gelingt es mir, ein neuer Siegfried, die Feuerumzäunung, die Ihr Werk unzugänglich macht, zu durchschreiten und es aus dem Schlaf der Unaufgeführtheit zu wecken."

Welche Partitur? Am 28. Februar hatte Schönberg die Komposition der Symphonischen Dichtung „Pelleas und Melisande" beendet, zu der ihn Richard Strauss' Hinweis auf Maurice Maeterlincks Drama anregte. Es kann sich, da andere Partituren nicht existierten, nur um diese gehandelt haben. Warum Busoni sie nicht aufführte – die Uraufführung leitete Schönberg selbst 1905 in Wien – wissen wir nicht. Aber wir können vermuten, daß die riesenhafte Besetzung für die Mittel, die Busoni zur Realisierung seines Zyklus beisteuern mußte, zu kostspielig war.

Dennoch stand Schönbergs Name auf dem Programm des nächsten Orchesterkonzerts, das Busoni am 5. November 1903 dirigierte. Aber in diesem Falle hatte er nur als Orchestrator mitgearbeitet: es waren Syrische Tänze von Heinrich Schenker in Schönbergs Instrumentation, die Busoni zur Uraufführung brachte. Edward Dent behauptet in seiner Busoni-Biographie, Schenker habe Schönberg im September 1903 zu Busoni geschickt. Wo die Begegnung stattgefunden haben soll, erwähnt er nicht. Doch wissen wir, daß Busoni den Monat September in Berlin verbrachte, um sein Klavierkonzert zu instrumentieren. Schönberg war diesen Sommer nach Wien zurückgekehrt, wo er im Herbst seine pädagogische Tätigkeit an den Schwarzwaldschulen begann. Vielleicht war es ein Plan Heinrich Schenkers gewesen, ihn mit der Partitur zu Busoni zu schicken; zustandegekommen ist das Projekt nicht.

Briefliche Kontakte scheinen in den folgenden Jahren zwischen den beiden Musikern nicht bestanden zu haben. Doch Busoni entwickelte in dieser Zeit die Ideen zu seiner vielfach revolutionären Musikanschauung, die in seinem „Entwurf einer neuen Ästhetik der Tonkunst" zusammengefaßt wurden. Das kleine Buch erschien 1907 in dem Triestiner Verlag Schmidl. Ein Exemplar ging nach Wien mit der Widmung: „Dem Componisten Arnold Schönberg zur Verständigung F. Busoni".

1909 lebte die Verbindung wieder auf. Busoni hatte seinen Orchesterzyklus seither stetig aber unregelmäßig fortgeführt und neben Werken von Claude Debussy, Carl Nielsen, Hans Pfitzner, Vincent d'Indy und anderen auch eigene zur Aufführung gebracht. Auf dem 12. Programm am 2. Januar 1909 stand ein Orchester-Scherzo von Béla Bartók. Am 16. Juli schrieb er an Schönberg, er wolle die Kammersymphonie aufführen, habe jedoch für die Saison 1909/10 die Konzerte absagen müssen. Sie wurden auch später nicht fortgesetzt. In dem selben Brief aber bittet Busoni um die Klavierstücke, von denen Schönberg ihm berichtet haben muß. Es sind die beiden ersten aus opus 11, die im Februar beendet worden waren; das dritte entstand erst später und trägt das Enddatum 7. August 1909.

Vorher aber waren die beiden ersten an Busoni abgegangen. Er reagierte sehr positiv und ausführlich am 26. Juli: „Sehr verehrter Herr Schönberg;

ich empfing Ihre Stücke und den begleitenden Brief. Beide zeugen von einem denkenden u. fühlenden Menschen, als welchen ich Sie übrigens schon zu erkennen geglaubt habe. Ich kenne von Ihnen ein Quartett, Lieder und seinerzeit hatte ich eine Partitur von Pelleas u. Melisande in Händen. Die Instrumentation von Schenkers Tänzen (die ich in Berlin zur Aufführung brachte) bewies den bewunderungswürdigen Orchester-Virtuosen. Von diesen gegebenen Punkten ausgehend, waren mir Ihre Klavierstücke keine Überraschung – d. i.: ich wußte beiläufig was ich zu erwarten hatte. Es war mir demgemäß selbstverständlich daß ich mit einer subjectiven, eigenartigen u. auf das Gefühl gegründeten Kunst zu thun haben würde – und daß es verfeinerte künstlerische Gebilde sein würden, mit denen Sie mich in Berührung brächten. Das hat sich alles erfüllt und ich freue mich innig einer solchen Erscheinung.

Anders steht es mit meinem Eindruck als Klavierspieler, von welchem ich – sei es durch Erziehung, sei es durch fachmännische Einseitigkeit – nicht absehen kann. – Was mir die ersten Bedenken gegen Ihre Musik *‚als Clavierstücke'* einflößte ist die wenige Breite des Satzes

im Umfange der Zeit u. des Raumes.

Das Clavier ist ein kurzathmiges Instrument u. man kann ihm nicht genug nachhelfen. Ich werde aber die Sachen noch durcharbeiten, bis sie mir ganz ins Blut gedrungen – und dann denke ich vielleicht anders.

Dieses soll weder ein Urtheil noch eine Kritik sein – welche beide ich mir (einer solchen Individualität wie der Ihrigen gegenüber) nie anmaßen würde, sondern nur mein Bericht des empfangenen Eindrucks u. meine Meinung als Klavierspieler. –

Seien Sie inzwischen bedankt und freundschaftlich begrüßt. Gerne hätte ich weiter Ihr Vertrauen und sagen Sie, wenn ich was thun soll. – Ihr sehr ergebener Ferruccio Busoni."

Ein Postskriptum folgt: „Ich habe Ihre Stücke nun den fünften Tag bei mir u. habe mich täglich mit ihnen beschäftigt. Ich glaube Ihre Absichten zu erfassen u. getraute mich, nach einiger Vorbereitung, die Klänge u. Stimmungen nach Ihrer Erwartung wiederzugeben. Doch ist die Aufgabe, durch allzu große Concision / das ist das Wort / erschwert. Da ich fürchte misverstanden zu werden, so nehme ich mir die Freiheit, Ihnen – zu meiner Verteidigung – eine kleine Illustration meiner Worte zu geben. Sie schreiben:

um das Orchestrale ins Pianistische zu übertragen:

Aber vielleicht entspricht das ganz und gar nicht Ihrer Absicht."

Schönberg bekam den Brief in Steinakirchen, intensiv mit der Komposition der Orchesterstücke opus 16 beschäftigt. Er unterbrach sie, vielleicht provoziert durch Busonis Äußerungen, und schrieb das dritte Klavierstück. Es weicht von Stil und Technik der beiden anderen stark ab und zeigt einen Verzicht auf thematische und motivische Arbeit, wie ihn Schönberg in dem kurz danach entstandenen Monodram „Erwartung" anwenden sollte. Doch ist von einer Erweiterung des Satzes in Raum und Zeit, dessen Enge Busoni beanstandet, nichts zu spüren. Mit nur 35 Takten (gegen 64 und 66 in Nr. 1 und 2) ist es das kürzeste der Stücke, und die Höhen und Tiefen des Instrumentes sind darin kaum mehr ausgenutzt als in den anderen.

Busoni aber begnügte sich nicht mit der Erläuterung seiner Bedenken. Am 9. August läßt er dem Julibrief eine weitere pianistische Kritik an opus 11 folgen. Und schließlich „beichtet" er Schönberg, er habe Nr. 2 „uminstrumentiert". Es sei zwar seine Privatsache, doch wolle er, möge Schönberg ihm auch zürnen, sie nicht verschweigen.

Schönberg zürnte nicht. Busoni war von den Stücken so gefesselt, daß er sie seinem eigenen Verleger, Breitkopf & Härtel in Leipzig empfahl. In dem Brief, von dem er Schönberg am 26. August berichtete, betont er, den Komponisten zwar durch Korrespondenz, nicht aber persönlich zu kennen. Damit fällt die Hypothese einer ersten Begegnung 1903.

Breitkopf & Härtel scheinen für Busonis Vorschlag kein Interesse gehabt zu haben. Gleich nach seiner Rückkehr aus Steinakirchen kündigte Schönberg der Universal-Edition Anfang Oktober einen Besuch an, bei dem seine Klavierstücke und Werke von Anton von Weberns vorgespielt wurden. Am 30. November traf Busoni auf einer Nachtfahrt von Berlin nach Wien mit Emil Hertzka zusammen. Dabei wurde neben anderen Plänen die Herausgabe seiner „Konzertmäßigen Interpretation" des zweiten Stückes aus Schönbergs opus 11 beschlossen. Sie erschien gleichzeitig mit opus 11 Ende 1910, nachdem Schönberg am 28. September nochmals auf die Drucklegung gedrängt hatte.

Für Busoni hatte die Beschäftigung mit Schönbergs Klaviermusik (die er öffentlich nie spielte) anregend gewirkt. „Ihre Stücke haben mich auf die Idee einer neuen ‚Clavier-Notenschrift' gebracht, die – wie ich glaube – ein ‚Fund' ist", schreibt er im Postskriptum eines Briefes vom 7. Oktober 1909, wo es vorher heißt: „Ich werde stets auf Ihrer Seite sein wo nur von Ihnen die Rede ist, oder die Gelegenheit einer solchen Rede geschaffen werden kann."

Im Sommer 1910 wurde nochmals über opus 11 korrespondiert. Schönberg verletzte Busoni durch die Vermutung, dieser verstehe seine Stücke nicht. Das war mehr, als Busoni ertrug. Tränen habe er beim Lesen des Briefes gelacht, so komisch fand er Schönbergs Zweifel: „Ihre Ausdrucksweise ist neu, nicht aber Ihr Klaviersatz, der ist nur ärmer. Ich glaube, daß Sie z. B. das Orchester ganz anders in der Hand haben."

1911 kam es zur persönlichen Begegnung. Busoni hatte sich bei seinen einflußreichen Freunden stark für Schönberg eingesetzt, als Clark dessen Absicht einer Übersiedlung nach Berlin propagierte. Er besuchte zwei seiner Vorträge im Sternschen Konservatorium, führte ihm Steuermann als Schüler zu, hörte das Uraufführungskonzert im Harmoniumsaal. Schönberg andererseits war von Busonis „Berceuse Élégiaque" so ergriffen, daß er im Tagebuch aufzeichnete, er habe ihm Unrecht getan. Zum Gebrauch in seinem Wiener Verein für musikalische Privataufführungen instrumentierte er 1920 das Stück mit der Besetzung: Flöte, Klarinette, Harmonium, Klavier, Streichquintett.

Auch in der Harmonielehre bekannte sich Schönberg zu ihm, dem vornehmen und mutigen Künstler, den er sehr schätze und verehre. Nur „die Plage, Hunderte von Skalen auszurechnen, könnte er sich ersparen." Das ist die erste Anspielung auf den „Entwurf einer neuen Ästhetik der Tonkunst", wo von den 113 siebentönigen Leitern gesprochen wird, die innerhalb der zwölftönigen Oktave möglich sind. Am 29. Januar schreibt Schönberg in sein Tagebuch:

„Nachmittag Vortrag. Busoni war dort. Bedankte sich sehr warm für meinen Brief und war wirklich sehr nett. Ich halte es doch noch für möglich, daß ich mich mit ihm zusammenfinde. Gewünscht hatte ich es jedenfalls immer. Denn er ist zweifellos ein genialer Mensch. Jedenfalls weitaus das beste, was ich bisher kennen lernte. Im Vortrag sagte ich dann meine Ideen über Genie und Talent. Insbesondere die, daß das Genie die zukünftige Form der Menschheit ist. Das schien Busoni sehr zu gefallen. (Freut mich wirklich ungemein!) Er will, daß ich bei ihm, vor vielen Gästen, einen solchen Vortrag halte. Ich bin nicht abgeneigt."

Zwei solche Temperamente konnten nicht immer in Frieden miteinander leben. Auch gab es Zwischenträger, die, obwohl guten Willens, Mißverständnisse und Reibereien verursachten. Busoni verbrachte den Sommer 1912 komponierend in seiner schönen Berliner Wohnung am Viktoria Luiseplatz. Bei einem Gespräch mit Edward Clark entwickelte er den Plan einer Musikschule, an der er und Schönberg mitarbeiten sollten. Schönberg verbrachte Urlaubswochen in Carlshagen auf Usedom und wurde durch Clark von dem Gespräch informiert. Er verstand ihn so, daß das Institut von ihm geleitet werden würde; Busoni, der acht Monate jeden Jahres auf Konzertreisen war, sollte Meisterkurse halten. Über dieses Vorgesetztenverhältnis mokierte sich Busoni in einem Brief vom 27. Juli, in dem er meinte, Schönberg habe eine von ihm fallengelassene Idee aufgehoben und mit seiner Phantasie bereichert. Die Antwort kam postwendend: er, Schönberg, habe nur wiedergegeben, was Clark ihm erzählte. Er wehre sich gegen die „Zurückweisung meiner Anmaßung, daß ich Ihr Vorgesetzter sein will, als Ausfluß meiner lebhaften Phantasie." Vorher aber erscheint eine kennzeichnende Wendung in dem Brief: „Meine Phantasie, das bin ich selbst, denn ich bin selbst nur ein Geschöpf dieser Phantasie".

1910 erwarb der Leipziger Insel-Verlag den halb vergessenen „Entwurf", den Busoni dem obskuren Verlag Schmidl anvertraut hatte. Nun erschien er als Nr. 65 der berühmten Insel-Bücherei, einer Art Vorläuferin unserer Taschenbücher und Paperbacks. Jedes der Bändchen, die literarisch und drucktechnisch höchsten Ansprüchen genügten, kostete nur 50 Pfennig. 1916, während des 1. Weltkrieges, als Italien schon gegen die Mittelmächte kämpfte und Busoni in der neutralen Schweiz lebte, wurde das Büchlein neu aufgelegt, diesmal unter der Nr. 202. In dieser Ausgabe besaß es Schönberg. Es wurde zu einem der aufschlußreichsten Bestandteile seiner Bibliothek. Schönberg versah Bücher bisweilen mit Randbemerkungen, wie man sie in seinen Karl Kraus-Bänden und in der deutschen Übersetzung von Balzacs „Seraphita" findet. In Busonis „Entwurf" nahmen diese Marginalien den Umfang einer größeren Abhandlung an, die sich freilich von dem Text nicht trennen läßt, zu dem sie gehört.

Die Randbemerkungen sind nicht datiert. Wir wissen auch nicht, ob sie kurz hintereinander oder auf einen größeren Zeitraum verteilt niedergeschrieben wurden. Eine Stelle bezieht sich auf Gedanken von Hans Pfitzner, der

1917 gegen Busonis Entwurf ein kleines Pamphlet unter dem Titel „Futuristengefahr" veröffentlicht hatte. Schönberg besaß auch diese Schrift und hat sich, wie wir später sehen werden, mit ihr ausführlich beschäftigt. Seine Busoni-Marginalien sind also nicht vor 1917 entstanden.

Gleichviel, wann sie niedergeschrieben wurden: die Gedanken dieser Marginalien kennzeichnen Schönbergs ästhetischen Standort auf so bedeutende Art, daß sie eingehend betrachtet werden sollen.

Übereinstimmung zeigt sich gleich in der Abgrenzung zwischen geschichtlicher und theoretischer Form in der Musik. Zu Busonis Satz: „Die Gesetzgeber haben ... die Form als Symbol behalten und sie zum Schild, zur Glaubenslehre erhoben" bemerkt Schönberg „sehr gut", und gleiches Lob zollt er dem Schlußabsatz auf derselben Seite 10: „Ists nicht eigentümlich, daß man vom Komponisten in allem Originalität fordert und daß man sie ihm in der Form verbietet? Was Wunder, daß man ihn – wenn er wirklich originell wird – der Formlosigkeit anklagt."

Zustimmung auch für Busonis Gedanken, Musik vollziehe zwar menschliche Gemütszustände nach, nicht aber deren Beweggründe: „Könnte man denken, wie ein armer, doch zufriedener Mensch in Musik wiederzugeben wäre? Die Zufriedenheit, der seelische Teil, kann zu Musik werden; wo bleibt aber die Armut, das ethische Problem ... Das kommt daher, daß ‚arm' eine Form irdischer und gesellschaftlicher Zustände ... in der ewigen Harmonie nicht zu finden ist."

Schönbergs Lob steigert sich zu einem „famos!", wo Busoni (S. 16) an neuerer Theatermusik rügt, sie wolle Vorgänge, die auf der Bühne gezeigt werden, wiederholen statt „den Seelenzustand der handelnden Personen während jener Vorgänge zu tragen". Und weiter bei Busoni: „Das Gewitter ist sichtbar und hörbar ohne Hilfe der Musik; was aber in der Seele des Menschen währenddessen vorgeht, das Unsichtbare und Unhörbare, das soll die Musik verständlich machen."

Der Bestätigung solcher dramaturgischen Ästhetik läßt Schönberg nun zwei Sätze folgen, die weit über Busonis Gedanken hinausgehen und einen wichtigen Teil seines künstlerischen Credos formulieren: „Die wahre Aufgabe der Theaterkünste ist eine andere: die Mittel des Theaters zur äußeren Darstellung innerer Vorgänge zu benutzen. Das Theater ist eigentlich für den Künstler auch nichts anderes als ein Orchester und das Drama eine Symphonie, denn es gibt nur eine Art von Kunst."

Und mit einem „ziemlich richtig!" quittiert er Busonis Bedenken gegen das gesungene Wort auf der Bühne und sein Postulat, Singstücke auf das Unglaubhafte zu stellen, „auf daß eine Unmöglichkeit die andere stütze und so beide möglich und annehmbar werden".

Nun teilen sich immer mehr die Welten der Anschauung. Wenn Busoni fragt, wo auf der Bühne die Musik unerläßlich sei, erwidert Schönberg: „nirgends". Wenn Busoni Tänze, Märsche, Lieder und übernatürliche Geschehnisse als Gründe zur Verwendung von Musik anführt, widerspricht ihm Schönberg: „Das sind rein formale Anlässe". Busoni wünscht sich von der Oper eine Scheinwelt, die gibt, was im wirklichen Leben nicht zu finden ist, und Schönberg, zukunftsgläubiger als er, kommentiert: *noch* nicht zu finden ist. Vor allem aber divergieren beide in ihrer Meinung über die Haltung des Zuschauers. Busoni, der damit Bertolt Brechts ganze künstlerische Weltanschauung vorwegnimmt, möchte, daß der Zuschauer sich nicht der anmutigen Lüge hingebe wie einem Erlebnis, und Schönberg begehrt auf: „O, doch!!"

Zu Busonis anti-illusionistischer Forderung „ ... darf ... der Zuschauer, will er die theatralische Wirkung kosten, diese niemals für Wirklichkeit ansehen, soll nicht der künstlerische Genuß zur menschlichen Teilnahme herabsinken" bemerkt Schönberg: „Künstlerischer Genuß ist die höchste Form menschlicher Teilnahme".

In der Frage der Notation stehen die beiden kontrovers. Für Busoni ist sie ingeniöser Behelf, eine Improvisation festzuhalten, zu der sie sich verhalte wie das Porträt zum lebendigen Modell. Schönberg findet, „daß das Porträt das höhere künstlerische Leben besitzt, während das Modell nur das niedere Leben hat". Und er führt aus, die Wiedergabe stehe umso viel höher, wie sie sich an die Zeichen halte. Der Interpret sei geistiger Diener des Werks, nicht sein Erzieher oder Seelsorger. „Jeden Wunsch müßte er ihm von den Lippen ablesen." Zwei Unvollkommenheiten stünden dem entgegen: die der Notation und die des Dieners, dessen Individualität sich ausleben möchte, statt sich hineinzuleben: „Und so wird er meist zum Parasiten an der Außenseite, wo er im Blutkreislauf der Nährstrang sein könnte." Harte Worte im Dialog mit einem großen Pianisten!

Später trifft er auf die Kritik am Begriff der „Tiefe", den Busoni den Aposteln der Neunten Symphonie zuschreibt. Es ist der Punkt, in dem Pfitzner ihm heftig zürnt. Aber auch Schönberg hat Bedenken. Die Lustigkeit des Champagner-Liedes im „Don Giovanni", dem Busoni mehr Tiefe zubilligt als manchem Trauermarsch oder Notturno, komme zwar ebenso aus den Tiefen der menschlichen Natur wie der Überschwang einer tiefen Innigkeit. Doch werde man Tiefe im allgemeinen eher auf der Seite des Ernsten zu suchen haben als auf der des Lustigen. Man spreche wohl von tiefstem und höchstem Ernst, aber nicht von hoher, sondern nur von tiefer Traurigkeit, die auch Depression genannt werde.

Busonis Glosse über das Wagnerwort „Das ist mein Unglück, daß ich keine Routine habe", löst bei Schönberg die doppelte Verteidigung Wagners und einer technischen Fertigkeit aus, die er für angeboren, für konstitutionell hält: „Daß eine Hand besser greifen kann als ein Fuß, daß ein Bohrer schneller ein tiefes Loch macht als ein Hammer, daß mit einem Wort angeborene, gegebene, vorbestimmte Eigenschaften einen Menschen oder Gegenstand für eine bestimmte Leistung geeignet machen, während hingegen ihr Fehlen ihn ungeeignet macht, ist doch selbstverständlich. Daß also ein Komponist – ein zum Komponieren Veranlagter, mit dem Drang des Ausdrucks auch dessen Mittel besitzt, Wagner also, obwohl er etwas Neues zu sagen hatte, es auch sagen konnte, das ist nicht Routine, sondern jene quasi animalische Sicherheit, die ein Organ am richtigen Ort immer beweisen wird. Wagner konnte: aber konnte *nichts Mechanisches*!"

Die Entfaltung der Tonkunst, meint Busoni, scheitere an unseren Musikinstrumenten. Schönberg sieht darin eine Überschätzung des Klangwerkzeuges. Ein C-dur-Dreiklang wirkte in heterogener Mischung ähnlich wie in einer Streicher-Instrumentierung. „Wesentliche Klangunterschiede entstehen weniger durch die Setzweise als durch die Satzweise. Art, Zahl, Charakter und Verhältnis, Rhythmus, Akzente und sonstige Dynamisierung der mitwirkenden *komponierten* Stimmen ist von viel größerem Einfluß." Damit sind die Standpunkte klar umschrieben: dort der eines großen Instrumentalisten, der gleichzeitig schöpferischer Musiker ist. Hier der eines Schöpfers, der das Instrument nicht höher schätzt als einst Beethoven die „elende Geige" seines Interpreten Schuppanzigh.

Busoni hält Veränderungen musikalischer Charaktere durch Transposition für eingebildet: „Wenn ein bekanntes Gesicht aus dem Fenster sieht, so gilt es gleich, ob es vom ersten oder vom dritten Stockwerk herabschaut." Schönberg widerspricht: „Man denke sich z. B. das Wanderermotiv (Notenbeispiel: vier Akkorde) zwei Oktaven höher, so fühlt wohl jeder die Charakterveränderung . . . Gewiß: die Proportionen bleiben die gleichen. Aber ‚in der Kunst ist 2 x 2 nicht immer vier und 16 : 2 nicht *gleich* 8', wie mir Kandinsky einmal sehr richtig entgegnete, als ich ihn frug, ob er denn für seine Bilder ein so großes Format brauche, ob er muß?"

Kandinskys Entgegnung steht in einem Brief vom 13. Januar 1912, den Josef Rufer in seinem Katalog auf S. 180 veröffentlicht hat. Die Stelle lautet: „Mathematisch ist 4 : 2 = 8 : 4. Künstlerisch – nicht. Mathematisch ist 1 + 1 = 2, künstlerisch kann auch 1 - 1 = 2 sein." Schönberg hat also aus dem Gedächtnis zitiert. Die Frage der Transposition gibt ihm aber noch zu denken und zu kommentieren. Transponierte Tonarten seien in gewisser Hinsicht fremde Tonarten, wenn sie als solche behandelt werden. Geschähe es konsequent, so könne es ein künstlerischer Vorteil sein. Und er zieht einen Vergleich optischer Art heran. In einem Aquarell könne man starke Wirkungen erzielen, indem man Stellen mit Öl male. Habe man aber einen vollendeten Einfall im Aquarell, so erübrige sich das.

Weniger überzeugend ist der Vergleich mit menschlichen Beziehungen: „Ich kann meinen Bruder als meinen getreuen Freund und Vertrauten ansehen, und danach handeln. Aber ich kann auch sagen: Meine Freunde wähle ich mir selbst nach meiner Natur, dieser Verwandte ist mir durch den Zufall der Geburt nahe gekommen, ich habe mir ihn nicht erwählt, er ist weder mein Freund noch mein Vertrauter."

Sehr ausführlich polemisiert er gegen die 113 Tonarten, die Busoni als mögliche siebenstufige in der Oktave errechnet hat. Die Kirchentonarten seien einem ursprünglichen Irrtum des Geistes zuzuschreiben; die Busonischen dem trockenen Weg der Konstruktion. Angesichts der vielen Regeln, die für diese 113 Skalen gälten und die ein Musiker erlernen müsse, um sie anzuwenden, – wie stünde es um die von Busoni geforderte Freiheit? Und ironisch zitiert er hier das Bild der Musik vom Anfang des Busonischen Entwurfs, das eines frei schwebenden Kindes. Auf dem Grundton C aufgebaut, müßten die Verhältnisse z. B. in einer Tonart c–des–es–fes–ges–a–h–c sorgsam herausgearbeitet werden. „Denn sonst hätte ich nur irgend eine nebelhafte *exotische* Charakteristik, aber keine künstlerische."

An dieser Stelle fügt Schönberg das einleitende Flötensolo aus dem „Kranken Mond" im „Pierrot Lunaire" ein. „Ob diese Melodie schön oder gut ist, steht nicht zur Diskussion; daß sie es ist, behaupte ich gar nicht, sondern glaube es bloß. Aber ob sie nicht der göttlichen Freiheit des schwebenden Kindes mehr entspricht, als was dem Gefängnis seiner Tonarten entspränge! Hier ist kein Verfahren, als der Einfall (sollte jemand eines finden, so setze ich meinen Eid dagegen)! Ich habe weder einen Grundton noch sonst einen Ton herausarbeiten müssen, ich durfte jeden der 12 Töne benutzen, mußte mich nicht in das Prokrustesbett einer motivischen Phrasierung zwingen, brauchte keine Abschlüsse, Abschnitte und Phrasenanfänge und -enden zu berücksichtigen. Wie gesagt: diese Melodie darf *vielen mißfallen,* aber daß sie *„freier"* ist, als eine der in einer der 113 Tonarten komponierten, wird *jeder zugeben* müssen. Vielleicht ist es aber doch dieser Vorzug der Freiheit, der Busoni stört ... Es fehlt der Freiheit, die er meint, scheinbar doch der Gesetzgeber ..."

Zu den revolutionären Gedanken am Schluß des Busonischen Entwurfes, zu Drittel- und Sechsteltönen, zu Thaddäus Cahills elektronischem Musikinstrument äußert sich Schönberg nicht im Einzelnen. Seine letzte Randnotiz knüpft nur summarisch an das von Busoni begrüßte „ungewohnte Material" an. Nach der Feststellung, Busoni überschätze und Pfitzner unterschätze den Wert dieses Materials, endet sein Kommentar zur Neuen Ästhetik der Tonkunst mit einem Lob des Handwerks, der bestätigt und variiert, was 1911 das erste Kapitel der Harmonielehre eröffnet hatte, wo der Theorie die Handwerkslehre entgegengestellt wird: „Welchen guten Handwerker freute nicht ein schönes Material. Und welcher gute Musiker ist nicht mit Stolz auch ein guter Handwerker. Den Tischler und den Geigenmacher erfreut ein schönes Stück Holz, den Schuster das Leder, den Maler Farben, Pinsel und Leinwand, den Bildhauer der Marmor – sie alle ahnen das künftige Werk – es steht vor ihnen. Jeder weiß wohl: es ist noch etwas dazu nötig; es muß erst geschaffen werden. Aber im Material sehen sie bereits seine Zukunft. Der Geist wird geweckt – es ist gleichgültig, wer ihn weckt – wenn er nun nur da ist, so darf man Hallelujah rufen."

Damit schließt sich ein Gedankenkreis. Denn schon vorher hatte Schönberg den Begriff des Materials in ganz anderem Zusammenhang eingeführt. Busoni erklärt, wir bewunderten den Sucher und Finder Mozart, nicht aber seine Tonikas, Dominanten, Durchführungen und Kodas. „Auch!", notiert Schönberg dazu. „Das Material, das zur Gestaltung des Zeitlosen geeignet war, zieht an; es wird uns ehrwürdig. Es ist der materielle Vorhof des Geistes."

Ehrfurcht vor dem Material. Ehrfurcht vor dem Handwerk. In Schönberg lebten diese Gefühle von seiner Jugend an. Mit Leder, Leinwand, Papier und Schnüren umzugehen, war ihm eine liebgewohnte Arbeit, wenn er Bücher und Noten kunstvoll einband. Aus Holz zimmerte er sich Regale, Tische, Sessel und eine kleine, auf Rollen gesetzte Leiter. Er schnitt Vorhänge aus Rupfen, den er auf Holzgestelle spannte und farbig bemalte. Er bastelte und entwarf. Er arbeitete als Maler mit Öl, Farbstiften, Wasserfarben, zeichnete mit Kohle, Feder und Bleistift. Alles Praktische war ihm wichtig, alle theoretische Wissenschaft verhaßt. „Wer wagt, hier Theorie zu fordern!", lautete der Schluß der Harmonielehre.

Von Busoni trennt ihn grundsätzlich seine Deutung des Materialbegriffs. Für ihn ist Material der noch ungeformte Ton, für Busoni der ungewohnte Klang.

Ähnlich wie in sein Exemplar des Busonischen Entwurfs schrieb Schönberg auch in das der „Futuristengefahr" von Pfitzner zahlreiche und zum Teil recht ausgedehnte Randbemerkungen. Auf diesen beruht ein größerer Text mit dem Titel „Falscher Alarm". Er besteht aus mehr als sieben eng beschriebenen Seiten, blieb aber unvollendet. Schönberg notierte später auf das Manuskript, er habe Pfitzners Broschüre nach und nach immer schlechter gefunden und es schließlich für überflüssig gehalten, zu erwidern. Immerhin enthalten sowohl die Randbemerkungen als auch der Aufsatz einige wichtige Gedanken. Schönberg wendet sich zunächst gegen Pfitzners polemische Methode. Dann stellt er fest, seine eigene Entgegnung sei nicht Ausdruck eines Parteistandpunktes. Da er und sein Werk weder von Busoni noch von Pfitzner genannt worden seien, müsse er sich nicht getroffen fühlen. Er formuliert: „Wären Parteistandpunkte für mich maßgebend, so wären Pfitzner *und* Busoni, da sie mir als zwei der wenigen achtenswerten musikalischen Charaktere unserer Zeit erscheinen, meine Partei." Dann verteidigt er Busoni gegen Pfitzners Vorwürfe der „Sprünge und Zickzackwege". Obwohl der Entwurf nicht säuberlich in Hauptteile I, II, III und Nebenabteilungen A, B, C zerlegt sei, erschienen Absicht und Plan sehr einfach und klar. Busoni habe ein Bild von der Zukunft der Musik erschaut und sei bestrebt, das Erschaute mit den geeigneten Mitteln darzustellen. Geist und Gefühl betrachte er als unvergänglich, Technik und Geschmack der Darstellung als vergänglich. Das Wandelbare unterwerfe er einer Kritik, die nicht negativ bleibe, „sondern im Sinne der erschauten Bilder mit vielem Reichtum an Einfällen sehr oft zur Aufstellung wenn auch nicht ‚ästhetischer Gesetze', so doch ‚greifbarer Thesen' gelangt", – was eben Pfitzner geleugnet hatte. Er führt dann die Busonischen Leitgedanken und Objekte an: Notation, Transkription, Musikalität, Gefühl, Geschmack, Stil, Tiefe, Routine und technische Instrumente. Vielleicht, meint Schönberg, hätte Busoni die Schrift besser „Anregungen zu einer neuen Ästhetik" genannt.

Pfitzners Polemik beruhe auf seiner Abneigung gegen die Neuerungen in der Musik, die sich nicht mehr überlieferter Elemente bedienen. Dieses Neue bezeichne er als futuristisch und spreche von Futuristen-Gefahr und Futuristen-Kitsch. Da Pfitzner keine Komponistennamen nenne, melde er, Schönberg, sich freiwillig dazu. Musik der italienischen Futuristen kenne er zwar nicht, aber gemeint seien vermutlich Komponisten wie Busoni, Skrjabin, Strawinsky „und ein anderer junger Russe, dessen Name mir entfallen ist", und er selbst. (Vermutlich meinte Schönberg mit dem anderen jungen Russen Sergej Prokofieff).

Der letzte Abschnitt des Fragments kennzeichnet Schönbergs Haltung und Kunstanschauung. Er lautet: „Daß die Kunst kein Ziel habe, ist ein Satz, der solange richtig war, als ihn noch nicht alle Leute wußten. Heute ist er Gemeinplatz und kann deshalb als relativ falsch erkannt werden. (Das ist futuristisch argumentiert, meint Pf. sicherlich.) Aber nein, es verhält sich so: der Satz war, wie jede menschliche Erkenntnis, nie ganz richtig und man muß erkennen, wann er nicht mehr neu ist. Kunst hat nämlich immer mindestens in dem einen Augenblick ein Ziel, in welchem sie es nicht erreicht hat. Zeigt aber alles Vorhergehende Züge, die auf das erreichte Ziel weisen, die beweisen, daß die Kunst auf dieses Ziel gerichtet war, so daß sie dorthin treffen konnte, dann hat sie es auch unterwegs und, da sie nie stehen bleibt, immer gehabt. Wie man sieht, ist es nun geradezu unlogisch, von Zielen der Kunst überhaupt zu sprechen. Beim Überblicken eines größeren Zeitabschnitts gewinnt man dann den aus der Erreichung der vielen, kleinen Ziele abstrahierten Begriff der

Entwicklung. Wenn nun einer meint, diese Entwicklung müsse aufwärts führen, so ist das schlimmstenfalls ein sentimentaler gefühlvoller Irrtum." Im übrigen findet Schönberg, daß Pfitzner Busoni mißverstanden habe. Auch nimmt er ihm übel, daß er in einer so ernsten Angelegenheit Begriffe wie „sympathisch" und „unsympathisch" verwendet. Das drückt er vor allem mit den Randbemerkungen in der Pfitznerschen Schmähschrift selbst aus.

DER GLAUBE DES DESILLUSIONIERTEN

Auf der leeren Seite eines Briefes von Hermann Bahr malt Schönberg, verspielt und gedankenvoll wie oft, eine gegenstandslose Form und daneben, in großen Buchstaben die beiden Namen AUGUST STRINDBERG – ARNOLD SCHÖNBERG. Es ist das erstemal, daß bei ihm auf den schwedischen Dichter hingewiesen wird. Bahrs Brief ist datiert: 10. April 1909. In diesem Frühjahr kam Gustav Mahler von seiner zweiten Amerikareise zurück. Paul Stefan hat von dem Abend erzählt, den der zu kurzem Aufenthalt in Wien Heimgekehrte mit Schönberg und dessen Schülern und Freunden verbrachte. Die Rede kam auf Dostojewsky. Mahler wunderte sich, daß die jungen Menschen nichts von dem russischen Romancier wußten und rief Schönberg zu, er solle mit ihnen Dostojewsky lesen, das sei wichtiger als Kontrapunkt. Worauf Webern, wie in der Schule, aufgestanden sei und geantwortet habe: „Bitt', wir haben den Strindberg."

Von dessen „gigantischer Größe" schwärmt Alban Berg am 25. Juli 1909 in einem leidenschaftlichen Brief an seine Braut Helene Nahowsky. Es sind sieben Seiten eines geistigen Höhenflugs, der von „Tristan", Mahler, Strauss, Schönberg und Webern, von Karl Kraus, Nietzsche, Hamsun und Hermann Hesse, von Max Oppenheimer und Kokoschka immer wieder zu Strindberg führt: unermüdlich in der Verteidigung und Lobpreisung seines literarischen Werkes. Noch 1910 ist Berg von dem Dichter so besessen, daß er von einem Besuch bei ihm träumt.

Bei Georg Müller in München waren seit 1902 die Werke in Emil Scherings Übersetzung erschienen, die Schönberg alle 1912 besaß und jeweils durch die neu erschienenen ergänzte. Das düstere Licht des skandinavischen Propheten paßt in die Landschaft der befreiten Musik um 1909. Schönbergs geistige Entwicklung war ähnliche Wege gegangen wie die Strindbergs. Es waren die einer zwar liberal aber noch religiös geführten Jugend, die ihre Glaubenszweifel in der Aufklärung bestätigt fand. Strindberg, der Protestant, hatte sich jung dem Glauben an die Omnipotenz der Wissenschaft zugewandt. Er hat später geschildert, wie um 1867 „alle religiöse Erörterung unter den Gebildeten aufhörte und Gott aus der Literatur verschwand" (Nachschrift zu den „Legenden" 1898). Unbefriedigt von den Wissenschaften und von eigenen Experimenten, die sich um Alchimie und Goldmacherei drehen, fand er siebzehn Jahre danach Zugang zu einem neuen Seelenleben. Er verlor 1894 seine Skepsis, die „alles intellektuelle Leben zu verwüsten gedroht hatte" und begann, „sich experimentierend auf den Standpunkt eines Gläubigen zu stellen". Tertullians „Credo quia absurdum" wird sein Leitsatz.

Der unheimliche Weg, oft an der Grenze des Wahnsinns, umstellt von eingebildeten Bedrohungen durch außerirdische Mächte, ist im „Inferno" eindringlich geschildert. Strindberg findet am Palmsonntag 1896 in einem Bücherstand der Arkaden des Pariser Théâtre de l'Odéon ein Exemplar von Balzacs „Seraphita". Es wird sein Evangelium. Im September desselben Jahres besucht er seine geschiedene Frau, die Schriftstellerin Frida Uhl, im niederösterreichischen Dorf Klam. Hier und in Saxen liest er einen Band Swedenborg. Er sieht sich bestätigt: „Wohin gehen wir? Zum Glauben meiner Väter. Zum Katholizismus. Der Okkultismus hat seine Rolle gespielt, die Wunder wissenschaftlich erklärt. Die Theosophie, Karma und Buddhismus führen indirekt nach Golgatha."

1897 folgen in Paris die Erlebnisse, die das Fragment „Jakob ringt" als Abschluß der „Legenden" schildert. In Saint Sulpice steht der Dichter ergriffen vor Eugène Delacroix' Bild „Jakob ringt mit dem Engel". Dann kommt es zu halluzinatorischen Begegnungen mit einem Unbekannten, Sinnestäuschungen, die in puritanischer Selbstanklage wurzeln. „Wenn ich in Gedanken, Worten oder Schrift aufrührerisch bin oder mich ungebührlichen Stoffen nähere, höre ich einen groben Baßton wie aus einer Orgel oder aus dem Rüssel eines Elefanten, wenn er trompetet und böse ist." Das Motiv der unmittelbaren Bestrafung oder Warnung nach einer Sünde oder Gedankensünde beherrscht Strindbergs Leben um diese Zeit auf manische Weise. Es ist der überwiegende Inhalt von „Jakob ringt", verbunden mit einem festen Glauben an Gott, an den „Mechaniker", der den von der Wissenschaft proklamierten Mechanismus der Welt in Gang gesetzt hat.

Das Strindbergsche Fragment hat Schönberg tief berührt und jahrelang schöpferisch angeregt. Er sprach darüber mit seinen vertrautesten Freunden, nicht nur mit Berg und Webern, sondern auch mit Erwin Stein, Heinrich Jalowetz und Karl Linke.

Noch stärker war die Wirkung von Balzacs „Seraphita". Schönberg, der den französischen Dichter zeitlebens bewundert und viel gelesen hat, fand in dem philosophischen Roman, der zum Zyklus der „Menschlichen Komödie" gehört, nicht nur eine Definition des Gebets, die in seinen eigenen Schriften widerhallt, sondern eine Figur, die engelhaft über die irdische Welt erhoben war, den Hermaphroditen Seraphitus-Seraphita, Synthese aus männlicher Intelligenz und weiblicher Schönheit. Balzacs Visionen ruhen auf Swedenborgs Lehre von den „Engelgeistern", die zwischen Mensch und Engel eine Zwischenstufe bilden. Demgemäß hat Gott keine Engel erschaffen, die nicht aus der irdisch-menschlichen Lebensform hervorgewachsen wären. Sie durchlaufen – immer in der Formulierung, die Balzac dem alten Pastor und Swedenborganhänger Becker in den Mund legt – drei Stadien der Liebe: die zum eigenen Ich, zur Welt und zum Himmel. Der Gedanke stufenweiser Entwicklung, den auch die Theosophie und Anthroposophie verkündet, war für Schönbergs künstlerische Anschauung ebenso einleuchtend wie für sein logisches Denken.

Auch Swedenborgs paradoxe Überzeugung, seine Angelologie sei mathematisch begründet, mußte ihm einleuchten. Die Selbstliebe des Engelmenschen, deren höchste Form das Genie verkörpert, war ihm vertraut. Der Schritt auf die nächsthöhere Stufe, vom Genie zum Propheten als Inkarnation der Weltliebe, ergab sich folgerichtig.

Gleichzeitig fesselte ihn der grandiose Schauplatz, auf den Balzac den Seraphita-Roman gestellt hat, die ungeheure nordische Landschaft mit den Felsengipfeln und Schluchten an der norwegischen Küste zwischen Oslo und Drontheim, wo das organische Leben gegen den Winter ankämpft. Das alles ging über Jacobsens Wilde Jagd im dänischen Gurre so weit hinaus wie über die Felsenlandschaft der „Glücklichen Hand". In Schönbergs Phantasie ordnete sich Balzacs mystische Handlung zur Trilogie.

Zu Alban Berg sprach er im Frühjahr 1911 von einem Plan, „Jakob ringt" musikalisch zu verwerten. „Er wollte damals an Strindberg ausführlich schreiben, ja hatte sogar den Wunsch, Strindberg um einen Text zu bitten"; so Bergs Antwort an Webern, der ihm am 27. Juli 1912 von Schönbergs Projekt berichtet hatte, aus Balzacs „Seraphita" ein drei Abende umfassendes Bühnenwerk zu machen. Am 8. August schrieb Webern nochmals davon. Den Beginn des Bühnenwerks sollte die Szene bilden, wenn Seraphitus mit Minna Becker den Fallberg besteigt. Die Absicht, „Jakob ringt" und „Seraphita" zu verbinden, war mittlerweile aufgegeben worden. Webern weiß zu berichten, daß Strindbergs Fragment als eine Art Vorgeschichte zu der Figur des Wilfried dienen sollte, des jungen Mannes, den Balzac der Minna als irdisches Pendant entgegenstellt. So eng waren die beiden Texte in Schönbergs Plan vermischt.

Aus Balzacs Roman wollte er die Gespräche und Monologe möglichst wörtlich vertonen. Die Himmelfahrt, bei der Seraphitus-Seraphita die beiden irdischen Liebenden, Minna und Wilfried, auf der Erde zurückhält, würde die Trilogie beschließen. Dazu sollten „ganz große Chormassen und allergrößtes Orchester" aufgeboten werden, wie es in Weberns Schilderung heißt. In Balzacs Text erscheinen beim Aufstieg des Seraphs Myriaden von Engeln. Er spricht von einem Hymnus, von himmlischen Klängen und einem erhabenen Hallelujah.

Bei der Hamburger Erstaufführung des „Pierrot Lunaire" 1912 lernte Schönberg Richard Dehmel kennen, dessen Gedichte er bewunderte und von denen er seit 1899 viele vertont hatte, noch bevor des Dichters „Verklärte Nacht" zum Programm seines gleichnamigen Streichsextetts wurde. Nun entstand ein Briefwechsel der beiden Männer, in dem Schönberg am 13. Dezember den Plan eines Oratoriums entwickelt. Die Schilderung des „Menschen von heute" ist ein autobiographisches Bekenntnis. Über Materialismus, Sozialismus und Anarchie führt der Weg des Atheisten mit einem Rest alten Glaubens in Form von Aberglauben zu einer neuen Begegnung mit Gott. Er streitet mit ihm, findet zu ihm und wird religiös. Er lernt Beten. Bei der Erwähnung des Gottesstreites nennt Schönberg „Jakob ringt"; die Formel „Beten lernen" stammt aus Balzacs „Seraphita".

Dieses Oratorium, bekennt Schönberg dem Hamburger Dichter, wolle er seit langem schreiben. „Erst hatte ich die Absicht, das selbst zu dichten. Jetzt traue ich mir's nicht mehr zu. Dann dachte ich daran, mir Strindbergs ‚Jakob ringt' zu bearbeiten. Schließlich endete ich dabei, mit positiver Religiosität zu beginnen und beabsichtigte von Balzacs ‚Seraphita' das Schlußkapitel ‚Die Himmelfahrt' zu bearbeiten. Dabei ließ mich der Gedanke nicht los: ‚Das Gebet des Menschen von heute', und ich dachte mir oft: Wenn doch Dehmel ...!"

Der Dichter schickte ihm postwendend einen Text von 1911, der seinen Weg zum „neuen Gottglauben" formuliert, die „Schöpfungsfeier" mit dem Untertitel „Oratorium natale". Schönberg war interessiert, skizzierte auch ein Duett unter den Titeln „Mutterseele" und „Vatergeist" aus Dehmels Text, kam aber dann zu anderen Versuchen. In den vielen Entwürfen wird dieser ganze Werkkomplex als „Symphonie für Soli, gemischten Chor und Orchester" zusammengefaßt. Josef Rufer fand unter den nachgelassenen Manuskripten in Brentwood Park alle Skizzen und Notierungen. Dabei lag eine Aufstellung des Werks aus mehreren Teilen und Sätzen, deren Reihenfolge nicht ganz deutlich wird. Den ersten Satz nennt Schönberg „Lebenswende"; der Kommentar teilt ihn in Rückschau und Blick in die Zukunft und kennzeichnet den Charakter: düster, trotzig, verhalten.

Der zweite Satz ist ein Scherzo „Die Lebenslust", zweiteilig, der erste Teil mit zwei Trios. „Alle Motive, die später Bedeutung haben können" sind nach Schönbergs Kommentar in diesem enthalten. Den dritten, „Allegretto", nennt er „Der bürgerliche Gott". Die Notizen über die folgenden beiden Sätze sind später durchgestrichen worden, schließen aber folgerichtig an: 4. „Zwischenspiel" und 5. „Psalm: nach Bibelworten".

Zwischen 2. und 3. ist ein Abschnitt „I. Theil" eingeschoben, eine „Reprise des Ganzen mit Gesang", dreifach gegliedert nach drei Dehmelschen Gedichten aus „Schöne wilde Welt", dem Freudenruf, der Götterhochzeit und der Aeonischen Stunde. Auch das Allegretto ruht auf Dehmelschem Text, teils aus „Schöne wilde Welt", teils aus dem Oratorium Natale „Schöpfungsfeier". Damit ist der Entwurf datiert: „Schöne wilde Welt" erschien 1913.

Zu 4. gibt es zwei Unterteilungen. „Unbefriedigt. Der bürgerliche Gott genügt nicht" heißt die eine. Die andere nennt nur den Namen des indischen Dichters Rabindranath Tagore und dann drei seiner Gedichte: Tod des Dieners,

Gottheit des zertrümmerten Tempels und – als Solo Gesangs-Quartett – Ich weiß, ein Tag wird kommen. Zum 5. Satz notiert Schönberg: „Nr. 100 Ich tauch in die Tiefe des Meeres", einen Vers, der weder im hundertsten noch in einem anderen Psalm vorkommt.

Die Aufstellung kommt zu einem II. Teil, der mit dem „Totentanz der Prinzipien", Schönbergs eigenem Text, beginnt; eine Klammer neben dem Titel fügt hinzu „Grundsätze". Dann folgt: „Begräbnis", ferner „Begräbnisrede (quasi)", weiter „Totentanz" und zum Schluß „Gebet". Die Begräbnisrede enthält eine „kurze Skizze dazwischen liegender Ereignisse", die Einfügung „Tagore Nr. 88" und die Hinzufügung: „mit Fernorchester: aus Freudenruf" (womit auf das Dehmelgedicht im I. Teil angespielt ist).

Zum Gebet notiert Schönberg Hinweise auf Jesaia 58 und 66, Jeremia 7 und 17, prophetische Bücher über Strafe der Scheinheiligkeit, der Heuchelei und Abgötterei sowie das Jüngste Gericht.

Dann kommt als letzter Absatz der Aufstellung unter Nr. V. der wichtigste Titel: „Der Glaube des ‚Desillusionierten': die Vereinigung nüchtern skeptischen Realitätsbewußtseins mit dem Glauben. Im Einfachen steckt das Mystische."

Dieser „Glaube des Desillusionierten" ist eine andere Formel für Strindbergs Bekehrung, die das Drama „Nach Damaskus" schildert und für Dehmels „neuen Gottglauben".

Im vorletzten Lebensjahr hat Schönberg ein Bekenntnis „My attitude towards politics" aufgeschrieben, das über die Einflüsse auf seine Jugend und seine Weltbetrachtung Aufschluß gibt. Als Zwanzigjähriger sei er durch Freunde – ohne Zweifel durch Oscar Adler und David J. Bach – in marxistische Theorien eingeführt worden. Er habe damals stark mit den Sozialdemokraten sympathisiert, an ihrem Kampf für eine Erweiterung des Rechtes auf freie Wahlen teilgehabt und sei als Leiter von Männerchören „Genosse" genannt worden. Aber noch bevor er 25 Jahre alt war, sei ihm der Unterschied zwischen ihm und den Arbeitern klar geworden.

Die österreichische Sozialdemokratie war damals antireligiös, und wenngleich Schönberg 1922 in einem Brief an Kandinsky konstatierte, er sei nie frei von religiösen Gefühlen gewesen, darf man sicher sein, auch die atheistische Seite des sozialistisch-materialistischen Bekenntnisses sei ihm nicht fremd geblieben. An Dehmel schreibt er von dem Atheisten mit Restchen alten Glaubens.

Die Entwürfe und Skizzen zu der Symphonie von 1912 bis 1914 sind unvollendet. Aber aus dem letzten Teil wurden Gedanken und musikalische Visionen in die „Jakobsleiter" übernommen. 25 Jahre später hat Schönberg diesen Zusammenhang in dem berühmten Brief an Nicolas Slonimsky aufgedeckt (3. Juni 1937). Er nennt dort ein Thema des Scherzos, in dem zum erstenmal die zwölf Töne verwendet werden: d–g–es–a–gis–e–f–h–c–ges–des–b.

Dieses Thema hat sich in den Skizzen zur Symphonie angefunden. Es trägt das Datum des 27. Mai 1914 (Schönberg setzt es irrtümlich etwas später, Ende 1914 oder Anfang 1915 an) und wird als Einleitung zu Dehmels „Freudenruf", dann aber noch mehrfach verwendet. Auch die drei Spiegelformen, Umkehrung, Rücklauf und rückläufige Umkehrung, werden notiert. In gleichmäßiger Achtelbewegung eines Presto mit der Metronomvorschrift 3/4 = 84 - 90 wird es zuerst monoton wiederholt und von dreistimmigen Quartenakkorden begleitet.

Strindberg und Balzac haben Schönberg bis zu seinem Tod beschäftigt. In dem Juli 1911 geschriebenen Vorwort zur Harmonielehre wird Strindberg neben Maeterlinck und Weininger als Denker genannt, der auf ungelöste Probleme hingewiesen hat. Das Tagebuch vom 28. Januar 1912 knüpft an den Dank des schwedischen Dichters für Geburtstags-Gratulationen an: „Ganz meine Empfindungen und Erfahrungen: Die Devotion und Beschämung einem Lob gegenüber, dem man sich zu gering vorkommt; andererseits der Hochmut und die Empörung, wenn einem verdiente Anerkennung entzogen wird." Strindberg war am 22. Januar 63 Jahre alt geworden. Sein früher Tod im Mai 1912 nahm Schönberg die Hoffnung, dem bewunderten Mann Vorschläge zu gemeinsamer Arbeit vorzulegen.

In einem kompositorischen Zusammenhang taucht 1941 ein Gedanke aus Balzacs „Seraphita" wieder auf. Schönberg hielt am 26. März an der University of California in Los Angeles einen Vortrag über „Komposition mit zwölf Tönen". Wie in all seinen theoretischen Schriften seit 1911 kommt er zu der Erkenntnis des allseitigen Zusammenhangs in der musikalischen Logik. „The two–or–more–dimensional space in which musical ideas are presented is a unit", formuliert er. Und an späterer Stelle folgert er weiter: „The unity of musical space demands an absolute and unitary perception." Als anschauliches Beispiel nennt er Swedenborgs Himmel, wie ihn Balzacs Roman beschreibt und wo es kein absolutes Unten, kein Rechts oder Links, kein Vorwärts oder Rückwärts gibt.

Das ist von allen grundlegenden Anschauungen seiner Theorie die neuartigste und umwälzendste. Sie erklärt nicht nur die vier Erscheinungsformen zwölftöniger Melodien, also ihren Kopfstand, Rücklauf und rückläufigen Kopfstand als Spiegelungen der Grundform. Sie enthüllt auch die analytischen Methoden, mit denen Schönberg in seiner Deutung der Meisterwerke, von Bach bis Brahms, alle konventionelle formale Musikbetrachtung ergänzt. Den Weg dahin hat ihm Swedenborg – über Balzac und Strindberg – gewiesen.

Aber die Anwendung dieser Himmelslehre auf musikalische Formen ist ein Akt schöpferischer Intuition.

Schönberg hat in den Jahren vor dem ersten Weltkrieg die gleiche Desillusionierung durch die materialistisch-positivistische Weltdeutung erfahren wie fast alle großen Denker des Zeitalters. Für ihn, der so oft irrtümlich als rein intellektueller Musik-Konstrukteur betrachtet und abgelehnt wird, gibt es keinen prinzipiellen Unterschied zwischen Gefühl und Verstand. Er zitiert mit Vorliebe Balzacs Formel: „das Herz muß im Bereich des Kopfes sein". Zu den Axiomen seiner Kunstlehre gehört seit mindestens 1911 das was er Formgefühl nennt.

Eine Weile ruht nun die Arbeit an der Symphonie. Die Übersiedlung nach Wien kostet Zeit und Kraft. Am 20. Mai muß Schönberg zur Musterung und wird zurückgestellt. Aber am 29. Juli 1915 meldet ein Brief an Zemlinsky in Prag Neues über den Plan zur Symphonie. Er habe selbst etwas dafür gedichtet, das besser geeignet sei als Dehmels ursprünglich dafür bestimmte Gedichte. Auch eine Menge Musik dazu sei schon skizziert.

Im August fährt Schönberg auf den Semmering, wo er Gast von Frau Lieser ist. Alma Mahler wohnt nebenan. Aber die Stimmung ist gespannt. Erwin Stein, der Schönberg besucht hat, weiß von einem furchtbaren Streit zwischen Frau Lieser und ihrem Gast zu berichten, und Alban Berg gibt seine Schilderung drastisch an Helene weiter. Sogar Stein wird in die Szenen hineingezogen. Es ist eine Situation allgemeiner Nervosität, hervorgerufen durch den Krieg, die Bedrohung aller Männer durch Wehrpflicht, bei Schönberg obendrein durch Sorgen um sein finanzielles Auskommen. Alma Mahler kämpfte innerlich mit einem Entschluß; am 18. August heiratete sie Walter Gropius.

Im November wurde Schönberg bei der zweiten Musterung tauglich befunden. Er durfte als Einjährig-Freiwilliger seine Truppe wählen und rückte am 15. Dezember beim Hoch- und Deutschmeister-Regiment in Wien ein. Am nächsten Tag ging ein Gesuch des Wiener Tonkünstlervereins an das königlich ungarische Honved-Ministerium, ihn zu befreien. Da Vater Schönberg aus dem Raum Bratislava stammte, waren seine Söhne – übrigens auch deren Familien – nach dort zuständig und mithin ungarische Untertanen. 1916 wurde Schönberg zur Ausbildung an die Offiziersschule in Bruck an der Leitha versetzt.

Nun schaltete der Tonkünstlerverein ungarische Musiker in die Situation ein. Dr. Josef Polnauer, der damalige Sekretär des Vereins, schrieb an Béla Bartók in Budapest, Ende Mai sei, nach Absolvierung der Offiziersschule, Schönbergs Versetzung an die Front zu erwarten. Dr. Julius Bittners Versuche bei den österreichischen Behörden seien durch rein persönliche Intrigen vereitelt worden. Was Bartók unternommen hat, ist unbekannt. Aber im Juni 1916 wurde Schönberg entlassen. (In den Documenta Bartókiana, Heft 2, sind die wenigen aufgefundenen Briefe über den Fall veröffentlicht und durch Professor Denis Dille kommentiert worden.) Eine kurze, anstrengende Dienstzeit war noch in Wien zu absolvieren, wo Schönberg am 17. Mai aus Bruck eingetroffen war. Er mußte jeden Morgen um sechs Uhr im Prater sein und kam erst abends um halb acht heim. Im Juni endete auch diese Prüfung. Von den Bemühungen seiner Freunde wußte Schönberg nichts. Er hätte energisch dagegen protestiert. Er war, wie er oft geäußert hat, stolz, zu den Waffen gerufen zu werden und nahm seine soldatischen Pflichten ernst.

In ihrem Erinnerungsbuch schildert Romola Nijinsky, die Witwe des großen russischen Tänzers, einen Besuch in der Gloriettegasse. Frau Lieser führte sie und Waslaw Nijinsky zu Schönberg, für den der Tänzer große Sympathie empfand, seit er den „Pierrot Lunaire" gehört hatte. Zwischen den Männern entstand eine hitzige Diskussion über Kunstunterricht, bis sie sich einigten, in ihren beiden Künsten sei Erziehung unerläßlich. Der Besuch scheint 1916 stattgefunden zu haben, als die Nijinskys nach Wien gekommen waren. Sie hielten sich dort von Januar bis Ende März auf. Da Schönberg bis zum Mai in Bruck an der Leitha war, kann die Begegnung nur während eines Urlaubs stattgefunden haben. Romola Nijinsky betont, mit welcher Wärme das Ehepaar Schönberg sie und ihren Mann aufnahm; sie spricht auch von der seltsamen Anziehungskraft seiner bizarren und mystischen Gemälde.

Im Sommer 1916 arbeitete er an dem vierten der Orchesterlieder opus 22 nach einem Text „Vorgefühl" aus Rilkes Buch der Bilder. Am 19. Juli begonnen, am 28. beendet, wurde es im November für die Universal Edition von fremder Hand kopiert. Ende November fuhren Schönbergs für acht Tage zu Zemlinsky nach Prag, wo sie bis zum 3. Dezember blieben. Nach Wien zurückgekehrt, teilte Schönberg dem Freunde mit, er habe sich entschlossen, die zweite Kammersymphonie von 1907 fertig zu machen. Doch der Plan wurde zugunsten der Arbeit an der großen Chorsymphonie aufgegeben; erst in Amerika führte Schönberg auf Anregung Fritz Stiedrys das Werk zu Ende. Mit Zemlinsky war die Verbindung so freundschaftlich eng wie in den Jugendjahren. Er hatte eine Oper nach Oscar Wildes „Florentinischer Tragödie" beendet, die am 30. Januar 1917 in Stuttgart uraufgeführt wurde und bald danach in Prag und Wien herauskommen sollte. Schönberg fuhr mit Webern zu der Prager Premiere am 4. März; er wohnte bei Jalowetz, Webern bei Zemlinsky. Auch Dr. Marie Pappenheim war dabei. Am 27. April traf sich der gleiche Freundeskreis, dazu noch Franz Schreker, bei der Wiener Erstaufführung. Zemlinsky wohnte bei Schönberg, der die Oper ein prachtvolles Werk nannte. In einem Brief an Albertine Zehme heißt es am 5. Mai 1917: „Einstweilen bin ich, unberufen, uneinberufen. – Ich arbeite an einigen theoretischen Werken, ferner immer noch am Text zu einem großen Chor-, Solo- und Orchester-Werk. Außerdem habe ich Kurse, die nicht schlecht besucht sind."

Die Weltlage hatte sich mittlerweile verändert. Schönbergs Optimismus, sein Glaube an einen raschen, siegreichen Ausgang des Krieges, wurde immer mehr erschüttert. Durch die Hungerblockade war 1916 die Versorgung in Deutschland und Österreich erschwert. Ein Friedensangebot der Mittelmächte lehnten die Alliierten ab. Als Deutschland mit verschärftem U-Bootkrieg reagierte, erklärten die Vereinigten Staaten am 6. April 1917 den Krieg. Der österreichische Kaiser Franz Josef war am 21. November gestorben. Im März brach in Rußland die Revolution aus.

Österreich mußte die letzten Menschenreserven einziehen. Im Sommer wurde Schönberg wieder einberufen. Er arbeitete an den Skizzen zur „Jakobsleiter". Auf Seite 96 des IV. Skizzenbuchs notierte er: „einrücken zum Militär! 19. September 1917." Aber von dem leichten Dienst, zu dem er befohlen wurde, war er am 7. Dezember wieder befreit, und diesmal endgültig.

Den Text zur „Jakobsleiter" hatte er am 18. Januar 1915 zu schreiben begonnen. Doch erst zwei Jahre später, am 26. Mai 1917 war die Dichtung beendet, die noch im selben Sommer in der Universal Edition erschien. Mit der Komposition begann Schönberg am 19. Juni. Als Weberns im August bei ihm zu Besuch waren, zeigte er dem Freund Musik zu dem Oratorium.

Um diese Zeit war seine finanzielle Lage ernst geworden. Einen Hoffnungsschimmer brachte die Ankunft eines mysteriösen Amerikaners namens Köhler, der in handelspolitischer Mission nach Wien geschickt worden war. Er knüpfte an Hertzkas Plan an, die „Gurrelieder" in New York unter Leitung des Komponisten aufzuführen. Alban Berg traf ihn zum Essen in Hietzing. Man sprach von zehn Aufführungen und 5000 Dollar Honorar. Schönberg, den Berg am selben Abend (17. Juli 1917) aufsuchte, war skeptisch. Köhler ließ nichts mehr von sich hören. Durch die neuerliche Einziehung Schönbergs wurde der ganze Plan unausführbar.

Eugenie Schwarzwald traf am 6. September mit Berg und Erwin Stein zusammen. „Sie hat jetzt Schönbergs Sache ganz in die Hand genommen und scheint mit großer Energie und Tatkraft und einer bewundernswerten Hilfsbereitschaft sowohl Schönbergs Militär-Angelegenheit als die finanzielle Gefahr zu einem guten Ende zu führen", schrieb Berg an Helene. Nun rührten sich auch die anderen Schüler und Freunde. Webern bot 1000 Kronen, Jalowetz 2000, Stein eine monatliche Apanage von mehreren Hundert. Die Schwarzwald wollte reiche Freunde zu Spenden veranlassen, dachte an Hilfe durch die Kunstfürsorge, den Tonkünstlerverein und das Unterrichtsministerium. Stein wollte bei Alma Mahler ein Stipendium aus dem Mahlerfonds erbitten.

Die Not ging weiter. Am 10. September traf Berg bei Schönberg Marie Pappenheim. Man sprach von einer geplanten Zeitschrift und vom nahenden Kriegsende. Schönberg mußte das Lieserhaus am 1. Oktober verlassen. Für kurze Zeit zog er in die Pension Astra, IX. Bezirk, Alserstraße 32. Dann in den III. Bezirk, Rechte Bahngasse 10. Es war seine letzte Wiener Wohnung.

Der „Jakobsleiter"-Text erregte im Freundeskreis großes Aufsehen. Webern schwärmte: „Dieses Evangelium, dieses Gottesgericht. Diese Synthese einer ungeheuerlichen Erfahrung, eines unfaßbaren Glaubens. Die letzte große Rede des Gabriel ist wohl die Lösung für alles. Der Gipfelpunkt menschlicher Einsicht bisher überhaupt." Auch Zemlinsky war tief beeindruckt.

Gabriel, der Erzengel, dessen Name Stärke Gottes bedeutet, bringt in der christlichen Vorstellung den Menschen göttliche Botschaft und deren Auslegung. In seinen ersten Worten zu Beginn der „Jakobsleiter" hätte Webern die balzacsche Deutung des Swedenborgschen Himmels finden können, die für Schönberg auch das Wesen der Musik umschreibt: „Ob rechts, ob links, vorwärts oder rückwärts, bergauf oder bergab – man hat weiterzugehen, ohne zu fragen, was vor oder hinter einem liegt." Gabriel gibt jedem Menschen Auskunft und Rat über sich. Die Figuren, ein Berufener, ein Aufrührerischer, ein Ringender, der Auserwählte, der Mönch, der Sterbende verkörpern Stufen der Reife und Vollendung. Sie tragen autobiographische Züge. Ihre Inkarnationen führen zu Gott, der an der Spitze der Himmelsleiter steht. Das Bild aus dem 1. Buch Moses hat literarisch vielfach gefruchtet, bis zu Richard Beer-Hofmann und Thomas Mann. Daß Strindbergs Jakob-Fragment in der Textgestaltung nachwirkt, liegt auf der Hand. Schönberg deutet die Leiter als direkte Verbindung zwischen Mensch und Himmel. In einer Analyse hat Berthold Viertel betont, daß Leben und Tod hier nicht als Gegensätze sondern als Kontrapunkt gezeigt werden.

An drei Stellen erscheinen Zitate. Der Ringende strebt Arthur Schopenhauers „Schmerzlosigkeit" an, und er sagt mit Lukas 18, er wisse die Gebote und habe sie gehalten von Jugend auf. In Gabriels großer Schlußrede wird der Satz aus Balzacs „Seraphita" gesprochen: „Wer betet, ist mit Gott eins geworden."

Schönberg hatte an dem Verlust seiner Illusionen schwer zu tragen. Der Zusammenbruch aller Werte, den er im Krieg erlebte, zeigte ihm die Ohnmacht des Denkens, der Erfindung, der Energie. In diesen Jahren – so schrieb er 1922 an Kandinsky – war die Religion seine einzige Stütze. Von dem Weg zu dem „höheren Glauben" kündet der „Jakobsleiter"-Text. Es ist der Glaube des Desillusionierten.

Ob das Studium theosophischer Lehren zu diesem Glauben beigetragen hat, ist unbewiesen. In Schönbergs Bibliothek fand sich 1971 kein Buch von Helene

Blawatzky; auch Rudolf Steiners anthroposophische Schriften waren nicht vorhanden. Doch in seinem Aufsatz „Das theosophische Element in Schönbergs Weltanschauung" für die Festschrift zum 50. Geburtstag 1924 erklärt Walther Klein, es sei die Gesinnung, die den Theosophen mache. Zu dieser gehöre „der Glaube, daß der Weg des Menschen durch unzählige Wiedergeburten in immer höhere Formen des Daseins hinaufführt".

Schönberg empfand die drohende Niederlage Österreichs und Deutschland als Gefahr für viele Dinge, die ihm durch Erziehung und Erkenntnis teuer waren. Von Karl Kraus, den er oft bewundert und oft kritisiert hat, trennte ihn ein nationales Empfinden, das Schwächen des eigenen Volkes ungern zugab. Ihm fehlte die kaustische Gesellschaftskritik, die Kraus schon im Sommer 1915 den Prolog zu seinem apokalyptischen Drama „Die letzten Tage der Menschheit" schreiben ließ.

Für eine Vorlesung des Dichters bat Schönberg um eine zweite Eintrittskarte. Der Brief vom 14. November 1916 kündet von schweren geistigen Krisen: „Hoffentlich finde ich bald Gelegenheit, Sie im Kaffeehaus zu treffen. *Ich dürste . . . nach einer Aussprache mit Ihnen.* In der Zeit unerträglicher Depressionen, seit Kriegsbeginn, war mir Ihr Wort oft ein Trost."

Doch hat Schönberg als Soldat naive Gedichte wie den „Deutschen Michel" von Otto Kernstock vertont und 1916 in Bruck an der Leitha für einen Einjährigen-Kameradschaftsabend den Marsch „Die eiserne Brigade" für Klavier und Streichquartett komponiert. An Jemnitz in Budapest schrieb er auf einer Karte am 29. Januar 1916: „Daß ich beim Militär nicht besonders geschickt war, können Sie sich denken. Daß die Charge, zu der ich es gebracht habe – Gefreiter – nicht einmal meinen militärischen Ehrgeiz befriedigte, ebenfalls. Ich Narr meinte, wenn ich schon beim Militär bin, müßte ich doch wenigstens General sein. So aber mußte ich vor jedem Korporal Habtacht stehen." Jemnitz wurde auch über die Arbeiten und gedruckten Werke informiert.

Die offizielle Kunst der Jahre 1914/1918 stand metaphysischen Betrachtungen fern. Unabhängig von Schönberg arbeitete in Moskau Alexander Skrjabin an einem theosophischen „Mysterium", bis sein früher Tod am 24. Mai 1915 die Arbeit unterbrach. In den Skizzen sind zwölftönige Melodien und Akkordkomplexe.

Die Theater spielten weiter, führten aber keine Werke lebender Franzosen, Italiener, Russen und Engländer auf. An Novitäten gab es 1915 in der Wiener Volksoper „Marja" von Josef Bohuslav Foerster, der als Freund Mahlers auch Schönberg kannte und schätzte, und 1917 Julius Bittners „Lieben Augustin". Frankfurt brachte am 25. April 1918 Schrekers „Die Gezeichneten". Schönbergs zwei Einakter „Erwartung" und „Die glückliche Hand" blieben ungespielt.

Alban Berg, der seit 1915 Soldat war, aber Ende Mai 1916 nach Wien ins Kriegsministerium versetzt wurde, arbeitete seit Sommer 1917 an der Komposition von Georg Büchners „Wozzeck". Schönberg, dem er davon berichtete, war mit der Textwahl nicht einverstanden. Nicht Offiziersdiener sondern Engel solle man in Musik setzen, rügte er, wie 1952 Karl Rankl in „The Score" berichtet hat. Webern, ebenfalls seit 1915 eingezogen, war durch das Soldatenleben in seiner Produktion fast völlig gelähmt; er hat bis 1918 nur zehn Lieder nach Texten von Strindberg, Karl Kraus, Georg Trakl und Bethges Chinesischer Flöte geschrieben, die in die opera 12 bis 14 aufgenommen wurden. Das Volkslied „Der Tag ist vergangen" in opus 12 leitet 1915 die Reihe der geistlichen Lieder ein, die von seiner zunehmenden religiösen Vertiefung künden.

Ausländische Freunde hatten Deutschland verlassen; Kandinsky war in Rußland, Busoni in der neutralen Schweiz. Scherchen schrieb Karten aus russischer Gefangenschaft. Schönberg erkannte für die Intellektuellen die Gefahr einer Isolierung. In Wien plante eine Gruppe von Malern die Gründung einer Genossenschaft von Künstlern aller Art. Schönberg und Webern nahmen an einer Besprechung teil. Da aus dem Plan nichts wurde, kam Schönberg auf die Idee, eine Kolonie zu gründen, zu der auch Webern und Berg gehören sollten.

Diese Gedanken hingen mit seiner Neigung zur Bildung von geistigen Gemeinden zusammen, diese wiederum mit seiner pädagogischen Leidenschaft. Im Frühjahr 1917 hielt Schönberg in den Schulen von Eugenie Schwarzwald Kurse; Mitte April machte er Notizen über Satz- und Setzkunst. Vierzehn Seiten Text zu einer Instrumentationslehre wurden geschrieben.

Dann kam Ende 1917 die definitive Entlassung aus dem Wehrdienst. In Wien wurden die Lebensbedingungen immer schwieriger. 1918 beschloß Schönberg, die teure und schlecht versorgte Hauptstadt zu verlassen. Am 1. April übersiedelte er nach Mödling, wo in dem Haus Bernhardgasse 6 eine Wohnung im Hochparterre frei war. Das Städtchen, wo einmal Beethoven gewohnt hatte, war ihm aus seiner Tätigkeit als Leiter des Männergesangvereins in den neunziger Jahren vertraut. 1904 hatte er mit Mathilde und Trudi dort einen Sommer verbracht.

Am 4. Januar 1918 nahm er noch einmal die Arbeit an der „Jakobsleiter" auf und begann das große Zwischenspiel. Im März arbeitete er weiter daran sowie an einem Streichseptett. Es waren die letzten Kompositionen, die er in Wien schrieb. Die Hauptarbeit an dem mächtigen Bekenntniswerk über den Glauben des Desillusionierten war getan. Neue Aufgaben standen bevor.

Erst 1955, vier Jahre nach Schönbergs Tod, betraute Frau Gertrud Schönberg Winfried Zillig mit der Arbeit, das unvollendete Werk in eine aufführbare Form zu bringen. Die letzten kompositorischen Gedanken hatte Schönberg im Juni 1921 und am 18. April 1922 niedergeschrieben; sie betrafen den abschließenden Chor der „Jakobsleiter". Zillig standen als Unterlagen die vorhandenen Particelle und ein Skizzenbuch zur Verfügung. Von den 39 Particellseiten hatte Frau Schönberg eine Fotokopie machen lassen. Zilligs Arbeit bestand im Wesentlichen darin, aus Particell und Skizzen möglichst lückenlos die Gestalt zu erkennen, die dem Komponisten vorgeschwebt hatte und daraus das Resultat in Partitur zu bringen. Die ersten 120 Takte dieser Partitur wurden im Januar 1958 durch Hans Rosbaud im Hamburger „Neuen Werk" uraufgeführt, also noch vor der Beendigung des Ganzen. Das endgültige Resultat kam im Juni 1961 unter Rafael Kubelik beim Musikfest der IGNM in Wien als Sonderkonzert des Kölner Rundfunks heraus.

Schönbergs ursprünglicher Plan sah ein gigantisches Orchester mit 20 Flöten (10 davon Piccolo), 20 Oboen (10 davon Englisch Horn), 24 Klarinetten (6 Es, 12 B, 6 Baß), 20 Fagotten (10 davon Kontra-Fagotte), 12 Hörnern, 10 Trompeten (2 davon Baß), 8 Posaunen (davon 2 Alt, 2 Baß), 6 Kontrabaß-Tuben, 8 Harfen, Celesta, Schlagzeug, 50 Geigen, je 30 Bratschen, Celli und Kontrabässen sowie 13 Solostimmen und 720 Chorsängern vor. Spätere Skizzen beschränkten diese Mammutbesetzung auf normale Maße. Zillig hat deshalb ein Symphonie-Orchester des Richard Strauss-Typus gewählt.

In seiner melodischen und harmonischen Sprache stellt das Oratorium gegenüber den Arbeiten der Epoche 1908/1914 eine Vereinfachung dar, ohne aber auf die grundsätzliche Emanzipation der Dissonanz zu verzichten oder gar zur Tonart zurückzukehren. Es ist ein Kompendium der Schönbergschen Sprache, von den frühen Liedern mit ihrer „vagierenden Harmonik" über die Quartenakkorde der ersten Kammersymphonie, die fluktuierende Melodie der „Erwartung", die Sprechstimme des „Pierrot Lunaire" bis zu den Spiegelprozeduren der Klavierstücke opus 23. Sein Aufbau gleicht dem des klassischen Oratoriums mit Sprecher, Chören und Soli; aber die Musik ist durchkomponiert mit Übergängen zwischen den einzelnen Teilen. Dennoch heben sich Rezitative und Melodramen von reinen Arien und Ensembles sowie Strecken mit einem aus Rezitativ und Arie gemischten, oft die Sprechstimme hinzuziehenden neuen musikalischen Zustand ab. Die gesprochenen Chöre verdichten sich bis zur Zwölfstimmigkeit.

Neben der Hauptpartie des Gabriel (Bariton) treten drei Tenöre (ein Berufener, ein Aufrührerischer, ein Mönch), ein lyrischer Bariton (der Auserwählte), eine tiefe Sprechstimme (Ringender) und ein Koloratursopran (Sterbende) auf. Dabei stehen deklamatorische Gespräche Gabriels mit dem Berufenen und dem Ringenden neben lyrisch blühenden und dramatisch impulsiven Arien wie denen des Auserwählten und des Mönchs. – Den Wendepunkt bringt das Flüstern der sterbenden Seele, an das sich ein überirdisches Ensemble hoher Frauenstimmen anschließt. In dem folgenden großen Zwischenspiel spricht das Orchester allein. Hier entwickelt Schönberg eine Farbenphantasie von unverkennbarer Eigenart. Es sind die vertrauten Farben: Streichersoli in entlegenen Registern, tiefe Holzbläser, gedämpftes Blech, Akkorde aus Flageoletts, Celesta, Harfen, Harmonium, ausgesuchtes Schlagzeug, Tremolo am Steg, Kantilenen am Griffbrett, ähnlich wie in „Erwartung" und „Glückliche Hand", den Orchesterstücken opus 16 und den Orchesterliedern opus 22. Dazu aber kommt ein mehrschichtiges Denken, eine Art Polyphonie der Akkorde und der Parallelen.

Die Struktur der Musik zeigt Neuerungen. Urzelle ist eine Folge von 6 Tönen d–cis–e–f–g–as und ihre Permutation cis–d–f–e–gis–g. Hinzu treten gleich zu Anfang die ergänzenden 6 Töne c–es–h–b–fis–a, so daß ein chromatisches Total entsteht. Das Gesetz der Vermeidung von Tonwiederholungen war schon in früheren Werken Schönbergs angedeutet. Hier aber werden die Wurzeln der späteren Zwölftontechnik freigelegt.

Der Anfang mit dem sechstönigen Ostinato der Violoncelli, die Farbenkontraste des gruppenhaft behandelten Orchesters, die melodramatische Sprechkurve des Gabriel, die leidenschaftlichen Rufe des Chors spannen den Ausdrucksbogen dieser oft dramatischen Musik sehr weit. Am erstaunlichsten wird die musikalische Vision im zweiten Teil, nach dem Zwischenspiel. Hier arbeitet Schönberg mit räumlich verteiltem Klang von Lautsprechern, aus denen zum Schluß geisterhaft der Sopran in Riesenintervallen sich selbst antwortet.

Schönberg hatte im Particell von „einigen Fernmusiken" (Orchester, Chöre etc.) gesprochen, die „teils bloß hoch, teils fern aufzustellen sind". 1921 schrieb er über den Schluß: „Eingreifen des Chors und der Solisten, zuerst hauptsächlich auf dem Podium, dann immer mehr auch mit Fernchören bei den Fernorchestern, so daß am Schluß in den ganzen Saal von allen Seiten Musik strömt." Diese Vision, die nur durch die modernen technischen Mittel der Tonbandaufnahme völlig realisierbar ist, nimmt voraus, was eine spätere Generation von Komponisten in den fünfziger Jahren entwickeln sollte. Der Torso von 700 Takten und einer Aufführungsdauer von 43 Minuten hinterließ bei der Wiener Aufführung den stärksten Eindruck. Schönbergs Bild als Komponist ist damit erst vollständig geworden. Die „Jakobsleiter" nimmt eine Schlüsselstellung ein in der komplizierten Entwicklung von freier Atonalität zu seriellen und zwölftönigen Methoden.

MÖDLING, NEUE ORDNUNG, NEUES LEBEN

Österreich-Ungarn, in der Staatsform der Habsburger-Monarchie ein Modell utopischer Europaträume, war zerbrochen lange bevor der Weltkrieg zu Ende ging. Die materielle Not, die in Mitteleuropa herrschte, der Hunger, der Kriegstod von Millionen Männern, die unversorgte Familien hinterließen, der wachsende Druck nationalen Schuldbewußtseins: das alles wurde für Schönberg, wie für viele andere geistige Menschen, zu einem Alpdruck. Die apokalyptischen Visionen seiner Vorkriegswerke wurden von der Wirklichkeit übertrumpft; alles, was seine Musik an unaufgelöster Dissonanz, seine Ästhetik an „vitriolisierender" Kraft, seine Polyphonie an Unvereinbarkeit der Linien und Bewegungen aufwies, fand Verwirklichung in dieser Zeit, die Karl Kraus als letzte Tage der Menschheit geschildert hat.

Es gab, wollte man überleben, nur die Flucht. Schönberg hatte es längst erkannt, als er sich den metaphysischen Gedanken der „Jakobsleiter" zuwandte. Schon sie waren eine Flucht im Bereich des schaffenden Geistes gewesen. Im persönlichen gab es mehrere Auswege. Der eine führte von der Öffentlichkeit, vom „Betrieb" weg in den geschlossenen Kreis von Menschen, die dem privaten Dasein oder dem Werk verbunden waren. Also: Familie, Freunde und Schüler. Als Schönberg sich entschloß, von Wien nach Mödling zu ziehen, hatte er die Maßnahmen getroffen, die für die Flucht notwendig waren.

Vor allem mußten die Kurse fortgesetzt werden, die seit kurzer Zeit in Eugenie Schwarzwalds Schule, Wallnerstraße 9, stattfanden. Berg hatte am 28. September 1917 an Helene berichtet, daß er tags zuvor der Eröffnungsbesprechung für dieses „Seminar für Komposition" beigewohnt habe. Sie war von 90–100 Personen („hauptsächlich Weiber") besucht, aber im finanziellen Ergebnis jämmerlich. Schönberg hatte es den Teilnehmern überlassen, durch Selbsteinschätzung das Honorar zu bestimmen.

Für die Teilnehmer an den Kursen, die verspätet im Januar 1918 begannen, war Schönbergs Übersiedlung nach Mödling nicht spürbar; er fuhr zweimal wöchentlich nach Wien, um in der Wallnerstraße zu unterrichten. Hingegen mußten die Privatschüler nach Mödling fahren, was für einige von ihnen ein finanzielles Problem bedeutete.

Der Umzug wurde lange und sorgfältig vorbereitet. Am 23. Februar teilte Schönberg dem Freunde Adolf Loos die neue Adresse mit. Im März ergänzte er den 1912 begonnenen Katalog seiner Bücher. Zu den Neuerwerbungen gehören Bände von Emile Zola, Jean Jacques Rousseau, Lord Byron, Goethe, Tieck, Uhland und dem stets und zunehmend bewunderten Balzac.

Über die formal wichtige Frage, ob kürzende Striche statthaft sind, ging ein langer Brief an Zemlinsky, der in Prag eine gekürzte Fassung von Schönbergs „Pelleas" dirigieren wollte. Zum Komponieren war wenig Zeit übrig. Neben Fragmenten zur „Jakobsleiter" und zu einem Streicherseptett wurden die Anfangstakte eines Klavierstücks notiert. Doch Umzug und Einrichtung der Mödlinger Etage hatten das Vorrecht. Die Wohnung im Hochparterre der Bernhardgasse 6 hat Georg Schönberg beschrieben: „Ein Badezimmer, ein Vorzimmer und eine verglaste Veranda hat sich der Vater erst nach und nach selbst eingerichtet. Er hatte ein eigenes Arbeitszimmer, in dem ein Klavier, ein Harmonium, Geigen, Viola und Violoncello standen, seine ganze Bibliothek, ein Schreibtisch; gearbeitet hat er an einem Stehpult." Der Flügel, ein Ibach, der 1917 gekauft war, folgte Schönberg später nach Berlin und schließlich in das kalifornische Haus in Brentwood Park.

Aus der Lehrtätigkeit entstand damals ein neuer Plan. Schönberg wollte eine Art von praktischer Analyse entwickeln, indem er ein Werk Schritt für Schritt durch Proben zu realem Klingen brachte. Dabei wurde das Probieren zum Selbstzweck, die Aufführung von zweitrangiger Wichtigkeit. Erwin Ratz, der aus einem Teilnehmer an den Kursen der Schwarzwaldschulen zu einem der eifrigsten Schüler geworden war, begeisterte sich für den Plan. Er wurde zum alleinigen Arrangeur für die Verwirklichung, beschaffte das nötige Geld und ließ einen vierseitigen Prospekt auf Büttenpapier drucken. Im April 1918 verschickte die „Konzertdirektion" Hugo Heller, genauer gesagt: die Buchhandlung gleichen Namens, die im I. Wiener Bezirk ein Zentrum moderner Literatur bildete, den Prospekt mit der Subskriptions-Einladung: „Arnold Schönberg hat sich über Ersuchen der Konzertdirektion Hugo Heller bereit erklärt, seine Kammersymphonie, die in Wien vor mehreren Jahren durch das Rosé-Quartett und die Bläservereinigung der k. k. Hofoper zur Uraufführung gebracht wurde, in einer dem heutigen Konzertleben neuartigen Weise zur Aufführung zu bringen. Arnold Schönberg beabsichtigt nämlich, an Stelle eines einzigen Konzertes eine Reihe von zehn öffentlichen Proben abzuhalten. In der Schlußprobe wird das Werk mindestens einmal ohne Unterbrechung gespielt werden. Auf diese Weise soll dem Hörer die Möglichkeit geboten werden, das Werk so oft zu hören, daß er es im ganzen und in den Einzelheiten auffassen kann." Für die Subskribenten gab es Partituren der Kammersymphonie zum halben Preis. Die ersten acht Proben sollten in der zweiten Maihälfte nachmittags, die beiden letzten abends um 1/2 8 stattfinden. Zustande kam die Unternehmung im Juni. Am Dienstag, dem 4. Juni, traf sich ein großer Kreis von Freunden um 1/2 4 im Musikvereinssaal. Alban Berg war vorher mit Schönberg und dessen Tochter Trudi bei Werfels zum Essen. Bei der Probe waren neben anderen Adolf Loos mit einer befreundeten Tänzerin, der Maler Johannes Itten, Präsident Dr. Karl Wiener, Hugo Kauder und Erwin Ratz. Anschließend gingen Berg, Ernst Bachrich und Josef Polnauer in Schönbergs Seminar.

Auch am 6. und 8. Juni waren Proben. Am 9., einem Sonntag, hatte Schönberg seinen üblichen Jour fixe zum Nachmittagskaffee. Man sprach von einer neuen Zeitschrift „Friede", für die er arbeiten wollte. Er plante eine Analyse der IX. Symphonie von Mahler. Auch Webern, der seine Tätigkeit an der Prager Oper trotz Zemlinskys Nachsicht nicht länger ertrug, war in Mödling. Die Freunde machten sich Sorgen um Schönbergs Ernährung und sammelten heimlich für eine große Lebensmittelspende.

Mittwoch, den 12. Juni, war abends Generalprobe im kleinen Saal des Konzerthauses; am Sonntag, dem 16., letzte der zehn Proben. Nachher trat eine fremde Dame zu Schönberg und reichte ihm einen Briefumschlag. Darin waren 10.000 Kronen und ein Zettel: „Dem großen Künstler, ein Verehrer, ein Jude". Nun sei er aller Sorgen enthoben, schrieb Berg an Helene, denn auch ein anderer Anonymus hatte 1000 Kronen gespendet, und aus dem Mahler-Stipendium hatte Josef Redlich 2520 Kronen überwiesen, für die Schönberg am 19. Mai dankte.

Berg war jeden Sonntag in Mödling. Der 23. Juni war sein großer Tag; er hielt zeitlebens die 23 für seine Schicksalszahl. Er fuhr per Elektrische und Dampftramway hinaus und traf bei Schönberg außer den beiden Weberns Eduard und Salka Steuermann sowie Paul Königers Frau. Nach der „Jause", dem Kaffee mit Kuchen, wurde Trudis Pianino ins Musikzimmer gezogen und Schönberg, Webern, Berg und Steuermann spielten die achthändige Fassung der Fünf Orchesterstücke. Abends verabschiedeten sich alle, ausgenommen Berg, den Schönberg aufforderte, zum Essen zu bleiben. Bei einem Glas Rheinwein aus der Lebensmittelspende, die von Teilnehmern des Kurses gestiftet worden war, bot der Meister sechs Jahre nach Webern dem zweiten seiner Schüler das Du an. Bevor dieser um zehn Uhr aufbrach, schenkte er ihm drei Prager Photographien.

Am 30. Juni, dem nächsten Sonntag, war in Mödling wieder großer Jour; Berg traf Webern mit dem mittleren Kind, das er reizend fand, außerdem Dr. Ernst Bachrich und Erwin Ratz. Man spielte mit Schönberg Quartette. An diesem Tag entwickelte er den so folgenreichen Plan eines Vereins zu Aufführungen von zeitgenössischer Musik, von Mahler bis jetzt. Eine Woche darauf machten Berg, Stein und Webern mit dem Meister einen zweistündigen Spaziergang nach Hinterbrühl.

Im August war Berg in Trahütten. Webern hatte ganz in Schönbergs Nähe eine Mödlinger Wohnung in der Neusiedlerstraße 58 gefunden. „Ich bin täglich bei Schönberg", schrieb er dem Freunde, „um 5 Uhr nachmittags komme ich zu ihm. Da gehen wir spazieren oder spielen vierhändig. Nach dem Nachtmahl sind wir *immer* beisammen. Wir spielen jetzt Karten (Whist oder Tarock)."

Aber zwischen ihm und dem Meister war eine Spannung, die sich bald zum Zerwürfnis steigern sollte. Webern war von den Lebensbedingungen in Mödling enttäuscht und hatte Geldsorgen. Sein Haß gegen Theaterarbeit schlug unversehens um in den Wunsch, nach Prag zurückzugehen. Schönberg, mit dem er schon im Juli darüber sprach, war dagegen. Er machte ihm Hoffnung auf eine – allerdings nur schwach honorierte – Tätigkeit in seinem geplanten Verein, auf Instrumentation von Operetten, auf bezahlte Mitarbeit an seinem Seminar. Webern hörte schweigend zu. Bald reiste er nach Mürzzuschlag und schrieb an Schönberg, er wolle doch nach Prag zurück. Dieser antwortete kurz, er werde sich nicht mehr in seine Entschlüsse einmischen. Er war in solchen Dingen empfindlich; auch Steuermann und Berg hatten ähnliche Schwierigkeiten mit ihm zu bestehen. Aber für Berg war jetzt die Situation einfacher, weil er weiterhin im Kriegsministerium arbeitete und jede Gelegenheit benutzte, nach Mödling zu fahren.

Am ersten Sonntag im September traf er bei Schönberg zum Kaffee Frau Dr. Marie Pappenheim, deren späteren Mann Dr. Hermann Frischauf, Ernst Bachrich, Eduard Steuermann, Erwin Ratz und Selma Stampfer. Am 13. war Schönbergs 44. Geburtstag. Berg brachte ihm Tabak und eine Abschrift seines Streichquartetts opus 3. Schönberg erzählte von einer geplanten „Gurrelieder"-Aufführung in Zürich, die er dirigieren sollte. Aber er hatte keinen gültigen Paß. Nach Ungarn zuständig, plante er, sich in Budapest darum zu kümmern. Jemnitz sollte ihm ein Hotel besorgen.

Webern fehlte auf der Geburtstagsgesellschaft. Schönberg war enttäuscht und schüttete Berg, den er am Nachmittag zum Zug nach Wien begleitete, sein Herz aus. Kurz danach kam ein lakonischer Brief von Webern, der wie ein Blitz einschlug. Er kündigte Schönberg die Freundschaft. Mit Prag werde nichts, er gehe nach Wien zurück. Berg, dem Schönberg den Brief zeigte, glaubte an Sinnesverwirrung.

Die Lage in Mödling, wohin Webern doch wieder ziehen mußte, war peinlich. Die Ehepaare grüßten sich nicht. Das blieb so durch mehrere Wochen. Erst im November kam es zur Versöhnung.

Indessen gab es neue Arbeit. Schönberg hatte sein Seminar in den Schwarzwaldschulen von Mödling aus bis Ende Juni geleitet. Nach Ablauf des ersten Studienzyklus bat er am 19. September wieder zu einer Besprechung zwecks „Erläuterung, Beantwortung von Fragen, Erteilung von Auskünften, Bestimmung der Unterrichtsstunden etc.". Unterrichtsgegenstände waren Harmonielehre, Kontrapunkt, Formenlehre, Instrumentation und Analyse, getrennt für Anfänger und Fortgeschrittene. Die Kurse fanden nachmittags von 16 bis 20

Uhr statt. Aufgenommen wurden Berufsmusiker, Dilettanten und Kunstfreunde, und zwar als Hörer oder Schüler. Als Schüler galt, wer sich am Schluß des Jahres einer Prüfung unterzog. Hörer, nur in beschränkter Zahl aufgenommen, waren berechtigt, aber nicht verpflichtet, die Prüfung abzulegen. Das Kursjahr begann Ende September 1918 und schloß am 30. Juni 1919.

55 Teilnehmer trugen sich ein, davon 27 weibliche und 28 männliche (zwei darunter minderjährig). Die Liste, die Schönberg aufbewahrt hat, enthält Namen, die später in seinem engeren Arbeitskreis wiederkehrten. Max Deutsch, Hanns Jellinek, Olga Novakovic, Erwin Ratz, die Geschwister Dolly und Viktor Schlichter, Josef Travnicek (Trauneck) und Viktor Ullmann waren dabei. Ernst Bachrich wirkte als Pianist in Schönbergs „Verein für musikalische Privataufführungen" mit. Die Sopranistin Selma Stampfer sang in Schönbergs Mödlinger Haus und spielte im Verein. Gottfried Kassowitz wurde Schüler von Alban Berg. Roland Tenschert (1894–1970) promovierte 1921 zum Dr. phil. und war später ein angesehener Musikschriftsteller und Mozartbiograph.

Am 23. November 1918, einem Sonnabend, wurde der „Verein für musikalische Privataufführungen" gegründet. Als „Vortragsmeister berief Schönberg seine Schüler Webern, Berg und Steuermann, als Sekretär Dr. Paul Amadeus Pisk, als Kassier Dr. Prager, als Archivar Dr. Josef Polnauer, als Schriftführer Dr. Ernst Bachrich und Josef Travnicek (Trauneck). Die Institution ging aus den Diskussionen des „Seminars für Komposition" hervor, und Schönberg baute die Praxis der zehn Proben zur Kammersymphonie methodisch aus. Ziel war die Erziehung zum Hören und Verstehen moderner Musik. Die Wahl der zur Aufführung gelangenden Werke war unabhängig von Stilen. Alle moderne Musik, „alles, was Namen oder Physiognomie oder Charakter hat", von Mahler und Strauss bis zu den Jüngsten, war Objekt der Darstellung. Für die Einstudierung waren Sorgfalt und Gründlichkeit, Klarheit und Präzision der Wiedergabe oberstes Gesetz. Die Aufführungen fanden wöchentlich als geschlossene Vereinsabende statt. Nur wer sich durch Mitgliedsausweis legitimierte, durfte dabei sein. Beifalls- und Mißfallensbezeugungen waren untersagt. Am Sonntag, dem 29. Dezember 1918, fand der erste Vereinsabend statt. Auf dem Programm standen die 4. und 7. Klaviersonate von Alexander Skrjabin, „Proses Lyriques" von Claude Debussy und Gustav Mahlers VII. Symphonie, für Klavier vierhändig bearbeitet. Mitwirkende waren Felicie Hüni-Mihacsek (Debussy), Eduard Steuermann (Skrjabin, Mahler) und Dr. Ernst Bachrich (Debussy, Mahler).

Die erste Saison des Vereins dauerte bis Juni 1919. Sie brachte an 26 wöchentlichen Vereinsabenden 45 Werke zu Gehör. Zwischen zehn und dreißig Proben fanden vor den Aufführungen statt. Von den Schwarzwaldschulen übersiedelte man fallweise in den Kaufmännischen Verein, den Musikverein und das Konzerthaus, schließlich (September 1920) in den Klub österreichischer Eisenbahnbeamten.

Schönberg hatte als Präsident „in der Leitung des Vereins vollkommen freie Hand". 1938 hat er in einem „Four Point Program for Jewry", Kapitel II, dieses autoritäre, absolute Führungsprinzip erläutert. Er sei 1920 eine Art Diktator in einer musikalischen Gesellschaft gewesen, die er in seinem Geiste und im Ganzen sehr erfolgreich aufgebaut habe. Plötzlich sei durch einige politische Extremisten eine starke Opposition zu seinen Plänen entstanden. Er habe vergeblich versucht, sie zu überzeugen und ihnen zu zeigen, daß die Idee scheitern werde, wenn sie ihren Widerspruch fortsetzten. Aber sie drohten eine Mehrheit gegen seine Prinzipien zu gewinnen. Statt zurückzutreten, habe er etwas getan, was unter anderen Umständen illegal genannt werden könnte: die Gesellschaft aufgelöst, eine neue gegründet, nur Mitglieder aufgenommen, die völlig mit ihm übereinstimmten und die ganze Opposition ausgeschlossen. Einige Sentimentale hätten das für falsch gehalten. Aber es sei das einzige heilsame Mittel gewesen, den Eingriff unkünstlerischer Grundsätze in künstlerische zu vermeiden.

Von Schönberg selbst wurde während der Saison 1918/19 kein Werk im Verein aufgeführt. Bis April 1921 stieg die Zahl der Werke auf 226. Sie wurden bis zu fünfmal wiederholt (also bis zu sechsmal gespielt); in dem Prospekt wurde unterschieden zwischen Werken und Nummern, das heißt, ein sechsmal aufgeführtes Stück hatte im Werkverzeichnis eine Zahl, im Nummernverzeichnis aber sechs Zahlen.

Der Herbst 1918 brachte Schönberg eine Enttäuschung; die geplante Reise nach Zürich, wo er die „Gurrelieder" dirigieren sollte, fand nicht statt, obwohl er den Auslandspaß unerwartet durch das Wiener Polizeipräsidium bekam.

Am 1. November war endlich der Zwist mit Webern behoben; Schönberg dankte schriftlich dem alten Freunde, der mit einem Brief den Weg zu ihm zurückgefunden hatte. In einer Aussprache gelang es, „den Tisch der Freundschaft gründlich zu reinigen", an den sich die beiden Hitzköpfe so gerne wieder setzten.

Der Weltkrieg war beendet. Sehr langsam begann sich das Leben in Österreich wieder zu normalisieren. Doch noch immer waren die materiellen Bedingungen dieses Lebens äußerst schwierig. Der rasche Verfall der deutschen und österreichischen Währungen, die unaufhaltsame Teurung und die Isolierung vom Ausland reduzierten auch das kulturelle Leben. Allmählich kamen die Kriegsteilnehmer heim, wurden auch die freundschaftlichen Kontakte wieder hergestellt, obwohl die Post schleppend und höchst unzuverlässig arbeitete. Für den Schriftverkehr mit dem „Verein" wurde empfohlen, grundsätzlich eingeschriebene Briefe zu schicken, da sonst die Zustellung unsicher war.

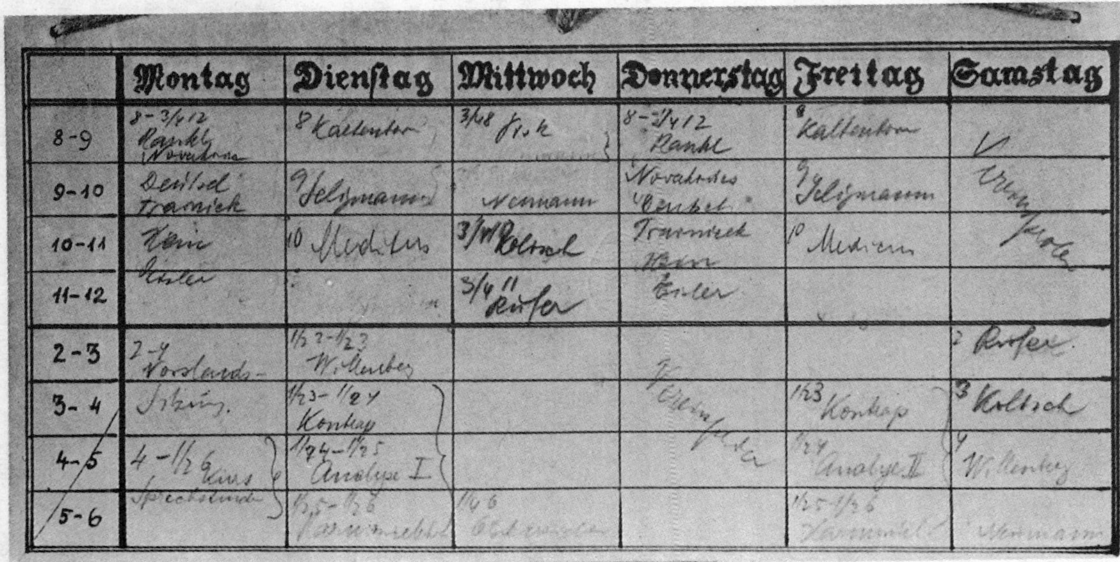

Wochenplan mit Schönbergs Arbeitsterminen (vgl. S. 234 unten)

In Mödling sah Schönberg neben den Musikern seines Kreises viele alte Freunde wieder, darunter David Joseph Bach, Dr. Marie Pappenheim, Oskar Kokoschka, den Kritiker Dr. Paul Stefan, den Architekten Adolf Loos und den Dichter Peter Altenberg, den er durch Karl Kraus kennen gelernt hatte. In der Villa Mandl, die Loos für den Komponisten Richard Mandl im Döblinger Cottage gebaut hatte, war er zu Besuch; aufgefordert, sich ins Fremdenbuch einzutragen, schrieb er: „Ins Fremdenbuch? In einem Looshaus bin ich kein Fremder, sondern ein guter Bekannter. Da darf ich also ruhig etwas sonst Unverständliches einschreiben." Dann folgten drei Takte aus der „Jakobsleiter" mit den Worten des Auserwählten: „Ich sollte nicht näher, denn ich ...".

Ende 1918 kamen Hanns Eisler, Karl Rankl und Joseph Travnicek als entlassene Soldaten nach Wien zurück. Sie wurden etwa gleichzeitig Anfang 1919 Schönbergs Schüler. Um diese Zeit traf auch ein junger, entlassener Offizier aus Prag mit einem Empfehlungsbrief Zemlinskys in Mödling ein: Josef Rufer. Er arbeitete zuerst Harmonielehre in dem Kurs der Schwarzwaldschulen, der Dienstags und Freitags von halb fünf bis halb sechs stattfand. Dazu kamen bald Privatstunden in Kontrapunkt und Komposition, die Mittwochs und Sonnabends in Mödling gegeben wurden. Rufer übernahm im Februar auch als Nachfolger von Dr. Pisk das Sekretariat des „Vereins". Paul Amadeus Pisk war aus gesundheitlichen Gründen von der Front heimgeschickt worden, schon 1916 wurde er Schönbergs Schüler und blieb es bis 1919.

In Brentwood Park fand sich ein selbstgezeichnetes Blatt eines Wochenplans, das von Montag 8 Uhr bis Samstag nachmittags 6 Uhr alle Arbeitstermine festhält. Es ist nicht datiert. Aber aus den Namen der Schüler läßt sich der Zeitraum annähernd ableiten. Es kann nicht vor 1919 sein, denn in diesem Jahr kamen Eisler und Rufer erst zu Schönberg. Und es kann nicht nach 1919 sein, denn damals endete Pisks Unterricht. Hier die Aufstellung:

	Montag	Dienstag	Mittwoch	Donnerstag	Freitag	Samstag
8– 9	8–3/4 12 Rankl Novakovics	Kaltenborn	3/4 8 Pisk	Rankl	Kaltenborn	Ver-
9–10	Deutsch Travnicek	Seligmann	Neumann 3/4 10	Novakovics Deutsch	Seligmann	eins-
10–11	Hein	Medicus	Kolisch 3/4 11	Travnicek Hein	Medicus	pro-
11–12	Eisler		Rufer	Eisler		ben
2– 3	Vorstands- sitzung	1/2 2–1/2 3 Willenberg		Ver-		Rufer
3– 4		Kontrap. 1/2 3–1/2 4		eins-	1/2 3 Kon- trapunkt	Kolisch
4– 5	4–1/2 6 Kurs	Analyse I 1/2 5–1/2 6		proben	1/2 4 Analyse II	Willenberg
5– 6	Sprech- stunde	Harmonie- lehre	1/4 6 Österreicher		1/2 5–1/2 6 Harmonielehre	Neumann

Daß bei diesem Arbeitsplan, der nur den Mittwochnachmittag und den Sonntag frei ließ, überhaupt noch Zeit und Kraft für schöpferische Tätigkeit blieb, ist kaum zu erwarten. Kompositionen sind 1919 denn auch nicht entstanden. Dagegen begann Schönberg wieder zu malen; vom April sind die beiden Aquarelle „Der Besiegte" und „Der Sieger" datiert, und das stilistisch sehr ähnliche Selbstporträt-Aquarell von 1919 kann um dieselbe Zeit entstanden sein. An literarischen Arbeiten wurden nur kleine Gelegenheitssachen und Fragmente aufgeschrieben: ein Beitrag zu Adolf Loos' „Richtlinien für ein Kunstamt", ein Lob Mengelbergs für eine holländische Zeitschrift, ein Beitrag zu der Sammlung „Schöpferische Konfessionen", zu dem ihn der Herausgeber Kasimir Edschmid in Darmstadt aufgefordert hatte, ohne dann Korrekturbogen und Honorar zu schicken. Auch ein Fragment „Gewißheit" stammt von 1919. Im November brachte die Deutsche Tonkünstler-Zeitung in Heft 21 des 27. Jahrganges Schönbergs Aufsatz „Zur Frage des modernen Kompositions-Unterrichtes."

Über den Unterricht in Mödling haben mehrere Teilnehmer 1971 berichtet, darunter Max Deutsch, Erwin Ratz, Josef Rufer, Hans Erich Apostel und Hans Swarowsky. Deutsch schreibt: „Nach dem verlorenen Krieg gab es in Wien oft keine Kohle, kein Licht, es verkehrte keine Straßenbahn und keine Eisenbahn. Wir marschierten dann die 15 Kilometer nach Mödling zu Fuß, an einem Tag hin und zurück, um bei Schönberg Unterricht zu nehmen. Der Unterricht war kollektiv, er fand mindestens zweimal in der Woche statt. Schönberg saß am Klavier, wir standen im Halbkreis hinter ihm und legten ihm unsere Arbeiten vor, die er korrigierte und besprach. In seine Wohnung gelangte man über eine Treppe; das Vorzimmer wurde von dem großen Schäferhund Wulli bewacht (der übrigens nur Idioten zu beißen pflegte, nicht aber intelligente Menschen). Im Arbeitszimmer stammte fast das ganze Mobiliar – mit Ausnahme des Klaviers und des Diwans – von Schönbergs eigener Hand: die Bücherstellagen, die Einbände seiner Bücher und Noten, das Stehpult, an dem er arbeitete."

Der Schäferhund Wulli ist der erste in einer Reihe vierbeiniger Hausgenossen, die Schönberg dann zeitlebens um sich hatte.

In Deutschland regte sich an vielen Stellen das Interesse für Schönberg. Das Musikleben erholte sich als erste der öffentlichen Kultur-Einrichtungen nach dem Zusammenbruch von 1918. Erwin Stein, seit 1912 an vielen deutschen Opernhäusern tätig, schrieb am 30. Januar 1919 aus Darmstadt, wo Michael Balling als Wagnerdirigent die gute Tradition des alten Hoftheaters fortsetzte und der junge Erich Kleiber seine Kapellmeisterlaufbahn begonnen hatte. Stein berichtete, in Mannheim sei ein guter Musiker erster Kapellmeister, der Schönberg einladen wolle, „Pelleas" oder ein anderes eigenes Werk zu dirigieren. Der Kapellmeister war Wilhelm Furtwängler, der auch in Wien schon

Aufsehen erregte. Die Einladung an Schönberg erfolgte am 9. August. – Im Januar und März führte das Frankfurter Rebner-Quartett, in dem der 24jährige Paul Hindemith die Bratsche spielte, mit der Sopranistin Anna Kaempfert das fis-moll-Quartett opus 10 in mehreren Städten wie Frankfurt, Marburg und Mannheim auf. Steuermann schrieb am 31. Juli aus Berlin über Hermann Scherchens Pläne, in seinen Abonnementskonzerten „Pelleas" und die „Gurrelieder", mit Tilla Durieux den „Pierrot Lunaire" aufzuführen. Der Regisseur Dr. Ernst Lert plante in der Leipziger Alberthalle die Uraufführung von „Erwartung" und „Die glückliche Hand". In Köln kündigte Otto Klemperer „Pelleas" an.

Ja, sogar in Wien besann man sich auf den unbequemen Mitbürger, von dem die ganze Musikwelt redete. Sowohl die Konzerthausgesellschaft als auch die konservative Gesellschaft der Musikfreunde entschlossen sich, die „Gurrelieder" aufzuführen, die seit dem Triumph der Uraufführung 1913 nicht gehört worden waren. Schönberg probte im März mit dem Konzertvereinsorchester für einen Abend, an dem die „Verklärte Nacht" in großer Besetzung und das fis-moll-Quartett aufgeführt wurden.

Die „Gurrelieder"-Aufführung mit den Philharmonikern wollte Franz Schalk, Brucknerschüler und Chef der Wiener Staatsoper, leiten; sie sollte im Februar 1920 stattfinden. Schönberg, der seinerseits das Werk im Herbst 1919 im Konzertverein dirigieren sollte, protestierte dagegen bei der Universal-Edition. Er hatte Grund zu fürchten, daß Schalk für das Werk nicht die erforderlichen zwölf Proben abhalten werde. Denn für den 10. Oktober mußte die Uraufführung von Richard Strauss' „Frau ohne Schatten" in der Staatsoper vorbereitet werden. Die Projekte endeten damit, daß Schönberg 1920 zwei Aufführungen des Werkes in der Staatsoper selbst leitete. Die hitzige Vorgeschichte ist aus Briefen zu ersehen, die er am 13. März an seinen Duzfreund Dr. Hugo Botstiber, den Generalsekretär des Konzerthauses, und am 30. April an die Universal-Edition richtete; sie sind in dem Briefband enthalten.

Mittlerweile beanspruchte der „Verein für musikalische Privataufführungen" den Löwenanteil von Schönbergs Arbeitskraft. Er hielt sich streng an die selbst gestellte Regel, alle charakteristischen Strömungen der zeitgenössischen Musik zu berücksichtigen. Am 8. Februar teilte Webern dem Freunde Berg – wohl nicht ohne Bedenken – mit, der Meister habe Stücke von Josef Marx, Carl Prohaska, Felix Weingartner und Egon Wellesz zur Aufführung bestimmt. Das geschah nach einer der Samstagsproben, an der auch Max Deutsch teilnahm. Tatsächlich wurden Lieder von Marx und Wellesz, Streichquartette von Wellesz und Weingartner mit äußerster Sorgfalt einstudiert. Auf die Frage, warum er so viele Proben für Weingartners Quartett verwende, antwortete Schönberg: „Solche Musik kann man nicht genug bloßstellen."

Am 27. April spielten Eduard Steuermann und Dr. Ernst Bachrich eine Bearbeitung der VI. Mahler-Symphonie für Klavier zu vier Händen von Alexander von Zemlinsky. Berg berichtete an Webern über eine der Proben, die am 19., Karfreitag, stattfand.

Es galt auch, Kontakte mit Komponisten im Ausland herzustellen. Zu den ersten gehörte Igor Strawinsky, den Schönberg am 24. April um ein neues Werk bat. Die Antwort vom 27. Mai lautet: „Sehr geehrter Meister, Ihr w. Schr. vom 24. 4. 19 dankend erhalten. – Ich sände Ihnen durch meinen Schwager die Abschrift meiner ‚3 pièces pour quatuor à cordes'. Ich bitte Sie sehr dieses Werk *sofort* nach seiner Aufführung zurückzuschicken. Meine Adresse ist

2, Place Saint Louis, à Morges (Suisse).
Mit besten Wüntschen Igor Strawinsky"

Zwei Werke Strawinskys, geplant seit Februar, standen schon im Juni auf den Vereins-Programmen: die „Berceuses du chat" für Singstimme und drei Klarinetten, und die „Pribaoutki" für Singstimme, vier Streicher und vier Holzbläser. Solistin war Emmy Heim. Webern schrieb hingerissen an Berg (Karte vom 9. Juni): „Es war kein Platz mehr im Saal. Vollständig ausverkauft. Strawinsky war herrlich. Wunderbar sind diese Lieder. Mir geht diese Musik ganz unglaublich nahe. Ich liebe sie ganz besonders. Etwas so unsäglich Rührendes, wie diese Wiegenlieder. Wie diese 3 Klarinetten klingen! Und ‚Pribautki'. Ah, mein Lieber, etwas ganz Herrliches. Diese Wörtlichkeit (realismus) führt ins Metaphysische." Am gleichen Abend gab es zwei Stücke von Berg. Steuermann spielte die Klaviersonate opus 1 sowie, zusammen mit Rudolf Serkin, Ida Hartungen (einer Schwester Bodanzkys) und Selma Stampfer, eine achthändige Bearbeitung des „Reigen" aus den drei Orchesterstücken opus 6.

Auf dem nächsten Programm, noch immer im Juni, standen Josef Suks Klavierstücke „Erlebtes und Erträumtes", die Serkin spielte, und das 2. Streichquartett von Zemlinsky. Wie alle Streichquartette in den ersten Vereinsjahren, wurde es vom Feist-Quartett gespielt, das auch die Sommerpause 1919 für die Einstudierung von Novitäten opferte. Neben solchen von Strawinsky, Reger, Ravel und Bartók waren es Bergs opus 3 und Weberns opus 5, die schon im Herbst herausgebracht werden sollten.

Den Sommer verbrachte Schönberg ruhig in Mödling. Die Freunde Berg und Webern waren auf dem Lande. Post gab es kaum. Die „Gurrelieder"-Angelegenheit war vertagt. Nur die Zuschrift eines Herrn E. Fromaigeat in Winterthur rührte Gedanken auf, die er lange unterdrückt hatte. Sie betraf Unternehmungen in Paris, eine Internationale des Geistes wieder aufleben zu lassen.

Schönberg fühlte in diesen Dingen sehr deutsch. Sein langer Antwortbrief vom 22. Juli läßt alle Erbitterung spüren, die das Verhalten von Männern wie Maeterlinck, Paul Claudel, Camille Saint-Saëns und Edouard Lalo in ihm gehäuft hatte. Er übersah nicht, was auf das Konto der Kriegspsychose hinter beiden Fronten zu buchen war. Aber er konnte durch die Zusendung eines Prospektes beweisen, daß er schon im Herbst 1918 verwirklichen wollte, was der Leitsatz seines Briefes formulierte: „Keinem kann es ein größeres Bedürfnis sein, die Gleichheit in der Republik der Geister wieder herrschend zu sehen, als mir."

Im August 1919 traf ihn schmerzlich die Nachricht vom Tod des Onkels Fritz Nachod, der am 10. gestorben war. Er war der Schutzgeist seiner Kindheit und Jugend gewesen, ein Mann, der für Schiller schwärmte, Gedichte schrieb und sang.

Aus Berlin, später aus Hellerau bei Dresden, meldete sich Steuermann, der von Max Deutsch erfuhr, daß der Verein am 9. September seine Arbeit wieder aufnehmen wolle; er durfte nicht fehlen, hatte aber vorher ein Konzert in Dresden.

Am 10. September kam Berg aus Kärnten zurück. Schönberg lud ihn tags darauf zum Essen. „Wir tratschten von 12 bis 1/2 4 Uhr", schrieb er an seine Frau Helene, „dann kam Rufer, woselbst die gewisse Hetzjagd mit hundert Plänen für den Verein begann, die bis 1/2 7 währte." Und weiter: „Schönberg ist von der Sozialdemokratie stark abgekommen. Aber er weiß eigentlich auch nicht recht, wie sich politisch stellen. Er meint: an das Alte anknüpfen, so rasch wie möglich, das aber *besser* machen. Also fast monarchistisch."

Im Verein hatte es die 2. Symphonie von Franz Schmidt gegeben, vierhändig gespielt von Selma Stampfer und Dr. Pisk, dazu Mahlers „Lieder eines fahrenden Gesellen", gesungen von Stefanie Bruck-Zimmer. Berg mußte als Vortragsmeister die Beethoven-Variationen von Reger mit Olga Novakovics und Dr. Bachrich einstudieren. Die Familie Schönberg fand er bei einem Mödlinger Besuch mäßig gut aussehend, das Essen mit Ausnahme des Kaffees schlecht. Frau Schönberg und die 17jährige Trudi strickten Strümpfe. Georg, auch schon im 13. Lebensjahr, trug ein abgelegtes Hemd des Vaters.

Materiell gehe es erträglich, da ein paar ausländische Schüler – es waren die Reichsdeutschen Fritz Kaltenborn und Walter Seligmann aus der Frankfurter Bankiersfamilie – gut zahlten. Aber gerade diese waren durch das Gesetz der Fremdenausweisung bedroht, das auch Steuermann betraf, ja sogar Schönberg selbst, der durch den Vater nach Preßburg zuständig und deshalb zurzeit heimatlos war.

Am 13. September war in Mödling große Gesellschaft zum 45. Geburtstag. An die dreißig Freunde und Schüler brachten Blumen und Geschenke, „eine ganze Delikatessenhandlung feinster Sorte", wie der Gourmet Berg feststellte. Von diesem gab es einen Band Maeterlinck, von anderen Kravatten, Schreibzeug und Bücher. Nachmittags kamen Gratulationen und Telegramme. Adolf Loos, immer ein glänzender Unterhalter, beherrschte für Stunden die Konversation. Von der großen Schar blieben 16 zum Abendessen. Man saß bis 10 bei Gumpoldskirchener 1917er, um halb elf ging als letzter Webern; Berg übernachtete bei Schönbergs.

Die Proben gingen weiter. Am 18. September war das erste Konzert mit Reger- und Strausswerken, am 17. Oktober wurden Bergs Stücke für Klarinette und Klavier, 1913 Gegenstand eines Streites zwischen ihm und Schönberg, mit Steuermann am Klavier aufgeführt.

Auch mit Béla Bartók stand Schönberg wegen des Vereins in Briefwechsel. Am 31. Oktober schrieb er ihm, daß in der ersten Saison die 14 Bagatellen für Klavier, in der laufenden die Rumänischen Volkslieder und Tänze gespielt wurden; demnächst folge das 2. Quartett. Im Januar 1920 sei die Rhapsodie für Klavier und Orchester geplant. Ob Bartók eine Bearbeitung für die Standardbesetzung des Vereins (Klavier, Harmonium, Streichquartett, Flöte und Klarinette) machen wolle. Außerdem bat er um Mitteilung, was von Bartóks Liedern und Orchesterwerken erschienen sei. Postscriptum: „Ihre Klavierwerke haben mir außerordentliche Freude gemacht. Auf die neuen Werke bin ich schon sehr gespannt. Ergebenst ArnSch." Insgesamt wurden bis Oktober 1920 sieben Werke von Bartók aufgeführt; die Antwort auf den Brief ist unbekannt.

Eine Nachricht, die Schönberg mit gemischten Empfindungen aufnahm, betraf die Gründung des Bauhauses in Weimar durch Walter Gropius. Bei aller Sympathie für den Architekten, dessen kurze Ehe mit Alma Mahler sich gerade aufgelöst hatte, war doch für ihn in allen Baufragen Adolf Loos die einzige Autorität. Und Loos' radikale Ornamentfeindlichkeit sah in den Bauhausbestrebungen damals eher eine Reaktion gegen seine Ästhetik. Die Übersiedlung nach Weimar bereitete im Oktober der Schweizer Maler Johannes Itten vor. Er war an moderner Musik interessiert, stand übrigens Josef Matthias Hauer nah, den er im Mai 1919 bei einer Ausstellung seiner Bilder in Wien kennen lernte. Von einer Begegnung mit Itten, der zu den ersten Professoren („Meister" hießen sie dort) am Bauhaus gehörte, hatte auch Berg im September an Helene berichtet.

Hauer war durch Adolf Loos mit Schönberg bekannt gemacht worden. Im „Verein" wurden fünf seiner Klavierwerke aufgeführt, zwei spielte Steuermann, zwei Dr. Rudolf Réti, eines er selbst. Im August 1919 fand Hauer die „Zwölftonregel", die unbewußt Schönberg 1914 zuerst angewandt hatte. Sie wurde nun Hauers Hauptgesetz für die Melodiebildung, das er 1920 in dem

Büchlein „Vom Wesen des Musikalischen" formulierte. Über den Elementarsatz hinaus, daß eine „atonale" Melodie alle zwölf Töne der temperierten Skala ohne Wiederholung enthalten müsse, hat Hauer keine satztechnischen Folgerungen gezogen. Das unterscheidet, unabhängig von der Frage der Priorität, seine Zwölftonmusik von der kompositorisch anspruchsvolleren Schönbergs. Die wechselnden Beziehungen der beiden Männer werden noch zu betrachten sein.

Am 1. November erschien das erste Heft einer Halbmonatsschrift, die der Universal Edition als Sprachrohr zur Förderung zeitgenössischer Musik diente. Sie hieß „Musikblätter des Anbruch", Herausgeber war Dr. Otto Schneider. Guido Adler schrieb das Geleitwort, Schreker, der neben Mahler, Strauss und Reger im Vordergrund der ästhetisierenden Aufsätze stand, eine Betrachtung „Meine musikdramatische Idee", Egon Wellesz über Strauss' „Frau ohne Schatten". Als Notenbeilage wurde das „Allegro barbaro" von Bartók gebracht. Schönbergs Name kam nicht vor. Erst im 2. Heft, Mitte November, erschien er – im Inseratenteil.

Wichtigstes Verlagsprojekt war um diese Zeit die Förderung der Opern von Franz Schreker. „Die Gezeichneten", 1918 in Frankfurt erfolgreich uraufgeführt, erschienen im Februar 1920 auf dem Spielplan der Wiener Staatsoper (so hieß die ehemals K. K. Österreichisch-Ungarische Hofoper seit der Revolution vom November 1918). Schönberg stand damals Schreker, der ihn als Dirigent durch die Uraufführungen der „Gurrelieder" und des Chores „Friede auf Erden" gefördert hatte, etwas skeptisch gegenüber, skeptischer jedenfalls als Alban Berg, dem er freundschaftlich verbunden war. Das erste Sonderheft des „Anbruch" erschien Anfang Januar 1920 und war Schreker gewidmet. Inzwischen waren in Berlin neue Bestrebungen zur Förderung moderner Musik im Gange. Ihr leidenschaftlicher Anwalt und unermüdlicher Organisator war Hermann Scherchen. Er brachte seit der Vorbereitung des „Pierrot Lunaire" Schönberg eine schwärmerische Bewunderung entgegen. Selbst aus der russischen Kriegsgefangenschaft schickte er ihm Postkarten[1], um den Kontakt mit dem Meister, der ihm antwortete, nicht zu verlieren. Scherchen begann im Februar 1920 mit der Herausgabe einer Halbmonatsschrift für Musik, die er „Melos" nannte. Das expressionistische, von César Klein entworfene Titelblatt nannte als Mitarbeiter u. a. Béla Bartók, Ferruccio Busoni und Arnold Schönberg. Am 26. Januar hatte Scherchen von den geplanten Berliner Aufführungen der Kammersymphonie in der Volksbühne sowie den großen Erfolgen mit „Pelleas und Melisande" und dem fis-moll-Quartett berichtet. Er bat gleichzeitig um Schönbergs, Bergs und Weberns Mitarbeit für seine Zeitschrift. Sein

1 21. 8. 1917: „Ihre Karte vom 31. 3. hat mich tief erfreut."

Brief schloß mit den hymnischen Zeilen: „Und jetzt möchte ich ihnen noch einmal Dank sagen: Ihnen, der Sie als schöpferischer Mensch für mich *das* Ereignis meines Lebens sind, wie Rußland es mir in anderer Weise wurde; danken möchte ich Ihnen für die glühende Kraft eines reinen restlos hingegebenen Menschtums, vor dessen Ethos ich mich in tiefer Ehrfurcht beuge." Solange Scherchen „Melos" leitete, diente die Zeitschrift Schönbergs Werk.

Wenige Tage vorher hatte ein anderer großer Dirigent den Briefwechsel von 1919 wieder aufgenommen, Wilhelm Furtwängler in Mannheim. Er bedauerte, Schönberg bei keinem der Wiener Aufenthalte getroffen zu haben, hoffte aber auf eine Begegnung bei seiner Aufführung der „Verklärten Nacht". Mit den Proben zu „Pelleas und Melisande" werde er demnächst in Mannheim beginnen, so daß Schönberg, den er als Gastdirigenten geladen hatte, nur noch zwei Proben für das Konzert brauchen werde; die Aufführung war für den 3. März angesetzt.

Auch sonst gab es immer mehr Zeichen des Interesses aus anderen Ländern. Der alte Kopenhagener Verlag Wilhelm Hansen fragte an, ob Schönberg ihm Werke überlassen wolle. In Prag hatte Zemlinsky eine Art Filiale des Wiener Schönberg-Vereins gegründet. Er bereitete für die erste März-Hälfte vier Konzerte als Gastspiele des Vereins vor. In Wien selbst machte der Verein durch eine unregelmäßige Reihe von öffentlichen Sonderkonzerten werbend auf sich aufmerksam. Das erste war für den 25. Februar angesetzt. Schönberg fragte bei Peters in Leipzig an, um das Aufführungsmaterial von Weberns Klavierbearbeitung seiner fünf Orchesterstücke für den Verein zu bekommen.

Die wichtigste Verbindung aber war die mit dem Amsterdamer Concertgebouw und seinem Leiter Willem Mengelberg. Das holländische Publikum, vorbereitet durch Mengelbergs Mahler-Kult und durch Schönbergs Gastspiele seit 1912, brachte ihm mehr Verständnis entgegen, als irgendein anderes in Europa. Und so führte Schönbergs Reiseplan im März 1920 von Mannheim über Berlin nach Prag, wo er vom 7. bis 14. vier Konzerte des Vereins leitete; von dort ging es nach Amsterdam und Utrecht zu Aufführungen der „Verklärten Nacht" und der beiden ersten Orchesterstücke aus opus 16. Infolge eines Eisenbahnstreiks in Deutschland fanden die holländischen Konzerte verspätet und mit weniger Proben statt als vorgesehen war. Am 12. April kam Schönberg zurück nach Mödling, in der Tasche die Einladung zu dem großen zweiwöchigen Mahler-Fest, das Mengelberg in Amsterdam vorbereitete.

Für das Tonkünstlerfest des Allgemeinen Deutschen Musikvereins im Juni, das dieses Jahr in Weimar stattfand, war der Jury ein wichtiger Vorstoß in die Bereiche der modernen Musik gelungen. So wurde Schönbergs opus 16 zur Aufführung angenommen, das Peter Raabe dirigierte. – Über die Reise nach Amsterdam zum Mahler-Fest hat Egon Wellesz 1971 im Vorwort zu der englischen Ausgabe seiner kleinen Biographie berichtet. Die Schönberg-Familie, Wellesz, Frau Wellesz und Anton von Webern saßen zusammen im Zug. Alle waren in heiterer Stimmung und froh, für die Zeit vom 6. bis 22. Mai der mitteleuropäischen Misere, der Knappheit und schlechten Ernährung entrückt zu werden. Nahe der holländischen Grenze warf Webern lachend eine leere Konservenbüchse aus dem Fenster und rief: „Nie wieder Cornedbeef" – es war seit Monaten das einzige Fleisch, das man in Österreich zu essen bekam.

Wellesz stand um diese Zeit Schönberg wieder so nah wie einst 1905 zu Beginn seiner Studien bei dem Meister. Emil Hertzka, der Leiter der Universal Edition, plante seit längerer Zeit die Herausgabe eines Buches über Schönberg in dem befreundeten Verlag E. P. Tal. Verfasser sollte Alban Berg sein. Aber Berg war in einer schwierigen persönlichen Lage. Er mußte auf dem Kärntner Familiengut, dem „Berghof", nach dem Rechten sehen und den geplanten Verkauf vorbereiten. Dieser Aufgabe sich zu entziehen war nicht möglich. So schrieb er Mitte Januar an Schönberg, er könne das Buch nicht schreiben und bäte, ihn auch vorläufig von seinen Pflichten als Vortragsmeister des Vereins zu befreien. Daraufhin ging der Buchauftrag an Egon Wellesz, der inzwischen als Musikwissenschaftler und Entzifferer der Byzantinischen Neumen internationale Anerkennung gefunden hatte. Er ging mit Eifer an diese wichtige Aufgabe heran, bekam in zahlreichen Gesprächen das notwendige Material von Schönberg, studierte dessen Skizzenbücher und unveröffentlichte Werke und war Anfang August mit dem Manuskript fertig.

Über das Mahler-Fest in Amsterdam hat Alma Maria Mahler-Werfel in ihrer Autobiographie ausführlich berichtet. Bei dem offiziellen Essen, das der Prinzgemahl am 8. Mai nach der Auferstehungssymphonie gab, saß sie zwischen Mengelberg und Schönberg. Als starker Raucher hatte dieser während des endlosen Essens Lust auf eine Zigarette. Alma machte leise den Prinzgemahl darauf aufmerksam, worauf dieser rief: „Schönberg, haben sie zufällig eine Zigarette bei sich? Also geben sie mir eine." Da der hohe Herr rauchte, brauchten auch die anderen sich keinen Zwang aufzuerlegen. Die Neigung zu starkem Tabakgenuß, zeitweise auch zu alkoholischen Getränken, hat Schönberg durch sein ganzes Leben begleitet. Oft aber mußte er wegen seiner asthmatischen Veranlagung lange Zeit auf die geliebte Zigarette verzichten, vor allem in den späten Jahren des amerikanischen Exils.

Das wichtigste Ereignis des Jahres aber war für ihn die längst geplante, immer wieder verschobene Einstudierung und Aufführung der „Gurrelieder" unter seiner Leitung. Sie fand am 12. und 13. Juni – also mehr als sieben Jahre nach der Uraufführung – zweimal hintereinander in der Staatsoper statt. Schönberg dirigierte die Wiener Philharmoniker, denen er in einem bewundernden Brief dankte, und den Singverein. Die Solopartien sangen Berta Kiurina

(Sopran), Olga Bauer-Pilecka (Alt), Carl Oestvig (Tenor), Josef von Manowarda (Baß) und Hubert Leuer. Das Melodram sprach der Volkstheater-Schauspieler Wilhelm Klitsch. Trotz der für den Dirigenten schwierigen Aufstellung der Sänger im Orchester und des schlechten Kontakts mit den Chören auf der Bühne war es eine Aufführung, die allgemein und an beiden Abenden als Höhepunkt des Wiener Musikfestes empfunden wurde. Man bereitete Schönberg Ovationen, und auch die Kritik bekannte sich zu dem Werk und der Wiedergabe, die es unter ihm fand.

Seit dem Krieg hatte Schönberg auf die gewohnten sommerlichen Landaufenthalte verzichten müssen. Mödling selbst aber, wo er und die Familie gern lebten, hatte sich den ländlichen Charakter aus Beethovens Zeiten erhalten. Man konnte dort in Ruhe arbeiten. Schönberg, der seit 1917 kein größeres Werk geschaffen hatte, begann im März endlich wieder Noten zu schreiben. Am 5. entstanden zehn Takte einer Passacaglia für Orchester, deren Thema zwölftönig ist. Sie blieb unvollendet. Im Juli 1920 aber ging die Arbeit vorwärts. Schönberg schrieb in das fünfte seiner Skizzenbücher Entwürfe zu einem Klavierstück. Das war am 8. Juli. Tags darauf wurde ein anderes Klavierstück beendet, am 27. ein weiteres. Die beiden gehören zu dem späteren opus 23. Sie wurden noch im selben Jahr von Eduard Steuermann im Verein zum erstenmal gespielt.

In Amsterdam hatte Mengelberg mit Schönberg zwei Projekte besprochen. Er wollte ihn für ein halbes Jahr zu Kompositionskursen und Konzerten nach Holland einladen. Ferner wollte er einen Gustav Mahler-Bund gründen, dessen Statuten Schönberg entwerfen sollte. Der Vertrag über die Dirigiergastspiele wurde vom Amsterdamer Concertgebouw am 12. August abgeschickt. Er bestätigte, daß Schönberg in der Saison 1920 bis 21 neun Konzerte mit eigenen Werken dirigieren solle. Als Daten wurden für Amsterdam der 28. und 31. Oktober 1920 sowie der 6. Januar 1921 eingesetzt. Für Den Haag der 30. Oktober und 8. Januar, für Harlem der 2. November, für Nijmegen der 3. November, für Arnheim der 22. November und für Rotterdam der 24. November. Im Januar und Februar 1921 sei Schönbergs Anwesenheit wegen der „Gurrelieder"-Proben erforderlich. Für die Kompositions-Kurse, die in dem Vertrag nicht erwähnt werden, die aber Anfang Oktober beginnen sollten, durfte Schönberg zwei Assistenten mitbringen.

Wegen der Statuten für den Mahler-Bund gab es Meinungsverschiedenheiten. Curt Rudolf Mengelberg, Schüler und Vetter des Dirigenten, bestätigte am 25. August den Empfang von Schönbergs Entwurf, bedauerte aber, daß dieser schon 25 Exemplare davon an andere Stellen geschickt habe. Einen Monat später traf in Mödling ein 32 Zeilen langes Telegramm Willem Mengelbergs ein. Er lag im Krankenhaus. Schönbergs Konzeption des Mahler-Bundes schien ihm zu deutsch und zu sehr auf Wiener Lokalverhältnisse gegründet. Ihm schwebe ein internationaler Bund vor, der in Amerika, England und Frankreich ebenso Interesse finden müsse, wie in deutschsprachigen Ländern: „Bitte dich inständigst mich großen Sache halber nicht im Stiche lassen sondern unterstützen und deinen Namen welcher dadurch bald auch großen internationalen Klang bei vorwärtsstrebenden Künstlern in ganzer Musikwelt haben wird und deine hervorragende Kraft dem Bunde zu widmen." Auch er rügte, daß Schönberg die im Entwurfsstadium befindlichen Statuten Fremden gezeigt hatte. Ende September könne er wegen seiner Krankheit noch nicht in Amsterdam sein.

Mittlerweile hatte Wellesz am 8. August den Abschluß des Schönberg-Buches gemeldet. Gleichzeitig bat er um einen Beitrag für ein Debussy-Gedächtnisheft der Pariser „Revue musicale". Von einem jungen finnischen Sänger, dem Tenor Helge Lindberg, berichtete er, daß dieser in Aussee mit Steuermann zusammen die George-Lieder außerordentlich gut vorbereitet habe. Schönberg lehnte den Pariser Auftrag aus Gründen nationaler Überzeugung ab. So tief saß in ihm, der doch Debussy hoch schätzte, der Stachel gegen gewisse chauvinistische Äußerungen des französischen Meisters während des Krieges. Wellesz argumentierte dagegen, daß manche französische Komponisten, namentlich Maurice Ravel, ganz anders reagiert und sich mutig für „feindliche Ausländer" wie Schönberg und Bartók eingesetzt hatten. Aber der Beitrag wurde nicht geschrieben.

Die kompositorischen Arbeiten gingen weiter. Ende Juli war noch ein Klavierstück begonnen worden, das als viertes später in opus 23 aufgenommen wurde. Am 6. August entstanden Skizzen zum 2. Satz der Serenade opus 24. Mitte September war Schönberg noch zur Eröffnung der dritten Vereinssaison in Wien. Vor seiner Abreise nach Amsterdam schrieb er in Vereinssachen einige Briefe, einen an seinen Verleger und Freund Hinrichsen wegen des Violin-Konzerts von Max Reger, einen anderen an die Witwe des Komponisten, den er außerordentlich bewunderte. Sie antwortete dankbar und ausführlich im November.

Bevor man nach Holland aufbrach, mußte ein Brief an das Wohnungsamt in Mödling geschrieben werden. In Österreich herrschte während der ersten Nachkriegsjahre große Wohnungsnot. Verließ ein Mieter für längere Zeit seinen Wohnsitz, so mußte er ein Gesuch an die Behörde richten, damit die Wohnung nicht beschlagnahmt wurde. Das Wohnungsamt bewilligte das Gesuch bis zum 1. Mai 1921.

Albertine Zehme hatte von Schönbergs Reiseplänen gehört. Ob sie sich nicht auf der Durchfahrt in Berlin treffen könnten oder ob er nicht mit seiner Familie zu ihr nach Leipzig kommen wolle, damit ihre Schüler ihm vorsingen könnten? Die Begegnung kam nicht zustande. Schönberg traf Ende September in Amsterdam ein und ließ sich für die nächsten sechs Monate in Zandvoort, einem nordholländischen Seebad, nieder. Als Assistenten für seine Kompositionskurse und ihre Vorbereitung verpflichtete er Max Deutsch und Hanns Eisler. Alle empfanden den Aufenthalt in Holland, der bis Ende März 1921 dauerte, als beglückend. Hier war das Leben durch die Kriegsnöte nicht beeinträchtigt worden, hier wurde die kleine Familie mit der immer etwas leidenden Frau Mathilde, der 18jährigen Trudi und dem 14jährigen Georg seit Jahren zum erstenmal gut ernährt und gekleidet. Auch Deutsch und Eisler verdankten dem mehrere Monate währenden Aufenthalt in dem kleinen Land eine Stärkung ihrer durch Kriegsdienst und Nachkriegshunger erschütterten Gesundheit. Zu den Besuchern in Zandvoort gehörte Klemperer.

Über die Wiener Arbeit des Vereins wurde Schönberg durch seine Freunde und Schüler auf dem laufenden gehalten. Am 9. Oktober 1920 fand im kleinen Musikvereinssaal das erste Propagandakonzert statt. Es begann mit Max Regers „Romantischer Suite" in einer Kammerorchester-Bearbeitung von Rudolf Kolisch, der selbst die Primgeige spielte. Dirigent war Erwin Stein. Dann folgte die Uraufführung von zwei neuen Klavierstücken Schönbergs durch Eduard Steuermann. Sie waren nicht näher bezeichnet; es handelt sich um die beiden ersten Stücke von opus 23. Nach Debussys Sonate für Flöte, Bratsche und Harfe beschloß Béla Bartóks Rhapsodie für Klavier und Orchester in der Bearbeitung für zwei Klaviere den Abend. Es ist das Werk, über das Schönberg 1919 mit dem ungarischen Komponisten korrespondiert hatte.

14 Tage danach gab es ein Konzert zu Ehren Maurice Ravels. Der französische Komponist war für drei Wochen nach Wien gekommen, wo er bei Alma Mahler-Werfel wohnte. Das Vereinskonzert zu seinen Ehren begann mit dem „Gaspard de la nuit", den Steuermann spielte. Dann sang Helge Lindberg fünf George-Lieder von Schönberg. Kolisch spielte mit Steuermann die vier Stücke für Geige und Klavier von Webern, der Staatsopernklarinettist Karl Gaudriot die Klarinettenstücke von Alban Berg. Noch ein anderer berühmter ausländischer Komponist war Hausgast bei Alma Mahler-Werfel: Alfredo Casella aus Rom. Mit Ravel zusammen spielte er dessen „Valses nobles et sentimentales" für 2 Klaviere. Nach Schönbergs Ballade „Jane Grey" gab es als Abschluß Ravels Streichquartett. Stein schrieb an Schönberg: „Ravel wollte vor allem Schönberg hören. Das war für uns schwer, da wir doch noch kein größeres Werk von Ihnen haben." Von Ravel und Casella als Pianisten war Stein etwas enttäuscht; hingegen rühmte er Steuermanns Leistung.

Anfang November erschien ein großer Prospekt des Vereins mit einer Aufstellung der bisher (bis zum 27. Oktober 1920) gespielten und der für die nächste Saison geplanten Werke, insgesamt 189. Der unermüdlich mitteilsame

Erwin Stein schrieb am 3. November, mit Kolisch und Rudolf Serkin sei es ein ideales Arbeiten. Am 13. berichtete er: „Serkin ist wegen des ausgesetzten Honorars tödlich beleidigt und will es nicht annehmen, der Verein habe doch kein Geld. Auf meine Vorstellung, er brauche den Leuten doch nichts umsonst vorzuspielen, sagte er, für die Leute spiele er überhaupt nicht. Ein famoser Kerl!" Im gleichen Brief heißt es: „Ravel hat's sehr gut bei uns gefallen. Im Detail habe ich nicht viel darüber von ihm erfahren, weil ich zu schlecht französisch spreche und verstehe. Jedenfalls war Ravel in sehr angeregter Stimmung. Nach dem Lied ‚Als wir hinter dem beblümten Tore'[1] waren Ravel und Casella sichtlich bewegt; sie flüsterten miteinander und Casella sagte zu mir irgend einen französischen Superlativ. Nach den Klavierstücken fragte ich Ravel, ob sie ihm gefielen und ob er sie verstanden habe. Ja, sie gefielen ihm außerordentlich und seien ihm auch ganz verständlich, da er Ihre Musik sehr gut kenne, im ersten Takt merke man, daß es Schönberg sei. Es gäbe niemand, der so schreibe. Und dann bewunderte er Steuermanns Spiel ... ‚C'est un musicien'."

Um diese Zeit muß es innerhalb des Vereins zu der Krise gekommen sein, von der Schönberg sagte, er habe sie auf diktatorische Weise beseitigt. Zu den treuesten Mitarbeitern, die er sich auswählte, gehörte Erwin Stein. Dieser hatte den „Pierrot Lunaire" mit Erika Wagner (der Ehefrau des Dirigenten Dr. Fritz Stiedry), Eduard Steuermann (Klavier), Franz Wangler (Flöte), Viktor Polatschek (Klarinette), Rudolf Kolisch (Geige) und Wilhelm Winkler (Cello) einstudiert. Schönberg ermächtigte ihn, den „Pierrot" überall mit diesem Ensemble aufzuführen, außerhalb des Vereins nur mit schriftlicher Zustimmung.

Auch in Paris plante man Aufführungen des „Pierrot". Am 12. November schrieb Marya Freund, Ravel habe so bedauert, Schönberg in Wien nicht getroffen zu haben. Er bitte ihn durch sie, in Paris den „Pierrot" aufführen zu dürfen, und zwar mit ihr und in französischer Sprache. Der Plan kam im November 1923 zur Ausführung, aber ohne Ravel, unter Leitung Darius Milhauds.

Schönberg beschloß das ereignisreiche Jahr 1920 in der Abgeschiedenheit des kleinen gastlichen Landes und des Städtchens an der Küste. Es hatte ihm Erfolge gebracht, wie nur einst das Jahr 1912 in Berlin. Neue Kontakte waren angeknüpft worden. Von Leopold Stokowski kam aus New York ein bewundernder Brief. Die Begegnung mit Furtwängler begründete eine starke Neigung beider Männer füreinander, die nur gelegentlich durch politische und kulturpolitische Eingriffe getrübt wurde.

An neuen Arbeiten hatte das Jahr außer den Bruchstücken aus opus 23 und 24 Teile einer Instrumentationslehre, die erste Niederschrift des seltsamen

[1] Nr. 11 der Georgelieder opus 15.

VEREIN FÜR MUSIKALISCHE PRIVATAUFFÜHRUNGEN IN WIEN

Leitung: Arnold Schönberg

AUSSERORDENTLICHER ABEND

Freitag, den 27. Mai 1921, 7 Uhr abends, im Festsaale der Schwarzwald'schen Schulanstalten.

VIER WALZER VON JOHANN STRAUSS

Bearbeitung für Kammerorchester.

Besetzung: Klavier: Eduard Steuermann, Harmonium: Alban Berg, 1. Geige Rudolf Kolisch und Arnold Schönberg, 2. Geige: Karl Rankl, Bratsche: Othmar Steinbauer, Cello: Anton von Webern.

SCHATZWALZER (Zigeunerbaron) Bearbeitung von Anton von Webern

WEIN, WEIB UND GESANG Op. 333, Bearbeitung von Alban Berg

ROSEN AUS DEM SÜDEN Op. 388, Bearbeitung von Arnold Schönberg

LAGUNENWALZER Op. 411, Bearbeitung von Arnold Schönberg

Nach dem Konzert: Versteigerung der Originalmanuskripte der Bearbeitungen.

Konzertflügel Steinway & Son; beigestellt von der Firma Bernhard Kohn, Wien

---

Zuschriften an den Sekretär Herrn Felix Greißle, V. Rainergasse Nr. 32. Anmeldungen an den wöchentlichen Vereinsabenden jeden Montag abends 7 Uhr im Festsaale der Schwarzwald'schen Schulanstalten, I. Wallnerstr. 9 (Eingang Regierungsgasse)

Preis 7 Kronen.

Requiem-Textes und ein Fragment über das Thema „Kunst und Revolution" gebracht. Eine zweite Auflage der Harmonielehre wurde nötig. Schönberg arbeitete an der Erweiterung und Klärung einiger Kapitel.

Was in Wien geschah, erfuhr er aus dem von ihm abonnierten „Neuen Wiener Journal". Es machte ihm nicht viel Sehnsucht heimzukehren.

Der Verein begann das neue Jahr 1921 mit einem weiteren Propagandakonzert. Aus Dresden schrieb Eduard Steuermann, der dort seine Schwester Salka besuchte und im Programm eines Klavierabends seine Bearbeitung der Kammersymphonie spielen wollte. In Wien hatte er seit Oktober mit Marie Gutheil-Schoder am „Pierrot" gearbeitet, die aber dann Erika von Wagner den Vortritt ließ. Über neue Vereinsprobleme schrieb Erwin Stein am 3. Februar. Es fehlte für die Proben und Aufführungen ein Quartett, es fehlten auch Sänger. Serkin werde vom März an nicht mehr mitwirken können. Er, Stein, dränge immer wieder Rudolf Kolisch, ein Quartett zu gründen, und der bemühe sich auch sehr darum. Bei den Proben gäbe es Schwierigkeiten, weil sie nicht entsprechend honoriert würden. Über die Schüler, die Schönberg in Wien zurückgelassen hatte, informierte Max Deutsch, der gleichzeitig für die vier Monate in Holland dankte.

Mitte März wurde in Zandvoort zum Aufbruch gerüstet. Am 22. telegrafierte Schönberg aus Berlin, er treffe Mittwoch am Westbahnhof ein. Berg bat den Freund Webern in Mödling, zur Ankunft am 23. Blumen in die Wohnung zu bringen. Als die kleine Familie wieder zu Hause war, stand sie noch ganz unter dem Eindruck des phänomenalen Erfolges, den in Amsterdam am 19. und 20. März die „Gurrelieder" gefunden hatten. Es war beginnender Frühling und in den Mödlinger Gärten kamen die ersten Knospen. Schönberg war glücklich und seit langen Jahren zum erstenmal sorglos auf längere Sicht. Die Pflichten, der Alltag, der Unterricht, die Proben für den Verein konnten wieder beginnen. Man hatte Kräfte gesammelt.

Zunächst ging die Arbeit im Verein für musikalische Privataufführungen weiter. Als Schönberg noch in Holland war, hatte ein zweites Propagandakonzert stattgefunden. Erwin Stein dirigierte Mahlers IV. Symphonie in seiner Bearbeitung für Kammerorchester. Vorher gab es von Schönberg zwei Lieder aus opus 8, ebenfalls für Kammerorchester bearbeitet, und die beiden Lieder opus 14. Nicht weniger als vier Aufführungen des „Pierrot Lunaire" waren vom 9. bis 12. Mai. Am 22. Mai wurde der Text der „Jakobsleiter" durch den Schauspieler Wilhelm Klitsch vom Deutschen Volkstheater gelesen.

Am 27. kam es zu einer besonders ungewöhnlichen und attraktiven Veranstaltung. Es war ein „Außerordentlicher Abend" im Festsaal der Schwarzwald-Schulen mit vier Walzern von Johann Strauß. Das Kammerorchester zeigte die im Verein übliche Standardbesetzung: Klavier, Harmonium, zwei Geigen,

Bratsche und Cello. Dirigent war Schönberg. Von ihm stammten zwei der Bearbeitungen: „Rosen aus dem Süden" und „Lagunenwalzer". Den „Schatzwalzer" aus dem „Zigeunerbaron" hatte Anton von Webern, „Wein, Weib und Gesang" Alban Berg bearbeitet. An den Instrumenten saß die Elite des Vereins. Schönberg und Kolisch spielten abwechselnd 1. Geige, Karl Rankl die 2., Othmar Steinbauer Bratsche, Anton von Webern Cello. Den Klavierpart betreute Steuermann, das Harmonium Alban Berg. Nach dem enthusiastisch aufgenommenen Konzert wurden die Originalmanuskripte der Bearbeitungen versteigert.

Am 9. Juni 1921 endete die Saison des Vereins mit einem Programm, das Strawinskys „Piano Rag Music" und drei Hefte Klavierstücke von Erik Satie („Vieux Sequins et vieilles Cuirasses", „Chapitres tournés en tous sens" und Descriptions Automatiques") brachte, alles gespielt von Steuermann. Anschließend Weberns Violinstücke mit Kolisch und Steuermann, zum Schluß Busonis Toccata, mit Hilda Merinsky, Steuermanns Frau.

Nach langen Jahren gab es wieder einen Sommerurlaub auf dem Land. Schönbergs Bruder Heinrich, seit 1920 Mitglied der Prager Deutschen Oper unter Zemlinskys Leitung, hatte 1917 in Wien Bertel Ott, die Tochter des Salzburger Bürgermeisters geheiratet. Man beschloß, den Sommer gemeinsam in Mattsee nahe von Salzburg zu verbringen. Die Mödlinger Familie traf Anfang Juni ein und fühlte sich in dem schöngelegenen Ort zunächst sehr wohl. Schönberg hat immer Sommerfrischen am Wasser bevorzugt. Er schwamm leidenschaftlich gern und genoß die lange entbehrte Freude dieses Jahr besonders. Außer seiner Familie hatte er eine Reihe von Schülern bei sich. Er liebte den persönlichen Umgang mit diesen jungen Menschen, die er nicht nur als Musiker förderte. Am 24. Juni war die Arbeit für die 2. Auflage der Harmonielehre beendet.

Das Mattseer Idyll wurde plötzlich durch antisemitische Kundgebungen gestört. Die Judenfeindschaft in Österreich und Deutschland war Anfang der zwanziger Jahre durch einen bestimmten Typus russischer Emigranten sehr gefördert worden. In Mattsee hing eines Tages ein Plakat an den Wänden, das anwesende Juden aufforderte, den Ort zu verlassen. Die Familie Schönberg war zwar evangelisch getauft. Schönberg aber fühlte sich durch das Verlangen der Gemeindeverwaltung, sein Christentum nachzuweisen, beleidigt. Zunächst beschloß man, nach Wien zurückzugehen und vorzugeben, das Klima sei Schönberg nicht bekommen. Die Affäre sickerte aber durch. In der Wiener „Neuen Freien Presse" erschien eine Notiz; Salzburger Zeitungen polemisierten gegen Schönberg. Die Freunde bemühten sich um einen anderen Ferienort im Salzkammergut. Anfang Juli fand Rufer in Traunkirchen die Villa Josef, die der Baronin Anka Löwenthal gehörte. Schönbergs hatten das ganze Haus, eigenen Strand, Boot und Badehütte zur Verfügung. Auch für die Freunde und

Schüler wurden Zimmer gefunden. Traunkirchen liegt an dem gleichen Traunsee wie Gmunden, wo Schönberg 1905, 1907 und 1908 gewesen war. 1891 und noch mehrfach in den folgenden Jahren wohnte Hugo Wolf dort im Pfarrhof, bis 1898 die geistige Umnachtung bei ihm einsetzte.

Die Urlaubszeit war fruchtbar. Schon in Mattsee, wo die Nachricht von dem großen Prager Erfolg der „Gurrelieder" (9. und 10. Juni unter Zemlinsky) eingetroffen war, hatte Schönberg am Schlußchor der „Jakobsleiter" gearbeitet. In Traunkirchen wurden die Eintragungen im V. Skizzenbuch fortgesetzt. Sie enthalten zwei Stücke aus der Klaviersuite opus 25, das Präludium (24. bis 29. Juli) und das Intermezzo. Die Post brachte angenehme Nachrichten. Willem Mengelberg plante in Amsterdam den 1. Teil der „Gurrelieder". Hanns Eisler und Karl Rankl schrieben gemeinsam einen Brief. Es ging ihnen beiden gut, sie musizierten miteinander, planten Ende August eine Fußtour durchs Salzkammergut und würden gern auf einen Tag nach Traunkirchen kommen. Eisler fügte hinzu, er komponiere viel, habe sich, Schönbergs Rat befolgend, Brahms angeschaut und dabei sehr viel an Klaviersatz und harmonischen Dingen gelernt. Aus Donaueschingen kam das Programm der 1. Zeitgenössischen Musiktage, die am 31. Juli begannen, aber noch kein Werk von Schönberg enthielten. Ein junger Karlsruher Musiker, Hans Erich Apostel, bat um Aufnahme in den Schülerkreis. Schönberg antwortete positiv am 16. August.

In Traunkirchen gab es einen Kreis musikbegeisterter Aristokraten, mit denen Schönberg Kammermusik machte. Noch viele Jahre später erinnerte ihn der Baron Hermann Roner an gemeinsames Quartettspiel, das auch in den folgenden Jahren fortgesetzt wurde. Der Zustrom von Freunden und Schülern war enorm. Am 20. August schickte man gemeinsam eine Postkarte an Alban Berg. Sie war unterschrieben von Schönberg, seiner Frau Mathilde und der Tochter Trudi, von Anton von Webern, der drei Tage dort war, von Felix Greißle, Rudolf Kaltenborn, Olga Novakovic und Josef Rufer. Ende August kam auf drei Tage Alban Berg.

Im September war ein kleines Familienereignis zu feiern: Greißle verlobte sich mit der 19jährigen Trudi Schönberg. Den 13. September, seinen 47. Geburtstag, beging Schönberg im Kreis von Familie und Freunden, zu denen sich auch Webern gesellte. Kummer machte dem Meister nur die alarmierende Nachricht aus Berlin. Seine Mutter, die seit 1914 dort lebte, war schwer erkrankt. Unter den Geburtstagsgeschenken war eine Mappe mit Lithographien des von Schönberg sehr bewunderten Gustav Klimt, die Webern gespendet hatte. Auch Rudolf Kolisch war anwesend; er dankte am 22. September aus Karlsbad für die Traunkirchener Tage. An die ihm gestellte Aufgabe, das Streichquartett zu führen, das später seinen Namen trug, gehe er mit Enthusiasmus heran.

Die Villa Josef in Traunkirchen. Hier entstand im Juli 1921 das Präludium der Klaviersuite op. 25, die erste Komposition nach den Gesetzen der Schönbergschen Zwölftontechnik

Wichtigstes schöpferisches Ergebnis des Aufenthalts war der 1. Satz der Serenade opus 24 für Klarinette, Baß-Klarinette, Mandoline, Gitarre, Geige, Bratsche, Violoncell und eine tiefe Männerstimme. Schönberg schrieb ihn zwischen dem 27. September und 6. Oktober. Zu einem kurzen Besuch kam auch Emil Hertzka wegen einiger Verlagsprobleme nach Traunkirchen. Am 12. Oktober starb Pauline Schönberg, geborene Nachod, in Berlin. Unter den Kondolenten war Dr. Heinrich Jalowetz. Ein langer Brief kam von Marie Gutheil-Schoder aus Wien, die am 23. Oktober schrieb, sie werde in Kopenhagen am 9. November unter Leitung Paul von Klenaus den „Pierrot Lunaire" machen und arbeite daran mit Rankl und Stein. Klemperer habe sie eingeladen, in Köln die George-Lieder zu singen. Die sommerliche Arbeit mit einem Sprachlehrer habe ihr sehr geholfen; Leitfäden ihres Studiums seien jetzt nur Stimmung und Ausdruck.

Alban Berg hatte im Oktober die Komposition des „Wozzeck" beendet. Er zeigte die Arbeit Schönberg nach dessen Rückkehr. Am 24. empfahl dieser das Werk nachdrücklich der Universal-Edition. In Mödling begann wieder der Alltag. Alte und neue Schüler gingen aus und ein. Von der Prager „Pierrot"-Aufführung berichten zwei Karten vom 29. November mit den Unterschriften Zemlinskys und seiner Frau Ida, Erika von Wagners, Dr. Heinrich Jalowetz', Viktor Polatscheks, Eduard Steuermanns, des Bankiers Otto Freund, des Kritikers Felix Adler, des Schönberg-Schülers Viktor Ullmann und anderer.

Das Jahr 1921 ist darum von großer Wichtigkeit, weil Schönberg im Sommer die berühmte Mitteilung an Josef Rufer machte, die dieser folgendermaßen wiedergegeben hat: „Ich habe eine Entdeckung gemacht, durch welche die Vorherrschaft der deutschen Musik für die nächsten hundert Jahre gesichert ist." Gemeint ist die Methode der Komposition mit zwölf aufeinander bezogenen Tönen, populär Zwölf-Ton-Technik genannt. Über die Vorstufen berichtet teils der schon zitierte Brief an Nicolas Slonimsky, teils eine Vorlesung Anton von Weberns, gehalten am 15. Januar 1932, aufgezeichnet von Willi Reich: „Aber schon im Frühjahr 1917 – damals hat Schönberg in der Gloriette-Gasse gewohnt und ich in der Nähe – da bin ich eines schönen Vormittages zu ihm hinaufgekommen ... Ich habe ihn damit eigentlich gestört, und er erklärte mir, er sei ‚auf dem Wege zu einer ganz neuen Sache' ... (In der Musik zur ‚Jakobsleiter' sind die ersten Anfänge ... zu finden.)" Die ersten strengen Resultate dieser Satztechnik sind die beiden genannten Stücke aus der Suite opus 25, Präludium und Intermezzo.

In den Mitteilungen des Vereins, Nr. 27 vom 18. September 1921, wird ein Programmplan mitgeteilt, der die „Glückliche Hand", von Berg eine Ballettszene, von Webern Orchesterlieder ankündigt. Nichts davon ist zur Ausführung gekommen. Der Verein gab in der Saison 1921/22 seine Tätigkeit an die Prager Filiale ab. Als äußerer Grund seiner Auflösung galt die Inflation.

1922 wurden die begonnenen Arbeiten fortgesetzt und zum Teil vollendet. Im Februar kam ein Brief von Henri Hinrichsen, der entzückt über die mehrfachen Aufführungen der Orchesterstücke war, die Überzeugung äußerte, sie würden einst zum eisernen Bestand des klassischen Repertoires gehören und dem Meister „als Zeichen der Freude" ein Ehrenhonorar von 3000 Mark überwies. Schönberg dankte herzlich am 1. März und teilte mit, daß Rudolf Kolisch am 9. Regers Violinkonzert in der Bearbeitung für Kammerorchester aufführen werde. Hinrichsen bedauerte, nicht zu der Aufführung kommen zu können, interessierte sich aber für die Kammerorchester-Bearbeitung und fragte Schönberg, ob er Mussorgskys „Bilder einer Ausstellung" kenne.

Von Eisler kam im gleichen Monat ein rührender Brief. Er werde nie vergessen, daß Schönberg ihm in dem furchtbaren Winter 1919/20 Arbeit bei der Universal-Edition verschafft hatte; sonst wäre er buchstäblich verhungert. Auch der Aufenthalt in Holland habe ihn vor einer körperlichen Katastrophe bewahrt: „Ich verdanke Ihnen also alles (vielleicht noch mehr als meinen armen Eltern.)" – Am 18. April arbeitete Schönberg am Schlußchor der „Jakobsleiter", den er im Juni 1921 begonnen hatte.

Ein erregter Brief kam von Marya Freund aus Paris. Sie schrieb am späten Abend des 22. April, noch ganz unter dem Eindruck des Pasdeloup-Konzerts, wo André Caplet die 5 Orchesterstücke dirigiert hatte. Lärm und Aufregung seien so groß gewesen, daß man wenig hören konnte. Nach dem 4. Stück hätten sich einige Herren geschlagen. Florent Schmitt habe die Musik mit Löwenmut verteidigt und am Schluß des Konzerts von einem Schlag ein dickgeschwollenes Gesicht gehabt. Maurice Ravel, Francis Poulenc, Roland-Manuel, Henri Prunières und Maurice Delage seien dagewesen. Schönberg kam am 20. Juni in einem Brief an Wellesz auf den Vorfall zurück und nannte die Ohrfeige, die Florent Schmitt davongetragen hatte, „einen Schlag ins Gesicht der Menschlichkeit".

Als Obmann des in Prag neu konstituierten Vereins schrieb Zemlinsky und lud Schönberg zu Aufführungen ein. Dieser nahm die Einladung erfreut an. Über viele Jahre hinweg nahm Artur Schnabel den Kontakt mit Schönberg in einem Brief am 14. Mai wieder auf: „Wie gern möchte ich Ihnen häufig begegnen!" Über den großen Erfolg des „Pierrot Lunaire" in Paris schrieb am 17. Egon Wellesz, der Tänzer und Choreograph Leonid Massine habe zu Darius Milhaud gesagt, er wolle eine Choreographie zu dem Werk machen, Schönberg solle die Premiere, Milhaud weitere Aufführungen dirigieren.

Aus Paris kam auch interessanter Besuch. Zwei der Komponisten aus dem berühmten Kreis der „Six" wollten die Stadt kennenlernen, nicht zuletzt um

Schönberg zu begegnen, bevor sie vom 7. bis 10. August in Salzburg am Internationalen Musikfest teilnahmen. Es waren Darius Milhaud und Francis Poulenc. Alma Mahler-Werfel, die Milhaud in seiner Autobiographie mit großer Bewunderung schildert, übernahm die gesellschaftliche Betreuung der beiden Gäste. Auch Marya Freund war mitgekommen. Man traf in dem roten Musik-Salon des glänzenden Hauses auf der Hohen Warte mit Schönberg, Alban Berg, Anton von Webern, Egon Wellesz und Hugo von Hofmannsthal zusammen. Alma Mahler-Werfel regte an, den „Pierrot Lunaire" an einem Abend in zwei verschiedenen Besetzungen und Sprachen aufzuführen. Die eine, mit Erika von Wagner, dirigierte Schönberg; die andere von Marya Freund französisch mehr gesungene als gesprochene, Milhaud. Die Instrumentalisten waren die des Wiener Vereins mit Steuermann am Klavier. Milhaud berichtet: „Es war ein aufregendes Ereignis. Schönbergs Auffassung brachte die dramatischen Züge viel brutaler, intensiver, rasender heraus. Meine hingegen unterstrich den sinnlichen Charakter der Musik und ihre Süße, Subtilität und Durchsichtigkeit. Erika Wagner sprach die deutschen Worte mit herber Stimme und mit weniger Rücksicht auf die geschriebenen Noten als Marya Freund, die sich vielleicht zu sehr an sie hielt. Mir wurde es damals klar, daß es für dies Problem keine endgültige Lösung gab."

Auch Poulenc war von den Eindrücken sehr bewegt. Schönberg lud die beiden Komponisten nach Mödling zum Essen. Noch war die Ernährungslage in Österreich katastrophal, und Frau Mathilde hatte Mühe, den Gästen etwas vorzusetzen. Als sie die dampfende Suppenterrine aufgetragen hatte, flog aus dem Garten durch das offene Fenster ein Fußball mitten hinein; der Sohn Georg hatte damit gespielt und war über den Unfall noch entsetzter als die lachenden Gäste. Poulenc, der von dem Besuch ein paar gute Fotos gemacht hat, berichtete mir diese Geschichte.

Nachmittags spielten Milhaud seine 2. Klaviersuite, Poulenc seine „Promenades", beide zusammen schließlich Milhauds „Boeuf sur le toit" vierhändig. Schönberg war entzückt davon; 23 Jahre später, als Dimitri Mitropulos das Stück in Los Angeles dirigiert hatte, schrieb er spontan an Milhaud und erinnerte ihn an den Besuch von 1922.

Im Juli ging es wieder nach Traunkirchen. Diesmal bewohnten Schönbergs die Villa Spaun, die noch komfortabler war als die Villa Josef. Schönberg war Rekonvaleszent; er hatte in Wien mit einer fiebrigen Magensache gelegen.

Kaum in Traunkirchen eingetroffen, begann er mit der Tilgung von Briefschulden, die sich während seiner Krankheit angehäuft hatten. Alma Mahler-Werfel, die sich zur Mittlerin für Milhauds Anfragen wegen einer Choreographie des „Pierrot Lunaire" gemacht hatte, bekam am 5. Juli negativen Bescheid. Tanz ohne Rezitation, – das ging zu weit. Lieber würde er für Leonid Massine

Mathilde und Arnold Schonberg im Juni 1922 in Mödling, aufgenommen von Francis Poulenc

Francis Poulenc und Schönberg

etwas Neues schreiben. Wenn Milhaud ihn in Paris haben möchte, so wolle er die Uraufführungen von „Erwartung" und „Glücklicher Hand" dirigieren.

Am 20. Juli unterstützte er Alban Bergs Plan, den Klavierauszug des „Wozzeck" selbst stechen zu lassen; was seine Arbeit betreffe, so sitze er an der „Jakobsleiter". Wassily Kandinsky hatte am 3. Juli aus Berlin geschrieben. Schönberg antwortete am 20. mit einem langen, bedeutenden Brief. Das Ärgste in den Jahren seit 1918 sei die Zerstörung der Dinge, an die man geglaubt hatte. In dem Text zur „Jakobsleiter" habe er ausgedrückt, was damals wieder Religion für ihn bedeutet habe: seine einzige Stütze. Den modernen Kunstbewegungen, die Kandinsky überraschten, stehe er wenig sympathisierend gegenüber; sie würden rasch zum Stillstand kommen. Die Atonalisten finde er scheußlich. Neben der „Jakobsleiter" plane er eine „Lehre vom musikalischen Zusammenhang", Kammermusik und eine Kompositionslehre.

Andere Briefe gingen an Paul Scheinpflug, den Duisburger Generalmusikdirektor, der die „Gurrelieder" mit einer sogar Schönbergs Forderungen übertreffenden Probenzahl herausgebracht hatte, dem er dankte und „königliche Belohnung" für so königlichen Dienst an der Kunst wünsche; der Brief, vom 29. Juli, ist in der Sammlung von Stein veröffentlicht. Auch Anton von Webern und der Herausgeber der Berliner „Musik" bekamen Antworten. Weberns trafen am 17. Juli zu Besuch ein. Eine kleine literarische Arbeit, „Gedanken über einen deutschen Kunst-Golem" wurde am 15. notiert. Für die „Jakobsleiter" entstand im Juli das Zwischenspiel.

Wie sehr Schönberg an den Sorgen der Traunkirchener teilnahm, zeigt ein Brief vom 1. August an Erika Wagner. Schon 1921 hatte er zugunsten der Anschaffung neuer Kirchenglocken ein Wohltätigkeitskonzert versprochen. Nun versuche er seit zehn Tagen, sie zur Mitwirkung zu gewinnen. Geld gebe es nicht, nur Unterkunft. Sie singe ja in Salzburg. Von fünf Terminen im August könne sie einen wählen. Die Zugverbindungen habe er herausgesucht und lege er bei. Sie solle ihm telegrafieren. Zum Programm: „Sommerfrischen-Wirksames, singend und sagend; oder bloß sagend!? Stil: werdende Kriegsgewinner. Bitte schlagen Sie mir etwas vor und überlassen Sie mir die Wahl. Jedenfalls (leider) kein Pierrot, aber meinetwegen: Waldsonne."

Am 7. August konnte er für die Zusage danken. Erika Wagner brachte sogar ihren Begleiter mit, Dr. Paul Weingarten. Nochmals kam Schönberg auf das Programm zu sprechen, zu dem sie Vorschläge gemacht hatte. Er meinte: „2–3 *Brahms,* 1 *Wolf,* 1–2 *Schubert,* eventuell dazu 1 Mahler; ich werde das, wenn Sie einverstanden sind, so aufs Programm setzen. *Gesprochenes:* Ist ‚Wallfahrt von Kevelaer'[1] nicht ein bischen abgedroschen? Die beiden anderen

[1] Ein damals beliebtes Melodram von Franz Krinninger.

kenne ich nicht. Ein nicht zu langes Melodram (außer Pierrot) können Sie nicht?" Im Programm könne Ernsteres vorkommen, da es im Ort auch bessere Leute gebe: „Nicht zu *schön* und doch *wirkungsvoll.*" Da Weingarten mitmachte, habe er veranlaßt, daß Fräulein Novakovic keine Solostücke, sondern mit Kolisch und Winkler zwei Sätze aus Beethovens B-dur-Trio spiele.

Das Konzert fand am 12. August 1922 statt. Wenn Traunkirchen in den zwanziger Jahren neue Glocken bekam, so verdankte es das dem Umstand, menschlicher zu denken als das nahe Mondsee; denn nur wenige Mitwirkende des Wohltätigkeitskonzerts hätten ihren Ariernachweis erbringen können!

Aus Paris kamen Zeichen der Bewunderung. Poulenc dankte für die Wiener Stunden. Arthur Honegger schrieb am 1. August einen Brief und wollte auf Anregung von Wellesz Kritiken über die Pariser „Pierrot"-Aufführung schicken. Er versicherte den ihm persönlich unbekannten Meister seiner Bewunderung und bat, über ihn zu verfügen, wenn er etwas brauche. Schönberg dankte und gab Honegger ein paar kleine Aufträge.

In Donaueschingen hatten zum zweitenmal die Kammermusik-Tage ohne Schönbergsche Musik stattgefunden. Aber in Salzburg gab es vom 7. bis 10. August 1922 ein Internationales Fest zeitgenössischer Musik. An seinem Schluß stand eine Aufführung des 2. Quartetts im Mozarteum. Gespielt vom Amar-Hindemith-Quartett, wurde das Werk mit großem Enthusiasmus aufgenommen. Der Winterthurer Schriftsteller und Mäzen Hans Reinhart war dabei und schrieb am 18. August begeistert darüber an Schönberg. Am Tag nach dem Schlußkonzert fand die Versammlung zur Gründung der International Society for Contemporary Music in Salzburg statt. Zu ihrem Präsidenten wurde der Cambridger Professor Dr. Edward J. Dent, Busonis alter Freund und späterer Biograph, gewählt.

An Marie Gutheil-Schoder und Marya Freund, die Ende August kurz in Traunkirchen erschien, gingen Briefe. Beide hatten ihre Probleme mit dem „Pierrot", die Gutheil, weil sie zu wenig Zeit für die Proben mit Stein hatte und deshalb die Partie an Erika Wagner abgeben mußte. Die Freund, weil sie bei den Pariser Aufführungen mit Milhaud (Paris, Frühjahr 1922) den Part mehr sang als Schönberg wünschte. „Ich möchte gerne über manches, die Aufführung meiner Werke betreffendes, mit Ihnen sprechen. Denn es liegt mir daran, Sie darüber aufzuklären, warum ich bei der Verwirklichung der von mir in Noten dargestellten Gedanken keinen anderen Willen als den meinigen gelten lassen kann, und warum bei dieser Verwirklichung dieser blutige Ernst, diese nachsichtslose Strenge angewendet werden muß: weil mit ganz derselben komponiert wurde. Sehr gern würde ich mit Ihnen eingehend probieren, damit Ihnen bekannt wird, welches die Auflösung der musikalischen Bilderrätsel meiner Werke ist", schrieb er der Sängerin am 16. August. Er hatte, bei aller

Verehrung für sie, von ihrer „Pierrot"-Darstellung in Alma Mahler-Werfels Haus einen Monat zuvor keinen befriedigenden Eindruck.

Aus New York war Joseph Stransky, Dirigent der New York Philharmonic Society, während der Sommerpause nach Wien und Mödling gekommen. Er interessierte sich für eine Arbeit, die Schönberg im April 1922 begonnen und am 24. Juni in Traunkirchen vorläufig beendet hatte. Es war die Orchestrierung Bachscher Choralvorspiele zu „Komm, Gott, Schöpfer, heiliger Geist" und „Schmücke Dich, oh liebe Seele". Schönberg war bereit, ihm die Uraufführungen in New York zu überlassen, obwohl sich auch Zemlinsky in Prag und Webern in Wien darum beworben hatten. Stranskys Frage nach anderen modernen Werken beantwortete er mit Empfehlungen der Passacaglia von Webern und der drei Orchesterstücke von Berg; das seien „zwei wirkliche Musiker – nicht bolschewistische Analphabeten, sondern musikalisch gebildete Ohren!" Stransky dirigierte tatsächlich die Uraufführung der Bach-Bearbeitungen mit den New Yorker Philharmonikern schon am 7. Dezember 1922.

Wegen Korrekturen zu den Orchesterstücken begann am 24. August eine kurze Korrespondenz mit Hinrichsen in Leipzig. Eisler meldete sich am 26. wieder mit einem Brief, der die Bitte erneuerte, daß er und Rankl ihr Studium bei Schönberg fortsetzten. Ende August schrieb Edgard Varèse, seit dem Krieg in New York, jetzt zu Besuch in Halensee, bei dem Maler Eugen Spiro. Er bat Schönberg, dem er 1912 kurz begegnet war, um Beitritt zum Komitee der International Composers Guild, dem Busoni und Ravel schon angehörten. In New York, so teilte er mit, werde er die Saison mit einer Aufführung des „Pierrot Lunaire" beginnen. Schönberg reagierte unerwartet schroff mit einem Telegramm, er kenne Varèses Ziele nicht und könne darum nicht beitreten. Am 23. Oktober gab er seinem Drängen nach und erteilte ihm eine weitere Abfuhr. Aus dem Manifest und den Programmen von drei Konzerten habe er unter 27 Namen keinen deutschen gefunden. Er entnehme daraus, daß deutsche Musik Varèse nicht wichtig sei. Zweitens nehme er übel, daß Varèse den „Pierrot Lunaire" einfach angesetzt habe, ohne ihn zu fragen, ob er das könne und dürfe. Habe er denn eine Sprecherin, einen Geiger, einen Pianisten, einen Dirigenten etc.? Wieviele Proben er machen wolle? „In Wien hat man hungernd und frierend an 100 Proben gemacht und ein tadelloses Ensemble unter meiner Mitwirkung herangebildet. Aber ihr setzt einfach ein Datum an und meint, damit sei es getan! Haben Sie eine Ahnung von den Schwierigkeiten; vom Stil; von der Deklamation; von den Tempis; von der Dynamik und all dem? Und da soll ich mittun? Nein; dazu bin ich doch nicht smart genug! Wenn Sie mit mir etwas zu tun haben wollen, dann müssen Sie ganz anders kommen. Ich frage: 1. Wieviele Proben? 2. Wer studiert? 3.Wer spricht? 4. Wer spielt? Wenn mich das alles befriedigt, gebe ich meinen Segen. Sonst aber bin ich ja machtlos und

Sie können tun was Sie wollen. Aber fragen Sie mich dann gefälligst nicht.!" Ein menschliches Dokument!

Der 48. Geburtstag kam näher. Schönberg feierte ihn im Kreis seiner Freunde. Webern fehlte dieses Jahr. Hatte es wieder einmal eine Verstimmung gegeben? Schon am 29. September war man zurück in Mödling, wo Schönberg den Unterricht mehrerer Schüler, auch neu angenommener, begann. Am 4. Oktober bat der zu kurzem Besuch in Wien eingetroffene englische Musikschriftsteller Rollo M. Myers um ein Gespräch. Casella gab einen Abend, den Schönberg besuchte. Die Freund schrieb aus Paris, sie wolle die Uraufführung der „Erwartung" in Angriff nehmen.

Um diese Zeit meldete sich ein junger Berliner Musiker, der gern bei Schönberg studieren wollte: Max Butting. Schönberg empfing ihn in seinem Mödlinger Arbeitszimmer, wo er an einem Stehpult schrieb. Butting fand ihn ungütig. Aber es zeigte sich, daß Schönberg die beiden Streichquartette, die der Besucher geschickt hatte, kannte und darin eine Fähigkeit erkannte, sich auszudrücken. Über den Umfang der Begabung habe er kein Urteil. Butting sprach sich gründlich aus. Schönberg blieb kühl. Der erste Teil der Unterhaltung dauerte zwei Stunden. Als der Besucher sich, deprimiert und enttäuscht, verabschieden wollte, sagte Schönberg sehr freundlich: „Nanu, gehen Sie doch noch nicht gleich, Sie haben doch gewiß noch etwas Zeit? Was machen Sie überhaupt in Wien? Haben Sie hier schon irgendetwas gesehen oder gehört?" Auf Buttings Erwiderung, in der Oper habe es leider nur „Bajazzo" oder „Cavalleria" und ein Ballett gegeben, sagte Schönberg: „Wieso leider nur?" Die Wiener Staatsoper könne ihr Programm doch nicht nach dem Besuch eines jungen Berliners richten. Und von hoher Tanzkultur zeuge Buttings Urteil über das Ballett wohl nicht.

Zum zweitenmal gerügt, wollte Butting fortgehen. Da wurde Schönberg herzlich: „Setzen Sie sich noch einmal hin und lassen Sie sich jetzt von mir doch noch einen Rat geben, nämlich den, über all das, was wir Beide miteinander gesprochen haben, gründlich nachzudenken . . . Ihr Konflikt ist nicht der des Schülers, sondern der eines schaffenden Menschen, und in solcher Lage gibt es keine andere Möglichkeit als die, sich selbst zu prüfen und auf sich selbst zu besinnen. Wenn Sie mir vielleicht auch jetzt noch nicht Recht geben wollen, Sie werden es bestimmt tun, wenn Jahre vergangen sind." Butting bekennt, er habe selten einem so gütigen und lieben Menschen gegenübergestanden wie in diesen Augenblicken. Als er sich nach fünf Stunden wirklich verabschiedete, blinzelte ihn Schönberg an: „Und so fein haben Sie sich gemacht."

Am 30. November 1922 leitete Schönberg als Gast des Musikkollegiums Winterthur eine „Pierrot"-Aufführung mit Erika Wagner, Steuermann und dem übrigen Wiener Ensemble; Hans Reinhart dankte ihm für die Tage in der Schweizer Kulturstadt. Furtwängler dirigierte am 7. Dezember im Leipziger Gewandhaus und am 10. und 11. in der Berliner Philharmonie die Fünf Orchesterstücke.

Zu Weihnachten hatten sich die Freunde und Schüler eine Überraschung ausgedacht. Sie schenkten dem Meister, der jeden Brief mit der Hand beantworten mußte, eine Schreibmaschine, die er sofort in Gebrauch nahm und bald beherrschte. Mit Berg hatte er ein Gespräch über den „Wozzeck", speziell über das Wiegenlied der Marie.

Ein Brief von Marya Freund mit Neujahrsglückwünschen beunruhigte ihn. In Paris habe es religiöse Widerstände gegen einige Texte des „Pierrot" gegeben. Ähnliche Beobachtungen hatte er selbst bei Aufführungen in Genf und Amsterdam gemacht. Dort waren „Madonna" (mit dem Bild des Blutes aus den magren Brüsten der Gottesmutter), „Rote Messe" (mit Pierrots Herz als triefend roter Hostie) und „Kreuze" („in den Leibern schwelgten Schwerter, prunkend in des Blutes Scharlach") als blasphemisch empfunden worden. Schönberg beteuerte seine Unschuld, „. . . da ich zu keiner Zeit meines Lebens antireligiös, ja auch eigentlich nie unreligiös war. Ich habe diese Gedichte scheinbar überhaupt viel naiver aufgefaßt als die meisten Menschen und bin noch nicht ganz ungewiß, ob das so durchaus unberechtigt ist. Jedenfalls bin ich für das, was die Leute aus dem Text herauslesen wollen, nicht verantwortlich." Und daran schließt sich ein charakteristischer Gedanke: „Wären sie musikalisch, so würde sich um den Text kein Mensch scheren. Statt dessen würden sie die Melodien nachpfeifen."

Auch darin war er naiv; er glaubte, nach fünfzig Jahren werde die „Pierrot"-Musik Volkslied werden. Wie weit aber hatte ihn selbst der Beginn der zwanziger Jahre vom Geist des „Pierrot" entfernt! Die tonale Freiheit seiner Musik seit 1908 ließ keine andere Bindung von Melodik und Harmonik zu als die an die chromatische Tonleiter. Durch die Abschaffung der alten Gesetze schienen auch einige der traditionellen Formen geschwächt oder sinnlos. Doch nahm sie Schönberg in den 21 Melodramen zum Teil wieder auf; sie bekamen durch die veränderten Spannungen und Entspannungen einen neuen Sinn. So ist z. B. die Ostinatoform der Passacaglia in der „Nacht", die den zweiten „Pierrot"-Teil einleitet, konsequenter entwickelt als sie es je auf tonaler Grundlage sein kann. In diesem Sinne hat auch Alban Berg sie verstanden und im „Wozzeck" zum Gerüst einer musikdramatischen Szene gemacht. Ähnlich wird der imitatorische, kanonische Satz des „Mondflecks", der einen strengen Spiegelkanon bildet, radikaler angewandt, als es die Lizenzen des tonalen Stils zulassen.

An diesen Erfahrungen der überlieferten Formen im tonal freien Denken geschult, begann Schönberg 1921 seine ersten Arbeiten mit zwölftönigen

Reihen und ihren Spiegelungen. Als die früheste müssen wir das mit Traunkirchen, Juli 1921 datierte Präludium der Klaviersuite opus 25 betrachten, solange sich der „Walzer" opus 23 Nr. 5 nicht datieren läßt. Von der relativen formalen Freiheit des Präludiums geht Schönberg später – offenbar unter dem Zwang des ersten Versuchs mit Reihen – zu strengen Tanzformen mit Reprisen über, um schließlich zu den klassischen Prozeduren an Sonaten-Hauptsatz, Scherzo und Rondo heimzukehren.

Das Jahr 1923 trug ihm die Erfahrungen ein, die zur vollen Formulierung der neuen Satzmethode dienten.

Endlich war die Uraufführung der „Erwartung" gesichert. Zemlinsky fühlte sich in Prag so stark, in der Gunst des Publikums wie in der Beherrschung des orchestralen und szenischen Apparates, daß er Schönberg eine bindende Zusage gab. Seine einzigen Sorgen betrafen etwaige frühere Verabredungen des Komponisten, die zahlreichen Fehler im Klavierauszug und die Besetzung der Partie. Schönberg antwortete am 8. Januar 1923. Er fühlte sich nicht mehr an Ernst Lert gebunden, der in Frankfurt und Leipzig vergeblich um die Premiere gekämpft hatte. Der Klavierauszug sei völlig auskorrigiert. Auf Marya Freund, die er, ihrem oft geäußerten Wunsch folgend, empfohlen hatte, bestehe er nicht, wenn Zemlinsky eine geeignetere Besetzung habe. „Ich weiß nur, daß sie eine allerdings sehr begabte Person ist, etwas eigensinnig, aber sehr geschmackvoll, mit viel Gestaltungsvermögen und auch Originalität, aber alles etwas temperiert zugunsten ‚lateinischer' Glätte." Daß Zemlinsky dirigieren werde, freute ihn; er wußte, wem er das Werk anvertraute. Noch am selben Tag ließ er durch die Universal Edition das Material nach Prag schicken. Die Aufführung kam im Juni 1924 zustande.

Ende Januar hatte der Komponist Paul von Klenau Schönberg eingeladen, in Kopenhagen die Kammersymphonie einzustudieren und zu dirigieren. Dieser stellte Bedingungen: „Insbesondere, daß ich so viel Proben halten kann, als notwendig sind! Dann kann ich wohl eventuell auch zehn halten? Aber wenn die Herren ihre Stimmen zuerst für sich sehr gut vorbereiten, so komme ich sicherlich mit weniger aus (ev. 7–8). Allerdings müßte jeder dann jeden Rhythmus aufs allergenaueste (mathematisch!) ausgearbeitet haben, alles Dynamische und Technische tadellos und mit Leichtigkeit zusammenbringen und sehr rein intonieren." Die Aufführung kam am 30. Januar nach seinen Wünschen zustande. Der Verleger Wilhelm Hansen benutzte die Gelegenheit, den brieflich schon 1920 mit Schönberg angebahnten Kontakt zu festigen. Ein Vertrag wurde geschlossen, ein Vorschuß gezahlt. Im Mai 1923 erhielt Hansen die Manuskripte der Klavierstücke opus 23 und der Serenade opus 24. Er überwies einen Restbetrag von 13.000 Kronen auf Schönbergs Konto in Amsterdam. (Das mitteleuropäische Währungs-Chaos veranlaßte Schönberg,

1923 ein Geheimkonto auf der Mödlinger Mercurbank unter dem Decknamen „Waldemar Gurre" einzurichten!)

Durch den Vertrag mit Hansen wurde Schönberg unter doppelten Zeitdruck gesetzt. Denn Emil Hertzka gab opus 23 und 24 nur frei, wenn er gleichzeitig zwei andere neue Werke bekam. Keines davon war bei Vertragsabschluß fertig. Schönberg nahm sich vor, bis Ende April die fünf Klavierstücke und die Serenade, bis Ende Juli die Suite opus 25 und das noch nicht begonnene Bläserquintett opus 26 fertigzustellen. Darum mußte drastisch mit Zeit gespart werden. Schönberg sagte mehrere geplante Reisen, auch eine nach Prag zu Zemlinsky, ab. Dann nahm er das V. Skizzenbuch vor, das er am 6. Juni 1922 zu Traunkirchen unter dem Motto „Mit Gott" begonnen hatte. Es ist das umfangreichste, auch im Querformat 34 : 25,5 cm größte seiner Art und bildet auf den ersten 85 seiner 200 Seiten einen Rechenschaftsbericht, der sich nur mit dem Tagebuch von 1912 vergleichen läßt.

Vom 6. bis 17. Februar wurden nur Skizzen zu opus 23 Nr. 3, 4 und 5 ausgeführt bzw. begonnen. Dann folgen das „Intermezzo" der Suite opus 25 (beendet 23. Februar), die „Gavotte" (beendet 27. Februar), die „Musette" (beendet 2. März), das „Menuett" (beendet, einschließlich Trio, 3. März) und die „Gigue" (beendet 8. März).

Am 11. März erscheint im Skizzenbuch zum erstenmal ein Teil der Serenade opus 24, der Schluß der Variationen (3. Satz). Am 16. März waren Menuett und Trio fertig skizziert und das 1922 begonnene Petrarca-Sonett weitergeschrieben, das am 29. mit dem Enddatum versehen wurde. Der 30. März brachte eine neue Bearbeitung des schon im August 1920 angefangenen 5. Satzes (Tanzszene) sowie die ganze Skizze des 6. (Lied ohne Worte). Das Finale (auch Potpourri genannt) wurde am 11. April begonnen und am 14. beendet, noch am selben Tag begann die Arbeit am Bläserquintett.

Neben diesen Skizzen wurden Abschriften zur Druckvorlage hergestellt, im Februar, März und April, oft abwechselnd zwischen den opera 23 bis 25.

Es kennzeichnet die Konzentration und Mehrschichtigkeit des Schönbergschen Denkens, daß er fast gleichzeitig an den nicht zwölftönigen, aber aus Tonreihen und ihren Spiegelungen entwickelten Stücken opus 23, den streng nach der Zwölftonmethode gesetzten Suitensätzen opus 25 und den heiteren rhythmischen Tanzformen der Serenade arbeitete. Die klassisch-symphonischen Sätze des Quintetts bilden anschließend eine Art Résumé der ersten Erfahrungen mit der Reihentechnik.

Mit der „Serenade" opus 24 meldet sich ein neuer Geist in Schönbergs Musik. Das Stück, für Klarinette, Baßklarinette, Mandoline, Gitarre, Geige, Bratsche und Violoncello geschrieben, hat sieben Sätze, deren vierter, „Sonett von Petrarca", eine Bariton-Stimme hinzuzieht. Am auffallendsten ist die rhythmische Haltung des Werks, vor allem im ersten und letzten Satz, wo die klare vierschlägige Marsch-Metrik durch gegenrhythmische Kräfte unterbrochen und teilweise aufgehoben wird. Es ist eine Verfahrensweise, die Schönberg in überraschender Nähe Strawinskys zeigt. Dabei hat diese rhythmische Haltung einen Zug von Ironie und Schalkhaftigkeit, wie er dem heiteren Wesen der klassischen Serenade wohl entspricht. Der Gesangssatz zeigt eine primitive Art von Zwölftönigkeit. Jede Zeile des Petrarca-Sonetts, das auf eine einzige Zwölftonreihe gesungen wird, hat nur elf Silben. So bleibt jeweils ein Ton der Reihe übrig und erst nach zwölf Zeilen wird wieder mit dem ersten begonnen. Durch Oktav-Verlegung der Töne nach oben oder unten werden die Intervalle der Reihe verändert. Zusammen mit rhythmischen Veränderungen ergibt das eine radikale Abwandlung des melodischen Verlaufs, so daß die Reihe beim Hören zunächst kaum erkennbar wird.

Die übrigen sechs Sätze sind in panchromatischem Geist unter Verwendung der Spiegeltechniken komponiert, doch ohne Bindung an komplette Zwölftonreihen. Die „Tanzszene" (5. Satz) bringt im Trio eine Ländlerepisode, deren lustiger Quartenfall in der Klarinette an alte Posthornmelodien erinnert. Das Finale führt die Themen des Marsches (1. Satz) durch.

Die eigentümliche Farbe des „Serenade"-Ensembles wird durch den Zusammenklang von Klarinetten und Streichtrio mit Mandoline und Gitarre erzeugt. (Kurioserweise nennt die zweisprachige Titelseite des bei Hansen in Kopenhagen erschienenen Stücks die Baßklarinette auf englisch „basset-horn".)

Am 30. Mai beendete Schönberg den ersten Satz des Quintetts, den er im April begonnen hatte. Es war der Vorabend der Abreise nach Traunkirchen, die Seite enthält auch den Beginn des Adagios. Unten steht: „Ich glaube, Goethe müßte ganz zufrieden mit mir sein." Vielleicht meinte er, der sich durch das neue Gesetz und die alte Form Beschränkungen auferlegt hatte, den einst von ihm bekämpften Goetheschen Gedanken, erst in der Beschränkung zeige sich der Meister?

Jean Cocteau, der schon 1920 in seiner Zeitschrift „Le Coq" den Komponisten des „Pierrot Lunaire" gegrüßt hatte, schickte sein neues Buch „Le Grand Ecart" mit der Widmung

à Arnold Schönberg
son ami dévoué
en
France
Jean Cocteau
Mai 1923

In Deutschland näherte sich die Inflation ihrem Gipfel. Viele Künstler hatten unter ihren Folgen schwer zu leiden. Aus Amerika wurde Hilfe angeboten. Schönberg trat erfreut dem Ehrenausschuß für den amerikanischen Hilfsfonds bei, für den ihn der Berliner Theoretiker Wilhelm Klatte vorgeschlagen hatte. Als hilfsbedürftige Musiker in Wien nannte er Alban Berg und Josef Matthias Hauer. Um diese Zeit empfahl er Hanns Eislers Werke der Universal Edition.

Am 15. April schrieb Kandinsky aus Weimar. Die Musik-Hochschule suchte einen neuen Direktor. Kandinsky hatte Schönbergs Namen genannt und bat ihn, gleich zu antworten, ob er interessiert sei. Schönberg war mißtrauisch. Alma Mahler-Werfel hatte von einem Gespräch mit Kandinskys berichtet, das sie offenbar einseitig interpretierte. Sie meinte antisemitische Tendenzen herauszuhören, wie sie von vielen Emigranten aus Rußland nach Mitteleuropa getragen wurden. Auch von anderer Seite[1] waren Gerüchte über die judenfeindliche Haltung einiger Bauhaus-Meister zu Schönberg gedrungen. Die Erfahrungen in Mattsee 1921 hatten ihn doppelt empfindlich und hellhörig gemacht. Er antwortete Kandinsky kurz und deutlich. Dieser erwiderte postwendend am 24. April, verwahrte sich gegen die Beschuldigung, bekräftigte die alte Freundschaft. Es sei schlimm, Jude, Deutscher, Russe, Europäer zu sein. Wichtiger sei es, Mensch, erstrebenswert, Übermensch zu sein.

Darauf folgte ein langer, grundsätzlicher Brief des Komponisten, datiert Mödling, 4. Mai 1923. Er zeugt von einer erstaunlichen Einsicht in die politische und ideologische Situation der Epoche. Der Brief, abgedruckt in Erwin Steins Sammlung, gehört zu Schönbergs bedeutendsten Äußerungen und stellt seine politische Haltung eindeutig klar. Dem Kommunismus wie dem amerikanischen Großkapitalismus stand er gleichermaßen feindlich gegenüber. Durch die Erfahrungen von Weltkrieg und Nachkrieg war aus dem einstigen Freidenker ein religiöser, in einem höheren Sinne konservativer Mann geworden. Man erkennt hier die vorbereitenden Gedanken zu dem Schauspiel „Der biblische Weg", das Schönberg im Juli 1927 beendete und von dem zahlreiche geistige Fäden zum Text von „Moses und Aron" führen. Auch an Alma Mahler-Werfel schrieb Schönberg in diesem Zusammenhang; er erwähnte dabei ausdrücklich Kandinsky und einen von dessen Bauhaus-Freunden.

Der Plan einer Österreichischen Musikwoche, die Anfang Juni in Berlin stattfinden sollte, war im Mai soweit gediehen, daß Schönberg sich zu einem Brief äußern mußte, der ihn zur Mitwirkung einlud. Als Hauptwerke standen Mahlers VIII. Symphonie und die „Gurrelieder" (in 3 Aufführungen hintereinander) auf dem Programm. Er antwortete leicht gekränkt, daß man seine

[1] Vielleicht von Erwin Ratz, der 1923 Direktions-Sekretär am Bauhaus war.

frühere Absage nicht ernst nahm. Auch fand er provozierend, daß nur seine Richtung zu Wort kommen sollte. Er schlug vor, noch Werke von Bittner, Marx, Schmidt oder Prohaska einzubeziehen. Auf dem Novitätenprogramm am 5. Juni standen schließlich Arbeiten von Bittner, Berg, Webern und Zemlinsky. Dirigent dieses Abends war Webern; die Mahler-Symphonie leitete Paul Pella, der auch für Organisation und Verhandlungen zuständig war. Schönbergs Schüler und Freund Dr. Heinrich Jalowetz dirigierte die drei Aufführungen der „Gurrelieder". Im selben Monat fand in Frankfurt eine Kammermusikwoche statt, auf der Hermann Scherchen den Chor „Friede auf Erden" dirigierte; Martha Winternitz-Dorda sang die George-Lieder mit Eduard Erdmann am Klavier.

Im Frühjahr hatte Schönberg Baron und Baronin Roner gebeten, ihm Quartier in Traunkirchen zu beschaffen. Am 1. Juni traf die Familie ein und wohnte wieder in der Villa Spaun. Der Sommer wurde einer der fruchtbarsten seit langer Zeit. Er gehörte kompositorisch vorwiegend dem Bläser-Quintett opus 26. Vor allem aber brachte er eine Fülle von Glossen, theoretischen Arbeiten und historischen Betrachtungen. Gegen Heinrich Schenker, den Schönberg im übrigen hoch schätzte, richtete sich eine Polemik am 6. Juni, gegen Oswald Spenglers Untergangs-Pessimismus eine vom 9. Zum Problem „Israeliten und Juden" machte Schönberg Notizen am 5. Juli, zu einer Kritik von Julius Korngold schrieb er vier Tage später eine Glosse „Theoretiker-Hirn". Ein paar kleine Schriften sind am 11. und 26. Juni der polyphonen Schreibweise und der Notenschrift gewidmet. Über seine Bezeichnungstechnik, die Frage der Wiederholung, mißverstandenen Kontrapunkt, Vortragszeichen und Verzierungen sowie Konstruktion werden im Juli Notizen gemacht. Im August setzt er sich mit Hugo Riemanns Metrik, mit dem Gesetz der Quinten- und Oktavenparallelen, mit der Jugend und mit seinen Nachahmern auseinander; am 5. September mit Geschichtsparallelen und am 9. mit Hauers Theorien. Alle diese kleinen Schriften sind später in größere Arbeiten übergegangen.

Am 8. und 9. August erschien Alban Berg, der aus Salzburg kam und etwas später dem Freunde Webern berichtete, Schönberg sei guter Dinge und arbeite am Quintett. Er traf bei ihm Adolf Loos und Josef Rufer. Anfang September kam Webern und blieb vom 8. bis 11. in Traunkirchen. Frau Mathilde lag seit Wochen im Bett; sie litt an Galle- und Leberbeschwerden und war sehr entkräftet. Am 20. September wurde sie nach Wien ins Sanatorium Auersperg gebracht. Der Geburtstag am 13. stand unter dem Zeichen dieser schweren Sorge. Berg, der nicht kommen konnte, schickte Schönberg den zweiten Band von Spenglers „Untergang des Abendlandes".

In Wien verschlimmerte sich Mathildes Zustand rasch. Sie starb am 22. Oktober, knapp zwei Jahre, nachdem Schönberg seine Mutter verloren hatte.

Mit Eduard Steuermann hatte es eine Verstimmung gegeben, die den bewundernden Freund und großen Pianisten der Verzweiflung nahe brachte. Ein Brief vom 26. Mai bekundet diese Spannung, gleichzeitig aber auch Steuermanns Beglückung darüber, daß ihm Schönberg die neuen Klavierstücke opus 23 und 25 zur Uraufführung überließ. Steuermann und seine Frau, Hilda Merinsky, waren im Sommer zu Besuch in Traunkirchen. Nach Mathildens Tod im Oktober stellten sich neuerliche Spannungen zwischen den beiden Männern ein, bei denen Hilda eine gewisse Rolle spielte.

Aus Paris kam Nachricht von Marya Freund, die den „Pierrot Lunaire" neu probte. Die Aufführungen am 8., 14. und 16. in London, Brüssel und Paris wurden große Erfolge.

Im Herbst 1923 begannen Josef Rufer und ich in Hamburg einen Konzertzyklus Neue Musik, dessen Programme und Aufführungspraktiken denen des Wiener Vereins nachgebildet waren. Max Sauerlandt stellte den Saal des von ihm geleiteten Kunstgewerbemuseums zur Verfügung. Eine Gruppe von Geldgebern, namentlich Emanuel Fehling, der Bruder des Regisseurs Jürgen Fehling, finanzierten die Abende. Zur Aufführung kamen Werke von Schönberg, Berg und Webern, Gustav Mahler, Béla Bartók, Ferruccio Busoni, Darius Milhaud, Francis Poulenc, Maurice Ravel, Igor Strawinsky und anderen. Zu den Mitwirkenden gehörten Martha Winternitz-Dorda, die Schönbergs Georgelieder sang, Eduard Steuermann, der opus 23 und 25 spielte, die Sängerin Jenny Jungbauer, die Geigerin Erika Besserer, die Pianistin Ilse Fromm-Michaels, Konzertmeister Heinrich Bandler, Solocellist Jakob Sakom und andere Solisten vom Hamburger Philharmonischen Orchester. Rufer dirigierte Mahlers „Lieder eines Fahrenden Gesellen" und Busonis „Berceuse Elégiaque", beide in Schönbergs Bearbeitung für Kammerorchester. Er studierte auch mit Erika Beilke den „Pierrot-Lunaire" ein, den Schönberg selbst in den Hamburger Kammerspielen dirigierte. Am 13. Februar 1924 mußten die Konzerte aus Geldmangel eingestellt werden.

Ende November kam ein Dankbrief von Hauer, dem Schönberg aus dem amerikanischen Hilfsfond 350.000 Österreichische Kronen (den Gegenwert von 5 Dollar!) übermittelt hatte. Wenn es eine „atonale Schule" geben würde, bat er Schönberg um „eine Anstellung bei Ihnen als Musiklehrer und verspreche mit gutem Gewissen, etwas zu leisten." Daß Hauer den antisemitischen Tendenzen der Zeit nicht ganz unzugänglich war, bezeugt allerdings ein bitterböser Brief, in dem er einen Besuch bei Schönberg in Mödling schildert. Schönberg hatte ihn am 1. und 7. Dezember zu gemeinsamen Arbeiten aufgefordert, da Hauer auf anderen Wegen zu ähnlichen Resultaten der Zwölftonmusik gekommen war. Sie sollten, meinte er ursprünglich, zusammen ein Buch schreiben, um der Welt zu zeigen, „daß die Musik wenigstens ohne die Österreicher zunächst nicht weiter gefunden hätte". Dann aber schien ihm Hauers Plan einer Schule noch besser. Er begrüßte die Gelegenheit, in gemeinsamer Aussprache Mißverständnis und Groll zu beseitigen und bat ihn um seinen Besuch am 10. Dezember. Zu der gemeinsamen Arbeit kam es nicht; die Mißverständnisse wurden eher größer als kleiner, obwohl Schönberg in der zweiten Auflage seiner Harmonielehre ausdrücklich auf Hauer als die Ausnahme unter den modischen Atonalisten hingewiesen hatte.

Im Hinblick auf das kommende Jahr waren schon im Sommer aus Traunkirchen einige Briefe geschrieben worden, so an mehrere Mäzene in der Schweiz und Holland, denen Schönberg besonders Anton von Webern ans Herz legte.

Durch die Einführung der Rentenmark war endlich in Deutschland das wirtschaftliche Chaos und die völlige Entwertung des Geldes überwunden. Damit verbesserte sich auch sofort die Situation von Komponisten, deren Werke in Deutschland aufgeführt wurden.

Schönbergs etwas getrübte Beziehungen zur Universal-Edition, die ihm den Seitensprung zum Kopenhagener Verlag Hansen übel genommen hatte, wurden durch ein Weihnachtsgeschenk von Hertzka verbessert. Vom 6. bis 23. Februar studierte er in Wien die „Verklärte Nacht" ein. Ende Februar dirigierte er in den Hamburger Kammerspielen und dem Privathaus Temming Aufführungen des von Rufer einstudierten (und auch dirigierten) „Pierrot Lunaire". Aus Rom schrieb Casella, die italienische „Pierrot"-Tournee sei gesichert. Schönberg reiste am 19. März ab, leitete am 28. und 29. in Rom, am 30. in Neapel, am 1. April in Florenz, am 3., 4. und 6. in Venedig, Padua und Turin Aufführungen, und am 7. und 8. endete die Reise mit Konzerten in Mailand. Sie brachten Schönberg und der Sprecherin Erika Wagner, den Spielern Steuermann, Louis Fleury, Henri Delacroix und dem Pro Arte-Quartett große Erfolge. Er war stolz, daß Giacomo Puccini, dessen Opern er liebte, sechs Stunden weit zu der Aufführung nach Florenz gereist war und sich durch Casella ihm vorstellen ließ. Dem Abend wohnte auch der junge Luigi Dallapiccola bei.

Vor dem „Pierrot Lunaire" spielte das Pro Arte-Quartett Casellas Concerto per due violini, viola e violoncello, das beim ersten Konzert der Tournee Freitag, dem 28. März, im Konzertsaal der Accademia di S. Cecilia uraufgeführt wurde.

Im April bekam Schönberg eine Einladung des Prinzen Max Egon Fürstenberg, bei den sommerlichen Musiktagen in Donaueschingen seine Serenade zu dirigieren. Er dankte in einem Brief von altfränkischer Höflichkeit, der seine Bewunderung für kunstsinnige Fürsten nicht ohne Naivität bezeugt. Die ersten Kontakte mit ihm hatte schon am 5. März 1921 der künstlerische Leiter des Donaueschinger Festes, Heinrich Burkard, hergestellt; doch erst 1924 hatte

Schönberg die Serenade zu bieten, die dort uraufgeführt werden konnte. Die Premiere fand am 20. Juli unter seiner Leitung statt. Eine nicht öffentliche allererste Wiedergabe hatte es aber schon am 2. Mai in der Wiener Wohnung des Mäzenes Dr. Norbert Schwarzmann gegeben.

Wien bereitete damals ein großes internationales Theater- und Musikfest vor, in dessen Rahmen mehrere Schönbergsche Werke, z. B. „Friede auf Erden" unter Anton von Webern aufgeführt wurden.

Um diese Zeit trat der Meister in eine freundschaftliche Beziehung zu der Schwester Rudolf Kolischs, Gertrud. Die hübsche vielseitig begabte Tochter eines berühmten Arztes hatte sich mit Schauspielregie und Musik beschäftigt, vielen Aufführungen und Proben des Vereins beigewohnt und Schönberg durch ihren trockenen, etwas schnippischen Wiener Witz rasch gefesselt.

Er fuhr nun oft für mehrere Tage nach Wien und begann allmählich, sich für Dinge zu interessieren, die ihn früher wenig beschäftigten. Er besuchte mit Freunden, namentlich mit Adolf Loos, gern die eleganten Bars der Wiener Innenstadt. Er fand Vergnügen an Jazz-Musik, von der rhythmische Spuren sich bereits in der Serenade zeigen. Die verbesserte finanzielle Lage, vor allem in Folge der Rentenmark in Deutschland, ermöglichte ihm Anschaffungen und eine Eleganz der Kleidung, auf die er jahrelang hatte verzichten müssen.

Nach Donaueschingen, wo er selbst Gast des Prinzen im Schloß war, begleitete ihn Webern, von dem ebenfalls zwei Werke auf dem Programm standen: die 6 Bagatellen für Streichquartett opus 9 und 6 Lieder opus 14 nach Gedichten von Georg Trakl für 1 Singstimme, Klarinette, Baßklarinette, Geige und Cello. Hier gab es auch Begegnungen mit Scherchen, Klemperer, Rudolf Schulz-Dornburg, Stein und mit den Komponisten Butting, Jemnitz und Hauer, die ebenfalls aufgeführt wurden. Vor- und nachher verbrachte Schönberg ein paar Tage im Salzkammergut. Mizzi Seligmann, Rudolf und Gertrud Kolischs Schwester, nahm ihn in dem überfüllten Aussee gastfreundlich auf. Nach Wien kehrte er am 1. August zurück.

Im Sommer 1924 wurde auch die Arbeit an dem schon ein Jahr früher (Skizzenbuch V am 14. Juni 1923) begonnenen Quintett für Flöte, Oboe, Klarinette, Fagott und Horn wieder aufgenommen und am 26. Juli beendet. Die für den Druck bestimmte Abschrift trägt das Schlußdatum 27. August 1924.

Die Widmung „dem Bubi Arnold" meint Schönbergs Enkel, den neugeborenen Sohn von Felix und Trudi Greissle. Ihr Sinn scheint zu sein, daß dieser als Erwachsener die Ohren für die Geheimnisse der Partitur haben werde, wie ja Schönberg immer daran glaubte, seine Musik werde in einer näheren oder ferneren Zukunft allgemein verständlich sein.

In Wirklichkeit ist das Bläserquintett der konservativste Versuch, strenge Zwölftontechnik mit den klassischen Satzweisen und Formen zu versöhnen.

EINLADUNG

zur

Uraufführung

der Serenade

von

ARNOLD SCHÖNBERG,

die am 2. Mai 1924, 9 Uhr abds. unter persönlicher Leitung des Komponisten im Hause I., Krugerstraße 17 stattfindet.

Gesangsstimme	Kammersänger Alfred Jerger
Violine	Rudolf Kolisch
Viola	Marcel Dick
Cello	Wilhelm Winkler
Clarinette	Prof. Viktor Pollatschek
Bass-Clarinette	Leopold Wlach
Mandoline	Fanni Slezak
Guitarre	Hans Schlagradl

Vor der Donaueschinger Uraufführung fand die erste Aufführung der Serenade bei Dr. Schwarzmann in Wien statt

Die vier Sätze des 40 Minuten langen Werkes folgen treu den klassischen Typen: Sonatenhauptsatz, Scherzo mit Trio, dreiteilige Liedform, Rondo.

Die Reihe, deren Grundform mit den drei Spiegelungen (Rücklauf, Umkehrung) das ausschließliche Material aller Themen in den vier Sätzen liefert, ist mit einer zielbewußten List so erfunden, daß ihre Hälften sich wie Tonika und Dominante verhalten: es–g–a–h–cis–c = b–d–e–fis–gis–f. Dadurch werden Beantwortungen in der oberen Quint möglich, von denen Schönberg denn auch mehrfach Gebrauch macht. Der pseudotonale Charakter dieser Stellen bildet einen paradoxen Gegensatz zu der strengen zwölftönigen Konstruktion, die Konsonanz und Tonalität ausschließt.

Die Uraufführung des Quintetts opus 26 dirigierte an Schönbergs 50. Geburtstag Felix Greissle in Wien.

Der berühmte Frankfurter Musikkritiker Paul Bekker, Vorkämpfer Schönbergs seit mehreren Jahren, der auch der Wiener Privataufführung der Serenade im Mai beigewohnt hatte, war Adressat eines am 1. August geschriebenen Briefes, in dem Schönberg für die Achtung dankt, die er bei Bekker stets gefunden habe und gleichzeitig betont, er sei nicht mehr der wilde Mann von einst. So empfinde er auch die Aristokratie als sehr angenehmen Umgang „für einen, der etwas von sich hält". Ganz ähnliche Gedanken erscheinen wenige Tage danach in einem Brief an Adolf Loos. Am 21. August teilte Schönberg dem Freunde Zemlinsky als erstem mit, er werde Trude Kolisch heiraten. Die Trauung fand am 28. statt.

Inzwischen war in Wien einiges geschehen, um den 50. Geburtstag am 13. September würdig zu feiern. Die Musikblätter des Anbruch bereiteten ein Sonderheft von 72 Seiten vor, an dem neben Schülern und Freunden (Anton Webern, Erwin Stein, Karl Horwitz, Rudolf Kolisch, Hanns Eisler, Josef Polnauer, Paul A. Pisk, Alban Berg, sowie Adolf Loos, G. F. Malipiero, Alfredo Casella, Franz Schreker, Rudolf Réti und Dr. J. Bach) den Interpreten Marya Freund, Marie Gutheil-Schoder, Erika Wagner, Rudolf Schulz-Dornburg, Paul Scheinpflug, Fritz Stiedry, Paul von Klenau, Hermann Scherchen und Artur Schnabel, den Kritikern Paul Bekker, Adolf Weißmann und Max Graf, auch als Außenstehender der Theosoph Walther Klein mitarbeitete. Der theoretisch wichtigste Aufsatz ist von Erwin Stein und behandelt unter dem Titel „Neue Formprinzipien" die Grundsätze der Zwölftontechnik, von denen Schönberg 1921 zu Rufer und 1923 zu einem größeren Schülerkreis gesprochen hatte. Am Vorabend des Geburtstags fand in Mödling eine Feier im Kreis der Freunde statt. Dabei überreichte Webern eine gemeinsam mit Kolisch gekaufte Ledermappe, die eine große Sammlung von Fotos Schönbergs und seiner Angehörigen und Freunde enthielt. Am nächsten Vormittag war eine offizielle Feier im Rathaus, bei der Oberbürgermeister Karl Seitz

Gertrud Kolisch, Wien 1924

die Ansprache hielt. Später kam das Bläserquintett zur Uraufführung. – In einem Vorspruch, den Schönberg selbst für sein Sonderheft geschrieben hatte, nennt er in kennzeichnender Selbstironie als ein Symptom des Alterns: „Ich kann nicht mehr so hassen wie früher; und was noch ärger ist: ich kann manchmal schon verstehen, ohne zu verachten."

Wie sehr er von einem immer größeren Menschenkreis verstanden und bewundert wurde, das hatten ihm die Aufführungen des Jahres bewiesen. Als die wichtigste empfand er die Uraufführung der „Erwartung" in Prag. Seit der Beendigung des Monodrams im September 1909 waren mit seiner geplanten Aufführung immer neue Enttäuschungen verbunden gewesen. Als 1914 Graf Seebach und Ernst von Schuch die Premiere für die Dresdener Hofoper geplant hatten, zerstörte der Weltkrieg alle derartigen Projekte. Die Mannheimer Wiedergabe scheiterte daran, daß das dortige Orchester für Schönbergs Forderungen nicht groß genug war. Auch die Versuche des Regisseurs Dr. Ernst Lert, Aufführungen in Dresden oder Frankfurt durchzusetzen, waren vergeblich.

Die Prager Uraufführung fand am 6. Juni unter der Leitung von Alexander von Zemlinsky, in der Regie Louis Labers, mit Marie Gutheil-Schoder als Solistin im Prager Deutschen Opernhaus statt. Sie bildete den Abschluß des zweiten Festes der Internationalen Gesellschaft für Neue Musik und wurde als dessen Krönung empfunden. Bald nach dem Geburtstag konnte Schönberg in Frankfurt an einer Reihe von Festtagen teilnehmen, die Scherchen für ihn arrangiert hatte. Unter den jungen Musikern, die ihn bewunderten, war auch Paul Hindemith. Schon in Donaueschingen, wo er von Anfang an Einfluß auf die Programme hatte, war er für Schönberg eingetreten. Ihm war es auch zu danken, daß die Serenade dort erklang; im Januar 1924 hatte er an Burkard geschrieben: „Wenn Du diese Sachen hast, steht Donaueschingen moralisch hoch über allen anderen Musikfesten dieses Jahres." An den Frankfurter Konzerten, die Schönberg besuchte, nahm das Amar-Quartett mit Hindemith als Bratschisten in Aufführungen der beiden Streichquartette teil.

Wenige Monate schließlich nach der „Erwartung" wurde auch Schönbergs zweite Oper „Die glückliche Hand" zum ersten Mal gespielt. Die Uraufführung fand am 14. Oktober 1924 in der Wiener Volksoper statt, Fritz Stiedry dirigierte, Josef Turnau führte Regie; den Mann sang Alfred Jerger, das Weib tanzte die Primaballerina Hedy Pfundtmayr. Auch diese Premiere brachte Schönberg Erfolg. Nur seine bösartigsten Gegner behaupteten, daß die Unkosten der Aufführung die Volksoper ruiniert hätten. Tatsächlich wurden am 5. November die Dekorationen für die „Glückliche Hand" gepfändet. Aber nicht Schönbergs Werk war die Ursache, sondern die Rivalität zwischen Volks- und Staatsoper sowie das Verbot, künftig Stücke von Verdi und Puccini aufzuführen.

Damals scheint Schönberg sich auch für moderne wissenschaftliche Errungenschaften interessiert zu haben. Er bat am 2. Oktober Emil Hertzka, ein Gespräch zwischen ihm und dem Physiker Albert Einstein zu vermitteln. Am 22. Oktober dankte ihm Walter Gropius im Namen des von ihm geleiteten Weimarer Bauhauses dafür, daß Schönbergs Name unter den Mitgliedern des Kuratoriums „Kreis der Freunde des Bauhauses" geführt werden durfte. Es war ein illustrer Kreis, zu dem Peter Behrens, Adolf Busch, Marc Chagall, Albert Einstein, Herbert Eulenberg, Edwin Fischer, Gerhart Hauptmann, Josef Hoffmann, Oskar Kokoschka, Hans Poelzig und Franz Werfel gehörten.

Das jungverheiratete Paar plante für Anfang des nächsten Jahres eine Reise in den Süden. Es gab Probleme zu lösen, die mit Schönbergs Kindern und dem Mödlinger Haushalt zusammenhingen. Man mußte Einkäufe machen. Aus der neuen familiären Bindung ergaben sich auch neue gesellschaftliche Pflichten. Und schließlich ging die Arbeit mit den Schülern weiter. Nur als ein Kuriosum sei erwähnt, daß Schönberg am 11. Dezember aus dem Österreichischen Musikpädagogischen Verband austrat, weil die neu gegründete Zeitschrift des Verbandes ihn gleich in ihrer ersten Nummer aufs heftigste angegriffen hatte. Neben den hohen Ehrungen, die ihm zum 50. Geburtstag in aller Welt zuteil geworden waren, durfte dieses Bubenstück den Ruhm der Originalität für sich in Anspruch nehmen.

Im Herbst 1924 kam Oskar Kokoschka, der seine Dresdener Professur aufgegeben hatte, nach allerlei italienischen Abenteuern wieder kurz in die Stadt, die ihn geformt hatte. Er malte Schönberg in seinem Mödlinger Milieu beim häuslichen Musizieren. Auf dem Bild fällt die Haltung der Hände, namentlich der hoch gewinkelten Linken auf. Kokoschka hat das Cello weggelassen, dessen Griffbrett und Bogen Schönberg manipuliert. Der suggestive Blick, die tonsurartige Glatze, die weich um die Schulter gezogene Joppe sind kennzeichnend für den Porträtierten.

Hausmusik spielte in den Mödlinger Jahren eine wichtige Rolle auch innerhalb der Schönbergfamilie. Zwar nahm Mathilde, die gut Klavier gespielt haben soll, daran kaum teil. Aber Gertrud war eine geschickte Klavierspielerin, Georg lernte Horn blasen, und die Freunde und Schüler wurden gern zum Quartettspiel herangezogen, wobei Schönberg den Cellopart übernahm. Für den häuslichen Kreis schrieb er auch kleine Sätze, die sich im Nachlaß erhalten haben, zu Weihnachten 1921 eine Musik für zwei Geigen, Cello und Klavier (oder Harmonium); Anfang November 1923 ein Fragment mit dem rätselhaften Namen „Gerpa", Thema mit Variationen für Horn, zwei Geigen und Harmonium.

Als Rufer einmal nach Mödling kam, spielten Schönberg und die Tochter Trudi Edvard Griegs Cellosonate. Von Grieg könne man lernen, dankbar für ein Instrument zu schreiben, meinte Schönberg. Als aber Mathilde gestorben war und Trudi heiratete, war die Familie klein geworden. Ende 1924 trat das häusliche Musizieren gegen andere Interessen zurück. Kokoschkas Bild hat den Geist dieser Mödlinger Kammermusik festgehalten.

Es hatte lange keine Muße in Schönbergs Leben gegeben. Nun kam die Zeit, zu entspannen. Auf der „Pierrot"-Tournee 1924 hatte Italien in ihm die Sehnsucht nach südlichen Städten und Küsten geweckt. Im Januar 1925 fuhren die Eheleute nach Venedig, wo sie ihre Flitterwochen verbrachten. Dann reisten sie nach Mailand, hörten Aufführungen der Scala und wollten an die Mittelmeerküste. Am 28. Januar schrieb Schönberg an Gian Francesco Malipiero, den er seit 1923 kannte. Er wolle ihn mit seiner jungen Frau in Asolo nahe Venedig besuchen. Antwort erwarte er in San Remo. Am selben Tag bat er Alfredo Casella um ein Rendez-vous, ohne zu ahnen, daß dieser auch in Mailand war. Man traf sich noch am Abend. Schönberg dankte Casella für einen Aufsatz im „Anbruch", wo Puccinis Besuch des „Pierrot" in Florenz und die Begegnung der beiden großen Meister geschildert wurde. Puccinis Tod im September des Vorjahres hatte Schönberg sehr bewegt. „Nie hätte ich geglaubt", schreibt er an Casella, „daß ich diesen großen Mann nicht wiedersehen werde! Und ich bin stolz darauf, sein Interesse gefunden zu haben und Ihnen dankbar dafür, daß Sie meinen Feinden diese für mich so ehrende Tatsache erzählt haben."

Malipiero und Casella waren damals Italiens führende moderne Komponisten. Sie hatten 1923 zusammen unter dem Ehrenvorsitz des Dichters Gabriele d'Annunzio eine vaterländische Gesellschaft der neuen Musik gegründet, die Corporazione delle Nuove Musiche, deren Anfangsbuchstaben C. D. N. M. gleichzeitig den lateinischen Namen Concentus Decimae Nuncius Musae symbolisierten. Die Gesellschaft lud zum erstenmal Bartók und Hindemith nach Italien, veranstaltete die ersten Aufführungen von Strawinskys „Geschichte vom Soldaten" und Oktett und auch die erwähnte Tournee mit dem „Pierrot-Lunaire".

Von Mailand ging die Reise nach San Remo, wo Schönbergs 14 Tage im Hotel Mediterranné verbrachten. Malipiero lud sie bei der Rückreise zum Besuch in Asolo ein. Man verbrachte in seinem schönen Haus mit den kostbaren Kunstschätzen den Abend des 16. Februar. Schönberg trug sich als erster mit einem witzigen, an Wortspielen reichen Satz in das neue Gästebuch ein.

Auch in Mödling und in Wien gab es eine ruhige Zeit. Franz Neumann, der Operndirektor des Tschechischen Nationaltheaters in Brünn, bat Schönberg, seine Aufführung der „Gurrelieder" zu besuchen. Es war die erste in tschechischer Sprache. An der Sonntags-Matinée im Stadttheater wirkten 500 Menschen mit.

Im April reisten Schönbergs nach Barcelona. Sein dort lebender Schweizer Schüler Roberto Gerhard (1896–1970) hatte bei der katalanischen Associació de Música „Da Camera" de Barcelona die Veranstaltung eines „Festival de la Musica Viennesa" nebst angeschlossenem Schönberg-Konzert durchgesetzt. Das Programm mit Wiener Musik wurde am 26. und 28. April gespielt. Es enthielt Kammermusik von Schubert, Beethoven, Mozart und den Kaiserwalzer von Johann Strauß, den Schönberg für das Ensemble des „Pierrot Lunaire" (Flöte, Klarinette, Geige, Violoncello und Klavier) instrumentiert hatte und dirigierte. Bei Wiederholungen des Abends in anderen katalanischen Städten wie Gerona, Figueras, Reus und Palamos sang Marya Freund zusätzlich Lieder von Schubert und Mahler. Das Schönberg-Programm folgte am 29. April und bestand aus der Kammersymphonie opus 9, den Liedern „Verlassen", „Der Wanderer", „Traumleben" und „Am Wegrand" sowie dem „Pierrot Lunaire". Im Programmheft standen – deutsch und katalanisch – die Schönbergschen Sätze: „Moderne Kunst darf sicher darauf rechnen, einmal in Mode zu kommen. Kunst hingegen hat die Mode stets hinter, neben und insbesondere gegen sich; nur will zu einem gewissen Zeitpunkt und darf zu einem anderen die Mode dieses Verhältnis nicht offenbar werden lassen."

Das Ensemble wich von dem sonst üblichen ab. Sein Grundstock war das 1924 gegründete „Wiener Streichquartett" mit Rudolf Kolisch, Fritz Rothschild, Marcel Dick und Joachim Stutschewsky. Dazu kamen der Klarinettist Viktor Polatschek, der Flötist Franz Wangler und – statt des durch andere Konzertverpflichtungen verhinderten Steuermann – der Pianist Friedrich Wührer. Den „Pierrot Lunaire" und die Lieder sprach und sang Marya Freund. Der Cellist Stutschewsky erinnert sich an die Konzerte, die nach spanischem Brauch am späten Abend begannen; nur das Schönberg-Programm wurde als Sonntags-Matinée gegeben. Da man heftige Reaktionen der Hörer befürchtete, bat Stutschewsky Roberto Gerhard, beim „Pierrot" mit auf dem Podium zu sitzen und notfalls beschwichtigend einzugreifen. Die Vorsichtsmaßregel erwies sich als überflüssig.

Casals ging bald auf Konzertreisen, so daß es nur zu kurzem Wiedersehen kam. In Barcelona fühlte sich Schönberg sehr wohl. Er schrieb von dort an Malipiero einen Dankbrief mit der Aufforderung, ihn in Wien zu besuchen.

In diesen heiteren Frühlingsmonaten 1925 reifte ein Kompositionsplan, dessen erster Entwurf am 28. Oktober 1924 im V. Skizzenbuch eingetragen wurde. Es sind erste Gedanken zu der Suite opus 29 für Klavier, kleine Klarinette, Klarinette, Baßklarinette, Violine, Viola und Violoncello. Ein darüber geklebter Zettel zeigt in Maschinenschrift folgende etwas rätselhaften Bezeichnungen:

Schönberg im Jahre 1925

1. (Satz) 6/8 leicht, elegant, flott, Bluff
2. Jo-Jo-Foxtrott
3. Fl. Kschw. Walzer
4. AS Adagio
5. ibeB Muartsch Var
6. Film Dva
7. Tenn Ski

Von diesen übermütigen und geflissentlich modischen Titeln ist in der endgültigen Fassung des Werks, das auf 4 Sätze beschränkt wurde, nur weniges wiederzuerkennen. Der erste Satz aber kommt dem Entwurf sehr nah. Er ist ein Allegretto im Sechsachtel-Takt mit der Vortragsbezeichnung „sehr flott". Der ironische Name „Bluff" allerdings ist in Ouvertüre verändert. Formal ist sie ein zweithemiger Sonatensatz mit Durchführung, Reprise und Coda. Im Juni wurde die Arbeit an der Suite wieder aufgenommen, zuerst am 2. Satz „Tanzschritte", an der Ouvertüre und erst im Juli am dritten Satz. Die „Tanzschritte" bilden eine sehr freie, in fortwährend wechselnden Charakteren ausgeführte Scherzoform. Im dritten Satz, dem berühmten „Thema mit Variationen", tritt die Idee des Werkes, Tonalität als einen Sonderfall zwölftönigen Denkens zu behandeln, ans Licht. Schönberg variiert Friedrich Silchers „Ännchen von Tharau"-Lied viermal so, daß jeder Ton als Teilton der Ausgangsreihe komplementär ergänzt wird. Erst im August 1925 wurde dieser Variationensatz beendet. Nach abermaliger langer Unterbrechung wurde das Schlußdatum 1. Mai 1926 unter den letzten Satz, die Gigue, geschrieben. Sie ist eine der kunstvollen Kombinationsformen von Sonatensatz und Fuge, die ihr Vorbild in Mozarts Jupiter-Finale haben.

Als Reihe dient eine Zwölftonfolge, deren erste und letzte Viertongruppen zueinander im Verhältnis der transponierten Rückläufigkeit stehen, während die Reihenmitte zwei zweitönige Gruppen im Verhältnis der gespiegelten Rückläufigkeit kombiniert. Solche Reihen hat seit 1928 Anton Webern bevorzugt. Die Intervalle sind: große Terz, kleine Terz und Halbton sowie deren Oktavkomplemente. Das Werk mit der Widmung „meiner lieben Frau" ist die erste Liebesgabe an Gertrud Schönberg. Ihr Monogramm Es–G beginnt und schließt jeden der Sätze, die somit quasi tonal verklammert sind.

Wie in manchen anderen Kompositionen der Zeit nach dem Weltkrieg herrscht in der Suite opus 29 ein Ton ironischer Heiterkeit, in paradoxem Gegensatz zu der Strenge ihrer Faktur. Die Lockerung der äußeren Lebensformen, Neigung zu heiterer Geselligkeit und Barbesuchen mit den Stimulantien des Tabaks und Alkohols entspricht bei Schönberg solcher geistigen Haltung. Er trug damals auch kurze Zeit einen kleinen Schnurrbart.

Daneben gab es allerlei literarische Arbeit. Erwin Stein hatte 1924 eine neue Zeitschrift begründet, „Pult und Taktstock", die in monatlicher Folge zu musikalisch-technischen Problemen, namentlich solchen der zeitgenössischen Musik, Stellung nahm. Schönberg gehörte zu den Mitarbeitern. Manche seiner Beiträge erschienen unter dem Decknamen „Jens Quer", einer Abkürzung von „Jenseitiger Querkopf". Die größeren theoretischen Arbeiten aber trugen seinen wirklichen Namen. Es sind so wichtige dabei wie der im April 1926 erschienene Aufsatz „Mechanische Musikinstrumente". Über den musikalischen Gedanken, seine Darstellung und Formulierung, notierte Schönberg am 6. Juni 1925 neun Sätze. Er wohnte damals wieder einmal zu Besuch bei Dr. Kolisch in Wien. Webern klagte in einem Brief an Berg vom 7. Juli, er habe ihn seit Sonntag, den 28. Juni, nicht mehr gesehen.

Für Anfang September war in Venedig das alljährliche Fest der Internationalen Gesellschaft für Neue Musik angesetzt. Schönbergs wollten gerne nicht in der Stadt, sondern am Lido wohnen, und baten am 17. August Malipiero, ihnen ein Hotel zu empfehlen. Auch planten sie, den Herbst und Winter in Italien zu verbringen. Vor der Wiener Sommerhitze dieses Jahres flohen sie nach Altaussee.

Durch den Tod Busonis war seit Juli 1924 eine Meisterklasse für Komposition an der Berliner Akademie der Künste verwaist. Professor Leo Kestenberg, seit 1918 Musikreferent im preußischen Kultusministerium, der schon Franz Schreker zum Direktor der Hochschule für Musik verpflichtet hatte, wollte Schönberg als Nachfolger haben. Er schlug dem sehr fortschrittlich gesinnten Kultusminister Carl Heinrich Becker den umstrittenen Wiener Komponisten vor und fand seine Zustimmung. Am 28. August 1925 traf er in Wien mit Schönberg zusammen. Das Protokoll der Besprechung wurde am selben Tag von beiden Kontrahenten unterschrieben. Es enthielt sieben Vereinbarungen, die Schönberg verpflichteten, zunächst vom 1. Oktober 1925 bis zum 30. September 1930 eine Meisterschule für Komposition in Berlin zu verwalten, jährlich 6 Monate in Berlin zu lehren sowie etwaige durch Konzert- und Vortragsreisen versäumte Unterrichtszeiten im folgenden Jahr nachzuholen. Er hatte Anspruch auf ein Jahresgehalt von mindestens 16.800 Mark und die Amtsbezeichnung Professor. Auch die Sorgen um Beschaffung einer Wohnung sowie Lehrmittel und Lehrbehelfe sollte ihm die Unterrichtsverwaltung abnehmen. Die Nachricht von dieser Berufung erregte in Wien bei Freunden ebenso großes Aufsehen wie bei Gegnern. Die Berliner Meisterklassen nahmen in der Hierarchie der Musikpädagogik den höchsten Rang ein. Männer wie Richard Strauss, Hans Pfitzner und Busoni waren dort tätig gewesen oder noch tätig. Dem Prestige nach galt eine solche Berufung mehr als die an eine Klasse der Hochschule für Musik.

Am 29. August aber, gleich nach der Besprechung mit Kestenberg, fuhren Schönbergs nach Venedig. Dort begannen Anfang September die Proben für die Serenade, die Schönberg dirigierte. Das Fest begann am 3. September und dauerte bis zum 8. Es brachte unter anderem Werke von Gabriel Fauré, Heitor Villa-Lobos, Paul Hindemith, Max Butting, Hanns Eisler, Leoš Janáček, Erich Wolfgang Korngold, Arthur Honegger, Albert Roussel, Maurice Ravel, Artur Schnabel, Ralph Vaughan Williams, Karol Szymanowski, G. F. Malipiero, Carl Ruggles, Igor Strawinsky und Louis Gruenberg. Schönbergs Serenade stand am 7. September auf dem fünften Programm.

Damals waren die geistigen und persönlichen Spannungen zwischen den Hauptvertretern der modernen Musik auf einem Höhepunkt angelangt. Schönberg und Strawinsky galten als Antipoden, deren Anschauungen unvereinbar waren. Trotz ihrer handfesten Rhythmik war Schönbergs Serenade kennzeichnend für die neuen Wege der Kompositionstechnik, die zur Zwölftonmusik führten. Andererseits vertrat Strawinskys Klavier-Sonate, die er selbst spielte, den Typus des neuen Klassizismus, der an Vorbilder des 18. Jahrhunderts anknüpfte. Professor Edward Dent, der englische Präsident der Gesellschaft, hat die Stimmung dieser heißen Sommertage in Venedig mit Humor geschildert. An der Spitze der vielen deutschen Musiker und Kritiker sei Adolf Weissmann in einem schweren Knickerbocker-Anzug und Bergschuhen über die Piazza geschritten. Als Schönberg seine Probenzeit für die Serenade überzogen hatte, fragte ihn Dent, ob er glaube, der einzige Komponist auf diesem Fest zu sein. Schönberg bejahte die Frage. Er fand neben aller Arbeit in Venedig noch Zeit, den Beginn eines Streichquartetts nach dem Bläserquintett opus 26 zu notieren und Grüße an Freunde zu schicken.

Am 24. September kam man nach Mödling zurück. Den nächsten Abend verbrachte Webern bei Schönberg und berichtete dem Freunde Berg: „Erzählte vom Debacle der ‚modernen Musik' inclusive Strawinsky, von dem er sagte, er habe sich einen Bubikopf schneiden lassen: er ‚bachelt' (Bach-Imitation)." Übrigens werde Schönberg erst im Januar nach Berlin gehen und vorläufig in Mödling bleiben.

Unmittelbar nach der Rückkehr aus Venedig schrieb Schönberg die zwei offiziellen Briefe an den preußischen Kultusminister und an Kestenberg. Einem neugierigen Journalisten vom „Neuen Wiener Journal" schlug er das erbetene Interview ab: „Ich wünsche keine Anklagen, keine Angriffe, keine Verteidigung, keine Reklame, keinen Triumpf! Nur: Ruhe!"

Kestenberg antwortete am 2. Oktober auf einige Fragen. Es sei nicht nötig, Arbeiten zu unterbrechen, um nach Berlin zu kommen. Ende November oder Anfang Dezember genüge vollkommen. Nur möchte man das Datum bald wissen. Schönberg hatte es nicht eilig, wie Weberns Brief an Berg verrät.

Er verbrachte einen großen Teil des Oktober in der Wiener Wohnung von Dr. Kolisch. Zu den ersten Gratulanten gehörte Henri Hinrichsen in Leipzig, der inzwischen Felix Greissles Kammerorchester-Bearbeitung der Orchesterstücke opus 16 gedruckt hatte. Eine Wohnung in Berlin empfahl ihm der Jugendfreund Walter Pieau, damals Opernbariton in Osnabrück.

Im November bekam Schönberg eine Blinddarmentzündung. Er kam ins Rudolfs-Spital und wurde operiert. Alban Berg schickte ihm als Bettlektüre Franz Kafkas Novellensammlung „Der Landarzt"; Webern gratulierte am 18. November zur gelungenen Operation. Durch sie wurde Schönberg verhindert, die Uraufführung von Bergs „Wozzeck" zu hören, die Erich Kleiber am 14. Dezember an der Berliner Staatsoper herausbrachte. Einen Tag danach wurde er Ehrenmitglied der Accademia di Santa Cecilia in Rom.

1926 begann eine neue Epoche in Schönbergs Leben. Die Kinder aus erster Ehe blieben in Wien und Mödling. Er selbst und Frau Gertrud übersiedelten am 10. Januar nach Berlin und ließen sich zunächst in der Pension Bavaria am Steinplatz nieder. In seiner Kompositionsklasse an der Akademie fand sich eine Reihe neuer Schüler ein, darunter Walter Goehr, Walter Gronostay und der Amerikaner Adolphe Weiß. Aus Wien war Winfried Zillig dem Meister nach Berlin gefolgt, und aus Barcelona kam Roberto Gerhard, den er schon aus Wien kannte. Von den älteren Freunden lebte seit einigen Monaten Josef Rufer in Berlin; Schönberg machte ihn zu seinem Assistenten, der die Schüler in Harmonielehre, Kontrapunkt und anderen vorkompositorischen Fächern zu unterrichten hatte.

Am 19. Januar beendete Schönberg in der Berliner Pension ein Werk, das ihm viel Feinde machen sollte: die drei Satiren für gemischten Chor opus 28. Sie gehören stilistisch und sachlich mit den vier Stücken für gemischten Chor opus 27 zusammen. Beide Werke hatten Schönberg seit Ende September 1925 beschäftigt. Zweifellos haben die Eindrücke des Musikfestes in Venedig zu ihrer Konzeption beigetragen. Von den Texten des opus 27 sind zwei von Schönberg selbst. Der zweite, „Du sollst nicht, du mußt" ist gedanklich eng mit der „Jakobsleiter" und mit dem späteren Text zu „Moses und Aron" verwandt. Er lautet:

> Du sollst dir kein Bild machen!
> Denn ein Bild schränkt ein,
> begrenzt, faßt,
> was unbegrenzt und unvorstellbar bleiben soll.
>
> Ein Bild will Namen haben:
> Du kannst ihn nur vom Kleinen nehmen;
> Du sollst das Kleine nicht verehren!

Du mußt an den Geist glauben!
Unmittelbar, gefühllos
und selbstlos.
Du mußt, Auserwählter, mußt, willst du's bleiben!

Schönberg komponierte ihn am 16. und 17. Oktober, bald nach dem ersten Chor „Unentrinnbar". Danach folgten im Oktober und November zwei Gedichte aus Hans Bethges „Chinesischer Flöte", der Sammlung, die auch Mahler für sein „Lied von der Erde" benutzt hat. Die Satiren wurden gleich anschließend begonnen, „Am Scheideweg" trägt das Enddatum 12. November 1925; das dritte Stück „Der neue Klassizismus" die Bemerkung: „noch mit Blinddarm begonnen 13. November 1925" und „15. November 1925!! in der Nacht!" Das zweite Stück „Vielseitigkeit" wurde erst am letzten Tage des Jahres beendet. Nr. 1 und 2 sind Chöre ohne Begleitung; Nr. 3 ist eine kleine Kantate für gemischten Chor, Bratsche, Cello und Klavier. Als Anhang fügte Schönberg drei Kanons hinzu. Der erste ist ein Spruch mit zwei Variationen; den zweiten und dritten schrieb er in Berlin.

Liest man die Texte der Satiren, so wird der Einfluß einer unverkennbar wienerischen Ironie deutlich, in der Gertrud Schönberg-Kolisch Meisterin war. In dem viel ernsteren Vorwort, das Schönberg dem opus 28 voranstellte, bezeichnet er die Adressaten, an die sich sein Spott wendet: „Alle . . ., die ihr persönliches Heil auf einem Mittelweg suchen", die „Scheintonalisten", die „Zurück zu – Leute", die „Folkloristen" und schließlich alle „. . .isten", die für ihn Manieristen sind. Die bittere Heiterkeit dieser Spottgesänge knüpft sprachlich an die Serenade und an die Suite opus 29 an, wogegen die vier Stücke für gemischten Chor dem Bläserquintett näher stehen. Eine Ausnahme bildet das letzte, „Der Wunsch des Liebhabers", mit Begleitung von Mandoline, Klarinette, Geige und Violoncello. Schönberg arbeitet da mit einer Zwölftonreihe, die Kombinationen von tonalen Akkorden zuläßt. Dadurch ergibt sich eine Art von Polytonalität, wie sie noch geistreicher in den Satiren, vor allem in der Kantate vom Klassizismus angewandt wird. Von den Kanons ist der dritte Bernhard Shaw zum 70. Geburtstag in Bewunderung gewidmet; sein Text kennzeichnet Schönbergs Gesinnung:

LEGITIMATION ALS CANON

Wer Ehr erweist,
muß selbst davon besitzen;
sonst ist sie zu gering.
Drum huldgen dem Canon
Musiker von Ehr:
zu zeigen, daß sie sie haben durch ihn.

Er teilte dieses Widmungsstück am 7. Juni 1926 dem Freunde Alban Berg mit. Am Schluß der Notenzeilen steht: „In Ewigkeit – ohne Ende! Schluß nur im Notfall." Und Schönberg betont „daß er mit bloß sieben Tönen auch manches zusammenbringt, was zwar nicht sehr geschätzt wird, aber immerhin als schwierig gilt."

Im März hatte es zwischen Schönberg und Zemlinsky einen kleinen Briefwechsel gegeben, der Eisler betraf. Bei einem Eisenbahngespräch hatte Eisler, damals unter dem neuen Eindruck linksradikaler politischer Ideen, Einwände gegen die Zwölftonmusik erhoben. Er stellte in einem Brief um die gleiche Zeit seinen Standpunkt fest: „Mich langweilt moderne Musik, sie interessiert mich nicht, manches hasse und verachte ich sogar. Ich will tatsächlich mit der ‚Moderne' nichts zu tun haben. Nach Möglichkeit vermeide ich, sie zu hören und zu lesen. (Auch meine eigenen Arbeiten der letzten Jahre muß ich leider dazurechnen.) ... auch verstehe ich nichts (bis auf Äußerlichkeiten) von der 12-Ton-Technik und -Musik. Aber ich bin von Ihren 12-Ton-Werken (wie z. B. der Klaviersuite) begeistert und habe sie aufs genaueste studiert." Schönberg antwortete am 10. März äußerst kritisch und streng, aber nicht ohne Versöhnlichkeit für die Zukunft. Auf eine sofortige Erwiderung Eislers schrieb er nochmals am 12. März, er werfe ihm besonders vor, sich zu Zemlinsky kritisch geäußert zu haben, der zur Zeit in einem Gegensatz zu ihm stehe. Die Verstimmung mit Zemlinsky war bald bereinigt. Mit Eisler, der damals Wege ging, die Schönberg nicht billigen konnte, hat es längerer Zeit bedurft. Erst in der kalifornischen Emigration wurde die alte Freundschaft wieder hergestellt.

Von Heinrich Burkard kam eine Anfrage wegen der „Vier Stücke für gemischten Chor" opus 27 und der „Drei Satiren" opus 28. Schönberg antwortete am 7. April 1926, er könne leider der freundlichen Einladung, diese Werke in Donaueschingen uraufführen zu lassen, nicht entsprechen. Man habe ihm gesagt, der Stuttgarter Madrigal-Chor sei zu klein: „Denn meine Chöre müßten doch 4–5fach besetzt werden. Dann muß ich eine Erstaufführung unbedingt selbst leiten, wenn schon nicht studieren und das ist halt auf diese Entfernung doch unmöglich. Auch halte ich es für nicht richtig, daß ich den jüngeren und noch ringenden Komponisten den Platz wegnehme."

Am 3. Juni veranstaltete die Berliner Akademie der Künste zu Ehren Schönbergs ein Konzert, bei dem unter anderem das fis-moll-Streichquartett durch das Havemann-Quartett und Margot Hinnenberg-Lefèbre dargeboten wurde. Am 27. Mai hatte die Vereidigung als Beamter stattgefunden. Schönbergs führten in Berlin ein geselliges und an künstlerischen Eindrücken reiches Leben. Man traf sie in Furtwänglers philharmonischen Konzerten, in Premieren der Staatsoper und der glänzenden Berliner Schauspielbühnen. – Leider gab es Schwierigkeiten mit dem Klima. Schönbergs altes Asthmaleiden wurde durch den kalten Winter und rauhen Frühling verschlimmert. Wir kennen seinen Zustand aus der eigenen Krankengeschichte, die er 1950 in Amerika schrieb. Da heißt es: „1923/24, bevor ich meine zweite Frau heiratete, trank ich wieder und inhalierte 60 Zigaretten pro Tag. Um die Folgen dieses Übels zu bezwingen, handelte ich sehr töricht. Ich trank außer Likör jeden Tag drei Liter starken Kaffee und nahm Codein und Pantopon. Dies half mir ein wenig, obwohl es im Grunde schlimmer wurde. Aber während meiner Flitterwochen in Venedig besaß ich die Willenskraft, alle meine vorher erwähnten Laster aufzugeben; als Folge dessen gewann ich wieder eine etwa zwei Jahre dauernde Atempause."

In Wien hatte der Internist Professor Dr. Gustav Singer Schönberg behandelt. Ihm berichtet Schönberg aus Berlin am 7. Juli 1926: „Die Atembeschwerden beim Einschlafen habe ich jetzt seltener als früher; auch komme ich nicht mehr so oft mit Atemnot auf. Der Husten ist seltener und nicht so krampfartig und erschütternd . . . dagegen bin ich morgens . . . etwas erschöpft und atemlos und gerate auch sonst noch etwas leichter außer Atem als früher. Das also kommt mir jetzt etwas weniger gut vor. In der letzten Zeit habe ich seltener Fieber gehabt, bin aber nicht so sicher, ob ich nicht bloß durch Abstumpfung mein Feingefühl dafür verloren habe." Im August fuhren Schönbergs nach Dubrovnik, dann nach Pörtschach in Kärnten, wo sie in dem am See gelegenen Hotel Werzer mehrere Wochen verbrachten. Sie trafen dort Franz und Maria Schreker; die beiden Musiker spielten täglich zusammen Tennis.

In diesem Sommer nahm Schönberg religiöse Gedanken wieder auf, zu denen er seit 1922 Notizen gemacht hatte. Die Arbeit bekam die Form eines Dramas. Es heißt „Der biblische Weg" und ist ein höchst eigenwilliges Dokument seiner Haltung in Fragen des Judentums. Schönberg hat sich mit dem Zionismus in vielen Einzelheiten nie einverstanden erklärt. Aber er war ein leidenschaftlicher Kämpfer für die Idee, dem jüdischen Volk eine Heimat zu geben. An die Gedanken des „Biblischen Wegs", der bis heute nur in italienischer Übersetzung veröffentlicht worden ist, knüpfen alle späteren religiösen Texte von Schönberg unmittelbar an.

Noch vor der Abreise in die Sommerfrische, am 14. Juni, machte Schönberg dem Präsidenten der Berliner Akademie, dem Maler Professor Max Liebermann, einen praktischen Vorschlag zu dem Plan, besonders begabten Absolventen der preußischen Kunst- und Musikhochschulen eine Medaille zu verleihen. Er schlug vor, daß nur solche Studenten sie bekommen sollten, „deren Talent und Können die Erwartung rechtfertigen, daß ihre zukünftigen Leistungen den Durchschnitt übertreffen werden."

Eine Reihe von Glossen und Bruchstücken beschäftigt sich wieder mit Richtungen der zeitgenössischen Musik, die er als ihm feindlich empfand. So polemisierte er gegen Strawinsky, der erklärt hatte, nur Musik der Gegen-

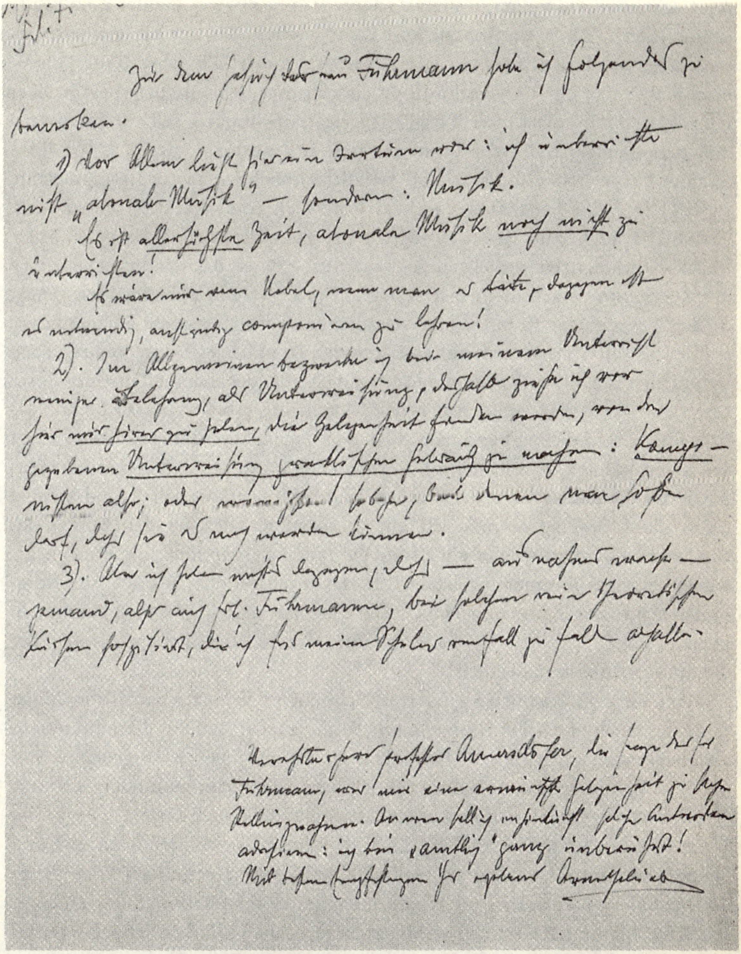

Zu dem Gesuch der Frau Fuhrmann habe ich folgendes zu bemerken.

1) Vor Allem liegt hier ein Irrtum vor: ich unterrichte nicht „atonale Musik" — sondern: Musik.

Es ist allerhöchste Zeit, atonale Musik noch nicht zu unterrichten!

Es wäre mir ein Übel, wenn man es hätte; dagegen ist es notwendig, anständig componieren zu lassen!

2). Im Allgemeinen bezwecke ich bei meinem Unterricht weniger Belehrung, als Unterweisung; deshalb [illegible] nur hören zu sollen, die Gelegenheit finden werden, von der gegebenen Unterweisung praktischen Gebrauch zu machen: Kompositionen also; oder wenigstens Versuche, bei denen man hoffen darf, dass sie es noch werden können.

3). Aber ich habe nichts dagegen, dass — wie bisher auch — jemand, also auch Frl. Fuhrmann, bei solchen meiner theoretischen Kursen hospitiert, die ich für meine Schüler [illegible] zu halten [illegible].

Verehrter Herr Professor Amersdorfer, die Frage der Frl. Fuhrmann war mir eine erwünschte Gelegenheit zu dieser Stellungnahme. [illegible] solche Antworten [illegible]: ich bin [illegible] ganz [illegible]!
Mit besten Empfehlungen Ihr ergebener Arnold Schönberg

Am 29. September 1926 bat die staatlich anerkannte Privatlehrerin für Klavier, Theorie und Komposition Gertrud Fuhrmann den Preußischen Kultusminister, bei Schönberg hospitieren zu dürfen: „Ich möchte mich gern weiterbilden, besonders die neueste ‚atonale' Musik und ihre Entwicklung kennen lernen". Auf Wunsch der Akademie nahm Schönberg in dem hier reproduzierten Schreiben dazu Stellung.

wart schreiben zu wollen, während andere sich bemühten, die der Zukunft zu komponieren. Auch ein Aufsatz von Ernst Křenek, der sich für leichte Musik einsetzte, wurde kritisiert. Er war in dem Jahrbuch „25 Jahre Neue Musik" erschienen, das die Universal-Edition als eine Art Rechenschaftsbericht über ein Vierteljahrhundert ihrer Tätigkeit vorlegte. Schönberg selbst schrieb dazu den einleitenden Aufsatz „Gesinnung und Erkenntnis?", der sich vor allem mit der Frage „Tonal oder atonal" befaßt. Ähnlich wie in der Harmonielehre stellt er fest, die Tonalität sei nicht Selbstzweck, sondern Mittel zum Zweck. Er gibt da auch eine Antwort auf die oft gestellte Frage, warum in seiner Musik Konsonanzen zurückgedrängt werden. „Es ist das nämlich eine *Frage der Ökonomie.* Nach meinem Formgefühl (und ich bin unbescheiden genug, diesem bei meinem Komponieren das alleinige Verfügungsrecht einzuräumen) würde die Aufführung auch nur eines tonalen Dreiklanges Konsequenzen nach sich ziehen und einen Raum in Anspruch nehmen, der innerhalb meiner Form nicht zur Verfügung steht. Ein tonaler Dreiklang erhebt Ansprüche auf das Folgende und, rückwirkend, auf alles Vorhergehende, und man wird nicht verlangen können, daß ich alles Vorhergehende umstoße, weil ein unversehens passierter Dreiklang in seine Rechte eingesetzt werden soll." Und weiter: „Von allem Anfang an war ich mir klar darüber, daß für den Entfall der tonalen Gliederungsbehelfe ein Ersatz gefunden werden muß, der ermöglicht, wieder größere Formen zu bauen . . . davon ausgehend, bin ich zur Komposition mit zwölf Tönen gelangt." Der Aufsatz schließt mit dem kennzeichnenden Satz: „Der Gedanke hat keine Zeit, darum kann er ruhig warten; aber die Sprache muß sich beeilen!"

Auch den 52. Geburtstag feierten Schönbergs in Pörtschach. Von Alban Berg kam ein hymnischer Glückwunsch, der beteuerte, daß ihn die Jahresfeiern aller lebenden und toten Dichter nicht so viel angingen wie irgendeine von Schönberg, „ohne dessen Geburt ich ja auch nicht, oder zumindest *das,* was von mir wert war, geboren zu werden, zur Welt gekommen wäre!"

An Webern schrieb Schönberg Ende September, sie würden noch im Hotel bleiben, solange es geöffnet sei. Anfang Oktober fuhren sie nach Wien; Berg, der Schönberg seit dreiviertel Jahren nicht gesprochen hatte, konnte es kaum abwarten, ihn am 9. Oktober wieder zu sehen. Am 14. lud er Schönbergs und Weberns nachmittags zum Kaffee in seine Hietzinger Wohnung.

Mitte Oktober 1926 ging es zurück nach Berlin. Am 25. September hatte Schönberg aus Pörtschach die Akademie verständigt, er werde den Unterricht aus gesundheitlichen Gründen statt im Oktober erst im November wieder aufnehmen. Für Mitte Januar 1927 plante diese ein Konzert. Schreker hatte dafür Schönbergs gemischte Chöre opus 27 und 28 vorgeschlagen. Man fragte an, ob er damit einverstanden sei.

Mit der Universal-Edition in Wien gab es viel Ärger. Im September mußte sich Schönberg scharf beschweren, daß die Chorsatiren und die Suite opus 29 noch nicht erschienen waren. Anfang Dezember kühlte sich die Beziehung so stark ab, daß der Verlag Schönberg auf seinen Wunsch hin für die Dauer eines Jahres von seinem Vertrag entband. Dennoch ging die Korrespondenz weiter. Im Januar 1927 verhandelte man über den Plan einer szenischen Aufführung der „Gurrelieder" in Berlin. Um die Meinungsverschiedenheiten zu bereinigen, kam später Dr. Hans Heinsheimer, der junge, sehr aktive Direktor der Opernabteilung nach Berlin und verhandelte mit Schönberg. Vorher waren Alban und Helene Berg zu einem kurzen Aufenthalt gekommen, weil Kleiber an der Staatsoper den „Wozzeck" neu einstudierte. Sie waren viel mit Schönbergs zusammen und hörten auch den Vortrag, den er am 19. Januar in der Akademie über „Probleme der Harmonie" hielt. Am 20. Januar wurde er dann in den Senat gewählt; am 3. Februar teilte ihm die Akademie mit: „Durch Ihre Berufung haben Sie hiernach die Preußische Staatsangehörigkeit erworben." Aus Zürich kam ein Gruß des „Wiener Streichquartetts" (Kolisch-Quartetts), das dort mit Margot Hinnenberg-Lefèbre höchst erfolgreich das fis-moll-Quartett aufgeführt hatte.

Zwischen dem 4. Februar und 8. März entstand das 3. Streichquartett opus 30, das im Auftrage der amerikanischen Mäzenin Elizabeth Sprague-Coolidge komponiert und ihr auch gewidmet ist. Skizzen dazu waren schon Ende Januar niedergeschrieben worden.

Wie das zweite ist es viersätzig und hat eine Spieldauer von rund einer halben Stunde. Die Zwölftonreihe, aus der es gebaut ist und an deren Ausschälung Rudolf Kolisch so viel Mühe wandte, wird schon im ersten Satz mit ihren Spiegelformen verwendet. Dieser, ein Moderato alla breve, hat Sonaten-Hauptsatzform. Schönberg hat in seinem Kommentar zu dem Schallplattenalbum 1939 bekannt, daß er beim Schreiben dieses Satzes mit seinen idée fixe-artigen Wiederholungen einer Achtelfigur von Schreckenserinnerungen an das Bild des Kapitäns in Wilhelm Hauffs „Gespensterschiff" verfolgt wurde, den die aufrührerischen Matrosen durch die Stirn an den Mast genagelt hatten. Der zweite Satz, ein Adagio, verschmilzt die Variationenform mit der des Rondos. Rondoaufbau zeigt auch das Intermezzo in Gestalt eines Scherzos nebst Trio sowie das abschließende Molto moderato, das zugleich Durchführung, Reprise und Coda des Sonatenhauptsatz-Schemas zeigt. Die vielfachen Variationen des thematischen Reihenmaterials rechtfertigt Schönberg abschließend als bedingt durch das moderne Ohr, das nicht so viele unveränderte Wiederholungen wünsche wie in der klassischen Musik, wo Erkennbarkeit des Themas ein Grundprinzip sei. „Wenn in dem Rondo ein Thema so oft zu erscheinen und der Komponist mit so wenig thematischem Material auszukommen hat, so muß die Knappheit dieser Ökonomie ausgeglichen werden durch weitgehende Veränderungen allen verfügbaren Materials."

Schönberg machte von seinem Vertragsurlaub Gebrauch und bot das entstehende Werk Hinrichsen in Leipzig an, erwähnte außerdem die kaum begonnenen Variationen opus 31 für Orchester. Hinrichsen interessierte sich für das Quartett und bot ein Honorar von 3000 Mark, was Schönberg als zu niedrig empfand. Der lakonische Antwortbrief des Verlegers vom 14. Februar stellte fest, es sei ein durchgeführtes Prinzip des Hauses Peters, über Honorarfragen nicht länger zu korrespondieren. Damit endete dieser Versuch, die alten Verlagsbeziehungen mit dem Leipziger Haus zu erweitern.

Der Berliner Rundfunksender, der sich „Funkstunde" nannte, baute unter der musikalischen Leitung Hans von Bendas ein fortschrittliches Programm auf. Schönberg wurde mehrfach als Dirigent eigener Werke eingeladen und leitete am 8. April 1927 nach drei Proben mit dem ausgezeichneten Orchester eine Aufführung von „Pelleas und Melisande". Im Frühjahr 1927 entstanden auch Notizen zur Gründung einer internationalen Schule für Stilbildung; ähnliches hatte Schönberg schon einmal 1920 dem holländischen Mahler-Bund vorgeschlagen.

Der Briefwechsel mit Mitzi Seligmann wurde heiter fortgesetzt. Gertrud Schönberg hielt ihre Schwester auf dem Laufenden über Arbeit und Alltag, Zerstreuungen und Lektüre. „Hast Du schon ‚Gentlemen prefer blondes' von Anita Loos gelesen?", fragt sie in einem Brief. „Wenn nicht, so schick' ich's Dir." Das harmlose, aber hübsche Buch war damals in ganz Europa hoch beliebt und das, was man heute einen Bestseller nennen würde.

Ende Juli fragte der Pariser Verlag Leduc an, ob Schönberg einen Beitrag für eine Sammlung moderner Vokalisen, textloser Gesangsübungen, schreiben könne. Die Universal-Edition, um deren Zustimmung er bat, war einverstanden. Der Plan zerschlug sich aber, offenbar, weil der Pariser Verleger doch Sorge hatte, ob eine Schönbergsche Vokalise in den Stil der Sammlung passen würde.

Der Sommer ab Ende Juni wurde wieder in Pörtschach verbracht. Hier traf Schönberg nach vielen Jahren mit Kandinsky und dessen Frau Nina zusammen. Die alte Freundschaft erneuerte sich; ein Bild vom Ufer des Wörthersees zeugt von der heiteren Stimmung dieser gemeinsamen Wochen. Am 1. August gingen Vorschläge über die Korrekturen des 3. Streichquartetts an die Universal-Edition, der Schönberg das neue Werk nun doch überlassen hatte. Berg bekam Nachricht und meldete Webern am 10. August: „Von Schönberg sehr lieben Brief. Hat viel gearbeitet (ohne etwas zu vollenden), spielt Tennis, will den Sommerrest noch woanders verbringen (Oberbozen? Meer?)." Webern erwiderte, er habe zweimal Nachricht aus Pörtschach gehabt, wo die Freunde

Rudolf Kolisch, Wien 1926

noch etwa bis 20. September bleiben wollten. – Eine interessante Anfrage kam aus Breslau, wo Intendant Josef Turnau die Aufführung der „Glücklichen Hand" plante. Die Universal-Edition wollte wissen, ob Schönberg einverstanden sei. Er antwortete bejahend.

Aus Pörtschach schrieb Schönberg am 21. Juli seine Bedenken an die Akademie der Künste, die den Studierenden der Kunsthochschulen die Teilnahme an Leibesübungen zur Pflicht machen wollte. Da diese sich oft ihr Brot verdienen müßten, würde sie das schädigen; auch seien sie meist in einem Alter und einem Stadium der Reife, mit dem sich ein solcher Zwang nicht vereinbaren lasse. Übrigens sei ein Zwang wohl überflüssig, wenn ein moderner Sport wie Boxen, Rudern, Schwimmen, Fußball, Hockey, Tennis oder Polo zur Auswahl stünde. Da würden es die Studenten genau wie die in England und Amerika als Ehrenpflicht betrachten, gute Mannschaften zu stellen: „denn der Ehrgeiz ist ein Befehlshaber, dem man freiwillig und gerne gehorcht!"

Den 53. Geburtstag verbrachte man in Wien. Dort spielte Kolisch mit seinen Genossen am 19. September die Uraufführung des 3. Streichquartetts. Elizabeth Sprague-Coolidge, die es in Auftrag gegeben hatte, war in Begleitung des Dirigenten Hans Kindler aus Amerika gekommen und saß mit ihrem Hörrohr in der ersten Reihe. An Rufer schrieb Schönberg, er käme am 6. oder 7. Oktober nach Berlin. Da sie noch keine Wohnung hätten, würden sie im Hotel Knie absteigen.

Das Semester begann wieder. Unter den neu angemeldeten Schülern waren Nikos Skalkottas, Alfred Keller und Peter Schacht. Von der Universal-Edition kam die Mitteilung, Schönberg werde eingeladen, im Dezember in Paris an einer Feier mit zwei Konzerten zu seinen Ehren teilzunehmen. Dabei werde die Suite opus 29 zur Uraufführung kommen. Er empfahl dem Verlag am 10. November Winfried Zillig, der zu einem seiner Lieblingsschüler geworden war; mehrere seiner Werke wurden daraufhin veröffentlicht.

Den außerordentlich schweren Klavierpart der Suite übernahm Zillig, mit dem Schönbergs nach Paris fuhren, um die Uraufführung am 15. Dezember vorzubereiten. Mehr als 20 Jahre später erinnerte Schönberg in einem Brief an diese Tage: „Besonders denke ich mit Vergnügen an unsere Reise nach Paris, wo Sie mir wirklich so viel geholfen haben, die Suite einzustudieren. Sie erinnern sich, ich bin damals mit meinem lieben Adolf Loos fortwährend in Restaurants gewesen; er bestand darauf, mir alle Vergnügungs- und Eßlokale zu zeigen und wie gut es schmeckt. Dennoch habe ich überall dasselbe Huhn gegessen und bin spät in der Nacht erst ins Bett gekommen. Dadurch war ich so müd, daß ich nicht meine Partitur studieren konnte. Ohne Sie hätte ich diese Aufführung nicht zusammenbringen können." – Anschließend an den großen Pariser Erfolg fuhren Schönbergs nach Cannes, wo sie Weihnachten und Neujahr verlebten. Eine Karte an Webern vom 30. Dezember berichtet über die Pariser Konzerte. Mit dem ältesten seiner Schüler und Freunde war die Beziehung wieder sehr herzlich geworden. Schon im Oktober 1927 hatte er ihm ausführlich nach Mödling geschrieben. Eine Menge Pläne beschäftigten Schönberg, hielten ihn aber auch von kompositorischen Arbeiten ab. In London stand am 27. Januar eine Aufführung der „Gurrelieder" bevor, zu deren Vorbereitung Schönbergs am 14. abreisten. Basel und Bern wollten den „Pierrot" aufführen, und an der Sorbonne in Paris sollte er einen französischen Vortrag halten. Täglich brauchte er etwa zwei Stunden für Briefe; im übrigen freue er sich auf ein Berliner Konzert mit Weberns neuem Streichtrio (das dieser ihm am 25. November geschickt hatte), Bergs „Lyrischer Suite" und seinem eigenen 3. Streichquartett.

Die Wohnungsfrage war noch immer ungeklärt. Schönbergs lebten in drei möblierten Zimmern, im Oktober 1927 in Charlottenburg, Kantstraße 4, später bei einer Frau Cohn am Kurfürstendamm 203. Wegen dieser Angelegenheit richtete Schönberg am 8. Februar 1928 an die Akademie eine Bitte um Beihilfe; er habe noch immer keine Wohnung, seine Möbel lagerten beim Spediteur, dem er dafür 55 Mark Lagergeld monatlich bezahle. Außerdem musse er immer wieder seine eigene Bibliothek, die er zum Unterricht benötige, mit großen Kosten aufstellen lassen, da in der Akademie eine Bibliothek nicht vorhanden sei. Mehr als ein Drittel seines Gehaltes müsse er für ein paar schlecht möblierte Zimmer bezahlen.

Zum 50. Geburtstag Franz Schrekers am 23. März 1928 bereitete die Universal-Edition ein Sonderheft der „Musikblätter des Anbruch" vor. Schönberg schickte am 7. März seinen Glückwunsch, der das Heft einleitet. Er gedachte der alten Zeit, wo er und Schreker Neutöner genannt wurden, und fragte sich, warum sie nun Romantiker hießen. Tatsächlich lehnte sich die moderne Jugend gegen Schönberg und Schreker, die einstigen Revolutionäre, auf. Das Ideal der Sachlichkeit, das damals Hindemiths Musik verkörperte, bestätigte sie in ihrer Abneigung gegen alles künstlerische Pathos. Hindemith selbst, der seit 1927 als Professor an der Berliner Hochschule Komposition lehrte, war darin weniger päpstlich als seine Anhänger. – Im Februar brachte Paul Bekker, Generalintendant in Wiesbaden, die „Erwartung" heraus. Schönberg fehlte.

Am 24. März wurde zum erstenmal nach der Wiener Uraufführung die „Glückliche Hand" in Breslau gegeben. Die Aufführung dirigierte Fritz Cortolezis, Regie führte Herbert Graf in Bühnenbildern von Wildermann. Mit dem Regisseur war ein gereizter Briefwechsel vorausgegangen, weil dieser Schönbergs Anwesenheit bei den Proben scheute. Schließlich wurde seine Mindestforderung erfüllt: eine Probe am Vortage, die dauern mußte, bis er zufrieden war.

Schönberg war höchst zufrieden und dankte am 29. dem Generalintendanten Josef Turnau. Noch nie habe er so das Gefühl gehabt, man stehe seinem Werk mit Achtung, ja mit Neigung gegenüber. Man habe sich in einer Hauptstadt der Kunst geglaubt. Tatsächlich war die Aufführung, die nach einem kurzen kommentierenden Vortrag Schönbergs wiederholt wurde, musikalisch und szenisch sehr gut. Für das schwierige Werk, das laut Schönberg „mit den Mitteln des Theaters musiziert" und geschickt zwischen Rameau und Händel gestellt war, hatte sie die gleiche Bedeutung wie die des Bergschen „Wozzeck" in Oldenburg; man wußte nun, daß Schönbergs Bühnenstücke auch kleineren Theatern zugänglich waren.

In Wien gingen Gerüchte um, Emil Hertzka wolle von der Leitung der Universal-Edition zurücktreten. Schönberg und Schreker waren beunruhigt und planten einen Zusammenschluß der Hauptautoren, die in dem Verlag vertreten waren. Am 10. April schrieb Schönberg an Alban Berg: „Wenn es Dir zusagen sollte an beiliegender Aktion teilzunehmen – zwinge Dich bitte nicht – so unterzeichne als *Proponent* und sende es mir sofort. Eventuell kannst Du auch Frau Mahler dazu einladen und Bittner. Selbstverständlich bitte ich Dich, *Webern* zu fragen (ich habe keine Exemplare mehr), Schreker tut auch mit."

Berg tat nicht mit. Hertzka blieb Leiter des Verlags. Damit war der Plan gegenstandslos.

Am 17. April berichtete Webern über die Uraufführung der „Herzgewächse", die er im Rahmen eines der Abonnementskonzerte dirigiert hatte, die Kolischs „Wiener Streichquartett" in der Saison 1927/28 veranstaltete. Solistin war die Leipziger Sopranistin Marianne Rau-Hoeglauer, die über den nötigen Stimmumfang vom tiefen gis bis zum dreigestrichenen f verfügte. Der Erfolg war stürmisch.

Im Mai 1926 hatte Schönberg den Entwurf eines Themas notiert, das er dann versuchsweise weiterführte und dessen Variationsmöglichkeit skizziert wurde. Nach Monaten wollte er die Variation beenden. Vergebens. Die Arbeit wurde abgebrochen, mehrmals wieder aufgenommen und beiseite gelegt. Sie war für Orchester geplant.

Im Gespräch mit Erwin Stein wurde der Plan berührt. Er erzählte Furtwängler davon, den er seit seiner Darmstädter Tätigkeit 1919 kannte. Sofort fragte dieser bei Schönberg an, ob er ihm die Uraufführung mit den Wiener Philharmonikern überlassen wolle. Antwort am 30. Mai: 14 Tage seien für die Beendigung des Stücks nötig; wann er sie erübrigen werde, könne er nicht sagen. Er werde von sich hören lassen. Aber: keinesfalls wünsche er eine Uraufführung in Wien; als einziger Komponist von Namen sei er von den dortigen Philharmonikern nie gespielt worden. Und dabei solle es bleiben.

Josef Rufer und Arnold Schönberg auf dem Steinplatz in Berlin, 1927

Oskar Kokoschka, Gertrud und Arnold Schönberg und Adolf Loos in der Bristol-Bar, Berlin 1927

Am 1. Juni 1928 gab es endlich eine eigene Wohnung. Sie lag in Neu-Westend, Nußbaumallee 17, ziemlich weit vom Zentrum entfernt, aber nah dem Reichskanzlerplatz, wo Hans Poelzig das große Rundfunkhaus baute. Mitte des Monats fuhren Schönbergs nach Wien. Sie nahmen den Foxterrier Witz mit auf die Reise. Es gab Besprechungen mit dem Verlag. Felix Greissle hatte dort weniger Arbeit, als Schönberg wünschte. Für den Sohn Georg suchte er eine praktische Tätigkeit. Hertzka empfahl ihn an die Notenstecherei Hirsch, wo er am 1. Juli angestellt wurde.

Von Wien ging es an die Riviera, deren warme Seeluft das Asthma milderte. Schönberg brauchte Ruhe. Selbst seine Freunde blieben ohne Nachricht. Gertrud schrieb einen Dankbrief an Maria Schreker, die Photos mit ihren Hunden geschickt hatte: „Witz, unser Hund, erregt hier allgemeine Bewunderung und wird furchtbar verwöhnt." In Roquebrune-Cap Martin, zwischen Monte Carlo und Menton, im Pavillon Sévigné wurde die Arbeit an den Orchester-Variationen fortgesetzt. Der Universal-Edition konnte er am 28. August die Beendigung der Komposition melden; für die Partitur brauchte er noch einen Monat.

Zur Feier des Geburtstages reisten Schönbergs wieder nach Wien. Eine Massenpostkarte bezeugt, wie viele seiner Angehörigen und Freunde sich dazu im Rathauskeller zusammenfanden. Nach Roquebrune Cap Martin zurückgekehrt, teilte Schönberg am 21. September Furtwängler mit, es sei ihm ein großes Vergnügen, ihm die Uraufführung der fertigen Variationen zu überlassen.

Noch eine andere Arbeit war mit nach Frankreich genommen worden: die Orchestrierung von Bachs Orgelpräludium und Fuge in Es-dur. Die Universal-Edition war interessiert. Schönberg stellte die Partitur für Ende 1928 in Aussicht, war aber schon am 11. Oktober damit fertig. Als Pläne nannte er die Orchestrierungen seiner Serenade, des Bläserquintetts und der Klarinettensuite opus 29. Was er noch verschwieg, war ein neues Opernprojekt. Statt im Oktober nach Berlin zurückzugehen, beurlaubte sich Schönberg für ein halbes Jahr. Am 12. Oktober gingen die Partituren der Variationen, opus 31, und der Bachbearbeitung nach Wien. Der Begleitbrief spricht vom Beginn einer Arbeit.

Eine neue Akademie-Bewerberin wollte sich vorstellen. Sie hieß Anna Prawossudowitsch und schickte einen Empfehlungsbrief von Alexander Glasunow, der am 15. Juni Leningrad und seine Stellung als Direktor des Konservatoriums verlassen hatte. Schönberg nahm sie in seine Klasse.

Am 5. November teilte die Universal-Edition mit, der Allgemeine Deutsche Musikverein habe für sein Tonkünstlerfest in Duisburg, Juni 1929, die „Glückliche Hand" angenommen. Schönberg solle seine Bedingungen nennen. Am 14. machten Schönbergs einen Ausflug nach Monte Carlo; Edward Clark, der wieder Aufführungen in London plante, bekam einen Kartengruß. Zwei Tage später, am 16. November, schrieb Schönberg nach Wien, er habe die kompositorische Arbeit an dem zwischen 3. und 16. Oktober geschriebenen Operntext zu „Moses und Aron" begonnen. Auch der Text einer komischen Oper wird erwähnt.

Furtwängler hatte zu dem Berliner Philharmonischen Konzert am 2. Dezember mit der Uraufführung der Variationen opus 31 geladen. Aber Schönberg wagte die Reise in den nördlichen Winter nicht. So blieb ihm das eisige Schweigen des Publikums und die Auseinandersetzung zwischen zwei feindlichen Gruppen in der skandal-ungewohnten Philharmonie erspart. Der Verlag berichtete ihm über die Premiere. Sie verschwieg ihm, was ein Teil der Berliner Presse darüber zu schreiben gewagt hatte. Paul Schwers verlangte in der Allgemeinen Musikzeitung, einer einflußreichen und gefürchteten Berliner Wochenschrift, man solle den Komponisten von seinem Lehramt an der Akademie entfernen, damit er nicht unberechenbaren Schaden bei der unschuldigen Jugend anrichte.

Über opus 31 ist mehr geschrieben worden als über irgend ein anderes Werk von Schönberg. Er selbst verfaßte 1931 eine Analyse für den Frankfurter Rundfunk, die über den Plan und die Ausführung des Werks vollständig informiert. In René Leibowitz' „Indroduction à la Musique de Douze Sons" (1949) ist der ganze zweite Teil von 115 Druckseiten dem Werk gewidmet, dem 1968 Carl Dahlhaus eine kleine zusammenfassende Broschüre zugedacht hat. Was die neun Variationen nebst Introduktion und Finale an kunstvoller Manipulation der zwölftönigen Reihe und der aus ihr abgeleiteten Themen enthalten, bedarf keiner zusätzlichen Kommentare mehr. Auch die Zitierung des B–A–C–H an drei Stellen der Partitur bietet dem Ohr kaum eine Brücke in die sehr komplexe Welt dieses Werkes. Bei Aufführungen der neueren Zeit, zum Beispiel durch Herbert von Karajan und Lorin Maazel, stellte sich heraus, daß Spieler und Hörer den Bau und Klang dieser Partitur heute fast voraussetzungslos erfassen können.

Die Feste des späten Jahres verlebten Schönbergs wieder an der Riviera. Für Webern, der wegen eines schweren Magenleidens Dirigierverpflichtungen absagen und in ein Sanatorium am Semmering gehen mußte, hatte die Universal-Edition eine Spendeaktion eingeleitet; Schönberg beteiligte sich mit einer größeren Summe.

Das Jahr 1928 hatte ein paar neue Kontakte gebracht. Der Pianist Paul Aron korrespondierte mit Schönberg wegen der Programme eines von ihm in Dresden durchgeführten Zyklus moderner Musik. Die „Staatliche Kommission für das Volksliederbuch für die Jugend" hatte durch Karl Lütge im Mai und nochmals im Juli angefragt, ob er Lust habe, alte Volkslieder zu bearbeiten. Schönberg sagte zu und schickte am 4. Februar 1929, zwei Tage vor seiner Rückkehr nach Berlin, vier Lieder des 15. und 16. Jahrhunderts mit Klavierbegleitung, deren Vorlagen ihm Lütge geliefert hatte. 1948 griff er auf drei der Melodien zurück und setzte sie vierstimmig für gemischten Chor a cappella. Insgesamt hat er sechs solche Melodien, an deren Volksliedtum er übrigens zweifelte, bearbeitet.

Von der Akademie kamen zwei Briefe. Einer enthielt den Lohnzettel für 1928. Schönberg hatte 17.123,98 Mark erhalten, wovon 1712,05 Lohnsteuer abgingen. Der andere lud zur Wahl neuer Mitglieder am 2. Januar ein. Schönberg mußte sich entschuldigen, schrieb aber an den Rand seine Wahlvorschläge. Als auswärtige: Alban Berg, Josef Hauer, Heinrich Kaminski, Ernst Křenek und Anton von Webern; als Berliner: Alexander von Zemlinsky, Heinz Tiessen und Kurt Weill. Zemlinsky war 1927 von Klemperer an die neu gegründete Krolloper verpflichtet worden. Tiessen war der wichtigste Vertreter der modernen Berliner Schule, Freund Scherchens, Verehrer Schönbergs, über den er mehrfach seit 1920 in „Melos" und zum 50. Geburtstag in der Hamburger „Musikwelt" außerordentlich gründliche und bewundernde Aufsätze geschrieben hatte. Weills erste Opern schätzte Schönberg; nach der Stilwandlung in der „Dreigroschenoper" stand er ihm skeptischer gegenüber: „Was hat er schon getan? Den Dreivierteltakt hat er uns wieder geschenkt", spottete er gesprächsweise. Auch die neue Entwicklung Křeneks in den operettenähnlichen „Zeitopern" wie „Der Sprung über den Schatten" und „Jonny spielt auf" war ihm wenig sympathisch. Aber er schätzte seine Begabung genügend, um ihn der Akademie zu empfehlen.

Über die Arbeit, die ihn an der Riviera hauptsächlich beschäftigte, war niemand informiert. Vage Andeutungen im Briefwechsel mit der Universal-Edition sprachen von einer komischen Oper. Erst im April, nach Berlin zurückgekehrt, enthüllte Schönberg das Geheimnis. Er hatte am 1. Januar 1929, um 3 Uhr 15 nachmittags, die erste Niederschrift der Musik zu einem heiteren Text beendet. „Von heute auf morgen" hieß das Werk; hinter dem pseudonymen Verfasser Max Blonda versteckte sich Gertrud Schönberg. Wie meistens notierte Schönberg die Komposition in Form eines Particells, einer Art größeren und detaillierten Klavierauszugs mit Instrumentierungsangaben. Die Übertragung der 1131 Takte in Partitur sowie die Herstellung eines spielbaren Klavierauszuges zu zwei Händen erfolgte später; an der Musik wurde dabei kaum etwas geändert.

Erich Kleiber ließ im März 1929 durch Alban Berg bei Schönberg anfragen, ob er die Uraufführung für die Staatsoper Unter den Linden haben könne. Die Antwort war negativ, da Schönberg sich für Berlin an Klemperer gebunden fühlte, der in der Krolloper „Erwartung" und „Glückliche Hand" geben wollte. Auch, meinte Berg, sei Schönberg verstimmt, weil die Linden-Oper noch nichts

„Von heute auf morgen". Erste Seite des Klavierauszugs, 1929
(Faksimile von Schönbergs Handschrift)

von ihm aufgeführt hatte. – Der nächste, der sich um die Uraufführung des Stückes bewarb, war Dr. Heinrich Jalowetz, seit 1924 erster Kapellmeister an der Kölner Oper. Schönberg gab in einem Brief am 18. April 1929 Auskünfte: ein Akt, kein Szenenwechsel, Dauer 45–55 Minuten, moderne Kleidung. Nur vier Personen: „ein Sopran, etwa Gutheil-Schoder, aber etwas heller und leichter; ein zweiter, höherer und noch leichterer, vielleicht wie Lotte Schöne; ein Bariton, etwa wie in Wien Duhan, ich hätte aber auch nichts gegen Bohnen; dann ein süßer, dünner, lyrischer Tenor, wie Tauber oder Naval, der durch seine stimmliche Süßigkeit sogar unfreiwillig komisch wirken dürfte; d. h. wenn er nicht im Stande ist, trotz ihr komisch zu wirken." Vier Tage später bot Schönberg dem 1927 Intendant in Wiesbaden gewordenen Paul Bekker das Stück zur Aufführung. Allerdings nicht zur alleinigen. „Da ich . . . in Folge eines Zwistes mit der Universal-Edition, vorläufig keinen Verleger nehmen kann, muß ich das Material selbst herstellen lassen und möchte dessen hohe Kosten auf mehrere Bühnen verteilen, und deshalb keine eigentliche Uraufführung vergeben, sondern trachten, ungefähr 10 Bühnen ohne Festsetzung eines Termines das Aufführungsrecht für die Dauer eines Jahres gegen Erwerb des Materials zu überlassen."

Hertzka, dem der Komponist das Werk angeboten hatte, erklärte schon am 15. Februar 1929 in einem Brief nach Monte Carlo, Hotel Bristol, er könne für die Oper keine große Summe zahlen. Fest überzeugt, seine komische Oper werde ähnlichen Erfolg haben wie die früheren von Křenek, wagte Schönberg den Selbstverlag. Er ließ einen von ihm selbst begonnenen und von Karl Rankl beendeten Klavierauszug fotografisch reproduzieren. Ein junger unternehmungslustiger Kaufmann, Benno Balan, der sich in den Kopf gesetzt hatte, moderne Musik zu veröffentlichen, übernahm Auslieferung und Vertrieb des Werks. Diese ganze Angelegenheit machte Schönberg lange Zeit Sorgen. Es gab endlose Korrespondenz und Korrekturarbeiten mit der Berliner Lichtpausanstalt, Rud. Oskar Schmidt, Bülowstraße, die das Stück druckte. Am 27. August war eine Rechnung von 1868,10 Mark zu zahlen, mehr als Schönbergs monatliches Einkommen an der Akademie. Noch in einem späten Sommerurlaub, den Schönbergs in Katwijk an der holländischen Küste verbrachten, mußten Korrekturen gelesen werden. Am 20. September schrieb Berg an Webern, auch Kolisch sei bei Schönbergs und habe an der neuen Oper ein wenig mit korrigiert.

Bei all diesen praktischen Sorgen blieb nicht viel Zeit zum Schaffen. Doch kündigte ein Brief vom 15. April der Universal-Edition ein neues Klavierstück an, das am 25. übersandt wurde.

Es handelt sich um opus 33a, eine strenge Zwölfton-Komposition, deren erster Entwurf das Datum vom 25. Dezember 1928 trägt. Kurz vorher hatte

Wilhelm Furtwängler bei Schönberg angefragt, ob er die Bearbeitung von Bachs Orgelpräludium und Fuge in Es-dur für großes Orchester zur Uraufführung bringen dürfe. Die Antwort zeugt von der großen Bewunderung Schönbergs für den Dirigenten und ist grundsätzlich positiv. Doch verhehlt er nicht die Enttäuschung darüber, daß Furtwängler nach dem Konzertskandal die Variationen nicht wieder aufgeführt hatte: „Ich habe, aufrichtig gestanden, erwartet, daß Sie das Stück im nächsten Konzert wiederholen werden und dem Gesindel zeigen, daß *Sie nur tun, was Sie für recht halten!*"

Zu einem überraschend großen Erfolg kam es, als beim Tonkünstlerfest in Duisburg „Die glückliche Hand" aufgeführt wurde. Das traditionelle Fest des Allgemeinen Deutschen Musikvereins, das vom 2. bis 7. Juli 1929 stattfand, hatte hauptsächlich Opern auf sein Programm genommen. Keines der aufgeführten Werke – ausgenommen Julius Weismanns „Traumspiel" nach August Strindberg – machte auf Publikum und Presse einen so starken Eindruck wie das von Schönberg. Man lud ihn telegrafisch zu einer spontan beschlossenen zweiten Aufführung, die am 8. Juli stattfand. Der Frankfurter Kritiker Karl Holl schrieb höchst positiv über das Werk und lobte die Veranstalter sowie den Musikausschuß des Vereins, dem unter anderen Alban Berg, Philipp Jarnach und E. N. von Reznicek angehörten. Schönberg habe sich davon überzeugen können, wie stark er als unerschrockene und unbestechliche Persönlichkeit im Bewußtsein der Musiker und Musikfreunde Wurzel gefaßt habe.

Am 20. September 1929 kamen Schönbergs nach Berlin zurück; acht Tage danach teilte er der Akademie mit, er werde Anfang Oktober seine Lehrtätigkeit wieder aufnehmen und bitte, die Schüler davon zu verständigen, wenn sie anfragten.

Die Berliner Funkstunde, die mit einiger Regelmäßigkeit Werke von Schönberg aufführte, verstimmte ihn dadurch, daß bei einer Wiedergabe des 1. Streichquartetts zwei Stellen gestrichen wurden. Darüber gab es Anfang Oktober einen Briefwechsel mit dem Intendanten Dr. Hans Flesch (der übrigens ein Schwager von Hindemith war) mit dem Resultat, daß dieser sich bei Schönberg entschuldigte.

Der Sohn Georg hatte seine Tätigkeit in der Notenstecherei Hirsch beendet; Schönberg fragte bei der Universal-Edition an, ob sie ihn beschäftigen könne. Negativ wurde eine Anfrage von Dr. Pisk in Wien beantwortet, der von Schönberg seine Unterschrift unter eine Proklamation für die Arbeiter-Symphoniekonzerte erbeten hatte. Solche Unterschriften, hieß es in der Antwort, gäbe er prinzipiell niemals. Doch er fügte Grüße an Dr. D. J. Bach anläßlich des Jubiläums dieser Konzerte hinzu. Richard Strauss, Felix Weingartner und Franz Schalk nahmen es damit nicht so genau. Dabei war Schönberg als Komponist auf den Programmen der Konzerte oft vertreten.

Für die Uraufführung der neuen Oper „Von heute auf morgen" interessierte sich Josef Turnau, der Intendant in Frankfurt geworden war. Er hatte einen hochbegabten, ehrgeizigen jungen Opernchef, Hans Wilhelm Steinberg, der die Vorbereitung übernahm und dem Schönberg am 4. Oktober seine Wünsche im einzelnen mitteilte. Dabei bestand er darauf, daß die Sänger zwischen pianissimo und mezzoforte sängen und nicht, wie sonst in Deutschland üblich, den Text schrien. „Meine Oper ist ein Gesangsstück von a bis z; und das dermaßen, daß sich ja kaum einige Zwischenspiele finden." Außerdem müßten die Träger der Hauptpartien vom Blatt singen können und absolutes Gehör haben. Der Brief behandelt auch sehr ausführlich die Charaktere der vier Rollen. Dabei schneidet die Frau, die ja ein Portrait Gertrud Schönbergs sein soll, am besten ab. Klugheit, Natürlichkeit und Innigkeit werden für sie gefordert. Sie dürfe als einzige niemals komisch wirken und müsse überall Wärme zeigen, ohne sentimental zu sein. Die anderen drei Figuren, der Mann, der Sänger und die Freundin seien alle „modern – verschmockt". Zur Vorbereitung des Orchesters empfiehlt Schönberg Proben mit kleinsten Gruppen, ähnlich wie Zemlinsky in Prag die „Erwartung" und Stiedry in Wien „Glückliche Hand" geprobt hatten. Und abschließend heißt es in dem Brief: „Der Ton des Ganzen soll eigentlich immer recht *leicht* sein. Aber man wird es fühlen dürfen, oder ahnen sollen, daß hinter der Einfachheit dieser Vorgänge sich einiges versteckt: daß an der Hand alltäglicher Figuren und Vorgänge gezeigt werden will, wie über diese einfache Ehegeschichte hinaus das bloß Moderne, das Modische nur ‚von heute auf morgen' lebt, von einer unsicheren Hand in einen gefräßigen Mund, in der Ehe wie nicht minder in der Kunst, in der Politik und in den Anschauungen vom Leben."

Die Hauptschwierigkeit in „Von heute auf morgen" liegt in der Kluft, die den operettenhaften Text von der hochkontrapunktischen und dissonanten Zwölftonmusik trennt. Die Frankfurter Uraufführung am 1. Februar 1930 konnte diesen Gegensatz nicht überbrücken. Der Text ist eine Satire auf die Unbeständigkeit der Gegenwart in Dingen der Liebe und der Kunst. Das Ehepaar hat mit Freunden einen anregenden Abend verbracht. Zuhause gerät der Mann in eine Stimmung des Widerwillens gegen Ehe, Wirtschaft, Arbeit, Kindergeschrei. Seine Frau in ihrer Zuverlässigkeit scheint ihm reizlos im Vergleich mit der geistvoll tuenden Freundin. Dann kommt die Wendung ins Operettenhafte. Die Frau putzt sich mit allerlei Flitter mondän heraus, spielt die große Dame, und gewinnt dadurch sofort seine Neigung zurück. Nun telefonieren die Freunde: der Sänger, auf dessen Stimme und Geistlosigkeit der Gatte eifersüchtig ist, kündigt einen improvisierten Besuch an. Dem Mann ist das nicht recht, obwohl die angeschwärmte Freundin mitkommt. Er hat inzwischen die Vergänglichkeit irdischer Reize erkannt. Wie die beiden erscheinen, finden sie ein verliebtes Ehepaar nebst Kind. Erbost ziehen die Freunde sich zurück, nicht ohne dieses Verhalten als altmodisch zu rügen. Die Eheleute einigen sich über den Unterschied von Mode und Liebe und bemerken, daß moderne Menschen sich von heute auf morgen ändern. Des Kindes Frage, was denn moderne Menschen seien, beantwortet der fallende Vorhang.

Schönberg zeichnet musikalisch diese Charaktere so fein, daß ein gröberes Ohr nur wenig davon verstehen wird. In dieser selbstherrlichen Ästhetik liegt die Größe des Komponisten, doch ergeben sich aus ihr Einwände, die eine sozial empfindende Generation gegen das Werk erheben konnte. Von Steinberg dirigiert und wieder von Dr. Herbert Graf in Szene gesetzt, war die Aufführung (mit Else Gentner-Fischer, Elisabeth Friedrich, Benno Ziegler und dem Tenor A. M. Topitz) stilgerecht und gut.

Schönberg hatte inzwischen auch mit anderen Verlagen wegen des Werkes verhandelt. Schott in Mainz lehnte ab. Bote & Bock in Berlin boten schließlich am 14. Januar 1930 die große Summe von 30 000 Mark. Schönberg wollte mehr, blieb bei dieser Forderung und hatte später schwere Verluste durch den Selbstverlag und die Unfähigkeit Benno Balans.

Anfang Januar 1930 hatte Edward Clark Schönberg wieder einmal als Dirigenten in London. Bald danach begannen die Proben in Frankfurt; schon zur Generalprobe kamen Freunde aus Wien und Berlin. Der Schönberg-Kreis war fast komplett, und es gab schöne Begegnungen und Gespräche. Der Zeichner B. F. Dolbin, schon seit den Wiener Jahren ein Bewunderer des Meisters, machte Dutzende seiner berühmten Karikaturen. Die Musikkritiker erschienen aus ganz Deutschland und Österreich und waren sich über das neue Werk so uneinig wie eh und je. Schönberg selbst war von der Aufführung, trotz der guten Leistungen Steinbergs und seiner Sänger, musikalisch nicht ganz befriedigt. Unter seiner eigenen Leitung kam das Stück am 27. Februar in der Berliner Funkstunde heraus. Die Hauptpartien sangen Margot Hinnenberg-Lefèbre und Gerhard Pechner. Nach der Sendung schlug er dem Intendanten Dr. Hans Flesch etwas vor, was später an vielen Sendern realisiert wurde: ein Nachtprogramm mit Neuer Musik, teils unter Verwendung vorhandener Platten, teils mit Orchester, Ensembles und Solisten, teils mit Klavier, mit gesprochenen Erläuterungen, Aufführung von Stellen und abschließender Aufführung des besprochenen Stückes. Ihm schwebte eine Propaganda für neue Musik vor, dazu die Möglichkeit, bei den Proben Instrumentation und Besetzung zu ändern. Er selbst sei bereit, die Institution ins Leben zu rufen und zu leiten.

In der Akademie machten die Schüler ihm viel Freude. Er sorgte in Notfällen dafür, daß sie Stipendien bekamen. So erhielten am 12. März Natalie Prawossudowitsch, Hansjörg Dammert, Nikos Skalkottas, Peter Schacht, Alfred Keller, Helmut Rothweiler und Fried Walter Unterstützungen in Höhe ihrer Schulgeldrückstände; der Siebenbürger Norbert von Hannenheim bekam eine Freistelle.

Während des zweiwöchigen Frankfurter Aufenthaltes zur Vorbereitung der Opernpremiere besuchten Schönbergs Ende Januar 1930 ein Konzert der dortigen Sektion der Internationalen Gesellschaft für Neue Musik. Anschließend waren sie bei Seligmanns eingeladen. Dort wurde eine Sonatine für Violine und Klavier des Schweizers Erich Schmid, des späteren Leiters des Zürcher Tonhalleorchesters, aufgeführt. Schönberg hörte sie an, fand Gefallen an ihr und ermutigte Schmid, der sein Schüler werden wollte, ihm einige Arbeiten einzusenden. Im Juni wurde der Plan spruchreif: Schönberg nahm ihn in seine Klasse auf. Am 13. November kam Schmid zur ersten Stunde in die Wohnung am Nürnberger Platz, wo Schönberg einmal wöchentlich von 9 bis 13 Uhr seine Schüler empfing. Schmid hat bis zum Mai 1931 bei ihm studiert und von seinen Erfahrungen ein anschauliches, kennzeichnendes Bild gegeben. Den Eltern in der Schweiz schrieb er am 14. November 1930 über die erste orientierende Zusammenkunft und die erste Stunde: „Schönberg selbst empfing uns sehr liebenswürdig und unterhielt sich nun zwei Stunden auf lebhafteste Weise. Kaum ein Wort über Musik, nein über Baukunst, Malerei, Bildhauerei sprach er. Alles hat bei ihm doch irgendwie Beziehung zu seiner Kunst. Dann sprach er auch über seine eigenen Arbeiten. Daß er sein Schaffen durchaus aus der Tradition entwickelt wissen will, betont er. Größte Achtung schenkt er den Meistern! Brahms und Beethoven sind seine formalen Vorbilder, Wagner war für ihn der harmonische Ausgangspunkt . . . Äußerlich ist er eine eher kleine Erscheinung, mit auffallenden Gesichtszügen, sehr beweglich. Er geht während der Unterhaltung stets hin und her. Hat Humor und kann äußerst sarkastisch werden."

Und über den Unterricht im selben Brief: „Gestern nun brachte ich meine Orchesterstücke. Der erste Satz wurde angesehen und gespielt. Dann kam Diskussion. Allgemein gefiel er, nur wurde er nicht völlig verstanden. Ich sollte also erklären. Das war auch das Verhängnis, denn erstens wußte ich nicht mehr genau Bescheid, und dann sagte ich in der Befangenheit ganz falsche Dinge. Da nun ist Schönberg wahnsinnig streng. Begriffe mit falschem Inhalt oder falsch angewendet! Das kann ihn wütend machen. Und da liegt nun auch sein pädagogisches Ziel. Den Schüler zur Selbsterkenntnis zu führen, ihm jegliche Phrase auszutreiben, ihn dahin zu führen, den Dingen auf den Grund zu gehen. Und darüber den Schüler in seinen eigenen Konflikt zu jagen. Ganz unabsichtlich lernt man ungeheuer viel, man schärft seinen Verstand an anderen Werken und an sich selbst." – Schmids sehr genauer Bericht über sein Studium spricht davon, wie anstrengend Schönbergs Unterricht gewesen ist. Wie er selbst stets geistig und körperlich bewegt war, mitunter Figuren für das von ihm entworfene Über-Schach schnitzend. Er habe nie doziert, immer die Dinge neu durchdacht. Besprochene Kompositionen mußten am Klavier vorgeführt werden. Klassische und romantische Meister seien als Vorbilder verwendet worden, in seltenen Fällen eigene (wie die 1. Kammersymphonie oder das Bläserquintett), nie moderne, ausgenommen Reger. Über Zwölftontechnik habe er nie gesprochen; ob der Schüler tonal, atonal oder zwölftönig schrieb, sei ihm gleichgültig gewesen.

Schmid hörte in einem Berliner Privathaus (vermutlich bei Frau Dr. Kallenbach-Greller) unter Fritz Stiedrys Leitung die Suite opus 29 und Schönbergs gesamtes Klavierwerk von Else C. Kraus gespielt. Diese Pianistin hat unermüdlich auf Schönbergs Musik hingewiesen, sie in vielen Ländern öffentlich sowie auf Schallplatten gespielt und im Jahrbuch 1932 der Berliner Akademie für Kirchen- und Schulmusik gründlich kommentiert. Sie spielte in Hamburg am 30. Januar 1931 die Uraufführung von opus 33a und wirkte auch in einem der Konzerte der Meisterschule in der Akademie am 2. Juni 1931 mit, wo Arbeiten von Schmid, Natalie Prawossudowitsch, Norbert von Hannenheim, Peter Schacht und Nikos Skalkottas aufgeführt wurden, einige dirigiert von Schmid. Schönberg war verreist. Aus den Erfahrungen bei der Uraufführung der komischen Oper in Frankfurt dürften die Gedanken entstanden sein, die in einem Aufsatz für das Aprilheft des „Querschnitt" niedergeschrieben wurden. Er heißt „Mein Publikum" und beginnt mit dem Bekenntnis, Schönberg glaube, keins zu haben. Nach 1918 habe es in jeder Großstadt ein paar junge Leute gegeben, die ihre Gesinnung durch ein Bekenntnis zu allem zeigten, was nicht durchzusetzen war. Sie seien bald wieder von ihm abgefallen. Daß das große Publikum wenig Beziehung zu ihm habe, erklärte er durch den Einfluß der verständnislosen Dirigenten. Was die zischenden Gegner betreffe, so sei ihre Zahl immer klein gewesen. Und dann erzählt Schönberg ganz naiv von Erlebnissen mit kleinen Leuten. Beim Militär habe ihn ein Feldwebel wegen seiner musikalischen Leistungen auffallend gut behandelt und ihm mit dem Lob seiner Werke noch mehr Freude gemacht als mit dem Lob seines Exerzierens. Ein Nachtportier in einem Hotel und ein Taxichauffeur erwiesen sich als begeisterte Hörer der „Gurrelieder"; ein Amsterdamer Hoteldiener hatte bei der Leipziger Aufführung des Werkes als Chorist mitgesungen, ein Fahrstuhlführer die erste Aufführung des „Pierrot-Lunaire" gehört. Und Schönberg schließt: „Meinen Glauben an die Halbwisser, an die Sachverständigen werde ich nicht aufgeben müssen; werde weiter von ihnen denken dürfen, daß ihnen jedes Ahnungsvermögen fehlt. Aber ob ich dem Publikum wirklich gar so unangenehm bin, wie die Sachverständigen immer vorgeben, und ob es sich vor meiner Musik wirklich so sehr fürchtet, scheint mir manchmal recht zweifelhaft." – Die gescheiterten Opernverhandlungen mit Bote & Bock hatten ein positives Ergebnis: der Berliner Verlag erwarb sechs Stücke für Männerchor a cappella opus 35, die Schönberg zwischen dem 16. Juni 1929 und dem 9. März 1930 auf eigene Texte geschrieben hatte. Die Gedichte, „Hemmung", „Das Gesetz", „Ausdrucksweise", „Glück", „Landsknechte" und „Verbundenheit" sind philosophischen Inhalts und kennzeichnen Schönbergs geistige Haltung um die Entstehungszeit, die der Arbeit an der biblischen Oper „Moses und Aron" vorausgeht.

Zu einem Kuraufenthalt waren Schönbergs im April und Mai im Sanatorium Allee-Kurhaus in Baden-Baden. Dann ging es zurück nach Berlin, wo eine wichtige Premiere vorbereitet wurde. Die Krolloper hatte Schönbergs Einakter „Erwartung" und „Die glückliche Hand" angenommen. Zemlinsky dirigierte das Monodram, Klemperer die „Glückliche Hand". Beide Stücke wurden von Arthur Maria Rabenalt inszeniert, das Bühnenbild zur „Erwartung" war von dem damals noch jungen und wenig bekannten Teo Otto in Form einer Wandeldekoration entworfen. Für die beiden Szenen der „Glücklichen Hand" war Oskar Schlemmer vom Weimarer Bauhaus gewonnen, der schon seit der Stuttgarter „Pierrot"-Aufführung 1912 Schönberg bewunderte. Das Monodram sang die Sopranistin und spätere Schauspielerin Moje Forbach. Sie hat über die Aufführung und Generalprobe berichtet. „Ich wurde immer mit einem laufenden Band über die Bühne gezogen, dann raste ich wie eine Verrückte hinten herum, stand wieder auf dem Band und sang wieder weiter. Und als ich das hinter mich gebracht hatte und glückselig war, da hat der Herr Schönberg gesagt: ‚So, und jetzt noch einmal das ganze.' Und dann habe ich gesagt: ‚Nein, das kann ich nicht. Es tut mir leid.' Und dann hat er mich entsetzlich beschimpft und hat gesagt, daß ich überhaupt keine Ahnung hätte, welche Ehre es wäre, einen Schönberg zu singen und: ‚Sie werden es noch eines Tages erleben, daß sie dankbar sein müssen, daß sie den Schönberg gesungen haben'; und dann habe ich es halt noch einmal gesungen." Oskar Schlemmers Arbeit befriedigte Schönberg nicht. Dr. Hans Curjel, Chefdramaturg und einer der führenden Geister der Krolloper, erinnert sich, wie der Komponist unter Protest die noch mangelhafte Hauptprobe verließ. Man setzte daraufhin vor der Generalprobe noch eine Nachtprobe an, zu der Schönberg erschien. Von Mitternacht bis 4 Uhr morgens wurde gearbeitet; Schönberg war zufrieden. Die Aufführung am 7. Juni 1930 war von Berlins geistiger Elite besucht. Aber die Presse war zum Teil sehr boshaft und warf Klemperer vor, daß er zu großen Aufwand für zwei Stücke getrieben habe, von denen das eine nur 28, das andere nur 21 Minuten dauerte. Schon nach der dritten Aufführung am 17. Juni wurde die „Glückliche Hand", nach der vierten am 20. September auch die „Erwartung" vom Spielplan abgesetzt.

In einem Gespräch mit den Leitern des Verlages Bote & Bock hatte Schönberg, ohne Einzelheiten zu nennen, ein neues, großes geplantes Oratorium erwähnt. Der Verlag lehnte am 23. Juni den Vorschlag ab. Es handelte sich um „Moses und Aron", dem Schönberg erst später die endgültige Form einer Oper gegeben hat.

Im Frühjahr hatte es an der Berliner Hochschule für Musik Gespräche über die Besetzung einer Kompositionsklasse gegeben. Franz Schreker dachte an Alban Berg, wollte sich aber nicht an ihn selbst wenden, sondern zunächst sondieren lassen. Er telefonierte mit Schönberg und bat ihn, bei dem Freunde anzufragen. Der Brief, am 10. April 1933 in Baden-Baden geschrieben, zeigt, mit welcher Genauigkeit und Gewissenhaftigkeit Schönberg solche Aufträge verwirklichte. Er riet dem Freunde unbedingt, das Angebot anzunehmen, das mit einer Gage von 800 bis 900 Mark monatlich verbunden war. Er empfahl Berg, sich eine Wohnung zusichern zu lassen, die Bezahlung für die Übersiedlung und einen eventuellen Baukostenzuschuß zu verlangen, außerdem aber monatlich 200 bis 300 Mark mehr, solange keine eigene Wohnung vorhanden sei. Der Brief schließt mit Gratulationen zum Erfolg des „Wozzeck", der an zahlreichen Bühnen des In- und Auslandes gespielt wurde. Von eigenen Arbeiten nennt Schönberg außer den erwähnten Männerchören die „Begleitungsmusik zu einer Lichtspielszene" opus 34, die er zwischen dem 15. Oktober 1929 und dem 14. Januar 1930 geschrieben hatte. Auch diese Partitur erschien nicht in der Universal-Edition, sondern in dem Magdeburger Verlag Heinrichshofen; die Uraufführung fand am 6. November 1930 in einem Symphoniekonzert der Krolloper unter Klemperers Leitung statt. Schönberg hatte die Grippe und mußte ihr fernbleiben.

In dem Brief an Berg wird von Opernplänen zu einem eigenen Text gesprochen. Auch an ein Libretto von Franz Werfel dachte Schönberg damals, und er dankte Berg für das Geschenk eines Werfelschen Romans, der ihm sehr gut gefallen habe. Um welchen Roman es sich handelt, ist unbekannt; in Schönbergs Bibliothek in Los Angeles fand sich der „Abituriententag", der 1928 erschienen ist.

Ebenfalls aus Baden-Baden ging am 14. April ein Brief an den Krollopern-Intendanten Ernst Legal mit detaillierten Vorschlägen für die Inszenierung der beiden Opern. Und am selben Tag äußerte sich Schönberg in einem Schreiben an Rundfunk-Intendant Flesch zur Frage der Kritik im Rundfunk. Er schlug vor, man solle widersprüchliche Meinungen und die Äußerung des Autors darüber zusammenstellen. Drei Kritiker sollten zuerst je drei Minuten sprechen, dann der Autor, dem vorher die Manuskripte der Kritiker vorzulegen seien, fünf bis sechs Minuten antworten. Daran solle sich eine freie Diskussion schließen, das ganze müsse kaum eine halbe Stunde dauern. In dieser Form hat die

Funkstunde später Sendungen durchgeführt. – In Baden-Baden trafen Schönbergs einen alten Bekannten aus der Wiener Zeit, den Operetten-Komponisten Franz Lehár. Gleich nach ihrer Abreise schickte Schönberg ihm ein eigenes Werk, dessen Empfang Lehár am 20. Mai 1930 mit einem Telegramm aus Baden-Baden bestätigte: „fuer die liebe uebersendung ihrer juengsten hochinteressanten schoepfung herzlichen dank hatte riesenfreude wir muessen morgen leider direkt nach wien hoffen aber doch auf baldiges wiedersehen allerherzlichst getreuester = franz lehar." Es kann sich bei dieser „hochinteressanten Schöpfung" nur um die Oper „Von heute auf morgen" handeln, deren Klavierauszug 1929 erschienen und die im Februar 1930 uraufgeführt worden war. Die beiden nächsten Arbeiten von 1930, Männerchöre und Begleitungsmusik, erschienen später als Lehárs Telegramm datiert ist. Wie die meisten großen Operettenkomponisten hatte auch Lehár mit ernsten Werken begonnen. Schönberg sprach ihn brieflich als „Meister" an, und das war gewiß nicht nur eine leere Floskel. Zeitlich liegt seine Oper „Von heute auf morgen" mit dem operettenhaften Text Lehárs „Friederike" benachbart, in der sich der Operettenschöpfer mit einem Text nach Goethes Leben befaßte und auch Goethesche Verse vertonte.

Den Sommer verbrachten Schönbergs im Süden, zuerst in Lugano, später in Meran. Am 5. August ging ein Brief an Alban Berg, der Wedekinds „Erdgeist" und „Büchse der Pandora" für die geplante Oper „Lulu" bearbeitet hatte. Der zweite Teil des Briefs weist eine Anspielung zurück, in der Berg Ähnlichkeiten zwischen Schönbergs Text zu „Moses und Aron" und Strindbergs „Moses" feststellt. Seine Gedanken seien so an seine Person gebunden, daß er eine auch nur äußerliche Ähnlichkeit mit Strindbergschen Gedanken für ausgeschlossen halte. „Ich weiß ja wirklich heute kaum mehr, was mir gehört: aber das Eine muß man mir lassen (das lasse ich mir nicht nehmen): alles was ich geschrieben habe, hat eine gewisse Ähnlichkeit mit mir."

Aus Lugano-Besso, Via Seminario 2, schrieb Gertrud ihrer Schwester am 23. Juli, sie seien in eigener Menage ganz zufrieden, obwohl der Weg zum See weit sei. Sie fragte, was Mitzis Galle mache; ihr gehe es besser, aber sie könnten doch zusammen im Frühjahr nach Karlsbad gehen. Rudi wolle auch hin. Daß sie in Berlin eine neue Wohnung am Nürnberger Platz 3, Telefon Bavaria 4466, hätten, wisse sie wohl schon. Und Schönberg fügte hinzu, er habe auf Tennis verzichten müssen: „Hier ist keine Gelegenheit für mich – lauter viel zu gute Spieler."

Schönberg hat seit der Mödlinger Zeit immer leidenschaftlich Tennis gespielt. In Berlin war er Mitglied des vornehmen Borussia-Clubs und erschien meist mit seiner Frau schon um neun Uhr, wenn die Plätze geöffnet wurden. In Chautauqua wollte er 1934 an einem Tournier teilnehmen, schied aber

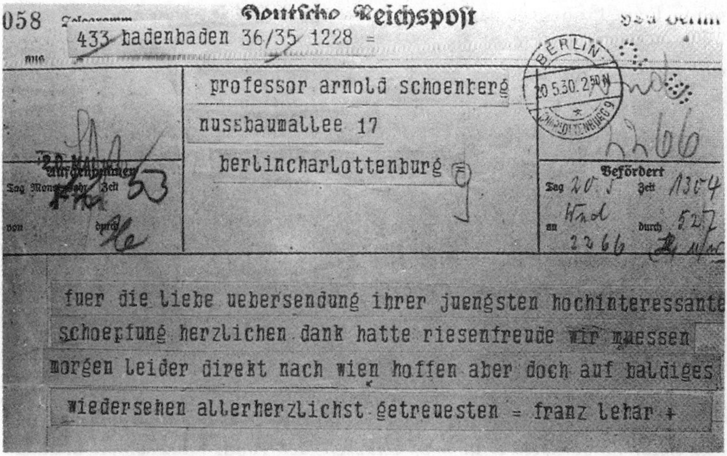
Deutsche Reichspost
058
433 badenbaden 36/35 1228 =
professor arnold schoenberg
nussbaumallee 17
berlincharlottenburg
Befördert
fuer die liebe uebersendung ihrer juengsten hochinteressante schoepfung herzlichen dank hatte riesenfreude wir muessen morgen leider direkt nach wien hoffen aber doch auf baldiges wiedersehen allerherzlichst getreuesten = franz lehar +

Telegramm von Franz Lehár mit dem Dank für „Von heute auf morgen", 20. Mai 1930

Das Ehepaar Schönberg beim Baden in Lugano-Besso, Juli 1930

schon beim Probespiel aus. Die Liebe vererbte sich auf seinen Sohn Ronny. Er erntete schon als Kind die Erfolge, die sein Vater ersehnt hatte. Schönberg war stolz auf die Diplome und Preise und meinte, sein Junge sei schon mit zwölf Jahren in Los Angeles berühmter als er mit fünfundsiebzig.

Hinter die zweite Szene von „Moses und Aron" setzte Schönberg am 22. August das Schlußdatum. Mitte September schrieb Gertrud Schönberg ihrer Schwester, sie würden wohl Ende des Monats einer Einladung der RAVAG (des österreichischen Rundfunks) nach Wien folgen. Schönberg habe die Schwägerin sehnsüchtig als Tennispartnerin erwartet, da sie selbst noch nicht spielen dürfe. Aber in Berlin hätten sie jetzt ein Ping-Pong-Zimmer, wo es Tourniere geben werde.

Nach einem Aufenthalt in Meran ging die Reise nach Wien, wo sie am 13. Oktober, dann nach Prag, wo sie am 22. eintrafen. Schönberg holte sich unterwegs eine Grippe, von der er noch am 6. November nicht erholt war. Am 1. war er, von den Schülern sehnlich erwartet, in Berlin eingetroffen. Mit tiefer Sorge hatte er in Wien erfahren, daß Adolf Loos schwer krank in dem Badener Sanatorium Lakatos lag. Schönberg wußte, wie sehr der große Baumeister sich eine Lehrtätigkeit wünschte. In dieser Sache schrieb er dem ihm persönlich noch unbekannten Thomas Mann mit der Bitte, einen Aufruf zur Gründung einer Loos-Schule zu unterschreiben. Äußerer Anlaß war der im Dezember bevorstehende 60. Geburtstag des Architekten. Auch an Professor Amersdorfer, den Generalsekretär der Preußischen Akademie der Künste, richtete Schönberg die Bitte, Loos zu ehren und zu fördern.

Am 13. November konnte der Unterricht wieder aufgenommen werden. Neben der Klasse mit den Kompositionsschülern hielt Schönberg, ebenfalls in seiner Wohnung, einen Kurs mit musikalischen Analysen, an dem auch Hospitanten teilnahmen. Dort traf man neben dem inneren Schülerkreis Männer wie Henry Cowell, Marc Blitztein und den Verfasser dieses Buches. Besonders eindrucksvoll war eine Analyse der vierten Symphonie von Brahms, die Schönberg die der fallenden Terzen nannte. Tatsächlich wies er Zusammenhänge motivischer und thematischer Art mit der Urbewegung des Terzfalls sowie seiner Oktav-Komplemente nach.

Häufig entstanden Diskussionen über musikalische Terminologie. Schönberg bemühte sich stets um Klärung von Begriffen, die jeder Musiker täglich benutzt, ohne sich immer über ihren genauen Sinn Gedanken zu machen. Ein Gespräch ging über den Wert der Fermate. Schönberg vertrat den Standpunkt, sie fordere eine Verlängerung des Notenwertes um die Hälfte.

Seit Januar 1925 gehörte der junge Frankfurter Philosoph und Soziologe Dr. Theodor Wiesengrund-Adorno zu Alban Bergs Kompositionsschülern. Mit Schönberg hatte er gelegentlich Meinungsverschiedenheiten über solche Fragen der Terminologie. In einem Brief vom 6. Dezember schlug ihm dieser vor, ein Wörterbuch der Musik-(Ästhetik) oder Theorie zu schreiben, wobei er zwischen historischen und moderneren Begriffen unterschied. Unter den Wortführern nennt Schönberg nicht nur sich selbst, seine Schüler Wellesz und Erwin Stein, ferner Hauer und Wiesengrund, sondern auch Walter Howard, Hans Mersmann und Heinrich Schenker. Der Plan blieb unausgeführt.

Zum Truthahnessen luden Schönbergs am ersten Weihnachtsfeiertag 1930 das Ehepaar Schreker und Margot Hinnenberg-Lefèbre, die seit Wochen mit Schönbergs Schüler Fried Walter die „Erwartung" studierte. Edward Clark hatte Schönberg engagiert, das Monodram in einem öffentlichen Rundfunkkonzert zu dirigieren. Am Neujahrstag fuhren Schönbergs nach London, wo sie im Strand Palace Hotel sehr angenehm wohnten. Am 3. und 6. Januar 1931 waren die ersten Proben. Margot Hinnenberg-Lefèbre kam am 7. aus Nürnberg, wo sie die Tove in einer „Gurrelieder"-Aufführung unter Bertil Wetzelsberger gesungen hatte. Die Londoner „Erwartung" wurde ein großer Erfolg und brachte begeisterte Kritiken. Schönberg selbst war sehr zufrieden. An Webern schrieb er am 22. Januar aus Berlin: „Schade, daß Du die ‚Erwartung' nicht ganz gehört hast. Ich glaube, daß sie sehr gut war. Ich habe noch nie so gut mit einem Orchester gearbeitet, noch nie so gut probiert, so gut gehört, so gut geschlagen, wie diesmal. Allerdings war ich (nicht unbeeinflußt durch Deine Strafpredigt) diesmal wesentlich besser vorbereitet als sonst." Dem Freund und Arzt Dr. Georg Wolfsohn hatte er schon aus London berichtet, Frau Hinnenberg habe „wunderbar gesungen".

In Berlin beschäftigte sich Schönberg, dem der rauhe Winter dieses Jahr viele Atembeschwerden brachte, mit dem Manuskript eines Vortrags über Probleme der modernen Musik, den er am 21. Januar 1931 im Hochschulsaal hielt. Frau Dr. Kolisch, Gertrud Schönbergs Mutter, kam wieder einmal zu Besuch. Sie war eine ausgezeichnete Hausfrau des alten Wiener Typus, half in Haus und Küche und amüsierte sich über Witz, den stichelhaarigen Foxterrier, der seit ein paar Jahren zur Familie gehörte.

Im Februar arbeitete er an einem wichtigen, erst 1959 von Rufer veröffentlichten Aufsatz „Nationale Musik". Er ist ein Bekenntnis zu Bach und Mozart, in zweiter Linie zu Beethoven, Wagner und Brahms, die er als seine Lehrmeister bezeichnet. Auch von Schubert, Mahler, Strauss und Reger habe er vieles gelernt. Bemerkenswert an diesem Credo ist die entschiedene Distanzierung von romanischer und slawischer Musik, sogar von Debussy, den er hoch schätzte. Die ganze Arbeit zeigt noch Verbitterung über den kulturellen Kampf, der im ersten Weltkrieg gegen deutsche Musik geführt wurde. Nur verschweigt sie die rühmliche Ausnahme Ravels, der gegen den musikalischen Nationalismus seiner Landsleute mutig protestierte und neben Bartók auch

Schönberg gegen ihre Boykottbestrebungen in Schutz nahm. Das Manuskript mit dem Schlußdatum des 24. Februar 1931 nennt als Wesenszüge, die von Bach stammen „Die Kunst, Tongestalten zu erfinden, die sich selbst begleiten können; die Kunst, alles aus Einem zu erzeugen und die Gestalten ineinander überzuführen; die Unabhängigkeit vom Taktteil". Von Mozart habe er gelernt: „Die Ungleichheit der Phrasenlänge; die Zusammenfassung heterogener Charaktere in eine thematische Einheit; die Abweichung von der Geradtaktigkeit im Thema und in seinen Bestandteilen; die Kunst der Nebengedankenformung; und die Kunst der Ein- und Überleitung".

Das, was man thematische Arbeit und Variation nennt, die Kunst der Entwicklung, führt Schönberg auf Beethoven zurück, ebenso die Herrschaft über lange oder kurze Ausdehnung von Sätzen sowie die Mannigfaltigkeit in ihrem größeren Bau und – in Erweiterung der Bachschen Taktunabhängigkeit – die Verschiebung rhythmischer Gewichte.

Wagner verdankte er die ausdrucksbedingte Wendefähigkeit von Themen, die Verwandtschaft der Töne und Akkorde und die „Möglichkeit, Themen und Motive manierenartig aufzufassen, wodurch sie *dissonant gegen Harmonien gestellt* werden können".

In der mozartischen Neigung zu Asymmetrie, in Großzügigkeit und Ökonomie, in der Systematik des Satzbildes ist ihm Brahms Vorbild.

Zu Beginn und Ende spricht der Aufsatz von Tradition, was bei Schönberg immer deutsche Tradition bedeutet.

An diese kleine aber höchst prägnante Arbeit schloß sich die Analyse der Orchestervariationen an, die Hans Rosbaud am Frankfurter Rundfunk als Erster nach Furtwängler aufführte. Dem Konzert am 24. März ging am 22. Schönbergs Vortrag voraus. Der junge Komponist Erich Itor Kahn, Rosbauds Assistent, berichtete enthusiastisch darüber an Erich Schmid, der sich in Schönbergs Berliner Klasse sehr glücklich fühlte. Gleich nach dem Frankfurter Ausflug ging es nach Berlin zurück. Am 30. März hatte die Berliner Funkstunde – Schönbergs Vorschlag an Intendant Dr. Hans Flesch folgend – eine Diskussion zwischen dem Meister und zwei Kritikern angesetzt, die andere Richtungen der modernen Musik förderten. Dr. Heinrich Strobel, Herausgeber von „Melos" und Musikkritiker des „Berliner Börsen-Couriers", und Dr. Eberhard Preußner, Musikreferent des Zentralinstituts für Erziehung und Unterricht. Es wurde eine harte Diskussion. Schönberg beschloß sie lapidar: „Herr Strobel, unterschätzen Sie nicht die Größe des Kreises, der sich um mich bildet. Er wird wachsen durch die Wißbegierde einer idealistischen Jugend, die sich mehr durch das Geheimnisvolle angezogen fühlt als durch das Alltägliche. Aber wie immer das auch kommen mag, so kann ich doch nichts anderes weder denken noch sagen als das, was mir meine Aufgabe vorschreibt.

Nennen Sie das, meine Herren, nicht Hochmut. Ich hätte gerne besseren Erfolg. Es ist keineswegs mein Wunsch, als einsamer Säulenheiliger dazustehen. Jedoch: solange ich mein Denken und Phantasieren für richtig halten darf, werde ich nichts anderes glauben können, als daß Gedanken gedacht werden müssen und gesagt, auch wenn sie nicht verstanden werden, auch wenn sie nie verstanden werden können.

Ich selbst bin ja gar nicht der Meinung, daß ich so ganz unverständlich bin. Aber überlegen wir: hätten unbestritten große Gedanken wie die eines Kant nicht gedacht, nicht gesagt werden sollen, weil noch heute Aufrichtige zugeben müssen, daß sie ihnen nicht folgen können? Wem unser Herrgott die Bestimmung gegeben hat, Unpopuläres zu sagen, dem hat er die Fähigkeiten verliehen, sich damit abzufinden, daß es immer die Anderen sind, die verstanden werden."

Kennzeichnend an diesem souveränen Schlußwort ist Schönbergs feste Überzeugung, ihm sei von Gott eine Aufgabe zubestimmt worden. Es ist der gleiche Gedanke, der sich in seinen Texten seit der „Jakobsleiter", vor allem im „Biblischen Weg" und in „Moses und Aron" durchsetzt. Zu dem alttestamentarischen Glauben an die Auserwähltheit kommt aber bei Schönberg noch ein Leidensstolz sehr christlicher Art. In einem Brief an die von Mißgeschicken verfolgte Schwägerin Mitzi Seligmann (undatiert, aber wahrscheinlich aus Monte Carlo vom Frühjahr 1929) hieß es: „Der Herrgott sucht sich die Menschen gut aus, die er leiden läßt! Minderwertigen, die es nicht aushalten könnten und an deren Besserung ihm nichts liegt, erspart er alles Unangenehme! Sei nur recht stolz! Zum Leiden ist man auserwählt! Wem es gestattet ist, sichs bequem zu machen, der tuts auf Kosten einer höheren Seligkeit!"

Das Semester ging dem Ende zu. Schönbergs machten Reisepläne. Erst wollten sie mit Rudolf Kolisch, seinem Quartett und Mitzi Seligmann irgendwo eine kleine Tennisgemeinde gründen. Aber die Schwägerin hatte in Aussee gemietet, das für Schönberg klimatisch nicht in Frage kam. Sie dachten an Karlsbad, eventuell mit Kolisch. Die asthmatischen Beschwerden forderten südlichere Luft. Sie bestimmten zunehmend die Sommeraufenthalte. Nach Dubrovnik und Pörtschach, Lugano und Meran war es nun der Genfersee, wo er leichter atmen zu können hoffte. Im Mai reisten die beiden nach Montreux-Territet, wo sie bis September blieben. Hier gedieh vor allem die unterbrochene Arbeit an „Moses und Aron". Doch die optimistische, an Stiedry am 2. Juni ausgedrückte Hoffnung, den ersten Akt in drei Wochen zu beenden, erfüllte sich nicht. Erst am 14. Juli wurde das Enddatum gesetzt.

Mit den Freunden und einstigen Schülern gab es nur brieflichen Kontakt. Webern, der für den Sommer analytische Kurse in Mondsee bei Salzburg plante, erbat und erhielt Rat dafür: was ihm Schönberg vorschlug, war noch in den Wiener Vorträgen lebendig, die er 1933 hielt, und die Willi Reich später unter dem Titel „Der Weg zur Neuen Musik" veröffentlicht hat. Heinrich Jalowetz hatte von seiner Kölner Aufführung der „Begleitungsmusik zu einer Lichtspielszene" berichtet, wofür sich der Meister in einem heiteren Brief bedankte. Auch Alexander Jemnitz, der in Budapest „Verklärte Nacht" und „Pierrot" dirigierte, bekam Antwort und skeptischen Rat: keinesfalls sei der „Pierrot" zu singen, das habe er schon Marya Freund sagen müssen. Für eine Oldenburger Aufführung des „Pierrot" mit Erika Wagner dankte Schönberg dem dortigen Generalmusikdirektor Johannes Schüler, der unbeirrt für die Wiener Schule eintrat.

In Berlin mußte er zwei wichtige Aufführungen versäumen: das Akademiekonzert mit Werken seiner Schüler am 2. Juni und die „Gurrelieder" in der Hochschule für Musik unter Leitung von Franz Schreker am 5. Juni mit Studenten, dem Charlottenburger Lehrergesangverein und dem Männerchor der Kirchenmusik-Akademie.

Fritz Stiedry fühlte sich in Berlin, wo er als Dirigent noch immer Widerständen begegnete, nicht recht anerkannt und hatte Schönberg sein Herz ausgeschüttet. Dieser antwortete dem Freund aus Territet, er habe einen Aufruf unterschrieben, man solle Stiedry die „gebührende Position" geben. Er bedauerte, daß die Stiedrys nicht an den Genfersee kämen. „Ich arbeite sehr viel und habe jetzt gut in den ‚Gedankenkreis' meines Werkes wieder hineingefunden; was immer eine Sorge ist."

Ärger machte ihm die Tantiemen-Abrechnung der Genossenschaft Deutscher Tonsetzer. Er schrieb darüber ausführlich an deren Vorstand Max Butting. Die Zahl seiner Aufführungen habe sich bis 1931 zweimal verdoppelt. Auch sei er gekränkt durch einen Aufsatz im „Schaffenden Musiker" (dem Blatt der Genossenschaft) mit Ausfällen gegen „intellektuellen Konstruktivismus" in seiner Musik.

Über seine Erfahrungen bei der Komposition von „Moses und Aron" ging ein langer Brief an Alban Berg, der ihm seinerseits über den fertigen ersten „Lulu"-Akt berichtet hatte. „Der Text wird erst während dem Komponieren definitiv fertig, ja manchmal erst nachher. Das bewährt sich außerordentlich."

Auch an Webern schrieb er über „Moses und Aron", namentlich den „Tanz um das goldene Kalb".

Leider war der Sommer sogar am Genfersee verregnet und kalt. Schönbergs Atemschwierigkeiten nahmen zu: der Arzt riet ihm ab, zum 1. Oktober, wenn die Kurse wieder anfangen sollten, nach Berlin zu gehen. Mitte Oktober reisten Schönbergs nach Barcelona, und am 17. bat er den Generalsekretär der Akademie, Professor Amersdorfer, ihn noch für einige Zeit zu beurlauben.

In der katalanischen Hauptstadt fühlte er sich wohl. In der schön gelegenen Bajada de Briz mit dem Blick aufs Mittelmeer hatte man eine Wohnung gefunden. Pablo Casals, der Freund aus früheren Wiener Jahren, begrüßte den Meister mit einigen Kollegen und seinem berühmten Orchester. Dieser war stark berührt von der Ehrung und erwiderte sie am 3. November mit einem Brief voller Wärme.

Stiedry hatte im Oktober mit großem Erfolg die Kammersymphonie und die Serenade dirigiert. Schönberg gratulierte dem Freunde, dessen Berliner Situation sich gefestigt hatte, und der an der Städtischen Oper durch den neuen Intendanten Carl Ebert gefördert wurde, zu seinen Erfolgen. In der „Vossischen Zeitung", die er sich auf Reisen nachkommen ließ, und in der B. Z. („Berliner Zeitung") am Mittag hatte er glänzende Kritiken von Marschalk und mir über Stiedry gelesen. Der Briefwechsel wurde regelmäßig. Am 20. Oktober erklärte er, warum sie nach Barcelona gereist waren, bedauerte, daß aus der Glasgower „Pierrot"-Aufführung mit Erika Wagner-Stiedry nichts geworden war, berichtete, daß sein eigenes Londoner Konzert wegen der Entwertung des englischen Pfundes Sterling abgesagt wurde. Gertrud, schrieb er am 13. November, sei seit 14 Tagen vergrippt. Wie denn Hans Pfitzners „Herz" (das die Staatsoper am 12. November uraufgeführt hatte) gewesen sei? Am 19. Dezember bat er Stiedry, die Funkstunde wegen der Plattenaufnahmen von Kammersymphonie und Serenade zu mahnen. In Barcelona sei es kalt; er habe auch eine Grippe hinter sich und wollte heute zum erstenmal ausgehen.

Trotz schlechtem Wetter und Krankheit arbeitete Schönberg. Vom 8. bis 10. Oktober schrieb er das Klavierstück opus 33b, das Henry Cowell im April 1932 in seiner Sammlung „New Music" veröffentlichte. Ende November entstanden sieben Seiten über Instrumentation und zwei Seiten der Disposition eines Lehrbuchs des Kontrapunkts. Im Dezember Notizen über Manuel de Falla, über Phrasierung und acht Seiten über „Linearen Kontrapunkt" gemäß der Theorie von Ernst Kurth. „Es war mir immer klar", heißt es da, „daß es etwas gibt, was wie Kontrapunkt aussieht und auch so ähnlich klingt und doch keiner ist".

Aus dieser Zeit dürfte auch ein Brief – vermutlich an Pablo Casals – über die ihm vorgeschlagene Komposition eines Cellostückes, vielleicht eine Bachbearbeitung, stammen, ebenso eine sieben Seiten lange Abhandlung „Stuckenschmidt", die sich mit einem in der „Vossischen Zeitung" erschienenen Aufsatz von mir über Brechts Anmerkungen zur Oper befaßt.

Für den Philanthropen Hermann Abraham, Schöpfer der Schulspeisungen, schrieb Schönberg zu dessen 85. Geburtstag einen zweistimmigen Spiegelkanon, der in Rätselkanonform notiert ist und dessen Auflösung Schönbergs Text verrät:

Spiegle Dich im eigenen Werk:
es lohnt Dir doppelt, was Du einfach,
strahlt zurück, was herzlich Du in gradem Sinne gabst.
Langsam schließt die Tiefe auf,
rasch kommt dann die Höhe.

Das Jahr 1931 hatte viele körperliche Beschwerden gebracht. Auch in Barcelona war es kälter und regnerischer als üblich. Schönbergs waren seit Mai auf Reisen, zuerst am Genfersee, dann an der katalanischen Küste. Beide waren anfällig für Erkältungen. Dazu kam, Hoffnung und Sorge zugleich, daß Gertrud schwanger war. Im Frühjahr konnte die Geburt erwartet werden.

Zu den Menschen, die bemüht waren, ihnen das Leben in der fremden Stadt zu erleichtern, gehörte der schweizerisch-katalanische Komponist Roberto Gerhard. Schon 1923 hatte er Schönberg nach Wien geschrieben, ob er sein Schüler werden dürfe. Er war es, der Barcelona 1931 als klimatisch und kulturell günstigen Aufenthalt empfahl. Er fand die schöne Wohnung in der Bajada de Briz. Als schon reifer und bekannter Musiker wurde Gerhard noch Schönbergs Schüler und bald sein Freund. Mit ihm und seiner Frau feierten Schönbergs Weihnachten.

Hans Rosbaud plante die Uraufführung der Orchesterlieder opus 22 in Frankfurt. Das Werk, in Berlin und Wien zwischen 1913 und 1916 entstanden, war – vielleicht wegen seiner Schwierigkeiten – unbeachtet geblieben. Nun hatte Winfried Zilligs junge Frau, die Sopranistin Hertha Reinecke, es studiert. Schönberg, dem Rosbauds Wiedergabe der Orchestervariationen sehr gefallen hatte, war erfreut über den Plan. Der Einladung, einen Einführungsvortrag in Frankfurt zu halten, bezweifelte er folgen zu können. So bat er Rosbaud am 19. Januar 1932, darauf zu verzichten, wenn es ihm auch leid tat, die Aufführung zu versäumen. Rosbaud beharrte auf seinem Wunsch, und am 30. Januar hatte sich Schönberg zu einer halben Zusage durchgerungen. Wenn er von Rosbaud eine Partitur bekäme und ihm etwas dazu einfiele, sei er bereit, zu kommen.

Der Text zum Vortrag wurde geschrieben, ein 20 Seiten langes Manuskript mit 75 Notenbeispielen. Am 13. Februar ging es in zwei Exemplaren an Rosbaud. Aber seit drei Tagen schneite es in Barcelona; die alten Leiden, vom Fieber bis zur Atemnot, stellten sich ein. Die Reise war mehr als fraglich. Schönberg schlug vor, daß Dr. Theodor Wiesengrund oder Erich Itor Kahn das Manuskript abläsen, falls er nicht doch käme. Am 21. Februar war die Aufführung. Schönberg mußte in Barcelona bleiben. Sein Vortrag wurde gelesen.

Zu Neujahr hatte Webern sein Quartett opus 22 geschickt. Schönberg dankte für das „fabelhafte Stück" mit „größtem Vergnügen und Stolz!" Die Nachricht, daß der Freund Mödling verlasse und nach Wien ziehe, überraschte ihn.

Im Sommer 1932 sollte zum erstenmal das Musikfest der IGNM anläßlich ihres zehnjährigen Bestehens in Wien stattfinden. Webern als Präsident der österreichischen Sektion war für die Programmbildung und Organisation mitverantwortlich. Er bat Schönberg um ein repräsentatives Werk zur Aufführung. Dieser, gekränkt über Vorgänge in Venedig 1925 und verfeindet mit einem Wiener Vorstandsmitglied, lehnte jede Form der Mitarbeit ab.

In Berlin sah man seine allzulange Abwesenheit mit Unwillen. Die Schüler seiner Meisterklasse fühlten sich vernachlässigt. Es gab Beschwerden, ungeduldige Nachfragen bei der Akademie und bei Rufer, der als Assistent Schönbergs zum Sündenbock ausersehen wurde. Kestenberg, als Musikreferent des Ministeriums zuständig, zog Rufer ins Vertrauen. Dieser schrieb erregt nach Barcelona, Kestenberg werde von allen Seiten angegriffen, „daß eine so wichtige Lehrstelle besetzt und bezahlt, daß aber der Lehrer seit dreiviertel Jahren nicht in Berlin sei."

Schönberg verteidigte sich in einem Brief, der Kestenberg erklärte, er habe seit der Grippe im Oktober 1930 den ganzen Winter nicht ausgehen können und sei dann, nach sieben Monaten Unterricht, nach Montreux gegangen, wo sein Emphysem sich zuerst verschlimmert, dann aber zusehends gebessert habe. Im übrigen berechtige ihn sein Vertrag, selbst die Monate zu bestimmen, die er unterrichtend in Berlin verbringen wolle. Er wolle seine Gesundheit nicht wegen „einiger Neidhammel" opfern.

Formal war er im Recht. Aber Kestenberg erkannte wohl die politische Situation deutlicher als er. Für die wachsende Gruppe der Reaktionäre war Schönberg als Modernist und getaufter Jude ohnehin ein Stein des Anstoßes. Er mußte doppelt vorsichtig sein. Kestenbergs freundliche Antwort befriedigte ihn nicht. Sein Zustand, schrieb er am 13. Februar, habe sich verschlechtert. Er habe den Frankfurter Vortrag absagen müssen, leide infolge des in Barcelona ganz ungewöhnlichen Schneewetters an Husten, Temperaturerhöhung und Atemnot.

Trotz Krankheit und Ärger ging die Arbeit weiter. Am 10. März war der zweite Akt von „Moses und Aron" mit dem resignierenden, einstimmig begleiteten „O Wort, du Wort, das mir fehlt" des Moses beendet. – Über Schönbergs Gesundheitszustand um diese Zeit informieren zwei ärztliche Atteste. Am 30. März 1932 bestätigte ihm Dr. Ramón Sarró, Mitglied der Ärztekammer von Barcelona, daß er an Bronchial-Asthma leide, „charakterisiert durch typische paroxistische Anfälle, die sich unter dem Einfluß von Temperaturrückgängen und grippalen Verkühlungen einstellen. Aus diesem Grund ist der Aufenthalt in den nordischen Ländern während der kalten Monate Herrn Schönberg absolut abzuraten." Ein Transport nach Norden würde eine erhebliche Verschlimmerung des Emphysems und des allgemeinen Leidens verursachen.

Ähnlich lautet das Zeugnis, das am 3. April 1932 Dr. med. W. Minnich in Montreux ausstellte. Er hatte Schönberg im Herbst 1931 behandelt. „Er litt damals an sehr ausgesprochnem Emphysem beider Lungen, verbunden mit sehr hartnäckiger fieberhafter Bronchitis und . . . asthmatischen Zuständen, welche ihm schlaflose Nächte brachten. Mit Rücksicht auf leichte Spitzendämpfungen und auf das hartnäckige lange andauernde subfebrile Aufspringen der Temperaturen hielt ich die Möglichkeit einer früher spezifischen tuberculosen Grundlage des Leidens nicht ausgeschlossen. Ich bestand deshalb sehr eindringlich darauf, daß Herr Schönberg den ganzen Winter über und womöglich soviel es ihm seine Beschäftigung gestatten würde, von Berlin fern bleibe und sein Leben, so er es nur einrichten könne, so viel wie möglich in einem milden Klima zubringe. Herr Schönberg hat dann unter den verschiedenen Orten, welche ich ihm vorschlug, Barcelona gewählt, was ich für zweckentsprechend hielt und ich hoffe, daß er dort so lange wie es angeht bleibe." Von der Sendung des Attests an Kestenberg unterrichtete Schönberg Josef Rufer am 15. April. Im Juni würden sie wohl umziehen, da der Hausherr am Nürnberger Platz bankrott sei. Ob Rufer zufällig eine Grunewaldwohnung von ungefähr fünf Zimmern wisse, in der Nähe des Rot-Weiß-Klubs?

Im April kam Webern nach Barcelona. Schönberg und er waren von Casals zu Konzerten eingeladen. Das Orchester überraschte Webern; „Pelleas", den Schönberg dirigierte, habe er noch nie so gehört, berichtete er auf einer Karte an Berg.

Am 7. Mai früh bekam Gertrud Schönberg Wehen. Um halb neun brachte sie eine Tochter zur Welt, Nuria. Ein ausführlicher Bericht des Vaters ging an Mitzi Seligmann. Auf das Glück fiel ein paar Tage später ein Schatten: in Wien war am 9. Mai Emil Hertzka gestorben.

Die Rückreise, für Ende April geplant, mußte wegen der Entbindung verschoben werden. Da in Deutschland strenge Devisenbewirtschaftung eingeführt war, gab es Sorgen um das Reisegeld. Mitte Mai ging deshalb ein Brandbrief an Kestenberg. Endlich war alles so geregelt, daß man am 1. Juni aufbrechen konnte. Schönbergs flogen von Barcelona nach Stuttgart, um das Kind nicht ungestillt lassen zu müssen. Sie waren entzückt von dem neuen Erlebnis. Am 2. Juni sahen sie ihre Wohnung am Nürnberger Platz nach mehr als einjähriger Abwesenheit wieder. Dem Wiener Fest vom 16. bis 21. blieb Schönberg fern. Webern hatte am letzten Tag ein außerordentliches Arbeiter-Sinfonie-Konzert unter seiner Leitung angesetzt. Das Programm brachte „Friede auf Erden" und die „Begleitungsmusik zu einer Lichtspielszene" sowie Bergs „Wein"-Arie und Mahlers Auferstehungssymphonie.

Die Zwölftontechnik der seit 1924 veröffentlichten Werke hatte eine neue Form satztechnischer Analyse angeregt, mit der Schönberg nicht einverstanden war. Im Juli 1932 schickte Rudolf Kolisch, neben Berg und Webern der gründlichste Kenner seiner Musik, eine Analyse des 3. Streichquartetts. Schönberg beanstandete die große Mühe, die der Schwager und Freund zur Findung der verwendeten Reihe aufgewendet hatte: „Ich kann nicht oft genug davor warnen, diese Analysen zu überschätzen, da sie ja doch nur zu dem führen, was ich immer bekämpft habe: zur Erkenntnis, wie es gemacht ist; während ich immer erkennen geholfen habe: was es ist! Ich habe das dem Wiesengrund schon wiederholt begreiflich zu machen versucht, und auch dem Berg und dem Webern. Aber sie glauben mir das nicht. Ich kann es nicht oft genug sagen: meine Werke sind Zwölfton-*Kompositionen,* nicht *Zwölfton*-Kompositionen: hier verwechselt man mich wieder mit Hauer, dem die Komposition erst in zweiter Linie wichtig ist."

So überzeugend die Warnung und Schönbergs Abneigung gegen Orthodoxie ist, hat sie nicht verhindert, daß zwei seiner eifrigsten Apostel, Theodor Wiesengrund und René Leibowitz, diese Form der Analyse auf eine ganze Generation von Musikern und Theoretikern übermittelt haben, die bis zum heutigen Tage eben dadurch den Weg zu seiner Musik diktieren.

Neben der Bemerkung, er und Frau Gertrud seien dem Borussia-Tennisclub beigetreten, enthält der Brief an Kolisch (und auch am 12. August einer an Webern) eine wichtige Mitteilung: Schönberg sammelte und ordnete sein schriftstellerisches Werk. Er schien selbst erstaunt, wie viel sich in fünfzehn Jahren an Gedrucktem und Manuskripten angehäuft hatte. Tatsächlich war kaum ein Jahr ohne literarische Arbeiten vergangen. Schönberg schätzte den Gesamtumfang – wie er am 23. September an Berg schrieb – auf 1500 Druckseiten.

Auch 1932 entstanden zahlreiche kleine Schriften, vor allem über Sprache, Moral, Politik, Macht, Mehrheit und Faschismus, doch auch über Tonalität, Durchführung, im Juli über Bach und die zwölf Töne sowie eine Polemik gegen den Dirigenten Carl Muck. Der Wunsch, alle diese Schriften gedruckt zu sehen, blieb allerdings unerfüllt. Erst gegen Ende seines Lebens, 1950, brachte die Philosophical Library in New York eine Auswahl größtenteils musikalischer Aufsätze unter dem Titel „Style and Idea" heraus. Bis 1973 aber fehlt noch eine deutsche Ausgabe dieser Arbeiten, die zum größten Teil in Schönbergs Muttersprache verfaßt und für die erste Veröffentlichung ins Englische übersetzt worden sind.

In dem Brief an Webern (12. August 1932) dankt Schönberg dem Freunde für die beiden Konzerte, die dieser in Barcelona geleitet hatte; von Weberns Leistungen beim Wiener Musikfest sei alles sehr begeistert, und man verstehe nicht, daß er noch nie in Berlin dirigiert habe. (Schönberg vergaß, daß Webern 1923 bei dem Berliner Österreichischen Musikfest mitgewirkt hatte.)

Zum Geburtstag kamen Grüße und Geschenke aller Freunde. Nur Adolf Loos, dem Schönberg im Juni einen Empfehlungsbrief für seine Schwägerin Mitzi Seligmann geschickt hatte, hüllte sich in Schweigen. Er lag seit längerer Zeit krank, und Schönberg, beunruhigt durch allerlei Gerüchte über den großen Architekten, fragte sich, ob Gefahr bestehe. Rudolf Kolisch war für ein paar Wochen als Hausgast und bevorzugter Tennispartner bei Schönbergs zu Besuch. Der September brachte den Streit mit dem Amateur-Verleger Benno Balan zum Höhepunkt. Schönberg verhandelte nur noch durch einen Rechtsanwalt mit ihm, der die Auslieferung aller übrigen Partituren und Klavierauszüge der Oper „Von heute auf morgen" an die Wiener Universal-Edition erwirkte.

Die Schwester Ottilie lebte mit ihrem Mann, dem Schriftsteller Oskar Felix, in Berlin, nur ein paar Minuten vom Nürnberger Platz entfernt. Felix hatte sich als Autor von Lustspielen und Operettentexten einen Namen gemacht. Er wußte, daß Schönberg Franz Lehár gut kannte, und bat ihn, eine Verbindung zu dem berühmten Mann herzustellen. Schönberg hatte diesem Wunsch am 8. Mai noch in Barcelona entsprochen: „Verehrter, lieber Meister Lehár, mein Schwager, Herr Oskar Felix, Ihnen wahrscheinlich als Textautor so mancher erfolgreicher Operette bekannt, bittet mich, ihm die Verbindung mit Ihnen herzustellen. Mit herzlichen Empfehlungen Ihr ergebener Arnold Schönberg." Oskar Felix' Bemühungen, ein Libretto für Lehár zu schreiben, blieben ohne Erfolg.

Am 27. Oktober gab das Kolisch-Quartett ein Konzert in Berlin, bei dem zum letzten Mal vor dem „Dritten Reich" das fis-moll-Quartett mit außerordentlichem Erfolg aufgeführt wurde. Vormittags hatte Schönberg an den Präsidenten der Akademie Max von Schillings einen Brief über Fragen des Urheberrechts gerichtet. Ihm lag daran, für die Übersetzung seiner Harmonielehre ins Englische einen sprachlich ausreichenden Verfasser zu finden. Das Beispiel Strindbergs, dessen Stilkunst in den deutschen Übertragungen von Emil Schering keineswegs zur Geltung kam, hatte ihn gewarnt.

Anfang November kam Norbert von Hannenheim, der längere Zeit krank in seiner rumänischen Heimat gewesen war, wieder in Schönbergs Klasse. Von den anderen Schülern machte der Bremer Peter Schacht Schönberg durch seine Intelligenz und genaue kammermusikalische Arbeit viel Freude. Auch in den Analyse-Kursen gab es wichtige Gespräche. Sie betrafen durchaus nicht immer Musik, sondern nun häufig auch Fragen der immer drohender sich ausbreitenden nationalsozialistischen Politik. Schönberg litt unter dieser politischen Atmosphäre mehr, als er sich anmerken ließ. Sicher waren es überwiegend gesundheitliche Gründe, die ihn so lange im Süden festgehalten hatten. Aber ein Brief an den in New York lebenden Dr. Joseph Asch, geschrieben am 24. Mai in Barcelona, ließ die Wahrheit durchblicken. Auch wegen der politischen Verhältnisse, heißt es da, würde er nur sehr ungern jetzt nach Deutschland zurückgehen. Da die Devisensperre einen weiteren Aufenthalt im Ausland unmöglich mache, bat er Dr. Asch als „der einzige Komponist seines Ranges, der noch nicht vom Erträgnis seines Schaffens leben kann, ohne durch Unterricht sich sein Brot verdienen zu müssen", um Hilfe. Ein paar reiche Leute sollten ihm jährlich 2000 bis 4000 Dollar geben. „Wollen Sie den Versuch machen, einige reiche Juden zu bewegen, mich zu versorgen, damit ich nicht zu den Hakenkreuzlern und Pogromisten nach Berlin zurück muß?" In dem Brief an Alban Berg vom 23. September spricht er von einer gewissen Depression, die mit dem Berliner Aufenthalt zusammenhänge und ihm die Freude an jeder Arbeit nehme. Er wisse, wohin er gehöre; doch ein solcher Ortswechsel sei schwerer, als man sich vorstelle: „Ich nenne mich heute mit Stolz einen Juden; aber ich kenne die Schwierigkeiten, es wirklich zu sein."

Aus Barcelona schrieb im November Roberto Gerhard, ob Schönberg nicht wieder kommen wolle. Dieser antwortete am 15. November, er habe 1933 Vorträge in Wien, Brünn und Frankfurt sowie ein Konzert in London. Um wieder in Spanien zu leben, müsse er dort Einnahmen haben. Wohnen möchte er gern in der Nähe des Tennisclubs. Im gleichen Monat begann die Arbeit an einem Cello-Konzert von dem Wiener Vorklassiker Georg Matthias Monn, die Pablo Casals gewidmet wurde. Es war eine freie, sehr virtuose Umgestaltung des Werkes, die wegen ihrer großen Schwierigkeiten noch heute selten gespielt wird. Im Dezember setzte er die Arbeit daran fort, die am 4. Januar 1933 beendet war.

Von dem Maler Carl Moll, dem Stiefvater Alma Maria Werfels, war ein Bild als Geschenk gekommen. Schönberg dankte mit einem Doppelcanon in der Unterquint, einem vierstimmigen Meisterstückchen von 8 Takten, wie er sie gern zu ähnlichen Gelegenheiten schrieb. Die erste Skizze dazu entstand am 17. Dezember, der Schlußstrich am 27. An neuen Begegnungen hatte das sorgenreiche Jahr die mit dem amerikanischen Komponisten Roger Sessions gebracht, der auf seinen dringenden Wunsch hin mit dem von ihm bewunderten Schönberg zusammengeführt wurde. Im amerikanischen Exil fand er an Sessions einen tätigen und stets hilfreichen Freund.

Dem kommenden Jahr 1933 sahen alle Menschen, die mit moderner Kultur zu tun hatten, sorgenvoll entgegen. Schönberg schien zunächst seine gewohnte Ordnung beizubehalten. Am 7. Januar machte er Hans Rosbaud den Vorschlag, das neue Cello-Konzert nach Monn mit Casals in Frankfurt aufzuführen. Für einen Vortrag, um den Rosbaud ihn gebeten hatte, schlug er vor: „Stil und Gedanke oder veraltete und neue Musik", vielleicht aber auch eine Rede über Brahms. Ende Januar war eine Sitzung der Akademie, bei der neue Mitglieder gewählt werden sollten. Schönberg entschuldigte sich bei Heinz

Tiessen wegen Krankheit, bat ihn, seine Vertretung zu übernehmen und schlug als neuzuwählendes Mitglied Anton von Webern vor. In der Städtischen Oper hatte es eine Salome-Aufführung unter Fritz Stiedry gegeben, die Schönberg besucht und bei der er sich eine schwere Erkältung zugezogen hatte. Im Februar ging es nach Wien, wo er am 15. im mittleren Konzerthaussaal auf Einladung des Kulturbundes über „Neue und veraltete Musik oder Stil und Gedanke" sprach, von dort nach Frankfurt, wo er den Brahms-Vortrag hielt. Beide Texte sind 1950 in den Sammelband „Style and Idea" aufgenommen worden, nachdem Dika Newlin sie ins Englische übertragen hatte.

Schönbergs Wunsch, die Komposition von „Moses und Aron" unter milder südeuropäischer Sonne zu vollenden, fand keine Erfüllung. Das Buch, dessen dritter Akt unvertont blieb, ist eine Bekenntnisdichtung, ein gewaltiger Bilderbogen in dramatischer Form, ein echt Schönbergsches Produkt, an das man rein literatische Maßstäbe so wenig legen darf wie an den Text der Bibel, auf dem es beruht. Es behandelt den Geisteszwist der beiden Brüder Moses und Aaron, wie ihn das zweite Buch Moses vorlegt, und Schönbergs Vision reicht vom fast wörtlichen Zitat des Luther-Textes bis zu den dämonischen Gesichten einer erotischen Orgie, eines Tanzes der Schlächter und eines Blutopfers, bei dem vier nackte Mädchen von vier Priestern umarmt und im Moment der höchsten Lust erdolcht werden. Aus der Bibel stammen die Szenen des ersten Aktes: Die Berufung Moses vor dem brennenden Dornbusch, Begegnung und Zwiesprache der Brüder, Verkündung der Gottesbotschaft an das Volk Israel, Vorführung der drei Wunder (Schlange, Aussatz, Wasser-Blut-Verwandlung), Aufbruch des Volkes in die Wüste.

Der zweite Akt ist im wesentlichen Schönbergs Erfindung. Er zeigt Aaron und das Volk in Erwartung des fernen Moses, der am Berg Sinai der Offenbarung harrt. Aaron gibt den Zweifelnden das Goldene Kalb, vor dem eine götzendienerische Orgie der Trunkenheit, des Wahnsinns und der entfesselten Sexualität ausbricht. Nach ihrem Abklingen kehrt Moses zurück, und es folgt die lange dramatische Auseinandersetzung zwischen den Brüdern. Moses, der Träger des Wortes, hat die Gesetzestafel in der Hand. Er muß erkennen, daß Aaron, dessen Mund die Gedanken verkündet, sie verdirbt, indem er sie sichtbar macht. Auch die Feuersäule und die Wolkensäule erkennt Moses als Götzenbilder, die von der reinen, unvorstellbaren Gestalt Gottes ablenken. Er hat die Gesetzestafel zertrümmert; nun erscheint ihm, was er gedacht als Wahn. Mit dem Satz: „O Wort, du Wort, das mir fehlt", sinkt er verzweifelnd zu Boden.

Bis dahin liegt Schönbergs Komposition vor. Der Text des letzten Aktes besteht aus einer einzigen Szene, an deren Ende Aaron, der Verräter des Gedankens an die Bilder, tot umfällt, wie Moses ihm die Freiheit schenkt. Zu diesem Schlußakt existieren nur musikalische Skizzen.

Mit allen seinen wüsten und brutalen Einzelheiten hat der Text biblische Größe. Schönberg schreibt keine Literatur, sondern Bekenntnisse; der Künstler ist zum Propheten geworden. In der Schilderung roher Trunkenheit ist der Text den Höllenbildern des Hieronymus Bosch verwandt; in der panoramischen Weite und ästhetischen Indifferenz seiner Dramatik kann man Analogien bei Paul Claudel finden. Schönberg hat, um den aus Zügen des Oratoriums und der hochdramatischen Oper zusammengesetzten Charakter des Textes zu treffen, eine ungewöhnliche Besetzung gebraucht. Dem vergrößerten klassischen Orchester fügt er Klavier, Harfe, Celesta, Mandolinen und reiches Schlagzeug hinzu. Der vokale Apparat umfaßt sechs singende Solisten, einen Sprecher und sowohl Sing- als auch Sprechchöre. Sein Stil ist gekennzeichnet durch häufige Kombination von Gesang und rhythmisch geordneter Deklamation. Moses ist eine Sprechrolle, Aaron ein lyrischer Tenor, wobei es als Symbol gelten mag, daß dem Träger des Gedankens, eben Moses, der Gesang vorenthalten wird.

Was Schönberg an glühender, orgiastischer Farbe aus dem Orchester destilliert, geht über alles hinaus, was man selbst aus seinen eigenen frühen Bühnenwerken, aus der „Erwartung", der „Glücklichen Hand" und „Von heute auf morgen", kennt. Hier sei nur eine Stelle genannt: der orientalische Tanz, der plötzlich beim Festzug um das goldene Kalb einsetzt. Geigen und Bratschen schlagen mit dem Bogenholz auf die leeren Saiten, tiefe Streicher spielen einen Flageolettakkord, von Tamburin und Triangel begleitet intonieren zwei Mandolinen, Harfe, Klavier, Celesta und Xylophon eine rhythmisch geschmeidige Melodie, welche später von Posaune und Piccoloflöte aufgenommen wird und in eine ungemein dichte Polyphonie hineinwächst. Daran schließt sich in heftigem Kontrast der Tanz der Schlächter mit dem erschreckenden vierstimmigen Riesenglissando von drei Posaunen und Tuba.

Das alles ist schon im orchestralen Klang unverkennbare Espressivomusik, auch im Sinne eines oft solistischen Hervortretens einzelner Klangfarben oder Instrumentalsoli.

Nicht weniger charakteristisch ist die Art Schönbergs, hier mit den menschlichen Stimmen umzugehen. Gleich zu Beginn, wenn Gottes Stimme aus dem Dornbusch tönt, erfindet er dafür eine phantastische Zusammenstellung von sechs gesungenen Chorsoli und Sprechchor. Die zweite Szene, eine große Auseinandersetzung zwischen den Brüdern Moses und Aaron, ist musikalisch eine Art Duett von Sprechstimme und Tenor. Rezitative, Ariosostrecken, Flüsterchöre, responsorische Stellen mit Gesangssolo und Sprechchor lösen einander in unablässig wechselnden vokalen Gestalten ab. Es geht fast über Menschenkraft, die Vielfalt dieser Erscheinungen zu registrieren und als musikalische Form zu begreifen. Doch ihrer beklemmenden Wirkung sich zu entziehen, ist unmöglich.

Jede der singenden Personen ist durch einen besonderen Stil der Stimmbehandlung charakterisiert, die Kranke als müdes, sich langsam schleppendes Altsolo, das mit wachsender Belebung in höhere Lagen gezogen wird. Das vom goldenen Gott faszinierte Mädchen durch ein fast monomanisches Festhalten an kleinen motivischen Phrasen, die in raschem Tempo in der Sopranlage gesungen werden. Der Ephraimit durch langsames, chromatisches Umkreisen wiederkehrender Zentraltöne in der mittleren Baritonlage. Der Jüngling durch eine gezackte, wechselvolle, in immer höhere Regionen strebende Melodik von mächtiger tenoraler Ausdrucksspannung: es ist die Stimme des Idealisten, die sich so eifernd von allen anderen abhebt.

Aber sie alle sind Nebengestalten. Die große, tragende Gesangspartie des Werkes ist Aaron. Er ist der Gegensatz zu dem denkenden, an Ewigkeit, Metaphysik und echte Werte sich klammernden Moses, ein Materialist, alltagsnah, dem Goldflitter und dem Erfolg des Augenblicks zugetan. Die Partie ist für lyrischen Tenor geschrieben. Dem Charakter Aarons entsprechend nimmt sie häufig schwungvolle, kantilenenhafte Wendungen. Hauptintervall ist die Quarte, bald fallend bald steigend, häufig auch über die große Terz erreicht, die ihr leittonartig vorangeht. Das Motiv aus großer Terz und folgendem Halbton begleitet den Aaron ebenso durch die ganze Oper wie die Melodik der zerlegten Dur- und Molldreiklänge. Daß Schönberg das Prinzip der Oktavversetzung auch hier anwendet und damit die Zahl der verfügbaren Intervalle vermehrt, so daß etwa aus dem Halbton des Aaronmotivs oft die große Septime wird, liegt ganz im Wesen des Expressivostils. Denn auch die Vielfalt intervallischer Erscheinungen erweitert ja die Mittel melodisch kantablen Ausdrucks und dient so dem Ziel vollkommener Interpretation der Handlung.

Kurz vor Schönbergs Tod hat Hermann Scherchen in Darmstadt den „Tanz um das goldene Kalb" zur Uraufführung gebracht. Konzertant wurden die beiden Akte am 12. März 1954 in der Hamburger Musikhalle zum erstenmal gespielt. Veranstalter war der Nordwestdeutsche Rundfunk, Dirigent Hans Rosbaud. Von dem Schönbergschen Particell wurde ein Mikrofilm aufgenommen, aus dem Scherchen die Partitur herstellte. Gertrud und Nuria Schönberg wohnten dem Konzert bei, das mit enthusiastischem Beifall aufgenommen wurde.

Die erste szenische Aufführung, von deren Möglichkeit Schönberg keineswegs überzeugt war, fand 1957 im Zürcher Stadttheater statt. Sie beschloß, ebenfalls von Rosbaud geleitet, am 6. Juni das 31. Fest der Internationalen Gesellschaft für Neue Musik und bewies durch großen Erfolg die Bühnenwirkung des Werkes. Als nächstes Theater brachte die Städtische Oper in Westberlin am 10. Oktober 1959 eine Inszenierung von Gustav Rudolf Sellner, die Hermann Scherchen leitete. Der Versuch, den dritten Akt mit unterlegter

MOSES UND ARON

OPER VON ARNOLD SCHÖNBERG

Uraufführung

Moses	Hans Herbert Fiedler
Aron	Helmut Krebs
Ein Mädchen	Ilona Steingruber-Wildgans
Ein Jüngling	Helmut Kretschmar
Ein Mann	Horst Günter
Ein Priester und Ephraimit	Hermann Rieth
Eine Kranke	Ursula Zollenkopf

Vier Jungfrauen
Dorothea Förster-Georgi, Karla Maria Pfeffer-Düring
Annemarie Tamm, Charlotte Betcke

Sechs Stimmen aus dem Orchester
Dorothea Förster-Georgi, Maria Hüger, Ursula Zollenkopf
Hartwig Stuckmann, Horst Sellentin, Ernst-Max Lühr

Stimme aus dem Dornbusch
Der Chor der Hamburger Staatlichen Hochschule für Musik
Einstudierung Adolf Detel

Die Ältesten, Jünglinge, Greise, Bettler und Bettlerinnen
Stammesfürsten, mehrere ältere Frauen, Volk
Der Chor des NWDR Köln
Einstudierung Bernhard Zimmermann und Otto Maier
Der Chor des NWDR Hamburg
Einstudierung Max Thurn und Otto Franze

Das Sinfonieorchester des NWDR Hamburg
Leitung Hans Rosbaud

„Moses und Aron". Programm der Uraufführung in der Hamburger Musikhalle, 12. März 1954

Musik aus dem ersten sprechen zu lassen, war umstritten. Doch fand die Aufführung mächtige Erfolge auch in Wien, Paris und anderen Städten, wo sie als Gastspiel gezeigt wurde. Seither haben zahlreiche Bühnen in der Alten und der Neuen Welt die tiefe Wirkung des Werkes erprobt.

BEKENNTNIS ZU BRAHMS

Wenn man von den kindlichen Kompositionsversuchen für zwei bis drei Geigen absieht, die unter den Einflüssen Viottis und Pleyels entstanden sind, war Schönbergs erstes großes Modell Johannes Brahms. Er selbst hat einmal konstatiert, daß er mit Brahms'scher Kammermusik etwa seit 1890 vertraut war. 1897, als Brahms starb, war er 22 Jahre alt. Von den Wiener Aufführungen Brahms'scher Werke hat Schönberg vielleicht 1886 die der 4. Symphonie, sicher die der Klavierstücke opus 116–119 gehört. Auch die Klarinettensonaten, die 1895 gespielt wurden, hat er wahrscheinlich nicht versäumt. Brahms' letztes Werk, die „Vier ernsten Gesänge" von 1896, waren ihm von Jugend auf wohlbekannt und sind ein wichtiges Untersuchungsobjekt in dem Manuskript des Vortrages zu Brahms' 100. Geburtstag im Frankfurter Rundfunk am 12. Februar 1933. Diese Arbeit fand ihre endgültige Form anläßlich des 50. Todestages 1947; in englischer Sprache bildet sie unter dem Titel „Brahms the Progressive" ein Kapitel des Sammelbandes „Style and Idea".

Von Brahms hat Schönberg als sehr junger Mensch schon das gelernt, was man kammermusikalische Denkart nennen kann. Er selbst spielte damals auf dem Cello oder auf der Bratsche in Brahmsschen Quartetten und Quintetten mit. Das Denken und Hören in selbständigen Stimmen, das ja Brahms' Musik in allen ihren Schichten beherrscht, von den melodisch wichtigen Bässen über die Mittelstimmenregion bis zur obersten Lage (die nicht immer die melodisch führende sein muß), ist ein Kennzeichen der Schönbergschen Musik durch alle Entwicklungsphasen seines sechzigjährigen Schaffens. Daran hat auch die Begegnung mit der ganz anders gearteten Kunst Wagners im Prinzip nichts geändert. Selbst diejenigen Schönbergschen Werke, die im äußerlichen Klang Wagner am nächsten stehen, wie die gigantische Partitur der „Gurrelieder", zeigen bei genauer Betrachtung immer den kammermusikalischen stimmigen Geist, der auf Brahms'sche Denkart zurückgeht.

In Schönbergs Jugend war es üblich, das Verhältnis zwischen Wagnerscher und Brahms'scher Musik als unversöhnliche ästhetische Gegnerschaft zu sehen. Daran änderte auch die Tatsache nichts, daß beide Komponisten, die im Alter durch zwei Jahrzehnte getrennt waren, einander geachtet haben. Wagner, der ältere von beiden, glaubte alle überlieferten musikalischen Formen erschöpft. Absolute Musik, symphonische wie kammermusikalische, gehörte für ihn einer vergangenen und überwundenen Kulturepoche an. Sein eigenes Gesamtkunstwerk, so meinte Wagner, werde für alle Zukunft das eigene selbständige Leben von Künsten wie Musik, Dichtung, Malerei, Plastik, Tanz und Schauspiel verdrängen und überflüssig machen. Diese großartige, egozentrische Kunst- und Weltanschauung hat nicht recht behalten. Neben Wagner und vor allem nach ihm lebten geistige Kräfte, die er in seiner splendid isolation nicht erkennen konnte und auch nicht erkennen wollte.

Brahms war in diesem Sinne niemals ein Universalschöpfer. Er gab geistig und an allgemeiner Bildung dem älteren Zeitgenossen nichts nach. Wir wissen, daß er in seiner geistigen Haltung viel „moderner" war als Wagner. Er beschäftigte sich ernsthaft mit der Malerei seiner Zeit, die er nicht nur im Werk seines persönlichen Freundes Adolph von Menzel verkörpert sah, sondern auch in manchen Bildern der viel verlästerten französischen Impressionisten und der damals als ultramodern geltenden von Arnold Böcklin und Max Klinger. Die Romane Emile Zolas, die im Bayreuther Kreis als widerwärtig abgelehnt wurden, hatte Brahms in seiner kleinen, gewählten Bibliothek. Aber als schaffender Künstler beschränkte er sich zeitlebens – wenn man von den kleinen Textzugaben im „Deutschen Requiem" absieht – auf Musik. Und in der Musik waren es die absoluten Formen, Symphonien, Kammermusik, Klaviersonaten, die das eigentliche Zentrum seiner Äußerung bildeten. Für ihn war die Sonatenhauptsatzform ebenso lebendig wie das Rondo, die Fuge ebenso wie die Chaconne, der Kanon ebenso wie die Variation.

Wagner war Musiker genug, dieses Können zu respektieren. Als ihm Brahms bei einem Wiener Besuch die 1. Symphonie vorspielte, soll er gesagt haben, bei solcher Meisterschaft seien die alten Formen noch ergiebig. Daß er gelegentlich Brahms als den „hölzernen Johannes" ironisierte, steht dazu in keinem logischen Widerspruch.

Von Brahms wissen wir, daß er Wagner stets geachtet und uneingeschränkt anerkannt hat. Sein vorzüglicher Biograph Walter Niemann hat einige Briefstellen und Äußerungen gesammelt, aus denen Bewunderung spricht. Zum Beispiel: „Wagner, das ist jetzt der erste. Da kommt lange nichts nach ihm. Alles andere verschwindet momentan vor seiner Bedeutung, die nicht sobald einer begreift oder würdigt, so wie ich und gewiß am allerwenigsten die Wagnerianer." Und, im Gespräch mit Richard Specht: „Halten Sie mich für so beschränkt, daß ich von der Heiterkeit und Größe der ‚Meistersinger' nicht auch entzückt werden konnte? Oder für so unehrlich, meine Ansicht zu verschweigen, daß ich ein paar Takte dieses Werkes für wertvoller halte als alle Opern, die nachher komponiert wurden?"

Schönberg hat über das Verhältnis der beiden Antipoden im Hinblick auf die Zeit seiner Jugend und auf Wien, wo die Kluft besonders tief war, geäußert, wer Wagner ablehnte, habe zu Brahms gehalten und umgekehrt. Viele hätten beide nicht gemocht, und das seien vielleicht die einzigen Unparteiischen gewesen. Einige Wenige waren imstande, die Polarität zu übersehen und sich an den Schönheiten Beider zu erfreuen. 1883, also im Todesjahr Wagners, sei noch die Kluft scheinbar unüberwindlich gewesen; 1897, zur Zeit von Brahms' Tod, habe das Problem nicht mehr existiert.

Schönberg nennt Brahms, den vermeintlichen Klassizisten und Akademiker, einen großen Erfinder im Reich der musikalischen Sprache. So vermeide er in der g-moll-Rhapsodie opus 79,2 fast die festgelegte Tonart. Er zitiert in dem später entstandenen Buch „Structural Functions of Harmony" Brahms'sche Harmoniefolgen als Beispiele für erweiterte Tonalität. Wichtiger aber als die harmonischen Erfindungen ist ihm das, was er die vorausblickende Organisation bei Brahms nennt. Darin sieht er den Komponisten ebenfalls nicht als Antipoden Wagners, sondern als eine Art Mitkämpfer für neue Methoden, Formen zu bauen. Er fordert für das Wagnersche Hilfsmittel des Leitmotivs die höchste ästhetische Rangstufe. Es verkörpere die grandiose Absicht, das Themenmaterial einer ganzen Oper, ja einer Tetralogie, zu vereinheitlichen. Doch lehnt er es als ungerecht ab, wenn ähnliche Verfahrensweisen bei Brahms formalistisch genannt würden. Beide gingen aus dem gleichen Geist hervor, der ein ganzes Werk in einem schöpferischen Augenblick erfinde und danach handle.

Vor etwa vier Jahrzehnten, so schreibt Schönberg 1947, habe dieses Prinzip begonnen, sein musikalisches Denken und die Formulierung seiner Gedanken zu beherrschen und zu regeln. In seiner Selbstkritik habe es eine entscheidende Rolle gespielt. Er, Schönberg, habe vermutlich als erster dieses Prinzip erörtert. Und er fährt etwas ironisch fort, die Komponisten sollten sich durch den Fortschritt, an dem Brahms teilhatte, bewogen fühlen, Musik für Erwachsene zu schreiben. Reife Menschen, so meint er, denken in Komplexen, und je höher ihre Intelligenz, desto mehr Einheiten sind ihnen vertraut. Statt, wie in früheren Zeiten, alles was man zu sagen hat, mehrmals zu sagen, verwende man jetzt ganze Komplexe in kondensierter Form.

Der weitere Verlauf des Essays bringt eine kleine Polemik gegen Reinhard Keiser, Telemann und Mattheson, die den Wunsch hatten, Themen zu schreiben, die jedermann bekannt schienen, „in der leichten Art der Franzosen". Sie hätten damit, wie so oft das Mittelmaß, größeren Erfolg gehabt als die wahrhaft Großen, vor allem als Johann Sebastian Bach. Und er kann es sich nicht versagen, bei dieser Gelegenheit den von ihm allezeit gering geschätzten Musikwissenschaftlern einen Nasenstüber zu geben: „So leben diese Musiker nur von Gnaden des Interesses, das die Musikwissenschaftler an toter, verwester Materie haben."

Für die Brahms'sche Kunst, aus kleinen thematischen und motivischen Keimzellen große Formen und Formzyklen wie die viersätzigen Symphonien zu bauen, bringt Schönberg Beispiele. Mindestens ebenso sehr aber interessiert ihn Brahms' Neigung zu asymmetrischen Gestalten. Er findet Verbindungen von Phrasen ungleicher Länge, von Taktgruppen, die nicht nach akademischer Regel durch 8, 4 oder 2 teilbar sind, schon in ganz frühen Werken wie dem Streichsextett in B-dur, opus 18, und dem Scherzo des G-dur Streichsextetts, opus 36. Dann wendet sich seine Untersuchung den populärsten Kompositionen von Brahms zu, den Liedern. Und er findet etwa in der „Feldeinsamkeit" die Übernahme von Vers-Metren in die Musik. Er stellt dann fest, daß Brahms in anderen Fällen solche Übernahmen noch übertrifft und nennt dafür als Beispiel „An die Nachtigall". Der Brahms-Essay gibt ihm Gelegenheit zu bestätigenden Feststellungen nicht nur in Kompositionen von Mozart und Beethoven, sondern auch solchen von Anton Bruckner und Gustav Mahler. Für manche dieser kompositorischen Feinheiten und Raffinements prägt er die Formel von den „subkutanen Schönheiten".

Er kommt dann auf gewisse rhythmische Erneuerungen zu sprechen, die Brahms von Beethoven und Mozart übernommen und erweitert hat. Dabei meint er, man könne den Gedanken nicht von der Hand weisen, das geistige Vergnügen, das durch strukturelle Schönheiten verursacht werde, komme dem Vergnügen an Gefühlswerten gleich. Brahms habe das unermeßliche Verdienst, in diesen Dingen über rein technische Prozeduren hinausgegangen zu sein. Und dann nennt er als Beispiel den dritten der Vier ernsten Gesänge „O Tod, wie bitter bist du", in dem Eingebung und Vollendung schöpferisch vereint seien.

Es gebe keine Zweifel, daß Brahms gern seine Ideen ausgearbeitet habe, die er Gnadengeschenke nannte. Für einen trainierten Geist sei harte Arbeit keine Tortur, sondern eher ein Vergnügen. Und wenn ein Mathematiker oder Schachspieler mit seinem Hirn Wunder tun könne, warum nicht ein Musiker. Ein Improvisator müsse planen, bevor er spiele, und Komponieren sei eine verlangsamte Improvisation; mitunter könne man nicht rasch genug schreiben, um mit dem Strom von Gedanken Schritt zu halten. Ein Handwerker aber liebe es, bewußt zu produzieren, er sei stolz auf seine Fingerfertigkeit, auf die Wendigkeit seines Geistes, seinen feinen Gleichgewichtssinn, seine unfehlbare Logik, die Vielfalt seiner Variationen und schließlich auf die Tiefe seiner Gedanken und seiner Fähigkeit, zu den entferntesten Konsequenzen seiner Gedanken vorzudringen. Wichtig sei auch, sich klar zu machen, daß Brahms, ohne dabei Schönheit und Gefühl zu opfern, in einer Zeit, als alle Welt an Ausdruck glaubte, ein Feld beackerte, das ein halbes Jahrhundert lang vernachlässigt war.

Überraschend genug läßt Schönberg den Brahms-Essay, der mit 50 Druckseiten zu seinen umfangreichsten theoretischen Arbeiten gehört, in eine Vision münden. Was, so überlegt er, wäre geschehen, wenn Brahms außer seinen Liedern, Kammermusiken und Sinfonien auch dramatische Werke geschrieben hätte? Seine Beiträge zu einer ungehemmten musikalischen Sprache müssten dem Opernkomponisten die Überwindung metrischer Schwierigkeiten in der Prosa seines Librettos leicht machen. Dem Sänger werde die Möglichkeit zu singen und gehört zu werden, gesichert, er sei nicht gezwungen, auf einem einzigen Ton zu rezitieren, sondern habe es mit interessanten melodischen Linien zu tun. Dieser Schluß richtet sich gegen einige Mängel in Wagners Deklamation und in der relativen Überinstrumentierung seiner Musikdramen. So gibt Schönberg Brahms die Aussicht, spätere dramatische Kompositionen durch sein stilistisches Vorbild zu befruchten.

Daß Brahms manchmal daran gedacht hat, Opern zu schreiben und daß er Calderóns „Lautes Geheimnis" und Carlo Gozzis „König Hirsch" (den später Hans Werner Henze komponiert hat) als mögliche Stoffe in Erwägung zog, hat Schönberg offenbar nicht gewußt.

In anderen Zusammenhängen hat Brahms ihn seit 1920 immer wieder beschäftigt. Zum erstenmal in dem Plan einer Instrumentationslehre, den er später aufgegeben hat, weil er fand, Instrumentation sei ein Teil der Komposition. Im Entwurf wird das Andante aus Brahms' Klavierquartett in g-moll angeführt. Mit diesem Werk sollte er sich später noch ausführlicher beschäftigen. Unter Notizen, die zwischen 1930 und 1034 entstanden sind, findet sich auch ein Text über „Triolen und Quartolen bei Bach und Brahms". 1931 schrieb er in Berlin den Aufsatz „Nationale Musik", der uns als Ausdruck des Schönbergschen Kulturnationalismus schon beschäftigt hat. Er nennt als seine Lehrmeister in erster Linie Bach und Mozart, in zweiter Beethoven, Brahms und Wagner. Gelernt habe er von Brahms:

1. Vieles von dem, was mir durch Mozart unbewußt zugeflogen war, insbesondere Ungradtaktigkeit, Erweiterung und Verkürzung der Phrasen
2. Plastik der Gestaltung: Nicht sparen, nicht knausern, wenn die Deutlichkeit größeren Raum verlangt; jede Gestalt zuende ausführen
3. Systematik des Satzbildes
4. Ökonomie und dennoch: Reichtum.

In diesem bedeutenden Aufsatz erscheint dann die Formulierung: „Meine Originalität kommt daher, daß ich alles Gute, das ich je gesehen, sofort nachgeahmt habe."

1933 entstand dann der erste Entwurf des oben ausführlich behandelten Brahms-Essays. Vier Jahre später, vom 2. Mai bis 19. September 1937, orchestrierte Schönberg das g-moll-Klavierquartett opus 25.

An dem Brahms'schen Notentext ist nichts geändert. Schönberg übertrug lediglich die Stimmen der drei Streicher und den Klaviersatz auf ein großes

Orchester der üblichen Brahms'schen Besetzung. Das Ergebnis hat wahrhaft sinfonischen Charakter; Schönberg selbst sprach scherzend von „Brahms' Fünfter". Die Uraufführung fand am 7. Mai 1938 in Los Angeles unter Leitung von Otto Klemperer statt. Dem Kritiker Alfred V. Frankenstein vom San Francisco Chronicle, der Schönberg über diese Bearbeitung befragt hatte, antwortete er am 18. März 1939:

„Meine Gründe:

1. Ich liebe das Stück.
2. Es wird selten gespielt.
3. Es wird immer sehr schlecht gespielt, weil der Pianist desto lauter spielt je besser er ist, und man nichts von den Streichern hört. Ich wollte einmal alles hören, und das habe ich erreicht.

Meine Absichten:

1. Streng im Stil von Brahms zu bleiben und nicht weiter zu gehen als er selbst gegangen wäre, wenn er heute noch lebte.
2. Alle diese Gesetze sorgfältig zu beachten, die Brahms befolgte, und keine von denen zu verletzen, die nur Musiker kennen, welche in seiner Umgebung aufgewachsen sind.

Wie ich das gemacht habe:

Ich bin seit fast 50 Jahren mit dem Stil von Brahms und seinen Prinzipien gründlich bekannt. Ich habe viele seiner Werke für mich selbst und mit meinen Schülern analysiert. Ich habe als Violaspieler und Cellist dieses Werk und viele andere oft gespielt: ich wußte daher, wie es klingen soll. Ich hatte nur den Klang auf das Orchester zu übertragen, und nichts sonst habe ich getan.

Natürlich gab es da viele schwere Probleme. Brahms liebt sehr tiefe Bässe, für welche das Orchester nur eine kleine Zahl von Instrumenten besitzt. Er liebt volle Begleitung mit gebrochenen Akkordfiguren, oft in verschiedenen Rhythmen. Und die meisten dieser Figuren können nicht leicht geändert werden, weil sie in seinem Stil gewöhnlich strukturelle Bedeutung haben. Ich glaube, ich habe diese Probleme gelöst, aber meine Leistung wird unsern heutigen Musikern nicht viel bedeuten, weil sie die Probleme nicht kennen; und wenn man ihnen sagt, daß es solche gibt, interessiert es sie nicht. Mir aber bedeuten sie was."

Auch in späteren Schriften der 40er Jahre wird immer wieder Brahms genannt. „Eartraining through Composing", Ende 1939 geschrieben, enthält den Hinweis, daß bei Mozart und Brahms bestimmte Wirkungen dadurch hervorgerufen werden, daß die Harmonie der Melodie widerspricht; wer nur auf die Melodie hört, sei verloren. In demselben Aufsatz nennt Schönberg das Thema der Brahms'schen Haydn-Variationen, dessen erster Abschnitt aus einer Periode von zehn Takten besteht, die im ersten Takt charakteristisch unterteilt ist. Das in den Variationen nicht wiederzuerkennen, sei schwer. Ferner sei der dritte Abschnitt darin ungewöhnlich, daß er verlängert werde. Bei erstem Hören könne niemand alle Feinheiten der Brahms'schen Variationstechnik, der harmonischen und kontrapunktischen Verbindungen, der vielen Arten, auf welche er die Unebenheit seiner Fünftaktabschnitte behandelt, begreifen.

In dem Aufsatz „Criteria for the Evaluation of Music" erinnert Schönberg daran, daß die Brahms-Schule heftig gegen die Neudeutsche Schule kämpfte. Grundlage ihrer Haltung war der Standpunkt, unveränderte Wiederholung sei billig. Schönberg wirft dann russischen Komponisten wie Rimsky-Korsakoff und Tschaikowsky vor, sie hätten durch das Mittel der Sequenz eine sonst annehmbare Technik schlecht angewandt. Sogar im Zusammenhang mit populärer amerikanischer Musik findet Schönberg ein freundliches Wort für die Komponisten, die ihren Respekt vor traditionellen Verfahren wie denen in Brahms' Symphonien mit volkstümlichen Themen bewiesen hätten. Und schließlich nennt er Brahms' Zigeunerthemen in dem Aufsatz „Folkloristische Symphonien", den er 1947 für die von Josef Rufer und mir herausgegebene Zeitschrift „Stimmen" schrieb. „Wenn Brahms manchmal solche Melodien einer Komposition einverleibt, dann ist gewöhnlich die Konstruktion nicht komplizierter als etwa die einer Walzerreihe oder einer Quadrille. In Werken einer höheren Organisation aber fügt er seinen eigenen Themen etwas von solchem Charakter bloß als Würze hinzu. Doch er hat es nicht nötig, in fremde Gebiete einzudringen, um ungewöhnliche Melodien hervorzubringen, was zum Beispiel im letzten Satz des Streichquintetts in G-dur der Fall ist."

Im weiteren Verlauf dieses Aufsatzes behandelt Schönberg einen seiner Lieblingsbegriffe, den der „entwickelnden Variation". Als Beispiel dafür nennt er den Anfang von Beethovens c-moll-Symphonie, und Noten illustrieren, was er meint. Aus dem Zusammenhang aber erhellt, wie stark diese Satztechnik Brahms verpflichtet ist.

Die Niemann-Generation sah in Brahms' Musik den Übergang von rein symphonischen Prozeduren zu Techniken der Variation. Auch dafür hatte Beethoven Präzedenzfälle geliefert: das Finale der „Eroica" und, als einen noch komplexeren: das Chorfinale der Neunten Symphonie.

Es fiel Schönberg, trotz seiner frühen Voraussicht, schwer, die Gefahr, in der er schwebte, ganz zu erkennen. Am 30. Januar 1933 war Adolf Hitler zur Macht gekommen. Der Antisemitismus, der bis dahin in Deutschland Privatsache gewesen war, hatte nun offizielle Geltung. Bei der Rückkehr aus Wien und Frankfurt fand Schönberg eine kulturpolitische Lage vor, die sich zum Kampf Aller gegen Alle zuspitzte. Noch am 20. Februar ging an Casals ein ruhiger, heiterer Brief, der dem großen Cellisten das Monn-Konzert zur Uraufführung anbietet: „Das Stück ist in gewisser Hinsicht weniger solistisch, als ein Konzert von Monn wäre; denn sehr oft ist die Funktion des Cellisten etwa die eines Solisten in einer Kammermusik, durch dessen brillantes Spiel ein sehr schöner, interessanter Klang entsteht. Im übrigen war es meine Hauptsorge, die Mängel des Händelstils . . . zu beseitigen. So wie Mozart es mit dem Messias von Händel getan hat, so habe auch ich hier ganze Hände voll Sequenzen . . . entfernt und durch echte Substanz ersetzt. Dann habe ich mich bemüht, den anderen Hauptmangel des Händel-Stils zu bekämpfen. dort ist nämlich das Thema immer beim ersten Auftreten am besten und wird im Laufe des Stückes immer unbedeutender und geringer." Diese Gedanken entsprechen genau solchen, die Schönberg bei der Analyse Händelscher Werke äußerte. Er war entsetzt, wenn man Händel mit Bach oder auch mit Haydn und Mozart in einem Atem nannte.

Im Januar und Februar entstanden drei Lieder, deren Texte einem Gedichtband von Jan Jakob Haringer entnommen sind. „Mädchenlied", „Sommermüd" und „Tot". Wie der amerikanische Verleger Bomart Music Publications behauptet, hatte Schönberg diese drei streng zwölftönigen Stücke völlig vergessen; nur einige Freunde erinnerten sich daran. So bekamen sie, als sie 1948 veröffentlicht wurden, die Opuszahl 48.

Am 8. Februar, als Schönberg verreist war, fand in der Hochschule für Musik ein interner Vortragsabend mit Werken aus der Kompositionsklasse von Walter Gmeindl statt. Man spielte ein Streichquartett von Max Jarczyk (der später zur leichten Musik überging und unter dem Namen Michael Jary höchst erfolgreich wurde). Danach stand der alte Komponist Paul Graener auf und rief (laut Bericht des Völkischen Beobachters vom 10. Februar 1933) „Meine Damen und Herren! Dieses klägliche Gestammel wagt man Ihnen als deutsche Kunst an einer deutschen Hochschule für Musik zu bieten. Ich protestiere dagegen als deutscher Künstler." Professor Georg Schünemann berichtete darüber bei der nächsten Senatssitzung der Preußischen Akademie der Künste am 16. Februar. Der Senat nahm mit Befremden davon Kenntnis und mißbilligte das Verhalten

Graeners, der nach seinem Zwischenruf, begleitet von sechs Gesinnungsgenossen, den Hochschulsaal verlassen hatte. Aber schon am 1. März erklärte Präsident Max von Schillings in einer Sitzung der gleichen Akademie, der jüdische Einfluß müsse gebrochen werden. Schönberg verließ die Sitzung, teilte am 20. März der Akademie seinen freiwilligen Rücktritt mit und bat lediglich um Erfüllung des Vertrages, der bis zum 30. September 1935 lief, Erstattung der Kosten für die Rückkehr nach Wien und Bewilligung der Ausfuhr des Geldes ins Ausland.

Scheinbar sorglos klingt ein Brief Gertrud Schönbergs vom 11. März an die Schwester Mitzi. In Berlin sei herrliches Wetter, die kleine Nuria fahre täglich aus, sie selbst wollten zum italienischen Musikfest, das für Mai in Florenz vorbereitet wurde. Die Wohnung hätten sie zu Ende März gekündigt und wüßten nicht, ob sie doch noch jetzt eine nehmen oder erst im Herbst suchen sollten. Vielleicht würden sie sich doch mit dem Hausherrn einigen. Im übrigen wolle Kolisch mit seinem Quartett am 17. März ein Konzert geben, doch sei noch ungewiß, ob es zustande komme. Es kam nicht mehr zustande. Im postscriptum fügt Schönberg hinzu, die paar Tage in Wien seien nahezu ungetrübt schön gewesen und im Sommer wollten sie gern mit Mitzi zusammen sein. Auch dieser Plan wurde illusorisch.

Trotz der bitteren Erfahrungen, vielleicht aber auch nur, um sich und seine Familie zu schützen, richtete Schönberg am 31. März eine offene Karte an die Universal-Edition, auf der er die „Greuel-Propaganda" des Auslandes kritisiert. Erst nach einer Warnung durch den Schwager Kolisch, der aus Florenz telegraphisch „Luftveränderung" empfahl, entschloß er sich, Berlin zu verlassen. Am 17. Mai fuhr er mit Gertrud und dem Töchterchen Nuria, das gerade ein Jahr alt geworden war, nach Paris. Kaum angekommen, schrieb er am 18. Mai an die Akademie: „Da ich in einer Verlagsangelegenheit hierher reisen mußte, habe ich mich entschlossen, meinen Urlaub dieses Vertragsjahres damit zu verbinden. Voraussichtlich werde ich, wegen meines Asthmas, wieder in Spanien bleiben. Die nähere Adresse erlaube ich mir dann gelegentlich mitzuteilen.

Ich bin diesmal vom 1. Juni 1932 bis 16. Mai ununterbrochen in Berlin gewesen, und da ich von den früheren Dienstjahren noch eine *Mehrleistung von zwei Monaten ‚guthabe'*, ist meine lange (wegen Krankheit) Abwesenheit des Vertragsjahres 1931 dadurch reichlich eingebracht.

Ich empfehle mich mit vorzüglicher Hochachtung

Arnold Schönberg

NB Briefe erreichen mich über Berlin."

In Paris erreichte ihn, von Berlin nachgesandt, der eingeschriebene Brief, durch den die Akademie ihm am 23. Mai mitteilte, der Kultusminister habe sie ermächtigt, ihn „als Verwalter einer Meisterschule für musikalische Komposition mit sofortiger Wirkung zu beurlauben". Der Minister behalte sich weitere Bestimmungen vor. Vergeblich hatte Wilhelm Furtwängler in einem offenen Brief an den Propagandaminister Dr. Josef Goebbels in der Vossischen Zeitung am 11. April gegen die Ausschaltung hervorragender jüdischer Künstler protestiert.

Schönbergs Abreise glich einer Flucht. Nur Reisegepäck wurde mitgenommen. Die Schwester Ottilie und ihr Mann, der Schriftsteller Oskar Felix, übernahmen es, den Haushalt am Nürnberger Platz aufzulösen und die zur Ausfuhr der Möbel nötigen Bescheinigungen zu beschaffen. Schönbergs bewegliches Eigentum wurde viel später nach Kalifornien geschickt.

In Paris stieg die Familie im Hotel Regina, 192, Rue de Rivoli, ab. Ende Mai fragte Schönberg mit einer Karte bei Fritz und Erika Stiedry an, was sie planten. Sie selbst wollten für die Dauer des Urlaubs (!) „eventuell weiter nach Süden, vielleicht wieder nach Spanien". Da die Kinderschwester erst am nächsten Tag kommen werde, hätten sie von Paris noch nichts gesehen, fänden es aber auch so schön. Der Aufenthalt in Paris dauerte bis Ende Juli. Um diese Zeit nahm Schönberg den Briefwechsel mit der Universal Edition wieder auf. Am 14. Juli ging ein Telegramm nach Wien: „Benötige wegen Banksperre dringend 1500 Mark Vorschuß oder Darlehen" und am 20. Juli: „Höchste Geldnot, schon 2 Hotelrechnungen schuldig". Die Antwort des Verlags, es sei gelungen, 3000 Francs freizubekommen, erfolgte am selben Tag.

Am 24. Juli tat Schönberg einen Schritt, der geistig seit vielen Jahren vorbereitet wurde. Schon die Dichtung der „Jakobsleiter", die am 18. Januar 1915 im ersten Entwurf niedergeschrieben worden war und deren Reinschrift das Datum des 26. Mai 1917 trägt, ruht auf biblischen Grundlagen. Der Titel und Elemente des Inhalts stammen aus dem ersten Buch Mose. 1917 schrieb Schönberg große Teile der Partitur, die ihn bis 1922 mehrfach beschäftigte, aber unvollendet geblieben ist.

Jüdische Fragen behandelte das Drama „Der biblische Weg", das am 17. und 18. Juni 1926 entworfen und in zweiter Fassung am 12. Juli 1927 geschrieben wurde. Ein Jahr später, am 3. Oktober 1928, begann und am 16. Oktober beendete Schönberg den Text der Oper „Moses und Aron", der sich auf das 2. und 4. Buch Mose stützt. Von 1930 bis 1932 entstand die Musik zu den beiden ersten Akten der Oper.

Die Ereignisse von 1933 und den folgenden Nazijahren hatte Schönberg vorausgeahnt, als er am 4. Mai 1923 an Wassily Kandinsky schrieb: „Wozu aber soll der Antisemitismus führen, wenn nicht zu Gewalttaten? Ist es so schwer, sich das vorzustellen?" Nun war er durch den Präsidenten der Akademie, die ihm eine Meisterklasse anvertraut hatte, als unerwünscht bezeichnet worden und hatte die Konsequenz daraus gezogen. Der folgerichtige nächste Schritt bestand darin, der Glaubensgemeinschaft wieder beizutreten, die er in Wien am 21. März 1898 verlassen hatte. 35 Jahre später wurde er in Paris wieder Jude. Ein Zeuge der Zeremonie war Marc Chagall.

Kurz danach übersiedelte die kleine Familie nach Arcachon, einem atlantischen Badeort in der Gironde, nicht weit von Bordeaux. Sie wohnten in der Villa Stresa, Avenue Rapp.

Schönberg beschäftigte sich nun methodisch mit dem Judenproblem. Am 12. und 13. August schrieb er den Entwurf für eine Jüdische Einheitspartei nieder, der später in Amerika einen Teil des großen Manuskriptes über ein Jewish Four Points Program bildete. Auch mehrere andere Schriften zur Judenfrage entstanden in diesen ersten Monaten des Exils. An den Vetter Hans Nachod in London schreibt er aus Arcachon am 18. September 1933, daß er sich mit der Absicht trage, das Judentum zu einer gemeinsamen Aktion zu vereinigen. Er glaube aber, zuerst besser den Weg der eigenen Presse zu zu gehen: „Eine Geldfrage, sonst würde ich lieber als Versammlungsredner reisen. Selbstverständlich möchte ich gern mit einer großen Tageszeitung beginnen". Ob Nachod unter seinen Bekannten Geldleute, Verleger, Idealisten habe, die da helfen könnten. Die Zeitung solle mehrsprachig erscheinen, Deutsch, Jiddisch und Hebräisch, vielleicht auch Englisch, Französisch und Russisch.

In einem späteren Brief an Nachod erklärt er, kein Zionist zu sein, sondern eine jüdische Einheitspartei gründen zu wollen. Für Webern hatte er am 4. August 1933 noch deutlicher formuliert:

„Du hast Recht, daß es schwerfällt, in dieser Zeit unaktiv zu bleiben. Allerdings stellen sich die Umstände zu einer Aktivität für mich anders als für Dich. Ich bin seit vierzehn Jahren vorbereitet auf das, was jetzt gekommen ist. Ich habe mich in dieser langen Zeit gründlich darauf vorbereiten können und mich, wenn auch schwer und mit vielen Schwankungen, schließlich definitiv von dem gelöst, was mich an den Okzident gebunden hat. Ich bin seit langem entschlossen, Jude zu sein, und Du wirst mich auch manchesmal von einem Stück haben sprechen hören, über welches ich noch nichts Näheres sagen konnte, in welchem ich aber die Wege für eine Aktivität des nationalen Judentums gezeigt habe. Nunmehr bin ich vor einer Woche auch offiziell wieder in die jüdische Religionsgemeinschaft zurückgekehrt, obwohl mich davon nicht die Religion trennt (wie ja mein ‚Moses und Aaron' zeigen wird), wohl aber meine Auffassung über die Notwendigkeit der Anpassung der Kirche an die Forderungen der modernen Lebensführung.

Es ist meine Absicht, mich aktiv an solchen Bestrebungen zu beteiligen. Ich halte das für mich wichtiger als meine Kunst, und bin entschlossen – wenn

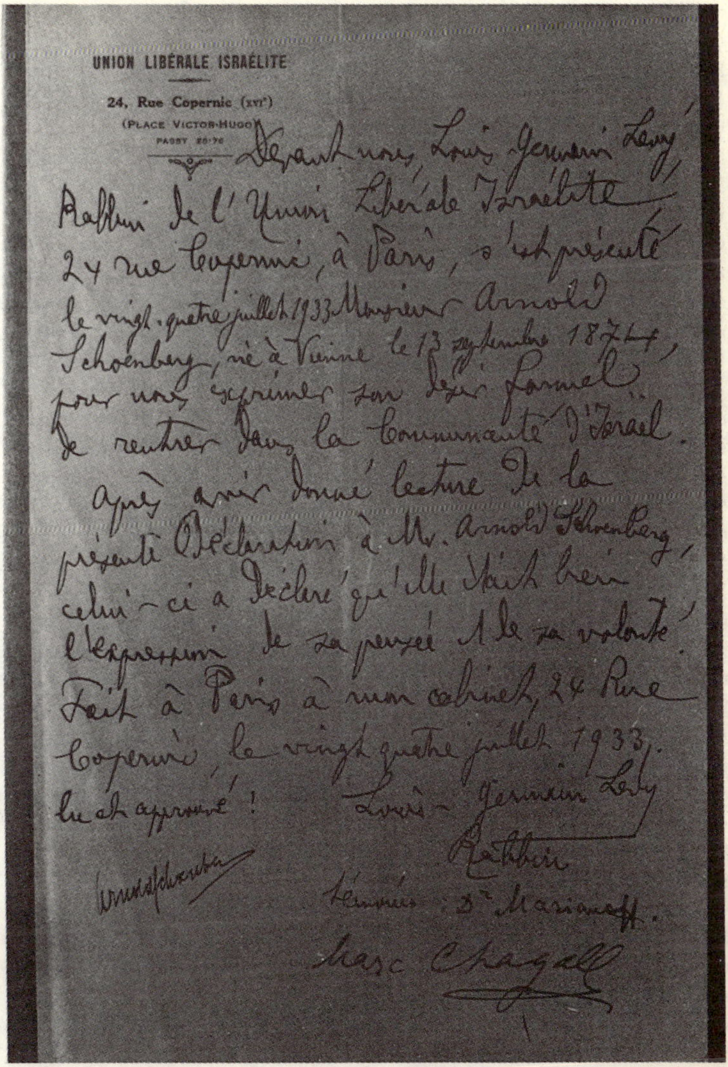

UNION LIBÉRALE ISRAÉLITE

24, Rue Copernic (XVIe)
(Place Victor-Hugo)
Passy 20-76

Devant nous, Louis Germain Lévy
Rabbin de l'Union Libérale Israélite
24 rue Copernic, à Paris, s'est présenté
le vingt-quatre juillet 1933 Monsieur Arnold
Schoenberg, né à Vienne le 13 septembre 1874,
pour nous exprimer son désir formel
de rentrer dans la Communauté d'Israël.
Après avoir donné lecture de la
présente Déclaration à M. Arnold Schoenberg,
celui-ci a déclaré qu'elle était bien
l'expression de sa pensée et de sa volonté.
Fait à Paris à mon cabinet, 24 Rue
Copernic, le vingt-quatre juillet 1933.

Lu et approuvé !

Louis-Germain Lévy
Rabbin

Témoins : Dr Marianoff.
Marc Chagall

Urkunde zu Schönbergs Wiedereintritt in die jüdische Glaubensgemeinschaft, Paris 1933. Einer der beiden Zeugen war der Maler Marc Chagall.

ich für solche Tätigkeit geeignet bin –, nichts anderes mehr zu machen als für die nationale Sache des Judentums zu arbeiten. Ich habe damit auch bereits begonnen und habe in Paris für meine Idee fast überall Zustimmung gefunden. Mein nächster Plan ist, eine große Tournee durch Amerika zu machen, aus welcher vielleicht eine Weltreise werden wird, um Hilfe für die Juden in Deutschland zu werben. Man hat mir wichtige Unterstützung zugesagt. Es geht etwas langsam vorwärts. Denn, wie es immer bei mir gewesen zu sein scheint: wer von dem, was ich ihm gesagt habe, einen Eindruck empfangen und mir geglaubt hat, ist selten imstande, diesen Eindruck einem Dritten zu vermitteln und ihn zu glauben zu bewegen: denn es liegt wohl nicht nur am Wortlaut, sondern auch am Vortrag, daß sich so schwer wiedergeben läßt, was ich gesagt habe; und so bleibt der Dritte skeptisch, solange bis er mich selbst gesprochen hat. Ich werde eben in großen Versammlungen und im Radio sprechen müssen."

Den Brief schickte Webern an Berg, der ihn am 26. August zurückgab und dazu bemerkte: „Er hat mich tief erschüttert. Selbst wenn ich seine Abkehr vom Okzident *menschlich* für möglich halte (ich glaub's ja nicht, oder zumindest seine Zuwendung zum *Orient* halte ich nicht für möglich), so besteht für mich die unerschütterliche Tatsache seines musikalischen Schaffens, für die es nur *eine* Bezeichnung gibt: deutsch."

Kompositorische Arbeit trat hinter diesen politischen Plänen nicht ganz zurück. In Berlin hatte Schönberg Anfang Mai eine „freie Umgestaltung" des siebenten Concerto Grosso aus Georg Friedrich Händels opus 6 als Konzert für Streichquartett und Orchester begonnen. Die beiden ersten Sätze tragen die Enddaten 10. und 12. Mai. Über die Wiederaufnahme dieser Transkription berichtet eine Karte an Alban Berg vom 15. September: „Es ist eine sehr mühselige Arbeit. Ich brauche etwa 4–5 mal solang dazu, als ich gedacht habe und etwa 8–10 mal so lang, als dafür steht. Aber zum Schluß wird es dann doch ein ganz gutes Stück werden, und ich darf sagen, daß es nicht das Verdienst Händels ist. Das Stück hat mir anfangs besser gefallen." Aus Berlin, fügt er hinzu, habe er doch wieder Geld bekommen; im Ausland rühre sich nichts.

Zu den Enttäuschungen dieser Notzeit kam auch die negative Antwort von Pablo Casals, den Schönberg am 22. September bat, die geplante Uraufführung des ihm gewidmeten Cellokonzerts nach Matthias Monn in London vom Oktober auf den 29. September vorzuverlegen. Schönberg, der dirigieren sollte, versprach sich davon weitere Engagements. Das Ganze zerschlug sich. Casals hat das Werk nur einmal bei einer Privataufführung in seinem Haus in Barcelona gespielt; die öffentliche Uraufführung machte am 7. Dezember 1935 Emanuel Feuermann bei der British Broadcasting Corporation in London. – Von den deutschen Schülern hielt Winfried Zillig auch in diesen Jahren Schönberg die Treue. Schönberg dankte ihm am 23. September in einem sonst recht deprimierten Brief. Er hatte wenige Tage vorher aus Berlin die Kündigung der Akademie bekommen, durch die seine Tätigkeit am 31. Oktober 1933 beendet wurde. Die letzte Gehaltszahlung erfolgte am 1. Oktober.

Zu den eigenen Sorgen aber traten noch weitere. Der Sohn Georg wollte Mödling verlassen. Er korrespondierte darüber mit Schönbergs ehemaligem Schüler Rudolf Goehr, der in Paris lebte und sich um Schönberg freundschaftlich kümmerte. Er hatte Arbeit für Georg, dem der Vater sofort durch die Universal Edition das Reisegeld anweisen ließ. „Ich freue mich sehr, daß Sie Görgi brauchen können", schrieb Schönberg am 25. September an Goehr, und fragte ihn, ob nicht in seinem Haus, wo auch noch andere Bekannte wohnten, ein möbliertes Appartement zu haben sei, 2–3 Schlafzimmer, Salle à manger, petit salon. Dann aber gingen Schönbergs am 30. September doch wieder ins Hotel Regina; die Wohnung war zu teuer.

Im Ausland aber rührte sich nun etwas. Schon an Zillig hatte Schönberg von einer kleinen Aussicht in Amerika berichtet. Der Cellist Joseph Malkin, einer der Brüder, die in den zwanziger Jahren ein berühmtes Klaviertrio bildeten, gründete in Boston ein Konservatorium. Er hatte von Schönbergs Flucht aus Berlin gehört. Durch den Kritiker Olin Downes bekam er endlich seine Adresse. Er bot Schönberg eine Kompositionsklasse an. Dieser sagte zu. Am 6. September traf in Arcachon Malkins glückliches Telegramm ein, das den Brief mit Kontrakt ankündigte. Am 28. kam ein weiteres Telegramm, in dem Malkin zusagte, nach Erhalt des von Schönberg unterschriebenen Vertrages, Geld auf einer Bank zu deponieren. Er bat um das Datum der Ankunft in New York und um die Erlaubnis, für Schönberg einen großen Empfang zu arrangieren. Schönberg zögerte mit der Antwort. Malkin fragte, ob er am 18. Oktober mit der „Degrasse" reisen werde. Am 5. Oktober kam ein letztes Telegramm, diesmal in deutscher Sprache (die früheren waren englisch oder französisch): „einjährige vertragliche bindung einverstanden 75 % für sie falls 36 schüler überschritten für einzelstunden gleichfalls massenvorlesungen jederzeit möglich organisieren reingewinn für sie stop reise extra bezahlen bei bestem willen unmöglich vorschuß für herreise gewährt beste kabinen degrasse für spezialpreis zugesagt sofortige telegraphische antwort dringend erbeten auch bezüglich dampfer und abreisetag malkin."

Schönbergs Entschluß stand nun fest. In Europa hielt ihn nicht viel. Nur Edward Clark, der an der British Broadcasting Corporation die Sache der zeitgenössischen Musik vertrat, und dem Schönberg aus Paris eine verzweifelte Postkarte schickte, hatte einige Angebote gemacht. Am 24. November sollten der „Pierrot Lunaire" und die Suite opus 29 in einem öffentlichen Konzert aufgeführt werden, das am 29. in der Queen's Hall wiederholt würde. Unter seiner Leitung sollten Erika Wagner, das Kolisch-Quartett, Eduard Steuermann, der Flötist Murchie und die besten Klarinettisten mitwirken. Schönberg sagte ab, ordnete, was in Paris zu ordnen war und bereitete die Trennung von der Alten Welt vor. Der Abschiedsbrief an Josef Rufer ist in Paris am 24. Oktober geschrieben. Am 25. begann die Reise auf der „Ile de France". Am 31. legte man in New York an.

Nun überstürzten sich die Ereignisse. Vom ersten Tage an war Schönberg in den Wirbel zweier Großstädte gezogen, die ihn beide für sich beanspruchten. Denn Malkin hatte nach Abschluß des Vertrages vereinbart, daß Schönberg in Boston und New York unterrichten werde. Sein Konservatorium war in einem schönen kleinen Patrizierhaus der Bostoner Beacon Street, Hausnummer 299, Ecke Exeter Street, untergebracht.

In der Verlängerung dieser Beacon Street nach dem Stadtteil Brookline kamen Schönbergs komfortabel unter. Das Haus Nr. 1284, genannt Pelham Hall, war 1925 gebaut und bestand aus modernen möblierten Wohnungen. Die kleinsten mit einem Zimmer und Bad kosteten 25 bis 30 Dollar monatlich. Schönberg mietete das Appartement 720. Pelham Hall galt damals als eines der drei besten derartigen Appartement-Häuser in Groß-Boston. Es hatte Hotel-Service mit Portier, Stubenmädchen, Wäsche-Wechsel und Telephon in jedem Appartement. Hier wohnte die Schönberg-Familie, nachdem sie die ersten Tage im Copley Plaza Hotel verbracht hatte, bis zum 26. März 1934. Gleichzeitig mieteten sie eine Suite in dem New Yorker Ansonia Hotel, Broadway Ecke 73. Straße, auf der Westseite nicht weit vom Central Park. Malkin erzählt in seinen Memoiren:

„Die Sensation bei der Nachricht von der Ankunft des großen Meisters am 31. Oktober 1933 war kaum glaublich. Monatelang waren alle Zeitungen in Amerika und Europa voll von Geschichten über ihn . . .

Um Schönberg in New York einzuführen, veranstalteten wir eine öffentliche Vorlesung zu populären Preisen in der New School for Social Research. Im Gegensatz zu den Wiener Skandalen war Schönbergs Vortrag eine Quelle der Erheiterung und des Gelächters. Erstens war sein Englisch keineswegs vollkommen. Meinen Versuch, seinen Text korrigieren zu lassen, wies er zurück. Es sollte Schönberg sein und nichts anderes. Als er auftrat, wurde er durch eine längere Ovation begrüßt. Die Luft war gespannt von Erwartung. Alle wollten ihn sprechen hören. Auf den Lautsprecher vertrauend sprach er sehr leise. Ich stellte mit Unbehagen fest, daß der Lautsprecher nicht funktionierte und wir konnten ihn kaum hören. „Lauter, lauter", kam es aus allen Ecken des Saals. Da Schönberg keine Stentorstimme hatte, bat er die Leute, ganz nahe ans Podium zu kommen. Gegen Ende des Vortrags funktionierte der Lautsprecher, und zu aller Entzücken hörte man folgende Geschichte. Nach einem Konzert in Rom, wo Schönberg eigene Werke dirigierte, kam ein Herr ins Künstlerzimmer und beklagte sich, er sei 24 Stunden gereist, um das Konzert zu hören. Er sei völlig enttäuscht, denn zwei Stunden lang habe er nicht einen einzigen Dreiklang gehört. Schönberg erwiderte, es sei töricht gewesen, 24 Stunden wegen eines Dreiklangs zu reisen; den hätte er sicherlich zuhause hören können. Worauf der Herr sich wortlos umgedreht und den Raum verlassen habe.

Bei Gründung des Malkin-Konservatoriums hatte ich unter anderen das Problem, einen Stipendienfond für begabte, mittellose Schüler zu schaffen. George Gershwin, begeistert, daß junge amerikanische Komponisten die Möglichkeit hätten, bei Schönberg zu studieren, gab als erster einen Scheck für ein Stipendium. Leopold Stokowski war der nächste."

Gleich Anfang November mußte Schönberg mit Malkin nach Washington und New York: „Du kannst Dir denken", schreibt er an Gertruds Schwester Mitzi Seligmann-Kolisch, „welche Mühe es macht von 12 h mittags bis 9 h abends des nächsten Tages, also innerhalb 33 Stunden, zwei Eisenbahnfahrten, eine von 5 Stunden und eine von 10 Stunden zu absolvieren." Auf der Reise von Washington erfuhr er durch Malkin, daß das Konservatorium kein Orchester hatte. Er war enttäuscht von der kleinen Musikschule „mit vielleicht 5–6 Klassenzimmern." – Die Gage betrug für die Dauer des Vertragsjahres 4800.– Dollar.

Malkins Schule war tatsächlich ein kleines Unternehmen, vor allem in einer Stadt, die neben der Harvard-Universität und dem Massachusetts Institute for Technology die älteste Musik-Hochschule der Vereinigten Staaten beherbergte, das New England Conservatory. Die Idee der Neugründung ruhte auf der Überzeugung, Musik müsse als eine lebendige Kunst behandelt werden, und beim Unterricht sei nichts wesentlicher als die richtige Atmosphäre und die richtige Haltung dieser Kunst gegenüber. Im Prospekt des zweiten Lehrjahres wird betont, der Lehrkörper bestehe ausnahmslos aus Mitgliedern, die ein professionelles Interesse an Musik hätten, vor allem ausübenden Künstlern. Auch von den Studenten werde aktive Teilnahme an öffentlichen Aufführungen verlangt.

Neben Joseph Malkin und seinem Bruder, dem Pianisten Manfred Malkin, wirkten als Lehrer schon im ersten Jahr der Pianist Egon Petri und der Komponist und Theoretiker Nicolas Slonimsky mit. Im beratenden Komitee findet man die Namen Harold Bauer, Ernest Bloch, Artur Bodanzky, Ernest Schelling, Arthur Fiedler, Ossip Gabrilowitsch, George Gershwin und Frederick Stock.

Schönbergs Flucht aus Deutschland blieb der Welt nicht verborgen. Es ist schwer zu begreifen, daß die großen Musikhochschulen und Universitäten der freien Welt davon monatelang keinerlei Notiz nahmen. Und es bleibt Joseph

Malkins Verdienst, den großen Komponisten und eminenten Lehrer nach Amerika geholt zu haben. Schönberg erwähnt in einem Brief aus Frankreich, in Japan bestünden Tendenzen, ihn zu gewinnen; eine Berufung oder auch nur eine Anfrage liegt nicht vor. Erst als sein Entschluß, nach Boston zu gehen, gefaßt war, sowie nach seiner Ankunft in Amerika, meldeten sich zwei große Lehranstalten. Ernest Hutcheson, Direktor der Juilliard School in New York, bat Schönberg um einen Vortrag. Die Princeton Universität folgte.

Zunächst aber mußte die Tätigkeit bei Malkin entwickelt werden. Schönberg hatte schon von Paris aus am 11. Oktober einen Entwurf geschickt, der sich an seine Wiener Kurse in den Schwarzwald-Schulen 1918/19 anlehnte und den Josef Rufer in seinem Katalog „Das Werk Arnold Schönbergs" 1959 veröffentlicht hat. Er sah dabei vier Kurse vor, zwei – über Formelemente und Bach-Analysen – die sich an ein breiteres Publikum wenden sollten, eine Sprechstunde und einen mit allgemeinen Analysen.

Von diesen Kursen sprach er auch bei den ersten Interviews, die er im November der Tagespresse und der Zeitschrift „Musical America" gab. Er konnte nicht voraussehen, welcher kleine Schülerkreis ihn erwartete.

Das Interesse der Musikkritiker und der amerikanischen Komponisten an Schönbergs Person war lebhaft. Als erste Organisation gab die League of Composers in New York ein Kammerkonzert mit anschließendem Empfang am 11. November. Schönberg hielt eine kurze Ansprache. Auch in der Harvard-Universität in Cambridge bei Boston fand ein Begrüßungsempfang statt, dem aber Schönberg wegen plötzlicher asthmatischer Beschwerden fernbleiben mußte. Am 19. November hielt er seinen ersten englischen Rundfunkvortrag.

Über alle diese Dinge informierte er telegraphisch Webern, später mit einer Karte Alban Berg. Zu ausführlichen Briefen fand er erst im Januar 1934 wieder Zeit.

Die Anfänge am Bostoner Konservatorium waren eine große Enttäuschung. Malkin hatte einen Wettbewerb veranstaltet, der dem Gewinner für die Dauer eines Jahres ein Stipendium zum Studium bei Schönberg brachte. Die Teilnehmer mußten eine Komposition einsenden; die Jury hatte die beste auszusuchen und mit dem Preis zu krönen.

Eine Komponistin gewann: Lois Lautner. In Colorado aufgewachsen, war sie ein geigendes Wunderkind, absolvierte in New York an der späteren Juilliard School in Komposition und heiratete einen Sänger, der in Boston und 1934/1936 an der Berliner Hochschule für Musik Liedgesang studierte. Mehr als dreißig Jahre danach, im Januar 1967 erschien in der Michigan Quarterly Review ein langer Aufsatz, den Frau Lautner aus ihrer Erinnerung an die Zeit des Studiums bei Schönberg geschrieben hat. Er gibt ein teils komisches und teils trauriges Bild von den Schwierigkeiten, mit denen Schönberg in diesem ersten amerikanischen Jahr zu kämpfen hatte. – Die erste Begegnung fand an einem Freitag früh – vermutlich Mitte November 1933 – im Konservatorium statt. Schönberg war heiser, trug einen Schal um den Hals und fragte, bei wem sie Komposition studiert habe. Es war Dr. Percy Goetschius, ein in Stuttgart ausgebildeter Amerikaner, der in Boston und New York unterrichtet hat (1853–1943). „Sie haben etwas bei diesem Mann gelernt", sagte Schönberg mit einem Blick auf Frau Lautners Klaviersonate, die ihr das Stipendium eingebracht hatte. Dann ließ er sie am Klavier modulieren. Melodien harmonisieren und figurierte Bässe ausführen. Für die nächste Stunde bekam sie eine Kontrapunktaufgabe. Als sie später einmal den Anfang eines Streichquartetts brachte, hatte er einiges zu beanstanden, fand aber die englischen Worte nicht. Schließlich dachte er mit geschlossenen Augen einige Zeit nach und ließ sich Bleistift und Notenheft reichen. Dann fing er an „mit unglaublicher Geschwindigkeit zu schreiben". Als sie nicht imstande war, aus seiner Schrift abzuspielen, wurde er ärgerlich. „Er machte eine Geste der Abwehr und der Erbitterung, die ich im Lauf des Jahres noch viele, viele Male sehen sollte ... wann immer er dem Eigensinn toter Gegenstände, dickköpfiger Studenten und der Sinnlosigkeit amerikanischer Gebräuche ausgesetzt war."

Die Lektion mit dem Quartett war lang. Vor dem Klassenzimmer im Erdgeschoß bat die Sekretärin des Konservatoriums Frau Lautner, künftig zu sorgen, daß die Stunden nicht länger als dreißig Minuten dauerten. Denn Schönberg duldete während seines Unterrichts keinen anderen Laut in der Schule. Überdies sei sie ja Einzelschülerin. Auf Frau Lautners Frage, warum, wurde ihr erwidert, die Schönbergschen Stunden seien mit dreißig Dollar zu teuer. Doch über Kürzung des Unterrichts war mit ihm nicht zu reden. So wies man ihm einen Raum im obersten Stock an. Als aber unten ein Sopran zu üben anfing, protestierte der empfindliche Schönberg. Nun fand der Unterricht in seiner Wohnung statt.

Erst im zweiten Semester, also im Februar 1934, kamen drei neue Schüler in die Bostoner Klasse. Einer von ihnen war Lowndes Maury. Er hat mir in zwei Briefen seine Erinnerungen an Schönberg mitgeteilt. Hier die deutsche Zusammenfassung. „Ich kam im Januar 1934 in die Klasse, als Schönberg noch in Boston war. Ich studierte bei ihm nur Komposition. Den größten Eindruck machte er mir durch Analysen Brahms'scher Werke, einmal gab er uns Einblick in sein eigenes 1. Quartett. Nie erwähnte er die Zwölftonmethode, außer um uns zu sagen, wir müßten fest in traditioneller Komposition sein, bevor wir seriell zu arbeiten versuchten. Während des Studiums bei ihm habe ich nichts von Wert geschrieben; er schüchterte mich ein und hemmte meine schöpferischen Fähigkeiten. Ich besprach mit ihm die Pedalisierung seiner Klavierstücke; er sagte: Pedal nur, wenn es vorgeschrieben ist. Eines seiner großen Rezepte, das mich begleitete und alle meine späteren Werke beeinflußte: Schreiben, was MÖGLICH für die Instrumente ist, nicht was WAHRSCHEINLICH ist.

Meine Erfahrungen mit ihm umfaßten nur fünf kurze Monate ... Ich verehre ihn als den größten musikalischen Geist, mit dem ich je in Verbindung war. Auch als einen sehr lieben Menschen, was die folgende Geschichte bezeugt. Um 1948, wie ich in Hollywood als kommerzieller Musiker lebte, fragte mich mein Freund und anderer Kompositionslehrer Wesley La Violette, ob ich nicht mit ihm bei Schönberg eine Probe des 4. Quartetts hören wolle. Natürlich war ich glücklich über die Chance. Schönberg öffnete auf unser Klingeln hin die Tür. Er hatte mich 14 Jahre nicht gesehen und wußte nicht, daß ich komme. Ohne einen Moment zu zögern, gab er mir die Hand und sagte: ‚Mr. Maury, was für ein Vergnügen, Sie zu sehen!'

Maury erwähnt auch, wie Schönberg bei der Bostoner Probe seines „Pelleas" in dem Riesenorchester einen Fehler im 4. Fagott hörte. Gefragt, warum er dieses Werk ausgewählt habe, antwortete er, ein Publikum sei nicht geeignet, seine späten Werke zu hören, wenn es nicht die Entwicklung seines musikalischen Denkens kenne.

Die New Yorker Klasse war umfangreicher. Sie kam jede Woche in einem großen Raum im obersten Stockwerk des Ansonia Hotels zusammen. Schönberg litt unter diesen Reisen: fünfeinhalb Stunden hin, fünfeinhalb zurück, – die Briefe sind voll Klagen über die Strapaze. Und es war nicht nur die Dauer der Reisen, die ihn erbitterte. In New York – so schildert es Frau Lautner – war schönes Wetter. Der Zug war wie ein Krematorium, überheizt wie alle amerikanischen Züge. Stieg er in Boston aus, so fand er Schnee, Nebel und Kälte. Sein Asthma nahm derartig zu, daß er Ende März die Bostoner Wohnung aufgab und nur noch in New York im Hotel Ansonia unterrichtete. „Er verließ unsere kleine Klasse vollkommen, und die Malkins waren gezwungen, uns per Schiff – die billigste Art zu reisen – in den New Yorker Unterricht zu schicken."

Der Lautner-Bericht bringt noch viele Einzelheiten über Schönbergs Unterricht, teils sehr persönlicher, teils sachlicher Art. So, wenn erzählt wird, daß manche Schüler, die eigene Kompositionen vorlegten, von Schönberg zurechtgewiesen wurden, sie sollten Harmonielehre arbeiten. Oder, daß er beanstandete, wenn ohne logischen Grund in einem Satz eine Fuge begann.

Als Beispiele der Kompositionstechnik bei älteren Meistern zog Schönberg Brahms'sche Sätze Mozartschen vor, weil – wie Lois Lautner zitiert – „es bei Mozart nicht ‚zu sehen' nur ‚zu hören' ist. Brahms ist viel leichter zu sehen."

Fast niemals habe er einen Stil vorgeschrieben, nur einmal, als die Lautner eine Invention und eine Fuge brachte, gemeint: „Sie sind eine moderne Frau, nicht? Warum schreiben Sie wie Bach?" Sonst sei es für ihn gleich gewesen, ob ein Schüler einfachen Liedstil oder symphonischen Jazz schrieb; nur innerhalb einer gewählten Sprache ließ er Anachronismen nicht durch.

Immer habe er unter der großen Hitze in amerikanisch überheizten Räumen gelitten; selbst bei eisigem Wind waren in dem Raum des Ansonia-Hotels, wo er unterrichtete, die Türen zum Balkon geöffnet.

Schönbergs Zustand sei allmählich zu einer chronischen Bronchitis geworden. Als im Vorfrühling die New Yorker Straßen halbgefrorene Flüsse waren und die Luft ein giftiger Nebel, sagte er: „Ich kann nicht atmen. Gibt es keine Gegend in Ihrem Land, wo die Luft trocken und warm ist?" Die Lautner habe ihm Arizona vorgeschlagen, aber er habe sich für Kalifornien entschieden.

Als kennzeichnend für seine Hilfsbereitschaft nennt sie ein Gutachten für eine Lehrtätigkeit, um das sie schon nach kurzer Bekanntschaft bat. Er gab es ohne Zögern und empfahl sie 1933 als die beste und begabteste seiner amerikanischen Schüler. Diese Empfehlung habe ihr viel genützt. Nur seien die Schüler viel mehr an Zwölftonreihen interessiert gewesen als an dem, was Schönberg ihr übermittelt hatte: stark erweiterte Auffassung der klassischen Sonaten-Hauptsatz-Form; instrumentalen Satz, der vom Spieler das scheinbar Unmögliche verlangt; Partituren, in denen die Instrumente so geschrieben sind, wie sie klingen.

Die Verfasserin hat selbst bekannt, daß ihr Gedächtnis sie nach mehr als dreißig Jahren oft irregeführt habe. Ihr Bericht ist mit kritischen Vorbehalten zu lesen. Aber er hält Eindrücke fest, die vielfach Schönbergs Charakterbild bestätigen und deren Einzelheiten niemand erfinden konnte, der ihn nicht gut gekannt hat.

Im September hatte Joseph Malkin an Schönberg telegraphiert, das Boston Symphony Orchestra werde ihm Konzerte anbieten. Schönberg kannte Sergej Kussewitzky, den Chefdirigenten des berühmten Orchesters, von einer Berliner Begegnung 1912. In diesen 21 Jahren war Kussewitzky in Paris und Amerika zum Propheten russischer Musik geworden, namentlich Igor Strawinskys. Er gehörte damit für Schönberg zur Gegenpartei, und seine Programme waren in ihrem zeitgenössischen Teil fast ausschließlich der nicht-schönbergischen Moderne zugewandt.

Aber in Boston spürte Schönberg keinen Widerstand von Kussewitzkys Seite. Die Einladung, zu dirigieren, erfolgte bald nach seiner Ankunft. Kussewitzky schlug drei Termine in Boston und Cambridge vor, am 11., 12. und 13. Januar 1934. Das Programm sollte ausschließlich Schönbergsche Musik enthalten, zuerst Bachs Präludium und Fuge in Es-dur, 1928 von Schönberg orchestriert; dann „Pelleas und Melisande" und zum Schluß „Verklärte Nacht". Über eine Probe zu „Pelleas" schreibt Lois Lautner, die ihr mit Gertrud

Schönberg beiwohnte. Offenbar schon erkältet – er litt seit Dezember an Husten – leitete Schönberg sie in einem dicken, langen Pullover. Bei einer Fagottstelle klopfte er ab, drehte sich zu den beiden Frauen um, die oben auf dem Balkon saßen und wollte wissen, ob das Fagott zu hören sei.

Der überanstrengte Körper versagte. Schönberg dirigierte am 11. Januar die Generalprobe in Cambridge. Dann wurde er schwer krank. In einem Brief an Rudolf Goehr vom 20. Februar schildert er, was sich am Nachmittag des 12. Januar, einem wahrhaft schwarzen Freitag, zutrug: „Unmittelbar vor dem zweiten Konzert hatte ich (nachdem ich schon 6 Wochen fortwährend krank war) auf dem Weg zum Konzertsaal einen so heftigen Hustenanfall, daß mir ein Muskel im Rücken riß. Wegen der unerträglichen Schmerzen (trotz Bandagierung, von der ich noch heute unverheilte Wunden auf Rücken und Brust habe) mußte ich nicht nur beide restlichen Konzerte absagen, sondern auch einen Vortrag in englischer Sprache, an dem ich mehr als zwei Wochen gearbeitet hatte. Ich sollte ihn an der Princeton Universität halten. Thema: über die Komposition mit 12 Tönen – meine erste Äußerung über diesen Gegenstand!"

Telephonisch wurde das Orchester von dem Vorfall unterrichtet. Kussewitzky, der im Hause war, sprang mit einer improvisierten Aufführung der 1. Symphonie von Brahms ein. Am 16. März erst konnte Schönberg das ohne seine Schuld Versäumte nachholen und in Boston mit dem Orchester, das er als „außerordentlich gut" rühmt, „Pelleas" aufführen. Am ersten Klarinettenpult saß ein alter Bekannter von den Wiener Philharmonikern: Viktor Polatschek.

Auch ein anderes Projekt, von dem er sich viel versprochen hatte, zerschlug sich. Schönberg sollte am 24. Januar im New Yorker Madison Square Garden, einem Saal mit zehntausend Plätzen, bei einem Wohltätigkeitskonzert ein Orchester von 400 Mann dirigieren und ein eigenes Werk aufführen. Er hatte an Webern Anfang Januar darüber berichtet. Enttäuscht schrieb er später an Goehr, das Ganze sei aus unbekannten Gründen abgesagt worden.

Schon der Februar sah ihn wieder tätig. Am 8. und 9. dirigierte er in Chicago. Am 10. hielt er an der dortigen Universität den Vortrag über Zwölftontechnik, den er in Princeton hatte absagen müssen. Am 11. war ein Kammerkonzert mit anschließendem Empfang. Die Kompositionskurse für das Malkin-Institut schlossen sich unmittelbar an, in New York am 12., in Boston am 14. Für einen schwer asthmatischen, durch das Klima der Ostküste zermürbten Mann eine gigantische Leistung.

Mit dem 31. Mai endete die Tätigkeit für das Malkin-Konservatorium. Zwar lief das Semester noch bis gegen Juni-Ende weiter, aber Joseph Malkin und Schönberg hatten sich dahin geeinigt, daß dieser etwas früher ausschied, wie ja auch der Beginn seiner Tätigkeit erst zum 1. November, also 20 Tage nach dem des akademischen Jahres vereinbart worden war. (In Amerika ist das akademische Jahr anders geordnet als in Europa. Es verlief am Malkin-Konservatorium z. B. 1935/36 folgendermaßen: Beginn 19. September. Weihnachtsferien 23. Dezember bis 1. Januar. Winterprüfungen 13.–20. Januar. Semesterschluß 5. Februar. Beginn des zweiten Semesters 6. Februar. Frühlingsferien 6.–13. April. Schlußprüfungen 5.–14. Juni. Schluß des akademischen Jahres 25. Juni.)

Der Schule war kein langes Leben beschieden. Das Bostoner Adreßbuch verzeichnet sie von 1934 bis 1941 unter 299 Beacon Street, 1942 unter 267 Commonwealth Avenue, dann nicht mehr. Joseph Malkin (geb. 12. September 1879 in Proipoisk) starb am 1. September 1969 in New York. Sein Bruder Manfred, der Pianist und Mitdirektor des Bostoner Konservatoriums (geb. 30. Juli 1884 in Odessa) war schon am 9. Januar 1966 in New York gestorben.

Schönberg hat in einem Rundschreiben an seine Freunde, von dem noch zu sprechen sein wird, im November 1934 gemeint, die Schule sei von der Hoffnung auf ihn genährt worden; man habe sie „. . . viel zu spät in der Öffentlichkeit angekündigt, verlangte außerdem Honorare, die mehr als das Doppelte des in der Depressionszeit Erreichbaren betrugen und stand im Kreuzfeuer von Intrigen aus Brotneid und Kunsthaß." Über Malkin hat er nie ein böses Wort gesagt: „Ich wünsche nicht den Besitzer zu verunglimpfen", heißt es in einem Brief an mich vom 21. Mai 1947, „er hat sein Bestes getan."

Soweit Schönberg dazu Zeit fand und seine Kräfte es ihm erlaubten, hielt er brieflichen, bisweilen auch telegraphischen Kontakt mit den Freunden in Europa. Berg und Webern wurden über alle seine Pläne, Erfolge, Mißerfolge und Krankheiten auf dem Laufenden gehalten. Aber die Korrespondenz hat Untertöne von Mißtrauen auf Schönbergs, von Kränkung auf der europäischen Seite. So berichtet Webern an Berg am 15. Januar 1934, Schönberg habe zwar lieb geschrieben, wolle ihm – Webern – auch ein größeres Werk zum 50. Geburtstag widmen, hege aber für sie beide Befürchtungen. Schon am 21. November hatte Berg aus Boston wegen seines längeren Schweigens eine Mahnung mit ironischen Anspielungen bekommen, worauf dieser, den ironischen Ton aufnehmend, erwiderte, er habe keine Variationen über das Horst Wessel-Lied komponiert.

Schönberg war durch die Erfahrungen des Jahres so mißtrauisch geworden, daß er auch bei seinen ergebensten Freunden eine Gesinnungswandlung infolge politischer Einflüsse argwöhnte. Ende Januar berichtete Berg an Webern von „fürchterlichen Vermutungen" in einer kurzen Nachricht Schönbergs. Es ging, wie wir heute wissen, um antisemitische Wendungen im Text der Oper „Lulu" von Frank Wedekind, die Berg komponierte. Auch Klatschereien, die ihm von Bekannten aus Europa zugetragen wurden und Weberns angebliche Sympathien für einige Dinge im nationalsozialistischen Deutschland betrafen, hatte Schönberg sich nicht immer ganz verschlossen.

Wer in den Nazijahren außerhalb Deutschlands gelebt hat, kennt das begreifliche Mißtrauen, das Emigranten gegen alle hegten, die im Lande geblieben waren. Schönberg selbst hatte noch im März aus Berlin Albert Einsteins politische Haltung kritisiert. Nun stand er auf der anderen Seite, und seine leidenschaftliche Parteinahme für die jüdische Sache machte ihn begreiflicherweise überempfindlich für jedes Wort, das von drüben kam. Österreich war zwar 1934 noch ein relativ freies Land mit parlamentarischer Regierung. Aber die nationalsozialistischen und judenfeindlichen Tendenzen lebten in allen Winkeln und warteten auf den geeigneten Moment, um offen gegen den Liberalismus aufzutreten. Vier Jahre später war es so weit.

Die Verstimmung wich bald besserer Einsicht. Überzeugt durch Bergs und Weberns Haltung und Korrespondenz, schickte Schönberg dem älteren der Freunde einen Brief, den Berg ein „kostbares Dokument eines, nein *des* Künstlerschicksals, der Freundschaft" nennt, auch als Äußerung über die USA und die Zeit und ihre Verhältnisse, „über deren wahre Bedeutung" – so Schönberg – „kein lebender Mensch ein Urteil haben kann".

Mittlerweile tauschten die beiden Freunde ihre Gedanken über eine geplante Festschrift zu Schönbergs 60. Geburtstag aus. David Joseph Bach, der Jugendfreund wollte damit eine neue Zeitschrift eröffnen, die aber nicht zustande kam. Im Juli wurden die Beiträge gesammelt. „Werfel soll unbedingt eingeladen werden", schrieb Berg an Webern, „Schönberg ist das gewiß sehr recht, nachdem er derzeit in der III. Reich-Angelegenheit mit ihm korrespondiert hat. Auch Frau Mahler sollte man einladen." Nun kamen Aufsätze von allen Seiten. Die Universal Edition hatte sich entschlossen, das Buch zu verlegen, wie schon 1924 das Sonderheft des „Anbruch" zum 50. Geburtstag.

Unter den Einsendungen war ein Aufsatz des Dichters Arnold Zweig, dessen Roman „Streit um den Sergeanten Grischa" Schönberg hoch schätzte. Zweig war ein alter Bewunderer des Meisters und hatte 1913 eine Novelle „Quartettsatz von Schönberg" geschrieben. Sein Beitrag war politisch so aggressiv, daß D. J. Bach ihn nach Verhandlungen mit dem Verlag ablehnte. Auch Webern fand die Arbeit anstößig. Am 26. August war die Festschrift fertig. Neben den ältesten Freunden Oskar Adler, David Josef Bach, Alexander von Zemlinsky und Alma Maria Mahler, den Schülern der ersten Generation Alban Berg, Heinrich Jalowetz, Josef Polnauer, Erwin Stein, Anton Webern und Egon Wellesz, den jüngeren Hans Erich Apostel, Olga Novakovic, Paul A. Pisk und Eduard Steuermann, waren befreundete Komponisten wie Alois Hába, Josef Koffler und Darius Milhaud, Schriftsteller wie Hermann Broch, Hildegard

Jone, Franz Werfel und Theodor Wiesengrund-Adorno, die Kritiker Willi Reich und Paul Stefan, aus dem Wiener Freundeskreis Erhard Buschbeck und Rudolf Ploderer, aus Holland der Dirigent Willem Mengelberg dabei.

Die strengste Arbeit des 76 Seiten starken Bändchens ist Polnauers Analyse des Chors „Verbundenheit" aus opus 35, dessen schönbergscher Text der Festschrift als Motto vorangeht. Die Besonderheit dieser hommage liegt darin, daß Polnauer eine beispielhafte Anwendung der von Schönberg entwickelten analytischen Methode im Geiste des allseitigen musikalischen Zusammenhangs durchführt.

Ein erstaunliches Zeugnis dafür, wie bestimmend Schönbergs Denken auch auf Menschen wirkte, die außerhalb der Künstler- und Intellektuellenkreise standen, ist der Bericht des neunzehnjährigen Metallarbeiters Karl Schulhofer. Durch Dr. Pisk auf Schönberg aufmerksam gemacht, kam er in den Besitz der Harmonielehre. Sie vermittelte ihm die größte Freude seines Lebens; aus ihr lernte er selber denken, sich auf sich selbst verlassen können.

Durch Rudolf Goehr war Schönberg in Frankreich über die Existenzsorgen des Sohnes in Mödling unterrichtet worden. Georg-„Görgi" war und blieb sein Sorgenkind. Mehrfach gingen Geldsendungen durch die Universal Edition an ihn, veranlaßt durch den Vater, der auch in Fällen einsprang, wo Schulden entstanden waren. Die Briefe an Goehr klingen mitunter wie Rechtfertigungen. Denn Schönbergs Einnahmen lagen weit unter den Vorstellungen, die man sich in Europa davon machte. Die Princeton-Universität bot ihm für den Zwölftonvortrag hundert Dollar, von denen noch die Reisespesen abgingen. Die wirtschaftliche Depression, die seit 1930 in den Vereinigten Staaten herrschte und zum Untergang zahlloser industrieller und kaufmännischer Betriebe geführt hatte, wirkte mittelbar auf das Kulturleben und das Schul- und Hochschulwesen. Schönbergs Einkommen am Malkin-Konservatorium sicherte ihm und seiner kleinen Familie zwar den Lebensunterhalt. Aber er mußte von dem Vorschuß, den Malkin bewilligt hatte, die Überfahrt von Europa für sich und Gertrud bezahlen.

Alle diese Sorgen und der schwere asthmatische Husten, an dem er seit Dezember litt, dazu die in New York so wichtigen gesellschaftlichen Pflichten, durch die mehrere entscheidende Begegnungen entstanden, verhinderten für längere Zeit die Arbeit an größeren Werken. Am 10. Dezember wurde ein Spiegelkanon notiert. Auch die nächste dokumentierte Arbeit, notiert am 10. März 1934, war kontrapunktischer Art: ein Rätselkanon zu drei Stimmen.

Die Beantwortung von Briefen, die ihn im Herbst 1933 in New York erreichten, mußte Schönberg aufschieben. Sir Adrian Boult, Dirigent des Orchesters an der British Broadcasting Corporation, plante, die abgesagten Konzerte nachzuholen. Schönberg schrieb ihm am 14. April 1934, er sei bereit, im Juni oder zwischen 15. September und 10. Oktober nach Europa zu kommen und zu dirigieren. Er wünsche sich zwar mehr, seine neuen Werke wie das Violoncello-Konzert mit Feuermann und das Streichquartett-Konzert mit den Kolisch-Leuten von Boult aufgeführt zu hören, da dieser die Orchestervariationen so besonders schön, klar und lebendig aufgeführt habe. Doch sei er gezwungen, mit Dirigieren Geld zu verdienen. Die Reise kam nicht zustande.

Ebenfalls im April 1934 beantwortete er eine Anfrage von Dr. Walter E. Koons von der National Broadcasting Corporation in New York, der für ein geplantes Buch eine Definition wünschte, was Musik für Schönberg bedeute. Die Antwort: „Musik ist eine Gleichzeitigkeit und Aufeinanderfolge von Tönen und Tonkombinationen, die so angeordnet sind, daß ihre Wirkung auf das Ohr angenehm und ihre Wirkung auf das Wahrnehmungsvermögen verständlich ist, so zwar, daß diese Eindrücke okkulte Teile unserer Gefühlssphäre zu beeinflussen vermögen, und daß dieser Einfluß uns in einem Traumland erfüllter Wünsche leben läßt, oder in einer geträumten Hölle." Die Briefe an Boult und Koons sind in dem von Erwin Stein 1958 veröffentlichten Auswahlband enthalten.

Durch die New Yorker Begegnungen mit prominenten Auswanderern war auch das jüdische Problem für Schönberg wieder aktuell geworden. Unter den nicht gedruckten Manuskripten trägt eines, „Forward to a Jewish Unitary Party" das Datum des 1. Dezember 1933.

Die wichtigste neue Bekanntschaft war ein Mann, der schon seit 1905 in Amerika lebte, nachdem er in Straßburg und München seine Studien als Komponist und Musikwissenschaftler abgeschlossen hatte. Der 1883 in Paris geborene Carl Engel, einer der führenden amerikanischen Musikologen und seit 1932 mit kurzer Unterbrechung Präsident des Musikverlags G. Schirmer in New York, wurde ein ergebener Freund Schönbergs und einer seiner aktivsten Förderer bis zu seinem Tod am 6. Mai 1944.

Offenbar hatte Schönberg mit Engel über Arbeitspläne gesprochen. Er wählte die Briefform, um ihm am 6. Juni 1934 ein Buch anzubieten. Es gehörte zu den theoretischen Schriften, an denen er seit zwanzig Jahren arbeite und würde den Titel tragen „Der musikalische Gedanke und seine Darstellung". Schönberg nennt es das Schlüsselbuch, vermutlich, weil er damit die Tür zu künstlerischen Erkenntnissen öffnen wollte. „Dieses Buch", schreibt er an Engel, „soll die grundlegenden Sätze zur ganzen Kompositionslehre theoretisch aufstellen. Es wird schätzungsweise 240 bis 300 Seiten umfassen, zahlreiche Notenbeispiele enthalten und könnte schätzungsweise im Oktober druckreif vorliegen, da meine Vorarbeiten ja 2 Jahrzehnte zurückreichen. Ich glaube, daß dieses Buch alle Kompositions- und Musiklehrer wird interessieren müssen. Ich schwanke aber, ob ich nicht doch vorher ein Lehrbuch des Kontrapunkts, wohl auch teilweise theoretisch, hauptsächlich aber praktisch, ein Lehrbuch also, schreiben soll. Dieses würde wohl in zwei bis drei Büchern mittleren Umfanges zu publizieren sein. Ich glaube, daß ich es bis Ende des Jahres fertigstellen könnte."

Engel, im Begriff zu verreisen, antwortete am selben Tag. Ohne Befragung seiner Gesellschafter könne er über diesen interessanten Vorschlag nicht entscheiden. Ob Schönberg das Copyright für sich selbst wünsche? Ob Schirmers Rechte nur die Ausgabe in englischer Sprache betreffen sollten? Ob ein Gemeinschaftsvertrag mit einem europäischen Verlag in Frage käme?

Vor allem aber: der Verlag müsse das Manuskript sehen, um zu wissen, ob die Herausgabe mit anderen, bestehenden Verpflichtungen in Einklang zu bringen sei.

Und dann kam die vorsichtige Wendung: „Sofern Sie planen, den Sommer zur Fertigstellung Ihrer Oper zu verwenden, zögere ich, sie zum Schreiben eines Buchs zu drängen, das Schirmers wenigstens zum Teil sehen müßten, um endgültig zu entscheiden, was seine Herstellung erfordern würde."

In New York hatte Schönberg in der von Minna Lederman herausgegebenen „Modern Music", Mai-Juni Heft, einen Artikel über „Problems of Harmony" veröffentlicht, der auf seinem Berliner Vortrag in der Hochschule für Musik 1927 beruhte. Darüber schrieb ihm der polnische Musiktheoretiker Joseph Yasser (geb. Lodz 1893, seit 1923 in New York, 1930 Mitbegründer der New York Musicological Society, Autor von „A Theory of evolving Tonality" 1932 und „Medieval Quartal Harmony" 1938) einen Brief, den er am 10. Juni 1934 ausführlich beantwortete. Die Antwort ist insofern wichtig, als sie den Standpunkt verteidigt, der schon in der Harmonielehre 1911 maßgebend gewesen war: daß es Schönberg niemals um eine Theorie und deren wissenschaftliche Formulierung ging, sondern um Verdeutlichung musikalischer Erscheinungen. In seinem Vortrag und dem daraus gewonnenen Artikel ging er von der These aus, daß „die Verbindung von Tönen auf ihrer Verwandtschaft beruht und daß auch die chromatische Scala durch natürliche Bedingungen berechtigt erscheint." Diese These hatte er durch eine kleine Tabelle der Obertöne illustriert. Er habe zeigen wollen, „daß die chromatische Scala durch Verhältnisse in den Obertönen, die dem Ohr unscharf zum Bewußtsein kommen, *angeregt* ist, so wie etwa ein Maler durch ein Modell, durch ein Vorbild zu einem Bild, zu einer freien Nachbildung angeregt wird, während der Photograph das Original so genau nachzeichnet, als seine Linse es gestattet (deren Fehler er durch ‚Stimmung' korrigiert), während aber ein Wissenschaftler bestrebt sein muß, die reine Wahrheit wiederzugeben, selbst wenn der Fehler schöner, angenehmer oder nützlicher wäre."

Ein zweiter kennzeichnender Grundsatz, den der Brief betont, ist das Beharren auf temperierter Intonation. „Ein musikalisches Ohr muß die temperierte Scala assimiliert haben. Und ein Sänger, der natürliche Tonhöhen angibt, ist unmusikalisch, so wie jemand unsittlich sein kann, der sich auf der Straße ‚natürlich' benimmt."

Das Problem der Naturstimmung und der nicht temperierten Instrumente hatte Schönberg mehrfach beschäftigt; 1913 schickte er in Berlin-Südende am 29. Oktober zu Alexander Jemnitz einen Zettel mit den rätselhaften Worten: „Sie dürfen mir auf mein Grab spucken, wenn es 100 Jahre nach meinem Tod bereits ein verwendbares untemperiertes Instrument giebt." In der Harmonielehre hieß es zur C-dur-Skala: „Die Obertonreihe, die das Ohr zu ihr geführt hat, enthält noch viele Probleme, die eine Auseinandersetzung nötig machen. Und wenn wir diesen Problemen augenblicklich noch entrinnen, so verdanken wir das fast ausschließlich einem Kompromiß zwischen den natürlichen Intervallen und unserer Unfähigkeit, sie zu verwenden. Jenem Kompromiß, das sich temperiertes System nennt, das einen auf eine unbestimmte Frist geschlossenen Waffenstillstand darstellt." Schönberg zitiert dann einen Brief von Dr. Robert Neumann, wo die 53stufige Skala als neues Temperatursystem genannt wird, das reinen Klang und die überlieferten Intervalle der 12stufigen Temperierung verbindet. (Versuche zu einer Überwindung der Temperierung wurden 1920 in Sowjetrußland durch Boris Krassin und Arsenij Awraamow unternommen. Sie mündeten 1927 in Awraamows Universal-Tonsystem mit 175 Stufen pro Oktave, galten aber in der Stalinzeit als unerwünscht.) Kommentierend sagt Schönberg zur 53stufigen Temperierung: „Es ist klar, daß die Obertöne, wie sie zur 12-Teilung der einfachsten Konsonanz, der Oktav, geführt haben, einmal auch die weitere Differenzierung des Klanges hervorbringen werden." Aber, wie die Zettelbotschaft an Jemnitz zeigt, er gibt dieser Entwicklung noch einen Zeitraum von weit mehr als hundert Jahren nach seinem Tod.

Ein Gespräch mit Thomas Mann im Dezember 1945 gehört in diesen Zusammenhang. Der Dichter wollte in seinem Roman „Doktor Faustus" einen imaginären Chor des Helden Adrian Leverkühn schildern, der untemperiert gesungen würde. Schönberg antwortete: „Ich würde es nicht machen. Aber möglich ist es theoretisch durchaus." Der Brief an Yasser zeigt, wie sehr musiktheoretische Gedanken Schönberg 1934 beschäftigten. Durch Engels distanzierende Haltung ließ er sich nicht von seinem Buchplan abbringen.

An Berg schrieb er später, die Vorarbeiten dazu umfaßten seit Juni zweihundert Seiten. Aber auch „Moses und Aron" beschäftigte ihn; am 21. Juni waren Text-Neufassungen zum dritten Akt fertig. Doch die schädlichen Wirkungen des Klimas bedrohten weiter seine Gesundheit. Im Sommer wird die

New Yorker Luft so feucht, daß die Wärme noch lästiger ist als im Winter die Kälte. In einem Brief an den Verfasser dieses Buches schildert Schönberg seinen damaligen Zustand. Er zitiert den Arzt, der Frau Gertrud zu trösten glaubte: „Warum regen Sie sich so auf? Vierzehn Tage wird er noch leben, und da ist Zeit genug alles (er meinte Erbschaft und Versicherung) zu ordnen." Und Schönberg fügt hinzu: „Er irrte sich aber: er nahm offenbar an, ich werde in seiner Behandlung bleiben. Dann wären es wohl nur vierzehn Tage geworden. So aber ging ich weg."

Schönbergs verließen die Stadt mit ihrem gefährlichen Klima im Juli. Am 3. August bekam Webern eine Karte aus Chautauqua, Vincent Avenue 26, auf der Schönberg schrieb, sie lebten in einer Erholungsstätte für geistige Arbeiter; seit vier Tagen habe er nicht mehr gehustet, zehn Tage gefaulenzt. Nun wolle er wieder arbeiten.

Chautauqua, an einem großen See im westlichen Teil des Staates New York gelegen (etwa halbwegs zwischen Cleveland und den Niagara-Fällen) ist in Amerika ein Begriff. Aus sommerlichen Zusammenkünften der New Yorker Methodisten entwickelte sich da seit 1874 eine Sommerschule für Erwachsene, die acht Wochen lang akademische Kurse veranstaltete und dadurch zum Vorbild zahlloser ähnlicher Institutionen an Universitäten und Colleges wurde. Zu den berühmten Amerikanern, die dort Vorlesungen hielten, gehören Theodore und Franklin D. Roosevelt, James W. Riley und Mark Twain. Durch den Bau von Hörsälen, einem Theater, Hotels, Klubhäusern, Wohnsiedlungen und einer Bibliothek wurde aus dem Fischerdorf ein mächtiges Zentrum kultureller Unterrichtung. Musik stand schon früh in der ersten Reihe der vielfältigen Programme.

Schönberg hielt keine Vorlesungen in Chautauqua. Er ruhte aus, erholte sich und spielte Tennis oder Pingpong. Auch seinen Humor fand er wieder; auf einer Karte teilte er Alban Berg mit, er habe sich an Tennis-Wettspielen beteiligt, sei aber „schon in der ersten Runde herausgeflogen . . . habe eben nichts Gewinnendes".

Carl Engel hatte aus eigenem Antrieb versucht, für Schönberg Vorträge und Vorlesungen zu erwirken. Im Juni schickte er einen Empfehlungsbrief an 47 Universitäten und andere Lehranstalten. Als Honorar forderte er 200 Dollar für einen Vortrag, 500 für drei Vorlesungen. Schönberg war dankbar für die „fabelhafte" Empfehlung, hatte aber auf Grund eigener Erfahrungen Bedenken gegen die Höhe des Honorars. Als Themen schlug er vor:

1. My method of composing with twelve tones, which are only related with one another
2. Problems of Harmony
3. Tonal or atonal music

4. Analysis of my Variations for orchestra
5. Analysis of my orchestra Songs opus 22
6. Brahms
7. Abschnitte aus dem Buch „Der musikalische Gedanke und seine Darstellung", das er voraussichtlich im Sommer schreiben werde.

Engel ermäßigte die Honorarforderung auf 150 Dollar für den Einzelvortrag, 400 für drei. Den Titel des ersten vereinfachte er im Einvernehmen mit Schönberg zu „My Method of Composing with Twelve Inter-related Tones". Aber das Ganze endete mit einem Fiasko. Am 27. Juli mußte er nach Chautauqua schreiben, daß von den 47 Adressaten 22 nicht geantwortet, 10 höflich abgelehnt, die anderen unentschieden erwidert hatten. Hoffnungen machte das Peabody Conservatory in Baltimore, das im Februar 1935 eine Aufführung der „Verklärten Nacht" und tags zuvor oder danach einen Vortrag Schönbergs plane. Auch erwäge die New York University eine Reihe von Vorträgen. Als kleinen Trost hatte Engel einen Hundertdollar-Scheck für Schönberg bereit, wenn dieser ein Noten-Autograph dafür hergebe. Die Käuferin war Claire M. Reis, reiche Mitgründerin der International Composers' Guild, Förderin der Internationalen Gesellschaft für Neue Musik. Schönberg überließ ihr ein Skizzenblatt zu „Moses und Aron". Die Hiobspost über Engels mißglückte Unternehmung erwiderte er äußerlich gelassen am 31. Juli: „Vielleicht haben die Universitäten wirklich nicht genug Geld für etwas so überflüssiges wie Musik oder gar ein Vortrag darüber von mir; vielleicht auch habe ich doch persönliche Feinde: vielleicht aber ist es diese schöne Zeit, in der man das Unvermeidliche (nämlich: mich) solange als möglich verschiebt und wo man lieber etwas Schlechtes von einem anderen hören will als etwas Gutes von mir."

Die Gedanken an alte Freunde beschäftigten Schönberg viel. Soweit sie noch in Deutschland lebten, war es schwer, mit ihnen Verbindung zu halten. Im März 1934 war Franz Schreker in Berlin schwer krank geworden. Um ihn nicht politisch zu belasten, sandte Schönberg eine Karte ohne Absendervermerk und Unterschrift und fragte nach seinem Befinden. Am 21. März starb der Freund. Schönberg wagte nicht, Frau Maria Schreker zu kondolieren; doch der Verlust des Mannes, der 1913 die „Gurrelieder" uraufgeführt und ihm in den letzten Berliner Jahren nahegestanden hatte, muß ihn tief berührt haben.

Zum 13. August stand David Josef Bachs 60. Geburtstag bevor. Schönberg schrieb ihm am 30. Juni einen dreistimmigen Kanon. Der Text war 1926 für einen geplanten Chor geschrieben und lautet:

Wer mit der Welt laufen will,
muß Zeit haben: läuft sonst zu rasch.
Wer sich als Held raufen will,
muß Leid tragen: wiegt sonst zu leicht.

Wer Wert für Geld kaufen will,
muß weit fragen: gibt sonst zu viel!

Schönberg nahm zwar an dem künstlerischen Leben in Chautauqua nicht teil, lernte aber – zum Teil beim Tennisspielen – Menschen kennen, von denen einige für ihn wichtig wurden. Ernest Hutcheson war darunter, der 1871 in Australien geborene Pianist, der in den achtziger Jahren am Leipziger Konservatorium bei Carl Reinecke und in Weimar bei Bernhard Stavenhagen seine Lehrjahre beendete. Hutcheson hatte nach glänzenden Erfolgen als Pianist und Klavierlehrer 1911 an der Chautauqua Summer School die Klavierabteilung geleitet und war seit 1927 Dekan der Juilliard School. Schönberg faßte eine herzliche Neigung zu dem etwas älteren Mann, dessen deutsche Musikerschulung seiner eigenen verwandt war.

Der andere war Martin Bernstein, 29jähriger Kontrabassist des Chautauqua Symphonie-Orchesters, als Dirigent von Henry Purcells Opern „King Arthur" und „Diocletian" ebenso bewundert wie als Lehrer an der New York University und am Hunter College. Bernstein war es, der Schönberg auf die Wichtigkeit der amerikanischen Hochschul-Orchester aufmerksam machte. „Ich gewann die Überzeugung", schreibt Schönberg, „daß an der Förderung solcher Bestrebungen jeder Komponist, insbesondere jeder moderne und ganz besonders ich interessiert sei. Denn hier kann die Grundlage geschaffen werden für eine neue künstlerische Geistigkeit, hier kann einer Jugend die Möglichkeit gegeben werden, die neuen Ausdrucksgebiete und die dazu tauglichen Mittel verstehen zu lernen."

Aus diesen Gedanken entstand ein Werk, das Freunde und Gegner im gleichen Maß überraschte. Nicht weil es eine Zweckästhetik verkörpert, die es in Nachbarschaft mit Paul Hindemiths Spielmusiken für Liebhaber und Musikfreunde und dessen „Plöner Musiktag" bringt, sondern weil es zum ersten Mal seit 1909 in Tonarten steht. Es ist die „Suite im alten Stil für Streichorchester". Von ihren fünf Sätzen: Ouvertüre, Adagio, Menuett, Gavotte und Gigue sind zwei im Oktober komponiert, am 11. die Gavotte, am 23. das Menuett. Ein Entwurf zur Fugen-Engführung der Ouvertüre ist datiert 7. September 1934. Das Adagio trägt das Enddatum 6. November, das Werk ist am 26. Dezember beendet.

Die Suite für Streichorchester eröffnet eine kleine Reihe von Kompositionen, in denen die Mittel der tonalen Kadenz herangezogen werden, ähnlich wie sich Mozart und Beethoven gelegentlich der Kirchentonarten bedient haben. Bei aller Freiheit in der permanenten Modulation und der Verwendung alterierter Akkorde, bei allem chromatischen Rankwerk, das sich um die Kadenzen schließt, ist die Tonalität der fünf Sätze evident. Die Ouvertüre, dem Lullyschen Schema Langsam-schnell-langsam folgend, steht in G-dur; ihren

Mittelteil bildet eine fünfstimmige Fuge mit allen Künsten der Engführung. Vielstimmig entwickelt sich der herrliche Adagiosatz in e-moll. In breiter Architektur, mit Trio und Coda, ist die B-dur-Gavotte angelegt. Das Menuett steht wie die abschließende Gigue wieder in der Ausgangstonart G-dur. Geste und Form der Barockmusik werden virtuos nachgebildet. Zu der klanglichen Farbigkeit des Gewebes trägt die Behandlung des Streichorchesters mit wechselnden Spielarten und hervortretenden Soli wesentlich bei. In der Verästelung des motivisch-thematischen Materials zeigt die Partitur unverkennbar Schönbergs Hand. Harmonisch fällt Verwandtschaft mit Reger auf.

Vergleicht man dieses erste bewußt archaisierende Schönbergsche Werk mit Igor Strawinskys klassizistischen Versuchen wie dem „Pulcinella" von 1919 oder dem Oktett von 1923, so erscheinen diese als ästhetische Stilkopien nach Pergolesi und Bach, wogegen Schönberg die technischen Ursprünge aufsucht.

Bis Mitte September blieben Schönbergs in Chautauqua. Dort ist die Arbeit an der Suite begonnen, später in Kalifornien fortgesetzt und abgeschlossen worden. Fast gleichzeitig schrieb Schönberg in Chautauqua den ersten Satz des Violinkonzerts opus 36, der am 11. September beendet wurde. Die Sprachen der beiden Werke sind extrem ungleich. Die Satztechnik aber zeigt unverkennbare Ähnlichkeiten.

Warum beide Arbeiten unterbrochen und erst später, das Violinkonzert erst 1935 und 1936, fortgesetzt und beendet wurden, wissen wir nicht. Schönberg war gewiß durch die Festschrift seiner Freunde, die ihn zum 60. Geburtstag am 13. September erreichte, ebenso erfreut wie aufgewühlt worden. Obendrein machte er sich Gedanken über seine Situation in Amerika. Das Mißlingen der Engelschen Versuche, seine Existenz durch Vorträge an Universitäten und Hochschulen zu sichern, bedeutete für seine materiellen Aussichten ebenso wie für sein Selbstbewußtsein eine schwere Enttäuschung. Zwar machten ihm Hutcheson und Alfred Stoessel, ein anderer führender Pädagoge der Juilliard School, mit dem er in Chautauqua viel zusammen war, Hoffnungen auf eine Anstellung an der hervorragenden Hochschule. Aber es gab auch Gründe zur Skepsis, und nicht allein klimatisch-gesundheitliche.

Hanns Eisler, der im Februar 1934 von Paris nach Kopenhagen und dann nach London gegangen war, hatte in Paris Georg Schönberg getroffen und ließ den Vater durch diesen fragen, ob er nicht nach Rußland gehen wolle. Schönberg schickte ihm daraufhin den Entwurf zur Errichtung eines Musikinstitutes, den Eisler an die sowjetischen Behörden weiterleiten wollte. Zu diesem Plan bat Schönberg den Freund Stiedry, Chef der Leningrader Philharmonie, um Rat. „Ich möchte Sie nur bitten, wenn Sie in die Lage kommen, diese Sache zu fördern. Ich habe hier nämlich nicht viel zu verlieren.

Man möchte mich zwar überall engagieren und ich habe mit vielen Leuten verhandelt. Aber niemand hat heute Geld und niemand kann eine Gage bieten . . . Große Institute haben das Kompositionsfach überhaupt aufgelassen – so schwer ist hier die Krise." Der Brief ist am 12. September, dem Vortage von Schönbergs 60. Geburtstag in Chautauqua geschrieben.

Der Plan und zwei Exposés für ein Musikinstitut sind als Manuskripte vorhanden und Anfang August 1934 datiert. Stiedry antwortete erst am 7. Februar 1935, als er in Wien einen dreiwöchigen Urlaub verbrachte. Von Rußland aus konnte er „nicht frei über russische Verhältnisse schreiben". Er habe viel über Schönbergs Plan gesprochen und neben Begeisterung auch Angst bemerkt, ihn in Rußland wirken zu sehen, was die Mediokren mehr fürchteten als wünschten. Er, Stiedry, glaube nicht, daß Schönberg sich dort wohl fühlen würde.

Inzwischen war die Angelegenheit begraben worden. Schönbergs hatten sich schnell entschlossen, nach Kalifornien zu übersiedeln und verließen Chautauqua am Sonnabend, 15. September. Nach einem kurzen Aufenthalt in Pasadena fanden sie ein möbliertes Haus in Hollywood, Canyon Cove 5860, wo sie am 1. Oktober einzogen, sich wohl fühlten und bis zum Frühjahr 1936 lebten. „Wohnung, Essen, Verkehr (im Sinne von Fahrtmöglichkeit!) sind ja hier ideal", schrieb Gertrud Schönberg den Stiedrys im November, „alles was bei uns *Luxus* heißt, nennt man hier *Lebensnotwendigkeit.* Das ist, was einem hier das Leben so angenehm macht . . ."

Mitunter kam Erfreuliches auch noch aus der Alten Welt. Am 6. Oktober telegraphierten die Kolisch-Leute aus Stockholm: „Nach glänzend gelungener Uraufführung danken beglückt für Gelegenheit virtuoser Bravour erbitten Kontoangabe Wiederholung Prag 5. November beweist Erfolge". Die Unterschrift „Kokulehei" ist aus den ersten Silben der Quartettistennamen Kolisch Khuner Lehner Heifetz gebildet. Die Nachricht betrifft die Prager Uraufführung des von Schönberg für Streichquartett und Orchester bearbeiteten Concerto Grosso von Händel am 26. September unter K. B. Jirák. Die Stockholmer Erstaufführung leitete Václav Talich.

Das erste Jahr des Exils ging zu Ende. Es war ein furchtbares Jahr für Schönberg, der gesundheitlich von den ersten Bostoner Monaten an unsäglich leiden mußte. Atemnot und Hustenkrämpfe suchten ihn heim, obwohl er konsequent auf das geliebte Rauchen von Zigaretten verzichtete und erst 1935 rückfällig wurde. Geldsorgen und Enttäuschungen aller Art häuften sich wie kaum je zuvor in seinem Leben. Gertrud Schönberg brauchte alle Kraft, um ihm die praktischen Dinge des Daseins abzunehmen und litt selbst stark unter der Ungewißheit der Existenz sowie unter dem harten Winter 1933/34. Nur das Kind blieb eine Quelle des Entzückens und Trostes. Nuria war im Frühjahr

1934 zwei Jahre alt geworden. „Sie ist vollkommen erwachsen", berichtet Gertrud in dem Novemberbrief an Erika und Fritz Stiedry, „redet englisch und deutsch gleich viel und gut und macht uns und allen viel Freude."

Schönberg beabsichtigte nicht, jemals wieder nach Europa zu gehen. Die Nachrichten von dort waren fast durchweg unerfreulich. Selbst die Internationale Gesellschaft für Neue Musik hatte auf dem Programm ihres Musikfestes Anfang April in Florenz kein Werk von ihm, obwohl seine Schule durch Alban Bergs „Lyrische Suite" in der Interpretation des Kolisch-Quartetts, Fünf lyrische Stücke von Hans Erich Apostel und ein Quartettino des Webernschülers Leopold Spinner vertreten war. Zum 60. Geburtstag spielte kein europäischer Rundfunksender ein Werk von ihm. Aber Richard Strauss war im Juni zum 70. Geburtstag mit Widmungsphotos von Hitler und Goebbels beschenkt worden. Sein Name stand auch auf der Mitgliederliste einer Institution, die am 6. Juni 1934 in Wiesbaden (gegen die in Deutschland verbotene Internationale Gesellschaft für Neue Musik) gegründet wurde, des Ständigen Rats für Internationale Zusammenarbeit von Komponisten. Später fiel auch Strauss in Ungnade.

„Die Musik", Deutschlands führende Musikzeitschrift und einst die erste, die seit ihrem Bestehen für Schönberg eingetreten war, hatte sich „gleichgeschaltet" und gab den Fanatikern des Kreises um Alfred Rosenberg das Wort. In der Novembernummer schrieb ein Dr. Herbert Gerigk ein Pamphlet gegen Schönberg mit dem schadenfrohen Hieb, sogar Juden lehnten seine Musik ab.

Von den musikalischen Ereignissen in Deutschland interessierte ihn allenfalls, was Paul Hindemith tat und ließ. Er hatte, bei allen Verschiedenheiten der Kunstanschauungen, für seine Begabung mehr Sympathie, als den orthodoxen Schönbergianern lieb war. Von den Kämpfen der Nazis gegen Hindemith und von dem demonstrativen Erfolg, den die von Furtwängler ertrotzte und geleitete Uraufführung der Symphonie „Mathis der Maler" am 12. März 1934 in der Berliner Philharmonie fand, hatte er gehört. Er las regelmäßig die Monatsschrift „Musical America", die aus Europa und Amerika zuverlässig berichtete. So war er über die Pariser Premiere von Strawinskys „Persephone" ebenso unterrichtet wie über dic amerikanische Novität „Four Saints in Three Acts", eine Oper von Gertrude Stein und Virgil Thomson, der sich später als Kritiker der New York Herald Tribune mehrfach enthusiastisch für Schönberg einsetzte.

Schönberg blickte auf das Jahr zurück. Es galt, den Freunden und allen, die den 13. September nicht vergessen hatten, zu danken und zu berichten. In einem kleinen Rundbrief vom November 1934 steht der bittere Satz: „Wohl habe ich die Trennung von der alten Welt vollzogen, nicht ohne sie bis in die Knochen gespürt zu haben, denn ich war doch nicht darauf vorbereitet, daß sie mich sowohl *heimatlos,* als auch *sprachlos* (hervorgehoben vom Verfasser dieses Buches) machen werde, so daß ich es anderen, als meinen alten Freunden jetzt nur mehr auf englisch sagen könnte; falls sie es erfahren wollten. Aber andererseits lebt man hier wahrhaftig besser als der Herrgott in Frankreich, dem dort die Arbeitsbewilligung gewiß noch schwerer erteilt würde, als hier."

Ungleich düsterer und anklagender ist der Ton in einem großen, nicht betitelten Bericht, der wegen seines vertraulichen Inhalts nur an einen kleineren Kreis von Freunden geschickt wurde. Schönberg schrieb am 25. November, einem Sonntag, bei offenem Fenster und das Zimmer voll Sonnenschein. Wer den kalifornischen Herbst kennt, wird verstehen, wie er dieses klimatische Geschenk nach dem Aufenthalt an der Ostküste genoß. Nach einem dankbaren Rückblick auf den 50. Geburtstag 1924 in Wien und die Rede des damaligen sozialdemokratischen Bürgermeisters Karl Seitz schreibt er über die letzten Wochen: „Am 13. September hatten wir bereits unsere Reisegepäckstücke zum Teil gepackt. Einige Zeit schon vorher waren wir zur Überzeugung gekommen, daß es am besten für mich wäre, nach Hollywood, resp. nach Californien zu gehen und in den letzten Augusttagen faßten wir definitiven Entschluß. Ich will nun einen kleinen Überblick über mein am 31. Oktober abgelaufenes erstes Amerikanisches Jahr geben:

Ich kann nicht verschweigen, daß es an Enttäuschungen, Ärger und Krankheit manches übertroffen hat, was ich bisher mitgemacht habe. Die erste Enttäuschung hatten wir ja bereits in Paris, als sich garnichts meldete auf die Nachricht, daß ich Berlin verlassen mußte und als wir mit ziemlicher Sorge einem sehr peinlichen Winter in Frankreich entgegensahen. Ich hatte ja von der Goldigkeit der Berge, die mir um diese Zeit geboten werden könnten längst nicht mehr die Erwartung, die ein amerikanisches Engagement früher erweckt hatte. Aber immerhin: als mir das Malkin Konservatorium etwas weniger als ein Viertel von dem anbot, was ich als Entschädigung für meine Berliner Gage, als Minimum also angesehen hatte, war ich doch bereits mürbe genug, um nach wenigen Stunden Bedenkzeit dieses einzige Angebot anzunehmen."

Was Schönberg mit der Entschädigung für die Berliner Gage meint, ist unklar. Er bezog als Verwalter der Meisterklasse an der Preußischen Akademie der Künste jährlich rund 18.000.– Mark. 4800.– Dollar waren 20.160.– Mark. Die von Schönberg als Minimum angesehene Summe wären also 20.000.– Dollar oder 84.000.– Mark gewesen. Wahrscheinlich hat Schönberg dabei gemeint, was ihm durch die widerrechtliche Nichterfüllung seines Vertrags entging. Dieser lief noch bis zum 30. November 1935. Aber die Akademie kündigte ihn zum 31. Oktober 1933. Wenn man den Kaufwert (marxistisch formuliert: Reallohn) der beiden Gehälter vergleicht, so kommt man Schönbergs moralischer Forderung an das Gastland etwas näher. Er war durch die Mächte des Unrechts geschädigt und beraubt worden; von den Mächten des Rechts erwartete er schadlos gehalten zu werden.

Zornig geißelt sein Bericht auch die Teilnahmslosigkeit der Dirigenten und namentlich Sergej Kussewitzkys, der in zehn Jahren Bostoner Tätigkeit nicht eine Note von ihm aufgeführt hatte. Mit Ausnahme Frederick Stocks in Chicago hätten sich anfangs die Kapellmeister ablehnend verhalten. Sie dirigierten zwar viel Strawinsky, Ravel und Respighi, aber von ihm höchstens „Verklärte Nacht" oder eine Bach-Bearbeitung. In Los Angeles hätten Eugene Goossens, Arthur Rodzinsky und Nicolas Slonimsky Versuche mit seiner Musik gemacht (Slonimsky führte am 23. Juli 1933 in einem Sonntagskonzert der Hollywood Bowl die „Begleitungsmusik zu einer Lichtspielszene" auf). Aber das Publikum sei in der Abneigung gegen seine Musik dadurch nur gefestigt worden.

Als Lehrer habe er hingegen viele Freunde. Er bekomme zwar nur ein Drittel bis zwei Fünftel seines New Yorker Honorars. (Dieses betrug dreißig Dollar; ein Drittel oder zwei Fünftel davon sind zehn bis zwölf.) Doch außer einem Kurs von zehn Schülern habe er einige Privatschüler und erwarte, in Los Angeles ganz gut existieren zu können. Im Sommer werde er an der University of Southern California sechs Wochen lang täglich (außer Sonnabends und Sonntags) zwei Stunden geben. Die Gage sei nicht fürstlich, decke aber drei Sommermonate.

Ein Angebot Ernest Hutchesons, an die Juilliard School zu kommen, habe er wegen des New Yorker Klimas ablehnen müssen. Vielleicht sei er 1935 gesund genug, es annehmen zu können. (Schon im August hatte Schönberg ein Angebot nach Chicago aus physischen und finanziellen Gründen ablehnen müssen: Rudolf Ganz, ein alter Freund Busonis, wollte ihn an sein Musical College für 4000 Dollars engagieren.) Schönberg begleitete die Absage mit einem Scherz-Kanon.

„An meiner Oper", schließt der Bericht, „habe ich bis jetzt nicht weitergearbeitet, sondern schreibe eine Suite für Streichorchester, *tonal,* ein Stück für Schülerorchester. Ich schreibe das infolge einer Anregung eines Musikers, der an der New York University unterrichtet, dort ein Schülerorchester leitet und mir sehr viel und erfreuliches über diese amerikanischen Schülerorchester erzählt hat, deren es viele Hunderte gibt. Das hat mich davon überzeugt, daß der Kampf gegen diesen verruchten Konservatismus hier zu beginnen hat. Und so wird dieses Stück geradezu ein Lehrbeispiel werden für jene Fortschritte, die innerhalb der Tonalität möglich werden, wenn man wirklich Musiker ist und sein Handwerk kann: eine wirkliche Vorbereitung nicht nur in harmonischer Hinsicht, sondern auch in melodischer, kontrapunktischer und technischer ..."

Heimatlos und sprachlos: das war Schönbergs Situation im amerikanischen Exil. Mit welcher Energie er gegen die sprachlichen Barrieren Sturm lief, das bezeugen die linguistischen Hilfs- und Lehrbücher seiner Bibliothek. Es bezeugen aber auch die englischen Briefe, die er seit 1933 geschrieben hat, die Manuskripte seiner Vorträge, die Entwürfe zu Vorlesungen in der fremden Sprache, die er zwar seit seiner Schulzeit kannte, aber keineswegs beherrschte. Es bezeugen schließlich die Schallplatten und Tonbänder, die seine Stimme konserviert haben.

Die deutsche Kurrentschrift, die Schönberg zu verwenden pflegte, vermied er seit dem Sommer 1933 zugunsten der lateinischen. Und am 16. September signierte er in Archehon eine Postkarte an die Stiedrys zum erstenmal mit dem international gebräuchlichen oe statt des Umlauts ö: Arnold Schoenberg. Dabei blieb es.

Die erste größere literarische Arbeit, die Schönberg in Los Angeles beschäftigt hat, war theoretisch-kulturpolitischer Art. Um die Jahreswende 1934/35 entstanden, knüpfte sie gedanklich an eine acht bis neun Jahre ältere an, die auf ähnlichen Grundlagen ruhte und durch den gleichen Mann veranlaßt worden war: durch Alfredo Casella. Obwohl durch diesen längeren Zeitraum getrennt, sind die beiden bisher nie veröffentlichten Auseinandersetzungen mit dem italienischen Komponisten sachlich voneinander nicht zu trennen. Sie bilden einen Teil des Abwehrkampfes, den Schönberg seit den zwanziger Jahren gegen einige Tendenzen der zeitgenössischen Musik führte und der 1925 in den drei Satiren für gemischten Chor opus 28 musikalische Früchte getragen hatte.

Alfredo Casella war ein Mann mit vielen Gesichtern. Pianist, Komponist, Dirigent und Musikschriftsteller, hatte er seine musikalische Ausbildung in Paris am Conservatoire abgeschlossen, wo er auch bis 1915 Klavier unterrichtete. Anders als die Mehrheit der italienischen Musiker wurde er früh durch die Musik von Richard Strauss und Gustav Mahler beeinflußt, für die er auch als Kritiker in Paris und Rom eintrat. Er war ein spekulativer Geist, der in seiner Musik vor allem harmonisch neue Wege ging. In einem 1915 geschriebenen Lied „Mort, ta servante est à ma porte" (Text von André Gide nach einem Gedicht Rabindranath Tagores) steht am Schluß ein Akkord aus zwölf verschiedenen Tönen. Sein Klavierstil wurde durch das Erlebnis Debussys geprägt. Geistig strebte er eine Zusammenfassung der zeitgenössischen Kräfte an und entwickelte sich vom internationalen Weltbürger zum italienischen Nationalisten, dem allerdings chauvinistische Beschränktheiten zuwider waren.

Nach dem Ersten Weltkrieg gehörte er zu den maßgebenden Männern in der „Internationalen Gesellschaft für Neue Musik". Seine Neigungen verteilten sich fast gleichmäßig auf die Wiener Schule Schönbergs und die klassizistischen Stilideen der jungen französischen Musiker um Igor Strawinsky. Wir wissen, daß er es war, der 1924 Schönbergs italienische Tournee mit dem „Pierrot Lunaire" organisierte. Zur Einführung schrieb er einen begeisterten Aufsatz im Programmheft.

1926 veröffentlichte die amerikanische Zeitschrift „Pro Musica" in ihrem März-Juni-Heft seinen Aufsatz „Harmony, Counterpoint, etc." Schönberg fand in dem nur fünf Seiten langen Artikel Gedanken, die ihn zum Widerspruch reizten. Er schrieb an den Rand seine Einwände, die sich zu einer recht umfangreichen Polemik entwickelten. Casella erklärte die große Krise der modernen Musik während der letzten 30 Jahre (also etwa seit Beginn des 20. Jahrhunderts) als eine Auseinandersetzung mit der Romantik, die er durch die Namen Wagner, Schönberg und Skrjabin belegte. Er knüpfte an die Deutung des Romantizismus als „Krankheit des menschlichen Denkens" an und sprach von den Unstimmigkeiten und Irrtümern des neuen „Sturm und Drang", deren Gewicht man nun zu erkennen beginne. Romantizismus sei ein Angriff auf Kontrapunkt und Form. Romantik habe die Unfähigkeit verursacht, Gedanken in die Formen vergangener Jahrhunderte zu bringen, und die Überschätzung harmonischer Untersuchungen verschuldet. Er wolle alle Fragen der Form beiseite lassen und sich nur mit den Problemen der Polyphonie, sowohl den harmonischen als auch den kontrapunktischen, befassen. Die Zeit der großen harmonischen Schwierigkeiten habe mit Beethoven, Schubert und Weber begonnen. Beethoven selbst aber sei durch seine Taubheit verhindert gewesen, die Harmonik über Haydn und Mozart hinaus zu entwickeln.

Schönberg fühlte sich, da auch sein Name mehrfach genannt wurde, sachlich wie persönlich angegriffen. Er zögerte zu antworten, vor allem weil Casella zwar ein beachtenswerter Gegner sei, doch so wandelbar in seinen Anschauungen, daß man nur den Zeitpunkt abzuwarten habe, an dem er wieder mit dem übereinstimme, was er vorher angegriffen hatte. Dann definierte Schönberg den Begriff „Musikalische Architektur", von der Casella meint, sie sei ohne Tonalität unmöglich. Tonalität selbst kennzeichnete er ferner als die Gesamtheit der Tonbeziehungen, die bei den sieben diatonischen Stufen der Dur-Tonleiter sehr nahe, bei den restlichen fünf nur mittelbare seien.

Zur Frage von Gliederung und Architektur formuliert Schönberg: „Wer in Haupt und Gliedern denkt, für den ist die Gliederung kein Problem, sondern eine selbstverständliche Eigenschaft eines natürlichen Gebildes, und er hat sich darüber sowenig Sorgen zu machen, wie eine Mutter darüber, ob ihr Kind gegliedert sein wird. Selbstverständlich wird es gegliedert sein. Casella hat vielleicht Musik geschrieben, die ihm ungegliedert scheint (mir auch) – aber ich nie!" – Casella hatte geschrieben: „And Schönbergian atonality seems as venerable as those rebus paintings composed of geometrical figures, which were the merriment of pre war art exhibits. –" (Deutsch: „Und Schönbergs Atonalität scheint so ehrwürdig wie jene Bilderrätsel aus geometrischen Formen, die das Entzücken der Kunstausstellungen vor dem Krieg waren.")

Dazu Schönberg: „Das ist sehr unfreundlich. Aber er sollte nicht vergessen, daß er derlei auch geschrieben hat. Und wenn er nur einen Augenblick scharf dächte und sich nicht auf den Vorteil des reuigen Schafes stützte, müßte er erkennen, daß einer ein reuiges Schaf nur werden muß, wenn dieses ein sündiger Wolf gewesen war." Und an anderer Stelle der Randbemerkungen heißt es: „Casella stellt sich zur Kunst, wie Oberflächliche sich zur Mode stellen. Sobald die neue da ist, ist die alte lächerlich ... In der Kunst aber weiß man, daß das Aufkommen einer neuen Technik nicht gegen die alte spricht, sofern die dort dargestellten Gedanken nur an sich denkenswürdig waren."

Gegen Ende der Randbemerkungen: „Warum Casella mich angreift, ist mir recht unverständlich. Weil ich schlecht komponiere? Desto besser für ihn. Desto leichter für ihn, besser zu komponieren ... Daß man über meine Musik so lachen würde wie über die Cubisten und Futuristen, ist im Grund genommen eine Prophezeiung ... Da nun aber Casella gewiß zur Zeit, wo er meine Musik nachgemacht hat, anderes prophezeit hat, scheint er kaum echt zu sein ..."

Schließlich notiert Schönberg nach einer Aufführung des Ballettes „La Giara", er habe nun Casellas Zukunftsmusik gehört und sie sei so wie er es erwartet habe: ein Potpourri, neben dem Josef Bayer mit seiner „Puppenfee" ein großer Symphoniker sei. „Was ihm einfällt, verdankt er seinem Gedächtnis, von ihm ist bloß die Architektur." Schönberg datiert seine Glossen mit dem 29. Mai 1926. Er lebte damals in Berlin.

Die zweite, kulturpolitisch noch wichtigere Auseinandersetzung mit Casella stammt aus der ersten kalifornischen Zeit. Die von Minna Lederman in New York herausgegebene Vierteljahresschrift der League of Composers, „Modern Music" brachte Ende 1934 Casellas Aufsatz „Modern Music in modern Italy". Schönbergs nicht datierte Randglossen sind in Los Angeles geschrieben. Das Englisch ist noch nicht fehlerlos. Aus den knappen Marginalien entstand ein umfangreicher Aufsatz. Schönberg beginnt ihn mit einem Zitat von Mussolini: „Faschismus ist kein Exportartikel". Mit diesem Satz, meint Schönberg, habe Mussolini Recht gehabt, da er die Regierungsform des Faschismus als passend nur für das italienische Volk betrachtete. Er habe sich aber auch als geschickter Politiker gezeigt, der wie Bismarck wußte, daß er nicht für die Ewigkeit, sondern für die nächste Zukunft zu disponieren habe. Seine Äußerung beruhigte darum die Sorgen von Ländern, denen die Sowjetunion Angst vor einem internationalen Faschismus suggeriert hatte.

Das Mussolini-Zitat zeigt, daß Schönberg Casellas Kulturpolitik als faschistisch ansah. Dieser nämlich schilderte das italienische Publikum als unabhängig und anti-europäisch. Das aber, fand Schönberg, sei eine Variation von Mussolinis Erklärung und könnte auch formuliert werden: „italienische Musik ist kein Exportartikel." Casella aber exportiere ja nicht nur seine eigene Musik, sondern wünsche auch eine – wie er selbst es ausdrücke – allgemeine Rückkehr zu künstlerischer Normalität.

Mittlerweile, meint Schönberg, sei der Faschismus ein Exportartikel geworden. Die Rückkehr zur Normalität habe überall den Schutz derer gefunden, die längst auf die Vernichtung des Modernismus gewartet hätten. Er pariert dann Casellas Spott über das Verschwinden vieler Werke, die einst kühn und revolutionär gewirkt hatten, vom italienischen Publikum aber niemals geliebt worden seien. „Was für ein ruhmreicher Sieg!", meint Schönberg. Er erinnere an die Siege über Bach und sein Generationen lang vergessenes Werk, über Schuberts Symphonien, die 30 Jahre nach seinem Hungertod ausgegraben werden mußten, über Wagners „Lohengrin", den erst Franz Liszt zur Aufführung gebracht habe. Er bedaure sehr, nicht mit Casella übereinstimmen zu können. Doch sei er glücklich über dessen große Bewunderung für seinen Freund und früheren Schüler Alban Berg: „Ich bin glücklich, obwohl nicht im Stande, den Widerspruch zu lösen, der in ‚der starken Gegnerschaft zur Atonalität' und der Schätzung eines atonalen Werkes besteht, und die einzige Erklärung scheint sich in der smarten Wendigkeit seines Geistes zu finden, die ihn befähigte, an jeder künstlerischen Bewegung der letzten dreißig Jahre teilzuhaben und die mich hoffen läßt, ihn vielleicht eines Tages als Parteigänger der Atonalität zu sehen – natürlich unterstützt durch die günstige Wendung der öffentlichen Umstände."

Dann macht sich Schönberg lustig über den offenkundigen Einfluß seiner eigenen Werke auf Casellas „Serenade"; er sehe darin greifbare Friedensangebote, „eine deutliche Friedenshand in meinen Taschen".

Casella hatte die Atonalität als äußerste Konsequenz der deutschen Chromatik im vorigen Jahrhundert bezeichnet, deren Einfluß in Italien gering gewesen sei. Einen Unterschied zwischen deutscher und italienischer Chromatik findet Schönberg ebenso absurd wie Casellas Behauptung, Italien sei niemals durch irgendeine Art von Chromatik beeinflußt worden. Er erinnert daran, daß Italien einmal durch Gesualdo und dessen Zeitgenossen in der Chromatik führend gewesen ist. Anschließend zeigt er Beispiele chromatischer und atonaler Stellen in Casellas eigener „Serenade". Er fährt fort: „Und je mehr Casellas Musik heute ‚gleichgeschaltet' zu sein scheint mit einigen politischen Grundsätzen, um so mehr wird diese Musik kommenden Generationen mit meinem Stil ‚gleichgeschaltet' erscheinen, so daß die schöpferische Fähigkeit allein den Unterschied bezeichnen wird." – Was die von Casella gerühmte italienische „Schwäche für Schönheit und Vollkommenheit" angehe, so erinnert Schönberg daran, daß bei der gemeinsamen Tournee durch Italien 1924 sein „Pierrot Lunaire" nicht mehr ausgezischt und ausgelacht worden sei, als Casellas Streichquartett.

Zu einer genauen Untersuchung über kontrapunktische und homophone Komposition führt ihn ein Fugato in der „Serenade" von Casella. Eine Fuge in einer Sonatenform unterzubringen, sei wenig sinnvoll. Diese Methode erscheine ihm wie ein Versuch, einen Heuwagen mit einem Flugzeug zu ziehen. Unter Hinweis auf Beethovens F-dur-Streichquartett opus 135 definiert er dann den Unterschied zwischen kontrapunktischen Methoden und homophonen, die er als „Methode durch Variation zu entwickeln" definiert habe. „Aber leider schreiben heutzutage die Komponisten nicht nur Fugatos in Sonatenform, sondern auch unabhängige Fugen nur wegen des Gegensatzes in Stimmung und Ausdruck. Das ist ebenso lächerlich, wie wenn man ein Maschinengewehr als Zuckerstreuer benutzte." Die moderne Art, mehrere nicht verbundene Stimmen ohne Bedeutung zu schreiben, sei ihm durch eine Anekdote in einer Zeitschrift erklärt worden. Da habe ein Regisseur den Schauspieler gebeten, sehr schnell und unbetont zu sprechen, damit das Publikum keine Zeit habe, zu denken und die Worte auf ihren inneren Sinn zu untersuchen.

Zur Frage der Tonalität und der Atonalität führt Schönberg ein Beispiel an. Sieben gleichzeitig angeschlagene nebeneinander liegende weiße Tasten auf dem Klavier erkenne das Ohr als die sieben Töne von C-dur. Aber die Tonalität C-dur drückten sie nicht aus. Dazu müsse vor allem die Tonika unterstrichen werden. „Höhere Kunst erfordert einen gut organisierten Streit zwischen den verschiedenen Stufen, welche Vorherrschaft beanspruchen, und der Sieg der Tonalität hat tiefere Bedeutung nur, wenn er durch die Niederlage dieser Usurpatoren zustande kommt." Betrachte man einen Choral von Bach, so erkenne man, daß Chromatik die Tonalität nicht beeinträchtigt. Nur wenn man Chromatik oberflächlich verstehe, könne man eine nationale Unabhängigkeit in Kunstdingen für möglich halten und eine Rückkehr zu künstlerischer Normalität, die niemals die Norm gewesen sei. „Immer haben Völker Vorteile gehabt von den Erfindungen anderer Völker. Man kann nicht die Waffen verhöhnen, die der Gegner benutzt, wenn man einen Krieg gewinnen will. Wir können nicht die telegraphische Verbindung unterbrechen, denn dann würden wir nicht rechtzeitig erkennen, wenn der Gegner seine Truppen auf unsere Grenzen hin bewegt. Unsere Flugzeuge müssen die Flughäfen fremder Staaten benutzen, wenn sie Benzin brauchen, unsere Schiffe müssen fremde Häfen anlegen, wenn sie Kohle brauchen oder Ware verkaufen wollen."

Vor 15 Jahren sei der Untergang der Atonalität vorausgesagt und ihre Ähnlichkeit mit der futuristischen Malerei gerügt worden, die angeblich „heute lächerlich" sei. Schönberg beschließt sein Fragment mit Spott auf einen

Propheten, einen Seher, dessen Bilder durch Vorbilder hervorgebracht worden seien.

Casellas künstlerische Haltung vom Beginn des 20. Jahrhunderts bis zu seinem Tod 1947 war von einer erstaunlichen Wandelbarkeit. Das hat Schönberg richtig erkannt und in dem Augenblick mit Recht gegeißelt, als der italienische Freund von einst sich in einen Gegner verwandelt hatte. Einen Gegner allerdings, dem Schönberg die Achtung nicht versagte, obwohl er seine künstlerischen Schwächen schon erkannt hatte, als er noch sein Freund war und als Casella sogar Korrekturen in seinen Kompositionen (zum Beispiel in dem erwähnten Streichquartett) willig annahm und befolgte.

Die Frage der „Gleichschaltung" bringt in Schönbergs Polemik einen aktuellen Zug, den auch das Mussolini-Zitat am Anfang seiner Erwiderung deutlich macht. Casella als faschistisch gleichgeschaltet zu definieren, bedeutet allerdings eine Vereinfachung des Tatbestandes. Klassizistische und anti-romantische Überzeugungen waren schon seit etwa 1920 bei vielen europäischen Intellektuellen und Künstlern weit verbreitet, auch bei solchen, die politisch der sozialistischen Seite mehr zuneigten als der faschistischen.

Tatsächlich führt ja Schönberg seine Polemik dann auch im rein künstlerischen Bereich durch. Sie ist über den äußeren Anlaß der beiden Aufsätze von Casella hinaus wichtig, weil sie satztechnische und formbildende Mittel so erläutert, wie niemand vor Schönberg sie erläutert hat. Die eigentümliche und oft drastische Technik des Vergleichs (Heuwagen und Flugzeug, Maschinengewehr und Zuckerstreuer) kennzeichnet obendrein die Art, in der Schönberg Erscheinungen der Kunst mit solchen des praktischen Lebens koordinierte.

Verglichen mit der Kulturpolitik der Nationalsozialisten war die der italienischen Faschisten tolerant. Aufführungen Schönbergscher Musik wurden zwar nach 1933 auch in Italien (wo sie niemals häufig gewesen waren) äußerst selten. Aber es gab sie gelegentlich. Und noch 1942, mitten im zweiten Weltkrieg, brachte die königliche Oper in Rom eine Inszenierung von Alban Bergs „Wozzeck" heraus, die im Repertoire gehalten wurde, auch als schon deutsche Truppen Italien besetzten. Casella war ihr Anreger.

Die erhoffte Besserung seiner Gesundheit stellte sich nicht in dem Maße ein, wie Schönberg erwartet hatte. So gab er den Gedanken, das New Yorker Angebot einer Professur an der Juilliard School anzunehmen, vorläufig auf. In Los Angeles, wo sich die kleine Familie fast in jeder Hinsicht sehr wohl fühlte, fanden sich Arbeitsmöglichkeiten genug. Es fehlte auch nicht an Bekannten und sogar an Freunden aus der alten Welt. Unter ihnen war Hugo Riesenfeld, mit dem Schönberg 1898 Kammermusik gespielt hatte, der hilfreichste. Otto Klemperer leitete seit 1933 das Philharmonische Orchester von Los Angeles und war glücklich, daß Schönberg gekommen war. Die beiden Männer hatten seit ihrer ersten Begegnung 1911 in einer merkwürdigen Beziehung der Haß-Liebe miteinander verkehrt. Beide erkannten die Größe des anderen, aber keiner von ihnen hatte die Gabe der Diplomatie. So kam es immer wieder zu Zerwürfnissen und heftigen Zusammenstößen. Schönberg fand, daß Klemperer ihn zu wenig aufführe, und dieser war unvorsichtig genug, seine Empfindungen zu äußern, wenn er Schwierigkeiten hatte, Schönbergs Musik zu verstehen. Im November 1934 fand zu Klemperers Ehren ein Bankett statt. Schönberg schrieb diesem, er habe die Einladung abgelehnt. „Ich finde es unerhört, daß diese Leute, die 25 Jahre lang meine Werke in dieser Gegend unterdrückt haben, mich nun als Staffage, als Statisten verwenden wollen, weil ich zufällig, aber ausschließlich mir zulieb, hier bin . . . Diese Absage ist nicht gegen Sie gerichtet, denn ich schätze Ihre Begabung genug, um gegen Sie mit weit schärferen Mitteln vorzugehen. Das sind Scherze: bitte nicht mißzuverstehen. Ich grüße, trotz allem, Sie aufs herzlichste." Man sieht, daß Schönberg sich in Amerika nicht änderte. Besserwissern, die ihm prophezeiten, auch er werde zu Kreuze kriechen, antwortete er: „Eher werde ich Amerika zerstören!"

Mit dem Direktor der Juilliard School, Ernest Hutcheson, blieb der briefliche Kontakt bestehen. Am 28. März schrieb Schönberg dem Freunde ausführlich über seine amerikanischen Erfahrungen, vor allem über seine Enttäuschung, die Schüler so schlecht vorgebildet zu finden. In Europa habe doch eine gewisse Kenntnis der Meisterwerke geherrscht, in Amerika sei das meistens nicht der Fall. Schuld seien die hohen Preise für Musikalien, „die es den meisten Schülern unmöglich machen, diese gewisse kleinste Bibliothek von etwa zweihundert Bänden selbst zu besitzen, wie sie in Österreich fast der Ärmste hat." Außerdem seien Konzert- und Opernbillets zu teuer.

Alban Berg gehörte zu den treuesten Briefpartnern seit Schönbergs Auswanderung. Er hatte den Freund schon im Januar 1934 über die Schwierigkeiten des Österreichischen Kulturlebens, aber auch über eigene Sorgen und

Leiden berichtet. Ausführlich schilderte er die Arbeit an der Oper „Lulu", deren zweiter Akt beendet war. Ein weiterer wichtiger Brief vom 4. November 1934 ist etwas pessimistischer im Tonfall, vielleicht, weil Berg sich körperlich immer schlechter fühlte und mit großen Mengen von Medikamenten gegen seine Krankheit arbeitete. Kurz vor Weihnachten schickte er die gerade erschienene Partitur der Schönberg gewidmeten Symphonischen Stücke aus „Lulu", die im November gegen alle Intrigen der Nationalsozialisten ihre sehr erfolgreiche Uraufführung durch die Berliner Staatskapelle unter Erich Kleiber gehabt hatten. Das Manuskript des Prologs zu „Lulu" hatte er schon im September zum Geburtstag gesandt.

Schönberg beantwortete den Weihnachtsbrief am 2. Januar 1935. Er legte Berg den Plan zur Gründung eines „Schutzbundes" vor. Berg stimmte in einem Brief vom 30. Januar zu, da auch die österreichischen Künstler, soweit sie nicht „bodenständig" schrieben, durch den Kampf gegen „Kulturbolschewismus" bedroht seien: „Man denkt und spricht eigentlich von nichts anderem als davon, wie man dieser Einstellung begegnen könnte. Leider ist man darin gehandicapt und zwar dadurch, daß das augenblicklich kaum geht, ohne daß es von gegnerischer Seite mit Politischem verquickt wird, also etwas, was wir doch gerade *nicht* wollen (und auch nie gewollt haben). Umso notwendiger also ein solcher geistiger Zusammenschluß unpolitischer Natur von uns ‚Bedrohten'. Wir werden das hier sehr eingehend durchsprechen und da gottlob Rudi hinüberkommt, kann er Dir dann mündlich referieren." Rudi (= Rudolf Kolisch) war im Herbst aus Amerika zurückgekommen und hatte in Wien mit dem Quartett vier Konzerte gegeben, die neben klassischen Werken alle drei Quartette von Schönberg brachten.

Am 9. Februar, zu Bergs 50. Geburtstag, kam eine Sendung aus Hollywood, die ihn tief beglückte. Schönberg hatte ihm einen Kanon auf ein eigenes Gedicht geschrieben, der Motive aus der „Lulu"-Musik enthielt, und dazu eine Schallplatte mit seiner Stimme, die einen Glückwunsch sprach. Berg schilderte in einem Brief vom 11. März, wie er mit dem Kolisch-Quartett, Paul von Klenau, Anny Mahler und Willi Reich sowie dessen Frau vor dem Grammophon stand, um die geliebte Stimme zu hören, deren hellen und immer etwas heiseren Ton niemand vergißt, der sie einmal gehört hat.

Durch die Auswanderung hatte Schönberg die Mitgliedschaft in der Genossenschaft deutscher Tonsetzer verloren. Er wollte nun der österreichischen Schwester-Organisation, der AKM (Gesellschaft der Autoren, Komponisten, und Musikverleger) in Wien beitreten. Berg gehörte ihrem Vorstand an. An ihn richtete Schönberg in einem Brief vom 4. Mai 1935 die Bitte, ihn anzumelden. Er bat, ihn dabei gerecht einzuschätzen und zu berücksichtigen, daß er seit zwei Jahren keine Tantiemen bekommen habe. Bergs Antwort vom 23. Juni war verzweifelt und empört. Die AKM hatte den Antrag rundweg abgelehnt. Und zwar – wie Berg dem Freund Webern am 15. Juli schrieb – „mit der Begründung, daß Schönberg ihnen als Mitglied in einem fort Schwierigkeiten machen würde – wie vor vielen Jahren, als er ihre Abrechnungen bemängelte und austrat."

Noch zweimal kam Berg auf die Affäre zu sprechen, das „Scandalöseste und Bodenloseste, was ich seit Dezennien im Wiener Kunstleben erlebt habe".

Das Bild, das sich die Wiener Freunde von dem Leben in Kalifornien machten, war rosiger als die Wirklichkeit. Gewiß fühlten sich Schönbergs in dem kalifornischen Klima und dem selbstverständlichen Luxus wohl. Aber die Medaille hatte eine Kehrseite. Die goldenen Zeiten hier, schrieb er am 13. März dem Jugendfreund David Joseph Bach nach New York, sind vorüber. Es sei schwer, fortwährend zu lächeln, wenn man Feuer speien möchte. In keinem Fall dürfe man die Wahrheit sagen, nicht einmal, wenn man jemanden vor Gefahr warnen wolle. „Hier im teilweise (größtenteilweise) noch wilden Westen erfolgen Warnungen so, wie ich neulich an einem Hause angeschrieben fand: ‚Wenn du schießen willst, so tue es sofort, sonst wirst du überhaupt nicht mehr schießen!' ... Hier will alles gelobt sein ... hier, wo jedes Ding all wrong ist, ist es die Unsicherheit und die Angst vor Entlarvung, die nur Lob verträgt ...

Aber ich will nicht in den europäischen Fehler verfallen und nur schimpfen ... Ich habe sehr viele Menschen gefunden, die mir gefallen haben ... Die wirklich besten Leute hier sind die Englischen, während die, die erst 30–50 Jahre hier leben, meistens minderwertig sind, obwohl oft sehr gutmütig und sogar hilfsbereit."

Carl Engel in New York war einer der hilfsbereiten. Mit ihm korrespondierte Schönberg über alle Dinge, die sein Leben und seine Arbeit in der neuen Exilheimat betrafen. Die Herstellung des Aufführungsmaterials für die Streichersuite machte ihm viel Sorgen. Er hatte bei Engel erreicht, daß sein Sohn Georg in Wien die Kopien für den Druck machte. Aber der Zeitverlust in Folge der großen Entfernung vereitelte diesen Plan. In einem Brief vom 20. Januar war außerdem von Rudolf Kolisch und Pablo Casals die Rede, der noch immer nicht das Cello-Konzert nach Monn aufgeführt hatte. Offenbar gab es mit diesem finanzielle Schwierigkeiten, über die Schönberg sich äußerte: „Was jedoch Casals anbelangt, so würde ich in Anbetracht der bedeutenden Persönlichkeit dafür plädieren, ihm noch einmal zu schreiben und ihm das Stück zu jenem Preis zu überlassen, den er selbst für angemessen findet. In der Tat sind ja die Verhältnisse in Spanien derart, daß Dollar-Beträge nicht in Betracht kommen. Es kosten die teuersten Plätze vier Pesetas, das ist 45 cents! Das Casals-Orchester ist daher stets auf Unterstützung angewiesen, welche Casals hauptsächlich selbst bezahlt. Da Casals auch nicht mehr in Deutschland spielen will, entfällt eine bedeutende Einnahmsquelle für ihn und da es jüngere Cellisten gibt, verdient er wohl nicht mehr genug, um aus eigener Tasche soviel zuschießen zu können."

Am 28. März berichtete Engel über die beiden New Yorker Aufführungen des Streichquartett-Konzerts nach Händel. Werner Janssen leitete die Philharmoniker. Engel schrieb außerdem, daß Dr. D. J. Bach bei ihm war und ihm einen Aufsatz über Schönberg gebracht habe, den er im Musical Quarterly bringen wolle. Die Oktober-Nummer werde auf diese Weise wegen Schönbergs Antritt seiner Stellung an der Juilliard School zusätzlich Aktualität bekommen.

Schönberg hatte Anfang März in San Francisco den „Pierrot Lunaire" und die Kammersymphonie dirigiert. Am 21. leitete er ein Konzert der Los Angeles Philharmonie, bei dem eigentlich die Streichersuite uraufgeführt werden sollte. Es war, wie er dem Freund Bach berichtete, das erste gut honorierte Engagement in Amerika. Wegen des fehlerhaften Materials der Suite mußte das Programm aber abgeändert werden; es bestand nun aus der 3. Symphonie von Brahms, der „Verklärten Nacht" und Schönbergs Bach-Bearbeitungen. Davon handelt ein Brief an Engel vom 7. April 1935, der sich noch einmal mit dem Projekt für die Juilliard-School beschäftigt. New York reizte ihn sehr. Aber er kannte auch die Widerstände, die ihm dort drohten, vor allem von Seiten Toscaninis, den er verabscheute, ohne das jemals zu verhehlen. Er habe übrigens in Los Angeles reichlich zu tun, außer seinen Privat-Schülern unterrichte er eine Klasse von 24 Hörern, überwiegend Musiklehrern. Das Leben in Kalifornien sei erheblich billiger als das in New York. Wenn also die Juilliard-School ihn nicht so gut bezahle, daß er 6 bis 7 Monate sorgenlos komponieren könne, außerdem die Reisekosten und die doppelte Wohnung, müsse er es vorziehen, in Los Angeles zu bleiben. In diesem Sinne habe er auch an Hutcheson geschrieben. Er sei übrigens bald mit der Orchester-Fassung der ersten Kammersymphonie fertig und wolle dann den letzten Akt seiner Oper komponieren.

Die Orchestrierung der Kammersymphonie war am 18. April beendet. Vorher war ein langer Brief von Engel gekommen, der Schönberg in allen seinen Gedanken über den Vertrag mit Juilliard bestätigte. Trotz der Annehmlichkeiten des Lebens in Kalifornien dürfe er die „strategischen" Vorzüge New Yorks nicht vergessen. Als Lehrzentrum mit intelligenten Schülern biete die Stadt am meisten. Auch habe er in New York eine ansehnliche Gemeinde, die zu ihm halte.

Finanziell hatte Engel offenbar das äußerste erreicht, was der Verlag Schirmer Schönberg bieten konnte: 1500 Dollar in fünf Monatsraten von März bis Juli. Am 3. Mai schlug Schönberg dem Freunde vor, die „Verklärte Nacht" und die Kammersymphonie für Amerika zu übernehmen und dafür weitere Zahlungen zu leisten. Ob Engel nicht außerdem, wie schon vor vielen Jahren geplant, die Harmonielehre ins Englische übersetzen und verlegen wolle? Was Juilliard betreffe, habe man ihm dort nur 5000 Dollar Jahresgehalt geboten, dem Kaufwert nach weniger als die 4000, die ihm in Los Angeles sicher seien. 10.000 hätten ihn zu dem Abenteuer verlocken können. Nun versuchte Engel, den mächtigen John Erskine, Präsident der Juilliard-School und Schlüsselfigur in vielen New Yorker musikalischen Machtpositionen, auch an der Metropolitan Opera, einzuschalten. Am 27. Mai traf er ihn zu einem langen Gespräch und fand ihn ebenso aufgeschlossen und willig, Schönberg zu gewinnen, wie Hutcheson. Doch am 4. Juni mußte er dem Freunde mitteilen, daß die Schule seine Forderungen nicht erfüllen könne, solange dort noch der „senior teacher in composition" trotz seiner schwindenden Kräfte tätig sei. Nun ließ Schönberg den Plan endgültig fallen. Am 18. Juni schrieb er an Engel, seine Sommerkurse hätten gestern begonnen und dauerten sechs Wochen. Der Vertrag mit der UCLA (University of California at Los Angeles) wurde für zwei Jahre, vom 1. Juli 1935 bis 30. Juni 1937 geschlossen. Das Jahresgehalt betrug 4800 Dollar. Es wurde 1939 auf 5100 und 1942 auf 5400 erhöht.

Am 18. Mai fand endlich die Uraufführung der Suite für Streichorchester durch die Los Angeles Philharmonie unter Otto Klemperer statt. Schönberg war sehr zufrieden und stand nun mit dem Dirigenten wieder auf gutem Fuß. Die Sommerkurse, die stark besucht waren, machten ihm Freude, strengten ihn aber doch viel mehr an, als er geglaubt hatte. Unter den Hörern war auch der 22jährige John Cage, der seither eine schwärmerische Bewunderung für Schönberg hatte. Nun begann man sich in der kalifornischen Öffentlichkeit für den legendären Mann zu interessieren, der Los Angeles als Wahlheimat ausgesucht hatte. Rundfunksender baten ihn um Mitarbeit. Am 7. September sprach er für den Sender der University of Southern California über: „What have people to expect from music?", ein andermal über „Success and value". Max van Leuwen Swarthout interviewte ihn. Auch öffentliche Ansprachen in den Universitäten fanden statt, die erste schon am 29. März unter dem Titel: „When we young Austrian Jewish Artists", eine andere am 9. Oktober mit dem originellen Namen „Driven into paradise". Viele von diesen Arbeiten mußte Schönberg seiner immer wieder schwankenden Gesundheit abringen. Schließlich kam es am 15. September zu einem Zusammenbruch. Die Ärzte stellten Zucker fest. Als Ursache nennt Schönberg in einem Brief an Engel vom 2. Oktober 1935 körperliche und geistige Überanstrengung. Voraussichtlich müsse er noch im Bett bleiben, und erst in der folgenden Woche könne er seine Klassen an der Universität beginnen. Zum Geburtstag am 13. September war neben vielen Freundschaftsbezeugungen und Geschenken ein langer Brief gekommen, den

Alban Berg am 28. August geschrieben hatte. Er berichtete über seine Arbeit an dem schon Mitte August fertig gewordenen Violin-Konzert mit der „tonalen" Zwölftonreihe, die mit einem Motiv aus einem Bachchoral „Es ist genug" endet. Mit Helene Berg war er, wie jeden Sommer, in seinem Waldhaus am Wörthersee. Aber er hatte gesundheitliche Sorgen und berichtete von einem Karbunkel am Rückgrat, das nicht heilen wolle. Es war der Beginn von Bergs tödlicher Erkrankung; der Geburtstagsbrief war der vorletzte, den Schönberg noch von ihm bekam.

Am 3. Oktober wurde für 8 Tage die Arbeit an dem schon 1934 begonnenen Konzert für Violine und Orchester wieder aufgenommen. Das Manuskript zeigt einige bemerkenswerte Eintragungen. Auf Seite 13 steht mit schwarzer Tusche geschrieben: „Hier habe ich gehalten, als ich noch 29 hier bloß skizzierte Takte auszufüllen hatte und mich am 15. September für fast 3 Wochen (bis heute sind es schon 19 Tage) ins Bett legen mußte: *Seite 13* Arnold Schoenberg – 3. X. 1935 Ich versuche (!) heute weiterzuarbeiten Arnold Schoenberg." Auf dem unteren Rand dieser Seite steht mit Tinte: „Niemand wird es glauben wollen, daß ich, als ich in die Partitur die Nummer des Taktes 222 schrieb, ich mir dachte: ‚Bis jetzt habe ich mich diesmal noch nicht in der Taktnumerierung geirrt'. Und sofort dachte ich: ‚So, jetzt ist's aus' und entdecke eine Minute später, daß ich beim 223. Takt die Nummer ausgelassen habe und auf *Seite 13*! ebendort, wo ich unterbrochen habe! 11. X. 1935." Auf einer früheren Manuskriptseite hatte Schönberg festgestellt, daß 169 – die Nummer des soeben beendeten Taktes – 13 x 13 ist. Wir wissen, daß er abergläubisch war und schon in der Wiener Zeit die ominöse Zahl 13 fürchtete. Im Titel der Oper „Moses und Aron" wird gegen die übliche Gepflogenheit Aron mit nur einem a geschrieben, weil der Titel sonst 13 Buchstaben hätte! Dieser Aberglaube nahm im Alter noch zu.

Carl Engel interessierte sich für das Violinkonzert und fragte am 14. Oktober, ob Schönberg schon einen Spieler für die Uraufführung habe. Am 18. antwortete der Komponist, er sei mit Jascha Heifetz deswegen in Verbindung, glaube aber nicht recht an den Erfolg. Heifetz lehnte die Uraufführung ab, die erst am 6. Dezember 1940 in Philadelphia mit dem dortigen Orchester unter Leopold Stokowski und mit Louis Krasner stattfand.

Am 21. Oktober kam Engels Bericht über die New Yorker Erstaufführung der Streichersuite unter Klemperer. „Ich hatte das Empfinden, daß Sie alles Gelernte und Gekonnte der letzten drei Jahrhunderte zusammengefaßt und mit neuer Kunst, neuer Schönheit ausgestattet haben." Die New Yorker Kritik war nicht so stark beeindruckt. Schönberg schrieb an den Kritiker Olin Downes über dessen Besprechung in der New York Times einen langen Brief unter dem Titel „Analysis by ear". Die Empfehlung, die Schönberg seinem Schwiegersohn Felix Greissle für den Verlag Schirmer gegeben hatte, wurde von Engel grundsätzlich positiv aufgenommen. Aber Greissle verließ Wien erst 1938 nach der Besetzung Österreichs durch die Nazis.

Ende Oktober 1935 fand Schönberg Zeit zu einem ausführlichen Brief an Anton von Webern. Er berichtete über seinen Abschluß mit der UCLA, über Klemperer und dessen sehr gute Aufführung der Streichersuite sowie über seine Gesundheit: „Mir geht es besser, obwohl ich leider wieder rauche."

Eine Hauptsorge wurde im Briefwechsel an die Freunde verschwiegen. Schönbergs waren 1930 mit einem Besuchervisum nach Amerika gekommen. Um endgültig bleiben zu können, hätten sie Einwanderungsvisa gebraucht. Ende 1935 lief die Zeit ab, in der sie sich legal im Lande aufhalten durften. Im Herbst entwarf Schönberg einen telegraphischen Hilferuf an Artur Schnabel in London. Er lautet in deutscher Übersetzung: „Obwohl als Professor an Universität engagiert, kann weder Quoten-Nummer[1] noch Verlängerung des Visums bekommen und werde dieses Land in einigen Wochen verlassen müssen. Stop. Möchte Sie fragen, ob Sie ihre Freunde veranlassen können, in England eine Berufung als Lehrer oder eine Anzahl von Konzerten oder irgend eine andere Hilfe zu verschaffen, daß ich genug verdiene, um in England oder einem anderen Land zu leben. Stop. Bin sehr verzweifelt und kann keinerlei Chance für meine Zukunft oder sogar Gegenwart sehen." Ende 1935 wurde das Visum verlängert.

Über die Vorlesungstätigkeit an den kalifornischen Universitäten informiert uns ein Brief an eine „Mrs. F." Sie gehörte zu dem Kreis prominenter Damen, die in den Vereinigten Staaten einen großen Einfluß auf das kulturelle Leben haben. Schönberg fordert sie auf, an einem Montagabend bei ihm zu essen und dann um 1/2 8 zur Vorlesung über Musikkritik an der University of Southern California zu fahren. Unter seinen Hörern werde sie Professoren beider Universitäten finden und zwar nicht Musiker, sondern Philosophen. Trotz dieser erfreulichen Hörer sei er sehr enttäuscht, da seine Erwartung, ein Kolleg von wenigstens 50 bis 60 Teilnehmern zu finden, nicht erfüllt wurde. Was er in seinen Vorlesungen anstrebe, sei: Konzentration auf das *Werk:* „Jeder, der mir zuhört, wird ein Hörer werden, der weiß, was er liebt und warum er es liebt." Er wolle das musikalische Publikum von Los Angeles dazu erziehen, nicht mehr in ein Konzert zu gehen, weil der oder der spielt, dirigiert oder singt, sondern weil das oder das Werk aufgeführt wird. Ihm liege daran, Mrs. F. und viele

[1] In den USA gibt es ein Gesetz, das die Anzahl der Personen, die als Angehörige eines anderen Staates amerikanische Staatsbürger werden wollen, regelt. Offenbar war die Quote für tschechoslowakische Einwanderer 1935 schon erschöpft.

andere Leute der Gesellschaft als Hörer zu gewinnen. Es war sein erster und letzter Versuch, die reiche amerikanische Society für seine Arbeit zu interessieren.

Am 15. November 1935 notierte Schönberg unter der Überschrift „für Frau Charlotte Dieterle" einen vierstimmigen Spiegelkanon und dazu die Texte: „Man kann über Schönberg denken wie man will" und „Credit may sometimes be based on a statement like that. Creed and credit".

Die schönen kalifornischen Novembertage gingen zu Ende. Am 7. Dezember kam es endlich in London zur Uraufführung des Cello-Konzerts nach Monn. Edward Clark hatte sie bei der British Broadcasting Corporation durchgesetzt. Aber nicht Casals war der Solist, sondern Emanuel Feuermann. Zu den Festtagen, Weihnachten und Neujahr, kamen schon vorzeitig Briefe, darunter einer des Barons Hermann Roner in Traunkirchen, der Schönberg an gemeinsames Quartettspiel in den Sommern 1921 bis 1923 erinnerte. Nach langer Unterbrechung nahm auch die Pianistin Else C. Kraus, eifrige Prophetin und Spielerin des Schönbergschen Klavierwerks, die Verbindung wieder auf.

Am 30. November hatte Alban Berg geschrieben. Er war wieder nach Wien gegangen und erfüllt von dem Eindruck der „Gurrelieder": „Bei der vorgestrigen I. Aufführung *waren* wir, die gestrige hörten wir im *Radio.* Es war natürlich wieder eine ganz große Sensation und in jeder Hinsicht ein überwältigender Sieg, der auch seitens des anwesenden Vizekanzlers Fürst Starhemberg . . . fast demonstrativ in Erscheinung trat.

Bruno Walter, der sonst vor Süße überströmt, musizierte hier mehr elegant und beschwingt, so daß manche Lieder zu schnell gerieten . . . Da es gut studiert war, durchwegs Sänger von Format aufgeboten waren, hatten die Aufführungen unbedingt Niveau und vermittelten . . . einen richtigen, also überwältigenden Eindruck auf alle, alle Anwesenden in dem überfüllten Saal." Der Brief klagt wieder über gesundheitliche Störungen, Furunkel und Karbunkel. Auch moralisch gehe es ihm schlecht, da er habe entdecken müssen, er sei in seinem Vaterland nicht bodenständig. Aber schließlich lebe er noch in der Heimat und dürfe, anders als Schönberg, seine Muttersprache sprechen. Der Weihnachtsbrief kam schon aus dem Kronprinz-Rudolf-Spital und war von Helenens Hand geschrieben. Albans Zustand hatte sich bedrohlich verschlechtert; sie erhofften Heilung durch eine Bluttransfusion, die gestern, am 16. Dezember, erfolgt sei. Eine Woche danach, am 24. Dezember 1935, war Berg tot. Die Nachricht traf Schönberg aufs Schwerste. Er hatte einen seiner nächsten, ergebensten Freunde verloren, und er wußte, wie schwer dieser Todeskampf gewesen war. – In seinem Kondolationsbrief an Helene Berg bot er sich an, die Instrumentation des dritten Aktes von „Lulu" zu übernehmen. Sie dankte beglückt über den Vorschlag am 14. Januar 1936: „ . . der erste Lichtstrahl in meiner Finsternis!"

Schönberg veranlaßte sofort, daß ihm Associated Music Publishers, die amerikanischen Vertreter der Wiener Universal Edition, das Material zu Bergs Oper schickten. Es traf am 11. März ein. Nach genauer Prüfung der Musik und vor allem des Textes erklärte er sich außerstande, die Arbeit zu übernehmen. Er gab als offiziellen Grund an, daß sie schwieriger und zeitraubender sei, als er vermutet habe. In Wirklichkeit verletzten ihn im Text die Kennzeichnungen einer jüdischen Figur, die bei Wedekind Puntschu heißt. In einem ausführlichen Brief an Erwin Stein, der am 9. März begonnen und am 11. – nach Empfang des Materials – beendet wurde, gibt er genaue Rechenschaft über seinen Entschluß.

Helene Berg sah darin eine Fügung des Schicksals und verweigerte seither mehreren Freunden Bergs und berufenen Kennern seines Werkes die Ausführung der Arbeit, die Schönberg nicht ausführen wollte. So blieb die „Lulu" Fragment.

In Europa war Schönberg ein häufiger Kinogänger gewesen; er bewunderte und liebte ganz naiv die Schönheit und Perfektion amerikanischer Filme, die er später verachtete. Nun lebte er selbst in Hollywood, nicht weit von den Ateliers der Traumfabriken. Die Manager dieser millionenschweren Industrie ließen sich einen berühmten Mann nicht so leicht entgehen. Schönberg selbst dachte nicht daran, jemals eine Auftragskomposition für einen Film zu machen. Aber einer der mächtigsten Bonzen in Hollywood, Irving Thalberg, hatte im Radio eine Aufführung der „Verklärten Nacht" gehört und war so begeistert davon, daß er erwog, Schönberg Musik zu dem Film „The Good Earth" nach dem berühmten Roman von Pearl S. Buck schreiben zu lassen. Die Vorgänge, die nun folgten, sind legendär geworden und 1947 von H. W. Heinsheimer in „Menagerie in F Sharp" sowie von Salka Viertel in ihrem Memoirenbuch „Das unbelehrbare Herz" geschildert worden. Schönberg selbst berichtet am 23. Januar 1936 darüber in einem Brief an Alma Mahler-Werfel: „Dann hätte ich beinahe eingewilligt, eine Musik zu einem Film zu schreiben, habe aber glücklicherweise 50.000 Dollar verlangt, was, ebenfalls glücklicherweise, zu viel war, denn ich wäre darüber zu Grunde gegangen; und nur, wenn ich es doch überlebt hätte, würden wir – bescheiden allerdings – immerhin eine Reihe von Jahren davon haben leben können, was bedeutet haben würde, daß ich endlich wenigstens meine angefangenen kompositorischen und theoretischen Werke hätte bei Lebzeiten vollenden können, wenn auch nichts Neues mehr anfangen. Aber dafür hätte ich gerne mein Leben und meinen Ruf geopfert, obwohl ich weiß, daß andere, die weniger streng auf den ihren gesehen haben als ich auf den meinen, die Gelegenheit, mich verachten zu dürfen, nicht ungenützt gelassen hätten." Gertrud Schönberg hat darüber gesagt: „Die M. G. M. Gesellschaft (Metro Goldwyn Mayer) versprach ihm nichts zu ändern (ein Versprechen, das sie natürlich nie gehalten hätten!) aber der Preis von 50.000 Dollar war, wie wir gehofft hatten (!), zu hoch und wir schieden sehr erleichtert!" Immerhin hat Schönberg doch in zwei Notizbüchern Skizzen zu einer solchen Musik niedergeschrieben. Gertrud Schönberg teilt mit, diese seien kurz nach den Verhandlungen „rein aus künstlerischem Interesse an der Lösung einer solchen Aufgabe" entstanden. Zwei Themen dienen der Schilderung des Onkel Wang und sind von bewegtem, heiterem, ja komischem Charakter. Eine langsame Landschaftsstimmung verwendet chinesische Pentatonik, nicht unähnlich der in Gustav Mahlers „Lied von der Erde". Das dritte Thema ist eine heitere Volks-Tanz-Szene; das fünfte ein schwärmerisches, getragenes Liebesmotiv. Alle diese Gedanken stehen in einer erweiterten Tonalität. Die Begleitung, soweit sie hinzugefügt ist, besteht aus drei- bis vierstimmigen Akkorden.

Nachdem Schönbergs Verträge mit der Preußischen Akademie der Künste abgelaufen waren, stand er mit Berlin in keiner dienstlichen Verbindung mehr. Doch kam noch von der Deutschen Bank und Disconto Gesellschaft, Abteilung Ausland (Amerika), ein Tagesauszug vom 15. Januar 1936, der ein Guthaben von 1065,50 Mark ausweist. Über das Geld konnte Schönberg als Emigrant nur noch innerhalb Deutschlands verfügen. Er verwendete es zum Teil für Bücheranschaffungen. So bestellte er am 10. Dezember 1936 bei der Buchhandlung von Mittler & Sohn den zweiten und dritten Band des Philosophischen Wörterbuches von Rudolf Eisler.

Im Januar hatte Schönberg den kühnen Plan – vielleicht in Erwartung anderer Filmaufträge – in Hollywood ein Haus zu bauen. Sein bewunderter Freund Adolf Loos war am 23. August 1933 in einem Sanatorium bei Wien gestorben. Doch lebte einer seiner besten Schüler, Karl Kulka. Ihm schrieb Schönberg am 24. Januar, er stünde mit Richard Neutra in Verbindung, der auch aus Loos' Kreis stamme und sehr hübsche Häuser mache. Er habe Wiener Geschmack und wisse, was ein Schreiber brauche. Was er nicht kenne, sei die Kunst, Marmor als Wandbekleidung zu benutzen. Loos habe Schönberg gesagt, Marmor sei die billigste Tapete. Man müsse ihn in Millimeter dünne Scheiben schneiden und auf die Wand zementieren lassen. Das Verfahren sei in Amerika unbekannt. Schönberg wollte wissen, wo es in Europa gemacht werde und wie weit Loos den Marmor in die Höhe habe gehen lassen und wie der Übergang zur Decke oder zur Wand sei. Der Plan, der in mehreren Häusern von Loos realisiert ist, wurde nicht ausgeführt, da Schönberg bald ein Haus fand, das er kaufte. – Von Hermann Scherchen, der 1933 Deutschland verlassen hatte und in der Schweiz und Brüssel arbeitete, kam das Programm des

14. IGNM-Festes in Barcelona vom 19. bis 25. April. Schönberg dankte am 16. März, beanstandete an der „ganz großen Sache" nur, daß Webern auf dem Programm fehlte. Was die „Erwartung" betreffe, so sei sie kein Mimodram (wie das Programm formulierte), sondern ein Monodram. Künstlerisch sei er unzufriedener als je; er unterrichte an der einen Universität und werde 1937 an die andere gehen. „Aber leider ist das Material, das ich bekomme, so ungenügend vorbereitet, daß ich etwas so überflüssiges zu tun habe wie Einstein, wenn er in einer Mittelschule Mathematik zu unterrichten hätte."

Am 27. April begann die Arbeit am 4. Streichquartett; auf der ersten Seite stand: „fulfilling with pleasure the commission of the great patroness of music Mrs. Elizabeth Sprague-Coolidge". Doch schon beim 22. Takt mußte sie am 30. April unterbrochen werden. Schönbergs hatten in Brentwood Park, 116 North Rockingham Avenue, ein reizendes, ziemlich neues Haus im spanischen Kolonialstil gefunden, das sie auf Abzahlung kauften. Nun hieß es packen und umziehen. Am 9. Mai waren sie so weit installiert, daß die Komposition fortgesetzt werden konnte. Die beiden ersten Sätze wurden zum Teil gleichzeitig geschrieben. Am 24. Mai begann Schönberg den zweiten Satz, der am 20. Juni abgeschlossen war; zwei Tage danach wurde der Schlußstrich des ersten gezogen. Dann folgte der dritte, der am 18. Juni beendet war. Am selben Tag fing Schönberg den vierten Satz an, unterbrach die Arbeit am 25. und setzte sie erst am 8. Juli fort. Das Schlußdatum des Werkes ist der 26. Juli 1936.

Es trägt die Widmung „To the ideal patron of chamber music ELIZABETH SPRAGUE COOLIDGE and to the ideal interpreters of it THE KOLISCH QUARTET". Viersätzig und von halbstündiger Dauer wie das dritte, unterscheidet es sich doch von diesem durch größere Leichtigkeit und Souveränität in der Behandlung der Zwölftontechnik. Das dritte verzichtet demonstrativ auf die Vielfarbigkeit des Klangs, die durch abseitige Spielarten, durch Wechsel zwischen Flageolett, Pizzicato, Tremolo am Steg, Spiel am Griffbrett und dergleichen erreicht wird. Im vierten werden solche Kolorite wieder häufiger verwendet, namentlich im ersten Satz, einem Allegro molto energico, das Züge eines rondoartig gegliederten Sonaten-Hauptsatzes zeigt. Der zweite, menuettartige, ist ein Comodo des Intermezzo-Typus nach dem Schema A–B–A, formal am originellsten ist das Largo an dritter Stelle. Es verbindet zwei Rezitative von rhapsodischem Charakter und dramatischem Ausdruck, zwischen die ein lyrischer Teil gefügt wird, der in variierter Form nach dem zweiten Rezitativ zum Schluß führt. Der schnelle Finalsatz ist wieder rondoartig mit Variationen. – Dazwischen mußten neben dem Unterricht Tagesarbeiten erledigt werden. Für das Alban Berg-Buch von Willi Reich schrieb Schönberg einen sieben Seiten langen Aufsatz, den er aber dann zurückzog. Für Mahlers 25. Todestag entstanden Notizen zu einem Artikel.

Auf Carl Engels Anregung bereitete der Verlag Schirmer einen Sammelband mit Aufsätzen über und Bekenntnissen zu Schönberg vor, der 1937 erschien. Er enthielt nicht nur Beiträge, die schon zwischen 1929 und 1935 an anderer Stelle erschienen waren, Arbeiten von dem Meister selbst sowie von Roger Sessions, Ernst Křenek, César Saerchinger, Paul Amadeus Pisk, Boris de Schloezer, Paul Stefan, Franz Werfel, Erwin Stein und Adolphe Weiss. Autoren von eigens dafür geschriebenen Arbeiten waren Leopold Stokowski, der das Vorwort beitrug, Richard Buhlig, Louis Danz, Carl Engel, Otto Klemperer, Ernst Křenek, José Rodriguez, Nicolas Slonimsky, Eduard Steuermann, Berthold Viertel und Merle Armitage. Dieser gab das Buch heraus. Er war ein als Impresario in Los Angeles lebender früherer Ingenieur, der 1911 bis 1921 Welttourneen arrangiert hatte, darunter solche des Djaghilew-Balletts. Er gründete und leitete 1924 – 1936 die Los Angeles Opera Association und veröffentlichte 1936 ein Buch über Igor Strawinsky. Das Schönberg-Sammelbuch, dem Andenken Alban Bergs gewidmet, ist ein Band von 319 Seiten. Er enthält neben einigen Photos des Meisters und zwei Faksimileseiten aus dem 4. Streichquartett eine Reproduktion des ausgezeichneten, jetzt in der Washingtoner Library of Congress hängenden Ölbildes, das George Gershwin von ihm gemalt hat. Schönberg und Gershwin hatten sich beim Tennisspiel kennen gelernt und angefreundet.

Tennis war neben Schwimmen und Rudern Schönbergs große sportliche Leidenschaft. In Kalifornien gab es ausgezeichnete Spieler, mit denen er sich schwer messen konnte. Als die Schwägerin Mitzi Seligmann nach New York übersiedelt war, wünschte sich Schönberg, wieder mit ihr zu spielen. Am 30. Januar 1936 schrieb Gertrud an die Schwester, sie solle bald kommen. Sie empfahl ihr, nicht mit der Bahn, sondern mit einem Greyhound-Autobus zu fahren und zwar die südliche Strecke, um nicht in einen der Schneestürme zu geraten, die noch bis Mai im Norden alle acht bis vierzehn Tage einsetzten. Schönberg fügte eine Nachschrift hinzu, in der er die Schwägerin vor Reisebekanntschaften warnte. „Lasse Dich nicht durch feines, liebenswürdiges oder sympathisches Äußere beeinflussen. Alle Amerikaner sehen ehrlich aus und sind liebenswürdig und hilfreich, aber ... erkennen sofort ein Greenhorn! Ein solches hineinzulegen gilt ... als normal. Sei ausschließlich mißtrauisch."

Von den deutschen Theaterleuten in Hollywood waren Wilhelm Dieterle und seine Frau Charlotte den Schönbergs am engsten verbunden. Sie plante einen Film über Beethoven, hatte Schönberg um beratende Mitarbeit gebeten, konnte aber seiner Einladung zum Abendessen und zur Besprechung des Projekts Ende Juli nicht folgen. So schrieb er ihr am 30. Juli seine Bedenken. Er schlug ihr Klemperer als Berater vor. „Er kennt und versteht ja Beethoven wirklich in ganz hervorragender Weise; besitzt die Fähigkeit, ihn als Heroen zu

Arnold und Gertrud Schönberg vor ihrem Haus in Brentwood Park, Los Angeles, 1935

fühlen, hat selbst Feuer und Geist genug, um darin nicht zu versagen: und wenn er auch ein Tyrann ist, so würde das dem Ganzen doch nur zugute kommen; denn ein Sklave kann keinen Helden nachbilden." Er selbst sei bereit, Klemperer in stilistisch-kompositionellen Fragen zu beraten.

Nach Beendigung des 4. Streichquartetts schrieb er an Elizabeth Sprague-Coolidge, er sei sehr zufrieden und halte das Stück für gefälliger als das dritte. Sie könne sich nicht vorstellen, wieviel Arbeit er und Frau Gertrud durch das Eintreffen der Möbel aus Berlin hatten. Der Brief ist vom 3. August 1936 datiert. „Ich habe vier Wochen verloren und habe dabei meine Bibliothek und Manuskripte noch nicht geordnet. Außerdem habe ich zu unterrichten. Privatstunden und diese schrecklichen Sommerkurse an der USC."

In Pasadena, dem eleganten östlichen Vorort von Los Angeles, hatte Mrs. Sprague-Coolidge im Juni ein Kammermusikfest veranstaltet, auf dem Kolisch mit seinen drei Mitspielern die ersten drei Quartette von Schönberg aufführte. Gleich danach trafen die Kisten mit den Möbeln, Noten und Büchern ein, und es gab wochenlang Arbeit mit der Einrichtung des Hauses in Brentwood Park. Zu ebener Erde neben der Eingangstür richtete Schönberg sein Arbeitszimmer ein. Da waren Regale und Fächer für die Handbibliothek, die große Bachausgabe. Davor, im vollen Licht der romanisch gebogenen Fenster, der selbstgetischlerte Schreibtisch mit allen seinen kleinen Mulden und Fächern für Federn, Bleistifte, Radiergummis, Büroklammern und dergleichen. Auch ein Bastelzimmer für seine handwerklichen Arbeiten entstand. Erst als die Bücher und Manuskripte geordnet waren, begann wieder die Arbeit am Violinkonzert, dessen zweiter Satz am 27. August, dessen dritter am 23. September beendet war.

Durch die Häufung von praktischer und pädagogischer Arbeit wurden die Korrespondenzen mit Freunden in Europa und Amerika unterbrochen. Nach langer Zeit nahm Schönberg am 10. Oktober die Verbindung mit Carl Engel wieder auf. Seit acht Monaten habe ihn die viele Arbeit so ermüdet, daß er keine Briefe schreiben konnte. Neben den Privatstunden und der anstrengenden Sommer-Session an der University of Southern California mache ihm die Stellung als Haupt der neu aufzubauenden Musikabteilung an der University of California at Los Angeles (UCLA) viel zu schaffen. So könne er nicht einmal Urlaub nehmen. Die langsamen Fortschritte in den Erfolgen der bei Schirmer verlegten Werke sollten Engel nicht enttäuschen; ihr Schicksal sei nicht an den Tag gebunden. – Gesundheitlich gehe es recht gut; er spiele zweimal wöchentlich Tennis.

Engel antwortete am 11. November, er sei für zwei Sommermonate in Europa gewesen, teils zur Kur in Hofgastein, teils um den 82jährigen Guido Adler in Wien zu besuchen. Bei den täglichen Spaziergängen mit diesem sei auch viel von Schönberg und Berg gesprochen worden.

Mit der Streichersuite, dem Monn-Cellokonzert und der Händelbearbeitung für Streichquartett und Orchester habe der Verlag noch nicht viel Glück gehabt. Dennoch werde er die Veröffentlichung des 4. Quartetts und des Violinkonzerts erwägen, falls Schönberg nicht neue Vorschüsse verlange. Anfang Dezember ging, auf Briefpapier mit dem Kopf der UCLA, ein kurzes Handschreiben an Engel mit dem Vorschlag, im Schirmer-Verlag billige kleine Ausgaben klassischer Musik herzustellen oder die normalen, sehr teuren Ausgaben zu stark reduziertem Preis an Studenten zu geben.

Seit Mitte November arbeitete Schönberg an einem Lehrbuch des Kontrapunkts. In seiner Klasse an der UCLA, deren Vorlesungen er Anfang Oktober begonnen hatte, saß ein ausgezeichneter junger Pianist, Leonard Stein. Er machte auch in Theorie und Kontrapunkt solche Fortschritte, daß er 1938 Schönbergs Assistent wurde. 1961, zehn Jahre nach dem Tod des Meisters, gab er das 1942 beendete Werk als „Preliminary Exercises in Counterpoint" heraus. Vorarbeiten dazu waren 1911 und 1926 entstanden. Schönbergs erster Assistent an der UCLA war 1936/38 Gerald Strang, der ihm auch bei der Formulierung des Kontrapunkt-Buches half.

Für Merle Armitages Buch, das im Frühjahr 1937 erscheinen sollte, bat ihn José Rodriguez um ein Gespräch. Er war ein Verehrer seit 1917, als ihm bei der Armee ein junger Offizier opus 11 vorspielte. Das Gespräch fand Anfang Januar 1937 am Kamin im Haus in Brentwood Park statt, nachdem die kleine Nuria zu Bett geschickt worden war. Es betraf die traditionellen Wurzeln von Schönbergs Tonsprache und Satztechnik. Der Meister nannte sich ein Geschöpf der Eingebung. Er komponiere und male instinktiv. Rodriguez bat um Erklärung des Arbeitsprozesses. „I see the work as a whole first", antwortete Schönberg. „Then I compose the details. In working out, I always lose something. This cannot be avoided. There is always some loss when we materialize. But there is a compensating vain in vitality. We all have technical difficulties, which arise, not from inability to handle the material, but from some inherent quality in the idea. And it is this idea, this first thought, that must dictate the structure and the texture of the work".[1] Das Gespräch ging über das neue Violinkonzert zu Fragen des Studiums und schließlich zu den

1 „Zuerst sehe ich das Werk als Ganzes. Dann komponiere ich die Details. Bei der Ausarbeitung streiche ich immer einiges. Das ist nicht zu vermeiden. Sobald ein Werk Gestalt annimmt, geht immer etliches verloren. Doch dies wird durch den Gewinn an Lebendigkeit aufgewogen. Wenn uns technische Probleme erwachsen, dann nicht etwa, weil wir außerstande wären, das kompositorische Material zu bewältigen, die Schwierigkeit liegt vielmehr darin, das der Idee innewohnende Gedankengut voll auszuschöpfen. Und gerade diese Idee, dieser erste Gedanke ist es, der den Aufbau und das Gewebe des Werkes bestimmen muß."

Problemen von Tonalität und Form über. Zu diesem Thema sagte Schönberg, und beendete damit das Interview, habe er selbst etwas für Armitages Buch geschrieben und wolle sich nicht wiederholen.

Was er meinte, war ein Aufsatz „Tonality and Form". Harmonie, schreibt Schönberg, sei nicht allein formbestimmend. Man könne sie als Formungshilfe benutzen. Seine Schüler könnten bestätigen, daß er als Lehrer ihnen vor allem den Unterschied zwischen den formenden Möglichkeiten von Haupt- und Nebenthemen, Einleitungen, Übergängen und Codas klarmachen wollte. Auch habe er immer behauptet, die meisten lebenden Komponisten seien nur imstande, Einleitungen zu schreiben, ein Ding an das andere zu setzen.

Heutzutage strebten die meisten nach Stil, Technik und Klang, womit etwas völlig Äußerliches gemeint sei. Die alte Kultur in der Präsentierung eines Gedankens werde vernachlässigt. In einem Roman von Dickens könne man an den Strukturen und klug gewobenen Fäden beobachten, wie nötig für ein Kunstwerk das Wissen sei. Doch dürfe man nicht glauben, ein künstlerisch höherer Ausdruck sei durch Verwendung einer bestimmten Technik erreichbar. Zehn Jahre habe er daran gearbeitet, diese Unterschiede theoretisch zu definieren, mit dem Erfolg, daß das betreffende Werk bald geschrieben würde. Nur im mentalen Bereich sei künstlerischer Ausdruck möglich. Die Nicht-Denkenden verlangen nicht danach und gestatten ihn nicht einmal.

In seiner Jugend fühlte man noch, wie ein Hauptthema gebaut wird. Brahms habe diese Kunst beherrscht, Mahler und Strauss sie geerbt. In seiner Harmonielehre habe er gezeigt, daß Tonalität nicht nur diene, sondern im Gegenteil verlange, daß man ihr dient. Das sei nicht so leicht, wie das „decreeing committee" glaube. (Schönberg meinte damit die Clique, die den Stil des Tages ankündigt.)

Er sei wohl der letzte moderne Komponist, der sich im Geist der alten Meister mit tonaler Harmonik befaßt habe. Höre er eines der Stücke, in denen alle denkbaren tonalen Nicht-Zusammenhänge vermieden werden, bis zum Schluß mit dem C-dur- oder Fis-dur-Dreiklang, je nach Laune, dann müsse er immer an die schwarzen Häuptlinge denken, die nur eine Krawatte und einen Zylinderhut tragen.

Die Form einer Komposition werde erreicht, weil 1. ein Körper existiert und weil 2. die Glieder verschiedene Funktionen ausüben und für diese geschaffen sind. Wer ihnen von außen eine Funktion aufzwingt, erinnere an den schlechten Handwerker, der fehlerhafte Konstruktion durch Lack oder Nickel verberge.

Wer könne heute sagen, wie ein Hauptgedanke aufgebaut und haltbar gemacht wird? Wie eine fließende Form gefestigt wird? Wie eine Introduktion, eine Durchführung entwickelt wird? Jeder, der diese Dinge könne und wisse, der werde nicht zweifeln, ob Tonalität restauriert werden müsse oder nicht, um Form zu erreichen. Konstruktion, Formung, Überstruktur, kurz: künstlerischer Ausdruck hänge nicht von technischen Tricks ab, sondern liege im Gedanken selbst. Wer wirklich denke und tief denke, bringe mit verschiedenen musikalischen Gedanken verschiedenen Ausdruck hervor.

Elizabeth Sprague-Coolidge hatte sich für die Uraufführung des von ihr bestellten 4. Streichquartetts einen besonders festlichen Rahmen ausgedacht. Sie finanzierte einen von der UCLA veranstalteten viertägigen Zyklus von Konzerten des Kolisch-Quartetts. Sie fanden im Konzertsaal der Joseah Royce Hall am 4., 6., 7. und 8. Januar abends statt. Die Einladungen ergingen persönlich an eine Reihe prominenter Musiker und musikalisch Interessierter. Jedes Programm bestand nur aus zwei Quartetten, einem von Beethoven und einem von Schönberg. Dessen d-moll-Quartett folgte auf Beethovens Es-dur-Quartett, opus 127; das fis-moll-Quartett (mit Clemence Gifford als Sopranistin) ging dem Beethovenschen opus 130 nebst angehängter großer Fuge opus 133 voraus; vor dem cis-moll-Quartett opus 131 stand Schönbergs 3. Quartett. Das letzte Programm begann mit der Uraufführung von opus 37, dem Beethovens a-moll Quartett opus 132 folgte. Ein Programmheft schickte Schönberg mit einer kurzen Nachschrift an Stiedry. Er hätte gerne Erika Wagner-Stiedry für die geplante „Pierrot"-Aufführung in Los Angeles gehabt. Zunächst aber kam es nur zu einer von ihm geleiteten Aufführung des „Pelleas" in Los Angeles mit dem Federal Music Project Symphony Orchestra aus arbeitslosen Musikern. Sie fand am 17. Februar statt. Eine Woche vorher hatte Louis Krasner um die Noten des neuen Violinkonzerts gebeten. Krasner, virtuoser russischer Geiger des Jahrgangs 1903, der zuerst in Boston, dann bei Flesch, Capet und Ševčik studiert hatte, war ein Anhänger der neuen Wiener Schule und hatte 1934 bei Alban Berg das Violinkonzert bestellt, das er zwei Jahre später – Berg war schon gestorben – in Barcelona aufführte. Damals trat er in engen Kontakt mit Anton Webern, der aber kurz vor der Premiere Hemmungen bekam und die Leitung an Scherchen übertrug.

Zwischen 7. Januar und 10. Februar 1937 skizzierte Schönberg auf sechs losen Notenblättern Entwürfe zu einer Symphonie in vier Sätzen. Rufer hat die je 30–50 Takte langen Satzanfänge in Particellform im Nachlaß gefunden. Jeder Satz trägt Titel, von denen einige auf jüdische Dinge bezogen sind. Sie lauten:

Scherzo 1. Satz: Predominance (superiority) provokes envie = Vorherrschaft (Überlegenheit) ruft Neid hervor

2. Satz: a) What they think about us = Was sie von uns denken
b) what we think about them = was wir von ihnen denken
c) conclusion = Abschluß

3. Satz: The sacred feasts and costums = Die heiligen Feste und Gebräuche

4. Satz: The day will come = Der Tag wird kommen.

Das Kolisch-Quartett benutzte den Aufenthalt in Kalifornien dazu, alle vier Schönbergschen Quartette auf Schallplatten zu spielen. Am 5. Februar 1937 teilte der Meister seiner Gönnerin, Mrs. Sprague-Coolidge, mit, die kleine Auflage sei als Privatdruck für seine Freunde bestimmt, das Album koste 71,50 Dollar. Es enthielt außerdem Kommentare und Analysen von ihm selbst über jedes der Quartette.

Aus Deutschland bekam Schönberg nur noch gelegentliche Nachrichten von seiner Schwester und einigen treuen Schülern. Das alles klang trostlos. Die Zeitschrift „Die Musik", einst führend in der Förderung seiner Ideen, war völlig gleichgeschaltet und hatte 1936 ein scharf antisemitisches Sonderheft mit einem verzerrten Porträt von ihm herausgebracht. Leo Kestenberg, der nach 1933 in Prag ein großes Musikinstitut mit staatlicher Hilfe aufgebaut hatte, verließ nun Europa. Er schrieb am 25. Mai, er wolle in Tel-Aviv ein Schönberg-Fest veranstalten.

Im Mai 1937 erschien das große Buch von Armitage. Schönberg fand darin Beiträge, die ihn befriedigen mußten, Bekenntnisse eines illustren Kreises von alten und neuen Freunden. Um diese Zeit entstand eine der Bearbeitungen, denen er mitunter klassische Werke unterwarf. Er instrumentierte das Klavierquartett in g-moll, opus 25, von Brahms für großes Orchester. An der Komposition wurde nichts verändert. Die Arbeit, am 2. Mai begonnen, war am 19. September beendet. In die Zwischenzeit fiel eine Korrespondenz mit Gustav Reese, dem amerikanischen Musikwissenschaftler, der in leitender Stellung dem Schirmer-Verlag angehörte. Dabei wurden Einzelheiten des Vertrages behandelt, der die von Schirmer übernommenen Schönbergschen Werke betraf.

In einem oft zitierten Brief vom 3. Juni 1937 an Nicolas Slonimsky nennt Schönberg ein Scherzo-Thema aus seiner nicht vollendeten Symphonie als erstes Beispiel von Zwölftönigkeit in seinem eigenen Schaffen: „Die Methode, mit zwölf Tönen zu komponieren, hatte viele Vorversuche. Der erste Schritt geschah ungefähr Dezember 1914 oder Anfang 1915, als ich eine Symphonie skizzierte, deren letzter Teil später die „Jakobsleiter" wurde, die aber nie vollendet worden ist. Das Scherzo dieser Symphonie war auf ein Thema gebaut, das aus den zwölf Tönen bestand." Schönberg irrte sich im Datum; das Thema ist am 27. Mai 1914 notiert. Es lautet: d–g–es–a–gis–e–f–h–c–ges–des–b.

George Gershwin, der seit 1936 wieder in Los Angeles lebte, spielte weiter regelmäßig seine Tennispartien mit Schönberg, und zwischen den beiden Männern bildete sich eine herzliche Freundschaft. Eines Morgens, am 26. Mai 1937, erzählte Schönberg dem Freund, seine Frau habe gerade einen Sohn bekommen. Es war Rudolf Ronald, der später dem Vater als Tennis spielendes Wunderkind so viel Freude machte, zahlreiche Preise gewann, und der heute in Los Angeles als erfolgreicher Rechtsanwalt lebt. Gershwin, der sein Schönberg-Porträt einige Monate vorher gemalt hatte, schrieb damals Filmmusik für Metro Goldwyn Mayer. Mitten während der Arbeit im Atelier erlitt er einen Nervenzusammenbruch. Die Ärzte glaubten an Erschöpfung durch Überarbeitung. Tatsächlich erholte sich Gershwin bald, litt aber an beständigen Kopfschmerzen. Neben der Ausführung von Filmaufträgen trieb er intensive Studien nach dem System Joseph Schillingers, einer Art technisch-mathematischer Satzlehre. Am 10. Juli 1937 erfolgte ein zweiter Zusammenbruch. Die Ärzte stellten einen Gehirntumor fest, der sofort operiert wurde. Der Eingriff half nicht mehr. Am 11. Juli war Gershwin tot. Schönberg, der eine fast väterliche Liebe zu dem erst 38 Jahre alten Komponisten hegte, war tief bewegt und sprach im Rundfunk einen Nachruf, in dem er ihn einen großen Musiker nennt. Auch zu dem Gershwin-Gedenkbuch, das Merle Armitage 1938 herausgab, hat Schönberg beigetragen. Er bezeichnet da Gershwin als einen Neuerer, einen Künstler, der musikalische Gedanken ausdrückte. Vielleicht – das könne er nicht vorhersagen – werde die Musikgeschichte ihn als eine Art Johann Strauß oder Debussy, Offenbach oder Brahms, Lehár oder Puccini ansehen.

Dissonanzen gab es im Briefwechsel mit Webern. Man hatte Schönberg zugetragen, daß der in Österreich verbliebene, fast aller seiner Tätigkeiten beraubte Freund durch einige Leistungen des nationalsozialistischen Regimes in Deutschland beeindruckt worden sei. Schönberg befragte Webern darüber. Dieser war empört: „Wer wagt es, sich zwischen Dich und mich zu stellen?" antwortete er in einem Brief vom 15. Juli. Die Wogen glätteten sich. Es gibt keinen Zweifel, daß Webern sich auch nach dem Anschluß Österreichs 1938 in allen Schönberg betreffenden Fragen sauber und ehrenhaft verhalten hat. Wahrscheinlich lag dieser Affäre ein Gespräch zugrunde, das er mit Louis Krasner 1936 bei einer Eisenbahnfahrt durch Deutschland geführt hatte.

Sommer und Herbst 1937 waren überwiegend den großen Lehraufgaben gewidmet, die Schönberg an der UCLA zu leisten hatte. Damals entstanden die Niederschriften, meist in Form von Notiz-Zetteln und kommentierten Musikbeispielen, die später als „Fundamentals of Musical Composition" in Buchform veröffentlicht wurden. Gerald Strang, der das Buch herausgab, war als Schönbergs Assistent an den Arbeiten eng beteiligt. Deshalb bat ihn dieser, die verschiedenen Fassungen zu koordinieren und mit dem Ziel der Veröffentlichung zu bearbeiten. Mit großen Unterbrechungen zog sich die Arbeit bis 1948 hin. Zu Strangs Aufgaben gehörte es auch, Schönbergs sehr persönliche Terminologie in gebräuchliche englische Wörter zu übertragen. Wenn Schönberg von „tonality" sprach, so war „key" gemeint, wenn er „measure" sagte, bedeutete das „bar", „tone" hieß „note" und dergleichen mehr. An der Tatsache, daß es sich hier um Fundamente der musikalischen Komposition handelt, sieht man, von welchem bescheidenen wissenschaftlichen Niveau Schönberg bei diesen Studenten ausgehen mußte.

Der Präsident von UCLA, Dr. Robert G. Sproul, wünschte einen Bericht über seine pädagogischen Pläne. Er bekam am 2. Oktober ausführliche Antwort. Ein Dozent für Kontrapunkt und Analyse in den unteren Klassen für angehende Musiklehrer sei nötig. Dann könne er, Schönberg, die begabteren Studenten in Fortbildungsklassen nehmen. Alle Klassen seien jetzt viel zu groß. 60 Kontrapunktschüler, 45 für Analyse und 25 für Komposition bedeute äußerste Erschwerung des Unterrichts. Allein für oberflächliche Korrektur der schriftlichen Arbeiten seien wöchentlich 20 Stunden nötig.

Man solle Gerald Strang, seinem Assistenten, einen Vertrag geben und dann die Kontrapunkt-Klassen in zwei bis drei Gruppen teilen. Die Begabteren wolle er selbst übernehmen. Ähnlich denke er sich die Neuordnung der Kompositions- und Analyse-Kurse. Da die Zahl der Studenten zunehme, sei die Neuordnung dringlich. Für eine Handbibliothek seien 150 bis 200 Dollar jährlich erforderlich.

Die Verlockungen der kalifornischen Traumfabrik waren auch an der Dichterin Else Lasker-Schüler nicht vorübergegangen. Sie kannte Schönberg noch aus Wiener Jahren und hatte mit ihrem Mann, dem Schachmeister Dr. Emanuel Lasker, in Schönbergs Berliner Wohnung am Nürnberger Platz verkehrt. 1933 emigrierte sie nach Jerusalem. Nun fragte sie bei Schönberg an, ob er zu einem Schauspiel von ihr und dessen Verfilmung Musik schreiben wolle. Er antwortete: „Sicherlich, wenn ich aufgefordert werden sollte und das Darzustellende einigermaßen innerhalb der Grenzen meines Ausdrucksvermögens liegen sollte, wird es mir ein Vergnügen sein und ich werde mich auf die Komposition stürzen." Dann warnte er vor zu hohen Erwartungen. Der geistige Standard in Hollywood sei unvorstellbar niedrig. Er selbst habe kaum Beziehungen zu Produzenten oder Regisseuren, obwohl man mitunter versucht habe, seinen Namen „zur Deckung grausiger Schändlichkeiten zu kaufen". Wenn man ein Buch von ihr erwerbe, würde ihr das keinesfalls schaden, da sowieso niemand den Autor einer Idee beachte. Als Ausnahme nannte er Wilhelm Dieterle, dessen Adresse in Hollywood er der Dichterin gab. Wenn sie ein Exemplar des Stückes schicke, werde er versuchen, es Dieterle oder einem anderen zu zeigen.

Carl Engel hatte wieder ein paar Sommerwochen in Österreich verbracht, drei davon zusammen mit dem alten Professor Guido Adler in Hofgastein. Er berichtete Schönberg am 6. Oktober davon und kam auch auf die Vertragspläne zu sprechen, die mit Professor Gustav Reese behandelt worden waren.

Schönberg mit seiner Tochter Nuria, 1937

Felix Greissle habe den Auftrag bekommen, einen Klavierauszug des Violinkonzerts zu machen. Eine Wiederholung des Schönberg-Beethoven-Zyklus mit dem Kolisch-Quartett an der Ostküste, d. h. vor allem in New York und Boston, sei von der Coolidge Foundation der Kongreßbücherei in Washington geplant. Postwendend kam Schönbergs Antwort vom 9. Oktober. Er reise heute nach Denver zu einem Schönberg-Fest von 4 Abenden, wo er einen Vortrag über das Thema „How one becomes lonely" („Wie man einsam wird") halte. Auf das Violinkonzert bitte er die Widmung zu setzen: „Meinem lieben Freund Anton von Webern mit herzlichster Dankbarkeit für seine unübertreffliche Treue." Daraus ersieht man, daß alle Mißverständnisse zwischen ihm und Webern beseitigt waren.

Von alten Freunden meldeten sich wieder Marya Freund in Paris und der Zeichner B. F. Dolbin in Wien. Ebenfalls aus Wien kam ein langer Brief Fritz Stiedrys vom 8. Dezember. Er habe, schrieb der Dirigent, in Bern, Zürich und Basel mit Erika Stiedry und jungen Musikern, die schon im Juni in Wien mitgemacht hatten, den „Pierrot Lunaire" aufgeführt. In Bern mußten drei Stücke wiederholt werden. Im Zürcher Kleinen Tonhalle-Saal war es ein Sensationserfolg: „Schon nach dem zweiten Teil gab es einen unisono-Applaus wie sonst nur bei Tenören. Am Schluß womöglich noch mehr Lärm. Wir gaben fünf Stücke zu. Nachher kamen die Leute und erklärten, sie hätten am liebsten alle 21 Nummern noch einmal gehört. Ansermet und Volckmar-André[1] kamen wie die kleinen Jungen angerückt und erklärten, wir müßten eine Welttournee mit dem Stück machen."

In Basel sei es ähnlich gewesen. Die Zeit für das Stück sei eben gekommen, wie vor 40 Jahren für „Tristan", vor 50 Jahren für die 9. Symphonie.

Aus Rußland sei er herausgeworfen worden, wie 1933 aus Deutschland, beide Male wegen sogenannter allgemeiner Maßregeln. Er habe alles kommen sehen, obwohl er mehr denn je zu tun hatte: 40 Opernaufführungen und 80 Symphoniekonzerte in Moskau und Leningrad. Noch Ende Mai hatte ihm das Moskauer Radio einen Vertrag als musikalischem Leiter angeboten. Ende August aber kam aus Leningrad ein Wisch mit der kurzen Mitteilung, sein Vertrag sei aus prinzipiellen Gründen ungültig. Da in Europa seit 1933 alle Positionen besetzt seien und seine Kollegen Kleiber und Busch fleißig aufgepickt hätten, was zu haben war, bleibe für ihn nur Amerika. Anfang Februar 1938 komme er nach New York. Er bitte Schönberg, wie auch Klemperer, um Rat und Hilfe. Er und seine Frau hätten sich über den „neuesten Schönberg" (gemeint ist Rudolf Ronald) sehr gefreut.

[1] Der Dirigent und Komponist Volkmar Andreae.

Zu Weihnachten machte sich Schönberg selbst ein Geschenk. Er kaufte die 20 Bände der Enzyclopedia Britannica. Sein altes Knaur-Lexikon genügte ihm längst nicht mehr. Er hatte es mit vielen kritischen Randbemerkungen versehen, vor allem neben den Artikeln über Musik, Malerei und Architektur. Nachschlagewerke, allerdings nur wenige musikalischen Inhalts, bildeten einen ebenso großen Teil seiner Bibliothek, wie Lehrbücher über Sprachen und seine verschiedenen Hobbies.

In Österreich wurden die politischen Gegensätze von Jahr zu Jahr heftiger. Sie wirkten unmittelbar auf das geistige und künstlerische Leben, engten den Raum, wo moderne und unkonventionelle Gedanken leben konnten, immer mehr ein. Der Pessimismus in Alban Bergs Briefen war berechtigt. Auch Webern war von diesen Dingen betroffen. Dr. Willi Reich, Schüler und Freund Alban Bergs, gab seit Januar 1932 eine kleine Zeitschrift heraus, deren origineller Titel „23" sich auf den Berichtigungsparagraphen des österreichischen Presseparagraphen des österreichischen Pressegesetzes bezog. Sie trieb, ähnlich wie die „Fackel" von Karl Kraus, einen Kampf gegen Korruption und Ungeist im österreichischen Zeitungswesen und stritt für alles, was aus dem musikalischen Umkreis der Schönberg-Schule stammte. Zu den Mitarbeitern gehörten Ernst Křenek, Rudolf Ploderer, Alexander Jemnitz, Theodor Wiesengrund-Adorno, Hans F. Redlich, Artur Schnabel und der Roman-Schriftsteller Joseph Roth. Am 15. September 1937 erschien die letzte Nummer. Als Wien von den Deutschen besetzt wurde, vernichteten sie den Restbestand der Zeitschrift.

Der 11. März 1938 war für Schönberg ein schwerer Tag. Er wußte, wie viele seiner Freunde in Österreich in ihrer Existenz und in ihrem Leben bedroht waren. Er kannte Macht und Einfluß der reaktionären musikalischen Kreise, die nun zu herrschen begannen. Was würde aus der Universal-Edition werden, die den größten Teil seines Werkes veröffentlicht hatte? Was aus seinem Sohn Georg und dessen Familie? Bald kamen die ersten Schreckensnachrichten, die ersten Briefe alter Freunde, die um Rat und Hilfe baten. Der Pianist und Theoretiker Moriz Violin hatte sich an den Jugendfreund Schönberg gewandt und um eine Empfehlung an Dr. Alfred Hertz, den Dirigenten des Symphonie-Orchesters von San Francisco, ersucht. Schönberg schrieb diesem, hätte er an der UCLA mehr Geld, so würde er sofort Violin verpflichten. Es sei so traurig, daß Menschen mit der feinsten musikalischen Kultur Europas ihren Lebensabend in Sorge, Not und Kummer verbringen müßten.

Der Schwiegersohn Felix Greissle traf mit seiner kleinen Familie Anfang Juli 1938 in New York ein. Schönberg versprach, ein Affidavit zu schicken und riet dringend, sich sofort ein Einwanderervisum zu beschaffen. Für Schirmer war Greissle als Wiener Mitarbeiter des Verlags kein Unbekannter. So bestand Hoffnung, daß er dort Arbeit fände.

Offenbar hatte Engel geraten, nach Hollywood zu gehen. Schönberg warnte: „Hier ist bis jetzt überhaupt keine Chance, sonst würde ich die wohl zuerst benützt haben. Im Gegenteil, viele ausgezeichnete Musiker, die ein Jahr hier ... leben mußten, ohne einen Cent verdienen zu dürfen, verlassen jetzt ... wieder Hollywood. So z. B. mein ehemaliger Schüler Adolphe Weiß, der dabei einer der besten amerikanischen Fagottisten ist. Gegenwärtig spielt er in einem Federal (Arbeitslosen-) Orchester. Und wenn er bis September kein Engagement gefunden hat, will er wieder in New York versuchen, etwas zu finden. Ich verdiene augenblicklich zwei Fünftel von dem, was ich vor ungefähr 15 Monaten verdient habe und sehe noch keine Besserung." Dann folgt eine Warnung, nicht unnötig über die Erlebnisse der letzten Wochen zu sprechen, vor allem nicht zu Journalisten. Die Nazis nähmen Rache an Angehörigen und Freunden. Greissle solle sich zurückhalten und nicht in Politik mischen. Er, Schönberg, habe das streng durchgehalten, um seine Freunde und Angehörigen in Deutschland nicht zu gefährden.

In Vevey am Genfersee lebte der Philosoph Dr. Jakob Klatzkin, der an Schönberg schon im Mai 1933 geschrieben und ihm seine Hilfe angeboten hatte. Nun kam die Verbindung wieder zustande. Schönberg schrieb am 19. Juli 1938, es ginge ihm besser, doch habe er wegen zu viel anderer Arbeit seit zwei Jahren nicht komponiert: „Außerdem: für wen soll man schreiben? Die Nicht-Juden sind ‚konservativ', und die Juden haben nie Interesse für meine Musik gezeigt. Und jetzt will man doch in Palästina, künstlich, eine jüdische Original-Musik erzeugen, die meine Leistungen abweist. Jetzt arbeite ich – so weit ich nicht Briefe von Unglücklichen aus Deutschland und Österreich zu beantworten habe, und soweit ich mich nicht einer unerträglichen Depression hingebe – an einer ‚praktischen' Kompositionslehre. Ich wollte seit mehr als 20 Jahren eine Theorie schreiben, aber jetzt muß ich die Ergebnisse meiner Arbeit und mein ganzes Wissen und Können in einem praktischen Lehrbuch verzapfen."

Mit Albert Einstein, dem Schöpfer der Relativitätstheorie, war Schönberg aus Berlin gut bekannt. Am 29. August schrieb ihm dieser in einer Angelegenheit, die Schönbergs Jugendfreund Oskar Adler betraf. Adler war nicht nur ein ausgezeichneter Geiger und geschulter Philosoph, sondern ein Anhänger der wissenschaftlichen Astrologie. Ein Buch darüber hatte er 1937 veröffentlicht. Einstein hatte es durch Bekannte bekommen, die eine Empfehlung Schönbergs beilegten. Er hatte es gelesen, fand es sehr gut geschrieben und wertvoll für Anhänger der Astrologie. Ihm aber sei es ganz unmöglich, sich für die darin vertretenen Ansichten einzusetzen, da er sie für abwegig halte. Er glaube sogar, das Werk bedeute wegen seines guten Stils eine Gefahr für unreife Geister. Seiner Meinung nach sollte man Adler ein Affidavit verschaffen, und für ihn eine Existenz als Musiker suchen. Auf Grund des weitverbreiteten Interesses für Astrologie könne er dann vielleicht etwas anderes finden. Er, Einstein, wolle sich gerne für Adler einsetzen, nicht aber, und sei es auch nur indirekt, für Astrologie.

Schönbergs Vetter, der Tenor Hans Nachod, war noch in Wien, dachte aber daran, Österreich bald zu verlassen. Die Kusine Malva Bodanzky, so schrieb er an Schönberg, habe ihre Villa in Hietzing verkauft und wolle mit ihren vier Kindern nach Brasilien gehen.

Schönberg las sorgfältig, was in Amerika über ihn geschrieben wurde. Die meisten amerikanischen Musikkritiker nahm er nicht ernst. Aber Olin Downes, der Chefkritiker der New York Times, imponierte ihm durch den Mut seiner Urteile und die Anschaulichkeit seiner Formulierung. Er war oft keineswegs einverstanden mit ihm und hielt dann mit seiner Meinung nicht zurück. Am 30. Oktober 1938 erschien ein Aufsatz von Downes, in dem Schönbergs Variationen für Orchester irrtümlich Variationen über B—a—c—h genannt wurden. Schönberg protestierte und stellte richtig: nur um Zitate handele es sich, um ein „hommage à Bach", wie Beethovens Zitat von Mozarts „Keine Ruh bei Tag und Nacht" in den Diabelli-Variationen.

Der Musikwissenschaftler Hugo Leichtentritt, ein alter Bekannter aus Berlin und nicht immer wohlwollender Kritiker Schönbergscher Musik, war Professor der Harvard-Universität in Cambridge bei Boston. Er fragte bei Schönberg an, welche deutschen Musikbücher ihn interessierten. Die Antwort vom 3. Dezember 1938 ist kennenswert, weil sie Wertmaßstäbe enthält und zeigt, auf welchen strengen, traditionellen Grundlagen Schönbergs Theorie beruht, und welche Richtungen der moderneren Musik ihm wichtig waren. Mit nicht weniger als acht Ausrufungszeichen versieht er die Kontrapunktlehre von Heinrich Bellermann, nach der er auch unterrichtete. An erster Stelle nennt er Heinrich Schenkers sämtliche Schriften. Dann folgen Wilhelm Werkers Buch über den symmetrischen Bau der Fugen in Bachs Wohltemperiertem Klavier, Alois Hábas neue Harmonielehre, Fritz Cassirers „Beethoven und die Gestalt", Robert Mayrhofers „Der Kunstklang", Walter Howards „Auf dem Wege zur Musik" und Lotte Kallenbach-Grellers „Grundlagen der neuen Musik". Dazu Paul Stefans Bücher über Mahler sowie Guido Adlers Mahler-Biographie. Und schließlich A. B. Marx' Kompositionslehre und Hermann Erpfs „Studien zur Harmonie". Dabei fällt auf, daß Autoren wie Erpf durchaus nicht als Schönberg-freundlich gesinnt galten, daß er selbst mit Paul Stefan manchen Zusammenstoß gehabt hatte. Heinrich Schenker, ein guter Bekannter aus der Wiener Jugendzeit, lehnte Schönbergs satztechnische und theoretische Haltung grundsätzlich ab. Von den übrigen genannten Autoren waren nur zwei wirkliche Schönberg-Anhänger: der tschechische Komponist Hába, Praktiker und Theoretiker der Viertel-, Sechstel- und Zwölftel-Töne, sowie Lotte Kallenbach-Greller, in deren Haus am Kurfürstendamm Schönberg einst verkehrt hatte. „Vielleicht fallen mir noch mehr meiner Gegner ein, dann schreibe ich wieder", fügte er hinzu. „Ich glaube, man sollte manche dieser Bücher den Amerikanern zur Kenntnis bringen. Es könnte helfen, sie von ihrer fossilen Ästhetik wegzuleiten: das sind doch, trotz der meist verschmockten Ausdrucksweise, andere Gesichtspunkte als die, die man in englischen und amerikanischen Theoriebüchern findet."

Wie viele Pläne Schönberg damals beschäftigten, zeigt ein kleines Konvolut beschriebener Briefbogen, die er vom 12. bis 14. Dezember an Carl Engel richtete. Darin ist nicht nur von den lästigen praktischen Arbeiten für die Vervielfältigung der Brahms-Bearbeitung die Rede, sondern auch von dem begonnenen Buch über Grundlagen der musikalischen Komposition, von dem Wunsch nach einer englischen Übersetzung der Harmonielehre, mit der sich auch Adolphe Weiß befaßt hatte, und wieder von dem Plan einer billigen Partiturausgabe für Studenten. Schönberg stellte eine Liste auf, die klassische und romantische Musik umfaßt. Er nennt von Bach das Wohltemperierte Klavier und die Klavier-Suiten, von Haydn Klaviersonaten, Streichquartette und Symphonien, die gleichen drei Werk-Kategorien von Mozart, Beethoven und Schubert, dazu Schuberts Lieder. Von Mendelssohn die Lieder ohne Worte und Symphonien, von Schumann Klavierwerke und Lieder, von Brahms Klavierwerke, Streichquartette und Symphonien.

Dazu wünscht er sich etwas Opernmusik in Klavierauszügen mit Text, Wagners „Meistersinger" und „Tristan", Beethovens „Fidelio", Mozarts „Figaro" und „Zauberflöte", Verdis „Aida", Aubers „Fra Diavolo" und Bizets „Carmen". Eventuell auch ein bis zwei Bruckner- oder Tschaikowsky-Symphonien. Historische Daten und kurze Analysen könnten beigefügt werden.

Im letzten Briefteil vom 14. Dezember erwähnt Schönberg den geplanten Vertrag über die Kammersymphonie und Fragen der Schallplattenherstellung. Schließlich kommt ein Wunsch. – Er möchte bei einer der beiden großen New Yorker Weltausstellungen eigene Werke dirigieren (diese Ausstellungen fanden 1939 und 1940 statt). Er könne nicht glauben, daß die Mittelmäßigkeit ihn von einer musikalischen Weltausstellung verdrängen würde. „Allerdings: was für eine Welt!"

Große Sorgen machte ihm das Schicksal der Familie Greissle. Ihre Existenz in Amerika war am Rande der Legalität; sie hatten nicht den korrekten Weg eingeschlagen, um zu einer Aufenthaltserlaubnis zu kommen. Schließlich hatte sogar ein Betrüger ihnen Geld abgenommen und wochenlang Hoffnungen in ihnen genährt, die nicht erfüllt wurden. Schönberg war entsetzt und beschwor seine Tochter, nichts mehr ohne seine Einwilligung zu unternehmen.

Mit der Welt, deren glänzende Außenseite die internationale Ausstellung zur Schau stellte, hatte er Grund, unzufrieden zu sein. In Europa wurden seine Werke kaum noch gespielt, seine Noten wenig verkauft. In den faschistischen Ländern galt die Musik der Wiener Schule offiziell als dekadent und volksfremd, wobei nur die italienischen Faschisten eine gewisse Toleranz zeigten. In der kommunistischen Welt war die Situation nicht viel anders. Zwar hatte Stiedry noch 1937 in Leningrad als erstes in der Sowjetunion aufgeführtes Zwölftonwerk die Orchester-Variationen dirigiert. Als regelmäßiger Gast besuchte Schostakowitsch sämtliche Proben des Werks. Aber die offizielle kulturpolitische Haltung gegen dergleichen Musik verschärfte sich bald danach so, daß Schönberg und seine Schule für Jahrzehnte als unerwünscht und – ähnlich wie in den faschistischen Regimes – als volksfremd und dekadent gebrandmarkt wurden. In Deutschland ging die Entwicklung konsequent weiter. Am 22. Mai 1938 wurde in Düsseldorf die berüchtigte Ausstellung „Entartete Musik" eröffnet, unter deren Führern Schönberg den ersten Platz einnahm.

Eine weitere große Sorge verursachte die Situation seines Sohnes Georg – Görgi – und seiner Frau und Tochter. Direkte Nachrichten gab es kaum, dafür aber alarmierende Gerüchte. Frau und Tochter sollten krank, Georg selbst im Gefängnis gewesen und durch Einziehung zur Wehrmacht bedroht sein. Es fehle an Geld, die drei Menschen zu ernähren. Tatsächlich lebte die Mödlinger Familie unter den ärmlichsten Bedingungen. Georg Schönberg, als „Nicht-Arier" für den Wehrdienst nicht geeignet, mußte als eine Art Packer und Lastträger eines Gemüsegroßhändlers harte und elend bezahlte, körperliche Arbeit leisten. Nur die Opferwilligkeit einiger Freunde des Schönberg-Kreises, in erster Linie Erwin Ratz', half den drei Menschen, die schweren Kriegsjahre zu überleben.

Die Ereignisse in Deutschland brachten Schönbergs Gedanken immer wieder auf das Judenproblem zurück. Im Sommer 1938 wandte sich der Rabbiner Dr. Jakob Sonderling in Los Angeles an ihn mit der Bitte, die alte überlieferte Melodie des „Kol Nidre" zu bearbeiten. Schönberg begann am 1. August und beendete das Stück am 22. September. In einem viel späteren Brief an Paul Dessau vom 22. November 1941 berichtet er, wie ihn bei näherer Prüfung der Text entsetzt habe. Die Lösung aller Verpflichtungen am Versöhnungstage steht für ihn in Widerspruch mit der hohen Sittlichkeit aller jüdischen Gebote. Dann erst habe er erkannt, daß die Situation der Juden in Spanien, woher das „Kol Nidre" stammt, diese besondere Auslegung rechtfertigte. Denn dort wurden die Juden gezwungen, zum Schein den christlichen Glauben anzunehmen, und eben dieses Gelöbnis wurde am Versöhnungstag durch das Gebet aufgehoben.

Die Melodie bearbeitete Schönberg streng tonal und unter satztechnischer Ausnutzung ihrer motivischen Bausteine. Das Stück kam am 4. Oktober 1938 unter seiner Leitung in Los Angeles zur Uraufführung. Wenige Wochen danach fanden in Deutschland die von oben diktierten Demonstrationen gegen jüdische Geschäfte statt. Am 9. und 10. November gab es Pogrome, die Synagogen wurden in Brand gesetzt, Wohnungen und Geschäfte der Juden zerstört und geplündert. Schönberg hatte alle diese Dinge schon 1923 vorausgesehen und in dem berühmten Brief an Kandinsky beim Namen genannt. Er kam nun auf seine Gedanken über ein Vier-Punkte-Programm für das Judentum zurück, das er 1933 in Frankreich entwickelt hatte. Die Hauptidee war eine Zusammenführung aller Juden über alle Schranken der Klasse und der Ideologie hinweg.

Dabei ging die Lehrtätigkeit weiter. Da Schönberg grundsätzlich im Unterricht frei sprach, häuften sich die Notizzettel mit Stichworten, die er benutzte und die sein Assistent Strang für das Manuskript der geplanten Kompositionslehre sammelte und auswertete. Ein freier Vortrag, ebenfalls auf Grund von Stichworten, wurde über das Thema „Was ist gute Musik?" bei einem Kongreß amerikanischer Organisten gehalten.

Am 19. Dezember taucht in einem Brief an Emanuel Feuermann der Plan einer Bach-Bearbeitung auf. Feuermann erwiderte begeistert. Es handelte sich um eine Sonate für Gambe und Cembalo, aus der Schönberg ein Konzert für Cello und Orchester machen wollte. Am 3. Januar 1939 begann er die Arbeit, die aber nach 5 Takten abgebrochen und nie zu Ende geführt wurde.

Fritz und Erika Stiedry waren in New York gut aufgenommen worden. Auf Anregung des Dirigenten tat sich eine Vereinigung der „New friends of music" zusammen, die für ihn ein kleines Orchester gründeten, dessen Leitung er übernahm. Am 25. März 1939 berichtete Stiedry an Schönberg über seine Pläne. Das Orchester hatte 28 Streicher, 8 Holzbläser, je 2 Hörner und Trompeten sowie ein Paar Pauken. Sechs Konzerte unter Stiedrys Leitung in der New Yorker Carnegie Hall hatten großen Erfolg gebracht. Die Programme waren klassisch. Nun wollte Stiedry ein Werk von Schönberg bringen. Er habe an die Kammersymphonie und das Quartett-Konzert nach Händel gedacht, würde aber doch eine Uraufführung vorziehen. Ob Schönberg nicht für die New Friends ein Stück von 20 bis 25 Minuten Dauer schreiben wolle? Für ein Extra-Honorar habe allerdings der sehr idealistische, aber nicht reiche Leiter der Vereinigung, Mr. Hirshman, kein Geld. Schönberg zögerte mit der Antwort. Dann kam es zu einem Telefongespräch Ende März, bei dem er anbot, für ein Honorar von 1000 Dollar das Fragment der zweiten Kammersymphonie zu Ende zu führen. Schönberg hatte diese bei einem Urlaub in Egern-Rottach am Tegernsee Anfang August 1906 zu schreiben begonnen, dann aber liegen lassen. 1911 und 1916 nahm er die Komposition wieder auf, ohne sie zu Ende zu bringen. Die Schwierigkeit, in dem Stil erweiterter Tonalität von 1906 zu schreiben, erwies sich als so groß, daß das Fragment jahrzehntelang unberührt blieb.

Stiedry war von dem Vorschlag begeistert, riet aber Schönberg, von seiner Geldforderung abzugehen. Hirshman sei nicht einmal wohlhabend und werde darum von der Geldaristokratie in keiner Weise unterstützt. Das äußerste, was als Honorar zu erreichen sei, läge unter der Hälfte der von Schönberg geforderten Summe. Doch würde die Uraufführung des geplanten Stücks in New York eine Aufmerksamkeit finden, wie sie nur dort möglich sei. Auch sei der Chef der R. C. A. Victor Company, der ersten amerikanischen Schallplattenfirma, Charles O'Connell, an der Aufnahme der zweiten Kammersymphonie aufs höchste interessiert. Schönberg hatte Bedenken, seine laufenden Arbeiten für einen so niedrig bezahlten Auftrag zu unterbrechen. Für die Kammersymphonie brauche er wenigstens zwei Monate. Hingegen könne er die Suite opus 29 oder das Bläserquintett in kürzerer Zeit und für ein Honorar von 500 Dollar orchestrieren. Stiedry solle doch seine Lage berücksichtigen; er arbeite sehr hart, um leben zu können.

Es kam zu einer provisorischen Einigung. Am 19. Mai schrieb Schönberg, sein Universitätskurs ende in einer Woche und dann wolle er eventuell „an der Kammersymphonie – zur Erholung – herumbasteln." Der nächste undatierte Brief an Stiedry meldet, er arbeite seit einem Monat an dem Stück. Der erste Satz sei fertig und kaum verändert, nur der Schluß neu, ebenso die Instrumentierung. Der Satz befriedige ihn sehr, dauere 7 1/2 bis 8 Minuten und sei leicht zu spielen. Jetzt arbeite er am zweiten Satz, einem sehr effektvollen, lebhaften Allegro. Ob es zu einem dritten kommen werde, wisse er nicht. Es sei zu heiß, die alten Skizzen herauszusuchen. Vorläufig plane er ein heroisches Maestoso als Abschluß des Werks. Für den Vertrag mit Hirshman schlug er vor:

1. Er verpflichte sich, die zweite Kammersymphonie bis 31. Januar 1940 zu vollenden. Sie werde wenigstens zwei Sätze haben.
2. Das Werk werde nach den Angaben von Stiedry besetzt und 15 bis 20 Minuten lang sein.
3. Er überlasse Stiedry die Uraufführung und etwaige direkt anschließende Wiederholungen in New York im Rahmen der New Friends of Music.
4. Innerhalb eines Jahres dürfe Stiedry vier weitere Aufführungen in New York machen.
5. Danach bekomme Schönberg das Material zurück und weitere Aufführungen müßten honoriert werden.
6. Hirshman müsse für die Abtretung dieser Rechte 6 Monatsraten von 100 Dollar zahlen, beginnend im August, endend im Januar des nächsten Jahres.
7. Der fertige erste Satz steht dem Verein zur Verfügung.
8. Das Stimmenmaterial werde auf Kosten der New Friends of Music hergestellt, aber nach Ablauf des Vertrages Schönbergs Eigentum. Die Abmachung solle am 31. Januar 1941 enden.

Aus dem Inhalt geht hervor, daß der Brief vor August 1939 in der heißen kalifornischen Jahreszeit, also im Juli geschrieben wurde. Am 28. Juli antwortete Stiedry, der den Sommer auf Long Island verbrachte, Schönbergs Vorschlag habe in New York phantastische Sensation gemacht. Er *müsse* daran festhalten. So sehr ihn, Stiedry, Bearbeitungen und Instrumentierungen eigener oder Bachscher Werke auch interessierten, wolle er doch die praktische Gegenwart im Auge haben. Und mit großem Selbstbewußtsein fährt er fort: „Zunächst haben Sie endlich in New York einen Dirigenten, der Ihre Werke nicht nur seit Jahrzehnten musiziert, und mit ihnen wohl einigermaßen vertraut ist, sondern gesonnen, sie, die Werke, aufzuführen . . . Ihre Kammersymphonie, besonders nach einer halbwegs brauchbaren Erstaufführung, und in New York, wird in jedem Symphonie-Orchester der Welt gespielt werden." Aber er halte es für fragwürdig, nur zwei Sätze fertigzustellen. Die Aufführung könne bis März verschoben werden. Was fertig sei, wolle er noch tintennaß probieren. So habe Schönberg fast sieben Monate Zeit.

Stiedry hatte keine Schreibmaschine; nach seinem schwerleserlichen Entwurf schrieb der ihm freundschaftlich ergebene junge Klarinettist Erich Simon die Briefe an Schönberg. Er telefonierte auch mit Brentwood Park. Frau Schönberg war am Apparat. Schönberg fühlte sich krank und hatte noch keinen Auftrag von Hirshman bekommen.

Die beiden Sätze der zweiten Kammersymphonie – zur Komposition eines dritten kam es nicht – tragen die Schlußdaten 15. August und 21. Oktober 1939. Die Uraufführung des Werkes, das die Opuszahl 38 bekam, mußte noch längere Zeit verschoben werden. Sie fand schließlich am 14. November 1940 unter Stiedry in New York statt.

Im Sommer 1939 spitzte sich die europäische Lage so zu, daß es zum Ausbruch des 2. Weltkrieges kam. Schönberg verfolgte die Dinge mit Aufmerksamkeit. Freunde und Angehörige meldeten sich. Schon 1937 war der Physiker Dr. Friedrich Eichberg, Schönbergs Schulkamerad, nach Amerika gekommen. Es ging ihm gut, da General Electric eine neue Erfindung von ihm gekauft hatten. Am 16. Juli 1939 schrieb er an Schönberg, er wolle für dessen Vetter eine Tätigkeit suchen. Arthur Schönberg war in München ein hoch geachteter Mann gewesen, blieb aber von den Judenverfolgungen nicht verschont. Landesbaurat und Diplom-Ingenieur, hatte er mit Oscar von Miller das Deutsche Museum in München gebaut und dafür hohe bayerische Orden erhalten. Nun wollte er, auch schon 65 Jahre alt, nach Amerika auswandern. Von den alten Freunden und Schülern war Dr. Heinrich Jalowetz nebst Familie in die Vereinigten Staaten gekommen. Schönberg empfahl ihn an das künstlerisch anspruchsvolle und höchst moderne Black Mountain College, wo er als Lehrer Anstellung fand und bis zu seinem Tod am 2. Februar 1946 tätig war.

1939 ließ sich Thomas Mann, seit einem Jahr Professor der Princeton Universität, in Los Angeles nieder, dessen Klima ihm mehr zusagte, als das der Ostküste. Bald kam es zu einer Begegnung mit Schönberg, der dem Dichter seine Theorien über die jüdische Einheitspartei vorlegte. Mann reagierte respektvoll zurückhaltend.

In Europa war die Lage trostlos. Hitlers Truppen hatten im März – ein Jahr nach Österreichs „Anschluß" – die Tschechoslowakei besetzt. Viele Freunde Schönbergs und sein Vetter Arthur, der aus München geflohen war, konnten nicht mehr entrinnen und endeten in Konzentrationslagern. Polen schien einstweilen noch sicher. Vom 14. bis 21. April fand in Warschau das 17. Musikfest der IGNM statt. Auf den sechs Programmen fehlte zwar Schönberg; aber Weberns Streichquartett opus 28, im Auftrag von Elizabeth Sprague-Coolidge geschrieben und 1938 beim Berkshire Festival in Pittsfield uraufgeführt, repräsentierte würdig seine Schule.

Anfang September, nach dem fatalen Pakt zwischen Hitler und Stalin, marschierten deutsche Truppen in Polen ein. Großbritannien und Frankreich erklärten Deutschland den Krieg. Damit begann für alle Emigranten aus Mitteleuropa ein neues Lebenskapitel.

Der See- und Luftkrieg mit Grossbritannien unterbrach fast alle direkten Postwege zwischen Amerika und der Alten Welt. Um so enger wurde die Verbindung mit alten und neuen Freunden in New York und Los Angeles. Mit Fritz Stiedry in New York korrespondierte Schönberg ausführlich über den Plan zur Beendigung der zweiten Kammersymphonie. Doch gab es finanzielle Schwierigkeiten, weil er sich die Bezahlung anders vorstellte als sein Vertragspartner Hirshman. Dabei wies er auf das Honorar von 1000 Dollar hin, das ihm Elizabeth Sprague-Coolidge für das 4. Streichquartett bezahlt hatte. Stiedry versuchte immer wieder zu vermitteln und erreichte schließlich, daß die gegnerischen Standpunkte durch beiderseitige Kompromisse vereinigt wurden. In dem Briefwechsel war auch von gemeinsamen Freunden die Rede, so von Artur Bodanzky, der als Kapellmeister der Metropolitan Oper große Erfolge hatte, und dessen Tod am 23. November 1939 Stiedry tief bedauerte. Auch Alexander von Zemlinsky war 1938 mit seiner Frau aus Prag nach New York gekommen und gehörte zu Stiedrys Umgang. Durch eine Lähmung waren seine Sprache und die linke Hand behindert worden. An Dirigieren war nicht mehr zu denken.

Ernst Křenek, der am New Yorker Vassar-College eine Lehrtätigkeit ausübte, schickte Schönberg sein Buch „Music here and now", das sich auf eine sehr persönliche, auch literarisch bedeutende Weise mit fast allen Problemen der zeitgenössischen Musik beschäftigt. Schönberg dankte in einem Brief vom 1. Dezember 1939, den er allerdings erst am 12. zu Ende schreiben konnte. Ihn interessierten jetzt vor allem Křeneks Ansichten über die amerikanische Jugend, die sie beide unterrichteten. „Prinzipielles erfassen sie ausgezeichnet, wollen es aber zu ‚Prinzipiell' anwenden. Und das ist falsch in der Kunst. Das ist, was Kunst von Wissenschaft unterscheidet."

Für Schönbergs Bestrebungen, amerikanischer Bürger zu werden, war seine Staatsangehörigkeit von Bedeutung. In Wien geboren, war er zwar Österreicher. Sein Vater aber, der aus der Slowakei kam, war nach Preßburg-Bratislava zuständig. Diese Zuständigkeit übertrug sich nach altem österreichischem Gesetz automatisch auf alle seine Nachkommen. Als Österreich 1938 an das Hitlersche deutsche Reich angeschlossen wurde, gab es keine österreichische Staatsangehörigkeit mehr. Die Prager Behörden verhielten sich freundlich und hilfreich. Schönberg hatte in Berlin mit dem Kulturattaché der tschechoslowakischen Gesandtschaft, dem hervorragenden Lyriker Dr. Camill Hoffmann, verkehrt. Dieser sorgte schon 1933 dafür, daß er einen tschechischen Paß bekam, mit dem er auch nach Amerika einwanderte.

Am 14. November 1939 teilte er telegraphisch dem Direktor des Schirmer-Verlages, Professor Dr. Gustav Reese, mit, er besitze nun die „First Papers" (die notwendigen Papiere für die Einbürgerung in Amerika) und werde die weiteren Dokumente bis Dezember 1940 bekommen.

Über allen persönlichen Sorgen vergaß Schönberg doch seine Kinder nicht. Durch den Schirmer-Verlag ließ er an den Sohn Georg (der aus seinem Guthaben bei der Universal-Edition monatlich 150 Mark bekam) telegraphisch 50 Dollar überweisen. Greissles bekamen zu Weihnachten eine Schallplatte mit einem seiner Werke und seiner Stimme, die es erläuterte. Schönberg bot seinem Sohn und dessen Familie ein Affidavit an. Doch dieser konnte sich zur Auswanderung nicht entschließen. Er fürchtete ein Zunehmen des Antisemitismus auch in Amerika. Und ohne einen festen Arbeitsplatz wollte er das Affidavit nicht benutzen. Diesen konnte wiederum Schönberg ihm nicht zusichern.

In Kansas City fand vom 28. bis 30. Dezember 1939 die 61. Jahresversammlung der Music Teachers National Association (MTNA) statt. Schönberg wurde eingeladen, zwei Referate zu halten, das eine „How can a music student earn a living?" am Eröffnungs-Nachmittag, das andere „Ear training through composing" am 30. Dezember nachmittags. Die beiden Texte wurden vorher in Los Angeles geschrieben; „Ear training through composing" erschien 1950 in dem Sammelband „Style and Idea". Der andere Text wurde nur im Kongreßbericht, den „MTNA Proceedings, 1939" abgedruckt. Schönberg empfiehlt darin die amerikanische Gepflogenheit, daß junge Menschen während ihres Studiums ihren Lebensunterhalt verdienen. Dabei seien Arbeiten vorzuziehen, die eng mit Musik verbunden sind. „Es gibt vielleicht kein Bereich menschlicher Tätigkeit für das man mehr Zeit aufbringen muß als Musik; selbst wer bescheiden eine nur mäßige Kenntnis anstrebt, muß Jahre dafür arbeiten. Tatsächlich sind acht oder zehn Jahre nicht viel. Wer aber ein Fachmann werden will, hervorragend oder sogar glänzend, der kann nicht sicher sein, daß ein ganzes Leben dafür genügt." Studenten sollten eine gute musikalische Handschrift haben und fehlerlos schreiben können. Dadurch würden sie brauchbar als Kopisten und Korrekturleser. Kalligrafische Musikschrift bringe mit ein paar Stunden täglicher Arbeit zwanzig Dollar wöchentlich und mehr. Fortgeschrittene Studenten sollten versuchen, Musik zu arrangieren, zum Beispiel für Klavier zwei- oder vierhändig. Korrepetition mit Sängern und Instrumentalisten sei auch für die eigenen Kenntnisse nützlich. Ein Student könne auch auf seinem Instrument unterrichten, – wenn er jemanden finde, der weniger wisse als er und ihn als Autorität betrachte. Schließlich könne auch durch Theorie-Unterricht Geld verdient werden. Dann empfiehlt er Musikstudenten, über Musik zu schreiben.

Im Musikalien- und Instrumentenhandel könne ein junger Musikstudent auch seine Kenntnisse gewinnbringend ausnützen, ebenso für verschiedene Tätigkeiten im Verlagswesen. Druck, Stich und Fotokopie von Musik brauche ebenfalls die Fähigkeiten eines musikalisch gebildeten Menschen. Mit Vergnügen habe er festgestellt, daß für Rundfunk und Schallplatte immer mehr Musiker beschäftigt würden. „The Soundman of the future will be a perfect musician with a physio-mechanical education."

Die zahlreichen Vorträge und Diskussionen auf diesem Kongreß wurden durch Konzerte aufgelockert. Unter den Mitwirkenden war der Pianist Egon Petri, Schüler Busonis und Bekannter Schönbergs aus der Berliner Zeit um 1912. Auf den Programmen dieser Konzerte figurierten neben Klassikern und Romantikern auch Zeitgenossen wie Igor Strawinsky, Maurice Ravel und Serge Prokofieff. Werke von Schönberg wurden nicht gespielt.

Seit dem Frühjahr 1939 kamen immer wieder Einladungen zu musikalischen Veranstaltungen, die sich „Evenings on the roof" nannten. Mit dem etwas rätselhaften Namen hatte es folgende Bewandtnis. Peter Yates, damals Angestellter des California Department of Employment, heute Professor des State University College at Buffalo und Leiter der dortigen Musikabteilung, war mit der Konzertpianistin Frances Mullen verheiratet. Die beiden kauften 1938 einen kleinen Bungalow mit dem Blick auf Los Angeles. Der Wiener Architekt R. M. Schindler baute auf das Dach ein Stockwerk mit einem großen Atelier, wo zwei Klaviere und etwa 75 Zuhörer Platz hatten. Dort fanden die „Abende auf dem Dach" statt, die im April 1939 mit einem Bartók-Programm begannen. Meist wurde Klavier-, Gesangs- und Kammermusik gespielt, zwei Drittel alte, ein Drittel zeitgenössische. Im ersten Jahr waren Busoni, Ives und Schönberg mit ganzen Programmen vertreten. Arnold und Gertrud Schönberg kamen zu dem Abend, der seinen Werken gewidmet war, am 28. Januar 1940. Gespielt wurden die Klavierstücke opus 11, 19, 25 und 33a, letzteres von Leonard Stein. Auch Lieder wurden gesungen. Spätere Konzerte besuchte Schönberg nicht mehr, doch hörte er über den Rundfunk die „Roof"-Programme mit dem von Ingolf Dahl geleiteten „Pierrot Lunaire" (in englischer Übersetzung von Beyer-Dahl) an seinem 70. Geburtstag sowie mit dem Streichtrio.

Bei den „Roof"-Konzerten traf man Igor Strawinsky, Aldous Huxley, Ernst Křenek und Otto Klemperer; unter den Mitwirkenden war Robert Craft, der mehrere Werke von Schönberg und Webern dirigierte.

Peter Yates gehörte in Los Angeles zu den Vorkämpfern für Schönberg und dessen amerikanischen Altersgenossen Charles Ives. Auf einem der ersten Empfänge, die 1933 nach Schönbergs Ankunft in New York für ihn gegeben wurden, war Ives unter den eingeladenen Gästen. Spätere Begegnungen der beiden Männer scheinen nicht stattgefunden zu haben. Musik von Ives hat Schönberg bei den „Roof"-Konzerten nicht gehört, wahrscheinlich aber in Radioübertragungen dieser Abende.

Kompositorische Arbeiten mußten 1940 gegen pädagogische und praktische zurückgestellt werden. Doch entstanden einige wichtige Schriften und Entwürfe. So ein Aufsatz „Art and the Moving pictures", der in der April-Nummer von „California Arts and Architecture" erschien. Er habe, schreibt Schönberg da, von einer Dramatisierung der „Seraphita" von Balzac, von Strindbergs „Nach Damaskus", dem zweiten Teil von Goethes „Faust" oder sogar von Wagners „Parsifal" geträumt. (Er meint natürlich eine Verfilmung.) Was man finden könne und finden müsse, sei eine Wiedergabe von Schauspielen und Opern, durch die nicht nur die Forderungen der Hochgebildeten, sondern auch die der Kunst befriedigt würden. Er nehme nicht an, daß die Industrie der Filmproduzenten eine solche Wendung zur reinen Kunst plane. Das könnten nur neue Männer. Auch könne er nicht glauben, daß die im Besitz der Industrie befindlichen Kinos für solche Kunstwerke verwendet würden. Kunst brauche nicht so viel Pomp. Ihr eigener Glanz schaffe eine Welt der Würde, die nicht durch materielle Verschwendung übertroffen werden könne. Natürlich gäbe es dabei viele Probleme, die aber jetzt nicht diskutiert werden müßten. Dafür sei Zeit genug, vor allem weil vielleicht die Industrie in Kürze gezwungen wäre, über ihre eigenen Probleme nachzudenken, die durch das Fernsehen entstünden. Schönberg erwies sich in diesem Punkt wieder einmal als Prophet. 1940 hätte sonst kein Mensch für möglich gehalten, was in den fünfziger und sechziger Jahren mit der einst so mächtigen kalifornischen Filmindustrie geschehen würde: ihre scharfe Drosselung durch die Konkurrenz des Fernsehens.

Stiedry nutzte seine guten Verbindungen mit der Schallplattenindustrie aus, um eine Aufnahme des „Pierrot Lunaire" durchzusetzen. Dabei trat er als Dirigent zurück. Schönberg selbst sollte die Aufnahme leiten. Sie kam im Herbst 1940 zustande. Die Korrespondenz darüber zwischen Schönberg und Stiedry hatte schon im März begonnen. Wegen einer ebenfalls geplanten New Yorker Aufführung des „Pierrot" gab es eine kleine Schwierigkeit, über die Schönberg am 2. April berichtete. Im Frühjahr 1939 hatte er mit Klemperer eine scharfe Auseinandersetzung, weil dieser seine Musik vernachlässigte. Klemperer erwiderte, Schönbergs Musik sei ihm fremd geworden. Dann kam es zum Krach. Schönberg versöhnte sich aber bald mit dem Dirigenten, weil er ihm bedenklich krank vorkam. Und nun, so heißt es in dem Brief an Stiedry, habe Klemperer ihm eben mitgeteilt, er werde in New York den „Pierrot Lunaire" dirigieren. Ob Stiedry das nicht verhindern könne? Denn er selbst, Schönberg, wolle ja den „Pierrot" mit Erika Wagner-Stiedry, Kolisch, Steuermann, Heifetz und Polatschek aufführen, nicht nur in New York sondern auch in Boston und Philadelphia. Für Stiedry war das eine schwierige Aufgabe, die er denn auch angesichts der schweren Krankheit Klemperers zurückwies. Die Verhandlungen gingen monatelang hin und her, bis schließlich das Schallplattenprojekt spruchreif wurde. Schönberg kam in einem Brief an Stiedry vom 31. August darauf zurück und verlangte eine definitive Entscheidung, da Mitte September seine Universitäts-Kurse wieder beginnen würden. Zur Vorbereitung des Ensembles brauche man sicher mehr als eine Woche: „Wir müssen auch die Sprechstimme gründlich auffrischen – mindestens, denn ich beabsichtige diesmal zu versuchen, ob ich nicht vollkommen diesen leichten, ironisch-satirischen Ton herausbekommen kann, in welchem das Stück eigentlich konzipiert war. Dazu kommt, daß sich die Zeiten und mit ihnen die Auffassungen sehr geändert haben, so daß, was uns damals vielleicht als Wagnerisch, oder schlimmstenfalls als Tschaikowskyisch erschienen wäre, heute bestimmt Puccini, Lehár und darunter ist. Es ist schwer, das in zwei Wochen so zu machen, daß man es auf Platten als die authentische Darstellung verewigen sollte."

Die Platte wurde im September – Oktober 1940 in Los Angeles aufgenommen. Schönberg schrieb einen Text für den Plattendeckel. Er wies dabei auf die wichtigsten Interpreten des Werkes seit 1912 hin, vor allem auf Rudolf Kolisch: „Ich muß anrechnen, daß er mein Schwager ist. Was mehr bedeutet: er war mein Schüler. Was noch mehr bedeutet: das er jetzt – mit Erika Stiedry und Eduard Steuermann zusammen – seit 1921 den Violin- und Bratschenpart spielt. Und was am meisten bedeutet: daß er an jeder der vielleicht hundert Proben von Beginn bis zum Schluß teilgenommen hat, obwohl er für sich keine mehr brauchte. Er kennt die Musik besser als ich selbst, und darum war ich glücklich, daß er derjenige war, der das neue Ensemble für die Aufnahme vorbereitete."

An die Wochen mit den „Pierrot"-Proben im Schönbergschen Haus erinnert sich Nuria, die damals acht Jahre alt war, als eine lustige, wunderbare Zeit.

Im Sommer 1940 hatte Schönberg Grund, sich wieder mit der Persönlichkeit Anton von Weberns zu befassen. In einer Reihe von „Denkmälern", die er einigen seiner Zeitgenossen errichtete, faßte er zusammen, was sich an Notizen über Webern seit Jahren angesammelt hatte. Dabei ging es vor allem um Fragen der Priorität. Schönberg erinnerte sich: „1906. Webern kam vom Urlaub zurück, sah Kammersymphonie (geschrieben Rottach-Egern), sagte er habe darüber nachgedacht, wie moderne Musik sein soll. Er sähe, daß die Kammersymphonie diesem Gedanken entspreche. Sie sei noch von Strauss' ‚Salome' beeinflußt. – 1907 neuer Stil. Erzählte Webern von kurzen Stücken, eines der Klavierstücke solle nur aus 3 bis 4 Takten bestehen. – Webern beginnt kürzere und kürzere Stücke zu schreiben – folgt all meinen Entwicklungen. Versucht alles zu übersteigern (übertreibt). 1914 (15) begann ich eine Symphonie, schrieb davon an Webern – erwähne: Gesang *ohne Worte* (Jakobsleiter) – erwähne: Scherzo-Thema aus allen 12 Tönen.

Nach 1915: Webern scheint in einigen seiner Kompositionen 12 Töne verwendet zu haben – *ohne es mir zu sagen.*

Von 1910 bis 1921. Ich gedachte immer die strukturellen Wirkungen der Harmonie zu ersetzen.

Mehrere Versuche: a) Verwendung der Töne vom Beginn eines Themas für neue Themen b) Jakobsleiter: Hauptthemen aus einer Reihe von 6 Tönen gebaut usw.

1921 fand heraus, daß der größere Abstand zwischen einem Ton und seiner Wiederholung erreicht werden kann, wenn zwölf Töne dazwischen liegen. Begann Zwölftonkomposition. Erzählte es Erwin Stein. Ich hatte nun eine Möglichkeit, alle meine Nachahmer fernzuhalten, weil ich durch sie verärgert bin. Ich weiß nicht einmal mehr, was mein und was ihres ist. – Webern, eifersüchtig auf Berg, hatte mir vorgeschlagen, Berg zu sagen, er (ungefähr 1908 oder 09) solle nicht in dem neuen Stil schreiben – er habe kein Recht es zu tun – es passe nicht zu seinem Stil – aber es paßte zu Weberns!!!

Webern beging in dieser Zeit (1908 bis 1918) viele Taten der Untreue in der Absicht, sich selbst zum Neuerer zu machen.

Etwa 1920 hatte ich eines der fünf Klavierstücke opus 23 und einiges der Serenade opus 24 geschrieben. Darin findet man, was ich um diese Zeit ‚Arbeiten mit den Tönen des Hauptthemas' nannte. Ein wichtiger Schritt zur dauernden Verwendung einer Reihe von zwölf Tönen.

Um 1919 oder 1920 brachte mir Berg eine Komposition von Klein[1]. Ich glaube sie hieß Musikmaschine und beschäftigte sich mit zwölf Tönen. Ich beachtete sie nicht sehr. Sie machte mir als Musik keinen Eindruck, und wahrscheinlich war ich mir noch nicht bewußt, wohin meine eigenen Versuche mich führen würden. So vergaß ich vollständig, etwas in zwölf Tönen gesehen zu haben.

Nun gibt es einen wichtigen Unterschied zwischen mir, Klein und Hauer. Ich kam zu meiner Methode aus kompositorischen und strukturellen Gründen.

[1] Fritz Heinrich Klein, geboren Budapest 1892, Schüler Alban Bergs, seit 1932 Musiklehrer in Linz. Unter dem einem Lustspiel des Terenz entliehenen Namen Heautontimorumenos (Der Selbstquäler) gab er 1921 ein Heft „Die Maschine, eine extonale Selbstsatire" heraus. Es enthält zwölftönige Themen und Akkorde, darunter einen „Mutterakkord" aus zwölf verschiedenen Tönen und elf verschiedenen Intervallen sowie eine rhythmische Reihe.

Ich suchte nicht nach einer neuen Manier, sondern nach einer besseren strukturellen Grundlage zum Ersatz für die strukturellen Wirkungen der Harmonie.

‚Die Harmonie steht nicht zur Diskussion', hatte ich zwischen 1908 und 1918 gesagt. Aber ich war mir nicht bewußt, daß die Harmonien, die ich zu dieser Zeit schrieb, nicht zufällig benutzt wurden, sondern notwendig waren. Später entdeckte ich, daß sie eine melodische Funktion hatten – vertikale Melodie.

Es muß um 1920 gewesen sein, daß ich zuerst etwas von Hauer sah und ihn von atonaler Musik sprechen hörte (1924 fragte ich ihn, warum er sie atonal nenne – was im Gegensatz zu mir stand. Er antwortete, er habe den Ausdruck aus meiner Harmonielehre – den ich nicht finden konnte – ich weiß noch nicht, wo ich ihn benutzt habe.

Aber in seinem ersten Buch hatte er wirklich etwas aus meiner Harmonielehre genommen – über die Gefahr, ein Ton würde Grundton. – Dieser Satz war in der zweiten Auflage von Hauers Buch beseitigt! Ohne jede Entschuldigung!)

1924 hatte ich bemerkt, daß Hauer auch Zwölftonmusik geschrieben hatte. Bis dahin hatte ich geheimgehalten, daß ich es tue. Aber um klar zu machen, daß ich nicht von Hauer beeinflußt gewesen war, sondern meinen eigenen Weg gegangen war, berief ich eine Versammlung aller meiner Studenten und Freunde, bei der ich diese neue Methode und den Weg, den ich gegangen war, erklärte.

Merkwürdigerweise erklärte Webern, als ich die vier Grundformen gezeigt hatte, auch er habe etwas in zwölf Tönen geschrieben (wahrscheinlich angeregt durch das Scherzo meiner Symphonie von 1915) und er sagte: ‚Ich wußte nie, was nach den zwölf Tönen zu tun war', womit die drei Spiegelungen und Transpositionen gemeint waren.

Eines war ihnen allen klar geworden: daß der beständige Gebrauch nur einer 12-Tonreihe in einem Werk etwas ganz anderes war als irgendetwas, das andere Leute versucht haben mochten.

Mein Weg bedeutete: EINHEIT. Mein Weg ging von kompositorischen Notwendigkeiten aus. – NB: später übernahm Hauer diese Methode, nur eine Reihe zu verwenden – wogegen er früher in jedem Takt eine andere benutzte, was – wenn es wirklich zulässig war – nicht meinem Wunsche entsprach, einen Ton so spät wie möglich zu wiederholen."

Dieser englischen Zusammenfassung seiner Notizen über die Priorität in Dingen der Zwölftonmusik fügte Schönberg am 10. August 1940 das deutsche Nachwort hinzu: „Es mag wundern, daß sich hier so viele gegen Webern gerichtete Zeilen finden. Es sieht das sehr häßlich aus und wirft ein schlechtes Licht auf mich, insbesondere, wenn man damit die Briefe Weberns an mich vergleicht. Ich muß leider selbst heute, wo Webern – trotz Hitler – eine ausgezeichnete Haltung mir gegenüber beweist, sagen, daß Weberns Haltung sehr schwankend war. Er ist allerdings immer wieder zu mir zurückgeschwankt und das spricht dafür, daß er wohl immer von dritter Seite gegen mich aufgehetzt wurde, was seine Liebe für mich doch nicht zerstören konnte. Es würde mich mit tiefer Trauer erfüllen, wenn ich anders denken müßte."

Von vielen Seiten aus Europa kamen Hilferufe. Rudolf Goehr, der seit 1933 in Frankreich lebte, war durch die deutsche Militärbesetzung des Landes gefährdet und schrieb an Schönberg, er möge für ihn eintreten und ihm ein Affidavit verschaffen. Dieser war machtlos und konnte nur am 12. Juli, als Goehr schon in den Ostpyrenäen interniert war, seiner Frau nach Paris schreiben, er werde tun, was er könne, und sie möge auf Gott vertrauen. Für Karl Rankl intervenierte er ohne Erfolg beim State Department in Washington. Als Paul Dessau ihn im September bat, sich für die Befreiung des ebenfalls in Frankreich internierten René Leibowitz einzusetzen, antwortete Schönberg, sein Name stehe zur Verfügung, wenn er auch zu beschäftigt sei, um Leibowitz' Leistungen zu prüfen: „Die Hauptsache ist ja die, daß es nützt, und ich fühle gar keine Verantwortlichkeit den Feinden gegenüber, die ja auch unsere Werte ungeprüft vernichten."

Stiedrys machten einen längeren Urlaub in Colorado Springs, wo sie von Anfang August bis 20. September 1940 ein Ferienhaus mieteten. Der schöne Hochgebirgsort liegt etwa doppelt so weit von New York wie von der pazifischen Küste entfernt. Sie hatten ihn schon im Hinblick auf die mögliche „Pierrot"-Aufnahme in Los Angeles gewählt, die ja dann auch ab Ende September bei Schönberg in Brentwood Park stattfand.

Nach New York heimgekehrt, berichtete Stiedry, er werde am 15. Dezember die zweite Kammersymphonie zur Uraufführung bringen; das Programm solle vorher das erste, nachher das vierte Brandenburgische Konzert von Bach enthalten. Noch einmal versuchte er mit allen Mitteln der Überredung, den Meister zur Komposition eines weiteren Satzes zu bewegen. Ein Gespräch darüber in Brentwood Park war ergebnislos gewesen. Stiedry erklärte „in aller Freundschaft und Verehrung", Schönberg habe unrecht und nütze sich nicht mit der Publikation des zweisätzigen Fragmentes; seine Berufung auf autobiographische Notwendigkeiten verfange nicht. Er beschwor ihn, ruhig zu überlegen, ob er nicht einen Mittelsatz von fünf Minuten Länge schreiben wolle. Das könne doch ein Musiker seines Formates in wenigen Wochen. Anfang Dezember sei noch Zeit, den Satz ruhig zu proben.

Doch auch die „enthusiastische Bewunderung dieser zwei Meistersätze", wie Stiedry beteuerte, konnte Schönberg nicht umstimmen. Es blieb bei dem Fragment. Und selbst bei gutem Willen hätte er keine Muße für die Komposition gehabt. Die Lehrtätigkeit an UCLA hatte begonnen. Am 13. November reiste Schönberg nach New York, wo er in der Town Hall vier Tage danach den „Pierrot Lunaire" dirigierte und einen Vortrag hielt. Viele Freunde waren dort oder schickten Grüße, so Hanns und Lou Eisler, die ihm telegraphisch Glück wünschten. Der Erfolg war bedeutend. Auch die New Yorker Presse bekannte sich zu ihm. Zu den führenden Kritikern gehörte seit Oktober 1940 Virgil Thomson. Er schrieb für die Herald Tribune und war trotz seiner oft einseitig frankophilen Haltung ein Bewunderer Schönbergs.

Als Hausgast von Carl Engel wurde Schönberg, der allein war, sehr verwöhnt. Am 22. November gab der Schirmer-Verlag für ihn einen Empfang. Aber alle Freundschaft und Bewunderung konnte ihn nicht mit dem New Yorker Klima versöhnen. Er drängte nach Los Angeles zurück. Frau Gertrud war in anderen Umständen, die Niederkunft war in wenigen Wochen zu erwarten.

So blieb er auch den beiden Uraufführungen fern, die im Dezember 1940 kurz hintereinander stattfanden. Am 6. spielte Krasner in Philadelphia mit Stokowski und seinem berühmten Orchester das neue Violinkonzert zum erstenmal. Das konservative Publikum der Stadt mit ihren alten Kultur-Traditionen nahm die Novität mit gemischten Reaktionen auf. Die lokale Presse verhielt sich meist plump ablehnend. Das „TIME"-Magazin brachte einen arroganten, schein-objektiven Artikel über den „kahlköpfigen, pergamentgesichtigen Österreicher", der die Musikwelt in einen Kampf bis aufs Messer gestürzt habe.

Nach klassischem Brauch ist das Werk dreisätzig. Es hat eine Spieldauer von 35 Minuten. Den Beginn macht ein 265 Takte langer „poco allegro"-Satz im 4/4-Takt mit einem „vivace"-Mittelteil im 3/4-Takt. Zwischen die Takte 233 und 234 ist eine längere virtuose Solo-Kadenz geschoben (Adagio), die mit Begleitung des Orchesters bis Takt 249 fortgesetzt wird. Dann wechseln in rascher Folge: stretto, poco allargando, eine Presto-Reprise des Anfangs und ein Lento-Ausklang.

Diesem längsten der drei Sätze ist ein 208 Takte langes Andante grazioso im 2/4-Takt angeschlossen. Den Schluß bildet ein 4/4-Allegro von 261 Takten. Nach einer kurzen „quasi Cadenza" erscheint kurz vor dem Ende eine 70 Takte lange vom Orchester begleitete Kadenz. Der Charakter dieses Finales ist der eines Marsches, und „alla marcia" kehrt in etwas beruhigtem Zeitmaß nach dem „quasi cadenza"-Einschiebsel das energische, um den Ton d kreisende Hauptthema wieder. Es ist, wie alles thematische Material des Stücks, aus einer Zwölftonreihe gewonnen, die mit den ersten Tönen a—b—es Schönbergs Monogramm trägt und deren charakteristische Intervallfolge die drei Tritoni fis—c = des—g = as—d bilden. Die Themen, stets vom Soloinstrument exponiert, ergänzen den Reihenablauf durch das oft begleitende Orchester; sie sind also Auswahlprodukte der Reihe.

Eduard Steuermann, New York 1940

Formal ist das Sonatensatz-Schema im ersten und dritten Satz nur angedeutet. Das Prinzip der entwickelnden Variation hat Schönberg seit dem opus 31 nie mit so überlegener Meisterschaft angewandt wie hier. Aus ihm ergibt sich auch der häufige Wechsel der Charaktere in allen drei Sätzen.

Trotz aller polyphonen und reihengebundenen Verschränkung mit dem Orchester herrscht durchweg die Sologeige. Ihr Part ist eine Synthese aller denkbaren Kombinationen von Tonbildung, Doppel-, Tripel-, Quadrupelgriff und Flageolett. Schönberg hat scherzhaft von einem sechsten Finger gesprochen, den das Stück verlange. Aber er hat jeden Griff, bevor er ihn niederschrieb, praktisch ausprobiert.

In der musikalischen Sprache enthält das Werk Zeichen der Beruhigung und – wie René Leibowitz betont – Archaismen. Es schließt mit einer polytonalen Akkordfolge über der dreimal intonierten Baßquinte C–G, die D-dur und die Quinten es–b, des–as und e–h verschränkt und nur das (vorher eigensinnig wiederholte) f, den Schlußton der Reihe, wegläßt.

Neun Tage nach der Premiere in Philadelphia war in der New Yorker Carnegie Hall die Uraufführung der zweiten Kammersymphonie unter Stiedry. Im Programm stand ein klug kommentierender Text von Greissle. Am nächsten Morgen kam ein Brieftelegramm aus Los Angeles in Stiedrys Wohnung, 3 East 63. Street, an: „Our living room full of friends and pupils admire you and your orchestra in the excellent performance of my chamber symphony many congratulations and thanks to all of you please write soon more details best greetings the schoenbergs and family."

Die erbetenen Einzelheiten kamen rasch. Stiedry berichtete in einem langen Brief am 17. Dezember. Er hatte sechs Proben außer der Generalprobe gehabt, die am besten gegangen sei. Probengäste waren unter anderen Greissle, Steuermann und Wiesengrund-Adorno. Bei der Aufführung hatte es einige Pannen gegeben; er selbst war mit seinen Tempi nicht ganz einverstanden. Die Majorität der Zuhörer finde das Stück vollendet; er und einige Freunde meinten nach wie vor, es fehle ein langsamer Mittelsatz.

Das Jahr 1940 ging zu Ende. Schönberg sah dem kommenden ohne Illusionen entgegen. Sieben Jahre Amerika hatten ihn skeptisch betreffs goldener Berge gemacht. Hitlers europäischer Krieg weckte sein politisches Bewußtsein gegen Diktatur und Terror. Seine Angehörigen und Freunde, soweit sie nicht Wege ins sichere Ausland gefunden hatten, waren gefährdet. In Frankreich war nun auch Max Deutsch interniert; eine der vielen Hilfs-Organisationen, das New Yorker Emergency Rescue Committee bat ihn um Intervention. Eine andere, der Jewish Club of 1933, warb um seine Mitgliedschaft. Auf der Adresse des Briefes und in der Anrede fehlte der Vorname. Schönberg schrieb auf das Blatt: „Jews have not yet acknowledged that my first name is Arnold. But they certainly know the first name: Paul, Bela, Igor and Jan. Probably my activity is not a credit to Jewry." (Er sah sich immer wieder in Amerika gegenüber Paul Hindemith, Béla Bartók, Igor Strawinsky und Jan Sibelius zurückgesetzt.)

Am 27. Januar 1941 – Schönberg war 66 Jahre alt! – brachte Frau Gertrud einen Sohn zur Welt. Sie berichtete darüber ausführlich an ihre Freunde: „Zwei Monate vor der Geburt nahm ich, durch Aufregungen und eine darauffolgende Darmstörung, 5 Pfund ab. Im letzten Monat wartete ich fast täglich am Abend auf das freudige Ereignis, was meine Nerven nicht gerade besser machte. Der Weg zum Spital wurde von mir mit der Uhr gemessen und genau ausgerechnet wie lange und im günstigsten Fall wie kurze Zeit ich bis zum Spital brauchen würde. Dem Arzt wurde eingeschärft, sich durch mich nicht irre machen zu lassen und wirklich sofort (wieder am 27. – genau ausgerechnet –) zu kommen, wenn ich ihn anrufen würde. Am 26. Jänner, dem Tag, den ich als letzte Chance für einen guten Hinauswurf berechnet hatte, rief ich eine Bekannte an, um von ihr eine Adresse von einer Babynurse zu erfahren. Ich sagte ihr, daß meine einzige Sorge wäre, daß ich wiederum ohne Arzt das Baby kriegen werde und, da ich ja keinen Chauffeur im Hause habe, ich noch immer nicht wüßte, wie ich ins Spital kommen würde. Vor dem herbeizurufenden Taxi und noch mehr vor einer, von Arnold vorgeschlagenen Ambulance hatte ich mit Recht, siehe später, große Angst. Die bekannte Frau Thorsten beruhigte mich, erinnerte mich, daß sie ja in der Schweiz einen Hebammenkurs mitgemacht habe und in Min. 7 bei mir sein könnte." Dann folgt eine heitere Beschreibung der Geburt, die wegen mangelnder Transportmittel zu Hause improvisiert werden mußte, nachdem im letzten Moment ein Arzt gekommen war: „Um Punkt 10 Uhr auf meiner Uhr (Arnolds ging um zwei Minuten schneller) war der faule Lausbub von Pfd. 7.2 ounces da. Die ersten 2 Wochen hat er schon Pfd. 1 + 2 ounces zugenommen, trotzdem er die Muttermilch erst gar nicht gekostet hat. Er hat gerade Beine (siehe picture) und kriecht schon. Also ein Wunderknabe." Der Wunderknabe wurde Lawrence Adam genannt.

Zu den Bittstellern, die Schönberg um Hilfe für Freunde baten, kam nun auch Thomas Manns zweite Tochter Monika in Princeton. Sie hatte selbst Schweres durchgemacht; ihr Mann, der Kunsthistoriker Jenö Lányi, war 1940 vor ihren Augen mit anderen Passagieren der „City of Benares" nach der Torpedierung durch ein deutsches Unterseeboot ertrunken. Sie kannte Schönberg nicht, war aber mit dem Pianisten Peter Stadlen aus dem Wiener Schönberg-Kreis befreundet. Dieser wurde in Australien interniert, und Monika Mann-Lányi bat den Meister um ein Empfehlungsschreiben für seine Befreiung. Der Komponist Marc Brunswick, ehemals Schüler von Webern, hatte Recht, wenn er am 16. Januar 1941 schrieb, Schönberg habe schließlich die ganze Zeit etwas für Flüchtlinge getan. Auch aus Wien meldeten sich noch Angehörige. Felix Nachod, ein Vetter, bat für sich und für seinen Bruder Walter um Affidavits, die sie beide bekamen.

Mit Schirmer kam es im März 1941 zu einem ernstlichen und Monate dauernden Zerwürfnis. Schönberg hatte an Engel einen seiner „bösen Briefe" geschickt. Es ging um Meinungsverschiedenheiten über einen Honorierungsvorschlag, den der Meister im Oktober 1940 gemacht hatte. Nun gab es harte Worte und Verdächtigungen. Engel, der ruhig und vorsichtig am 15. März antwortete, mußte sich gegen den Verdacht wehren, er habe Schönberg beleidigen wollen. Was die Grobheiten angehe, mit denen der Meister nicht gespart hatte, so ignoriere er sie und werde sie „neutestamentlich" mit Freundlichkeit erwidern. (Engel war ebenfalls jüdischer Herkunft und durfte sich darum diesen kleinen Nasenstüber erlauben.) Finanziell könne der Verlag Schirmer nicht weiter gehen. „Kol Nidre" und Volkslieder-Bearbeitungen gingen an den Komponisten zurück.

Der Briefwechsel mit dem New Yorker Verlag ruhte bis Oktober; nur durch Greissle und über dessen Erfolg in dem Hause wurde Schönberg informiert.

Eine Zahnbehandlung quälte Schönberg seit Frühjahr 1941 den ganzen Sommer hindurch. Er mußte sich zwei Prothesen machen lassen, wofür mehrere Zähne gezogen wurden. Am 27. Oktober berichtete er Greissle über seine Sorgen, auch die den Sohn Georg betreffenden. Der Brief ist voll Erbitterung über Schirmer, spricht von Erpressungsversuch und Vertragsbruch. Am Tag darauf vermißte Schönberg das Manuskript der Volkslieder und fragte bei Schirmer an, die ihm mitteilten, es sei zusammen mit dem „Kol Nidre" abgeschickt worden. Schönberg hatte das Paket – wohl aus Zorn über die Ablehnung – beiseite gelegt, ohne es auch nur zu öffnen. Nun entschuldigte er sich am 18. November bei Gustav Reese. Aber die Meinungsverschiedenheiten, nunmehr über einen älteren, die erste Kammersymphonie betreffenden Vertragsentwurf, hörten nicht auf, wenn auch der Ton sich beruhigte.

Daneben gab es auch erfreulichere Korrespondenzen. So schrieb am 23. März 1941 Erwin Stein aus London, der Verleger Leslie Boosey von der großen Firma Boosey & Hawkes habe ihn aus der Internierung geholt. Nun sitze er an einer englischen Übersetzung des „Pierrot"-Textes. Max Deutschs jüngerer Bruder Friedrich, der sich in Amerika Frederick Dorian nannte, hatte in Pittsburgh, wo er am Carnegie Institute of Technology lehrte, mit großem Erfolg den Chor „Friede auf Erden" dirigiert.

Die Korrespondenz nahm Ausmaße an, denen Schönberg kaum noch gewachsen war. An Stein schrieb er, daß eine englische „Pierrot"-Übersetzung schon existiere. Sie stammte von einer jungen amerikanischen Komponistin,

Dika Newlin, die seit 1938 Schönbergs Schülerin war und sein besonderes Vertrauen genoß.

Im August, während der Universitätsferien, begann Schönberg im Auftrag des New Yorker Verlags H. W. Gray & Co. die Komposition eines Stücks für Orgel. Er nannte es „Variations on a Recitative". Die Arbeit, opus 40, wurde am 12. Oktober beendet. Sie ist ein tonales Stück, beginnt in d-moll und endet mit dem D-dur-Akkord. Harmonisch und kontrapunktisch von großem Reichtum, schließen sich die 10 Variationen, denen eine vierstimmige Spiegelfuge folgt, der Tradition Max Regers an. Der Verlag druckte sie mit einem Registrierungsplan, der für die Orgel der Universität Princeton gedacht ist. Schönberg war, obwohl er mit dem Bearbeiter Carl Weinrich darüber korrespondiert hatte, davon unbefriedigt. In einem seiner Briefe steht: „Ich schreibe immer die Tonhöhe, die ich zu hören wünsche . . . unnötige Oktavenverdopplungen habe ich nicht sehr gern. Mir ist klar, daß die Orgel bis zu einem gewissen Grade lauter werden kann, wenn man obere oder untere Oktaven hinzufügt. Ich weiß, daß man einem Organisten erlauben muß, das zu tun, wenn es keinen besseren Weg gibt, die Stimmen entsprechend ihrer strukturellen Wichtigkeit auszuwiegen. Aber ich möchte solche Verdopplungen vermieden sehen, wenn Klarheit und Transparenz ohne Hinzufügung von Oktaven erreicht werden kann."

Auf das Stück kam Schönberg noch Jahre später mehrfach zu sprechen, so am 4. Juli 1947 in einem Brief an Leibowitz. Er bezeichnet es da als ein Äquivalent der Bachschen französischen und englischen Suiten, des Meistersinger-Quintetts und Tristan-Duetts von Wagner sowie der Fugen von Beethoven und Mozart und der Regerschen „Stücke im alten Stil".

An Dr. Werner David in Berlin-Zehlendorf schrieb er am 10. Mai 1949, schon vor mehr als 40 Jahren habe er seinen Standpunkt zur Orgel in einem unvollendeten und nicht veröffentlichten Aufsatz festgelegt: „Ich habe dort unter anderem verlangt, daß ein solches Rieseninstrument mindestens zwei bis vier Spielern die Möglichkeit gleichzeitiger Betätigung bieten sollte. Daß eventuell ein zweiter, dritter oder vierter Spieltisch angehängt werden könnte." Dann schildert er noch seine Vorstellung einer zukünftigen Orgel, die nicht größer sein müsse als anderthalb tragbare Schreibmaschinen. Er stelle sich vor, daß Musikfreunde abends auf solchen Instrumenten Duos, Terzette und Quartette spielen würden, wobei der Inhalt von Symphonien wiedergegeben werden könne.

Die Orgel-Variationen wurden am 10. April 1944 bei einem Konzert der Internationalen Gesellschaft für Neue Musik in der New Yorker Kirche der Heiligen Jungfrau Maria durch Carl Weinrich aufgeführt.

Eine Sonate für Orgel, am 7. August 1941 begonnen, ist mit nur 53 Takten Fragment geblieben. Auch eine Komposition für zwei Klaviere, die am 21.

Januar angefangen worden war, wurde nach 17 Takten beiseite gelegt. – Am 11. April 1941 wurden Schönbergs endlich ins Federal Building von Santa Monica geladen, um den Eid auf die amerikanische Staatsbürgerschaft zu leisten.

Von den Prüfungen an der UCLA gegen Schluß des Wintersemesters 1940/41 gibt ein handgeschriebener Zeitplan einen Begriff:

Structural Functions	Wednesday June 4	3
Composition I	Thursday May 29	12
Counterpoint II	Tuesday June 3	1
Composition II Concert	Friday June 6	12– 4

Mittlerweile kamen zu den Bittstellern aus Europa nun auch amerikanische, die sich aus irgend einem Grunde solidarisch mit Schönberg als Mitglied einer Minorität glaubten. Der Negerboxer Joe Louis, Weltmeister im Schwergewicht, plante, sich vom Ring zurückzuziehen. Vorher aber wollte er im New Yorker Yankee Stadium einen Kampf ausführen, der den Unterdrückten im Lande gewidmet sein sollte. Er bat Schönberg am 27. September, einen Platz oder eine Loge zu kaufen: „Der härteste Kampf, den ich je führte, war der gegen Vorurteil und Intoleranz. Mein Volk weiß, was ich meine."

Am 7. Dezember 1941 wurden die Vereinigten Staaten durch den unerwarteten Angriff der Japaner auf die amerikanische Flotte in Pearl Harbour in den Weltkrieg hineingezogen. Schönberg verfolgte die kriegerischen Ereignisse mit Spannung und mit entschiedener Parteinahme für das Land, dem er nun angehörte. Die Stimmung in seinem Hause schildert Salka Viertel, die Schauspielerin, Schwester Eduard Steuermanns und Frau des Dichters und Regisseurs Berthold Viertel, in ihren Memoiren „Das unbelehrbare Herz". Los Angeles, wie alle kalifornischen Städte, war voll von Japanern. Nun wurden sie alle interniert, darunter auch der Gärtner Yoshida, dessen Frau Mio bei Schönbergs und bei Max Reinhardt Hauspflegerin und Wäscherin war. Salka Viertel saß eines Abends bei Schönbergs, als die beiden Jungens, Ronny und Larry, sowie die etwas ältere Nuria mit einem weißen Kaninchen erschienen. Es war ein Geschenk von Mio. Schönberg weigerte sich, ein japanisches Kaninchen aufzunehmen. Nach längerem Palaver der Kinder erklärte Nuria, das Tier sei in Amerika geboren, also kein Japaner, und es bleibe im Hause. Es wurde Kaiser Franz Josef genannt.

Im März 1942 gab es wieder Nachricht von Erwin Stein aus London. Er war weiter mit der Vorbereitung der geplanten „Pierrot"-Aufführungen beschäftigt, verwendete aber nun eine andere, in England verfaßte Übersetzung.

Am 9. April kam ein Telegramm aus New York. Der Direktor des Ballet Theatre, German Sevastianov, hatte unter dem Titel „Pillar of Fire" am

Vortage eine Choreographie der „Verklärten Nacht" zur ersten Aufführung gebracht. Sie war in der Metropolitan Oper mit Ovationen aufgenommen worden, wie man sie niemals erlebt hatte und die einstimmig begeisterten Berichte in der Presse bestätigten den Erfolg. Schönberg wurde beglückwünscht und eingeladen, das Ballett selbst zu dirigieren, wenn es im Januar 1943 in Los Angeles und San Francisco aufgeführt würde.

Mittlerweile arbeitete er an einem Stück, das zum ersten Mal eine Art von politischem Engagement bei ihm darstellt. Es ist die „Ode to Napoleon Buonaparte" nach einem Text von Lord Byron für Streichquartett, Klavier und Sprecher, opus 41. Am 12. März begonnen, wurde das Stück am 12. Juni 1942 beendet. Die Musik, von dramatischem und emotionellem Geist erfüllt, ist streng aus einer zwölftönigen Reihe gebaut, die aber Dreiklänge zuläßt, so daß das Werk mit einer Art Kadenz in Es-dur schließt. Schönberg hatte Verwandtschaft in den Erscheinungen Napoleons und Hitlers erkannt und gab in dem Melodram Spannungen und Gefühlen Ausdruck, die durch die Weltereignisse in ihm aufgerührt waren. In einem Brief an mich vom 15. Januar 1948 schreibt er: „Lord Byron, der vorher Napoleon sehr bewundert hatte, war durch seine einfache Resignation so enttäuscht, daß er ihn mit schärfstem Hohn überschüttet: und das glaube ich in meiner Komposition nicht verfehlt zu haben." In demselben Brief heißt es: „Ich glaube als Sprecher für die Ode kommt nur ein sehr musikalischer Sänger in Betracht. Die Deklamation ist nicht so schwierig, wie die des Pierrot. Aber doch ist es möglich, daß der Sprecher überall dort, wo es nicht ‚colla parte' ist, sehr genau im Takt bleibt. Vieles in der Musik, die ununterbrochen untermalt, unterstreicht und illustriert, bliebe unverständlich, ja sinnlos, wenn nicht Wort und Ton zur rechten Zeit auftreten. Ich habe derlei seinerzeit mit dem Clown-Witz verglichen, wo zuerst einer zu Boden fällt, dann hebt er den Arm mit der Pistole und dann hört man den Schuß."

Die Anregung zur Komposition der Ode war von der League of Composers gekommen. Schönberg bot das Stück schon im Mai 1942 Schirmer in New York an, der es auch später verlegte.

Im häuslichen Kreise gab es in diesem Mai Sorgen durch eine schwere Erkrankung des älteren fünfjährigen Sohnes Ronny. Die notwendige Operation belastete sehr das Budget der Familie. Aber Anfang Juni ging es ihm besser, und Schönberg konnte sich wieder um Verlagsfragen kümmern. Auch mit Stiedry wurden wieder Briefe gewechselt. Dieser war hingerissen von einer Privataufführung des Violinkonzerts durch Louis Krasner. Er bedrängte Schönberg, doch endlich „Moses und Aron" sowie die „Jakobsleiter" zu vollenden. Schon deshalb, um darin nicht locker zu lassen, wolle er den Sommer in Los Angeles verbringen.

Schönberg hatte mit Sommerkursen der UCLA viel Arbeit. Sie trug eine wichtige Frucht in dem Büchlein „Models for Beginners in Composition", einer Beispielsammlung über Probleme von Melodie, Harmonie und Form, die noch im selben Jahr bei Schirmer erschien. Am 25. August fand er Zeit für einen langen Bericht an Stiedry. Dabei spricht er von der Krankheit der Kinder und Ronnys Operation. Der Brief ist – anders als bisher – in englischer Sprache. Hier die deutsche Übersetzung: „Die Kinder sind nun alle gesund. Nuria hat Ferien und hilft der Mutter viel in Haus, Küche, Garten und bei dem kleinen Jungen Larry. Ronny ist ein sehr süßes Kind; er ist musikalisch wie Nuria und Larry, übt aber nicht Geige. Frau Schönberg hat keine Hilfe oder nur gelegentliche und muß alles allein tun – meine Unterstützung beim Tellerspülen ist nicht sehr viel. Ich habe im Juli die ‚Ode to Napoleon Buonaparte' von Lord Byron für Sprechstimme und Klavierquintett beendet. Nun soll ich ein Klavierkonzert schreiben, das Oscar Levant[1] in Auftrag gegeben hat. Aber zur Zeit bin ich so müde und meine Augen tun so weh, (vom Schreiben auf kleines Notenpapier) daß ich meine Arbeit unterbrechen mußte. Darum habe ich Zeit, Ihnen zu schreiben. Sonst komponiere ich oder war zu müde für Briefe. Übrigens ist durch Mr. Schriver, einen früheren Schüler von mir, ein Streichquartett in Auftrag gegeben worden. Ich wollte „Jakobsleiter" und „Moses und Aron" beenden, aber das muß nun verschoben werden. Und Sie werden verstehen, wie froh ich bin, solche Hilfe durch diese Aufträge bekommen zu haben. So kann ich etwas ruhiger wenigstens in die nächste Zukunft blicken. Meine Ferien dauern bis 8. oder 10. Oktober. Aber ich muß wenigstens das Klavierkonzert beenden, ehe die Schule wieder anfängt. Hoffentlich finde ich Zeit, das Streichquartett und andere Werke zu schreiben, die ich versprochen habe: Orchestrierung."

Zur Komposition des Quartetts kam es nicht. Hingegen widmete Schönberg sein zwischen 5. Juli und 29. Dezember entstandenes Klavierkonzert Henry Clay Shriver statt Oscar Levant.

An Carl Engel ging ein Brief mit dem Datum des 12. September 1942. Gestern, zwei Tage vor seinem 68. Geburtstag, habe er die „Models for Beginners in Composition" beendet und die Arbeit gleich nach Empfang des Vertrages durch Luftpost abgeschickt. Er war froh, mit Schirmer, der im Juni 500 Dollar geschickt hatte, wieder gut zu stehen. Seinen Augen gehe es schlecht und er habe eine Woche lang nicht arbeiten können. Der Arzt meine, es sei nur Ermüdung.

1 Levant, Jahrgang 1906, war Schüler von Schönberg und Schillinger. Er veröffentlichte 1940 das äußerst witzige Memoirenbüchlein „A Smattering of Ignorance".

Am 2. Oktober dankte Schönberg Erwin Stein für dessen Geburtstagsbrief und bot ihm, einem seiner ältesten Schüler und Freunde, das Du an. Am 13. September hätten sie eine Gesellschaft gehabt und man habe ihm lauter Alkohol geschenkt: „Und eben jetzt, wo ich nicht trinke – aber wenn ich das Rauchen wieder aufgebe, wird mir das Trinken ein bißchen Freude machen." Schönberg war mit seinen Versuchen, nicht zu rauchen, mehrfach rückfällig geworden.

Am 30. November antwortete Stein, sie hätten in London zwei ausverkaufte „Pierrot"-Aufführungen gehabt und planten jetzt solche in Oxford und Cambridge. Die von Schönberg selbst dirigierte Platte war in London eingetroffen. Es hatte mit Walter Legge (dem Schallplatten-Magnaten), Cecil Gray (dem Musikschriftsteller) und Stein eine lange Diskussion darüber gegeben, bei der Stein Erika Wagner verteidigte. Die englische Sprecherin Hedli Anderson hatte zu Karl Rankls Entzücken fast genau intoniert. Stein wollte wissen, ob die Tonhöhen eingehalten werden müßten.

Mit dem ausgehenden Jahr endete auch die Arbeit am Klavierkonzert. Schönberg scheint dabei ein inneres Programm ausgedrückt zu haben, das er in Notizen auf einem Zettel hinzufügte:

Life was so easy
suddendly hatred broke out (Presto Viertel = 72)
a grave situation was created (Adagio)
But life goes on (Rondo).

Auch mit Carl Engel duzte sich Schönberg seit diesem Herbst. Ein ungewöhnlich langer Brief an ihn ist vom 27. November 1942 und dann nochmals vom 9. und 10. Dezember datiert. Er berichtet von den 15 Schülern in seiner Kompositionsklasse, bedauert, daß Engels geplanter Besuch in Kalifornien nicht stattgefunden hatte, und rät ihm, sich durch Unpäßlichkeit nicht deprimieren zu lassen. „Wenn ich so jedes halbe oder dreiviertel Jahr meine Asthmazustände habe, weil ich doch immer wieder rauche und trinke, fühle ich mich so wie Du, dem Tod nahe. Aber wenn ich nur zwei Wochen wieder abstinent bin, beabsichtige ich, bis mindestens achtzig zu leben."

Seinen Augen ging es besser, seit er von den drei letzten, sehr teuren Brillen keine mehr trage, außer zum Entziffern kleiner Schrift. Noten aber könne er noch nicht schreiben. Doch habe er am 25. November das Kontrapunktbuch angefangen, das ihn 3–4 Tage wöchentlich beschäftige. Solle er die Einladung der Society for Esthetics zu einem Vortrag „Beauty and logic in music" annehmen? Engel meinte, wenn einer darüber sprechen könne, dann Schönberg, und riet ihm zu. Aber die Sache kam nicht zustande.

Die letzten Dezembertage 1942 gehörten der Vollendung des Klavierkonzertes. Schönberg hatte es, ebenso wie die „Ode an Napoleon", Schirmer angeboten, und Engel war interessiert. Für die „Ode" sollte man versuchen, eine baldige Aufführungsmöglichkeit zu finden, wenn die League of Composers sie nicht garantieren könne.

Seit der Niederlage Frankreichs 1940 war Los Angeles immer mehr von deutschen, österreichischen und französischen Flüchtlingen überlaufen worden. Am 1. Januar 1941 hatten Franz und Alma Werfel von New York aus den ersten, die Existenzmöglichkeiten sondierenden Besuch in Kalifornien gemacht und nahmen ein Jahr später endgültig dort Wohnung. Am 21. Juli 1941 kam Bertolt Brecht nach wochenlanger Schiffsreise aus Wladiwostok in San Pedro, dem Hafen von Los Angeles, an. Er ließ sich wenige Kilometer von Brentwood Park in Santa Monica am pazifischen Strand nieder. Hierhin folgte ihm am 20. April 1942 Hanns Eisler. Ein paar Tage danach kam es bei Dr. Wiesengrund-Adorno zu einer Wiederbegegnung und langen Diskussion über Schönberg. Brecht kannte damals den Komponisten noch nicht. Eisler nahm ihn mit, als er seinen Besuch in Brentwood Park machte. Auf dem Weg schärfte er Brecht ein, in keinem Fall zu widersprechen, was auch immer Schönberg äußern mochte. Er drohte Brecht sogar, ihm die Freundschaft zu kündigen, wenn dieser den Meister nicht bedingungslos respektierte.

Sie kamen in das Haus kurz nach der Operation Ronnys. Eisler merkte, welche Geldsorgen Schönberg bedrückten. Er bot ihm dreihundert Dollar als Beitrag zu den Kosten an. Als Schönberg zögerte, das Geschenk zu nehmen, schlug er ihm vor, ihm noch ein paar Stunden dafür zu geben. Darauf Schönberg: „Wenn Sies immer noch nicht gelernt haben, kann ichs Ihnen nicht mehr beibringen."

Brecht war von dem „vogelartigen" Mann sehr beeindruckt. Er ging am 29. Juli mit Eisler zu einem Vortrag in der UCLA, dem auch Thomas Mann beiwohnte und der von moderner Komposition handelte. Ohne die theoretischen Gedanken zu verstehen, fand er die Formulierungen klar und überzeugend.

Am 13. September 1942 feierte man den 68. Geburtstag im großen Kreis, wie wir aus dem Brief an Erwin Stein wissen. Zu den Eingeladenen gehörte auch Brecht. „Leider hindert mich eine geschwollene Backe, Ihrer so freundlichen Einladung zu folgen", antwortete dieser. „Ich muß Ihnen meine herzlichsten Glückwünsche also schriftlich übermitteln." Und er legte die Abschrift eines der in Dänemark 1933/39 entstandenen Svendborger Gedichte bei, „In unserem Lande zur Jahreswende . . .", der er hinzufügte: Arnold Schönberg in Bewunderung.

Werfels waren häufige Gäste. Sie hatten Anfang September 1942 ein kleines Haus in Beverly Hills erworben. Zu dem geselligen Kreis um Arnold und Gertrud Schönberg gehörten außer den Schülern wie Leonard Stein, Gerald

Strang und Dika Newlin nicht viele Musiker. Artur Rubinstein, der große polnische Pianist, lud zu einem Essen, an dem auch Thomas Mann mit seiner Familie teilnahm. Monika Lányi-Mann saß neben Schönberg, ohne zu wissen, wer er war. Erst im Laufe des Gesprächs merkte sie es. „Dennoch", berichtete sie später (in einem Brief vom 30. Juli 1972 an mich), „es war ein ‚nettes' Erlebnis. Schönberg schaufelte mir unentwegt prächtige Dinge auf den Teller und sah aus wie ein Tennislehrer (in Weiß), der es faustdick hinter den Ohren hat."

Später war sie mit ihren Eltern in Brentwood Park zu Gast. „Er machte *eigenhändig* Kaffee mit Schlagsahne in hohen Gläsern und lehrte mich das Geheimnis, die Schlagsahne müsse *unten* im Glas sein und der heiße Kaffee *darüber* gegossen werden." Von dem Schönbergschen Kaffee sprachen bewundernd auch Thomas Mann und Salka Steuermann. Er gehörte zu seiner Wiener Lebensform.

Die Versöhnung mit Schirmer ging einen langen Weg. Am 17. Mai 1942 entschloß sich Schönberg, wieder an Carl Engel zu schreiben. Er bot ihm die in Arbeit begriffene „Ode an Napoleon Buonaparte" an, die er am 1. August zu beenden hoffe. Außerdem habe er eine Klavier-Duo-Fassung der zweiten Kammersymphonie fertig. Zu Verhandlungen über seine noch unveröffentlichten Arbeiten sei er bereit, wenn er ein ausreichendes Honorar oder einen Vorschuß auf Tantiemen bekäme. Die Antwort kam telegraphisch am 26. Mai: der Verlag sei gegenwärtig außerstande, unter Bedingungen zu verhandeln, die den Meister interessieren könnten. Doch habe er volle Handlungsfreiheit betreffs anderer Verleger. Für Schönberg war das ein Schlag.

Das Eis war aber endgültig gebrochen, als Engel ihn am 28. Mai 1942 seiner Teilnahme und Hilfsbereitschaft an den Problemen versicherte, die durch Ronnys Krankheit entstanden waren. Die herzliche Antwort kam postwendend. Er habe immer gefühlt, daß Engel nicht an dem Ende der geschäftlichen Beziehungen mit Schirmers schuld gewesen sei. Der Verlag habe publizistisch versagt; daher der geringe Erfolg seiner Werke. Es sei der erste Fall in seiner Laufbahn als Komponist, daß sie nicht in wenigen Jahren die Ausgaben hereingebracht hätten. „Verklärte Nacht", „Gurrelieder" und „Pierrot", 30–40 Jahre alt, würden mit wachsendem Erfolg gespielt. Columbia habe von den „Pierrot"-Platten in sechs Monaten 960 Exemplare verkauft. Der Brief schloß mit einer Freundschafts-Beteuerung.

Es kam zu einer neuen Vertragsform, die dem Verlag Anteile an Aufführungstantiemen sicherte. Engel überwies, da Schönberg ihn von seinen Sorgen informiert hatte, 500 Dollar telegraphisch. Am Tag vor seinem Geburtstag gab ihm Schönberg die Beendigung der „Models for Beginners in Composition" bekannt. Der Druck wurde sofort begonnen. Beide Freunde hatten damals gesundheitliche Sorgen. Schönberg vor allem mit den Augen. Er rauchte wieder.

Mehrfach hatte Carl Engel den Freund auf die große Anzahl guter Blasorchester in den Vereinigten Staaten aufmerksam gemacht. Für sie, die starken Einfluß auf die amerikanische Musikkultur hatten, gab es nur wenige Originalkompositionen, so daß sie sich mit Arrangements, oft recht mittelmäßigen, von beliebten Stücken begnügen mußten. Engel meinte darum, Schönberg solle ein Stück für Blasorchester schreiben. Anfang 1943 griff dieser den Gedanken auf.

Das Jahr begann mit Arbeit und allerlei Krankheiten. In einem Brief an Trudi Greissle vom 2. März klagt Schönberg, er könne nur wenige Worte schreiben, habe sehr hart zu arbeiten, ohne auch nur einen Tag zu unterbrechen. Neben den Universitätsklassen und der Schreibtischtätigkeit müsse er auch im Haus helfen: Frühstück und Lunchpaket für Nuria und Ronny machen, Teller waschen, Lunch zubereiten, – und einmal sogar das Abendessen. Er stehe jetzt täglich zwischen 6.30 und 7 Uhr auf. Gertrud habe kaum eine halbe Stunde, sich auszuruhen.

An Carl Engel ging ein Paket mit zwei neuen Arbeiten: der „Ode" und dem Klavierkonzert. Mit den neunzehn Strophen des Byron-Gedichtes, schreibt er dem Freund am 11. März, habe er anfangs viele Schwierigkeiten gehabt. Nichts als Haß, Verachtung, Satire, Hohn, und dabei nicht monoton werden! Aber er habe viele Möglichkeiten zu Gegensätzen und Abwechslung gefunden, und es sei ein Stück guten Handwerks. Auf das Gedicht sei er durch fast mirakulöse Umstände gestoßen, – es habe ihn erwählt, nicht umgekehrt.

Bei einer Sitzung der kalifornischen ASCAP habe er von weitem Herrn Schirmer gesehen, der ihn aber nicht erkannt habe. Übrigens versuche er, so viel wie möglich am Kontrapunktbuch und an den Variationen für Blasorchester zu schreiben, komme aber während des Semesters nicht schnell vorwärts. Engel versicherte am 15. März, er werde möglichst bald mit Greissle und Carl Deis (einem Musikredakteur bei Schirmer) die neuen Stücke durchnehmen.

Vertraulich erwähnte Engel ein Gespräch mit dem Mitglied eines Komitees für finanzielle Hilfe an Komponisten. Bald danach spielte Steuermann bei Schirmer das neue Klavierkonzert vor; Engel war voll Bewunderung, er meinte, Steuermann könne das Konzert sowie die „Ode" Stokowski vorspielen. Schönberg war sofort einverstanden. Auch für die Uraufführung habe er immer an Steuermann gedacht. Wenn dieser es nicht spielen könne, wünschte er sich Schnabel. Engel solle dem „die Leviten lesen", weil er nie moderne Sachen aufführe. „Sein Standpunkt scheint mir nicht nur albern", meint er in dem Brief vom 6. April 1943, „sondern fast verbrecherisch. Ich meine, es ist die erste Pflicht eines wirklichen Künstlers, zeitgenössische Musik zu spielen.

Hätten sich alle Interpreten benommen wie er, so hätten die Werke der größten Meister noch immer nicht das Ohr des Publikums."

Am 17. April begann die Arbeit an dem „Master Copy Book" mit Vorwort und 67 Seiten langem maschinengeschriebenen Text des Kontrapunkt-Lehrbuchs in vierter Fassung. Nebenher machte sich Schönberg, ein Bastler aus Passion, die Arbeit, zwei Modelle für ein „Rastrál", ein Gerät zum Ziehen von fünf Notenlinien, zu bauen, das er am 25. April an Engel abschickte, damit Schirmer es auf den Markt brächte.

Von Stiedry kam Mitte Mai 1943 ein recht verzweifelter Brief. Er war lange krank gewesen und hatte Berufssorgen. Weder als Dirigent fand er ihm entsprechende Arbeit noch als Lehrer. Einzig die Aufführung von Verdis „Macbeth" bei der New Opera Company habe ihm etwas geholfen.

Schönberg hatte ihm von dem Klavierkonzert und dem geplanten Streichquartett berichtet; aber Stiedry beschwor ihn, „Jakobsleiter" und „Moses und Aron" zu vollenden, dessen Anfänge in einem kleinen Raum in Lugano er miterlebt hatte. Mit Schnabel hatte er kürzlich gesprochen; der arbeitete an seiner zweiten Symphonie. Vor ein paar Tagen habe er auch an Werfels über seine Probleme geschrieben.

Schönberg und Werfels standen in freundschaftlichem Verkehr. Im Mai 1943 notierte Thomas Mann in sein Tagebuch, wo der Name des Komponisten schon öfters aufgetaucht war: „Gesellschaft bei Werfels mit Schönbergs. Holte ihn viel über Musik und Komponistendasein aus, und es trifft sich gut, daß er selbst auf Verkehr der Häuser drängt." Es war die Zeit, als der „Doktor Faustus"-Roman entstand. Schönberg hatte sich mehrfach mit der Trilogie „Joseph und seine Brüder" beschäftigt, die Berührungspunkte mit seinen biblischen Texten hatte.

Nun machte Engel neue Vorschläge über Schönbergs Bezüge für seine letzten Werke. Schirmer war bereit, ihm 2400 Dollar in zwölf Monatsraten von 200 zu zahlen. Der Meister war einverstanden, fragte aber gleichzeitig, ob er dem Angebot eines anderen Verlages entsprechen könne, Beethovens Streichtrio opus 8 für Streichorchester zu bearbeiten. (Gemeint ist die D-dur-Serenade; der Plan wurde nicht ausgeführt.) Er sei mit Unterricht und mit der Vorbereitung von Prüfungsfragen beschäftigt, die für die Schlußexamina seiner Klassen vervielfältigt werden mußten.

Die kurzen Sommerferien begannen. Am 7. Juni entstand ein vierstimmiger Spiegelkanon und am 20. wurde die unterbrochene Arbeit an den Variationen für Blasorchester wieder aufgenommen. Schönberg mußte sich beeilen. Am 5. Juli begannen die Sommerkurse. Am 10. meldete ein Brief an Engel die Beendigung der Variationen, deren Instrumentation in zwei bis drei Wochen abgeschlossen sein könne.

Am 21. Juli wurde der Freund sechzig Jahre alt. Gustave Reese bereitete ein „Birthday Offering" als Privatdruck im Schirmer-Verlag vor. Schönberg trug zwei dreistimmige Kanons von raffiniertester Konstruktion bei. Sie waren – zusammen mit zwei vierstimmigen – ohne besonderen Anlaß am 14. April 1933 in Berlin entstanden. Nun schrieb er einen Text dazu und daneben gleich die englische Übersetzung. Deutsch lautet er: „Jedem geht es so; keiner bleibt bei zwanzig ewig steh'n. Auf einmal ist man sechzig, und ist erstaunt und ist bestürzt, und fragt sich: Was ist plötzlich mit mir los? Was hab' ich denn getan, daß ich nicht mehr hüpfen kann wie früher?

Selbst die Noten sind zu schnell; ich bin außer Atem! Soll ich die langsam're Stimme nicht lieber singen?

Mir ist es auch so gegangen, doch ich hab' mich rasch getröstet, und hab' geschwelgt im Hochgenuß der Weisheit, die mit vierzig ich schon sollt' besitzen, die sich jetzt aber ganz allmählich einstellt, jetzt, wo ich nichts mehr davon hab'!

Glaub's nicht! das ist alles Schwindel. Nur die immer alt gewesen sind, niemals Jugendstreiche wagten, prahlen jetzt mit Weisheit; doch wir ander'n wagen stets noch uns zu blamieren, denn wir glauben fest: Life begins at sixty."

Und als Post Scriptum notiert Schönberg eine zweistimmige Kombination von C–E und A–Es–C–H sowie eine ewige, chromatisch steigende Kadenz als Symbol für „many happy returns!"

Engel, kein Freund von Feiern, war mit seinem Hund an die See geflohen. Gerührt dankte er am 6. August dem Freund für das „wahrhafte Meisterwerk kontrapunktischer Kunst", das ihm, Engel, Unsterblichkeit sichere.

Später als geplant, am 24. August, war auch die Blasorchester-Partitur fertig. Knapp 3 Wochen danach feierte Schönberg den 69. Geburtstag mit einer der großen Gesellschaften, die er bei solchem Anlaß liebte, sehr im Gegensatz zu Freund Engel! Thomas Mann war eingeladen, wußte aber nichts vom Geburtstag und schickte tags darauf seinen „Zauberberg" mit der Widmung: „Arnold Schönberg, dem kühnen Meister, zum 13. September 1943 von Einem, der auch Musik zu bauen versucht Thomas Mann." In sein Tagebuch schrieb er: „Buffet-Dinner bei Schönberg zur Feier seines 69. Geburtstags. Zahlreiche Gäste. Zu Tische mit Gustav Arlt, Klemperer, Frau Heims-Reinhardt. Längere Zeit mit Klemperer und Schönberg. Sprach zu viel . . ."

Damals bekam der Dichter von Schönberg den „Jakobsleiter"-Text und die Harmonielehre. Das Oratorium empfand er als unausgegorene religiöse Poesie. „Desto stärker zog mich sein einzigartiges Lehrbuch an, dessen pädagogische Haltung ein Schein-Konservativismus: die seltsamste Mischung von Traditionsfrömmigkeit und Revolution ist."

Wie der Meister selbst damals seine geistige Stellung sah, zeigt ein Brief vom 19. September 1943, der die Einladung zu einem Kongreß kalifornischer Schulräte beantwortet. Schönberg sollte dabei eigene Werke dirigieren. Er schrieb der Direktorin der Abteilung für Elementarschulen am Erziehungsamt in Sacramento, Miss Helen Hefferman, er habe immer geglaubt, daß ein Komponist mit seinen Problemen die der Menschheit behandle. Das geschehe aber symbolisch, ohne bestimmte Wörter für Dinge der Philosophie, Ökonomie, Arbeitsprobleme, Gesellschaft oder Moral. Immer sei das „Freiwerden des schöpferischen Geistes" Gegenstand der Musik, unabhängig vom Rang und von der geistigen Höhe des Komponisten.

Mit Engel kam es zu neuen Verhandlungen. Die Variationen opus 43 waren zu schwer ausgefallen, um für eine lohnende Anzahl der 20.000 amerikanischen High School Bands spielbar zu sein. Schönberg meinte, nach dem Krieg würden sie auch in Europa verlangt werden. Auch könne man eine Hammondorgel-Stimme einarbeiten und notfalls ein paar der schweren Variationen auslassen. Auf Greissles Vorschlag habe er auch schon eine Version für großes Orchester halb fertig, die er in 10 bis 14 Tagen schicken könne. Der Brief, vom 6. Oktober datiert, behandelt dann das „Kol Nidre", das Schönberg dem Verlag zu günstigen Bedingungen überlassen wollte.

Die Herbstprüfungen an der UCLA enthielten Orchestrierungsaufgaben. Sie fanden am 19. Oktober von 1 bis 5 nachmittags statt. Schönberg notierte dazu: „Given an 4hd piano score and a record – orchestrate about 24 meas – Mahler Schbg – secure music paper with inst. on the margin." Die Schüler hatten ein ausgewähltes Werk anzuhören und es dann aufgrund eines vierhändigen Auszuges zu orchestrieren, – möglichst ähnlich dem Original. Diese Methode hatte er schon 1920 (aber ohne Schallplatten) angewandt, ebenso Busoni, der sich aber auf Mozartsche Werke beschränkte.

Aus New York meldete sich ein alter Bewunderer: Edgard Varèse. Er hatte bis Oktober 1940 in Los Angeles gelebt und auch in dem Haus in North Rockingham Avenue verkehrt. Mit dem 1941 gegründeten „Greater New York Chorus" führte er Werke von Schönberg auf. Nun wollte er eine Vorlesung über ihn vorbereiten und bat in einem Brief vom 23. Oktober um biographisches Material.

Erwin Stein und Karl Rankl hatten aus London zum 69. Geburtstag telegraphiert. Am 22. November dankte Schönberg ihnen. Er habe sein letztes Semester an der UCLA, müsse mit 70 in den Ruhestand. Die letzten Vorlesungen seien im Februar 1944. Dann wolle er ein paar theoretische Bücher sowie wenn möglich „Moses und Aron" und „Jakobsleiter" fertig machen. „Ich habe ein Buch über Kontrapunkt begonnen. Es soll drei Bände haben. 1. Vorübungen, 2. mehrfacher Kontrapunkt, 3. Kontrapunkt in den homophonen

Kompositionen des 19. Jahrhunderts (etwa 1770 bis zur Gegenwart). Dieser letzte Band, für den ich vor mehreren Jahren einen guten Entwurf gemacht habe, wird etwas vollständig Neues sein. Wenigstens kenne ich kein Buch darüber." Der Familie gehe es abgesehen von Erkältungen gut. Seine Frau müsse viel arbeiten, weil ohne Bedienung. Er helfe Teller waschen und Frühstück machen. Ihm könne es besser gehen, wenn er nicht rauchte. Dann folgt noch ein Gruß an Professor Edward Dent.

Bruno Walter hatte in New York die „Verklärte Nacht" auf ein Programm mit den Philharmonikern gesetzt. Am 10. Dezember schlug er vor, einen Strich von 54 Takten (338–391) zu machen. Schönberg lehnte ab.

Der jährliche Weihnachtsbrief an Greissles ging am 18. Dezember 1943 hinaus. Ein Paket von Trudi war gekommen, das aber noch nicht geöffnet wurde. Sie hofften, daß auch ihr Paket mit Gaben für Felix und Trudi eingetroffen sei. Über die beiden Enkel, Arnold und Hermann, die amerikanische Soldaten waren, hätten sie gern öfter Nachrichten; von Arnold war eine Karte mit einem Bild von Neapel gekommen. „A few days ago", schreibt Schönberg, „I sent Arnold two pocket chess games. Two boards and one set of chess man I have made myself. I hope he can use them. – Hermann scheint ja ein ausgezeichneter Soldat zu sein. Das ist ja sehr sympathisch. I hope he is lucky". Mitten in dem englischen Brief dieser eine deutsche Satz, der von Soldatentugenden handelt! – Schachspiele hatte Schönberg schon früher selbst gebastelt.

Der Rest des Briefes handelt von Vorbereitungen zur Aufführung der „Ode", die Basil Rathbone mit Hanns Eisler studierte sowie vom Klavierkonzert, das Steuermann mit Clara Silvers arbeitete.

Um die Jahreswende kam Steuermann nach Los Angeles. Er spielte Schönberg zusammen mit Leonard Stein sein Konzert vor. Freunde hörten zu, darunter Alma Werfel; der Dichter war in seinem Bungalow in Santa Barbara, um an dem Schauspiel „Jacobowsky und der Oberst" zu arbeiten. Sie erinnerte sich an das Vorspielen: „Ich hörte einen echten altgewohnten Schönberg ‚de laboratoire', wie Ravel sagen würde – aber doch immer sehr interessant und immer Schönberg." Er soll nachher gesagt haben, er brauche selbst fünfundvierzig Proben, um sein Werk kennen zu lernen, behauptet Alma.

Das Werk, in vier deutlich gegliederten Teilen einsätzig ablaufend, ist streng nach einer Zwölftonreihe gearbeitet (a–e–gis–h–b–fis–c–d–g–es–f–des) und verzichtet auf die tonalen Wirkungen, die sich in der „Ode an Buonaparte" aus der Art der gewählten Reihe ergeben. Nur das abschließende Giocoso-Rondo beginnt mit einem Thema, das zwölf Takte lang den Ton fis umkreist. In der Verteilung der Gewichte zwischen Solopart und Orchester setzt das Werk die Brahms-Tradition fort, die auch in der virtuosen Vollgriffigkeit des Klaviersatzes erkennbar ist. Wienerisch in seiner weichen Heiterkeit mutet das erste, ländlerhafte Thema an, und zu heiteren Empfindungen kehrt das Finale zurück. Doch mit dem Molto allegro werden dunklere Bezirke aufgesucht, und der schemenhafte Flageolettklang des Klaviers (ein Mittel, das Schönberg 1909 in opus 11 eingeführt hat) leitet in eine Gespensterwelt über. Im Adagio, nach einer rein orchestralen Strecke, führt die Musik zu immer bedrohlicheren, aufregenden Gestalten, beruhigt sich kurz in einer Solokadenz des Klaviers und zersprengt dann das Tongewebe in figurale Moleküle. So viel Dramatik, lyrische Stimmung, Angst und Beklemmung in eine völlig kohärente Form zu gießen, konnte nur einer Meisterschaft wie der Schönbergs gelingen.

Am 7. Januar lud Richard Buhlig, der 63jährige Pianist, vor dem ersten Weltkrieg in Berlin einer der ersten Spieler von opus 11, nun in Los Angeles unterrichtend, zu einem Zyklus von Abonnementskonzerten. Am 3. und 4. Februar hatte die „Verklärte Nacht" in New York stürmischen Erfolg unter Bruno Walter, der begeistert über Werk und Aufnahme berichtete.

Am 6. brachte Leopold Stokowski mit Steuermann und dem NBC-Orchester das Klavierkonzert zur Uraufführung. Der Nachmittag im 8-H-Studio von Radio City verursachte, daß die NBC seinen Vertrag nicht erneuerte. Die Sendung war von General Motors finanziert worden. In der New York Herald Tribune berichtete Virgil Thomson, der jetzt zum führenden amerikanischen Kritiker avanciert war. Es sei eine Ehre, schrieb er, die Stokowski nicht nur einem der großen lebenden Meister der Musik, sondern auch dem amerikanischen Publikum erwiesen habe; General Motors könnten stolz darauf sein. In seinem romantischen, tief empfundenen Ausdrucksgehalt entspreche das Werk Schönberg ebenso wie bester moderner Wiener Tradition. Als charakteristisch rühmte er die zarte Instrumentation, das Wechseln von einem Instrument zum anderen. Sie klinge wie Kammermusik für hundert Spieler. Die Verbindung rhythmischer Mittel und kontrapunktischer Verwicklung erinnere an Bach. Thomsons Kritik war die fundierteste und positivste, die Schönberg in Amerika bis dahin gefunden hatte. Sie wog eine Masse der törichten Rezensionen spielend auf.

Auch die New Yorker Aufführung der Orgelvariationen durch Carl Weinrich am 10. April 1944 beurteilte Thomson positiv, obwohl sie auf ihn mehr durch impressionistischen Einfallsreichtum als durch den Aufbau wirkten.

Am 6. Mai verlor Schönberg seinen ergebensten und hilfsreichsten Freund in Amerika. Carl Engel, schon seit langem leidend und verbraucht, starb, kaum mehr als ein halbes Jahr nach seinem 60. Geburtstag. Seit Beginn des Jahres 1944 war der briefliche Kontakt noch einmal besonders eng und herzlich gewesen. Unter dem Eindruck des Konzerts mit Stokowski und Steuermann schrieb Engel am 7. Februar mit ungewohntem Enthusiasmus: „Teuerster

Freund, es passiert nicht oft, auf meine alten Tage, daß mich ein neues Musikstück in extatische Verwirrung versetzt. Deinem Klavierkonzert ist es gelungen . . . Ich habe erst recht begriffen, was das Werk vorstellt, als ich die phänomenale Instrumentation gehört habe." Engel hatte zwei Proben und die Radioübertragung gehört. Einen Monat später bedauerte er, daß die Premiere der „Ode" verschoben war; er hatte gehofft, zu dieser Gelegenheit Schönberg nach New York zu „importieren". Am 5. April fragte er nach dem besten Klavierlehrer in Los Angeles. Schönberg litt an einer seiner schweren Erkältungen, antwortete aber am 10. April. Er empfahl als den kultiviertesten Pianisten Richard Buhlig, als guten Virtuosen den Steuermann-Schüler Jakob Gimpel, nannte ferner Edward Wolfgang Rebner und Ignace Hilsberg. Von Artur Rubinstein, der in seiner Nähe wohne, wisse er nicht, ob er unterrichte. Engel war über die Grippe des Freundes beunruhigt, weil dieser an Schwindel litt, und riet ihm zu gründlicher Magen- und Darmuntersuchung. Die „Models" verkauften sich langsam aber ständig. Leider habe er die Orgelvariationen nicht hören können, über die ihm glänzend berichtet worden sei. Die New Yorker Kritiker kämen dem Beethovenschen Begriff von „Preisochsen" sehr nahe.

Im März 1943 schon hatte Engel mit Kussewitzky über einen Kompositionsauftrag für Schönberg gesprochen. Aber der Meister konnte seinen Groll gegen den Dirigenten nicht überwinden. Am 27. April telegraphierte ihm Engel: „Strongly and urgently advise you reconsider Kussewitzky situation stop please do not send him any further message stop refer you to my letter of March fifteenth last year second paragraph which you will now understand stop should be terribly disappointed if you refuse commission stop think variations would be ideal work for the occasion and greatly hope it will be accepted stop affectionated regards."[1]

Das war das letzte Lebenszeichen des Freundes. Seine Intervention bei Kussewitzky hatte wenigstens den Erfolg, daß die Variationen in der Bearbeitung für großes Orchester am 20. Oktober 1944 in Boston durch das Eliteorchester unter dem russischen Dirigenten uraufgeführt wurden. Schönberg war durch Engels Tod aufs tiefste bewegt. Als Schirmers anfragten, ob er des Freundes „Triptychon" für Violine und Klavier in eine Orchesterpartitur übertragen wolle, antwortete er sofort zustimmend und verzichtete auf ein

1 „Rate dir mit allem Nachdruck, die Sache Kussewitzky zu überdenken – stop – bitte keine weiteren Botschaften an ihn – stop – verweise dich auf den zweiten Absatz meines Briefes vom fünfzehnten März letzten Jahres, welchen du jetzt verstehen wirst – wäre schrecklich enttäuscht, wenn du den Auftrag ausschlügst – stop – denke, ein Variationenwerk wäre für diesen Anlaß ideal; hoffe zuversichtlich, daß dies annehmbar – stop – herzliche Grüße."

Honorar für diese Arbeit, die ihm nicht leicht fallen würde. Felix Greissle und Gustav Reese wurden in diesem Sinne vom ihm informiert.

In Brentwood hatte es durch Krankheit viel häusliche Sorgen gegeben. Ein Brief an Trudi Greissle vom 7. April 1944 klagt darüber. Gertrud war im Februar auf der Treppe gestürzt. Gleichzeitig erkrankten Ronny und Nuria. Schließlich bekam Schönberg selbst Mitte Februar eine Erkältung, mußte zwei Tage ins Bett, beendete aber Kurse und Prüfungen. Im März bekam er Fieber, Husten und Schmerzen im ganzen Körper. Der Magen war affiziert; das Gewicht ging in wenigen Tagen um vier Kilo herunter. Röntgenaufnahmen am 18. und 23. März brachten die Beruhigung, daß kein Krebs und keine Lungenaffektion vorlag. Am 1. April wurde Schönberg auf Blutzucker untersucht. Man behandelte ihn mit Insulin und einer Diät. Sein Herz war in Ordnung. Er selbst glaubte nicht an Diabetes, sondern hielt das Ganze für eine dieser mysteriösen Arten von Influenza. Doch leide er noch immer an Schwindel. Durch die Überanstrengung der Pflege für ihn und die Kinder erlitt Gertrud einen Zusammenbruch, als gerade Lou Eisler sie besuchte.

Dann bat er Trudi, zu kommen und zu helfen, bis Gertrud wieder gesund sei. Er werde bald wieder mitarbeiten können. Nuria helfe auch. Die Kinder seien selbständig; so briete Larry, dreijährig, sich Schinken. Aber sie seien amerikanische Kinder. Schule und Schulkameraden untergrüben gleichermaßen die Disziplin.

Andererseits sei er sicher, Trudi werde an den drei Kindern Freude haben. Ein Drittel des Tages seien sie wirklich sehr lieb. Ein Viertel verbrächten sie in der Schule. Neben dem Schlaf blieben zwei Stunden für jedes, eine große Last zu sein. Doch veränderten sie sich, wenn eine neue Person erschiene.

Aber Trudi war selbst krank und wurde wegen einer Geschwulst behandelt. Am 3. Mai schrieb Gertrud ihr, es gehe dem Vater besser, der Zucker sei beseitigt, nur der Blutdruck mit 205 noch zu hoch. Sie selbst könne sich den Luxus, krank zu sein, nicht leisten, obwohl die Ärzte meinten, sie sei die kränkste.

Der Juni 1944 brachte die Erfolge der Hitler-Armeen zum Stillstand. In der Bretagne landeten amerikanische Truppen. Bald danach begann die sowjetrussische Offensive, die zu einem unaufhaltsamen Vormarsch von Stalins Truppen führte.

Aus New York schrieb Kurt List, Musikschriftsteller und Verleger, der in der Zeitschrift „Listen, Guide to Good Music" energisch für Schönberg eintrat. Er wollte ein Photo von ihm. Ein alter Bekannter meldete sich aus Beverly Hills, einem Vorort von Los Angeles. Es war Josef Reitler, ehemals neben Julius Korngold Musikkritiker der „Neuen Freien Presse" in Wien. Vielleicht erinnere sich Schönberg noch, daß er etwa 1903 bei ihm in Berlin „die ersten Gehversuche in der Harmonielehre machte".

Die Ereignisse in Frankreich, Italien und Rußland verfolgten alle aus Europa Vertriebenen mit Leidenschaft. Schönberg sah den widerstandslosen Rückzug der Deutschen an der Ostfront mit Skepsis. Am 7. Juli 1944 wurde Minsk, am 27. Lemberg, am 28. Brest-Litowsk geräumt. „Schönberg", so schreibt Thomas Mann in der „Entstehung des Doktor Faustus", „und nicht er allein unter meinen Bekannten, glaubte damals steif und fest an ein abgekartetes Spiel, an eine Übereinkunft".

Der September brachte die Vollendung des siebzigsten Lebensjahres und damit unwiderruflich den akademischen Ruhestand.

Der Wiener Kunsthistoriker Dr. Otto Kallir, nun Eigentümer der New Yorker Galerie St. Etienne, schrieb am 9. über Richard Gerstl, den Maler, der in Schönbergs Leben eine so fatale Rolle gespielt hatte, offenbar ahnungslos, welche Erinnerungen er weckte. Schönberg notierte an den Rand des Briefes: „Talent ist Schicksal – sehr talentvoll, mich gerade jetzt daran zu erinnern." Aus Buenos Aires meldete sich der alte Schulkamerad Arnold Steiner. Er erinnerte an die Volksschule im zweiten Bezirk, den Lehrer Starek und einige kuriose Begebenheiten. Julius Korngold, einst der gefürchtete Kritiker der „Neuen Freien Presse" in Wien, war 1938 mit seinem Sohn Erich Wolfgang nach Los Angeles gekommen. Schönberg kam mit dem einstigen Gegner in freundliche Verbindung; am 15. Oktober dankte Korngold ihm für zwei Briefe.

Als Geschenk zum 70. Geburtstag widmete ihm Hanns Eisler die „Vierzehn Arten, den Regen zu beschreiben" in der „Pierrot Lunaire"-Besetzung für Flöte, Klarinette, Geige, Cello und Klavier. Für die Huldigungen von allen Seiten ließ Schönberg am 3. Oktober ein Rundschreiben drucken, das an die Gratulanten ging. Seit mehr als einer Woche, heißt es da, habe er versucht, einen Dankbrief zu schreiben. Aber es sei schrecklich schwierig, etwas hervorzubringen, wenn jeder etwas Außergewöhnliches zu solcher Gelegenheit erwarte. In Wirklichkeit müsse man schon zufrieden sein, wenn einer in diesem Alter noch fähig sei, mitunter ein Lebenszeichen von sich zu geben. Zu seinem großen Erstaunen seien bei der Uraufführung seines Klavierkonzertes so viele erstaunt gewesen, daß er noch etwas zu sagen hatte. Oder vielleicht, daß er noch nicht aufhöre, es zu sagen und noch nicht weise genug sei, es zu unterdrücken, oder schließlich überhaupt zu schweigen. Auch Stiedrys und Greissles bekamen das Rundschreiben, doch mit ausführlichen handschriftlichen Zusätzen. Beide ließ Schönberg wissen, er werde vielleicht zu den Aufführungen im November nach New York kommen.

Für Geselligkeit hatte Schönberg nun noch mehr Zeit als früher. Eisler brachte ihm wieder einmal Brecht und Paul Dessau. Brecht notierte in sein Tagebuch, bei ihm klinge eine Saite mit, wenn Schönberg klage, es gebe für die Musik kein „rein musikalisches Begriffsmaterial". Am 21. Oktober fing

Schönberg wieder an, die Komposition der „Jakobsleiter" fortzusetzen, die ihn auch am 3. Dezember beschäftigte.

In Boston war es am 20. Oktober zur Uraufführung der Orchestervariationen opus 43b gekommen; am 23. November folgte die der „Ode an Napoleon" in New York, und auf Wunsch des Dirigenten Arthur Rodzinsky hatte Schönberg eine Bearbeitung für Streichorchester und Klavier hergestellt. Den Sprecher hatte Mack Harrell übernommen, den Klavierpart Eduard Steuermann. Rodzinsky dirigierte die New Yorker Philharmoniker.

Im November trägt Thomas Mann Notizen in sein Tagebuch ein, die in der „Entstehung des Doktor Faustus" wiederkehren. Er stellt fest, daß Schönberg und Adorno nicht miteinander verkehrten und vermutet, „das der Meister den kritischen Einschlag in der Verehrung des Jüngers witterte". Ein Wagner-Gespräch mit Eisler in Schönbergs Haus hatte ihn höchlichst amüsiert. Bei einem Disput über die „Parsifal"-Harmonik schenkte ihm der Meister ein Autogramm mit Noten und Ziffern.

Zu Weihnachten kam ein Paket mit Geschenken von Greissles aus New York; Schönberg bekam einen Gürtel, den er gleich anzog und sehr schön fand. Am 3. Januar 1945 ging ein ungewöhnlich langer Brief an Felix und an Trudi. Er begann mit elf Fragen, die Verlagsangelegenheiten betrafen, und endete mit persönlichsten Dingen, die Gertrud dann noch ergänzend behandelte.

Von Felix Greissle wollte Schönberg wissen, ob z. B. Fritz Reiner die Bläser-Variationen dirigieren werde, wie die Kritiken und die allgemeine Aufnahme der bisherigen Aufführungen war, ob die Goldman-Band das Stück spielen werde und ob er Stimmen für ein Armee-Orchester haben könne. Auch die kritische Aufnahme der „Ode an Napoleon" sowie deren weitere Aufführungen in Chicago und Madison (mit Kolisch) interessierten ihn. Schließlich wollte er wissen, ob Carl Engels Nachfolger William Schuman werde und ob dieser für oder gegen ihn sei.

Der Rest des Briefes, der übrigens zwischen englischer und deutscher Sprache hin und her wechselt, ist teils von Gertrud, teils von Arnold mit der Hand geschrieben und richtet sich vorwiegend an die Tochter. Schönberg schreibt, er habe seit Februar nicht mehr unterrichtet und sei seit 13. September „retired". Die Pension, die er bekommen werde, betrage monatlich 28,50 Dollar. Zum Glück habe er zwei gut zahlende Schüler, seit er nicht mehr in der Universität lehre, nähmen die Anfragen wegen Privatstunden zu. Dazu kommen Berichte über die Kinder. Er selbst plane, die „Jakobsleiter" und „Moses und Aron" fertig zu machen: „für meinen Nachlaß, denn ich glaube ja nicht, daß Schirmers wieder etwas werden von mir nehmen wollen –."

Gertrud fügt hinzu, wie sie das Geschenk des „Puders nach dem Bad" erfreut habe. Sie leiste sich nun öfters den Luxus eines heißen Bades, während sonst im Hause nur Duschen erlaubt sei. Wie gut es Arnold gehe, mögen die Kinder daraus ersehen, daß er mit ihr bis 1/2 6 Uhr morgens auf einer Neujahrs-Feier war.

Über die beschämend niedrige Pension, die Schönberg von der UCLA bekam, ist viel geschrieben worden. Eine Entschuldigung dafür, daß ein Schönberg mit dieser winzigen Summe in den Ruhestand gesetzt wurde, gibt es nicht. Wohl aber eine Erklärung. Die amerikanischen Universitäten (wie auch andere Institutionen in den USA mit Ausnahme der Regierungsstellen) kennen nicht die in Europa übliche Pensionierung, die den Lebensabend sichert. Die Bezüge von Professoren im Ruhestand werden nach der Anzahl der Dienstjahre berechnet und zwar auf Grund eines äußerst dürftigen Prozentsatzes. Schönberg hatte an der UCLA seit 1. Juli 1935 gelehrt und die Musikabteilung geleitet. Sein Schlußgehalt bis zur Pensionierung im Herbst 1944 betrug 5400 Dollar. Die Pension, ursprünglich 28,50, dann 29,80 und 38, wurde am 3. März 1945 auf 40,38 Dollar erhöht.

Beschämender war das Verhalten der millionenschweren John Simon Guggenheim Memorial Foundation, die seit den frühen dreißiger Jahren ihre großzügig dotierten Fellowships zahlreichen amerikanischen Komponisten zugewandt hat, darunter George Antheil, Samuel Barber, Ruth Crawford, Lou Harrison und Harold Shapero. Am 22. Januar 1945 richtete Schönberg, der ihr mehrfach als Gutachter für andere Kandidaten gedient hatte, an ihren Generalsekretär Henry Allen Moe eine Bewerbung. Er wies auf seine schwierige finanzielle Lage seit der Pensionierung, auf die niedrige Pension von monatlich 38 Dollar, auf seine drei unmündigen Kinder und die niedrige Zahl seiner Privatschüler hin.

Sein Wunsch sei, möglichst ohne pädagogische Pflichten noch zwei kompositorische Hauptwerke und drei Lehrbücher, eines davon dreibändig, vollenden zu können. Für „Moses und Aron" brauche er sechs bis neun Monate, für die „Jakobsleiter" anderthalb bis zwei Jahre.

Die theoretischen Werke umfaßten ein Lehrbuch des Kontrapunkts, von dessen drei Bänden nur der erste fertig sei; über den Inhalt des geplanten dritten, Kontrapunkt und Scheinkontrapunkt in der Musik der Meister nach Bach, existiere überhaupt noch keine Literatur. Das Lehrbuch „Formbildende Tendenzen der Harmonie" könne er in wenigen Monaten fertigstellen. Ein weiteres Lehrbuch, entweder über Grundlagen der Komposition oder über Instrumentation würde sich auf Entwürfe stützen, die teils vier bis fünf, teils achtundzwanzig Jahre alt seien.

Die Bewerbung wurde abschlägig beschieden. Eines der großen Genies der Epoche hatte sich noch weitere sechs Jahre, bis zu seinem Tod, mit Unterricht und gelegentlichen kleinen Kompositionsaufträgen über Wasser zu halten.

Am 8. Februar kam es endlich zu der längst geplanten Aufführung des Balletts „Pillar of Fire" in der Choreographie Antony Tudors nach Schönbergs „Verklärte Nacht" in San Francisco. Schönberg dirigierte sie mit großem Erfolg. Den Tag danach verbrachte er mit Frau Gertrud und Nuria in Oakland bei Darius Milhaud, der dort am Mills College lehrte und die drei zum Lunch einlud. Der alte gute Kontakt von 1922 verstärkte sich. Im März kam es im Hause Gottfried Reinhardts, des Sohnes von Max Reinhardt, wieder zu einer Begegnung mit Thomas Mann. Artur Schnabel und Otto Klemperer waren anwesend; Thomas Mann berichtet von einer Musik-Diskussion nach dem Essen.

Von akademischen Titeln und Ehrungen hat Schönberg nie etwas gehalten. In den Vereinigten Staaten hatten zwei Universitäten die Verleihung von Doktortiteln ehrenhalber an ihn beschlossen; er lehnte ab. Im April 1945, also kurz nach seiner Pensionierung, kam eine ähnliche Mitteilung von der University of California at Los Angeles (UCLA).

Schönberg zögerte zu antworten und schrieb schließlich am 14. Mai dem Präsidenten Dr. Robert G. Sproul:

„Ihre Mitteilung über die Absicht der Regenten der University of California, mir den Ehrendoktor der Jurisprudenz zu verleihen, bringt mich in die größte Verlegenheit.

Denn: schon bei zwei Gelegenheiten wurde mir eine ähnliche Ehrung durch andere Institutionen angeboten und ich hatte, gemäß meinen Grundsätzen, dafür sehr höflich zu danken und um Verständnis zu bitten, daß ich auf solche Ehrungen verzichte.

Ich meine, wenn ich nun einen Grad von der University of California annähme, so wäre das eine schwere Beleidigung für Diejenigen, die mir als erste eine solche Ehrung anboten. Deshalb danke ich Ihnen und den Regenten der Universität sehr herzlich, muß aber wiederum verzichten."

Dreieinhalb Jahre nach seinem Tod, am 21. Januar 1955, beschloß die UCLA eine andere Ehrung. Sie nannte offiziell den Konzertsaal in dem neuen Universitätsgebäude auf dem Campus von Los Angeles „Arnold Schoenberg Hall".

Eine Korrespondenz entwickelte sich mit Serge Frank (einem Verwandten der durch ihr Tagebuch aus dem Konzentrationslager tragisch berühmt gewordenen Anne Frank). Sie betraf die Übersetzung Schönbergscher Texte, mit der sich dieser Schüler des Meisters beschäftigte.

Im Mai kam eine Rundfrage von Dr. Roy Harris, dem Chef der Musikabteilung des Kriegsministeriums in New York. Sie betraf amerikanische Komponisten. Schönberg antwortete, er zögere, die gewünschte Liste von zehn besten aufzustellen. Doch nannte er Harris selbst, dazu Aaron Copland, Roger Sessions, William Schuman, David Diamond, Louis Gruenberg, Walter Piston,

Anis Fuleihan, Henry Cowell, Adolphe Weiss, Gerald Strang, Lou Harrison und Miss Dika Newlin. Bei diesen – es sind dreizehn! – habe er Talent und Originalität, in vielen Fällen aber nicht die entsprechende technische Fertigkeit gefunden.

Dem Freunde Leopold Stokowski, der um eine Eröffnungsfanfare für seine Konzerte in Hollywood Bowl gebeten hatte, bot Schönberg zur Auswahl Fragmente aus dem Tanz um das Goldene Kalb in „Moses und Aron" oder eine Kombination von drei „Gurrelieder"-Motiven an, der C-dur-Schluß des Sonnenaufgangs passe zwar nicht zur Stunde, wohl aber zur Stimmung des Bowl-Konzertes. Die letzte blieb Fragment, wurde aber von Leonard Stein an Stokowski geschickt.

Zu Thomas Manns 70. Geburtstag am 6. Juni 1945 schrieb Schönberg den schon erwähnten Doppelkanon für Streichquartett, bei dessen Skizzen sich auch ein Text findet:

> Tiefe: an der Oberfläche sieht es oft aus wie (bloßer)
> Reichtum oder gar Verschwendung.

Das Manuskript war mit einem Kommentar versehen: „Wahrscheinlich, um Ihnen meine Schätzung auf besondere Weise zu zeigen, habe ich es mir mit diesem Kanon besonders schwer, ja fast unmöglich gemacht. Es klingt übrigens unmöglich, und ich hoffe, Sie werden es nicht hören wollen (weshalb ich es auch in den ‚alten' Schüsseln notierte).

Es ist nicht ohne (aufrichtigen) Egoismus, daß ich wünsche: wir beide mögen einander noch viele Jahre gute Zeitgenossen bleiben. Herzlichst, Ihr Arnold Schoenberg."

Der Publizist William Schlamm forderte ihn im Juni zur Mitarbeit an seinem „New Magazine" auf. Schönberg war erfreut und entwickelte eine seiner Ideen: „Ich glaube an das Recht der kleinsten Minorität." Er schrieb:

„Weil Demokratie oft in einer Weise vorgeht, die sehr bedenklich einer Diktatur der (sehr oft äußerst geringen) Majorität gleicht, ist es trotz Pressefreiheit unmöglich, Gedanken zu drucken, die nicht in den Rahmen einer der großen Parteien passen: Gedanken, deren Wahrheit sich erst in fünf, zehn, dreißig, hundert Jahren offenbaren mag, vielleicht erst zu einer Zeit, wo sie für ihren Urheber überholt sind!" Er schreibe viel über Theorie, Technik, Ästhetik und Ethik des Komponierens, habe kürzlich einen Essay „Aufführungslehre" begonnen, der sich zu einem Buch auswachsen könne. Ein kürzerer Aufsatz werde heißen „In der Musik dient Form der Faßlichkeit" und spreche somit der Form die Schönheitswirkung ab. Ein angefangener Aufsatz zeige, daß Kritiker die Hörer dahin irreleiteten, Ausführende auf Kosten Schaffender zu überschätzen. Ein Plan betreffe die Ungerechtigkeit des amerikanischen Copyright-Gesetzes, ein anderer die Fehler der Musikwissenschaft.

Der Brief an Schlamm konnte erst am 1. Juli zuende gebracht werden und nennt als Kernsätze noch:

„Wenn es Kunst ist, dann ist es nicht für die Menge.
Und wenn es für die Menge ist, dann ist es nicht Kunst."

Über allen diesen Gedanken liegt etwas von der Spannung, die der Zustand der Alten Welt herbeiführte. Im Mai hatte in Berlin das Hitler-Regime bedingungslos kapituliert. Der Diktator und sein Sprachrohr Joseph Goebbels endeten durch Selbstmord. Der Krieg war beendet. Die Konzentrationslager öffneten sich. Es begann die Zeit der großen Säuberung, bei der es oft nicht leicht war, Schuldige und Unschuldige zu unterscheiden. Langsam wurde auch der Briefverkehr mit Europa wieder möglich. An alledem nahm Schönberg mit wachem Verstand und gespanntestem Interesse teil.

Der Sommer 1945 verlief ruhig und ohne wesentliche schöpferische Arbeit. Am 3. August traf Schönberg zufällig in einem Drugstore mit Bertolt Brecht zusammen. Im Tagebuch des Dichters findet sich eine Notiz, Schönberg habe sich bei der Unterhaltung, die natürlich um europäische und politische Fragen ging, für die Monarchie eingesetzt, „da es die Republiken kaum je über ein paar hundert Jahre Bestand hinausgebracht haben." Das entspricht dem Gedanken, der 1950 in einem kleinen, unveröffentlichten Aufsatz „My attitude towards politics" formuliert wurde. Schönberg war von den sozialistischen Ideen seiner Jünglingsjahre abgerückt und auf eine sehr individuelle Weise konservativ geworden. In der Zeit der schweren deutschen Arbeitslosigkeit und der dadurch aufgestachelten radikalen Ideen rechts und links, um 1930, vertrat er den Standpunkt eines sozialen Kapitalismus, der den Arbeiter hoch bezahlen und für sein ganzes Leben sichern müsse.

In diesen Fragen stimmte er mit Brecht ebensowenig überein wie mit den liberaleren Geistern Thomas Mann und Franz Werfel. Alma und Franz Werfel gehörten zu seinen vertrauten Freunden. Im Frühjahr 1945 erkrankte der Dichter, erholte sich aber zunächst wieder in Santa Barbara. Mitte August kamen Fieberanfälle; am 26. starb er. Schönberg, der 1930 an eine gemeinsame Opernarbeit mit ihm gedacht und im kalifornischen Exil manches Musikgespräch mit ihm geführt hatte, nahm an Almas Trauer aufrichtig teil. Aber seine musikalischen Anschauungen waren mit denen des Opernschwärmers, dem alle moderne Musik wie ein zerebrales Erzeugnis von Sektierern in der Art des Mathias Fischböck aus seinem Verdi-Roman vorkam, nicht vereinbar. Nur in der Liebe zu Gustav Mahler fanden sich die beiden ungleichen Männer.

Am 23. August hatte Schönberg Gedanken eines Fragments „To all my critics" niedergeschrieben. Damals trat der Komponist und Dirigent Nathaniel Shilkret an ihn, Strawinsky, Toch, Milhaud, Castelnuovo-Tedesco und Alexander Tansman mit einem Vorschlag heran. Jeder von ihnen sollte gegen ein Honorar von 300 Dollar ein kurzes Stück über einen Text aus der Biblischen Schöpfungsgeschichte schreiben. Schönberg nahm den Auftrag an und wählte das Vorspiel zur Schöpfung, das er als „Prelude" für gemischten Chor und Orchester komponierte und am 30. September 1945 beendete. Die ganze Suite, zu der auch Shilkret selbst beitrug, wurde am 18. November unter der Leitung von Werner Janssen in Los Angeles uraufgeführt.

Am 29. September lud Dimitri Mitropulos beide Schönbergs ein, seiner Aufführung des Violin-Konzerts in Minneapolis mit dem dortigen Symphonie-Orchester und Louis Krasner beizuwohnen. Schönberg nahm an, konnte aber wegen einer Erkrankung nicht kommen.

Von alten Freunden in Europa hatte aus London Erwin Stein berichtet. Schönberg meinte, er solle seine Biographie schreiben. Doch Stein hielt sich nicht für den geeigneten Autor; ihm liege mehr die Analyse. Wenige Tage danach traf ein Brief Hermann Scherchens ein, den Schönberg am 12. November beantwortete. Er bedauerte, daß Scherchen nicht nach Amerika gekommen war („so nobel es von Ihnen war, in Europa zu bleiben"), da hier nur Mitropulos wage, sich für europäische Kunst einzusetzen. Die letzte Frage des Briefes galt dem Tod Anton von Weberns. Schönberg wußte, daß dieser am 15. September in Mittersill durch das tragische Versehen eines amerikanischen Soldaten getötet worden war.

Im Dezember konsultierte Thomas Mann den Meister wegen eines Gedankens im „Dr. Faustus". Er stellte sich Chöre vor, die ohne instrumentale Begleitung in nicht temperierter Stimmung sängen, so daß die Intervalle nicht mit denen auf dem Klavier übereinstimmten. In der „Entstehung des Dr. Faustus" schreibt er: „Ich war so verliebt in die Vorstellung, daß ich sogar hinter Adornos Rücken Schönberg darüber zu Rate zog, der mir antwortete: ‚Ich würde es nicht machen. Aber möglich ist es theoretisch durchaus.' Trotz dieser Ermächtigung von ganz Oben ließ ich den Gedanken schließlich fallen . . ."

Das Jahr 1945 ging nun zu Ende und mit ihm die Zeit der schwersten Prüfungen für alle Menschen, die Schönberg in Europa noch nahe gestanden hatten.

1946 kam im Januar die Nachricht aus Wien, daß man Schönberg zum Ehrenpräsidenten der Internationalen Gesellschaft für Neue Musik ernannt hatte. Winfried Zillig schrieb aus Salzburg, wo er im September 1945 Schönbergs opus 19 im Radio gespielt hatte. Am 24. Januar meldete sich wieder Kurt List, der sich mit dem Fall Wilhelm Furtwänglers befaßt hatte. Er stand wie Schönberg auf dem Standpunkt, der große Dirigent sei niemals ein Nazi gewesen und auch nicht Antisemit. Schönberg formulierte damals seine Meinungen über Richard Strauss und Furtwängler (siehe Anhang). Er war überzeugt, der amerikanische Bann gegen Furtwängler sei allein auf Arturo Toscanini zurückzuführen. Auch Pfitzners Haltung rechtfertigte er.

Am 8. März schrieb der Präsident der Österreichischen Kulturvereinigung, Dr. Egon Seefehlner, man wünsche sich, daß Schönberg nach Wien komme, um dort an der Akademie zu lehren. Schönberg war grundsätzlich nicht abgeneigt, schob aber die Entscheidung auf. Als im April 1946 der Wiener Oberbürgermeister die Einladung wiederholte, zeigte er sich aufs Tiefste bewegt durch dessen „Großherzigkeit, mich aus der Verbannung zurückzuberufen, die schmeichelhafte Weise, in der Sie das tun, und die ehrenvolle Aufgabe, die Sie mir zumessen: am Wiederaufbau mitzuwirken". Er dankte in der Hoffnung, die Umstände möchten seine Wiederkehr ermöglichen.

Im April hörte Schönberg bei einem Quiz die Behauptung, an Wagners Partituren hätten andere Musiker mitgearbeitet. Er protestierte energisch gegen diesen Unsinn, und am 15. April dankte ihm der New Yorker Times-Kritiker Olin Downes für seinen Protest.

Seit längerer Zeit schon hatte Schönberg Sorgen um seine Augen. Sie ermüdeten beim Lesen rascher als früher und konnten kleinere Schriften nicht mehr gut lesen. Für die Aufzeichnung von Musik war normales Notenpapier kaum noch brauchbar. Schönberg benutzte darum Blätter mit stark vergrößertem Liniensystem. Doch auch Schriftzüge normaler Größe waren für ihn schwer lesbar.

Die Universität von Chicago lud ihn ein, drei Vorträge zu halten. Schönberg wollte absagen, weil er Schwierigkeiten für die Entzifferung der maschinengeschriebenen Texte befürchtete. Paul Dessau war damals, 1946, bei der Filmfirma von Warner-Brothers angestellt. In seinem Büro stand eine nicht benützte Schreibmaschine mit übergroßen Buchstaben. Er hörte von Schönbergs Sorgen und bot ihm die Maschine leihweise an. Schönberg war glücklich darüber, weil er auf die Honorare für die drei Vorträge in Chicago angewiesen war. Seine Geldsituation war damals besonders schwierig, und er verkaufte darum an Freunde Fotokopien des im Handel nicht greifbaren Klavierauszuges der „Glücklichen Hand". Der übliche Preis betrug 10 Dollar; Dessau zahlte für sein Exemplar 100 Dollar. Als Widmung schrieb Schönberg hinein: „Das ist meine / Glückliche Handschrift als / Dank für Ihre glückliche Handschrift, die erst meine / Vorträge *für mich* lesbar machte. / Herzlichst Arnold Schönberg 1946".

Im Mai fragte die University of Chicago durch ihren Kanzler, Robert Maynard Hutchins, wegen des Ausbaues der Musikabteilung an. Schönberg gab detaillierte Auskunft und schlug eine Dreiteilung vor. Die erste Abteilung solle rein musikwissenschaftlicher Art sein und das Promotionsrecht haben. Die zweite dachte er sich als ein vollständiges Konservatorium, wo Musiker ausgebildet würden; die dritte als eine Musik-Akademie, wo in Meisterklassen praktische Musikausübung sowie Komposition aller Arten im Zusammenhang mit Schallplatte, Rundfunk und Tonfilm erarbeitet würde. Er schloß mit Vorschlägen einiger Probleme für die musik-wissenschaftliche Abteilung; hier fanden Gedanken aus seinen früheren theoretischen Schriften, namentlich zur Formenlehre Eingang. Der Brief trägt das Datum des 2. Juni 1946. Fünf Tage später notierte er eine Zwölfton-Reihe, die später im Trio benutzt wurde.

Die Schwester Ottilie Blumauer lebte in Berlin, war aber nach den schweren Bombardierungen der Hauptstadt mit ihren beiden Töchtern nach Elstra bei Kamenz (Sachsen) geflohen, wo sie die letzten Kriegstage und mehrere Monate nach Kriegsschluß verlebte. Einen Brief von ihr beantwortete Schönberg aus-

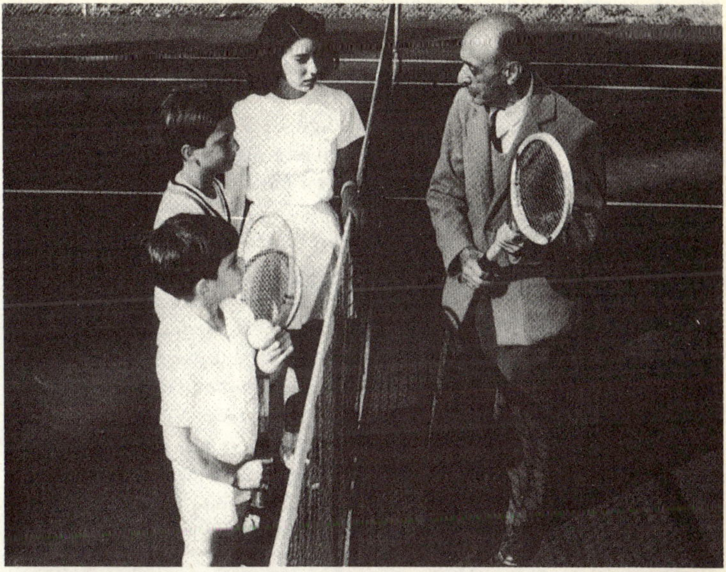

Schönberg mit den drei Kindern beim Tennis, Los Angeles 1946

Die ganze Familie in Brentwood Park, 1946

führlich am 3. Juni 1946. Er schreibt von den Angehörigen und Freunden, von Rudolf Goldschmied, Arthur Schönberg und dessen Frau, von Hans und Walter Nachod in London, von den Söhnen des Onkels Gottlieb, einer Tochter der Tante Kläre Waitzner in Budapest, von Webern, Jalowetz, D. J. Bach, Rufer, Polnauer, Ratz und Olga Novakovic. Görgi sowie Trudi und Felix Greissle seien gerettet. Der Tod des Bruders Heinrich sei angeblich nach einer Operation erfolgt. Mit der Schwester und ihrer Tochter Susanne Remus blieben Schönbergs seither in brieflichem Kontakt.

Dem deutschen Musikleben waren während des Hitler-Regimes alle Werke jüdischer Herkunft mit zunehmender Konsequenz vorenthalten worden. Der Nachholbedarf nach dem Zusammenbruch von 1945 war enorm. Er schloß die Musik Felix Mendelssohn-Bartholdys ebenso ein wie die Meyerbeers, Gustav Mahlers und Schönbergs. Schon in den ersten Monaten nach dem Zusammenbruch, also seit dem Sommer 1945, begann aus den Trümmern der deutschen und österreichischen Städte ein rasch wachsendes Musik- und Theaterleben wieder zu erstehen. Überall fanden sich die in alle Winde zerstreuten Mitglieder von Orchestern und Opern-Theatern zusammen und bauten, oft mit den primitivsten Mitteln, allmählich ein Repertoire auf. Die Schwierigkeiten, die zum Beispiel das Finden von Notenmaterial bereitete, sind in normalen Zeiten kaum vorstellbar.

Bei allen Tätigkeiten, die dem kulturellen Wiederaufbau galten, wirkten die vier Besatzungsmächte fördernd und helfend mit. Berlin war damals eine in vier Sektoren geteilte Stadt, in denen die amerikanische, englische, französische und russische Besatzungsmacht herrschten. Sie förderten, und zwar mit einer gewissen Rivalität untereinander, die Wiedereinführung von Musik, die während des Naziregimes verboten gewesen war. Der Berliner Rundfunk, in dem schönen Funkhaus von Hans Poelzig in der Masurenallee, lag zwar im britischen Sektor, stand aber unter russischer Leitung. Die Amerikaner richteten in ihrem Sektor, damals noch in der Schöneberger Winterfeldtstraße, einen Sender ein, der zunächst durch Telefon übertragen wurde und sich Drahtfunk im Amerikanischen Sektor, abgekürzt DIAS nannte. Als die Sendungen drahtlos übertragen wurden, änderte sich dieser Name in RIAS. Die russischen und amerikanischen Sendeleiter ermutigten die Aufführung der bis dahin verboten gewesenen Musik. So kam es am russisch geleiteten Berliner Rundfunk schon 1946 zu einer Aufführung von Schönbergs fis-moll-Quartett durch das Streichquartett des ausgezeichneten Geigers Rudolf Schulz unter Mitwirkung von Margot Hinnenberg-Lefèbre. Diese sang auch öffentlich seit 1946, vor allem in dem musikalisch durch Josef Rufer beratenen Haus am Waldsee des Bezirksamtes Zehlendorf, Schönbergs Stefan George-Lieder mit Helmut Roloff am Klavier. Durch Rufers Aktivität wurde West-Berlin in kurzer Zeit mit dem ganzen Kammermusik- und Klavierwerk Schönbergs wieder bekannt gemacht. – Auch in Leipzig, das zur russischen Besatzungszone gehörte, herrschte starkes Interesse für Neue Musik. Die Stadt veranstaltete im Sommer 1947 ein modernes Musikfest, auf dem Paul Schmitz die Kammersymphonie opus 9 dirigierte, Margot Hinnenberg-Lefèbre mit Klaus Billing die George-Lieder sang und ich einen Vortrag über Schönberg hielt. Alle diese Veranstaltungen waren überfüllt und fanden stürmischen Erfolg.

Schönberg wurde über sie und ihre Resonanz beim Publikum durch seine Freunde unterrichtet und war glücklich in dem Gedanken, daß sein Werk auch dort lebte, wo es zwölf Jahre lang zum Schweigen verurteilt gewesen war.

In anderen deutschen Städten gab es ähnliche Bestrebungen, die meist von den großen Rundfunksendern unterstützt wurden. Zu den ersten gehörte in München die durch Karl Amadeus Hartmann ins Leben gerufene „Musica Viva". Hamburg und Köln führten später ähnliche Konzertreihen ein. Und überall, wo neue Musik gefördert wurde, standen die Werke von Schönberg an der Spitze.

Viel Freude bereitete ein Brief von Oskar Kokoschka aus New York. Schönberg antwortete ausführlich am 3. Juni; sein Brief, handgeschrieben, ist in der Sammlung veröffentlicht und enthält bittere Klagen über „Mangel an Kultur in dieser Amüsierwelt".

Im August erkrankte Schönberg schwer. Gegen die starken Schmerzen in der Brust erhielt er Injektionen. Nach einer wurde er bewußtlos. Puls und Atem setzten aus. Der Arzt machte eine Injektion in das Herz selbst und brachte Schönberg zum Leben zurück. „Ich bin von einem wirklichen Tod wieder auferstanden und befinde mich jetzt ganz wohl", heißt es in einem Brief an mich. Gertrud Schönberg schildert in einem Brief an Ottilie Blumauer vom 9. Dezember 1946 die Vorgänge ausführlich: „Mit Adrenalin, Oxygen und Wärmflaschen haben wir bis 5 Uhr gearbeitet. In der Früh war es soweit, daß er aufstehen wollte. Er wußte von seinem ganzen Collaps nichts. Die Cardiogramme zeigten nur eine Arrhythmie aber keinerlei Herzfehler. Am 10. Tag bekam er dann noch seine übliche Lungenentzündung, aber nach drei Wochen konnte er aufstehen, und dann ging es mit überraschender Geschwindigkeit wieder bergauf . . . seine einzige Sorge sind seine Augen. Er bekommt Schwindel, wenn er liest oder schreibt."

Noch auf dem Krankenlager begann Schönberg die Komposition seines Streichtrios opus 45, das am 23. September beendet war. Bald danach traf er mit Thomas Mann zusammen, dem er von dem Stück erzählte, es stelle seine Krankheit und die ärztliche Behandlung dar.

Ähnliches weiß Hanns Eisler zu berichten, dem Schönberg auf die Bemerkung hin, es sei doch eine grandiose Komposition, antwortete: „Wissen Sie, ich war so schwach, ich weiß gar nicht, wie ich das geschrieben hab. Ich hab irgendwas zsammgeschrieben." Und er zeigte Eisler, wie Akkorde Injektionen schildern.

Das Werk ist dreiteilig, allerdings ohne Pausen. Die beiden ersten Teile sind nochmals unterteilt, so daß je einem Hauptkomplex eine Episode folgt. Der Hauptkomplex des ersten Teils hat 51, die erste Episode 81 Takte. Der Hauptkomplex des zweiten Teils, beginnend als langsamer Walzer mit fallenden Geigensexten, entspricht in der Länge von 47 Takten etwa dem des ersten Teils; hingegen hat die zweite Episode mit ihren 24 Takten nur ungefähr ein Drittel vom Umfang des ersten. Die erste Episode beginnt in fast tristanischer Romantik mit einer Dolce-Phrase der Geige über einer gehaltenen Terz A–Cis in Bratsche und Cello; daran schließt sich ein kurzer gesanglicher Satz in tiefen Lagen, der sich in eine immer unruhigere Bewegung auflöst und mit einem steigenden Geigenlauf in höchste Flageolettregionen verliert. Eine Rezitativstelle mit fallendem Glissando wird 25 Takte später um einen Halbton hinauftransponiert. Die zweite Episode ist gekennzeichnet durch eine eng geführte Kanonstelle und die anschließenden, nunmehr fortissimo gespielten und zu einer Feroce-Figur hartnäckig wiederholten fallenden Glissandi. Auch eine Unisonostelle hebt sich aus dem sonst sehr komplexen Stil hervor. Der dritte Teil, 86 Takte lang, beginnt mit der notengetreuen Reprise des Anfangs, allerdings nur einen Takt lang; schon im zweiten Takt sind Variationen, der dritte wird ganz ausgelassen, statt dessen der vierte und fünfte unverändert übernommen. Danach werden abermals zwei Takte ausgelassen, die nächsten zwei unverändert wiederholt, auch die weiteren beiden ausgelassen, danach wörtliche Reprise der zwei folgenden. Schließlich erscheint ein Septimen- und Nonengedanke, von der Geige gezupft, in einer gegenüber dem Anfang etwas zusammengedrängten Variation.

Der ganze Formungsvorgang des ersten Hauptteils wird überhaupt verkürzt, komprimiert, durch einfache Ausstanzung oder durch raffinierte Gestaltssynthesen; und so erscheint die Reprise des tristanisch-romantischen Episodenbeginns viel früher als im ersten Teil. Auch sie ist durch Auslassung zweier Takte verkürzt. Wir haben es hier also mit einer sehr geistreichen Abwandlung dessen zu tun, was man „verkürzte Reprise" nennt. Und kurz vor der Schlußentwicklung treten uns auch die Rezitative aus der ersten Episode nochmals entgegen, jetzt als Umkehrung, das Glissando aufwärts, das anschließende gezupfte Arpeggio abwärts gerichtet.

Diese deutlich wahrnehmbaren Wiederholungen lassen die Form des Ganzen sehr anschaulich werden. Sie gewinnen hier den Sinn der Anknüpfung, des Sich-Zurück-Beziehens, das aber nicht zu mechanischer Repetition von schon Gesagtem wird, sondern durch die spürbaren Auslassungen die Bedeutung von

Baustein-Montage annimmt. Man hat im Zusammenhang mit Schönbergs später Musik oft von Athematik gesprochen, was er selbst übrigens energisch ablehnte. Gewiß ist diese Musik nicht thematisch im Sinne klassischer Prozeduren. Das verbietet die besondere Dialektik des zwölftönigen Verfahrens. Aber sie montiert in einer durchaus thematisch und motivisch verfolgbaren Technik Gestalten, die oft wie die Figurationen in einem Kaleidoskop mit immer neuer überraschender Kombination bekannte Elemente verschieden gruppieren.

Das trifft auch auf die Harmonik zu. Sie ist aus der Reihe entwickelt und macht sich einige Male in dem sonst hochkontrapunktischen Gewebe selbständig. So schon nach der Mitte des ersten Hauptteils, wenn verschiedene sechsstimmige Akkorde vier Takte lang in Sechzehnteln neunmal hingetrommelt werden. Vorher aber waren diese Akkorde in immer neuen Kombinationen von drei großen Septimen sozusagen durchgeführt worden, kombinatorisch durcheinandergeschüttelt, bis alle ihre Klangspannungen erschöpft waren. Jede Wiederholung ist hier dem Schein des gefälligen Es-war-Einmal so himmelweit entrückt, durch Verkürzung, Variation, Spiegelung, Permutation und Transposition so gegenüber der ersten Erscheinungsform verfremdet, daß es erfahrungsgemäß eher als eine surrealistische Maßnahme des psychischen Automatismus aufgefaßt wird und nicht als ein Zurück-zur-Konvention. Und darin liegt die innere Affinität zwischen diesem Stil und den Denaturierungsversuchen, die Strawinsky in seinen sogenannten neoklassizistischen Werken an den Formen der klassischen Musik unternommen hat.

Zum Werkstil des Trios bleibt zu sagen, daß es eine selbst für Schönberg ganz exorbitante Häufung von wechselnden Klangfarben der drei Streichinstrumente bringt, ein Alternieren von Flageolett, Pizzicato, gezogenem und geschlagenem Holzton, Verschärfung des Geräuschcharakters durch Spielen auf dem Steg, und obendrein eine Ballung von dynamischen Gegensätzen, durch die der Gesamtklang aller musikalischen Erfahrung widerspricht. Die Schockwirkung der ersten Minuten ist unentrinnbar; sie stempelt das Werk als ein geniales Produkt der Angst, der Beklemmung, aus dessen fremdartigen Gestalten, Melodien, Klängen und Rhythmen uns aber unversehens ein Reich unirdischer und traumhafter Wahrheit anspricht.

In New York hatte sich ein Ehrenkomitee des Jüdischen Musikrates gebildet, dessen Vorsitzender Frederick Jacobi um Schönbergs Ehrenmitgliedschaft bat. Kussewitzky, Milhaud, Pierre Monteux, Gregor Piatigorsky, Jascha Heifetz und Ernest Bloch hatten angenommen, Schönberg reagierte nicht auf zwei telegraphische Rückfragen.

Wegen Übersetzung der Harmonielehre begann 1946 eine Korrespondenz mit Robert D. W. Adams von der University of Kansas City. Die vornehme

Princeton Universität wollte ihn zum Ehrendoktor machen und lud ihn zu einem Empfang deswegen; Schönberg sagte formell wegen Krankheit ab.

Neben dem Streichtrio war die wichtigste schöpferische Frucht des Jahres das Buch „Structural Functions of Harmony", an das er 1948 die letzte Hand anlegte, das aber erst 1954, nach seinem Tod, veröffentlicht wurde.

Mit allen Verwandten, die das Hitler-Reich überlebt hatten, waren Schönbergs wieder in Verbindung. Sie schickten Pakete an Otti und Susi Blumauer, die aber in der Sowjetischen Zone nicht ausgehändigt wurden, sondern zurückkamen. Mit dem Sohn Georg, der ebenfalls mit Care-Paketen versorgt wurde, gab es gelegentlichen Briefkontakt. Die Witwe und Tochter des Bruders Heinrich schrieben aus Mattsee bei Salzburg. Nun erfuhr Schönberg endlich auch, daß keine Operation die Todesursache gewesen war; man hatte Heinrich Schönberg in einem Salzburger Krankenhaus durch eine Injektion getötet. Die Nazis nannten das Euthanasie. Gitty, Heinrichs Tochter, wurde durch das fürchterliche Erlebnis auf Lebenszeit an ihrer geistigen Gesundheit geschädigt.

Am 2. Februar hatte sich der Kreis der ältesten Freunde und Schüler weiter gelichtet. In Black Mountain, North Carolina, war 63jährig Dr. Heinrich Jalowetz gestorben, Schönbergs Schüler seit 1905, als Dirigent wie als Schriftsteller einer der treuesten und kenntnisreichsten Vorkämpfer seines Werks. Schon 1912 gehörten seine Beiträge über die Harmonielehre und über Schönbergs Lehrmethode zu den besten des Sammelbuches im Piper-Verlag. 1923 dirigierte Jalowetz die erste vollständige Aufführung der „Gurrelieder" in Berlin. Er war Opernkapellmeister in Danzig, Stettin, Prag, an der Wiener Volksoper, in Köln und in Reichenberg gewesen. Auf Schönbergs Empfehlung hin wurde er, der als Wissenschaftler aus der Schule Guido Adlers hervorgegangen war, 1939 Professor am Black Mountain-College. Hier trafen sich viele der emigrierten alten Freunde aus Schönbergs Kreis wieder, als er 1944 Kurse über moderne Musik hielt. Unter den Mitwirkenden waren Mark Brunswick, Marcel Dick, Rudolf Kolisch, Ernst Křenek, Roger Sessions und Eduard Steuermann. Der 70jährige Schönberg selbst konnte der Einladung wegen Gesundheitsstörungen nicht folgen. Doch stand er in den sechs Jahren bis zu Jalowetz' Tod mit ihm stets in Verbindung.

1947 kam ein junger Verwandter aus Neuseeland nach Amerika. Sein Vater, Richard Hoffmann, ein dorthin ausgewanderter Onkel Gertrud Schönbergs, hatte schon 1944 die Verbindung brieflich aufgenommen. Schönberg antwortete ihm damals, am 17. Oktober, er habe sich immer sehr für die Neuseeländischen Inseln interessiert, vielleicht wegen der schönen Briefmarken. Nach der Pensionierung sei er mit dem Gedanken umgegangen, in ein Land zu übersiedeln, wo der Dollar kaufkräftiger sei als in Amerika selbst. Er fragte nach den Einwanderungsbedingungen, den Preisen für Kauf oder Miete von Häusern oder Wohnungen sowie den Lebensunterhaltskosten. Hoffmanns Schwester, Mrs. Henriette Kolisch (eine geborene Hoffmann), wohne bei ihnen in der Familie. Mit Interesse habe er gelesen, daß Hoffmanns jüngster Sohn Richard, genannt Dick, Musiker sei; vielleicht könne er, Schönberg, ihm helfen, wenn er hinkäme.

Der Plan einer zweiten Auswanderung scheiterte vor allem an Gertrud Schönbergs Entschlossenheit, das kalifornische Haus und die dortigen Verbindungen nicht aufzugeben. Statt dessen kam Richard Hoffmann junior nach Los Angeles. 1925 in Wien geboren, wurde er 22jährig Schönbergs Schüler und Sekretär. Er ist seit 1966 Professor für Theorie und Komposition am Oberlin College.

Das Streichtrio, das Schönberg im August und September 1946 gleich nach seiner schweren Erkrankung geschrieben hatte, war durch einen Auftrag zustande gekommen. An der Harvard-Universität wurde für das Frühjahr 1947 ein Symposium über Musikkritik vorbereitet, das drei Tage lang dem Ziel galt, den Heerscharen von Musikhörern durch eine größere Anzahl maßgebender Führer zu helfen. Für diese Tagung wurden drei Komponisten mit Aufträgen bedacht: der Tscheche Bohuslav Martinů (6. Streichquartett), der Harvard-Professor Walter Piston (3. Streichquartett) und Arnold Schönberg. Sein Trio wurde am 2. Mai 1947 dort zur Uraufführung gebracht.

Im April hatte Schönberg eine hohe Ehrung empfangen. Die American Academy of Arts and Letters verlieh ihm den Preis für hervorragende Leistungen, der mit einer Prämie von 1000 Dollar dotiert war. Er dankte mit einem Schreiben, das zu den originellsten gehört, die wir von ihm kennen (siehe Anhang). Zu den ersten Gratulanten in Deutschland gehörte der Schauspieler Wolfgang Jarnach, ein Sohn des Komponisten Philipp Jarnach, des Freundes und Schülers von Busoni. Als dieser, der Vater, sich später an Schönberg mit der Bitte wandte, gelegentlich einer geplanten Deutschland-Reise Vorträge an der Hamburger Musikhochschule (deren Direktor Philipp Jarnach war) zu halten und im Rundfunk zu dirigieren, antwortete dieser mit einem sehr bitteren Brief. Er hatte gehört, Jarnach sei ein Anhänger des Hitler-Regimes gewesen, und das erkläre ja wohl auch die zweifelhafte Ehrung, die er ihm durch Aufführung von fünf Liedern und zwei Chören bereitet habe. Doch hoffe er noch immer, es sei eine Verleumdung. Jarnach sei so befreundet mit Jalowetz gewesen, daß es ihm schwer falle, solchen Gerüchten zu glauben. Die Gerüchte waren gegenstandslos. Jarnach hatte sich politisch während der Hitler-Zeit völlig zurückgehalten.

Im Mai kamen auch Nachrichten und Programme von Hans Rosbaud, der in München die Philharmoniker leitete. Er hatte die erste Kammersymphonie dirigiert und Professor Dr. Hans Mersmann eine Analyse dazu gesprochen.

„Das scheint mir eine noch bedeutendere Tat als ihre Vorgängerin (Schönberg meinte einen gleichartigen Versuch von 1933 in Frankfurt mit seinen Variationen), denn das Verständnis für meine Musik leidet noch *immer* darunter, daß mich die Musiker nicht als einen normalen, urgewöhnlichen Komponisten ansehen, der seine mehr oder weniger guten und neuen Themen und Melodien in einer nicht allzu unzureichenden musikalischen Sprache darstellt – sondern als einen modernen dissonanten Zwölftonexperimentierer. Ich aber wünsche nichts sehnlicher (wenn überhaupt), als daß man mich für eine bessere Art von Tschaikowsky hält – um Gotteswillen: ein bißchen besser, aber das ist auch alles. Höchstens noch, daß man meine Melodien kennt und nachpfeift."

Ich war im Mai 1946 nach Berlin zurückgekehrt. Anfang 1947 schrieb ich an Schönberg, der mir am 21. Mai antwortete. Die Nachricht, daß meine Frau, unter dem Namen Margot Hinnenberg-Lefèbre von 1926 bis 1933 Interpretin und enge Mitarbeiterin Schönbergs als Sängerin, auf der Flucht von Prag 1945 die Partitur des fis-moll-Quartetts mit Schönbergs Widmung neben dem Unentbehrlichsten auf dem Rücken getragen hatte, war für ihn ein Grund zu tiefer Rührung. Der Brief wurde wegen einer Erkrankung erst am 26. August 1947 zuende geschrieben.

Noch immer war das Tennisspielen ein Sport, für den sich Schönberg interessierte, obwohl er ihn nicht mehr ausüben konnte. Wir wissen, daß die Freundschaft mit Gershwin auf gemeinsame Tennispartien zurückging. Auch mit einem der Marx-Brothers soll Schönberg gelegentlich Bälle gewechselt haben. Charlie Chaplin, der seit vielen Jahren in Beverly Hills lebte, schreibt in seinen Memoiren, er habe Schönberg – dessen Musik er sehr bewundere – oft bei Tennisturnieren im weißen Dress und Mütze auf den billigen Plätzen sitzen sehen. In seinem Atelier erschien eines Tages Hanns Eisler und brachte Schönberg mit. Chaplin schildert ihn als kleinen, wortkargen aber aufrichtigen Mann. Denn Schönberg hatte dem viel bewunderten Schauspieler, Regisseur und Produzenten gesagt, der Film „Modern Times" gefalle ihm sehr, doch finde er die Musik sehr schlecht. So viel Aufrichtigkeit war der Star nicht gewöhnt.

Um einen Tennislehrer für Ronny ging es in einem Brief vom 6. Juni 1947 an Dr. Perry Jones, den Präsidenten der Tennis-Organisation von Los Angeles. „ . . . der Bub, Ronald, wird allgemein als Naturtalent bezeichnet, er begann allein zu trainieren, indem er gegen unsere Fenster spielte, 6 Dollar die Scheibe, und es war vielleicht dieser Umstand, der seine Technik entwickelte. Aber er besitzt auch den Geist eines Fechters, und das was ich den Platzsinn nenne." Ronny brauche Partner. Solle man einen Club versuchen? Bald fand Ronny die Partner, die er brauchte. Seine Karriere als junger Tennis-Champion begann, als er 12 Jahre alt war, und der Vater war ungemein stolz auf seine Erfolge.

In den wenigen Tagen zwischen 11. und 23. August 1947 schrieb Schönberg ein Werk, das die Kussewitzky-Stiftung bei ihm in Auftrag gegeben hatte. Es hieß im Original Manuskript „A Survivor of Warsaw"; später änderte Schönberg den Titel, indem er das „of" in „from" austauschte. Es ist ein Melodram für einen Erzähler, Männerchor und Orchester und bekam die Opuszahl 46. Notiert wurde es als Particell, das im Dezember René Leibowitz in Partiturform brachte. Nach der „Ode an Napoleon" ist es die einzige Schönbergsche Komposition, die zu politischen Begebenheiten Stellung nimmt. Der Text, von Schönberg selbst formuliert, beruht zum Teil auf Berichten, die er direkt oder indirekt aus den Schreckenstagen des Warschauer Ghettos erhalten hatte. Die Uraufführung fand am 4. November 1948 in Albuquerque mit dem dortigen städtischen Symphonieorchester unter Leitung von Kurt Frederick statt, und zwar im Rahmen einer Veranstaltung der Universität von New Mexiko. Das nur 7 Minuten lange Werk wurde zweimal hintereinander gespielt. Nach dem ersten Mal verharrten die 1500 Zuhörer in erschüttertem Schweigen; nach dem zweiten nahm der Beifall stürmische Formen an. Schönberg konnte der Aufführung nicht beiwohnen.

Der „Survivor" ist in einer freien, dramatisch erregten und sich steigernden Form geschrieben, in die kurze rezitativische Episoden eingearbeitet sind. Alles zielt auf den erregenden Schluß hin, wo der Männerchor seine mächtige Stimme erhebt. Dem ganzen, 99 Takte langen Werk liegt eine Reihe von zwölf Tönen zugrunde, die Schönberg in beständiger Abwandlung mit ihren Spiegelformen auswertet. Sie wird gleich zu Beginn durch eine Fanfare zweier Trompeten und die Septimen-Tremolos von hohen Violinen und tiefen Kontrabässen vorgestellt. Auch das zum Schluß angestimmte Lied „Sch'ma Jisroel" wird auf diese Zwölftöne-Reihe und ihre Umkehrungen gesungen.

Das Werk ist von einer spontanen Gefühlswirkung; es überträgt das Grauen der düsteren Szenerie so unmittelbar, wie es in seinem heroischen Schluß erlösend wirkt: ein greller musikalischer Reflex aus Tagen, in denen sich die Sonne zu verhüllen schien.

Die künstlerischen Mittel der Wirkung sind sehr differenziert. Wie da mit einem Trommelwirbel, einem Beckenschlag, dem Klappern von Kastagnetten, dem Seufzer eines Flageolett-Akkords, dem Zittern einer Bläser-Flatterzunge Situationen blitzhaft hingezaubert werden, das zeugt von Schönbergs Meisterschaft ebenso wie der hymnische Schluß mit der biblischen Aufforderung, Gott zu lieben. Es gibt nicht viele musikalische Szenen, die an Kraft des Ausdrucks mit dieser zu vergleichen wären. Im Kerkerbild des „Fidelio" hat Beethoven ähnliche Stimmungen beschworen. Damals freilich konnte noch die rettende Trompete ertönen, die den Opfern der modernen Apokalypse versagt blieb. Einen vergleichbaren Stoff hat Gertrud von Le Fort in ihrer Novelle

„Die Letzte am Schaffott" gestaltet, wenn die Karmeliterinnen gottergeben dem Tode entgegen gehen.

Von den alten Wiener Schülern meldete sich am 28. Oktober Hans Erich Apostel, der über die Wahl Schönbergs zum Ehrenpräsidenten der IGMN sehr beglückt war.

Aus New York kamen schlechte Nachrichten. Trudi Greissle war im Oktober an der Gebärmutter operiert worden und konnte sich nicht davon erholen. Gertrud Schönberg berichtet darüber am 3. November an Schönbergs Schwester Ottilie in Sachsen. Der Brief erzählt von dem häuslichen Leben in Brentwood Park. Nuria, nun 15 Jahre alt, hat eine Freistelle in einer Schule, die zwei Stunden vom Elternhaus entfernt ist und kommt nur zu den Wochenenden heim. Ronny spielt erfolgreich Tennisturniere. Gertrud Schönbergs Mutter ist im Haus, wo sie viel hilft. Sie sei die rüstigste von allen und verdiene sich Geld, indem sie für reiche Leute koche. „Hier wird kochen sehr hoch bezahlt, höher als komponieren."

Ein Dr. Aram wollte für Schönberg Geld bei dem Mäzen Henry Reichold beschaffen. Reichold war ein Berliner Emigrant, der vielen kulturellen Institutionen finanziell half und durch dessen Großzügigkeit 1960 die Westberliner Akademie der Künste gebaut werden konnte. Auf die Frage, was Reichold für ihn tun könne, antwortete Schönberg, das natürlichste sei, dafür zu sorgen, daß seine Musik aufgeführt würde. Außerdem solle Reichold verhindern, daß die Musik-Schieber unumschränkte Macht gewinnen.

Äußerst empfindlich reagierte Schönberg auf stilistische Änderungen, die Serge Frank am englischen Wortlaut einiger Aufsätze für eine geplante, von ihm redigierte Sammlung vorgenommen hatte. Er schrieb am 3. Dezember nach New York, alle seine Arbeiten müßten im originalen Wortlaut wieder hergestellt werden, und Frank habe seine Übersetzungen einer Prüfung durch Dritte zu unterwerfen. Nicht unerwähnt lasse er, daß Richard Hoffmann und René Leibowitz die Franksche Übersetzung der Mahlerrede sehr gut, er selbst die von „Das Verhältnis zum Text" gut fänden.

Noch härtere Töne klingen aus einem Brief an Erwin Stein vom 15. Dezember. Der Freund und ehemalige Schüler hatte Schönberg durch einen Aufsatz verstimmt, in dem einige englische Komponisten etwas über Gebühr und unter Vernachlässigung seines Werks gepriesen wurden. „Wissen Sie, ob ich noch lebe? Und wenn ja: wer hat es Ihnen gesagt? Ich würde eher meinen, daß ich zu denen gehöre, die man schon zu vergessen wünscht."

Mit den Berliner Freunden war die Verbindung regelmäßig, wenn auch die Post oft lange Zeit brauchte, um über den Atlantischen Ozean zu reisen. Josef Rufer und ich hatten eine Monatsschrift für Musik gegründet, die „Stimmen". Schönberg stellte sich sofort als Mitarbeiter zur Verfügung. So konnte das erste Heft im November 1947 mit seinem Aufsatz „Symphonien aus Volksliedern" eröffnet werden, der am 10. Januar geschrieben und in englischer Sprache schon in New York erschienen war. („Folkloristic Symphonies"). Mir, der ich im Auftrage des Zürcher Atlantis-Verlags an einem kleinen Buch über ihn arbeitete, hatte Schönberg schon im August und Anfang September Material dazu geschickt. Noch enger war die Verbindung mit Rufer, der sein Zwölfton-Buch vorbereitete. Ihm schrieb er am 18. Dezember nicht nur über musikalische Probleme, sondern vor allem über seine Sorgen um Berlin. Er mißtraute den Russen, die er als Störer des Weltfriedens empfand. Obwohl er selbst nie Kommunist gewesen sei, habe er den Führern dieser Partei doch mehr weltpolitisches Verständnis zugetraut. Über Hanns und Gerhard Eisler hätte er gern nähere Auskünfte. Er fand es dumm, daß Künstler, die Besseres zu sagen hätten, sich mit Weltverbesserungstheorien einließen. Er habe Hanns Eislers Tiraden immer für „Interessantmacherei" gehalten. Wenn er bedeutend scheinen wolle, dann solle er bedeutende Musik schreiben.

Aus Santiago de Chile hatte sich wieder ein alter Schüler gemeldet, Dr. Victor Krüger. In seinem Brief vom 23. Dezember 1947 heißt es „erinnere mich, als ob es heute wäre, an den Tag wo Guido Adler mich zu Ihnen sandte und ich Sie ansprach mit ‚Guten Morgen, Herr Professor'. Und Sie mir antworteten: ‚Professor? Ich bin kein Professor. Professor und Doktor ist man solange, als man nichts ist. Goethe war auch Dr. und hieß nur Goethe. Und ein anderer unterzeichnete nur mit N und die ganze Welt wußte, wer es ist.' " Krügers Brief nahm Bezug auf eine Zeitungsnotiz, Schönberg sei Ehrendoktor einer Universität geworden. Tatsächlich machte Schönberg von akademischen Ehrungen, die ihm in Amerika mehrfach zugedacht wurden, so wenig Aufhebens, als existierten diese Angebote nicht.

Das ausgehende Jahr 1947 hatte einige wichtige kleinere Schriften hervorgebracht. Am 21. Juli entstand – lange vor der Erklärung über Menschenrechte, die am 10. Dezember 1948 die Vereinten Nationen herausbrachten – eine Betrachtung „Human Rights". Ihre 19 Punkte sind voll von ungewöhnlichen, oft verblüffend neuartigen Gedanken, die weit über die Bereiche der Kultur hinausweisen. „Es ist tragisch, daß einem Codex der Menschenrechte die Fähigkeit abgeht, sich in gleichem Maße gegen Angriffe und Vernichtung zu verteidigen wie der Demokratie. Alles was man in ihrem Namen unternehmen könnte, würde die Menschenrechte der Angreifer verletzen – genauso wie alles undemokratisch ist, was die Demokratie schützen möchte." Der Aufsatz spricht von Formen des Glaubens, zu denen er auch den der kommunistischen und faschistischen Staaten rechnet. Eine der ersten Erklärungen der Menschenrechte seien die Zehn Gebote; sie schützten Ehe, Gelübde und Arbeit, sie sicherten das Recht zu leben und Eigentum zu haben. Aber sie leugneten die

Glaubensfreiheit, weil es nur EINEN Gott gibt. Schönberg verteidigt die von den Sozialisten bekämpfte „bürgerliche Kunst" sowie die von den Nazis als „palästinensisch" beschimpfte moderne Architektur, als deren Urheber er Adolf Loos nennt. „Wer kämpft, der will und muß besiegen, will und muß die Besiegten unterdrücken. Aber welches sind die Menschenrechte derer, die noch an besiegte Kunst, an besiegte Ideen glauben?" Konsequenterweise, stellt Schönberg fest, müsse man auch die Menschenrechte der Kannibalen anerkennen.

Friedlicher und weniger sarkastisch ist die große Arbeit „Heart and Brain in Music", die für die Sammlung The Works of the Mind der University of Chicago Press geschrieben wurde. Auch sie erschien 1948 deutsch in Heft 9 bis 10 der „Stimmen". Ausgangspunkt ist die Stelle in Balzacs „Seraphita" von den Menschen, deren Herz im Bereich des Kopfes liegt. Schönberg leugnet in der Kunst die Möglichkeit, Gefühl und Verstand zu trennen. An Beispielen aus seinem eigenen Werk zeigt er, wie scheinbar mit dem Kopf konstruierte Formen völlig spontan und unbewußt produziert wurden. Ob er Richard Wagners Brief an Eduard Hanslick kannte, wo es heißt: „Das unbewußt produzierte Kunstwerk gehört längst vergangenen Kulturepochen an"?

1938 war Dr. Hans Heinsheimer, der ehemalige junge Direktor der Wiener Universal Edition und Nachfolger Emil Hertzkas nach New York gekommen. Er arbeitete dort für die englische Firma Boosey & Hawkes, bis ihn der Verlag Schirmer 1947 zum Direktor machte. Für Schönbergs Werk war diese Berufung nicht unwichtig, da Heinsheimer die alten guten Wiener Verbindungen aufrecht zu erhalten suchte.

Trudi Greissles Krankheit lastete schwer auf dem Jahresende. Sie führte noch vor Weihnachten zum Tode der Tochter.

In Israel lebten Freunde aus der letzten Berliner Zeit. Der Arzt Dr. Georg Wolfsohn, dessen Patient Schönberg gewesen war, hatte sich in Tel Aviv niedergelassen. Seine Tochter war mit Dr. Peter Gradenwitz verheiratet, der in Berlin Musikwissenschaft und bei Josef Rufer Komposition studiert hatte. In Tel Aviv gründete er die Israeli Music Publications. Er korrespondierte mit Schönberg über Aufführungen seiner Werke in Israel sowie über den Verlag von neueren Arbeiten. Schönberg berichtete ihm am 10. Januar 1948 über den „Survivor from Warsaw". Er war besorgt über die „fürchterlichen Kämpfe, die wir alle mit größter Spannung und Besorgnis verfolgen . . . wir glauben fest an einen Sieg."

Für das zweite internationale Musikfest in Wien hatte Dr. Egon Seefehlner als Generalsekretär der Konzerthaus-Gesellschaft um Zustimmung zu einer Erstaufführung gebeten. Schönberg zögerte, weil er, wie sein Antwortbrief vom 10. Januar 1948 erklärt, noch immer glaubte, in Wien würden Kunstwerke mehr nach rassischen als nach künstlerischen Gesichtspunkten beurteilt. „Sonst hätte sich das Bedürfnis sofort regen müssen, die vieljährige Vernachlässigung meines Schaffens wieder gut zu machen." Doch empfahl er, René Leibowitz als Interpreten seiner Werke zu verpflichten; dieser werde auch Programm-Vorschläge machen können. „Sagen Sie nicht", schließt der Brief, „daß es mir besser anstünde, das Üble zu vergessen, das man mir angetan hat. Aber es war mein Geschick, daß ich immer das zu tun hatte, was mir in den Augen meiner Mitmenschen übler angestanden hat, wenn ich meine Unabhängigkeit bewahren und meine Aufgabe erfüllen wollte." Man sieht, wie wenig die Demütigungen der Exiljahre Schönbergs Selbstbewußtsein und seinen Anspruch als ein führender Geist der Zeit gemindert hatten. Auch hatte das Alter und das jahrelange körperliche Leiden ihn mißtrauisch gemacht. Hatte er von einem Freunde lange keine Nachricht, so glaubte er sich vergessen oder vernachlässigt. Rufer und mir gab er am 15. Januar 1948 (neben den schon erwähnten Kommentaren zur „Ode an Napoleon") die Erlaubnis, in den „Stimmen" Arbeiten von ihm zu drucken. Gern würde er uns Lebensmittel schicken, doch könne er nicht einmal für den Sohn Görgi und die Schwester Ottilie genug tun. Es ist rührend zu lesen, wieviel Gedanken sich der materiell völlig ungesicherte alte Mann über die Ernährung seiner Freunde machte; keiner von ihnen hätte je daran gedacht, ihn um solche Geschenke zu bitten.

Manche Korrespondenzpflichten, vor allem innerhalb der Familie, nahm Gertrud Schönberg ihm ab. Am 14. Januar 1948 schrieb sie an die Schwägerin Otti über den tragischen Tod Trudi Greissles. Sie legte Bilder der Kinder bei und bat um Bestätigung eines Paketes. Arnold wolle nach Neuseeland, doch sie sei dagegen. Gesundheitlich ginge es ihm besser, seit einem Eingriff; er bekomme kein Insulin und keine Medikamente mehr. Sie selbst sei alt und schäbig geworden – Arbeit schände eben. Übrigens hätten sie einen Wurf von vier Cocker-Spaniels.

Der große Buchantiquar Dr. Alfred Rosenzweig berichtete am 6. Februar aus London über ein Schönberg-Autograph, das seine Tochter ihm gebracht hatte. Es war die Choralbearbeitung „Allein Gott in der Höh sei Ehr'" für Altstimme, Geige, Cello und Klavier. Sie war für ein Weihnachtskonzert der Familie im Mödlinger Haus geschrieben, an der Schönberg selbst als Cellist teilnahm. Ihm vertraute Schönberg im selben Frühjahr zu einer Versteigerung in Zürich die Particelle der Opern „Glückliche Hand" und „Von heute auf morgen" an. Keines dürfe unter 1000 Dollar verkauft werden.

Sehr interessiert war Schönberg an den Programmen der „Musica Viva"-Konzerte, die der Komponist Karl Amadeus Hartmann in München begründet hatte. Die Liste von 25 Komponisten mit vielleicht eben so vielen Arten neuer Musik sei erstaunlich, schrieb er am 6. März: „Dabei sind Webern und Berg nicht eingeschlossen und auch nicht Zillig, Apostel und Einem, alle Österreicher, bis auf Zillig." Ob er ihm Partitur und Stimmen des Streichtrios schicken könne, wisse er nicht, es sei noch nicht verlegt.

Mit Herzlichkeit dankte er Leibowitz am 15. März für einen Aufsatz, den dieser zur Verteidigung Schönbergs gegen die Anhänger Strawinskys geschrieben hatte. Dabei erscheint die bemerkenswerte Mitteilung, er finde Strawinskys Haltung gegenwärtig würdig. Aus Frankfurt schrieb Zillig, er habe im Berliner Rundfunk die 2. Kammersymphonie dirigiert und arbeite jetzt (22. April) an dem „irrsinnig schweren Klavierpart" der Suite opus 29. Die „Ode" finde er großartig; ihre Reihe erinnere sehr an die der Suite.

Nach längerer Zeit meldete sich Stiedry wieder. Er war verpflichtet worden, in Los Angeles zu dirigieren und fragte bei Schönberg wegen einer Wohnung an. Der Besuch von Freunden war in Brentwood Park immer hoch willkommen. Das Haus verließen Schönbergs nur noch selten. Er machte gern seine Spaziergänge in den hübschen Garten, freute sich an dem blühenden Strauchwerk, spielte mit den Hunden oder der Katze. Gertrud hatte mit dem Haushalt den ganzen Tag zu tun und fuhr mit dem Wagen obendrein die Kinder zur Schule. Seit zweieinhalb Jahren, so schrieb sie in einem Brief an die Schwägerin Ottilie, seien sie und Arnold nicht im Kino oder Konzert gewesen. Das heißt: seit Herbst 1945!

Freunde in Los Angeles selbst waren es, die den Meister über vieles auf dem laufenden hielten, was kulturell in der Welt geschah. Schon im Herbst 1947 war die erste deutsche Ausgabe von Thomas Manns „Doktor Faustus" erschienen. Schönberg wußte wohl, daß der Dichter seit Jahren an einem Buch arbeitete, das musikalische Fragen enthielt. Aber erst 1948 erreichte ihn das Gerücht, Manns neues Buch hänge mit ihm selbst zusammen. Als Rufer ihn am 17. April über den „Doktor Faustus" befragte, waren die Beziehungen zu Thomas Mann noch einigermaßen friedlich. Nur Alma Werfel hatte bis dahin, vielleicht ohne es zu wollen und die Folgerungen zu ahnen, Zwietracht gesät, indem sie Schönberg aufforderte, gegen Manns „Doktor Faustus" Stellung zu nehmen. Am 25. Mai antwortete Schönberg auf Rufers langen Brief. Er zerstreute zunächst die Sorgen des Freundes über politische Veränderungen und die drohende russische Blockade Berlins. Wer in der Musik lebe, habe in der Politik keinen Platz und müsse sie als ihm wesensfremd betrachten. Auf Rufers Frage nach seinen neuen tonalen Kompositionen erwiderte er, in allen Komponisten nach Bach breche gelegentlich die Sehnsucht nach Kontrapunkt und Fuge durch: „Auch in mir lebt der heiße Wunsch nach Tonalem oft genug auf, und dann muß ich diesem Drang nachgeben. Komponieren ist ja: einem innern Drang gehorchen." Und zwischen den Gedanken über Politik und Tonart steht der gelassene Absatz: „ ‚Doktor Faustus' habe ich nicht selbst gelesen wegen meines nervösen Augenleidens. Ich habe aber durch meine Frau und auch von anderer Seite erfahren, daß er meine 12-Ton-Methode seinem Helden zuschreibt, ohne meinen Namen zu erwähnen. Ich habe ihn darauf aufmerksam gemacht, daß Historiker das benutzen können, um mir Unrecht zu tun. Nach langem Widerstreben hat er sich bereit erklärt, in alle folgenden Exemplare aller Sprachen eine Erklärung über meine geistige Urheberschaft einzufügen. Ob das geschehen ist, weiß ich nicht."

Aus der Affäre wurde ein Kampf. Schönberg führte ihn erbittert. Thomas Mann beharrte in einer abwehrenden Haltung, die den zornigen Schönberg noch mehr reizte. Die Auseinandersetzung begann im Februar 1948. Schönberg schickte an den Dichter einen Text, dessen Verfasser der Historiker Hugo Triebsamen sein sollte. Gestützt auf eine „Encyclopaedia Americana" vom Jahre 1988 (!) stellte er fest, Thomas Mann, eigentlich Musiker, habe die Zwölftontechnik erfunden. Später zur Literatur übergegangen, habe er es stillschweigend hingenommen, daß ein Komponist Namens Schönberg seine Erfindung für sich beanspruchte. Doch habe er in dem Roman „Doktor Faustus" sein geistig-musikalisches Eigentum wieder in Anspruch genommen. (siehe Anhang). Mann beeilte sich, am 17. Februar zu antworten. Das kuriose Dokument, ein Zeichen heiligen Eifers der Schönberg-Jünger, sei ergreifend und komisch zugleich. Wer die Zwölfton-Technik geschaffen habe, wisse bestimmt jeder, der sein Buch auch nur zur Hand nähme, Schönbergs geschichtliche Figur werde durch den Roman nicht verkleinert. Was das Schriftstück denn eigentlich vorstelle, einen Brief oder einen Artikel? Doch fühle er sich nicht ganz frei von Schuld. Schönbergs Erklärung kam spät. Am 25. November schrieb er dem Dichter einen versöhnlichen Brief, der den Text von „1988" als seine eigene Erfindung erklärt: „Mein synthetischer Hugo Triebsamen, den ich aus Hugo Riemann und Dr. Rubsamen hergestellt hatte . . ." sollte Thomas Mann nur ins Bewußtsein rufen, daß der Roman eine Gefahr für ihn, Schönberg, bedeutete.

Der Sommer brachte so viel Arbeit, dazu so viel körperliche Beschwerden, daß die „Faustus"-Affäre monatelang verdrängt wurde. Im Juni schrieb Schönberg neue Chorsätze von drei Volksliedern des 15. und 16. Jahrhunderts, die er schon 1929 für Gesang und Klavier bearbeitet hatte: „Es gingen zwei Gespielen gut" am 24., „Der Mai tritt ein mit Freuden" und „Mein Herz in steten Treuen" am 26. Es waren diesmal a cappella-Sätze zu sechs Stimmen; sie bekamen die Opuszahl 49. Frühere Skizzen zu einem Streichquartett wurden nicht ausgeführt.

Am 12. Juli fuhr die kleine Familie nach Santa Barbara, zwei Stunden von Los Angeles an der pazifischen Küste. Die Music Academy of the West hatte Schönberg eingeladen, dort Kurse zu halten. Obwohl er sich sehr schlecht fühlte, nahm er den Auftrag an, der mit 1200 Dollar und freiem Aufenthalt für ihn, Frau Gertrud und die beiden Söhne gut honoriert wurde. Trotz Schwellfüßen, Schwindel und Atemnot habe er seine Verpflichtungen erfüllt und bei Schülern und Lehrern großen Erfolg gehabt und viele Freunde gewonnen, schrieb er an Görgi am 8. September.

Er mußte die Anstrengung schwer büßen. „Vom 24. August bis jetzt war ich in Behandlung", heißt es in dem selben Brief an den Sohn. „Ich hatte sechs Kilogramm Wasser in mir, und durch die Injection und die nachfolgenden Magen- und Darmstörungen durch Digitalis und eine Menge anderer Medizinen nahm ich acht Kilo ab und wiege nun nur mehr achtundvierzig. Aber das Resultat aller dieser Untersuchungen und Behandlungen ist doch sehr günstig. Ich hatte ja Herzstörungen und man fürchtete ein Herzleiden. Aber mein Herz ist gut und sogar mein Asthma hat sich gebessert. Seit mehr als zehn Tagen bin ich jetzt im Schlafzimmer und war meistens im Bett. Ich soll nicht Stiegen steigen."

Immer wieder kamen Lebenszeichen von fast vergessenen Verwandten oder Menschen, die über Familienangehörige Auskunft wünschten. Im Mai hatte ein Monsignore Antonio Bassetti-Sani in Florenz nach einem Wladimir Schönberg gefragt. Antwort erfolgte am 28. Mai: Samuel Schönberg hatte nur zwei Söhne und einen Bruder Ignaz. Dessen einziger Sohn, Arthur, starb vermutlich etwa 70jährig im Konzentrationslager Theresienstadt.

Verwandte von Mutterseite namens Waitzner hatten in Budapest gelebt. Eine Waitzner-Enkelin namens Berend heiratete einen ungarischen Polizeioffizier Nikolaus Vamos, Neffen des Hollywooder Filmkönigs Adolf Zukor. Im Mai 1948 wollten sie noch auswandern und baten um Affidavits; einige Monate später hatten sie diese Pläne aufgegeben.

Die ältesten Erinnerungen weckte ein Brief aus Rio de Janeiro. Da hatte im Februar 1947 Schönbergs Kusine Malva Bodanzky einen langen Brief geschrieben. Ihr und ihren Söhnen ging es gut in Brasilien. Sie besaß zwei Briefe, die ihr Schönberg etwa 16jährig geschrieben hatte. Sie seien interessant, weil er – in seine junge Kusine verliebt – von seinem Werdegang, der Stellung in einem Bankhaus, seinen Kompositionen erzähle.

Erst am 1. Oktober 1948 konnte Schönberg antworten; er hatte die Adresse verloren. Nun sei er schon 74 und erinnere sich gern der Jugend. Da seine Frau nicht eifersüchtig sei, aber neugierig, zu lesen, was er Malva vor 58 Jahren geschrieben hatte, so bitte er um die Briefe.

Sogar mit einem alten Bekannten aus dem Mödlinger Arbeiter-Gesangverein war wieder eine Verbindung hergestellt. Es war der 82jährige Ferdinand Buchberger, sozialdemokratischer Bürgermeister und Bezirksvorsteher in Mödling, der am 28. Juni 1948 für die Ankündigung eines Paketes dankte. Er hatte sich in kritischer Zeit vergeblich für Görgi eingesetzt. Von gemeinsamen Bekannten und Mitgliedern des Gesangvereins vor fünfzig Jahren, nach denen Schönberg gefragt hatte, lebe keiner mehr.

In New York bereitete Mitropulos eine Wiedergabe der Fünf Orchesterstücke vor. Am Tag nach dem Konzert, dem 22. Oktober, berichtete Henry Cowell, er sei fasziniert von der Aufführung gewesen. Neben ihm habe John Cage gesessen, der in Verzückung geraten sei. Auch Artur Schnabel habe es sehr gefallen; sie alle hätten nachher Mitropulos gratuliert. Schönberg dankte Cowell am 5. November für seine Worte und die Sendung von Kritiken, unter denen ihn die positive von Olin Downes überrascht habe. Es sähe aus, als würde er in New York ein Come-back zu feiern haben. In Los Angeles habe Alfred Wallenstein kein Stück von ihm dirigiert, seit er vor sechs Jahren hingekommen sei.

Am selben Tag gingen Briefe an Leibowitz und Stiedry, der Photos und einen Zeitungsausschnitt geschickt hatte. Bei der Erledigung der Briefe helfe ihm nun Richard Hoffmann aus Neuseeland, schreibt Schönberg dem Freund an der New Yorker Metropolitan-Oper. Außerdem habe er ein Dictaphon bekommen. Dadurch spare er Arbeit, mache allerdings beim Hineinsprechen viele Fehler. Leibowitz, der neue Werke von ihm aufführen wollte, bekam negativen Bescheid. Weder die vor Jahren begonnene Symphonie noch „Jakobsleiter" und „Moses und Aron" hätten Chancen, vollendet zu werden. Wenn die Augen ihm zu schreiben gestatteten, so müsse zuerst das Kontrapunktbuch fertig gemacht werden.

Im Oktober 1948 bat die Saturday Review of Literature Schönberg um Informationen über die „Doktor Faustus"-Affäre. Er schickte dem Blatt eine heftige Anklage gegen Mann. Er habe sein geistiges Eigentum entwendet, ohne ihn zu fragen. Die Widmung, die Mann ihm in das Buch geschrieben hatte, „Arnold Schönberg, dem Eigentlichen", beweise, daß die Romanfigur Adrian Leverkühn sein Porträt sein solle. Dieser sei als Geisteskranker geschildert; er selbst aber sei 74 Jahre alt geworden, ohne an der Krankheit gelitten zu haben, aus der diese Geisteskrankheit stammt. Das sei eine Beleidigung für ihn. Das Buch habe er nicht gelesen, doch Alma Werfel habe den Mißbrauch seines Eigentums entdeckt und Mann darauf aufmerksam gemacht. Nach einigem Druck habe der Dichter dem Buch eine Erklärung angehängt, die aber ein weiteres Verbrechen gegen ihn darstelle. Er nenne ihn dort „*einen* zeitgenössischen Komponisten und Theoretiker"; in zwei oder drei Jahrzehnten aber werde man wissen, wer wessen Zeitgenosse war.

Mann erwiderte erstaunt und bekümmert. Er beklagte, daß Schönberg sein Buch nur durch Zwischenträger kenne. Es sei nicht wahr, daß er, Mann, nur auf Druck hin die gewünschte Nachbemerkung an den Roman gefügt habe.

Der „Doktor Faustus" könne eher ein Nietzsche-Roman als ein Schönberg-Roman genannt werden, weil die geistige Tragödie und die Krankheitsgeschichte des Philosophen darin anklinge. Obwohl er selbst doch auch nicht an Paralyse leide, trüge der Held des Buches Züge von ihm. Statt in seinem Buch ein Stück Literatur zu sehen, ein Zeugnis seines Einflusses auf die moderne Musikkultur, betrachte Schönberg es als Raub und Beleidigung. „Das Schauspiel ist schmerzlich, wie ein bedeutender Mensch, in nur allzu verständlicher Überreiztheit durch ein zwischen Verherrlichung und Vernachlässigung schwebendes Dasein, sich beinahe willentlich einwühlt in Ideen des Verfolgt- und Bestohlenseins und sich in giftigem Zank verliert. Möge er sich doch erheben über Bitterkeit und Mißtrauen und Ruhe finden im sicheren Bewußtsein seiner Größe und seines Ruhmes!"

Beide Zuschriften erschienen am 1. Januar 1949 in der „Saturday Review of Literature". Viele Menschen, die den Dichter wie den Komponisten verehrten, wurden durch diesen Zwist in einen schweren Gewissenskonflikt gebracht. Es war leicht einzusehen, wo auf beiden Seiten Recht und Unrecht lagen und in welchem Maße sie sich verteilten. Schönberg, von Natur mißtrauisch und durch ein hartes Leben in dieser Veranlagung bestärkt, war gewiß nicht nur durch die scheinbare Identität mit Adrian Leverkühn, dem fiktiven Erfinder seiner Zwölftontechnik, gekränkt. Hätte er das Buch wirklich gekannt, so wären ihm noch andere Motive darin peinlich gewesen, vor allem das des Teufelspaktes, den Leverkühn in seinem paralytischen Wahn geschlossen hatte. Eine Hauptursache seines Zornes lag darin, daß Thomas Manns Berater in Fragen der modernen Musik der ebenfalls in Los Angeles lebende Dr. Theodor Wiesengrund-Adorno gewesen war. Schönberg kannte Adorno seit den zwanziger Jahren. Er wußte, wie genau sich dieser Frankfurter Philosoph und Kompositionsschüler Alban Bergs mit seinen Werken beschäftigt hatte. Die Analysen der Serenade opus 24, des Bläserquintetts und anderer Arbeiten von Schönberg waren berühmt und ließen an bekennendem Jüngertum nichts zu wünschen übrig. Dennoch war das Verhältnis zwischen dem Meister und seinem philosophisch geschulten Propheten von jeher kühl gewesen. Auch im kalifornischen Exil kam es zu keinem freundschaftlichen Verkehr, dagegen bei Begegnungen in Häusern von gemeinsamen Freunden mitunter zu Wortgefechten. Wiesengrund-Adorno, der in der Emigration den deutsch-jüdischen Namen seines Vaters ablegte und den italienischen seiner korsischen Mutter annahm, irritierte Schönberg, den Bewunderer der hellen Prosa von Karl Kraus, durch eine Sprache, die einfache Tatbestände durch komplizierte Formulierungen verdunkelte. So wirkte auf ihn die Zusammenarbeit Thomas Manns mit Adorno beunruhigend; die philosophische und dialektische Wiedergabe seiner eigenen Gedanken an Stellen des „Doktor Faustus", die er im

Wortlaut kannte, lief seinem Sprachgefühl zuwider. So hatten also seine zornigen Reaktionen gegen das Buch nicht nur sachliche sondern auch stark persönliche Motive. Das erklärt und entschuldigt sein schwankendes Verhalten dem Dichter gegenüber.

Dieser selbst empfand seine Haltung bei der Vorbereitung und langwierigen Ausführung des Roman-Manuskriptes als zwiespältig. Er wußte von den Spannungen zwischen Schönberg und Adorno, und wenn er sich auch mitunter Rat von „ganz Oben", also von Schönberg selbst holte, konnte er doch das Risiko bei der Formung einer Gestalt wie des paralytischen deutschen Tonsetzers nicht verkennen. Daß Leverkühn den Vornamen Adrian bekam, der Reminiszenzen an die Vornamen der Wiener Schule, an Arnold, Anton und Alban, enthält, schien dem Schönbergschen Verdacht Recht zu geben, im Grunde sei doch er gemeint. In einem Punkt aber zeigte sich der Dichter während des jahrelangen Zwistes überlegen: er tat nichts dazu, den Konflikt zu vertiefen, und alles, was in seiner Macht stand, um ihn aus der Welt zu schaffen.

Im Dezember gab es noch einen grundsätzlichen und ausführlichen Briefwechsel mit dem „Times"-Kritiker Olin Downes in New York. Er betraf die schon einmal erwähnte Meinungsverschiedenheit über Gustav Mahler, berührte aber auch die günstige Besprechung, die Schönbergs Fünf Orchesterstücke erfahren hatten. Auf Downes' Frage, was Schönberg von Kritiken schreibenden Komponisten halte, erwiderte der Meister am 21. Dezember 1948: „Ich glaube, sie sind in erster Linie Kämpfer für ihre eigenen musikalischen Ideen. Die Ideen anderer Komponisten sind ihre Feinde. Man kann einen Kämpfer nicht zurückhalten. Seine Schläge sind recht, wenn sie hart treffen, und nur dann ist er ehrlich. So nehme ich nicht übel, was Schumann über Wagner sagte, oder Hugo Wolf über Brahms. Aber ich nehme übel, was Hanslick gegen Wagner und Bruckner sagte. Wagner, Wolf, Mahler und Strauss kämpften auf Tod und Leben für ihre Idee. – Aber Sie kämpfen nur für Prinzipien oder vielmehr für die Anwendung von Prinzipien."

Ein wichtiges autobiographisches Bekenntnis entstand in dem nun ausgehenden Jahr: „On revient toujours". Seit der Veröffentlichung in den Berliner „Stimmen" 1949 ist es oft zitiert worden. Der Schlußgedanke kennzeichnet die geistige Welt des reifen Schönberg: „Immer war in mir der Wunsch lebendig, zu dem früheren Stil zurückzukehren; und von Zeit zu Zeit gebe ich diesem Verlangen nach. So kommt es, daß ich manchmal tonale Musik schreibe. Für mich haben stilistische Unterschiede dieser Art keine besondere Bedeutung. Ich weiß nicht, welche meiner Kompositionen besser sind; sie gefallen mir alle, denn sie gefielen mir, als ich sie schrieb."

Immer weiter öffnete sich nun die Welt für Schönbergs Werk. In Deutschland regten seine Freunde, vor allem Rosbaud, Zillig, Rufer und ich Aufführungen seiner Werke an, nicht nur alter, wie der Orchesterstücke und der „Erwartung", sondern auch neuer wie des Klavierkonzertes und der „Ode an Napoleon". Als Dr. Wolfgang Steinecke im Sommer 1946 die internationalen Ferienkurse für Neue Musik in Darmstadt eröffnete, standen sie noch gänzlich im Zeichen Hindemiths und Strawinskys. 1947 vermittelten in diesem Rahmen Aufführungen der Stefan George-Lieder und des zweiten Streichquartetts sowie ein großer Vortrag über Schönberg der anwesenden Jugend das Erlebnis der Schönbergschen Klangwelt. Damit begann ein geistiger Umschwung. 1948 waren unter den Dozenten auf Schloß Kranichstein bei Darmstadt René Leibowitz und Peter Stadlen. Sie brachten die deutsche Erstaufführung des Schönbergschen Klavierkonzerts. Leibowitz dirigierte die zweite Kammersymphonie; Stadlen und der Berliner Pianist Helmut Roloff spielten Schönbergsche Klaviermusik. Durch die Zwölftonkurse vermittelte Leibowitz den jungen Komponisten die Grundlagen der Dodekaphonie. 1949 ging die Ausbreitung der Schönbergschen Werke weiter. In Paris rivalisierten Leibowitz und Max Deutsch in der Förderung und lebendigen Darstellung seiner Komposition. Deutsch hatte schon Ende Dezember 1948 über seine Aufführung des „Pierrot Lunaire" in Genf berichtet. Schönberg zeigte sich in seiner Antwort vom 3. Januar 1949 enthusiasmiert, daß das Gletschereis am Genfersee gebrochen war; er wußte, daß der große Dirigent Ernest Ansermet sich zum heftigen Gegner von Atonalität und Zwölftonmusik entwickelt und seit Jahren keines seiner Werke mehr dirigiert hatte.

Auch Paul Hindemith, der an der Yale-Universität lehrte und in Amerika viel aufgeführt wurde, hatte sich in seiner Musik wie in seiner Theorie von Schönberg weg gewandelt. Er bearbeitete seine eigenen genialen Jugendwerke wie das „Marienleben" nach Rilkes Gedichten so, daß Dissonanzen und freie harmonische Fortschreitungen weitgehend getilgt wurden. Schönberg sah diese Korrekturen mit Mißvergnügen. Er notierte am 17. Januar 1949: „Ist es der New Look? Nein, die Kleider werden länger und länger und bald werden sie wieder bis zur Erde reichen; nein, es ist das Neu-Antiquierte, oder, wie P. H. sagen würde, der antiquierte New Look. Das ‚Marienleben' ist neu angezogen worden. Früher, so bekennt P. H., war es nur eine Demonstration von Kraft. Irgendetwas mußte besiegt werden, und wer vielleicht geglaubt hatte, das könne Ergebnis einer Eingebung sein, habe vollkommen Unrecht. Aber heutzutage gibt es keine Stoffknappheit mehr." In einem Brief an den Chemie-Professor G. F. Stegmann an der Universität Stellenbosch bei Kapstadt in Süd-Afrika konstatiert Schönberg mit Vergnügen, daß seine Zwölftontechnik sich ausgebreitet habe. Er findet im übrigen nichts dabei, Strawinsky, Bartók oder Hindemith nachzuahmen, wendet sich aber gegen den Unterricht „einer Frau russisch-französischer Abkunft, die reaktionär ist und auf viele Komponisten einen großen Einfluß hat." Er verschweigt taktvoll den Namen. Es ist die in Paris und Fontainebleau lehrende Strawinsky-Prophetin Nadja Boulanger.

Mit dem Viola-Spieler Eugen Lehner, der früher dem Kolisch-Quartett angehört hatte und nun Mitglied der Boston-Symphony war, korrespondierte Schönberg über Fragen der Schallplatten-Aufnahmen seiner Quartette. In Amerika hatte die kleine Firma „dial" Aufnahmen mit Kolisch und seinen Mitspielern im „pro arte-Quartet" gemacht und eine neue Firma namens „Alco" plante, diese zu übernehmen. In Schönbergs Brief vom 10. Februar 1949 ist beachtenswert, daß er sein erstes Quartett weitaus am reifsten und besser als das zweite gespielt findet.

Aus Darmstadt war eine Einladung gekommen, an den Ferienkursen im Sommer 1949 als Dozent teilzunehmen. Schönberg hatte große Lust dazu, bezweifelte aber in einem an René Leibowitz gerichteten Brief vom 15. März, ob seine Gesundheit es zulassen würde.

Von dem Londoner Antiquar Rosenthal kam Nachricht über die Zürcher Auktion von Manuskripten: „Die Glückliche Hand erreichte 5350 Schweizer Franken, was etwa 1300 Dollar entspricht und wurde durch eine amerikanische Institution erworben. Ich arrangierte einen interessanten Abend vor der Auktion. Dr. Curjel war so freundlich, über die Manuskripte zu sprechen (er erinnert sich mit großem Vergnügen der Zeit, als er Sie in Berlin kannte) und ich werde Ihnen ein Bild schicken, das aufgenommen wurde, während wir über Ihr Manuskript sprachen", heißt es in einem Brief vom 28. Februar.

Das Dominikaner-College in San Rafael bat um einen Vortrag. Schönberg hatte gehofft, hinzufahren, mußte aber die Reise aufgeben. Damit fiel auch der geplante Abstecher nach Oakland aus, wohin Darius Milhaud und seine Frau ihn und Frau Gertrud eingeladen hatten.

Am 7. Februar schrieb Zillig: „In Frankfurt liegt nun die Musikwoche fest und auch das Festkonzert mit Ihren Werken; es ist am Montag, den 27. Juni in Frankfurt und am 26. in Darmstadt, und wird die Fünf Orchesterstücke, das Lied der Waldtaube, das Violinkonzert mit Tibor Varga, einem großartigen, in London lebenden ungarischen Geiger, und die Variationen opus 31 bringen."

Nach langer Unterbrechung brach Schönbergs musikalischer Schaffenstrieb im März 1949 fast explosiv wieder aus. Zwischen dem 3. und 22. dieses Monats entstand die „Phantasy" für Violine und Klavier opus 47, am 20. wurde „Dreimal tausend Jahre" für gemischten Chor a cappella nach einem Text von Dagobert D. Runes beendet und zwischen dem 9. und 15. skizzierte Schönberg die ersten Gedanken zu einem gemischten Chor mit Orchesterbegleitung über den eigenen Text „Israel exists again". Der kompositorische Einfall ging dem erst am 8. Juni aufgezeichneten Textentwurf um drei Monate voraus;

die Komposition, an der noch am 18. Mai gearbeitet wurde, blieb unvollendet.

Ende Februar 1949 reiste ich als Gast der amerikanischen Regierung für zwei Monate in die Vereinigten Staaten. Schönberg hatte gehört, daß ich in New York sei und schrieb am 15. März in seiner impulsiven Art: „Das ist eine kolossale Überraschung, daß Sie in New York sind. Warum schreiben Sie mir nicht? Ist Ihre Frau mit Ihnen? Ich nehme dabei immer an, daß Sie der selbe Stuckenschmidt sind, und nicht jemand anderer des gleichen Namens, der bei mir in meinen Klassen gewesen ist und bei uns immer so viel verkehrt hat.

Wie können Sie zweifeln dass ich mich sehr freuen werde Sie zu sehen. Lassen Sie doch von sich hören und schreiben Sie mir wann Sie kommen. Viel kann ich Ihnen ja hier nicht zeigen – ich bin ein bisschen isoliert und lebe sehr zurückgezogen. Aber es wird uns eine grosse Freude sein Sie und Margot hier zu begrüssen. Mit herzlichen Grüssen, Ihr Arnold Schoenberg."

Am 9. April kam es zu einem Wiedersehen in Brentwood Park. Ich hatte mittags bei Thomas Mann am San Remo Drive in Pacific Palisades, ein paar Kilometer von Schönbergs Haus entfernt, gegessen. „Werden Sie Schönberg sehen?" fragte der Dichter. Ich erwiderte, ich sei anschließend zum Kaffee in Brentwood Park eingeladen. Thomas Mann riet mir, Schönberg nicht zu sagen, wo ich zu Mittag gegessen hatte; er werde es übelnehmen. Der Ratschlag war gut. Arnold und Gertrud Schönberg nahmen mich herzlich auf. Über die „Faustus"-Affäre wurde kein Wort gesprochen. Schönberg war viel mehr an allem interessiert, was sein Gast aus Deutschland zu berichten wußte. Er hatte sich in den 16 Jahren erschreckend verändert, war bis auf die Knochen abgemagert und hatte tiefe Furchen in dem großartigen Prophetengesicht. Aber sein Geist und sein Temperament waren dieselben geblieben. Über seine eigenen Arbeiten sprach er bei dieser ersten kurzen Begegnung, die nur eine Stunde dauerte, nicht. Da ich nur eine Woche in Los Angeles bleiben konnte, bat ich, bald anrufen zu dürfen, um einen längeren Besuch zu verabreden. Dieser fand vier Tage später, am 13. April, statt. Das Ehepaar George und Böske Antheil, bei dem ich wohnte, wurde mit mir zusammen zum Abendessen geladen. Man war in kleinstem Kreis; nur Frau Gertruds Mutter, die alte Frau Kolisch, war dabei. Die Kinder, von denen Nuria zu einem schönen siebzehnjährigen Mädchen herangewachsen war, verabschiedeten sich nach dem Essen. Auf die Frage nach „Moses und Aron" antwortete Schönberg, er glaube nicht, daß er die Oper noch vollenden werde. Auf meine Bemerkung, das Werk werde von einigen deutschen Opernhäusern sehnlichst zur Aufführung erwartet, kam die kennzeichnende Erwiderung: „Das kann man gar nicht aufführen. In der Blutopferszene werden vier nackte Mädchen von vier Priestern umarmt und im Augenblick der höchsten Lust von ihnen erdolcht.

Wie soll das auf einer Bühne gezeigt werden?" Er meinte auch, eine ferne Zukunft könne mit Hilfe elektronisch hervorgebrachter Töne und Klänge die Aufführung des gewaltigen, unvollendeten Werkes möglich machen.

Mit Rührung und Dankbarkeit sprach der große alte Mann von den Freunden in Europa, die ihm über alle Schwierigkeiten hinweg in allen diesen Jahren die Treue gehalten hatten. Er wollte wissen, ob amerikanische Noten und Bücher in Deutschland käuflich zu haben seien. Mir bot er als Geschenk alles an, was von ihm nach 1933 erschienen war. Darüber hinaus schenkte er mir seine Exemplare von Joseph Schillingers „The Mathematical Basis of the Arts" und Nicolas Slonimskys „Thesaurus of Scales and Melodic Patterns", eine Sammlung neuartiger Tonleitern. Über Schillingers Buch, den großangelegten Versuch einer technologischen Deutung und Analyse der Künste, meinte er: „Ich verstehe es nicht ganz, dazu enthält es zu viel Mathematik. Aber irgend etwas richtiges ist daran." George Antheil, in seiner Jugend ein fanatischer Bewunderer Igor Strawinskys, war von dem Besuch bei Schönberg tief beeindruckt. Er wandte seit diesem Abend seine ganze Begeisterungsfähigkeit dem Manne zu, dessen Musik er früher als abstrakt und trocken abgelehnt hatte.

Eine Überraschung erlebte ich zwischen diesen beiden Besuchen, als mich Igor Strawinsky in sein Haus am North Wetherley Drive einlud. Zu den ersten Fragen, die der Komponist an mich stellte, gehörte die: „Waren Sie bei Schönberg?" Als ich bejahte, sagte Strawinsky, wie sehr er bedaure, den großen alten Mann nicht häufiger zu sehen. Sie seien beinahe Nachbarn, aber nur am dritten Ort komme es gelegentlich zu flüchtigen Begegnungen. Er bewundere Schönberg; vielleicht kämen die Widerstände weniger von ihm und diesem selbst, sondern „von den Damen".

An Rudolf Kolisch ging am 12. April ein Brief über das amerikanische Musikleben und den Markt, den die Nachahmer Strawinskys, Hindemiths und Bartóks sowie die Schüler der Boulanger zu erobern suchten. Die Tendenz sei in Amerika, europäische Einflüsse zu unterdrücken und amerikanische Musik nach Europa einzuführen. Das Publikum finde er geneigter, seine Musik anzunehmen; es werde durch die planlose, rohe und ungebildete Produktion der schlechten Komponisten fühlen lernen, daß in seiner Musik eben doch etwas anderes stehe. Vor einer Woche habe er „ein Stück für Violin-Solo mit Begleitung des Klaviers" fertiggestellt; Richard Hoffmann und Leonard Stein hätten es schon gespielt, es solle schwer aber gut ausführbar sein und sehr gut klingen.

Das erwähnte Stück ist die am 22. März (also drei Wochen vor dem Brief an Kolisch) beendete Phantasie opus 47. Nach Adolf Koldofsky, der sie angeregt hatte und dem sie gewidmet ist, spielte sie in Europa Tibor Varga als erster. „Um dieses Stück ganz entschieden zu einem Solostück für Geige zu gestalten, habe ich zuerst die ganze Geigenstimme komponiert und dann die Klavierbegleitung hinzugefügt", schrieb der Komponist am 5. Februar 1951 an Rufer. Und zur Form: „Ich habe geglaubt, ein Stück zu schreiben, dessen unbehinderter Fluß nicht auf irgendwelche formale Theorien zurückzuführen ist."

Leibowitz rühmt an dem nur 166 Takte langen Werkchen die höchste Konzentration und Intensivität des Ausdrucks und weist auf das ganz verschiedene Material in beiden Instrumentalstimmen hin. „Die Tatsache, daß jede Stimme aus völlig für sich abgeschlossenen Reihensegmenten besteht, und daß sich gleichzeitig die andere Stimme der ersten gegenüber reihenmäßig komplementär verhält – das kommt mir als eine der wichtigsten Errungenschaften der modernen Harmonik vor, deren weitere Konsequenzen uns ganz neue Wege eröffnen." (Im Sonderheft der „Stimmen" zum 75. Geburtstag).

Glenn Gould, der als Klavierpartner Israel Bakers die „Phantasy" für die Columbia-Schallplatten-Gesamtausgabe gespielt hat, konstatiert, daß kein Thema vom Klavier eingeführt und wiederholt wird. Inspiriert von den poetischen Eigenschaften des Stücks, das er eine lange, rhapsodische Aussage für Sologeige nennt, spricht Gould von der Walzerszene mit ihrem nächtlichen, laternenerhellten Charakter, von der folgenden choralhaften Episode, von der sardonischen Stretta, die das expressionistische Credo von Schönberg kennzeichne. Der Titel dieses opus 47, „Phantasy for violin with piano accompaniment" bezeichne sowohl die Verfahrensweise als auch den instrumentalen Vorrang.

Der russische Bildhauer Alexander Archipenko, seit Jahrzehnten in New York ansässig, wurde 1949 in eine Intrige verwickelt und bat neben vielen anderen Schönberg um Solidarität, die dieser ihm auch bekundete.

In Palermo hatte vom 22. bis 30. April das 23. Musikfest der Internationalen Gesellschaft für Neue Musik viele Freunde und Anhänger der Wiener Schule versammelt. Am 24., dem Tage nach der Aufführung, schrieb Marya Freund über die Begeisterung, die der „Pierrot Lunaire" geweckt hatte. Luigi Dallapiccola, Mario Peragallo, Karl Amadeus Hartmann, Josef Rufer und viele andere schickten Grüße. Von Schönbergs Schülern waren Eisler mit dem ihm gewidmeten Quintett in „Pierrot"-Besetzung „Vierzehn Arten, den Regen zu beschreiben" und Hans Erich Apostel mit einem Streichquartett vertreten.

Neue Skizzen zu dem Chor „Israel exists again" entstanden am 18. Mai. Aber Schönberg fühlte sich nicht imstande, die Einladung zu den Ferienkursen in Darmstadt anzunehmen. Zwar hätten die Ärzte seinen Zustand als ungefährlich erklärt. Doch subjektiv fühle er sich schlecht, leide an Asthma, Schwindel und Magenkrämpfen. Er sei sehr traurig, nicht kommen zu können, schreibt er abschließend an Rufer.

Die Arbeits- und Korrespondenzlast nahm zu. In Berlin wollte Dr. David über die Orgelvariationen, in New York Amadeo de Filippi über die Chorsatiren und andere Werke informiert werden. Dazu kamen von vielen Seiten die Bitten, sich zu dem bevorstehenden 75. Geburtstag zu äußern, Beiträge für Zeitschriften zu liefern, Begrüßungsworte zu Aufführungen zu senden, wie denen im Frankfurter Hessischen Rundfunk, der Ende Juni Festkonzerte mit Werken Schönbergs veranstaltete. Sogar seiner Bilder erinnerte man sich. Dr. Ludwig Grote in München, später Generaldirektor des Germanischen Nationalmuseums in Nürnberg, plante sie in einer Gedächtnisausstellung des „Blauen Reiters" zu zeigen. Schönberg freute sich darüber, konnte aber wegen der hohen Kosten und des Verlustrisikos nichts einschicken.

Nochmals, und zum letztenmal, wurde die Arbeit an „Israel exists again" aufgenommen: der Text zu dem musikalischen Fragment entstand vom 8. bis 10. Juni 1949.

Im April hatte der junge Londoner Musikschriftsteller Hans Keller geschrieben, Oskar Adler, bei dem er Bratsche studierte, sehne sich so nach einem Lebenszeichen. Endlich, am 2. Juli, fand Schönberg Zeit, dem Jugendfreund zu schreiben. Er beneide den Gleichaltrigen, der noch immer Quartett spielte, um seine Aktivität. Ob Adler einige seiner letzten Werke gehört habe? Der Freund antwortete ausführlich, schrieb über gemeinsame Freunde wie Erwin Stein, Schönbergs Neffen Hans Nachod, D. J. Bach, mit dem er zusammen interniert war, Arnold Rosé und den Cellisten Buchsbaum, mit denen beiden er noch musiziert habe, Etta Werndorff, die von Pasadena nach London wolle, Dr. Prager, den ehemaligen Kassierer des Schönbergschen Vereins in Wien, und von Erwin Ratz, der ihm aus Wien von Zeit zu Zeit Artikel schicke.

Im Falle Thomas Mann sei er auf Schönbergs Seite: „Dein Werk steht und wirkt, und Deine Musik sagt unendlich viel mehr als Alles, was Gescheites oder Dummes darüber gesagt oder geschrieben werden mag."

Im Sommer 1949 verdichtete sich der Briefwechsel mit Josef Rufer in Berlin. Er hatte Schönberg den Plan vorgelegt, ein Buch über die Zwölftonkomposition zu schreiben. Schönberg war daran außerordentlich interessiert und trug mit zahlreichen Briefen zur Substanz des Werkes bei, dessen Erscheinen er jedoch nicht mehr erlebt hat. „Nennen Sie es nicht ‚Zwölf-Ton-Theorie', nennen Sie es ‚Die Komposition mit zwölf Tönen'. Ich persönlich lege nämlich Hauptgewicht auf das Wort Komposition. Leider machen die meisten etwas, daß ein bißchen wenig nahe der Idee Musik zu komponieren ist." Er sei einverstanden, daß Rufer seinen früher gehaltenen Vortrag über Zwölftontechnik zugrunde lege, aber nur in Zitaten, da dieser demnächst englisch in seinem Buch „Style and Idea" abgedruckt werde. Ausgezeichnet finde er Rufers Absicht, dem Buch hauptsächlich Analysen zu Grunde zu legen. Aber es dürften nicht nur Zwölf-Ton-Analysen sein! „Wie man die Reihe zur Gestaltenerzeugung verwenden kann, auf welche Art: ich glaube, auf das wäre meines Erachtens der Hauptton zu legen." Und dann folgt ein Post Scriptum: „Angeblich hat Rodzinsky in Venedig mein Violinkonzert aufgeführt. Er wurde aber vorher gewarnt, er müsse Eier- und Tomatenwürfe erwarten. Statt dessen war es ein enthusiastischer Erfolg mit acht Hervorrufen."

Die Darmstädter Ferienkurse, an denen Schönberg hatte teilnehmen wollen, standen trotz seiner Absage im Zeichen seines Werks und seiner Gedanken. Sie waren zum erstenmal kombiniert mit einer Woche für neue Musik, die der Hessische Rundfunk in Frankfurt am Main veranstaltete. Dabei kamen Schönbergs Orgel-Variationen durch Michael Schneider, das Streichtrio durch das Walden-String-Quartett, das Vierte Streichquartett durch das Amsterdamer Quartett mit dem Cellisten Maurits Frank und das Violinkonzert durch Tibor Varga zur deutschen Erstaufführung. René Leibowitz leitete einen Kurs für zwölftönige Komposition, der ohne alle weiteren Voraussetzungen auf Schönberg beruhte, während Josef Rufer in einem gleichzeitigen Kurs die Verbindung mit den klassischen Wiener Traditionen, namentlich mit Beethoven und Brahms, betonte. Die international stark besuchten Vorlesungen und Aufführungen fanden zum erstenmal im Seminar Marienhöhe statt. Am 23. Juni wurde die seit der Nazi-Zeit ruhende deutsche Sektion der Internationalen Gesellschaft für Neue Musik wieder ins Leben gerufen.

Mit großer Freude reagierte Schönberg auf die Nachricht, daß die österreichische Genossenschaft Dramatischer Schriftsteller und Komponisten ihn zum Ehrenmitglied ernannt hatte, – eine späte Rehabilitierung für das Unrecht, das ihm 1935 die AKM durch Ablehnung seines Antrages auf Mitgliedschaft zugefügt hatte. Er habe, heißt es in der Antwort vom 4. Juli 1949, in Wien nach Qualität und Zahl vielleicht so viele Freunde, daß Zahl und Macht der Gegner dadurch übertroffen werde. Zu diesen Freunden zählte auch Hanns Jelinek, der am 20. Juli das erste Heft seines „Zwölftonwerkes" schickte und hinzufügte: „Wenn ich mich auch nicht Ihren Schüler nennen darf – die drei Monate in der Schwarzwaldschule (1918) geben mir nicht das Recht dazu – so waren Sie mir doch Vorbild und Lehrer." Auf den Prospekt des ebenfalls in Wien gegründeten Instituts für Friedenswissenschaften und Völkerverständigung notierte Schönberg die vermutliche Antwort auf eine Frage über seine musikalische Ausbildung.

Briefe an die Familie waren nun vorwiegend Frau Gertruds Aufgabe. An ihrem Geburtstag, dem 9. Juli, schrieb sie an die Schwägerin Otti, Arnolds Gesundheit sei so ungewiß, daß man fortwährend zittere.

An Stiedry diktierte Schönberg am 21. Juli seinem Neffen und Assistenten Richard Hoffmann einen langen Brief in die Maschine. Auch da Klagen über Krankheit, auf deren Heilung er seit fünf Jahren warte. Ärger über die englische „Pierrot"-Übersetzung, die ein Herr Beier völlig von einem früheren Übersetzer Wachtel übernommen hatte, was Schönberg in Verlegenheit brachte. Die Frankfurter Festkonzerte seien sehr erfolgreich gewesen, die Kritiken hingegen seien unglaublich lau. Er argwöhne eine amerikanische Intrige dahinter.

Am 1. August wurde ein seltsamer Text als vierstimmiger Kanon vertont; wer mag der Adressat sein, wenn nicht vielleicht Schönberg selbst: „Gravitationszentrum eigenen Sonnensystems, von strahlenden Satelliten umkreist, so stellt dem Bewunderer dein Leben sich dar." Es ist die letzte datierte Komposition im strengen kanonischen Stil, fünfzehn Takte in reinem C-dur mit strahlender, meistersingerlicher Schlußkadenz.

Bei dem von Kussewitzky gegründeten allsommerlichen Musikfest des Berkshire Center in Tanglewood spielte das junge Juilliard-Streichquartett am 21. August Schönbergs drittes und viertes Quartett. Die Aufführungen wurden mit Begeisterung aufgenommen. Auch die Schallplattenaufnahme der zweiten Kammersymphonie, die Bernhard Herrmann in New York für Columbia dirigiert hatte, machte ihm viel Freude. Er bestätigte dem Dirigenten, der später in Hollywood Filmkomponist war, die hohe Qualität der Wiedergabe in einem Brief vom 30. August. Nur der erste Satz war ihm, wie schon unter Stiedry, zu langsam.

Gertrud machte sich Sorgen. Sie berichtete der Schwägerin Ottilie am 23. August, sein 75. Geburtstag mache ihm viel zu schaffen, da alle Leute ihn auf seine Kosten feiern wollten. Morgen müsse er zur Röntgenaufnahme. Sein großes Glück seien Ronnys Erfolge als jugendlicher Tennischampion. Nuria sei gescheit, humorvoll und schön. Mit Mama Kolisch gäbe es manchmal Spannungen, die das Leben würzten.

Nun kam der September, mit ihm die Flut der Briefe, Geschenke und Ehrungen zum Festtag am 13. Aus Florenz schickte Luigi Dallapiccola einen verehrungsvollen Brief, aus dem englischen Cambridge Professor Edward Dent einen ausführlichen Bericht, der von Karl Rankl, Hermann und Gustl Scherchen, Roberto Gerhard, Egon Wellesz, O. E. Deutsch und Paul Hirsch erzählte. Der Naturwissenschaftler und Psychologe Professor Dr. Kurt Wilde in Göttingen erklärte in einem Huldigungsbrief, er sei seit seinem 18. Lebensjahr begeistert von Schönberg, den er als einen der fünf oder sechs Größten verehre.

Zwei Zeitschriften brachten Sonderhefte heraus, die ausschließlich Schönberg gewidmet waren. Die Berliner „Stimmen" eröffneten das Heft mit dem autobiographischen Rückblick des Gefeierten, dem die Betrachtung „On Revient Toujours" angehängt war. Über seine Tätigkeit in Amerika schrieb Roger Sessions. Die beiden Herausgeber, Josef Rufer und ich, waren mit grundsätzlichen Arbeiten vertreten. René Leibowitz mit einer kurzen Betrachtung über die literarische Ernte früherer Geburtstage und einem Kommentar zur Geigen-Phantasie. Orientalische Parallelen zur Zwölftontechnik untersuchte Peter Gradenwitz. Über persönliche Begegnungen und Probenarbeit sowie anekdotische Geschehnisse sprachen Alfred Keller, Margot Hinnenberg-Lefèbre, Fritz Stiedry und Winfried Zillig. Kurze Bekenntnisse zu Schönberg steuerten Boris Blacher, Dallapiccola, Paul Dessau, Werner Egk, Wolfgang Fortner und Karl Amadeus Hartmann bei. Das Heft enthielt auch die Inserate zweier New Yorker Verleger, die Schönbergs letzte Werke veröffentlicht hatten; bei Edward B. Marks waren die drei Chorbearbeitungen deutscher Volkslieder, in den Bomart Music Publications das „Kol Nidre", das Trio, der „Überlebende von Warschau" und die drei schon 1933 komponierten Lieder nach Gedichten von Jacob Haringer erschienen.

Die andere Zeitschrift erschien in Sydney. Sie hieß „The Canon, Australian Journal of Music". Das Sonderheft, Nr. 2 des dritten Jahrgangs, begann mit einem verehrungsvollen Brief des zweiten Herausgebers Wolfgang Wagner an Schönberg. Die Idee eines Jubiläumsheftes war von Schönbergs amerikanischer Schülerin Dika Newlin ausgegangen, die selbst über die Geigen-Phantasie schrieb, während Leibowitz die späten tonalen Werke untersuchte. Schönbergs eigene Rede über Gustav Mahler machte den Beginn der Beiträge. Otto Klemperer schrieb über den Lehrer, Komponisten und Bearbeiter, Eduard Steuermann über Herz und Verstand, Paul A. Pisk über Jugendeinflüsse, Alma Maria Mahler-Werfel über ihre Freundschaft. Zahlreiche britische und australische Musiker huldigten Schönberg. Der originellste Beitrag war von Rudolf Kolisch. Er hieß „Schönbergs Sendung, eine Geburtstagshuldigung in zwölf Tönen" und bestand aus fünf zwölfzeiligen Strophen in Hexametern. Jede Zeile begann mit einem Ton der Zwölftonreihe des 3. Quartetts. So lautet die erste Strophe:

Gestern nur war's; da flossen die Töne des Bach's noch
Eingebettet ins Ufer der Tonalität.
DISsonanzen dann stürmten; Du nutztest sie mutig
Aufzureissen den Damm, der hemmte die Fülle
Chromatischen Stromes. Ihn nun hast Du gegliedert,
Freiheit erobernd vom Zwange, Grosse und neue
GEStalten hast Du geschaffen, leuchtende Zeichen.
Haben sie's gleich erkannt und sind sie dankbar gefolget?
Beängstigt wagen sie nicht den Sprung in die Tiefe
DES chromatischen Raumes den gleich jenem krummen
AStronomisch uns öffnet die neue Erkenntnis.
Du aber hast uns gegeben die wahre Dodekaphonie.

Am Geburtstag selbst spielten Adolf Koldofsky und Leonard Stein die Uraufführung der Phantasie opus 47, zu der Schönberg auch einen Rundfunk-Kommentar gesprochen hatte. Etwas post festum kam Eduard Steuermanns Schallplattenaufnahme aller Schönbergschen Klavierstücke. Er machte sich Sorgen über Fehler in der Wiedergabe. Schönberg beruhigte ihn: „Es gibt keine absolute Reinheit in dieser Welt: reines Wasser enthält Infusionstierchen. Ich bin aber überzeugt, daß Du Musik so überzeugend spielen kannst, daß das den Eindruck von Reinheit, und künstlerischer Reinheit, hervorruft, und auf die allein kommt es doch an."

Die Stadt Wien verlieh ihm das Bürgerrecht ehrenhalber. Anläßlich der Überreichung des Bürgerbriefes durch den österreichischen Generalkonsul dirigierte Harold Byrns die erste Kammersymphonie mit seinen ausgezeichneten Solisten. Schönberg dankte dem Bürgermeister am 5. Oktober und äußerte den Wunsch, noch einmal in die Stadt eintreten zu dürfen, die er immer so geliebt habe. Die Gratulationen einzeln zu beantworten ging über Menschenkräfte. Wieder einmal löste Schönberg das Problem durch ein fotografisch vervielfältigtes Handschreiben vom 16. September mit dem Titel „Erst nach dem Tode anerkannt werden – !" Er wisse, heißt es in diesem menschlichen Dokument, daß er auf volles und liebevolles Verständnis zu Lebzeiten nicht rechnen dürfe. Er zitierte einen eigenen Aphorismus von 1912: „Die zweite Hälfte dieses Jahrhunderts wird durch Überschätzung schlecht machen, was die erste Hälfte durch Unterschätzung gutgelassen hat an mir." Auch in englischer Übersetzung ging das Rundschreiben an zahllose Freunde und Verehrer, so an Stiedry, Dr. Wolfsohn in Tel Aviv, an Rudolf Goehr, an Rufer, an mich und meine Frau, und oft fügte Schönberg noch ein paar herzliche Zeilen hinzu. Einige Gratulanten hatten erst durch die Zeitungen von dem Geburtstag erfahren und meldeten sich verspätet, so der Cellist Professor Wilhelm Winkler, ehemals im Orchester der Leipziger „Gurrelieder"-Aufführung; er hatte 1911 in Ober St. Veit bei Schönberg Theorie gearbeitet und später an Aufführungen des Vereins in Wien teilgehabt. Über ihre „Pierrot"-Aufführungen in London, Brüssel und Paris schrieb Marya Freund. Sie fuhr fort: „Nun möchte ich mich an Napoleon machen, und ich möchte von Dir so vieles *wissen*! Leider ist Los Angeles nicht so nah als Gmunden war." Hans Erich Apostel, etwas pessimistisch wie es seinem Wesen entsprach, schickte Schilderungen des Wiener Musiklebens; Max Deutsch teilte mit, er habe am 7. November in Paris mit Lucienne Marée die von ihm übersetzte „Erwartung" als französische Erstaufführung dirigiert.

In Deutschland war einige Monate vorher Theodor W. Adornos „Philosophie der Neuen Musik" erschienen. Kurt List in New York fragte Schönberg am 16. November über seine Meinung. Er war erstaunt über den Mangel an

Verständnis für die Logik in Schönbergs gesamter Entwicklung. Schönberg war von dem Buch empört und übersah in seinem Zorn, daß es eher eine Verteidigung als eine ablehnende Kritik seines Werks darstellt. Er schrieb am 5. Dezember an mich: „Die Neue Musik hat also eine Philosophie – es würde genügen, wenn sie einen Philosophen hätte. Er attackiert mich darin ganz vehement. Wieder ein Abtrünniger . . . Aber ich habe den Menschen nie leiden mögen . . . und jetzt weiß ich es ja auch, daß ihm meine Musik offenbar niemals gefallen hat . . . . . . ekelhaft, nebenbei, ist wie er Stravinsky behandelt. Ich bin gewiß kein Stravinsky-Anhänger, obwohl mir hier und da ein Stück von ihm ganz gut gefällt – aber so muß man nicht schreiben." Und am gleichen Tag in einem Brief an Rufer: „Das Buch ist sehr schwer zu lesen, denn es verwendet diesen quasi-philosophischen Jargon in dem die heutigen Philosophie-Professoren die Abwesenheit eines Gedankens verbergen. Sie glauben, es ist tief, wenn sie mit undefinierten neuen Ausdrücken Unklarheit hervorbringen . . . Er weiß natürlicherweise alles über Zwölf-Ton-Musik, hat aber keine Ahnung von dem schöpferischen Vorgang.

Er, der wie man mir sagt, eine Ewigkeit braucht, um ein Lied zu komponieren, ahnt natürlich nicht, wie schnell ein wirklicher Komponist abschreibt, was er in seiner Fantasie hört. Er weiß nicht, daß ich sowohl das dritte als auch das vierte Quartett in je sechs Wochen geschrieben habe, und ‚Von heute auf morgen' in 10 Wochen. Und das sind bloß ein paar Beispiele, denn ich habe immer rasch komponiert. Er scheint zu glauben, daß die Zwölfton-Reihe, wenn nicht am Denken, so doch am Erfinden hindert – der Arme . . . Das Buch wird vielen meiner Gegner eine Handhabe sein. Insbesondere weil es so wissenschaftlich tut."

Der Briefwechsel mit Luigi Dallapiccola führte zu einer Freundschaft unbekannterweise. Dankbar nahm Schönberg die Widmung der „Tre poemi" für Sopran und Kammerorchester (nach Gedichten von James Joyce, Michelangelo und Machado) an. Variationen für Singstimme zu schreiben, sei eine äußerst originelle und vielversprechende Idee, um die er Dallapiccola beneide.

Zum Streit mit Thomas Mann hatte die Londoner Zeitschrift „Music Survey" um eine Äußerung gebeten. Bei Schönberg brach nochmals – vielleicht geschürt durch Adornos Buch – der Zorn aus. Er richtete neue Angriffe gegen Mann und nannte die nachgefügte Notiz im „Doktor Faustus" einen Racheakt. Die Zeitschrift brachte den Beitrag als ein „character document". Mann antwortete am 19. Dezember 1949 und erinnerte an Schönbergs versöhnlichen Brief vom 15. Oktober 1948. „Sie schlagen los auf einen Popanz Ihrer Phantasie, der nicht ich bin", schließt der Dichter, „so entstehen keine Rachegelüste. Wollen Sie durchaus mein Feind sein – es wird Ihnen nicht gelingen, mich zu dem Ihren zu machen."

Zu den wenigen Freunden, die einen Dankbrief für ihre Gratulationen bekamen, gehörte Darius Milhaud. Wie unter Emigranten in den Vereinigten Staaten üblich, schrieb ihm Schönberg englisch und dankte herzlichst für die außergewöhnlich lieben Worte in der Zeitschrift „Canon". Im Gespräch mit deutschen und amerikanischen Komponisten habe er sie oft wegen ihres Mangels an Kameradschaft gescholten, da sie eher geneigt seien, sich aus Neid gegenseitig umzubringen. Im Gegensatz dazu habe er immer französische Künstler aller Gattungen wegen des Vorbildes gerühmt, das sie der Welt an selbstloser und freundlicher Haltung gegenüber Kollegen lieferten. Obwohl sie zweifellos größere und kleinere Verdienste zu erkennen wüßten und auch den Überlegenen kennten, mindere das nicht die Freundschaft und Freundlichkeit der meisten; eine Herabsetzung des Rivalen sei ausgeschlossen. „Das ist es, was mich immer an Ihrer Person erfreut hat: die tief verwurzelte Würde eines Mannes, der seinen Wert kennt und gerade deshalb freundlich zu einer anderen Persönlichkeit sein kann."

Endlich war durch Thomas Manns Brief das Eis gebrochen. Am 2. Januar 1950, vermutlich als ersten Brief nach der Jahreswende, schrieb ihm Schönberg, er sei über zwei Wochen krank und deshalb nicht imstande gewesen, die ersten spontanen Notizen weiterzuführen. Sie lauteten: „Wenn die Hand, die ich glaube ausgestreckt zu sehen, eine Friedenshand ist, wenn sie also ein Friedensangebot bedeutet, so wäre ich der letzte, sie nicht sofort zu ergreifen und bekräftigend zu schütteln.

In der Tat, ich habe oft daran gedacht: Ihnen zu schreiben: begraben wir die Streitaxt und zeigen wir, daß es auf einer gewissen Stufe immer eine Möglichkeit zum Frieden gibt." Am 9. Januar erst wurde der Brief beendet. Um die Freunde, die in dem Zwist seine Partei genommen hatten, nicht zu kränken, schlage er ein neutrales Zwischenstadium vor. „Begnügen wir uns mit diesem Frieden: Sie haben mich versöhnt."

Thomas Mann antwortete sofort am 12. Januar, er habe sich außerordentlich gefreut, bedaure nur Schönbergs neuerliche Unpäßlichkeit. Er stimme in der Gesinnung vollkommen mit ihm überein. Schon seine erste Erwiderung in der „Saturday Review" zeige ja, daß er nicht gewillt war, Schönbergs Feind zu werden. Er sei wahrhaft glücklich, daß auch dieser die Feindschaft begraben und vergessen wolle. Er hoffe, Schönberg habe unterdessen die ganze Frische wiedererlangt, die er an seinem 75. Geburtstag gezeigt haben solle. Nachträglich gratuliere er noch herzlich. „Wo und wann immer in diesem Leben wir uns noch einmal begegnen sollten, wird es mir eine Freude und Ehre sein, Ihnen wieder die Hand zu drücken."

Am 16. Februar schrieb Schönberg das Bekenntnis „My attitude towards politics" nieder, das ein so aufschlußreiches Licht auf die Entwicklung seines politischen und religiösen Denkens wirft (siehe Anhang). Einen Tag später entstand das Vorwort zu einer Sendung der Capitol-Schallplatte von „Pelleas und Melisande".

Ende März ging endlich wieder ein Brief an die Schwester Ottilie Blumauer. Gertrud schrieb nur kurz, klagte über die viele Hausarbeit, bei der die Kinder helfen müßten. Arnold gehe es verhältnismäßig gut, nur könne er sehr schlecht sehen, durch die momentane Wüstenhitze seien sie sehr müde. Arnold fügte hinzu, er sei viel krank, da aber die Ärzte nichts Organisches fänden, seien es wohl die Nerven. Der Brief enthielt auch eine Liste von Kleidern, Wäsche und einem Mantel, Inhalt eines Pakets, das er an Ottilie geschickt hatte.

Einer der spätesten Briefe an Rufer, vom 8. April 1950, betrifft einen Versuch von René Leibowitz, an Schönbergsche Musik ohne Themen anzuknüpfen. Dazu sagt Schönberg: „Leibowitz' athematische Musik: das geht vierzig Jahre zurück, wo ich, für kurze Zeit, das behauptet habe. Ich habe es aber bald widerrufen, da ja der Zusammenhang in der Musik auf nichts anderem beruhen kann, als auf Motiven, deren Verwandlungen und Entwicklungen . . . Ich bin also ganz Ihrer Meinung. Leibowitz, so intelligent er ist, übertreibt vielfach: es ist nicht alles kein Gold, was nicht glänzt, und es kann etwas thematisch sein was bei Weitem nicht so aussieht."

Stiedry, der in Los Angeles zu Besuch war, zeigte Schönberg eine Patience, die dieser nun gern spielte. Sie heißt Napoleon-Patience, und Schönberg schickte dem Dirigenten eine witzige Betrachtung darüber. Man sieht daran, daß sein Zustand sich gebessert hatte. Der Brief ist vom 17. April 1950 datiert.

Hermann Scherchen hatte in Gravesano den Verlag „Ars Viva" gegründet, der 1950 in Zürich ins Handelsregister eingetragen wurde. Schönberg verhandelte mit ihm über einige Werke, die Scherchen verlegen wollte. Am 22. Mai schrieb er ihm über die „Jakobsleiter", deren Partitur Scherchen gerne bis zum 31. August haben wollte.

Zu Schönbergs amerikanischen Verehrern gehörte der New Yorker Dirigent Robert Craft. Er hatte ihm geschrieben und wurde im Haus in Brentwood Park am 5. Juli freundlich empfangen. Es war nicht sein erster Besuch; dennoch bekennt er, auf Zehenspitzen gegangen zu sein, nicht auf die Klingel gedrückt und gewartet zu haben, bis Nuria ihn sah, hineinholte und warten ließ, bis der Vater kam. Er beschreibt das große Zimmer mit dem Flügel, dem Ledersessel, dem Bild von Kokoschka und den Tennis-Trophäen des Sohnes Ronny. Schönberg stützte sich beim Gehen auf Gertruds Arm, gebeugt und mager, doch sonnengebräunt, schmaler als früher, das Gesicht schmerzlich und empfindsam, rechts an der Schläfe die dicken Adern.

Drei Tage vorher hatte er seine letzte bis zu Ende gebrachte Komposition abgeschlossen. Es war die sechsstimmig für gemischten Chor a cappella gesetzte Vertonung des 130. Psalms, „Aus der Tiefe, Herr" im hebräischen Wortlaut. Chemjo Vinaver, Herausgeber einer Anthologie jüdischer Musik, hatte ihn um einen Beitrag gebeten. Die Arbeit wurde am 20. Juni begonnen und am 2. Juli beendet. Vinavers Vorschlag, eine der üblichen Melodien zu bearbeiten, auf die der Text gesungen wurde, lehnte Schönberg ab. Doch studierte er sie, um die melodischen Wendungen hebräischen Singens zu beobachten. Er widmete das Stück – wie das Vorwort der Ausgabe in den Israeli Music Publications mitteilt – dem Staat Israel in Bewunderung für dessen Volk und seine kulturellen Leistungen. Als Serge Kussewitzky ihn um Mitarbeit für das erste König David-Fest in Jerusalem bat, empfahl er ihm den Psalm als seinen geeignetesten Beitrag. Für die Aufführung riet er Vinaver, jede Stimme nötigenfalls durch ein Holzblasinstrument zu stützen, um Intonation und Rhythmus zu halten: „denn das ist stets mein größtes Anliegen und ich halte es für wichtiger als den sogenannten ‚reinen' Stimmenklang." Die Uraufführung fand nicht in Israel, sondern erst 1954 in Köln durch den Chor des Rundfunks unter Bernhard Zimmermann statt.

Wie mühsam die letzten Werke dem leidenden Körper abgerungen wurden, läßt das klare Schriftbild kaum vermuten. Doch Gertruds Brief an die nach Berlin-Zehlendorf übersiedelte Ottilie Blumauer vom 18. Juli berichtet, Arnold leide an Asthma und Depressionen. Ausgehen könne oder wolle er kaum. Dann aber wieder gehe er treppauf ohne atemlos zu werden oder renne in den Garten, um etwas zu sehen. Die Nerven seien an vielem Schuld. Der Blutdruck liege zwischen 136 und 160. In Ronny sei er verliebt.

Am 2. August 1950 schrieb er einen Bericht über die eigene Krankheitsgeschichte nieder, den Dr. Dieter Kerner in seinen „Krankheiten großer Musiker" zitiert. Da heißt es am Schluß: „Mein Asthma hat sich etwas gewandelt: Ich habe selten schwere Anfälle, aber der Zustand der Atemnot ist mehr oder weniger chronisch. Nur 4 oder 5 Stunden am Tag fühle ich mich frei, und fast jede Nacht erwache ich mit Atemnot. Ich huste dann oft 3 oder 4 Stunden, und nur, wenn ich erschöpft genug bin, kann ich wieder einschlafen – nur, um am Morgen die gleiche Reihenfolge durchzumachen.

Seit einigen Monaten wage ich nicht mehr, in meinem Bett zu schlafen, sondern nur in einem Stuhl. Verschiedene Behandlungen wurden mit mir durchgeführt. Ich wurde auf Diabetes, Pneumonie, Niere, Bruch und Wassersucht behandelt. Ich leide an Kraftlosigkeit und Schwindel, und meine Augen, früher außerordentlich gut, erschweren mir das Lesen."

Wegen des schlechten Gesundheitszustandes wurde der 76. Geburtstag am 13. September 1950 ohne die übliche Geselligkeit begangen. Schönbergs streuten das Gerücht aus, sie seien nicht zu Hause, und so fanden nur die allernächsten Angehörigen und Freunde den Weg zu ihnen.

Um diese Zeit sind die Nachträge zu den beiden letztwilligen Verfügungen entstanden, die Schönberg zur Regelung seines Erbes hinterlassen hat. Der eine betont nochmals das Vorrecht der drei Kinder aus zweiter Ehe und verbietet einer Reihe von Personen, seinen Arbeitsraum zu betreten und die dort stehenden Gegenstände, Manuskripte, Bücher etc. zu berühren. Er ist undatiert. Der andere, vom 1. Oktober 1950, hat die Form eines Briefes an Frau Gertrud und regelt die Herausgabe unveröffentlichter Manuskripte. Als Berater empfiehlt er: „Dr. Josef Polnauer, Josef Rufer, Erwin Stein (wenn er nicht mein Gegner wird), Erwin Ratz, vor allem: deinen Bruder *Rudolf Kolisch!*, Roberto Gerhard, Karl Rankl. Auch Görgi kann in manchem wertvoll sein; ebenso vielleicht Khuner oder Lehner, diese letzten wohl eher in instrumentalen Problemen. Rudi versteht meine Musik wohl am besten. Polnauer und Rufer kommen ebenso in Betracht wie auch Rankl. Rudi hat auch Verständnis für Theoretisches. Ich habe manche hier nicht genannt deren Fähigkeiten in Betracht kämen, die aber vielleicht nicht so ausgesprochen meine Freunde bleiben werden. So wie leider Stein, Erwin Stein. Wiesengrund sollte gänzlich ausgeschlossen bleiben. Alles ist Glückssache. Aber in einiger Zeit werden ja unsere lieben Kinder, Nuria, Ronny und Larry reif genug sein. – Viel Glück also."

Die Gedanken an Tod und letzte Dinge nahmen immer mehr Raum in Schönbergs Denken ein. Er ging nun den Weg zu Ende, den er 1926 mit dem Schauspiel „Der biblische Weg" betreten und der zu „Moses und Aron" geführt hatte. Bald nach dem 76. Geburtstag, am 29. September 1950, entstand der erste der Texte, die den vorläufigen Namen „Moderne Psalmen" bekamen. Er handelt von Gott und vom Gebet. Gott ist wieder, ähnlich wie im „Biblischen Weg" und in „Moses und Aron", der Einzige, Ewige, Allmächtige, Allwissende und Unvorstellbare; das Gebet vermittelt das Gefühl der Vereinigung mit ihm. Die letzten Zeilen lauten:

> „O du mein Gott, deine Gnade hat uns das Gebet
> gelassen, als eine Verbindung, eine
> beseligende Verbindung mit Dir. Als eine
> Seligkeit, die uns mehr gibt, als jede Erfüllung."

Gleich nach den Nachträgen zum Testament wurde am 2. Oktober die Vertonung dieses „Ersten Psalms" begonnen. Sie ist Fragment geblieben.

Die Kontakte mit der Außenwelt, soweit es keine freundschaftlichen waren, interessierten Schönberg nicht mehr sehr. Gewiß freute es ihn zu hören, daß Robert Craft am 21. Oktober in der New Yorker Town Hall den „Pierrot Lunaire" und die Suite opus 29 aufgeführt hatte. Auch die Erinnerung, die ein Sohn seines Jugendfreundes Richard Mandl an einen Besuch in dessen von Adolf Loos erbauter Villa in Döbling und die Eintragung in das Fremdenbuch weckte, dürften ihn amüsiert haben. Doch distanzlose Anknüpfungen und

Befragungen weckten seinen Unmut. Einen Brief des American Music Center vom 11. Oktober, der eine Liste seiner Werke seit 1939 nebst genauen Angaben über Entstehung und Veröffentlichung forderte, ließ er unbeantwortet; auf dem Bogen notierte er: „Die Person, die eine Gunst von Herrn Schönberg fordert, hat sich diesem zuerst mit dem gebotenen Respekt vorzustellen. Dann hat er eine deutliche Erklärung zu geben, ob diese geforderte Gunst einem Zweck dient, der Herrn Schönberg freundlich gesonnen ist. Denn Herr Schönberg möchte nicht seinen Feinden helfen."

Der erste ernstliche Bewerber um die Uraufführung von „Moses und Aron" war Francesco Siciliani, der Direktor der Musikalischen Maifestspiele in Florenz, den Scherchen dazu angeregt hatte. Schönberg antwortete hocherfreut. Da nur der erste und zweite Akt komponiert seien, schlug er als Möglichkeiten in einem Brief vom 27. November 1950 vor:

1. nur die beiden ersten Akte aufzuführen, den dritten aber
   a) wegzulassen, oder
   b) nur gesprochen darzustellen. (Es ist ein Dialog zwischen Moses und Aaron, dem, nach Aarons Tod, ein langer Monolog Moses' folgt.)
2. Nur die Szene „Tanz um das goldene Kalb" (im zweiten Akt)
   oder
3. den ganzen zweiten Akt aufzuführen."

(Gegen seine Gewohnheit schreibt er hier den Namen Aaron mit zwei a.) Er fügt hinzu, man solle doch eventuell statt dieses Fragmentes seine drei einaktigen Opern aufführen. Nichts davon kam zustande.

Als Geschenke zum Geburtstag kamen aus Berlin-Zehlendorf, wohin Ottilie Blumauer zurückgekehrt war, schöne Antiquitäten. Die Schwester wußte, wie sehr der Bruder Arnold Zinnwaren, silberne Bestecke und alten Schmuck liebte. Die Sendung erfreute ihn herzlich. Er dankte mit einer wieder erstaunlich klaren Handschrift am 22. November „für die wunderbaren Antiquitäten ... das sind wirkliche Werte!" Sie seien alle sehr beschäftigt, Gertrud mit Hauswirtschaft und seiner Pflege, er selbst mit seinen Krankheiten, obwohl drei Doktoren Herz, Lunge, Magen und Nieren als gesund bezeichnet hätten. So seien es wohl die Nerven oder Folgen von Überarbeiten.

Dr. Heinrich Strobel, der 1947 die Zeitschrift „Melos" wieder ins Leben gerufen hatte, meldete sich aus Baden-Baden am 4. Dezember. Er wollte einen kleinen Beitrag über Verdi haben. Schönberg notiert an den Rand des Briefes, er sei nicht wohl, Verdi sei zu wichtig, um auf einer Manuskript-Seite behandelt zu werden. Vielleicht später ...

Für eine Empfehlung Josef Rufers als Dozent dankte der Ordinarius für Musikwissenschaft der Freien Universität in Berlin, Professor Dr. Walter Gerstenberg. Rufer wurde daraufhin verpflichtet.

Mit den Schallplattenaufnahmen, die Eduard Steuermann von Schönbergs Klaviermusik begonnen hatte, gab es Schwierigkeiten. Der allzu selbstkritische große Pianist hatte immer wieder Skrupel. Das ging über Schönbergs Geduld. Er schrieb einen bösen Brief, der außer der Jahreszahl 1950 kein Datum trägt. Steuermann müsse nun endlich so weit sein, sonst würde er es nie können. Vollendung gäbe es unter menschlichen Wesen nicht; auch er, Schönberg, habe darauf verzichten müssen.

1950 kam auch ein Gebilde zustande, das Schönberg die „Wunder-Reihe" nannte. Er hatte sich schon früher gelegentlich mit Zwölfton-Reihen beschäftigt, die gewisse Unterteilungen gestatteten, aus denen sich neue Kombinationsmöglichkeiten ergaben. Die „Wunder-Reihe" von 1950 zeigt in ihren Spiegelformen (Umkehrung und Krebs) solche Eigenschaften, die Schönberg in einem kleinen Text erläutert, wobei ihm ein kleiner Irrtum (Verwechslung von Krebsumkehrung und Krebs) unterläuft. Kennzeichnend für seine ganze Haltung der Reihen-Komposition gegenüber ist der Schlußsatz: „Selbstverständlich muß man Themen erfinden wie sonst; aber man hat mehr Möglichkeiten naheverwandte Gestalten zu erfinden, die dabei durchaus verschieden klingen."

Weihnachten erwachte wieder der Schaffenstrieb. Die drei folgenden Psalmen tragen das Datum vom 25. Dezember. Ein weiterer entstand am 29.; zwei wurden am letzten Tage des Jahres niedergeschrieben.

Am 2. Januar 1951 ging ein langer, offenbar in die Maschine diktierter Brief an die beiden Stiedrys in New York. Sie hatten Festgrüße geschickt und Fragen über die „Gurrelieder" angeknüpft, die Erika Stiedry zur Aufführung vorbereitete. „Zum Unterschied vom ‚Pierrot' handelt es sich hier in *keiner Weise um Tonhöhen.* Daß ich doch Noten geschrieben habe, geschah nur, weil ich glaubte so meine Phrasierung, Akzentuierung und Deklamation eindringlicher darzustellen. Also bitte *keine* Sprechmelodien. Die einzige Ähnlichkeit mit dem ‚Pierrot' besteht in der Notwendigkeit, stets im Takt mit dem Orchester zu bleiben. Wichtig ist auch, daß alle accelerandi oder ritardandi allmählich gebracht werden, nicht wie ... Toscanini, der ohne jede Verbindung schnelle und langsame Tempi nebeneinandersetzt. ... Beim Autofahren und in der Musik kann man ein Tempo nicht plötzlich abstoppen." Dann folgen Fragen über Stiedrys Dirigentenerfolge, über Verdis „Don Carlos", den Schönberg nicht kannte, über die „Zauberflöte" und Anmerkungen zu der Herkules-Arbeit für den ganzen Wagnerschen „Ring des Nibelungen". Schönberg stimmte Stiedry zu, das Auswendig-Dirigieren sei riskant: „Sie wissen vielleicht, daß ich in meinem Verein für Privataufführungen das Auswendigspielen verboten hatte. Ich sagte: ‚Unsere Notenschrift ist ein Bilderrätsel, das man nicht oft genug anschauen kann, um die richtige Lösung zu finden. Mitropulos ist ein außerordentlicher Musiker. Aber er macht etwas zu viel. So viel kann man

Schönberg und Erika Stiedry-von Wagner studieren „Pierrot Lunaire", Los Angeles 1940

Mit Dr. Fritz Stiedry vor dem Haus Brentwood Park, 1949

nicht in so kurzer Zeit verdauen. Insbesondere aber nicht meine Musik." In einem Post Scriptum an Erika Stiedry drückt er die Freude über ihren „Pierrot"-Erfolg aus. Junge Freunde seiner Musik wie Craft solle sie nicht entmutigen; er arbeite sich langsam in seine Musik ein, indem er sie viel aufführe, und es werde ihm schließlich gelingen. „Ich möchte gerne, daß alle meine Freunde solche jungen Leute wie Craft und der junge Hornist Günther Schuler oder das Juilliard-Quartett ermutigen." (Gemeint war Gunther Schuller, der Komponist und spätere Leiter des New England-Konservatoriums in Boston.) Zu Gerüchten über eine „Alte Schönbergclique", die alles besser wisse, meinte er, das sei ja richtig.

Oskar Adler schrieb aus London, daß sein astrologisches Werk gedruckt werde. Schönberg antwortete am 10. Januar erfreut. Die folgende Korrespondenz mit dem Jugendfreund enthält Betrachtungen über Tempo-Vorschriften bei Beethoven. Ausdrücke wie allegro, andante und presto seien äußerst unbestimmt, obwohl Beethoven vermutlich Schnelligkeitsgrade damit meine. Andererseits seien allegro energico oder andante cantabile Charakteranweisungen. Vergleiche man die Metronom-Zahlen, wo Menuette von ein Viertel pro Sekunde vorgeschrieben seien, so breche jeder Versuch der einheitlichen Erklärung zusammen. Falsch sei auch, sich nach den kleinsten Notenwerten zu richten, da heute die „großen" Künstler wie irrsinnig zu laufen begännen, wenn schnelle Passagen kommen. „Ich habe daran gedacht, aus dem motivischen Inhalt Schlüsse zu ziehen. Doch auch das ist sehr schwer. Ich habe den Ausdruck ‚Inhaltsschwere' angewendet, glaube aber nicht, daß dieser Begriff einen Maßstab liefern kann." Schönberg wendet sich schließlich gegen die überstarke Betonung der guten Taktteile, weil sie jeder guten Phrasierung im Wege stehe. „In einer Phrase sollte nur *eine* Betonung zu finden sein. Ausgenommen, wenn es sich um eine besondere Charakteristik handelt." Am 3. März schließlich dankt Schönberg Adler für „das Testament der Astrologie". Leider hindere sein nervöses Augenleiden ihn, es selbst zu lesen. Wenn er eine Brille benutze, verschwimme bald alles. Er wolle es sich vorlesen lassen. Der letzte Brief an Adler vom 23. April kündigt eine Sammlung Schriften an: „Psalmen, Gebete und andere Gespräche mit und über Gott." Dies war, wie er auch an Dr. Georg Wolfsohn in Tel Aviv schrieb, der endgültige Titel des Gedichtzyklus, der ursprünglich „Moderne Psalmen" hieß und so auch 1956 in der Ausgabe des Verlages Schott genannt wurde. In Israel lebte seit 1938 der aus Budapest emigrierte Bratscher und Komponist Ödön Partos. Er wurde 1951 Direktor der Israel Academy of Music in Jerusalem. Er hatte Schönberg gelegentlich eines Amerika-Aufenthaltes besucht und von dem neuen Staat erzählt. Im April ernannte man Schönberg zum Ehrenpräsidenten der Academy. An dieser Ehrung war ein anderer Bewunderer, der aus Prag stammende Komponist, Pianist und Dirigent Frank Pelleg, seit 1950 Leiter der Sektion Musik im Israelischen Kultusministerium, wesentlich beteiligt. An Pelleg und Partos richtete Schönberg am 25. April 1951 ein langes Schreiben, das in der Erwin Steinschen Briefsammlung nur gekürzt und falsch datiert wiedergegeben ist. Seit mehr als 40 Jahren sei es sein sehnlichster Wunsch, als residierender Bürger in einem unabhängigen israelitischen Staat zu leben. „Ob meine Gesundheit die Erfüllung dieses zweiten Wunsches zulassen werde, kann ich augenblicklich kaum sagen. Wohl aber hoffe ich, es einrichten zu können, daß von den vielen Kompositionen, Dichtungen und Artikeln, die ich zwecks künstlerischer Propaganda meiner Pläne verfaßt habe, möglichst viele in Ihren Besitz, für die israelitische Nationalbibliothek gelangen." Der Brief schließt mit dem Hinweis auf die Weihe, mit der wahre Priester der Kunst begegnen und auf die Auserwählten des israelitischen Volkes. Wie dieses trotz aller Leiden den reinen Monotheismus aufrecht erhalten habe, so müßten die israelitischen Musiker der Welt ein Vorbild geben, an dem die Entwicklung der Menschheit sich orientieren könne.

Zu Pfingsten kam ein Gruß der Pianistin Else C. Kraus, die weiterhin für Schönbergs Klavierwerke warb. Aus Jerusalem schrieb Dr. Georg Wolfsohn über eine Feier, die die Musikakademie anläßlich des Schönbergschen Ehrenpräsidiums veranstaltet hatte. Nachdem Pelleg den Dankbrief des Meisters verlesen hatte, wurde – allerdings von Platten! – seine Serenade aufgeführt. Ein junger englischer Bewunderer, der Komponist Humphrey Searle, schrieb am 25. Mai wegen eines Vortrages, den der britische Rundfunk von Schönberg haben wollte. Dieser schlug vor „Anweisung für Anfänger in der Zwölftonkomposition". In einem Brief an Rufer vom 13. Juni wehrt sich Schönberg gegen die autobiographische Deutung von „Moses und Aron"; Stoff und Behandlung seien rein religions-philosophisch.

Dr. Ödön Partos in Jerusalem bat Schönberg um Rat für den Aufbau der Lehrpläne in seiner Schule. Schönberg antwortete ihm am 15. Juni 1951 in einer Form, die als Bekenntnis gelten kann. Man könne keinen Lehrplan aufstellen, der für alle Zeit Geltung habe. Neue Techniken und Theorien, eine neue Ästhetik seien zu berücksichtigen. Der Stoff könne ebenso außerordentlich wachsen wie auch durch Vereinfachungen abnehmen. Prinzip müsse und könne nur sein, den Schülern immer das meiste vom Besten zu geben. „Geben Sie den Schülern viel des besten Lesestoffs zur obligatorischen Verarbeitung. Ich hoffe, daß darin auch meine Schriften eingeschlossen sind.

Und nun fühle ich mich noch verpflichtet, Ihnen reinen Wein einzuschenken, warum ich gezögert habe, das Ehrenpräsidium zu übernehmen und was mich auch in ähnlichen Angelegenheiten zurückhält. – Ich hatte durch Jahrzehnte mit Bedauern wahrzunehmen, daß, unter den Anhängern meiner Kunst, unter je zehn, sieben bis acht Christen und höchstens zwei bis drei Juden waren. Andererseits aber waren die meisten jüdischen Musiker Anhänger der christlichen Musiker Strawinsky, Bartók, Hindemith. Alle diese handelten auch als Gegner meiner Musik und Theorien, und trotzdem fanden sie mehr Zustimmung unter den Juden als ich.

Noblesse hat mir verboten, dagegen Stellung zu nehmen. Nun muß es einmal gesagt werden: *ich würde es sehr bedauern, wenn dieses Institut Verehrer meiner Feinde erziehen würde,* statt solche herauszubringen, die bereit sind zu kämpfen.

Ich kann sie nicht aus der Verpflichtung entlassen, diese Äußerung als obligatorisch hinzunehmen. Ich müßte mich zurückziehen, wenn ich eine gegenteilige Erfahrung machen würde.

Damit will ich aber nicht sagen, daß die Schüler nicht mit der Technik dieser meiner Zeitgenossen vertraut gemacht werden sollen. An Wissen soll und darf es nicht fehlen, aber Parteinahme gegen mich sollte nicht erfolgen dürfen.

Wenn das ein Programm ist, so wünsche ich Ihnen, daß Sie es durchführen können."

Karl Rankl, der seit 1946 als Chef der Covent-Garden-Oper eine der ersten Musikerstellungen in London einnahm, stand mit Schönberg in brieflicher Verbindung. Am 27. Juni fragte dieser ihn, ob er die Partitur der „Jakobsleiter" nach seinem ausführlichen Particell ausführen wolle. Rankl mußte auf die Arbeit verzichten, die später Winfried Zillig ausführte. Über die Schallplatten mit seiner Ausführung des Violinkonzerts schrieb er am 27. Juni begeistert an Tibor Varga, der jetzt in Detmold lebte. Er hoffte, bald auch dessen Aufführung der Violin-Phantasie zu hören.

Einer der letzten Briefe, die Schönberg schrieb, ging am 29. Juni an Hermann Scherchen, der die Aufführung von „Moses und Aron" plante.

„Lieber Freund,
wenn Sie die Dichtung ansehen werden Sie bemerken, daß der II. Akt allein – vielleicht eingeführt durch ein paar Worte aus dem ersten – aufführbar ist und eigentlich gedanklich dasjenige ist, was ich darstellen wollte.

Wenn man den dritten Akt ohne Musik aufführt – als Zugabe oder auch nur vorliest – so ist damit der Hauptinhalt des Werkes wiedergegeben.

Ich würde deshalb zunächst den Vertrag auf Abdruck und Aufführung des gesamten zweiten Aktes beschränken.

Ich erwarte unbedingt einen angemessenen Tantiemevorschuß – nicht unter 2000 Mark, während die Royalties für Aufführungen so bemessen sein sollen, daß ich für Konzert- oder Theateraufführungen 75 % zu bekommen habe (an Royalties und Materialgebühren), für Notenverkäufe war mein Anteil 15 % im Anfang und nach 3000 Kopien gesteigert zu 25 %. Royalties und Records werden ja gewöhnlich 50:50 geteilt, für Television und cinematographische Aufführungen würde ich 75 % verlangen – wie für Bühnenaufführungen. Alle zukünftigen Erträgnismöglichkeiten sollen auf dieser selben Basis beruhen und sich dann dem Üblichen anpassen, unter Rücksicht darauf, daß mein Ruf nicht erst erkämpft werden muß. Im Fall Sie Ihren Verlag auflösen oder verkaufen müssen, so beanspruche ich ein untilgbares Vorkaufsrecht für meine Werke. Ich bemerke noch, daß ich Associated Music Publishers, New York vom Handel mit meiner Musik unter allen Umständen ausschließe. Jede solche Abmachung ist ungültig, so weit sie meine Werke betrifft. Auch falls das Geschäft an andere verkauft würde.

Nun wünsche ich Ihnen und mir viel Glück zur Erstaufführung – das heißt: möglichst gutes Gelingen. Und in Hinkunft führen wir den ganzen II. Akt auf. Viele herzliche Grüße.

Ihr (gez.) Arnold Schönberg"

Anlaß zu diesem Brief, der einen Vertragsentwurf einschließt, war die bevorstehende Uraufführung des „Tanz um das Goldene Kalb" aus dem 2. Akt „Moses und Aron" unter Scherchen. Dieser, der sie am Montag, dem 2. Juli, in Darmstadt dirigierte, war – durch seinen Ars Viva-Verlag – auch Verleger des großen Fragments, das im zweiten Akt der Oper die dritte Szene bildet. Schönbergs Wunsch, daß der zweite Akt allein, aber vollständig, aufgeführt werden solle, ist nie beachtet worden, obwohl er schon in dem Brief an Siciliani (27. November 1950) als mögliche Alternative ausgesprochen wird.

Nun lief die Lebensuhr rasch ab. Am 3. Juli entstand noch der Anfang eines Psalms, der die Erhaltung der Art behandeln sollte: „Inzucht, Blutschande wird verboten, weil es die Rasse zerstört.

Nationale Inzucht, nationale Blutschande, ist der Rasse ebenso gefährlich, wie der Familie und dem Stamm."

Das ist die letzte Botschaft des gläubig gewordenen jüdischen Mannes, der an die Auserwähltheit seines Volkes glaubte und sich als Prophet fühlte, als Sprachrohr der göttlichen Macht.

Er sah dem 13. Juli, einem Freitag, mit Sorge entgegen. In der vierundzwanzigsten Stunde setzte das Herz aus. Das erste Telegramm tags darauf ging nach Berlin an Ottilie: „Our beloved Arnold passed away 11.45 pm Friday 13 Trude and family." Ihr schickte Frau Gertrud am 4. August Bericht über die letzte Krankheit und das Ende. „Asthma war erst in den letzten Monaten wieder vorhanden, aber nicht in dem Sinn eines Anfalls sondern mehr auf Stunden verteilt ein Unbehagen. Dann wieder litt er unter Schmerzen im Fuß oder durch das konstante Sitzen. Dann eine nicht zu beschreibende Nervosität im ganzen Körper und in der Seele.

Die Angst vor dem Sterben war zum Schluß (2–3 Wochen) der Resignation gewichen. Er war müde und wollte sterben. Das Alleinsitzen im Schlafzimmer ohne Freunde und arbeiten zu können, ohne teilzunehmen an dem Leben der Kinder (sie waren zu lebendig für ihn, und er konnte sie nur kurze Zeit sehen ohne sich aufzuregen) das alles war für ihn zum Verzweifeln.

Er hatte noch einige Freuden. Ronnys Auszeichnung als ‚Bester' (outstanding in all subjects) in der Schule, das Stipendium für die Loyola High School hat ihn sehr stolz gemacht. Auch Ronnys Tenniserfolge. Noch am letzten Tag fragte er: hat Ronny gewonnen? Auch Larrys Liebe zu ihm – er vergötterte Arnold und war für jedes gute Wort das Arnold ihm gab seelig – ich glaube, in der letzten Zeit hat er auch das erkannt und es hat ihn gerührt! Dann die Erfolge in Europa und die Achtung in der Library of Congress in Washington, die seine ganze Korrespondenz und auch Manuskripte von ihm verlangten, eine Ehre, die er noch zeitlebens bekam.

Er sprach viel von seiner Jugend und erinnerte sich an viele Details, besonders an einen Onkel, der ihn scheinbar sehr gern hatte. Bis zum Schluß war er, wenn er wach war, vollkommen geistig jung. Er konnte bis zum letzten Tag seine Feinde verwünschen und sorgte sich bis zum Ende um seine Freunde.

Am 13. (er und ich hatten eine große Angst davor) bestand er darauf, daß ich einen Wärter für die Nacht nehme. Es war ein deutscher Arzt, der hier nicht praktizieren darf. Ich war sehr müde, aber doch jede Stunde wach und wir hatten das Licht an. Arnold schlief unruhig, aber er schlief. Um 3/4 12 schaute ich auf die Uhr und sagte mir: also noch eine Viertelstunde, dann ist das Ärgste vorbei. Da rief mich der Arzt. Er röchelte zweimal, das Herz tat noch einen kräftigen Schlag und das war alles. Aber ich habe es noch lange nachher nicht glauben können. Sein Gesicht war so entspannt und ruhig wie wenn er schlafen würde. Kein Krampf, kein Todeskampf. Für dieses Ende hatte ich immer gebetet. Nur nicht noch leiden!"

Gertrud Schönberg hatte die nächsten Freunde von dem Todesfall verständigen lassen. Alma Maria Mahler-Werfel kam mit ihrer Tochter, der Bildhauerin Anna Mahler, die eine Totenmaske Schönbergs anfertigte. In dem Haus, das seine Seele verloren hatte, war es still. Das Arbeitszimmer mit den vielen Büchern und Noten, der von Papieren, Bleistiften, Notizzetteln und Lupen bedeckte selbstgezimmerte Schreibtisch war verwaist.

Erschreckender noch als Anna Mahlers Totenmaske zeigt das letzte Foto die Wandlung des Prophetenkopfes. Aus dem gewaltigen Schädel mit der hochgewölbten Stirn treten die hellen Augen hervor. Durch die straff anliegende Haut werden die Kieferknochen erkennbar. Das große Ohr scheint in utopische Klangwelten zu horchen. Nase und Mund stehen wie gemeisselt über dem energischen Kinn. Die weißen Bettücher heben das bis zur Immaterialität

Das Arbeitszimmer in Brentwood Park

vergeistigte Gesicht hervor, wie das eines Heiligen nach langer Marter. – Schönberg, einer der größten Geister des 20. Jahrhunderts, ein Mann, dessen Werk die Musik für Generationen beeinflußt und auf neue Wege gewiesen hat, starb mittellos. Seine Beisetzung fand im engsten Kreise statt.

Die Welt nahm die Todesnachricht mit vielerlei Gefühlen auf. Es gab Nachrufe in allen großen Zeitungen und Musikzeitschriften. Nur in den sozialistischen Ländern war das Echo geringfügig; in Ost-Berlin war Hanns Eisler der erste, der mit Wärme und Bewunderung bei einem Vortrag in der Deutschen Akademie der Künste auf das Genie des Meisters hinwies.

Mein kleines erstes Buch über Schönberg traf am 14. Juli in Brentwood Park ein. Schönberg, der noch eine Zeittafel dafür ergänzt und korrigiert hatte, sollte es nicht mehr sehen. Thomas Mann, dem ich es schickte und den ich über sein Verhältnis zu Schönberg befragte, antwortete mit einem warmherzigen Brief am 19. Oktober 1951, der den Übersetzungen und der zweiten Auflage vorangestellt wurde. „Zu einer persönlichen Wiederbegegnung mit Schönberg, der ja längst viel leidend war, ist es nicht mehr gekommen. Genug, daß meine absolute Entschlossenheit, ihm in der Feindschaft nicht zu sekundieren, sie einseitig bleiben zu lassen und nie ein böses Wort über ihn zu sagen, schließlich den Sieg davon getragen hat . . ."

Gertrud Schönberg, gestorben im Februar 1967, hat ihren Mann um 16 Jahre überlebt. In dieser Zeit gelang es ihr, auch diejenigen von der Größe seines Werkes zu überzeugen, die zu seinen Lebzeiten skeptisch gewesen waren. Sie regte die Katalogisierung des Nachlasses an, die Josef Rufer 1956 durchführte. Sie legte den Grund zu der Gesamtausgabe, die seit 1966 im Schott-Verlag und der Universal-Edition erscheint. Sie war anwesend, als die UCLA den Konzertsaal eröffnete, der Schönbergs Namen trägt.

Noch ist nicht übersehbar, wie viele Impulse Schönbergs Werk im Gesamtbild der modernen Kultur hinterläßt. Der Klang seiner Musik hat auch für heutige Ohren noch nichts von der Neuartigkeit verloren, die einst die Hörer der Uraufführungen empörte. Dennoch hat „Moses und Aron" vor allem in der Wiedergabe der West-Berliner Oper in zahllosen Aufführungen Zehntausende von Hörern gefesselt. Ohne noch Repertoire-Stücke in konventionellem Sinn zu sein, haben seine Orchesterwerke und Kammermusiken ihren Platz in den Programmen der großen Orchester und Quartettvereinigungen. Bei meinem letzten Gespräch mit ihm 1949 sagte er: „Ich erwarte, 125 Jahre alt zu werden und dann noch den Anfang meines Erfolgs zu erleben!" Das Schicksal wollte es anders. Aber vielleicht wird im Jahr 2000 Schönbergs utopischer Wunsch erfüllt sein.

DIE URZELLE

„Man kann nicht analysieren, indem man bloß das Notenbild ansieht. *Ich* wenigstens finde die Beziehungen kaum jemals durchs Auge, sondern: ich *höre* sie", schrieb Schönberg 1932 in seinem Frankfurter Rundfunkvortrag über die vier Orchesterlieder opus 22. Damit zog er den Trennstrich zwischen seiner Musikauffassung und der angeblich wissenschaftlichen aller Theoretiker, die sich auf das lesende Auge verlassen. Wer seine Analyse-Kurse in Berlin seit 1931 besucht hat, weiß, daß er sich von der üblichen Zergliederung musikalischer Formen vollständig distanzierte, selbst wenn sie von Angehörigen seines Schüler- und Freundeskreises geübt wurde.

Wer seine Musik hörend erlebt, dem enthüllen sich einige kleine Tonkomplexe, die wie fixe Ideen bei ihm wiederkehren. Sie treten entweder horizontal oder vertikal gestellt auf, als melodische oder akkordische Gruppen, also ganz im Sinne des „musikalischen Raumes", den Schönberg erst als reifer Komponist und Theoretiker beschrieben hat. Diese Tonkomplexe, minimale Bausteine für minimale Formen, bestehen aus drei Tönen. Sie haben Eigenschaften und Funktionen von Zellen in einem Organismus. Sie verbinden sich mit ihresgleichen und erweitern sich so zu vier- und mehrtönigen Komplexen.

Eine solche Zelle erscheint 1899 in dem – von mir bereits in anderem Zusammenhang zitierten – Lied „Warnung", opus 3,3. Ihre drei Töne

„Warnung"

bekommen durch den Rhythmus  motivische Funktion. In dem Liederheft opus 2 steht, ebenfalls auf ein Gedicht von Richard Dehmel komponiert, „Schenk mir deinen goldenen Kamm". Es beginnt mit der Tonfolge

„Schenk mir deinen"

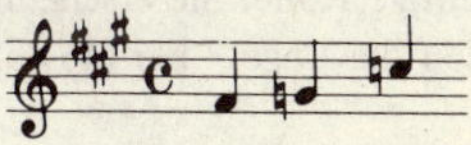

die in wechselnden Transpositionen für die ganze Form des Stücks wirksam bleibt und demnach ebenfalls motivisch fungiert. Von ihrem ersten Auftreten an ist sie mit Dreiklängen und Vierklängen harmonisiert und vollzieht auf dem kürzesten Weg die Modulation von fis-moll zu der entferntesten Tonart c-moll.

1899 ist auch das Streichsextett „Verklärte Nacht" entstanden. Sein langsames Thema, 9/8, „etwas ruhiger", beginnt mit den Tönen

„Verklärte Nacht"

die auch in der Weiterspinnung und im Ausklang verwendet werden.

Das Ohr erkennt in den drei ungleichen Tonfolgen die Zusammenhänge, die sie als Metamorphosen einer Zelle verbinden. Diese Zelle ist eine Gruppe, die in sich drei Intervalle enthält: den Halbton, die Quarte und den Tritonus, außerdem deren Oktav-Komplemente: die große Septime, die Quinte und die verminderte Quinte, die im temperierten System mit dem Tritonus identisch klingt. Je nach der horizontalen oder vertikalen Anordnung der drei Töne werden zwei dieser Intervalle offenkundig, wogegen das dritte nur indirekt vernommen wird.

Die drei Töne werden permutatorisch miteinander ausgetauscht. Sie spiegeln sich in den drei Formen, die musikalische Spiegelung zuläßt. Sie fügen sich in Tonarten, tragen aber auch zur Auflösung der Tonart bei. Sie bilden Bestandteile vieler der zwölftönigen Melodien, die seit 1914, und der Zwölftonreihen, die seit 1921 von Schönberg verwendet wurden.

Über die dreitönige Urzelle hinaus aber führt bald schon ein vierter Ton, der zu den drei den Abstand von Halbton, Quarte und Tritonus hat. Durch ihn wird die Grenze der Diatonik überschritten und somit die Tonart aufgehoben. Der Vorgang läßt sich wiederum aus einem der Spiegelungsverfahren ableiten, das als lebensspendendes Gesetz der Urzelle innewohnt.

Von den möglichen Transpositionen, die die Zahl der Urzellen von eins auf zwölf erweitern, bevorzugt Schönberg in auffälliger Weise diejenigen, die den Tritonus a–es (dis) oder die Quarte a–d (sowie deren Quintenkomplement d–a) enthalten. In den „Gurreliedern" spielt melodisch wie akkordisch die Gruppe d–a–gis eine wichtige Rolle. Sie erscheint zum erstenmal in Waldemars D-dur-Lied „So tanzen die Engel" bei (45) als Akkord

„Gurrelieder" [45]

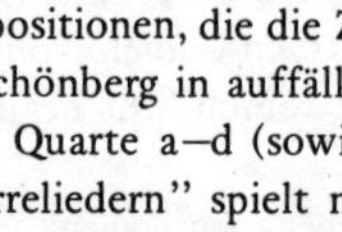

THE ANGLO-AUSTRIAN MUSIC SOCIETY

Patrons: THE EARL and COUNTESS OF HAREWOOD.
Presidents: SIR ADRIAN BOULT, PROF. BRUNO WALTER.

SCHOENBERG
MEMORIAL CONCERT

PROGRAMME:

STRING QUARTET No. 4, Op. 37
PETER GIBBS QUARTET

THREE SONGS, Op. 48
(WORLD PREMIERE)
ANNE WOOD, *Contralto.* PETER STADLEN, *Piano*

SUITE FOR SEVEN INSTRUMENTS, Op. 29
(FIRST PERFORMANCE OF COMPOSER'S VERSION FOR FLUTE, CLARINET, BASSOON, STRINGS AND PIANO)
L.S.O. CHAMBER ENSEMBLE
directed from the piano by PETER STADLEN

THURSDAY, JUNE 5th, at 7.30
WIGMORE HALL, Wigmore Street, W.1

TICKETS:- 9/- 6/- and 3/- (unreserved)
Obtainable from: WIGMORE HALL Box Office (WEL. 2141)
usual Agents, and
ANGLO-AUSTRIAN MUSIC SOCIETY, (WES. 9003)

THE SECRETARY, ANGLO-AUSTRIAN MUSIC SOCIETY,
139 KENSINGTON HIGH STREET, W.8.

Please send ...... tickets at ...... for the Schoenberg Memorial Concert at the Wigmore Hall on June 5th.
Enclosed find £ s. d. (Cash Cheque P.O.)
Name BLOCK LETTERS
Address BLOCK LETTERS
Please enclose Stamped and Addressed Envelope with your order.

Programm des Schönberg-Konzertes in London, 5. Juni 1952

wobei gis noch als leittöniger Vorhalt zu a wirkt; melodisch leitet sie Waldemars Lied „Es ist Mitternachtszeit" ein

3 Takte nach [55]

und kehrt als thematisches Material seit Beginn des dritten „Gurrelieder"-Teils wieder. Auch der Schlußkanon in C-dur „Farbenfroh am Himmelssaum östlich grüßt ihr Morgentraum" beginnt mit den Tönen

6 Takte nach [93]

Schönberg hatte in seiner ersten, tonalen, Schaffenszeit eine Vorliebe für die Tonarten auf D. Sein frühes Streichquartett 1897 steht in D-dur, das Sextett „Verklärte Nacht", die Symphonische Dichtung „Pelleas und Melisande", das Streichquartett opus 7 in d-moll. Auch mehrere der frühen Lieder, der Chor „Friede auf Erden", die Balladen opus 12 sind in D-Tonarten. In „Pelleas und Melisande" hat der Akkord

„Pelleas"

motivische Bedeutung. Er leitet außerdem hier, zusammen mit den ebenfalls auftretenden kleinen Quartenakkorden eine Entwicklungskette von harmonischen Phänomenen ein, die über die erste Kammersymphonie und die Stefan George-Lieder zu den Fünf Orchesterstücken führt.

Der Akkord a–d–gis lebt in seiner Gedankenwelt fort. Er wird als

Kammersymphonie op. 9
2 Takte nach [1]

in der ersten Kammersymphonie drei Takte nach (1) von Baßklarinette, Kontrafagott, Cello und Kontrabaß ff mit der Bezeichnung „hervortreten" zum Motiv des Hauptsatzes. Er gibt im letzten Satz „Entrückung" des fis-moll-Quartetts einen Takt nach (20), sforzato von allen vier Instrumenten gespielt,

2. Streichquartett
1 Takt nach [20]

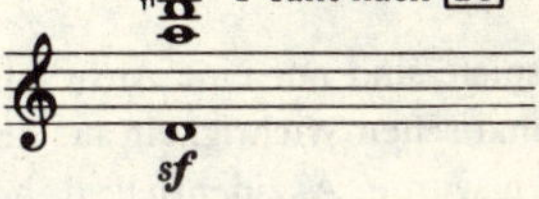

der Singstimme das Stichwort zu ihrem Einsatz auf d („Ich fühle luft von anderem planeten"). Das zweite Orchesterstück opus 16 beginnt mit dem vom Solocello gespielten gis, zu dem sich in Posaune, Trompete, Fagotten und Oboe die Töne D—a—a'—d' gesellen.

Orchesterstücke op.16/2
Anfang

Wie eine Erinnerung an die „Gurrelieder" klingt im zehnten der Stefan-George-Lieder „Das schöne beet" der Anfang

Stefan George-Lieder op.15
Nr. 10, Anfang

Das vierzehnte Lied „Sprich nicht immer von dem laub" beginnt in der Singstimme mit den Tönen es—d—a—as, wobei die Zelle durch den zugefügten Ton es zur Viertönigkeit erweitert wird.

Nr. 14, 2. Takt

Vierzig Jahre nach den „Gurreliedern" schrieb Schönberg seine „Variations on a recitative" für Orgel auf ein d-moll-Thema, das im Baß mit

Variations on a recitative
Anfang

beginnt.

Die hier zitierten Beispiele sind nur eine Auswahl, die nach dem Gesichtspunkt der motivisch-thematischen Wichtigkeit aus der Gesamtheit der identischen Tonfolgen getroffen wurde. Akzidentiell, d. h. ohne Konsequenzen ist die Folge gis—a—(es)—d schon seit den 1894 geschriebenen Klavierstücken zu finden. In dem Dehmel-Lied „Schenk mir deinen goldenen Kamm" beherrscht sie, Transposition des Eingangsthemas, den Mittelteil zu den Worten „Schenk mir deine schwerste Last".

Im d-moll-Quartett opus 7 enthält das Hauptthema in den Takten 2, 3 und 4 die Tonfolge f—e—b, in Takt 5 deren Transposition a—gis—d.

1. Streichquartett, op. 7, T. 2—5

Das Fugato bei (A) bringt in der ersten Geige ges—c—des und anschließend d—gis—a, in der zweiten Geige die Antwort g—c—cis—d—g—as, wobei durch Verlegung des g in die tiefere Oktave der charakteristische Nonschritt g—as' entsteht. In dieser Antwort, die ein Fugato einleitet, ist die Urzelle dreifach enthalten: g—c—cis, cis—d—g und d—g—as. Dabei weitet sie sich in cis—d—g—as zur Viertönigkeit.

bei A, etwas weniger bewegt

Der gleiche Vorgang wird in der Engführung bei (C), Takt 34 komprimiert und als Wirkung verstärkt.

Engführung bei C, T. 34

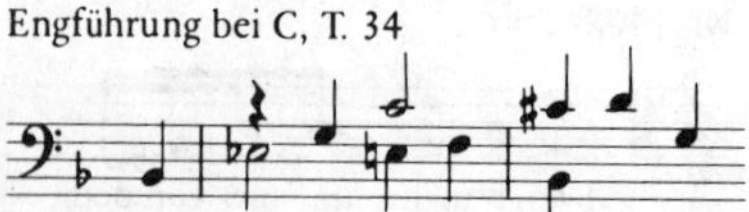

usw.

In der ersten Kammersymphonie leitet die Urzelle in der aufstrebenden Tonfolge cis–fis–c einen der schönsten Gedanken des Werkes ein, das Seitenthema des ersten Hauptteils.

Kammersymphonie op. 9, Seitensatz

Das zweite Streichquartett in fis-moll enthält das schon im biographischen Zusammenhang besprochene d-moll-Scherzo mit dem Zitat des Liedes „O du lieber Augustin". Der Trioteil, wo es auftritt, zeigt eine Oberstimme mit den Tönen fis–f–c–h. Dazu spielt das Cello deren transponierte Umkehrung: D–Es–As–A. Beide Melodien enthalten die zur Viertönigkeit erweiterte Urzelle; die im Cello überdies die Töne D, A, As (Gis). Sie führen von der Grundtonart D-dur weg, in der gleichwohl als Mittelstimme das Augustin-Lied erklingt.

2. Streichquartett, op. 10
2. Satz, T. 165

Auch in den George-Liedern und den Klavierstücken opus 11 zeigt sich die Urzelle, melodisch wie akkordisch. Sie beweist hier ihre tonartersetzende Kraft. Der große Quartenakkord ist Hauptbestandteil der Harmonik in den Stefan George-Liedern. Das erste Klavierstück schließt mit dem Akkord

Op. 11, 1. Schluß

das zweite mit der Akkordfolge Op. 11, 2. Schluß

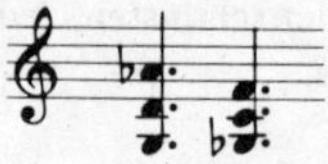

g–d–as = ges–c–f, das dritte mit den gleichzeitigen Tonfolgen G–Cis–Fis = a–e–B

Op. 11,3, T. 33 (kurz vor Schluß)

In den Orchesterstücken und den beiden Bühnenwerken der Zeit vor dem ersten Weltkrieg hat die Urzelle melodisch nur minimalen Einfluß. Für die Akkordbildung um so mehr. Der Beginn von opus 16,2 wurde genannt. Die „Erwartung" zeigt schon im zweiten Takt den Akkord ges–c–f–h, in Takt 50 dessen Transposition b–e–a–dis, und der berühmte zwölfstimmige (nicht zwölftönige) in Takt 269–270 die Urzelle als großen Quartakkord dreimal: ges–c–f, d–g–cis und b–es–a. Ähnlich ist die Akkordik in der „Glücklichen Hand", nur daß dort Komplexe von mehr als vier Tönen kaum vorkommen. Auch im „Pierrot Lunaire" spielt die Urzelle melodisch kaum eine Rolle, von Ausnahmen wie dem Beginn des Flötensolos bei „Der kranke Mond" abgesehen. Doch Akkorde wie c–ges–ces–f–b in Nr. 2 und d–gis–cis–g in Nr. 6 bestätigen die Entwicklung von opus 11 bis zu den Opern. Äußerst geringfügig ist der Einfluß der Urzelle in den Orchesterliedern opus 22; sie beruhen auf den Kombinationen großer oder kleiner Sekunden mit großen oder kleinen Terzen. Auch die „Jakobsleiter", die den Übergang zur Reihenkomposition mit zwölf Tönen bildet, ist in ihrer Substanz von der Urzelle frei.

1915 entstand das schon erwähnte erste zwölftönige Thema, das als Grundlage eines Symphonie-Scherzos diente

Scherzo-Thema

Presto 𝅗𝅥. = ca. 84–90 27. 5. 1914

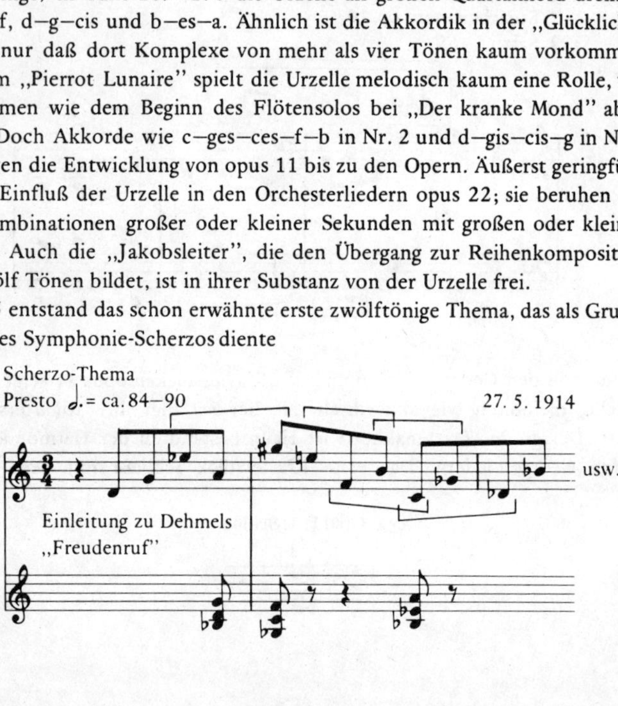

Darin kommt die Urzelle fünfmal vor: es—a—gis, e—f—h, f—h—c, h—c—ges und c—ges—des. Zur Viertönigkeit erweitert: f—h—c—ges. Die ersten Werke mit zwölftönigen Sätzen, Klavierstücke opus 23 und „Serenade", enthalten nur unwesentliche Spuren der Urzelle. Doch bildet sie einen wichtigen Bestandteil in der Reihe des ersten gänzlich nach den Regeln der Zwölftontechnik gearbeiteten Werks: der Klaviersuite opus 25: e—f—g—des—ges—es—as—d—h—c—a—b. Zweimal hintereinander erscheint die Urzelle, als g—des—ges und anschließend als es—as—d. Die komische Oper „Von heute auf morgen" ist auf eine Reihe gebaut, die mit

Von heute auf morgen

beginnt und noch in anderem Zusammenhang betrachtet werden soll. Mehrfach zeigt sich die Urzelle in der Reihe des dritten Streichquartetts:

3. Streichquartett, op. 30

deren Mittelstück die zur Viertönigkeit erweiterte Folge c—f—fis—h bildet. „Moses und Aron" beginnt mit dem Akkord, der aus den ersten Tönen der Reihe gebildet ist: a—b—e. Die Geigenstimme des Violinkonzerts wird mit den Tönen a—b—es—h eröffnet. Im Streichtrio folgen auf den Initialton d die Töne b—es—a—e, die zur Viertönigkeit erweiterte Urzelle. Dem „Survivor from Warsaw" liegt eine Reihe zugrunde, die mit fis—g—c anhebt, — genau wie 1899 das Lied „Schenk mir deinen goldenen Kamm".

Schönbergs letztes vollendetes Werk ist der Psalm 130, „De profundis". Die ersten Noten sind: es—a—gis. Ich hatte schon auf die auffallende Häufigkeit der Tonfolge des Tritonus a—es (dis) und seiner Verbindung mit einem der Nachbar-Halbtöne hingewiesen. Wir wissen, daß im Mödlinger Kreis Noten-Wortspiele beliebt waren, scherzhafte enharmonische Verwechslungen wie Displanade statt Esplanade. In einem Brief an Mitzi Seligmann-Kolisch bittet Schönberg um Gruß an (in Noten) e—es—c—h—a; liest man die erste Note nach der italienischen und französischen Bezeichnung als mi, so ergibt sich Mischa. So hieß Mitzi Seligmanns Sohn. Alban Berg hat diese Methode in den drei Themen seines Kammerkonzertes angewandt, indem er die Buchstaben aus den drei Namen Arnold Schönberg, Anton Webern und Alban Berg, die Noten bezeichnen, zu Melodien verband: A—D—S—C—H—B—E—G, A—E—B—E und A—B—A—B—E—G.

Wir wissen aus den Untersuchungen von Friedrich Smend, daß Johann Sebastian Bach ähnliche Buchstaben-Noten-Spiele liebte und häufig in seinen Kompositionen versteckte, vor allem die Tonfolge B–A–C–H. Schönberg zitiert das Motiv in seinen Orchestervariationen. Er nennt aber seinen eigenen Namen in der Monogrammform Es–A oder A–Es sehr häufig in Werken, die auf sein eigenes Gefühlsleben Bezug haben. Das drohende Liebeslied „Warnung" beginnt mit dem Monogramm; das ebenfalls 1899 komponierte Lied „Erwartung" enthält es in den unteren Tönen des viel zitierten zweiten Akkords im zweiten Takt. An zahlreichen unauffälligen Stellen der Lieder, bis zu den Stefan George-Liedern, kann man es finden. Im ersten Takt des fis-moll-Quartetts folgt auf das a der ersten Violine ein dis in der zweiten; die tragischen biographischen Zusammenhänge dieses opus 10 mit Schönbergs privatem Leben sind ebenso evident wie die heiteren der Oper „Von heute auf morgen", deren Reihe auf den ersten Ton d das Monogramm folgen läßt.

1926 begann Schönberg die Arbeit an dem Bläserquintett, das „dem Bubi Arnold" gewidmet ist, dem damals geborenen Sohn Felix Greissles und seiner Frau Gertrud, Schönbergs Tochter. Die ersten Töne der Reihe sind: Es, G und A, die Anfangsbuchstaben von Schönberg, Greissle, Gertrud und Arnold. Das erste Werk, das Schönberg seiner jungen Frau Gertrud, geborenen Kolisch, widmete, ist die Suite opus 29. Alle ihre Sätze beginnen und schließen mit ihrem Monogramm: G–Es oder ES–G.

Noch in Amerika wurden solche Buchstabenspiele fortgesetzt. Auf einem Zettel notierte Schönberg (ohne Datierung) Notenfolgen nach den Wörtern Fassade, Cascade, Bachfisch, Geiss, Gasse usw. Er war entzückt und höchst interessiert, als ich ihm 1949 von Smends Forschungen über das von Bach benutzte alte Zahlenalphabet (A=1, B=2, C=3 usw.) erzählte, die 1947 erschienen waren. Er sah darin eine Bestätigung seiner Überzeugung, daß in der Musik erkannt werden müsse, „was es ist" und nicht „wie es gemacht ist". Wo immer in seinem Werk die Tonfolge Es–A auftritt, stellt er sich gleichsam dem Hörer vor. Wo in den Tritonus ein weiterer Ton im Halbtonabstand geschoben wird, ist die Urzelle geboren.

ANHANG

VERZEICHNIS DER DOKUMENTE

(Die englischen Texte hat HHS für dieses Buch ins Deutsche übertragen)

SCHÖNBERGS BEIDEN LETZTEN SCHULZEUGNISSE

5. Klasse, Schuljahr 1889/90

	1. Semester	*2. Semester*
Deutsche Sprache	befriedigend	lobenswert
Französische Sprache	lobenswert	lobenswert
Englische Sprache	befriedigend	befriedigend
Geschichte	befriedigend	lobenswert
Mathematik	befriedigend	lobenswert
Naturgeschichte (Zool.)	genügend	genügend
Chemie	befriedigend	befriedigend
Darstll. Geometrie	genügend	befriedigend
Freihandzeichnen	genügend	genügend
Turnen	lobenswert	lobenswert
Freie Lehrgegenstände:		
Stenographie	lobenswert	lobenswert
Arb. im chem. Labor	befriedigend	befriedigend
Äußere Form der schriftlichen Arbeiten	empfehlend	empfehlend
Allg. Fortschrittsclasse	*erste*	*erste*
Sittliches Betragen	befriedigend	befriedigend
Fleiß	befriedigend	befriedigend
Zahl der versäumten Lehrstunden	17 entschuldigt	13 entschuldigt
Erhielt ein Zeugnis	22. II. 1890	5. VII. 1890
Schulgeld	zahlend	befreit (24. März 1890)

Schönberg hat die Realschule in Wien 2, Vereinsgasse, von 1885 bis 1891 besucht. Da er die Schule im Januar 1891 verließ, bekam er für das 1. Semester der 6. Klasse 1890/91 kein Zeugnis.

Genossenschaft Deutscher Bühnen-Angehöriger

Vertrag,

welcher zwischen Herrn Arnold Schönberg einerseits und E. v. Wolzogens Buntes Theater Überbrettl GmbH. andererseits

abgeschlossen worden ist.

§ 1 Herr Arnold Schönberg

ist für die Kunstgattung als Kapellmeister an dem Bunten Theater, Berlin, angestellt.

Der Vertrag beginnt mit dem 16. Dezember 1901 und endigt mit Ablauf des 31. Juli 1902.

Das Mitglied ist verpflichtet, diejenigen Leistungen zu erfüllen, welche seinen künstlerischen Fähigkeiten entsprechen.

Für die Erfüllung der hiermit eingegangenen Verpflichtungen wird dem Mitgliede von der Bühnenleitung zugesichert:

a) ein Gehalt von monatlich M: 300, i. W. Dreihundert
außerdem auf Reisen im In- und Auslande pro Tag M: 5.– i. W. Mark Fünf Diäten.

Sowohl Gage als auch Diäten sind in Berlin wie auf Reisen nachträglich zahlbar, am 1. und 16. eines jeden Monats. –

Sollte dieser Vertrag über den 31. Juli 1902 hinaus verlängert werden, so steht der Direction des Bunten Theater das Recht zu, Herrn Schönberg im Sommer einen Urlaub von ein bis zwei Monaten zu geben. Während dieses Urlaubs erhält Herr Schönberg ein Drittel seiner Gage, darf sich indessen nicht anderweitig künstlerisch betätigen.

Herr Schönberg ist verpflichtet, an sämtlichen von der Direction angeordneten Gastspielen in Berlin, im In- und Auslande teilzunehmen. – – –

Herr Schönberg ist verpflichtet, seine sämtlichen Compositionen, welche sich für das Bunte Theater eignen, worüber dem Bunten Theater das Entscheidungsrecht zusteht, dem Bunten Theater einzureichen und demselben für die Dauer eines Jahres das ausschließliche Aufführungsrecht für diejenigen Compositionen zu überlassen, welche von der Direction zur Aufführung angenommen worden sind. Ferner verpflichtet sich Herr Schönberg den Verlag dieser Compositionen dem mit dem Bunten Theater verbundenen Verlagsunternehmen vorzugsweise zu übertragen.

Bei Vertragsbruch 3000.– Strafe.

Berlin, 23. Dezember 1901 E. v. Wolzogen, Buntes Theater Überbrettl GmbH.

gez. Ernst v. Wolzogen Moritz Muszkat

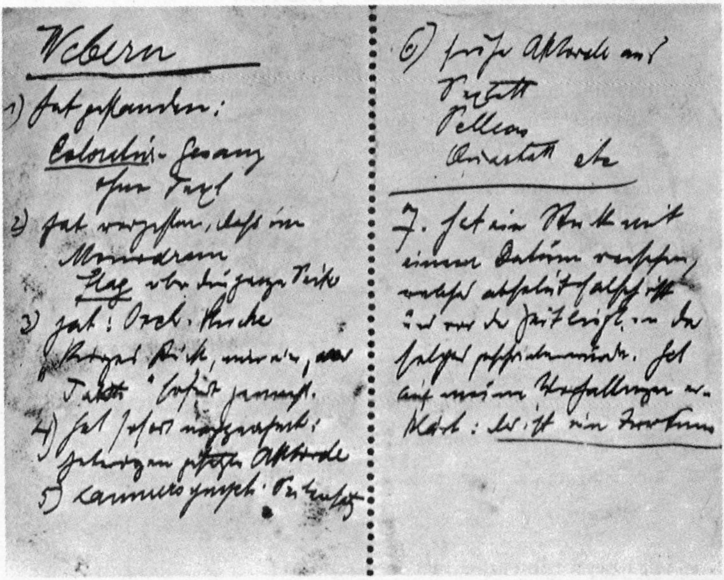

Webern

1) hat gestanden:
   Coloratur-Gesang
   ohne Text
2) hat vergessen, daß im
   Monodram
   Flag. über die ganze Seite
3) hat: Orch. Stücke
   „kurzes Stück, nur ein paar
   Takte" sofort gemacht
4) hat sofort nachgeahmt:
   heterogen gesetzte Akkorde
5) Kammersymph. Seitensatz
6) frühe Akkorde aus
   Sextett
   Pelleas
   Quartett
   etc
7. hat ein Stück mit
   einem Datum versehen,
   welches absolut falsch ist
   und vor der Zeit liegt, in der
   solches geschrieben wurde. Hat
   auf meine Vorhaltungen erklärt: *das ist ein Irrtum*

STEUERERKLÄRUNG FÜR 1915 UND ANLAGE 1913

Meine Einkünfte 1914 betrugen

1. privates Stipendium vom Februar bis Dezember				
11 Monate à	400 M.		4400	
Mahlerstipendium			1300	5700
2. Stunden (Unterricht)				
6 Monate (Jänner bis Ende Juni)				
	à 220 M.			1320
3. Dirigenten—Honorare ab Spesen				
London	500 M.	250	– 250	
Amsterdam	500	200	– 300	
Leipzig	500		500	
	1500	450	1050	1050
4. Tantiemen aus dem Verkauf meiner Werke				
Juli-Abrechnung			500	
December Abr. kein Überschuß!			–	500
5. Vorschuß von der Universal-Edition				500
				9070.–
+ seit Kriegsbeginn habe ich keinen einzigen Schüler mehr!				

Bei dieser Aufstellung bitte ich zu berücksichtigen, daß mein Einkommen im Jahr 1915 mir betragen wird

12 Monate des Privat-Stipendiums (falls dies wirklich auch noch dieses Jahr fortgesetzt ausbezahlt wird)

à 400	4800
ferner 1400 M Reinüberschuß aus der Vermietung einer Wohnung (Frau Dr. Zehme) welche mir diese abgetreten hat	1400
	6200

Da Verkaufs-Überschuß aus meinen Werken sowie Stunden und Konzerte nicht zu erwarten sind, wird es für mich kaum möglich sein, bei der jetzigen Teuerung die höhere Steuer zu bezahlen.

Hochachtungsvoll

Arnold Schönberg

Anlage zu meiner Steuererklärung

Mein Einkommen setzte sich folgendermaßen zusammen:

1.	Unterricht Jänner bis Juni	6/280	1680		
	Oktober bis Decemb	3/220	660	Mk	2340
2.	Verlagsvorschüsse (der Universal-Edition, Wien I)			"	1500
3.	a) Dirigierhonorar (Wien, April)	400			
	ab Reisespesen 8 Tage	250	150.–		
	b) Honorar für Vortrag in Stettin	200			
	ab Spesen 50		150.–	Mk	300
4.	Stipendien				
	a) Mahler-Stiftung	1300.–			
	b) private Stipendien	1600.–			2900.–
				Mk.	7040.–

Amsterdam: Tantiemen Anteile		
a) Universal-Edition	700.–	Mk
b) Verlag Dreilinden	160.–	"
	860.–	Mk welche ich aber

schon, da sie *nicht bar* ausgezahlt werden, sondern von den unter 2. genannten Vorschüssen abgezogen werden, in Form von Vorschüssen in den Vorjahren als Einkommen angegeben habe, welche also dem Einkommen nicht zuzurechnen sind, da ich ja sonst zweimal dafür Steuern zahlen müßte. Da mein Einkommen dieses Jahr nicht reichte, war ich genötigt, Schulden zu machen, die ich in den nächsten Jahren rückzahlen muß. Deshalb bitte ich um Versetzung auf eine niedrigere Stufe.

Arnold Schönberg

SCHÖNBERGS SCHÜLER IN BERLIN

Studierende der von Professor Arnold Schönberg verwalteten Meisterschule für musikalische Komposition

1. 1. 1926 – 31. 12. 1928
Winfried Zillig
Walter Goehr
Walter Gronostay
Adolphe Weiss
Robert Gerhard Castells

1. 4. 1926 – 31. 3. 1929
Josef Zmigrod
Josef Rufer

1. 1. 1927 – 31. 12. 1929
Johannes Moenck
Max Walter
Leo Weiss
Charilaos Perpessa
Myroslaw Spiller
Marc Blitzstein

Hospitantin – 1927
Gertrud Fuhrmann

1. 10. 1927 – 30. 9. 1930
Alfred Keller
Peter Schacht
Hansjörg Dammert
Nikolaus Skalkottas

1. 4. 1929 – 31. 3. 1932
Natalie Prawossudowitsch

1. 10. 1929 – 30. 9. 1932
Helmut Rothweiler
Norbert von Hannenheim

1. 10. 1930 – 30. 9. 1933
Erich Schmid

1. 4. 1931 – 31. 3. 1933
Peter Schacht
Bernd Bergel

1. 10. 1932
Fritz Reich

BRIEF ÜBER DIE JÜDISCHE FRAGE

Im Sommer 1933 schickte Schönberg aus Paris, Hotel Regina, an Dr. Ernst Toch, Joachim Stutschewsky und vermutlich noch an andere jüdische Musiker folgenden Brief:

Der Fehler der Juden war immer, daß sie Hilfe von anderen erwartet, wie der Zionismus, und mit den Mitteln der Wohltätigkeit eine gewisse Beruhigung herbeigeführt haben, die immer aller zielbewußten Tätigkeit ein Ende bereitet.

Das konnte man in den letzten 150 Jahren vielleicht noch hingehen lassen (vielleicht, sagen wir; die russischen und polnischen Juden werden es nicht sagen!), heute aber würde es das Ende des Judentums und jedes einzelnen Juden bedeuten, wenn man noch weiter schliefe.

Darum will ich eine Bewegung hervorrufen, welche die Juden wieder zu einem Volk macht und sie in einem geschlossenen Land zu einem Staat vereinigt. Man wird sich hiebei aller aus der Geschichte bekannten Mittel zu bedienen haben, ohne Rücksicht auf die konventionellen Vorstellungen, die die Juden und andere vom Wesen des Juden haben. *Mit* Rücksicht dagegen auf die dem Juden auferlegten Aufgaben in seiner Eigenschaft als von Gott auserwähltes Volk; als das Volk, das bestimmt ist, einen Gedanken zu bewahren, den Gedanken vom unvorstellbaren Gott.

Man braucht hiezu einen Mann, der gewillt und geeignet ist, mit dem Kopf gegen die Mauern zu rennen und der entschlossen ist, jeden umzurennen, der blos *diskutieren,* parlamentieren, protestieren, unterstützen und mit einem Wort: – schwächen will.

Ich habe mich entschlossen, in Ermangelung eines Besseren, einstweilen anzufangen. Immerhin weiß man es, daß ich gegen Mauern angerannt bin und kann sehen, daß nicht ich dabei zugrunde gegangen bin. Man kann mir solange folgen, bis ein Besserer da ist. Jedenfalls: – Ich möchte mich nicht abhalten lassen.

Lassen Sie mich wissen, wie Sie dazu stehen.

Herzlichste Grüße, Ihr: –

(gez.: – Arnold Schönberg)

Noch etwas: – es wäre sinnlos, eine andere Angelegenheit, etwa eine gegen Deutschland

zu schreiben. Wir haben nur zu tun, *was uns* nützt: – *Nichts gegen* irgend jemand. *Alles für* die *Juden!*

Toch und Stutschewsky ließen beide den Brief unbeantwortet. Sie waren vor allem bezüglich des Zionismus anderer Ansicht als Schönberg, und die Entwick-

lung der folgenden Jahrzehnte gab ihnen schließlich Recht. Als Schönberg sich Ende 1933 in den Vereinigten Staaten niederließ, gab er den Gedanken auf, sich auf so aktive und ausschließliche Weise der jüdischen Sache zu widmen. Doch kennzeichnet der Brief seine Art, auf geschichtliche Ereignisse zu reagieren. Er wurde am 27. Juli 1951 im Zürcher „Israelitischen Wochenblatt für die Schweiz" von Stutschewsky kommentiert.

AUS EINEM BRIEF AN ALBAN BERG, 2. JANUAR 1935

Irrtümlich schrieb Schönberg 1934; da der Brief aber aus Hollywood, 5860 Canyon Cove, kommt und Schönberg im Januar 1934 noch in Boston lebte, ist das Jahr unzweifelhaft 1935.

... ich habe hier in der Los Angeles Times nichts von den Vorgängen in Deutschland gelesen, bin aber nun mündlich durch einige Wiener ausführlich darüber informiert worden. Jedenfalls habe ich mich über Deinen Berliner Erfolg, der, wie ich höre, sogar demonstrativ gewesen sein soll, sehr gefreut. *(Schönberg meinte die Uraufführung der Bruchstücke aus „Lulu" am 30. November 1934 unter Erich Kleiber. Anmerkung des Verfassers.)* Aber wie wird das weiter gehen? Was wird aus Hindemith? Ich höre, er mußte seine Stelle an der Akademie aufgeben. Wird er aus Deutschland herausgelassen werden?

Mir ist die Idee gekommen, ob nicht wir, etwa: Du, Webern, Krenek, Hindemith und vielleicht auch Zillig, Hannenheim und andere Deutsche uns zu einem *Schutzbündnis* zusammenschließen sollten. Ob wir allerdings viel ausrichten können, wenn sich uns nicht auch andere Bedrohte aus dem geistigen Kulturgebiet, Wissenschaftler, Forscher, Erfinder, Maler, Dichter anschließen, weiß ich nicht recht. Aber ich habe vorgestern einen kleinen Entwurf zur Gründung eines „Schutzbundes für geistige Cultur" entworfen, und wenn Du in Wien ein bißchen herumfragen kannst und das Interesse findet, würde ich es weiter ausarbeiten und Dir senden ... Ich werde selbst auch hier versuchen, Leute dafür zu interessieren, was nicht unmöglich scheint, da ich bei vollkommenen Ausschluß jeden politischen Einschlages an das ganze, von links und rechts, von hinten und vorn bedrohte Gebiet denke. Denn es scheint ums Ganze gehen zu sollen! In allen Ländern! Wie nach der Niederwerfung der Französischen Revolution, wo es dann fünfzig Jahre gedauert hat bis zum Sieg des Liberalismus. Es scheint, daß wir etwas ähnliches erleben sollen!

Ein kleines rotes, offenbar von Schönberg selbstgebundenes Notizbuch trägt auf dem Deckel die Aufschrift

ARNOLD SCHOENBERG
116 N. ROCKINGHAM AVE
BRENTWOOD PARK
LOS ANGELES
CALIFORNIA
1 9 3 7
A R . 35077

Innen sind kleine Seiten Notenpapier. Sie enthalten ein zwölftöniges Thema nebst Umkehrung, ein paar Takte aus „Moses und Aron", 3. Akt, sowie einen Text, der sich mit Karikaturen beschäftigt und mit einer Art geschriebenem Selbstbildnis beginnt.

The art of the Caricaturist; summing up most characteristic features.

I am small; I have short legs, I am bald having a central Glatze and a small (crown?) of dark hair around it. My nose is big and hooked, I have dark big eyes, big eye brows, my mouth is perhaps the best of me; I have usually my hands verschränkt on the back; my shoulders are round.

Some cartoonists provide for instance all their victims with a spezial kind of nose. *(Hier folgen Zeichnungen dreier Nasen: einer spitzen, einer knollenförmigen und einer gebogenen.)*

Perhaps behind that one might find the aim of creating a type (typus) in a manner comparable to the types of „Pierrot, Pierrette, Colombine, Hanswurst the clown, the Kunstreiterin" etc.

But than you see some cartoonists bringing on one cartoon three or more persons and giving all of them the same nose.

Why a procedure for reasons other than lack of imagination should be applied to our species of men is difficult to understand. True, we don't distinguish the faces of bees or of monkeys of the same race.

To us even all Japanese or Savages from the Pacific Islands look alike.

ÜBER STRAUSS UND FURTWÄNGLER

(1946) Original englisch

Ich bin nicht ein Freund von Richard Strauss, aber, obwohl ich nicht alle seine Werke bewundere, glaube ich, daß er eine der charakteristischen und hervorragenden Figuren in der Musikgeschichte bleiben wird. Werke wie Salome, Elektra, Intermezzo und andere werden nicht vergehen. Aber ich glaube nicht, daß er ein Nazi war, ebenso wenig wie W. Furtwängler. Sie waren beide Deutschnationale, beide liebten Deutschland, deutsche Kultur, Kunst, Landschaft, Sprache und Deutschlands Bürger, ihre Landsleute. Sie werden beide ihr Glas erheben, wenn ein Toast auf Deutschland erbracht wird, „hoch, Deutschland", und wenngleich sie französische und italienische Musik und Malerei hoch schätzen, betrachten sie alles Deutsche als überlegen. Ihre Begeisterung – natürlich auf hohem Niveau – war in ihrer Natur eng mit der der Bierbank und des Deutschen Männergesangvereins verbunden. Darf ich wiederholen: natürlich auf einem höheren Niveau, weil beide, Strauss und Furtwängler, eine höhere Erziehung hatten. Doch darf man nicht durch diese Erziehung geblendet werden. Wir wissen, daß Wissenschaftler, Ärzte, Professoren, Schriftsteller, Dichter und Künstler die musikalische Vulgarität des Horst Wessel-Liedes ertrugen und den schrecklichen Text mit ebenso viel Feuer und Begeisterung sangen wie der einfache Mann auf der Straße. Ich bin nicht über St.s und F.s diesbezügliche Haltung informiert; aber es steht für mich außer Zweifel, daß sie zumindest die Musik verachteten.

Doch, Nazi oder nicht: daß Furtwängler nicht nach Amerika kommen kann und daß er einsam und arbeitslos in der Schweiz leben muß, ist den Intrigen eines Mannes zu verdanken: dieses mächtigen Mannes, dessen Wortmacht nicht groß genug ist, seine Ideen Musikern verständlich zu machen; des Mannes[1], der aus Zorn über seine sprachliche Unfähigkeit mit einer goldenen Uhr wirft – dieser Mann ist imstande, Furtwängler, der ihm vielfach überlegen ist, am Dirigieren in Amerika und der übrigen Welt zu hindern.

Aber ich wollte eigentlich über Strauss sprechen.

Jeder, der den Bann gegen Furtwängler für nicht gerechtfertigt hält, wird zugeben müssen, daß in einem vollständigen Bann wenigstens Konsequenz liegt. Doch sogar wenn ein Bann gegen Strauss gerecht wäre, so hätte er Konsequenz nur, wenn auch seine Musik verboten wäre.

Diejenigen aber, die das Spielen seiner Musik erlauben und sich weigern, ihm zu zahlen, was sie ihm schulden, handeln so schamlos wie Piraten.

1 Schönberg meinte damit Arturo Toscanini.

Ich spreche nicht aus sentimentalen Gründen. Natürlich bedaure ich einen alten Mann von 82 Jahren, der sein ganzes Leben lang geschrieben und Dinge geschaffen hat, die 90 % der Musikliebhaber auf der Erde lieben; ich bedaure, daß dieser alte Mann jetzt – zum zweiten Mal in seinem Leben – sein ganzes Vermögen verloren hat; ich bedaure, daß er gegenwärtig in zwei Zimmern in der Schweiz von der Wohltätigkeit lebt, die ein hervorragender Kunstfreund, Herr Reinhart aus Winterthur, im gewährt.

Ich spreche nicht als Freund von Richard Strauss; obwohl er mir Hilfe erwiesen hat, als ich jung war, hat er später seine Haltung gegen mich verändert. Ich bin sicher, daß er meine Musik nicht liebt und darin kenne ich kein Mitleid: ich betrachte solche Leute als Feinde.

Ich spreche vom Standpunkt der Ehrenhaftigkeit.

DANKBRIEF AN DIE AMERICAN ACADEMY OF ARTS AND LETTERS

Im Mai 1947 bedankte sich Schönberg für den ihm zugesprochenen 1.000-Dollar-Preis für hervorragende Leistungen wie folgt:

Daß alles, was ich während dieser fünfzig Jahre zu vollenden suchte, nun von Ihnen als eine Leistung bewertet wird, scheint in mancher Hinsicht eine Überschätzung zu sein. Ich persönlich hatte das Gefühl, in einen Ozean kochenden Wassers gefallen zu sein, und da ich nicht zu schwimmen oder auf andere Art einen Ausweg zu finden wußte, versuchte ich es mit Armen und Beinen, so gut ich konnte. Ich weiß nicht, was mich rettete, warum ich nicht ertrank oder lebendig gekocht wurde – ich habe vielleicht nur ein Verdienst: daß ich es nie aufgab. Ob meine Bewegungen sehr ökonomisch waren oder völlig sinnlos, ob sie mein Weiterleben unterstützten oder behinderten – es war keiner da, der mir geholfen hätte, und es gab auch nicht viele, die mich nicht gern hätten erliegen sehen. Ich behaupte nicht, daß es Neid war – was gab es da zu beneiden? Ich bezweifle auch, daß es Mangel an gutem Willen – oder, schlimmer, daß es böser Wille war. Es könnte ihr Wunsch gewesen sein, diesen Alpdruck, diese unharmonische Folter, diese unverständlichen Gedanken, diesen methodischen Wahnsinn loszuwerden, und ich muß zugeben, es waren keine schlechten Menschen, die so dachten – obgleich ich natürlich nie verstand, was ich ihnen angetan hatte, sie so boshaft, so wütend, so fluchend, so aggressiv zu machen. Noch immer bin ich sicher, daß ich ihnen niemals etwas genommen hatte, das ihnen gehörte. Ich hatte niemals in ihre Rechte, ihre Privilegien mich eingemischt, niemals unbefugt ihren Besitz betreten. Ich wußte nicht einmal, wo er lag, welche die Grenzen ihres Grundstücks waren, und wer ihnen das Recht auf diese Besitzungen gegeben hatte. – Ich bin stolz, diese Auszeichnung unter der Voraussetzung empfangen zu haben, daß ich etwas vollendet habe. Bitte nennen Sie es nicht falsche Bescheidenheit, wenn ich sage, mag sein, daß etwas vollendet worden ist, aber ich bin es nicht, der dafür Achtung verdient. Diese Achtung muß meinen Gegnern gezollt werden. Sie waren es, die mir wirklich halfen.

EIN TEXT AUS DEM DRITTEN JAHRTAUSEND

(Februar 1948) Original englisch

In einem der wenigen Briefe Anton v. (heißt das von oder nur van?) Weberns ist der Name Arnold Schönbergs erwähnt. In diesem Brief, den er schrieb, einige Wochen bevor er in der Schlacht gegen die Russen (1938) fiel, spricht er begeistert über diesen Schönberg, nennt ihn den größten lebenden Komponisten, dessen Verdienste niemals vergessen sein würden. Wie Unrecht hatte er mit dieser Prophezeiung! Ich durchlas sechs Zehnjahresbände der Encyclopaedia Americana ohne auch nur eine Erwähnung seines Namens zu finden. Erst als ich zu der Ausgabe 1988 kam, fand ich seinen Namen und eine kurze biographische Notiz.

Er könnte eine Rolle 40 oder 50 Jahre vor dieser Ausgabe gespielt haben, d. h. fast vor hundert Jahren, weil, obwohl nicht eine einzige seiner Kompositionen erwähnt wird, zwei Tatsachen für mich von Interesse sind. Erstens, daß er auch theoretische Werke geschrieben hat und offenbar eine große Anzahl von Schülern hatte. Doch hat keine seiner theoretischen Schriften ihn überlebt. Die Biographie sagt, sie seien schon veraltet gewesen zu der Zeit als sie produziert wurden. Sie behandelten vergangene Methoden der Komposition, Funktionen der Harmonik, Variationen, musikalische Logik, und sie bezogen sich auf Komponisten des romantischen Zeitalters der Chromatik. Zweitens muß er eine Art Kampf mit dem bekannten deutschen Dichter Thomas Mann gehabt haben, der offensichtlich der Erfinder der Methode mit zwölf Tönen zu komponieren war, gegründet auf die Emanzipation der Dissonanz, d. h. die Gleichwertigkeit der Dissonanzvorstellung mit der Konsonanzvorstellung. Webern nennt als ein Verdienst Schönbergs die Erfindung dieser Theorie und der dazu gehörenden Terminologie, aber das scheint falsch zu sein, oder Schönberg war ein skrupelloser Ausbeuter von Ideen anderer Menschen.

Es ist gesagt worden, daß Mann in seiner Jugend dringend wünschte, Musiker zu werden, sich aber in seinen Zwanzigern der Dichtung zuwandte.

Wahrscheinlich war er um diese Zeit in Verbindung mit Schönberg, als dieser in Wien lebte, nur ein paar Minuten Flugzeit von München, wo Mann wohnte. Wahrscheinlich hatte er damals (um 1933) die Zwölftontheorie erfunden und, da er selbst das Komponieren schon aufgegeben hatte, ließ er sie Schönberg benutzen und unter seinem Namen veröffentlichen. Manns Großzügigkeit erwähnte niemals diese Verletzung seiner Rechte. Aber es scheint als wären sie in ihren letzten Lebensjahren Feinde geworden, und nun nahm Mann sein Eigentum zurück und schrieb dessen Ursprung einer Person zu, die er selbst erschaffen hatte (einem Homunculus). So kam die große amerikanische Musik in die Lage, von Manns theoretischer Erfindung zu profitieren, und so entstammte aller Fortschritt der amerikanischen Musik von deren Verschmelzung mit Budia Nalangers[1] modalen Methoden, wirkliche alte Musik hervorzubringen, die wie neue wirkt.

Wenn etwas diese Beschuldigung des vergessenen „Theoretikers" Schönberg und sein hassenswertes Verbrechen sowie seine Nichtachtung der Rechte des geistigen Eigentums erschwert, so ist es die grandiose Art, in der Mann diese seine Idee vorgelegt hat. Nur ein wirklicher Erfinder ist zu einer so erleuchtenden Darbietung imstande. Schönberg aber hätte niemals die Fähigkeit für ein solches Werk gehabt.

Hugo Triebsamen

[1] Eine Verdrehung des Namens Nadja Boulanger, der 1887 geborenen Kompositionslehrerin und Prophetin Igor Strawinskys.

SELBSTANALYSE

Wenn die Leute von mir sprechen, denken sie sofort an Schrecken, Atonalität und Komposition mit zwölf Tönen. Allgemein wird immer vergessen, daß es, bevor ich diese neuen Techniken entwickelt hatte, zwei oder drei Zeitabschnitte gab, in denen ich das technische Rüstzeug erwerben mußte, welches mich befähigte, deutlich auf meinen eigenen Füßen zu stehen, auf eine Weise, die den Vergleich mit anderen Komponisten, Vorgängern oder Zeitgenossen, untersagte.

Selten macht man sich klar, daß eine Hand, die es wagt, auf so viele Errungenschaften unserer Vorfahren zu verzichten, gründlich in den Techniken geübt sein muß, die durch neue Methoden ersetzt werden sollen. Selten macht man sich klar, daß zwischen Technik der Vorfahren und der eines Neuerers eine Verbindung existiert, und daß keine neue Technik in den Künsten geschaffen wird, die nicht in der Vergangenheit wurzelt. Und selten macht man sich klar, daß jene Werke, in denen ein Neuerer sich – bewußt oder unterbewußt – für die Tat vorbereitet, die ihn von seiner Umgebung unterscheiden wird, fertige Auskunft liefern über die Berechtigung eines Autors, sich neuen Regionen zuzuwenden.

In dieser Formulierung sieht es so aus, als sei das eher die Aufgabe eines Musikwissenschaftlers. Aber das ist falsch, weil es eben gerade die Hörer sind, für die solche Erkenntnis wichtig ist. Und die Pflicht des Musikwissenschaftlers ist es, die Hörer so zu führen, daß sie Denjenigen gerecht bewerten, der den Mut hatte, sein Leben für eine Idee zu riskieren.

Musikwissenschaftlern ist es nicht gelungen, zu Gunsten der Wahrheit zu handeln. Aus diesem Grunde ist meine Situation gegenüber dem Hörer oft folgende: Sie lehnen es ab, die Werke von mir anzuhören, die sie interessieren könnten (das heißt die, welche sie für atonal und dissonant halten); und die Werke, die nicht atonal, sondern weniger dissonant werden, sind nicht interessant genug, – für Leute, die sie überhaupt nicht kennen.

Atonalität oder dissonante Züge sind keine Maßstäbe für Bewertung. Oberflächlichkeit mag ihr Urteil auf solche Eigenschaften stellen. Wirkliche Liebe und Verständnis für Musik werden sich fragen: was ist gesagt worden? Wie wurde es ausgedrückt? Wurde da eine neue Botschaft in der Musik verkündet? Wurde eine neue Persönlichkeit entdeckt? War die technische Präsentation dem entsprechend? und andere derartige Probleme.

Gewiß, den Stil zu deuten, ist leichter und verschafft einem den Ruhm eines Kenners.

Aber die Liebe des Freundes unserer Kunst ist nicht so indirekten Ursprungs – wenn sie auf Schätzung bedacht ist.

Ich bin sicher, daß die Werke meines letzten Stils wenigstens den Respekt fänden, den sie verdienen, wenn den Hörern eine Chance gegeben würde, den Werken meiner früheren Zeit gerecht zu werden. Als Richard Wagners Werke um ihre Anerkennung kämpften, war die Lage gesünder. Denn auch die konservativsten Musikfreunde erkannten Wert und Schönheit von Wagners ersten und zweiten Schaffensperioden: Rienzi, Der Fliegende Holländer, Tannhäuser und Lohengrin. Diese Anerkennung ebnete den Weg für die Schätzung von Tristan, Meistersinger, dem Ring und Parsifal.

Ich persönlich finde nicht, daß Atonalität und Dissonanzen die hervorragenden Züge meiner Werke sind. Gewiß bieten sie Hindernisse für das Verständnis dessen, was wirklich mein musikalischer Gegenstand ist. Warum aber stießen dann sogar Werke meiner ersten Zeit immer auf Widerstand bei den ersten Aufführungen, um erst später anerkannt zu werden?

Anscheinend muß als die wirkliche Ursache meine Tendenz angesehen werden, jedes Werk mit einem verschwenderischen Überfluß musikalischer Themen auszustatten.

Das verursachte in den Werken meiner ersten Periode Ausdehnung zu einer Länge, die bald begann, mich zu stören. Natürlich war es die Tendenz der wagnerischen und nachwagnerischen Epoche. Man bedenke die Ausmaße von Symphonien Bruckners und Mahlers und die anderer Formen von Strauss, Reger, Debussy, Tschaikowsky und vielen anderen. Vieles von dieser Länge (ausgenommen bei Mahler und Reger) kam von der Technik, zahlreiche kleine variierte oder sogar unvariierte Wiederholungen kurzer Phrasen zu verwenden. Ich wurde mir über die ästhetische Minderwertigkeit dieser Technik klar, als ich den Schlußabschnitt meiner symphonischen Dichtung „Pelleas und Melisande" komponierte. In dem größeren Teil dieses Werks bildeten Sequenzen einen beträchtlichen Beitrag zu der notwendigen Ausdehnung der Darstellung, wie sie für ein leichteres Verstehen erforderlich ist.

Gleich zu Beginn wußte ich, daß Einschränkung durch zwei Methoden erreicht werden kann: Verdichtung und Aneinanderreihung. Die ersten Versuche, die ich vor dieser Erkenntnis machte, Variation und oft weitgehende Veränderungen zu benutzen, befriedigten mich nicht vollständig, obwohl in der Entwicklung von Variation ein weit größeres ästhetisches Verdienst liegt, als in der unvariierten Sequenz. Hierdurch aber wurde die Länge eines Stücks kaum beträchtlich verringert. So ist sogar mein erstes Streichquartett opus 7 (welches ich ebenso wenig gering schätze wie meine früheren Werke) von ungewöhnlicher Länge – ein großes Hindernis für die Erkennung mancher Schönheit, die man darin finden könnte.

Bevor ich technisch die Schwierigkeiten von Verdichtung und Aneinanderreihung meistern konnte, war ich durch mein Schicksal auf einen anderen Weg gezwungen: indem ich zuerst die Form des einsätzigen Stückes aufgab und in meinem zweiten Streichquartett zum Aufbau in vier Sätzen zurückkehrte, wurde ich der erste Komponist dieses Zeitabschnitts, der kürzere Stücke schrieb. Bald darauf kam ich zu dem gegenteiligen System von langen Kompositionen: zu extrem kurzen Formen. In diesem Stil verblieb ich nicht sehr lange. Doch hatte er mich zwei Dinge gelehrt: erstens Gedanken in aphoristischer Art auszudrücken, die keine Fortsetzung aus formalen Gründen erforderte; zweitens Gedanken ohne den Gebrauch formaler Bindewerte zusammenzustellen, durch einfache Aneinanderreihung.

Ich gebe zu, daß diese Schreibart leichtes Verständnis nicht fördert. Sie ist der Stil meiner Musik etwa seit 1920, und er erfordert intensive Aufmerksamkeit, um zu begreifen, sowie ein gutes Gedächtnis, um zu behalten was vorgeht. Ich bin überzeugt, daß ein volles Verständnis schwer zu erreichen ist, wenn man nicht stufenweise mit meinen Ideen im allgemeinen und ihrer Darstellung im besonderen vertraut wird.

Schon meine frühen Werke weisen manche Züge meines Reifestils auf. Aber selten kommen alle diese Schwierigkeiten an einer einzigen Stelle zusammen. Wenn beispielsweise verschiedenartige Einheiten aneinandergereiht werden, muß die Einheit selbst nicht zu verdichtet sein; oder ihr harmonischer Hintergrund muß verständlicher sein. In anderen Fällen kann eine leicht variierte Wiederholung das Gedächtnis unterstützen. In noch anderen Fällen können Elemente, die später deutlich werden, als nachträgliche Bindeglieder wirken. So werden nicht alle derartigen Ereignisse, die den Uneingeweihten behindern, auf sinnstörende Weise wirken. Und wenn einmal das Tor zum Verständnis geöffnet ist, wird auch ein Gefühlseindruck nicht ausbleiben.

Ich wage zu sagen, daß meiner Überzeugung nach sogar Werke meiner dritten Periode, wie z. B. die drei Klavierstücke opus 11 oder die fünf Orchesterstücke opus 16 und insbesondere „Pierrot Lunaire" opus 21 heutzutage relativ leicht zu verstehen sind. Und wenn ich gegenwärtig kaltblütig über diese Werke spreche, so darf man nicht vergessen, daß sie vor zwanzig bis vierzig Jahren geschrieben wurden. Ich kann sie betrachten, als sei jemand anderes ihr Verfasser, und ich kann ihre Technik und ihre geistigen Inhalte ganz objektiv, fast unpersönlich, erklären; und ich sehe Dinge darin, die mir noch unbekannt waren zu der Zeit, als ich sie komponierte.

Darf ich wagen auszusprechen: wenn ich sie trotz dieser Entfremdung noch mag, so scheint der Gedanke irgendwie gerechtfertigt, daß sie das wert sind.

Arnold Schönberg

Los Angeles, 3. März 1948

MEINE HALTUNG ZUR POLITIK

(16. Februar 1950) Original englisch

Ich bin mindestens so konservativ, wie Edison und Ford es gewesen sind. Aber ich bin leider nicht ganz so fortschrittlich wie sie auf ihrem eigenen Gebiet waren.

Mit Anfang zwanzig hatte ich Freunde, die mich in die marxistischen Theorien einführten. Als ich dann Tätigkeiten als Chormeister – Leiter von Männerchören – fand, nannte man mich Genosse. Und damals, als die Sozialdemokratie für eine Erweiterung des Rechtes auf freie Wahlen kämpfte, hatte ich starke Sympathie für einige ihrer Ziele.

Aber noch bevor ich 25 war, hatte ich schon den Unterschied zwischen mir und einem Arbeiter entdeckt; ich hatte dann herausgefunden, daß ich ein *Bourgeois* war und wandte mich ab von allen politischen Beziehungen.

Ich war viel zu beschäftigt mit meiner eigenen Entwicklung als Komponist, und ich bin sicher, ich hätte nie die von mir entwickelte technische und ästhetische Kraft erworben, wenn ich irgendwelche Zeit für Politik verwendet hätte. Aber sogar in meinen frühen zwanziger Jahren war ich nie aktiv in der Politik. Ich hielt niemals Reden, trieb keine Propaganda und versuchte nicht, Leute zu bekehren.

Als der erste Weltkrieg begann, war ich stolz, zu den Waffen gerufen zu werden, und als Soldat tat ich alle meine Pflichten mit Begeisterung als ein gläubiger Anhänger des Hauses Habsburg, seiner 800jährigen Weisheit in der Kunst des Regierens und seiner Beständigkeit der Lebenszeit einer Monarchie, verglichen mit der kürzeren Lebenszeit jeder Republik. In anderen Worten: ich wurde ein Monarchist. Auch in dieser Zeit und nach dem unglücklichen Ausgang dieses Krieges und viele Jahre danach betrachtete ich mich als einen Monarchisten, nahm aber auch dann nicht an irgendwelchen Tätigkeiten teil. Damals und hinterher war ich nur ein stiller Anhänger dieser Art von Regierung, obwohl die Aussichten auf eine Wiederherstellung gleich null waren.

Solche Erwägungen waren sichtlich überflüssig als ich nach Amerika kam. Mein Gesichtspunkt war seither der der Dankbarkeit, daß ich eine Zuflucht gefunden hatte. Ich entschied mich, daß ich als ein nur naturalisierter Bürger kein Recht hatte, in die Politik der geborenen Amerikaner einzugreifen. Mit anderen Worten: ich mußte stillhalten und schweigen. Das habe ich immer als meine Lebensregel betrachtet. Aber ich war niemals ein Kommunist.

BACH

(10. März 1950; erste Fassung 1932) Original englisch

Ich pflegte zu sagen: Bach ist der erste Komponist mit zwölf Tönen. Das war natürlich ein Scherz. Ich wußte nicht einmal, ob jemand vor ihm nicht diesen Titel verdiente. Aber die Wahrheit, auf der diese Feststellung begründet war, ist, daß die Fuge Nr. 24 im ersten Band des Wohltemperierten Klaviers, in h-moll mit einem Dux beginnt, wo alle zwölf Töne erscheinen. Ich habe versucht, ein anderes Beispiel dieser Art zu finden, was mir aber nicht gelang. Allerdings konnte ich nur einen Teil seines Gesamtwerkes untersuchen.

Es ist ein Ausnahmefall: selbst in dieser Fuge besteht der Comes nur aus elf verschiedenen Tönen und von den zwölf Wiederholungen und Transpositionen sind nur sieben vollständig, wogegen fünf einen oder zwei der zwölf Töne auslassen. Vielleicht würde eine Untersuchung der Gegenstimmen und der Episoden noch andere interessante Tatsachen enthüllen. Aber wichtiger ist hier, daß diese Fuge den Namen „Chromatische Fuge" mit größerem Recht verdient, als diejenige, die gewöhnlich so genannt wird. Sie nähert sich einem Stil der Chromatik auf ganz andere Weise als in Bachs gewöhnlichem Verfahren. Im allgemeinen erscheinen chromatische Veränderungen als steigende oder fallende Ersatz-Leittöne wie in den Takten 1 bis 2 der 14. Fuge in Band 1; oder in Halbton-Fortschreitungen wie bei den Takten 6, 12 und anderen, in Fuge 22 von Band 2 oder Fuge 10 in Band 1. Im ersten Band gibt es zwei Fälle von einer gewissen Ähnlichkeit: Nr. 18 in gis-moll und besonders Nr. 12 in f-moll. Aber die Takte 33 bis 34 in Nr. 19 sind weniger chromatisch als sie aussehen; h-moll vermischt Züge der steigenden mit gewöhnlichen fallenden Tonleitern und mit Bachs besonderer Form einer fallenden Moll-Tonleiter.

In dieser Fuge werden die chromatisch-alterierten Töne weder Ersatztöne noch Teile von Tonleitern. Sie zeigen deutlich eine Unabhängigkeit, die an beziehungslose Töne der chromatischen Leiter in der Grundreihe einer Zwölftonkomposition erinnert. Der einzige wesentliche Unterschied zwischen ihrer Natur und moderner Chromatik ist, daß sie noch nicht Nutzen ziehen aus ihrer Mehrdeutigkeit als Mittel zu wechselnder Richtung in einer modulatorischen Weise.

II.

Ich habe den Lehrer Bach immer sehr hoch geschätzt. Ohne Zweifel besaß er eine tiefe Einsicht in die verborgenen Geheimnisse von Tonbeziehungen. Er war gewiß fähig, seine Gedanken klar und verständlich darzustellen. Aber ich bin auch überzeugt, daß er nicht so sentimental war, auf die bei seinen Zeitgenossen üblichen Anwendungen von „Schopfbeutlern, Kopfstückeln und Ohrenreißen" zu verzichten, wenn sie ihm halfen, seine Schüler zur Arbeit, zum Üben und sogar nur zum Verstehen zu bringen. Und er hatte Erfolg damit. Man muß sich nur die unübertroffene Vorzüglichkeit vieler seiner Söhne und besonders Philipp Emanuels ins Gedächtnis zurückrufen, der, wie ich glaube, eine außerordentliche Kenntnis des Kontrapunkts besessen haben muß. Wahrscheinlich hatte Johann Sebastian ihn mit allen Geheimnissen vertraut gemacht, den Weg durch die verborgenen Eigentümlichkeiten der Töne zu finden. Ich bin überzeugt, hätte er den Stil seines Vaters nicht als veraltet angesehen, und hätte er dessen Erfindungs- und Ausdruckskraft und Persönlichkeit besessen, so wäre er so groß wie sein Vater geworden.

Technisch, so nehme ich an, muß er die Geheimnisse gekannt haben, die den Alten befähigten, im Widerspruch zum Ratschlag der Theoretiker, auf einem gebrochenen Dreiklang alle die verschiedenen Themen seiner „Kunst der Fuge" aufzubauen, die alle diese kanonischen Imitationen ermöglichen, einfach, in der Umkehrung und im Rücklauf, in der Vergrößerung und Verkleinerung.

Er muß all das und mehr gekannt haben und er kannte auch das Gegenteil: was zu tun und zu lassen war, um ein Thema hervorzubringen, das nicht für eine Behandlung dieser Art geeignet war. Aus diesem Grunde glaube ich, daß er, Philipp Emanuel, der Urheber des „Königlichen Themas" war.

Ob nun seine eigene Bosheit ihn dazu bewegte, oder ob der „Scherz" durch den König befohlen wurde, kann wahrscheinlich nur psychologisch nachgewiesen werden: der große König wußte, wie man sich fühlt, wenn man eine Schlacht gewonnen hatte, und er wollte sehen wie ein anderer Großer sich verhält, nachdem er eine Schlacht verloren hat. Er wollte die Verlegenheit eines Mannes sehen, der nur Erfahrung in Schlachten hatte, die er gewann; er wollte die Hilflosigkeit des Opfers seines Scherzes genießen, wenn die hochgepriesene Kunst der Improvisation mit den Schwierigkeiten einer wohlvorbereiteten Falle nicht fertig wurde. Es war eine Falle: Philipp Emanuel hatte ein Thema konstruiert, dem Johann Sebastians Geschicklichkeit nicht gewachsen war. In der „Kunst der Fuge" bot ein Moll-Dreiklang viele kontrapunktische Möglichkeiten; das Königliche Thema, ebenfalls ein Moll-Dreiklang, ließ keine einzige kanonische Imitation zu. Alle Wunder, welche das „musikalische Opfer" vorlegt, werden durch Gegensubjekte, Gegenmelodien und andere äußere Hinzufügungen erreicht.

Der königliche Scherz war dank Philipp Emanuels Geschicklichkeit erfolgreich. Aber Johann Sebastian muß den bösen Trick erkannt haben. Daß er seine Darbietung ein „musikalisches Opfer" nannte, ist sehr eigentümlich, weil das deutsche Wort Opfer einen doppelten Sinn hat: die Darbietung eines Opfers (englisch „offering"). oder der Gegenstand des Opfers („victim") – Johann Sebastian wußte, daß er bei dem Scherz eines großen Herrn das Opfer gewesen war.

III.

Heutzutage sind Musiker geneigt, Verdienste, welche sogar kleineren Durchschnittsgeistern erkennbar sind, zu überschätzen auf Kosten solcher Verdienste, die weniger glänzen. Ich bin nicht gegen eine Überschätzung der Kunst des Kontrapunkts und ich überschätze auch nicht andere Techniken. Wenn man solche Stilunterschiede nicht als Techniken, sondern als Ausdrucksweisen betrachtet, so wird man auch den Besonderheiten anderer Darstellungsweisen gerecht. Wagners harmonisches Gleichgewicht in einem Stil, der seinerzeit noch als modulatorisch bezeichnet wurde, die schildernde Kraft seiner Orchestrierung, der Gefühlsinhalt seiner Melodien – Brahms' strukturelle Feinheiten, der Reichtum seiner Grundharmonik, die Schönheit seiner Melodien; Beethovens Logik, Originalität der Erfindung, seine impulsive Persönlichkeit, der Reichtum seiner Anweisungen – Schuberts Fähigkeit, ziemlich einfache strukturelle Verfahren zu benutzen, denen zum Trotz er einen populären Zug seiner Melodien verfeinerte; Mozarts einzigartige Fähigkeit, auf kleinstem Raum verschiedenartige Elemente zu vereinen – alle diese Vorzüge verdienen genau so viel Lob wie die kontrapunktischer Errungenschaften. Und obwohl man mir glauben könnte, daß ich der letzte bin, die Vorzüge kontrapunktischer Schreibweise zu verkleinern, muß man doch bedenken, daß die Verdienste keines wirklichen Meisters geschmälert wurden durch eine Schwierigkeit, die er zu überwinden hatte. Für den wirklichen Meister gibt es keine Schwierigkeit, und was ein Laie oder ein Musiker so nennt, ist nichts für ihn: er spricht seine angeborene Sprache. Für den einen ist es Kontrapunkt, für den anderen Orchesterfarbe und reiche Harmonik oder Logik oder Schönheit und so fort.

Ich hatte das Glück, einige Tatsachen zu lernen, die mir durch einen Freund übermittelt wurden. Er war ein Komponist, der an seine Eingebung glaubte, ob sie ihm nun Musik in Übereinstimmung mit Theorie oder Ästhetik diktierte oder nicht. Er sagte mir, er habe in mehreren Fällen zuerst nur die Melodie eines recht langen Abschnitts geschrieben. Dann habe er auf einer zweiten Linie eine Begleitstimme geschrieben, ohne auch nur die erste Linie anzusehen; allmählich habe er auf gleiche Weise so viele Stimmen hinzugefügt, daß der Satz komplett war. Das Resultat war erstaunlich: niemand konnte entdecken, daß es auf so unübliche Weise, unter so außergewöhnlichen Bedingungen zustande gekommen war.

Er fürchtete, die Leute würden glauben, was er geschrieben hatte sei reiner Unsinn; oder daß die ganze Geschichte nicht wahr sei. Er versicherte mir, daß manche solcher Fälle mindestens so gut, wenn nicht besser waren als andere und daß er in einer Art von Trance gewesen sein müßte. Er hatte das Gefühl, als habe er von einem Modell abgeschrieben, das er vor sich sah oder hörte.

Mir scheint, nur das kann Wunder erklären, wie die der „Kunst der Fuge" und alle ähnlichen Wunder, die große Meister getan haben. Das sind Wunder, die ein menschliches Hirn nicht hervorbringen kann. Der Künstler ist nur das Sprachrohr einer Kraft, die ihm diktiert, was er tun soll.

Da er in dieser Sprache geboren war, übertrug Bach den Willen dieser Kraft in Begriffe des menschlichen Kontrapunkts.

IV.

Ich habe viel über die Tatsache nachgedacht, daß Bach einerseits so viele Fugen schreibt, die die kompliziertesten kontrapunktischen Verbindungen von Kanons aller Arten und von vielfachem Kontrapunkt von Gegenstimmen behandeln; andererseits gibt es eine große Anzahl, wo nichts dieser Art beobachtet werden kann und die dem oberflächlichsten Begriff mehrerer Themen-Eröffnungen entsprechen, die „voreinander fliehen". Solche Beispiele finden sich unter anderem im ersten Band bei Nr. 1, 3, 6, 9, 10, 17.

Es ist schwer zu glauben, daß da nicht die gleiche hohe Kunst am Werk ist, die wir in jenen Stücken beobachten, wo sie offen zutage tritt. Ich glaube eher, daß dahinter ein Geheimnis verborgen ist, das man noch nicht entdeckt hat. Oft aber vergeblich habe ich versucht, ein solches Prinzip darin zu entdecken. Nichtsdestoweniger empfinde ich immer, daß da irgend etwas vor sich geht, das meine Aufmerksamkeit auf besondere Art fesselt. Was ist es?

Ich möchte vorschlagen, daß begabte und erfahrene Musiker versuchen sollten, dieses Problem zu lösen. Ich selbst habe vermutet, ein solches Prinzip könne entdeckt werden als Ergebnis des mehrfachen Kontrapunkts der Sekund, Terz, Quart, Sext und Septim. Ob eine solche Behandlung einem ganzen Thema oder nur Teilen davon zuteil wird oder sogar nur seinen Haupttönen, oder einem Gegenthema oder dem Material der Episode: es könnte die Themen, Konfigurationen, Kombinationen und Varianten hervorbringen, die nötig sind, um alle Gegensätze, die Vielfältigkeit und den Fluß eines Stückes hervorzubringen.

Forschung in diesen Problemen sollte eher vom Gesichtspunkt der Kompositionstechnik als von dem der Ästhetik betrieben werden. Demzufolge könnte es von einiger Hilfe sein, wenn ich hiermit meine eigene Theorie von der Natur der kontrapunktischen Schreibart vorlege.[1]

Musik des homophon-melodischen Kompositionsstils, das ist: Musik eines Hauptthemas, begleitet von und begründet auf Harmonie, bringt ihr Material hervor durch das was ich *entwickelnde Variation* nenne. Das bedeutet: Variation der Züge einer Grundeinheit produziert alle die thematischen Formulierungen, die für Fluß, Gegensatz, Vielfalt, Logik und Einheitlichkeit einerseits, für Charakter, Stimmung, Ausdruck und jede erforderliche Differenzierung andererseits sorgen; dadurch wird die *Idee* des Stücks ausgearbeitet.

Im Gegensatz dazu erzeugt kontrapunktische Komposition ihr Material nicht durch Entwicklung, sondern durch ein Verfahren, das eher Aufwickelung (unravelling) genannt werden sollte. Das ist: eine Grundfigur oder -kombination, auseinandergenommen und auf andere Weise wieder zusammengefügt, enthält alles, was später einen anderen Klang entläßt, als die ursprüngliche Formulierung. So kann ein Kanon von zwei oder mehr Stimmen auf einer einzigen Zeile notiert werden und doch verschiedenartige Klänge liefern. Wird mehrfacher Kontrapunkt angewandt, so bietet eine Verbindung von drei Stimmen, umkehrbar in der Oktave, Dezime und Duodezime derart viele Kombinationen, daß daraus sogar ein längeres Stück abgeleitet werden kann.[2]

Gemäß dieser Theorie sollte man nicht erwarten, daß in diesen Fugen neue Themen auftreten, sondern daß auch da eine grundlegende Kombination die Quelle für alle anderen bildet.

Ich kann nicht glauben, daß der Verfasser der „Kunst der Fuge" hier nur lieferte, was die meisten Musiker glauben: Klavierstücke, die nur auf dem äußerlichen und oberflächlichen Charakterzug folgender Themenanfänge beruhen. Zumindest würde er sie nicht Fugen genannt haben, sondern vielleicht Suiten, Inventionen, Partiten oder dergleichen.

1 Ich bin nicht sicher, ob all das nicht schon von maßgebenden Theoretikern geschrieben wurde. Indessen, wie ich schon in meiner Harmonielehre sagte, ich habe dieses nicht durch Lesen, sondern durch Denken gelernt; darum ist es mein Eigentum. Doch scheint mir, daß die heutige Musikerziehung nicht immer gesegnet ist durch die Tradition der großen Reihe von Wiener Lehrern und Theoretikern – die Reihe von Porpora, Fux, Albrechtsberger, Sechter, Bruckner und Schenker. Es scheint, daß nur Musiker, die fünf oder sechs Jahre älter oder jünger sind als ich, daran teilhatten. Viele von ihnen sind tot, merkwürdigerweise war keiner von ihnen ein moderner Komponist.

2 Ich habe von solchen Möglichkeiten Gebrauch gemacht im ersten Satz meiner Suite (im alten Stil) für Streichorchester, welche ich geplant hatte als ein „Lehrstück" für Kompositionsstudenten, selbstverständlich unter Auslassung solcher Kombinationen, die nicht interessant genug sind.

CHRONOLOGISCHES WERKVERZEICHNIS MIT URAUFFÜHRUNGSDATEN

1894 Drei Klavierstücke

1897 Streichquartett D-dur (U 17. März 1898, Wien, Fitzner-Quartett)

1897 (98?) Zwei Lieder op. 1

1899 Vier Lieder op. 2

Streichsextett „Verklärte Nacht" op. 4 (U 18. 3. 1902, Wien, Roséquartett und Mitgl. d. Wiener Philharm.)

1899–1903 Sechs Lieder op. 3

1900–1911 „Gurrelieder" (U 23. 2. 1913, Wien, Philharmonischer Chor, Dir. Franz Schreker)

1901 Sieben Chansons (Brettl-Lieder)

1903 Symphonische Dichtung „Pelleas und Melisande", op. 5 (U 26. 1. 1905, Wien, Konzertvereinsorch., Dir. A. Schönberg)

1903–1905 Acht Lieder op. 6

1904 Sechs Orchesterlieder op. 8 (U von Nr. 2, 5 und 6 am 29. 1. 1914 Prag, Sol. Hans Winkelmann, Dir. Alexander v. Zemlinsky)

1905 1. Streichquartett d-moll op. 7 (U 5. 2. 1907 Wien, Rosé-Quartett)

1906 Kammersymphonie in E-dur op. 9 (U 8. 2. 1907 Wien, Rosé-Quartett und Bläservereinigung d. Wiener Philh.)

1907 Zwei Balladen für Gesang und Klavier op. 12

„Friede auf Erden" für gem. Chor a cappella, op. 13 (U 9. 12. 1911, Wien, Philharmon. Chor, Dir. Franz Schreker)

1907–1908 2. Streichquartett fis-moll op. 10 (U 21. 12. 1908 Wien, Rosé-Quartett und Marie Gutheil-Schoder, Sopran)

1907–1908 Zwei Lieder op. 14

1908–1909 Fünfzehn Lieder nach Stefan George op. 15 (U 14. 1. 1910 Wien, Martha Winternitz-Dorda)

1909 Drei Klavierstücke op. 11 (U 14. 1. 1910 Wien, Etta Werndorff)

1909 Fünf Orchesterstücke op. 16 (U 3. 9. 1912 London, Dir. Sir Henry Wood)

„Erwartung", Monodram op. 17 (U 6. 6. 1924 Prag, Neues Deutsches Theater, Marie Gutheil-Schoder, Dir. A. v. Zemlinsky)

1910 Drei Stücke für Kammerorchester (unvoll.) (U 10. 10. 1957 Berlin, Mitglieder des Berliner Philh. Orchesters)

1911 Sechs kleine Klavierstücke op. 19 (U 4. 2. 1912 Berlin, Louis Closson)

1911 „Herzgewächse" für Sopran, Celesta, Harfe und Harmonium op. 20

1912 „Pierrot Lunaire", 21 Melodramen op. 21 (U 16. 10. 1912, Berlin, Albertine Zehme, Dir. Arnold Schönberg)

1913 „Die glückliche Hand", Drama mit Musik op. 18 (U 14. 10. 1924 Wien, Volksoper, Dir. Fritz Stiedry, Reg. Josef Turnau)

1913–1916 Vier Orchesterlieder op. 22 (U 21. 2. 1932 Frankfurt a. M., Hertha Reinecke, Dir. Hans Rosbaud)

1917–1922 „Die Jakobsleiter", Oratorium (unvoll.), (U des Beginns 12. 1. 1958 Hamburg, Dir. Hans Rosbaud; des ganzen Werks 16. 6. 1961, Wien, Dir. Rafael Kubelik)

1920–1923 Fünf Klavierstücke op. 23 (U von Nr. 1 und 2: 9. 10. 1920, Wien, Eduard Steuermann)

Serenade op. 24 (U 20. 7. 1924 Donaueschingen, Dir. A. Schönberg)

1921 Suite für Klavier op. 25

1922 Zwei Choralvorspiele von Joh. Seb. Bach für Orchester gesetzt (U 7. 12. 1922 New York, Dir. Joseph Stransky)

1923–1924 Bläserquintett op. 26 (13. 9. 1924 Wien, Dir. Felix Greissle)

1924–1926 Suite für Klavier, drei Holzbläser und drei Streicher op. 29 (U 15. 12. 1927 Paris, Dir. A. Schönberg)

1925 Vier Stücke für gem. Chor op. 27

Drei Satiren f. gem. Chor op. 28

1925–1926 Anhang zu op. 28

1926–1928 Variationen für Orchester op. 31 (U 2. 12. 1928 Berlin, Dir. Wilhelm Furtwängler, Berliner Philh. Orchester)

1927 3. Streichquartett op. 30 (U 19. 9. 1927 Wien, Kolisch-Quartett)

1928 Präludium und Fuge Es-dur von Joh. Seb. Bach, orchestriert (U 10. 11. 1929 Wien, Dir. Anton v. Webern)

Klavierstück op. 33 a (U 30. 1. 1931, Hamburg, Else C. Kraus)

Drei deutsche Volkslieder (15. u. 16. Jh.) bearbeitet für gemischten Chor a cappella

1928–1929 „Von heute auf morgen", Oper in einem Akt op. 32 (U 1. 2. 1930 Frankfurt a. M., Opernhaus, Dir. Hans Wilhelm Steinberg, Regie Herbert Graf)

1929 Vier deutsche Volkslieder (15. u. 16. Jh.) bearb. f. Gesang u. Kl.

1929–1930 Begleitungsmusik zu einer Lichtspielszene op. 34 (U 6. 11. 1930 Berlin, Dir. Otto Klemperer)

1929–1930 Sechs Stücke für Männerchor op. 35 (U von Nr. 4 „Glück", 3. 11. 1929 Berliner Rundfunk, Erwin Lendvai-Quartett; von den anderen fünf: 29. 11. 1931 Frankfurt, Südwestdeutscher Rundfunk. Das 13er Quartett des Arbeiter-Gesangvereins „Vorwärts", Hanau, Dir. Franz Schmitt)

1931 Klavierstück op. 33 b

1930–1932 „Moses und Aron" Oper in drei Akten (U des Tanzes um das Goldene Kalb 2. 7. 1951 Darmstadt, Dir. Hermann Scherchen; der beiden vollendeten Akte konzertant 12. 3. 1954 Hamburg, Dir. Hans Rosbaud; szenisch 6. 6. 1957 Zürich, Stadttheater, Dir. Hans Rosbaud, Regie Karl Heinz Krahl)

1932–1933 Konzert für Violoncello und Orchester nach dem Cembalo-Konzert in D-dur von Georg Matthias Monn (U 7. 12. 1935 London, Emanuel Feuermann)

1933 Drei Lieder nach Jakob Haringer op. 48 (U 5. 6. 1952, London, Anne Wood und Peter Stadlen)

Konzert für Streichquartett und Orchester nach dem Concerto Grosso in g-moll von G. F. Händel (U 26. 9. 1934 Prag, Kolisch-Quartett, Dir. K. B. Jirak)

1934 Suite für Streichorchester (U 18. 5. 1935 Los Angeles, Dir. Otto Klemperer)

1934–1936 Konzert für Violine und Orchester op. 36 (U 6. 12. 1940 Philadelphia, Solist Louis Krasner, Dir. Leopold Stokowski)

1936 4. Streichquartett op. 37 (U 9. 1. 1937 Los Angeles, Kolisch-Quartett)

1937 Brahms, Klavierquartett g-moll op. 25 für Orchester gesetzt (U 7. 5. 1938 Los Angeles, Dir. Otto Klemperer)

1938 „Kol Nidre" für Sprecher, gem. Chor und Orchester op. 39 (U 4. 10. 1938 Los Angeles, Dir. A. Schönberg)

1939 2. Kammersymphonie op. 38 (begonnen 1906) (U 15. 12. 1940 New York, Dir. Fritz Stiedry)

1941 Variations on a Recitative für Orgel op. 40 (U 10. 4. 1944 New York, Carl Weinrich)

1942 Ode to Napoleon für Sprecher, Klavier und Streichquartett op. 41 (U 24. 11. 1944 New York, Dir. Arthur Rodzinsky)

1942 Konzert für Klavier und Orchester op. 42 (U 6. 2. 1944 New York, Eduard Steuermann, Dir. Leopold Stokowski)

1943 Thema und Variationen für Blasorchester (auch Version für Orchester) opus 43 a und b (U 20. 10. 1944 Boston, Dir. Sergej Kussewitzky)

1945 Prelude für Orchester und gem. Chor op. 44 (U 18. 11. 1945 Los Angeles, Dir. Werner Janssen)

1946 Streichtrio op. 45 (U Mai 1947 Cambridge, Mass.)

1947 A Survivor from Warsaw für Sprecher, Männerchor und Orchester op. 46 (U 1948 Albuquerque, Dir. Kurt Frederick)

1948 Drei Volkslieder für gemischten Chor a cappella op. 49

1949 Phantasy for violin with piano accompaniment op. 47 (U 13. 9. 1949 Los Angeles, Adolf Koldofsky, Leonard Stein)

1949 „Dreimal tausend Jahre" für gem. Chor a cappella op. 50 a (U 29. 10. 1949, Fylkingen, Dir. Eric Ericson)

1950 „De profundis" f. gem. Chor a cappella op. 50 b (U 29. 1. 1954 Köln, Dir. Bernhard Zimmermann)

1950 „Moderner Psalm" (eigener Text) für gem. Chor, Sprecher und Orchester (unvoll.) op. 50 c (U 29. Mai 1956 Köln, Dir. Nino Sanzogno)

SCHRIFTEN IN BUCHFORM

Harmonielehre, Wien 1911 (3. erweiterte Auflage 1922)

Models for Beginners in Composition, New York 1942

Structural Functions of Harmony, New York 1954

Preliminary Exercises in Counterpoint, edited and with a foreword by Leonard Stein, London 1963

Fundamentals of Musical Composition, edited by Gerald Strang and Leonard Stein, London 1965

Die Jakobsleiter, Wien 1917

Texte (Die glückliche Hand, Totentanz der Prinzipien, Requiem, Die Jakobsleiter), Wien 1926

Der biblische Weg, Drama (deutsche Urfassung noch unveröffentlicht), italienische Übersetzung, Mailand 1968

Style and Idea (Sammlung von Aufsätzen, Vorträgen und Glossen), New York 1950

Moderne Psalmen, Mainz 1957

Briefe, herausgegeben von Erwin Stein, Mainz 1958

BIBLIOGRAPHIE

(Auswahl)

Arnold Schönberg, Sammelbuch mit Beiträgen von Alban Berg, Paris v. Gütersloh, Heinrich Jalowetz, Wassilij Kandinsky, Karl Linke, Paul Königer, Erwin Stein, Anton von Webern, Egon Wellesz und anderen, München 1912

Egon Wellesz, Arnold Schönberg, Wien 1921

Paul Stefan, Arnold Schönberg, Wien 1924

E. E. Sollertinsky, Arnold Schönberg, Leningrad 1934

Arnold Schönberg, herausgegeben von Merle Armitage (mit Beiträgen von Carl Engel, Otto Klemperer, Ernst Krenek, Paul A. Pisk, Arnold Schönberg, Paul Stefan, Eduard Steuermann, Leopold Stokowski, Berthold Viertel u. a.), New York 1937

Luigi Rognoni, La scuola musicale di Vienna, Torino 1966

Juan Carlos Paz, Schönberg o el fin de la era tonal. Buenos Aires 1954

Dika Newlin, Bruckner, Mahler, Schönberg, New York 1947

René Leibowitz, Schönberg et son école, Paris 1947

H. H. Stuckenschmidt, Arnold Schönberg, Zürich u. Freiburg i. Br. 1951, 2., erweiterte Auflage 1957 (erschien auch auf französisch, englisch, hebräisch, polnisch, spanisch und japanisch)

Josef Rufer, Das Werk Arnold Schönbergs, Kassel 1959

Willi Reich, Schönberg oder der konservative Revolutionär, Wien 1969

Jacopo Romano, El otro Schoenberg, Buenos Aires 1971

Sonderhefte:	zum 50. Geburtstag	Anbruch, Wien 1924
	zum 60. Geburtstag	Anbruch, Wien 1934
		Musical Quarterly, New York 1934
	zum 75. Geburtstag	Stimmen, Berlin 1949
		The Canon, Sydney 1949

Memoiren von Alma Maria Mahler, Charlie Chaplin, Salka Viertel, Bertha Zuckerkandl und Bertolt Brecht (Arbeitsjournale)

Briefe von Alban Berg an Helene Berg, von Anton von Webern an Hildegard Jone und Josef Humplik

Analytische Schriften von Reinhold Brinkmann, Jan Maegaard und Karl H. Wörner

VERZEICHNIS DER ABBILDUNGEN

NACHWEISE

Foto Florence Homolka, Los Angeles (Schutzumschlag)
Fotographische Anstalt Matzner, Wien (19)
Privataufnahmen (23, 137 unten, 251, 255, 277, 289, 293 oben)
Louis P. Lochner: Fritz Kreisler (31)
Bibliotheca Bodmeriana, Cologny-Genf (35)
Library of Congress, Washington (39)
Berliner Architekturwelt, 4. Jahrgang 1902 (53)
Bildarchiv der Österreichischen Nationalbibliothek (77)
Foto Martin Müller, Stettin (83)
Universal Edition, Wien (137 oben)
Foto Schlosser und Wenisch, Prag (151)
Belmont Music Publishers, Los Angeles (167, 271, 297, 307, 335, 377, 385, 433, 469)
Museum für Geschichte der Stadt Leipzig, Theatergeschichtliche Sammlung (181)
Staatsbibliothek Preußischer Kulturbesitz, Musikabteilung, Berlin (233, 491)
Archiv der Preußischen Akademie der Künste, Berlin (285, 494)
Foto John Graudenz (293 unten)
Foto Ilse Rumpler, New York (405)
Foto Richard Fish (475)

REGISTER

Es wurde darauf verzichtet, die Namen von Schönbergs erster und zweiter Gattin und seiner fünf Kinder in dieses Register aufzunehmen, da von ihnen sehr oft die Rede ist. Es sind dies Mathilde (auf S. 38–265), Gertrud (auf S. 268–476), Trudi (auf S. 54–444), Georg (ab S. 88), Nuria (ab S. 316), Ronny (ab S. 382) und Lawrence (ab S. 407). Auch Anton von Webern und Alban Berg erscheinen vom Anfang ihrer Bekanntschaft mit Schönberg bis zu ihrem Tode so häufig, daß während dieser Zeit die Stellen nicht einzeln aufgeführt werden, an denen sie erwähnt sind. Unter dem Stichwort „Arnold Schönberg" befindet sich ein alphabetisches Werkverzeichnis, mit dessen Hilfe die in diesem Buch erwähnten Werke Schönbergs gefunden werden können. Die kursiven Zahlen verweisen auf die Hauptstellen. Das chronologische Werkverzeichnis steht auf Seite 513 bis 516.